SOMMAIRE

• DOSSIER

Les discours de l'accompagnement : nouvelles normes du retour à l'emploi

• VARIA

• COMPTES RENDUS

À Paul Wald

Notre ami Paul Wald nous a quittés au petit matin du 29 juin. Ceux qui l'ont connu se souviendront de sa voix et de son intonation si particulières avec lesquelles il s'engageait dans de longues et passionnées discussions intellectuelles. Car Paul était avant tout un intellectuel que le débat d'idées enthousiasmait, qu'il se passe entre collègues ou avec de tout jeunes chercheurs. Paul était venu en France à 20 ans, émigré politique de la Hongrie juste après l'insurrection de Budapest en 1956. En 1964 il devient documentaliste au laboratoire de psychologie sociale de Robert Pagès à la Sorbonne. Il y a entre autres comme collègue Michel Pécheux dont il n'appréciait pas le sectarisme marxiste et Lilaine Kandel[1] qui devint une amie. En 1972 il devient assistant à l'Université de Nice, puis attaché de recherche au CNRS. C'est pendant cette période qu'il rejoint l'aventure de la revue *Langage et Société*, créée en 1976 par Pierre Achard à la Fondation Maison des sciences de l'homme et activement soutenue par Bernard Jaulin, à l'époque directeur du Centre de Calcul de la MSH. Paul sera l'artisan de l'un des plus remarquables colloques que la revue ait organisés, celui de Nice sur les « Contacts de langues » en 1986.

La rencontre avec Pierre Achard comptera probablement pour Paul parmi les plus riches et fructueuses collaborations intellectuelles. Il sera du projet de sociologie du discours que promouvait Pierre Achard et qui se concrétisera dans SLADE (Sociologie du Langage, Analyse de Discours, Énonciation), un projet collectif que la mort brutale de Pierre en 1997 interrompra. Cette disparition trop précoce nous a certes tous marqués, tant Pierre incarnait ce projet collectif, démocratique et ouvert d'une revue dont le périmètre se situait de l'analyse de discours à la sociolinguistique, mais c'est assurément Paul qui en fut le plus meurtri : il lui manquait les longues discussions dans le bureau 427 du boulevard Raspail, les concepts travaillés en commun, les conversations informelles de la cafétéria.

En 1997 Paul rejoint le laboratoire Printemps à Saint-Quentin-en-Yvelines. Il y développe, dans la continuité du projet SLADE, un axe de recherche consacré à l'analyse de discours en sociologie. Cette perspective connaîtra de multiples développements sous l'impulsion de Paul, qui consacrera beaucoup de son temps à initier les doctorants et jeunes chercheurs aux enjeux de la construction discursive du monde social et

1. Féministe historique qui sera responsable de la « Chronique du Sexisme ordinaire » aux *Temps Modernes*.

aux méthodes d'analyse des matériaux langagiers. Il initie également, avec François Leimdorfer, des recherches collectives, en particulier sur les rapports à l'espace urbain des habitants de Saint-Quentin-en-Yvelines, appréhendés à partir de leurs manières de nommer et catégoriser les lieux de leur ville de résidence. Pour les sociologues l'originalité des travaux de Paul est particulièrement éclatante, et leur utilité non moins évidente, car ils rappellent combien le discours doit être considéré comme une activité sociale, et le langage comme un vecteur de construction et d'observation des rapports sociaux.

Paul se reconnaissait de moins en moins dans la nouvelle culture universitaire du chiffre et de la compétition. Rien ne pouvait lui être plus étranger que la marchandisation des savoirs et des connaissances à laquelle il assistait et qui se situait aux antipodes de sa conception d'un intellectuel généreux, libre de sa pensée, ouvert à une confrontation d'idées hors des enjeux et des calculs institutionnels. Paul Wald était et demeura pour tous ceux qui l'ont connu le type même de l'intellectuel de l'Europe centrale passionné et passionnant, cultivé, plurilingue, et dévoreur de lectures.

Nous lui rendrons un hommage intellectuel collectif dans une prochaine livraison de la revue.

Josiane Boutet et Didier Demazière,
directeurs scientifiques de la revue *Langage et Société*

Introduction

Didier Demazière
CNRS, Centre de sociologie des organisations, d.demaziere@cso.cnrs.fr
Marc Glady
Université Paris-Dauphine, Irisso, UMR CNRS 7 170, Marc.Glady@dauphine.fr

Les vies professionnelles sont, pour un nombre croissant d'individus, marquées par des mobilités, impliquant des changements d'activité, de secteur, de statut, de métier. Ces mobilités ne sont pas seulement volontaires, et décidées voire planifiées par les travailleurs, selon un modèle de carrière maîtrisée ou anticipée, réalisation d'aspirations promotionnelles ou de projections d'avenir. Elles sont aussi – et de plus en plus (Germe, Monchatre, Pottier, 2003)- subies, contraintes et imposées, à mesure que gagne l'instabilité de l'emploi, impliquant des passages par le chômage ou des déclassements (Lizé, 2006). Chômage, réorganisation de l'entreprise, obsolescence de métiers, disparition de marchés, sont autant de phénomènes qui provoquent des bifurcations (Bessin, Bidart, Grossetti, 2009) dans les vies professionnelles et inaugurent des tournants de l'existence (Hughes, 1952). Ces événements biographiques font l'objet, depuis des décennies, de dispositifs d'encadrement et d'accompagnement, destinés à transformer ces accidents, avec les chocs qui en résultent, en transitions plus douces et maîtrisées.

L'accompagnement des ruptures survenant dans les vies de travail recouvre un ensemble de pratiques professionnelles fortement diversifiées, que l'on considère les caractéristiques de ces ruptures (licenciement, accident du travail, reprise d'activité, chômage prolongé, maladie grave ou chronique, invalidité…), les référents et formations des professionnels chargés d'y répondre (gestion des ressources humaines, courants de la psychologie, sciences sociales...), les contextes institutionnels dans lesquels ils interviennent (service public de l'emploi, organismes de formation, cellules de conversion, cabinets d'outplacement...), les parcours biographiques des travailleurs concernés (cadres de haut niveau, personnels non qualifiés, actifs âgés, jeunes diplômés...), ou encore les objectifs assignés à ces pratiques professionnelles (accès à l'emploi, définition d'un projet professionnel, réalisation d'un bilan de compétences, préparation d'un repli dans l'inactivité...).

De multiples facettes de ces phénomènes ont été analysées. Dans les années 1980 se sont multipliés les travaux centrés sur les dispositifs de reconversion répondant aux vagues de fermetures d'usines et les cellules de reclassement des licenciés économiques (Villeval, 1992) mais aussi les évaluations des politiques publiques destinées à favoriser l'insertion professionnelle des jeunes et à aménager la transition de l'école vers l'emploi (Dubar, 1987 ; Rose, 1998). Puis des recherches ont été développées sur les activités des conseillers de l'agence nationale pour l'emploi et les modalités de traitement des chômeurs au guichet de cette institution (Demazière, 1992 ; Bennarosh, 2006) ou encore, plus récemment, sur les conséquences des stratégies d'activation des chômeurs et leurs effets sur les pratiques de l'accompagnement vers l'emploi (Béraud, Eydoux, 2009 ; Crépon, Dejemeppe, Gurgand, 2005). Ces travaux sont si abondants qu'il serait vain de tenter d'en brosser un tableau exhaustif d'autant qu'ils tendent à pointer la multiplication des intervenants délivrant des conseils professionnels et la différenciation croissante des pratiques d'accompagnement qui en résulte (Chevrier-Fatôme, Simonin, 2004 ; Divay, Perez, 2010).

Aussi ce dossier privilégie une orientation plus ciblée et précise, consistant à prendre au sérieux le fait que le langage est constitutif de ces activités. Cela revient à considérer celles-ci comme des activités intrinsèquement langagières. Cette perspective a été dessinée par de rares recherches qui, centrées sur l'analyse des pratiques professionnelles développées dans les interactions entre conseillers et chômeurs, montrent combien le travail d'accompagnement réalisé en entretien est une activité langagière (Revuz, 1993 ; Demazière, 1996). Au-delà, il est assez largement admis que les activités de service aux personnes, dès lors qu'elles s'appuient sur l'interaction entre un professionnel et un usager, client ou bénéficiaire, sont réalisées avec du langage (Borzeix, 2001). Cette proposition est reprise ici, et elle est mobilisée et précisée à partir de deux perspectives articulées.

Selon la première, l'étude de l'accompagnement ne peut être rabattue sur l'ordre de l'interaction, ou, plus précisément pour comprendre l'action réciproque constitutive de l'accompagnement il est nécessaire de l'inscrire dans le contexte plus large de la situation de l'emploi : l'accompagnement se déroule-t-il de la même manière quand le niveau de chômage est élevé ou faible, les protagonistes y investissent-ils les mêmes significations selon que les opportunités d'emploi sont rares ou nombreuses ? L'hypothèse est que la dégradation sensible et durable de la situation de l'emploi a des conséquences prégnantes sur l'activité d'accompagnement, sur ses débouchés possibles, sur sa conduite, sur sa production. Elle peut conduire à des formes de déconnexion de l'accompagnement d'avec la dynamique des systèmes d'emploi : accompagner vers quoi quand l'emploi est inaccessible, accompagner comment aussi, accompagner pour quoi encore ? Dans un tel contexte, l'accompagnement risque de n'être plus qu'activité langagière, faute de pouvoir mobiliser d'autres registres d'action, comme le placement dans l'emploi, l'orientation vers une offre, la recommandation auprès d'employeurs, etc.

En quelque sorte l'accompagnement ne serait plus que langage, à quoi on pourrait ajouter qu'il s'agit de langages, au pluriel. Car selon la seconde perspective le langage de l'accompagnement tend à s'échapper du cadre de l'interaction pour se diffuser dans d'autres sphères, sociales et politiques, dans l'espace public. Cette diffusion n'est pas sans lien avec le premier mouvement de repli de l'accompagnement sur le langage dans la mesure où celui-ci inaugure des problèmes de légitimité, introduit des interrogations sur son utilité. Dès lors se multiplient les discours sur l'accompagnement, qui visent à discuter ses finalités, à critiquer son efficacité, à argumenter ses effets. L'accompagnement devient un objet de multiples débats : des responsables politiques ou institutionnels confrontés aux difficultés de réduire le chômage tentent de faire admettre que l'accompagnement est une réponse à la crise de l'emploi, ou à l'inverse dénoncent des politiques publiques ou des pratiques professionnelles peu opératoires mais coûteuses ; des professionnels confrontés quotidiennement aux difficultés de leurs interventions développent des délibérations éthiques sur leurs activités, d'autres produisent une parole publique destinée à défendre leur professionnalité et à accroître la reconnaissance sociale de leur expertise, etc. Discours sur l'accompagnement donc, qui sont aussi des discours de l'accompagnement puisqu'ils ont une portée normative et une visée prescriptive.

Ainsi dans un contexte de forte pénurie d'emplois l'accompagnement des ruptures professionnelles est pris dans une sorte de paradoxe, qui le rend problématique : qu'est-ce que c'est, qu'est-ce que ça fait, à quoi ça sert… ? Et ce paradoxe renforce sa dimension langagière, tant au niveau de la relation entre professionnels produisant l'accompagnement et destinataires, qu'au niveau plus large de la construction sociale de sa légitimité. Telle est la piste qui est suivie dans ce dossier. Plusieurs balises peuvent être pointées, qui jalonnent ce cheminement.

L'activité d'accompagnement est extraordinairement variée car elle s'est développée avec la multiplication, et la diversification, des politiques, institutions, professionnels, dispositifs, instruments orientés vers la gestion des ruptures professionnelles et le traitement de ceux qui en sont victimes. Elle s'inscrit en cela dans une pluralité de mondes professionnels comme l'attestent les dénominations d'usage des professionnels concernés (formateurs, conseillers, consultants, intervenants, coachs…) ou encore les termes servant à désigner leurs activités (accompagnement, formation, insertion, activation, conseil, orientation, mobilité…). Les savoirs et expertises mobilisés sont donc multiples, tout comme les référents axiologiques ou encore les normes déontologiques. Plus encore, c'est la position de ces professionnels, par rapport à leurs institutions et par rapport aux destinataires de leurs activités qui est éminemment variable : leur travail est soumis à des contraintes organisationnelles plus ou moins fortes, leur activité fait l'objet d'évaluations plus ou moins strictes, leurs statuts leur offrent des protections plus ou moins solides, et par ailleurs ils disposent ou non d'un pouvoir juridique sur les accompagnés. Ces dimensions de la professionnalité traversent le dossier. Et les contributions, en même temps qu'elles analysent les discours, donnent à voir la variété des conditions de production de l'accompagnement : opérateur privé de placement destiné à entraîner les chômeurs à la recherche d'emploi (article de Sophie Divay), centre de formation et insertion associatif privilégiant la socialisation des personnes menacées d'exclusion (article d'Ingrid de Saint-Georges), consultants travaillant dans le cadre de dispositifs de reclassement professionnel (article de Marc Glady).

C'est aussi dans sa dimension langagière que l'accompagnement des ruptures professionnelles est protéiforme. Cette activité recouvre une multiplicité d'actes de langage : orienter, encourager, inciter, sanctionner, contrôler, conseiller, persuader, menacer, etc. Et la signification de ces actions langagières résulte de la combinaison de différents facteurs : définition officielle de la mission du professionnel, interprétation que celui-ci en fait, réaction de l'accompagné, dynamique de l'interaction entre les deux. Mais l'accompagnement, ce n'est pas seulement conduire un colloque singulier avec un bénéficiaire. Cette activité est également produite, cadrée, canalisée à travers des échanges qui se déroulent en décalé et impliquent d'autres acteurs : les responsables des dispositifs, les gestionnaires des institutions, les professionnels entre eux. La production discursive est alors protéiforme : discours proférés par des autorités administratives ou politiques, discussions informelles sur des expériences et des épisodes du travail quotidien, délibération éthique et pratique sur des cas à traiter au carrefour de plusieurs spécialités, codification des pratiques à travers la production d'un vocabulaire commun exprimant des références partagées, etc. Certaines contributions à ce dossier illustrent différents cas de figure : production de manuels permettant d'expliciter et rationaliser les pratiques d'accompagnement (S. Divay), discours publics destinés à donner une légitimité idéologique à une politique publique d'accompagnement de la recherche d'emploi (B. Conter), débat entre collègues de différentes spécialités autour d'un cas individuel jugé problématique par les professionnels (I. de Saint-Georges), entretiens-témoignages où la « parole adressée » dans une interaction exploratoire participe du dévoilement du travail réel de l'accompagnement (M. Glady).

L'analyse de la dimension langagière de l'accompagnement met aussi en évidence que des tensions traversent cette activité, et révèle combien elle est problématique. Conseiller *versus* placer constitue une première ligne de tension, qui découle pour une large part d'éléments de contexte. Dire ou faire dire en représente une autre, qui fait osciller l'accompagnement entre une activité de persuasion, pouvant aller jusqu'à la contrainte voire la menace, ou une activité de négociation impliquant compréhension de la situation et donc écoute. C'est dans des combinaisons entre ces polarités, qui relèvent parfois de jeux de langage, que des significations sont produites par les professionnels, mais aussi par les bénéficiaires et par les responsables politiques et administratifs. Les contributions à ce dossier montrent ces incertitudes sur le sens de l'accompagnement et les manières de les réduire, en situant l'analyse à des niveaux différents et complémentaires : celui de la légitimation publique de tournants politiques dans l'accompagnement des chômeurs (B. Conter), celui du cadrage, de la prescription et de l'évaluation du travail des conseillers par les institutions qui les emploient (S. Divay), celui de la réflexion collective et délibérative sur les pratiques d'accompagnement (I. de Saint-Georges), celui de la réflexivité personnelle des professionnels sur leurs expériences (M. Glady).

En définitive, le dossier, en explorant la variété des discours et des instances qui les produisent, dessine un univers discursif complexe et contrasté qui donne toutefois une idée des processus convergents qui, à un moment historique donné, encadrent et réalisent le traitement public du chômage. Sans que l'on puisse pour autant reconstituer l'ensemble des formes de traduction et d'appropriation entre les instances parties prenantes (état, organisme public de l'emploi, financeurs publics ou privés, organismes privés ou associatifs intervenant en sous-traitance...), les quatre textes tracent néanmoins en creux une chaîne de diffusion du discours de l'accompagnement dans l'espace social : de la logique d'activation définie par les politiques publiques (B. Conter) à sa stylisation en normes comportementales pesant autant sur les chercheurs d'emploi que sur les professionnels (S. Divay), en passant par son appropriation – non sans contradictions et résistances – par les conseillers (M. Glady) jusqu'à sa mise en questionnement dans des arènes moins directement soumises aux règles du marché (secteur de l'économie sociale), incluant sa réception plus ou moins bien acceptée, plus ou moins critique par les bénéficiaires (de Saint-Georges). De ce point de vue, le discours assure bien ici la coordination des formes de régulation sociale et sanitaire propres à la gouvernementalité libérale décrite par M. Foucault (2004). Et, même s'il n'est pas porteur d'effets mécaniques, il agit à des niveaux hétérogènes mais convergents, imposant notamment à travers la création lexicale et les néologismes, des « référentiels d'incitation et d'adaptation » (B. Conter), des programmes de traitement circonscrits et formatés des chômeurs (M. Glady), des contrôles à distance et une programmation des conduites (modèle du bon chercheur d'emploi pour S. Divay), enfin une préfiguration de la réinsertion et de la trajectoire future du chômeur (I. de Saint-Georges).

Il nous faut dire un mot des problématiques spécifiques des auteurs. Car cette contribution du discours aux politiques et à la régulation de l'emploi, dans un contexte que nous avons décrit comme paradoxal, est mise en évidence diversement par les quatre articles proposés.

Pour Marc Glady, le propos est à la fois épistémologique et analytique. Il s'agit de montrer l'apport d'une sociologie du langage à la compréhension du travail d'accompagnement. Les matériaux langagiers recueillis en entretien sont traités comme des objets dont les propriétés discursives sont exhibées et couplées à des interprétations issues d'ontologies sociologiques différentes. Le langage de description de l'analyse du discours fait surgir les processus de catégorisation, de pluri-accentuation, les rapports de place, la distribution actantielle et temporelle, les mondes possibles, etc. qui organisent l'expérience professionnelle vécue des conseillers. S'agissant de l'accompagnement, cette sociologie du langage ouvre donc sur une sociologie des modes de connaissance et des pratiques qui d'une part décrit les outils cognitifs des conseillers et d'autre part montre les tensions identitaires induites par les normes d'activation.

Sophie Divay part d'enquêtes récentes pour montrer combien l'injonction à une rationalisation de l'activité s'est déplacée aujourd'hui du chômeur au consultant. L'analyse de contenu de manuels et d'entretiens de conseillers dans des structures diversifiées et représentatives du champ d'activité révèle les propriétés de ce qu'elle appelle « l'univers notionnel de l'accompagnement ». Celui-ci fonctionne comme un outil de normalisation et de contrôle à distance des chômeurs. Le discours fixe ici les caractéristiques comportementales du bon chercheur d'emploi, à la fois au plan d'une démarche de « travail sur soi » instrumenté par des techniques introspectives et au plan de l'interaction avec les employeurs. Mais l'auteur note aussi et surtout l'impact de la logique gestionnaire et commerciale sur la rationalisation du travail langagier de l'accompagnement : le développement d'outils de compte rendu et de traçabilité de l'échange, le cadrage des interactions par des standards, la rationalisation et la taylorisation de la parole, l'imposition de normes de productivité… mettent le travail des conseillers sous surveillance.

L'étude de divers matériaux langagiers liés au plan d'accompagnement des chômeurs adopté par le gouvernement fédéral en 2004 (arrêté fixant le cadre juridique de l'accompagnement, courrier adressé aux chômeurs, entretiens de décideurs politiques…) révèle pour Bernard Conter les nouvelles orientations des politiques de l'emploi en Belgique : individualisation du suivi, responsabilisation du chômeur, activation du comportement de recherche, adaptation pragmatique aux emplois disponibles, mise à l'emploi rapide… Ces orientations s'appuient sur une économie discursive spécifique : les instances fédérales et régionales se distribuent les discours d'incitation, de contrôle et de sanction d'une part, d'aide et d'accompagnement de l'autre. La notion de devoir remplace celle de droit. Le vocabulaire de l'accompagnement est pénétré par une vision de traitement médical. Le discours fonctionne sur une positivation systématique qui valorise l'activisme du chômeur mais occulte le manque d'emplois.

Enfin c'est en ethnographe du travail d'accompagnement qu'Ingrid de Saint-Georges s'intéresse aux conseils pédagogiques, moments d'interaction entre des professionnels de la formation et un jeune en insertion dans une structure associative. L'article pointe l'intérêt de la notion de « discours préfiguratifs » pour décrire les anticipations de cours d'action auxquels se livrent les participants concernant le retour à l'emploi du jeune. L'auteur montre comment la résistance de ce dernier aux propositions des accompagnateurs oblige ceux-ci à s'interroger sur leur rôle, les limites de leur travail et met en lumière certaines des controverses du métier.

Références bibliographiques

Bennarosh Y., 2006. *Recevoir les chômeurs à l'ANPE. L'institution entre don et contrat*, Paris, L'Harmattan.

Béraud M., Eydoux A., 2009. Activation des chômeurs et modernisation du service public de l'emploi : les inflexions du régime français d'activation, *Travail et Emploi*, 119.

Bessin M., Bidart C., Grossetti M., 2009. *Bifurcations. Les sciences sociales face aux ruptures et à l'événement*, Paris, La Découverte.

Borzeix A., 2001. Le travail et sa sociologie à l'épreuve du langage, dans Borzeix A., Fraenkel B. (coord.), *Langage et Travail. Communication, cognition, action*, Paris, CNRS éditions.

Crépon B., Dejemeppe M., Gurgand M., 2005. Un bilan de l'accompagnement des chômeurs, *Connaissance de l'emploi*, Centre d'Études de l'Emploi, 20.

Chevrier-Fatôme C., Simonin B., 2004. Politique de l'emploi : un nombre croissant d'intervenants, *Premières Synthèses*, Dares, 30/2.

Demazière D., 1992. *Le chômage en crise ?*, Lille, Presses Universitaires de Lille.

— 1996. Des réponses langagières à l'exclusion. Les interactions entre chômeurs de longue durée et agents de l'ANPE, *Mots*, 46.

Divay S., Perez C., 2010. Conseiller les actifs en transition sur le marché du travail. La généralisation de pratiques professionnelles différenciées, *SociologieS*, http://sociologies.revues.org/index3043.html

Dubar C., Dubar E., Engrand S., Feutrie M., Gadrey N., Verschave E., 1987. *L'autre jeunesse. Jeunes stagiaires sans diplôme*, Lille, Presses Universitaires de Lille.

Foucault M., 2004. *Naissance de la biopolitique. Cours au Collège de France. 1978-1979.* Hautes Études. Paris, Gallimard, Seuil.

Germe J.-F., Monchatre S., Pottier F., 2003. *Les mobilités professionnelles : de l'instabilité dans l'emploi à la gestion des trajectoires*, Paris, La Documentation Française.

Hughes E.C., 1952. Carrières, cycles et tournants de l'existence, dans E.C. Hughes, *Le regard sociologique*, Paris, Éditions de l'Ehess, (trad. fr., 1996).

Lizé, L., 2006. Facettes du déclassement, quel rôle pour les politiques de l'emploi ? *Travail et Emploi*, 107.

Revuz C., 1993. Écouter les chômeurs pour comprendre le rapport au travail, *Éducation Permanente*, 117, p. 47-66.

Rose J., 1998. *Les jeunes face à l'emploi*, Paris, Desclée de Brouwer.

Villeval M.-C. (dir.), 1992. *Mutations industrielles et reconversion des salariés*, Paris, L'Harmattan.

Pratiques d'accompagnement des demandeurs d'emploi
L'apport de la sociologie du langage

Marc Glady
Université Paris-Dauphine, Irisso, UMR CNRS 7170
marc.glady@dauphine.fr

La montée de la précarité et du niveau de chômage a entraîné dans le champ scientifique une inflation de travaux depuis une quinzaine d'années, dont certains abordent aujourd'hui la question du travail d'accompagnement des salariés en reclassement ou en mobilité. Sont interrogées dans ce cadre les différentes dimensions du « conseil en évolution professionnelle »[1] et de la professionnalité de ses acteurs. La multiplication des dispositifs de médiation conduit à tenter d'évaluer la qualité des intermédiaires (Bureau & Marchal 2005). Même si le marché du reclassement est relativement récent, il est suffisamment structuré aujourd'hui pour que l'on puisse interroger les pratiques des différents opérateurs, y compris de façon comparative (Bruggeman, Paucard & Tuchszirer 2005). Ainsi connaît-on un peu mieux désormais les profils, y compris en termes de formation et de parcours professionnels, les types de publics, les outils utilisés, les conditions et l'organisation du travail, le degré d'autonomie et de contrainte, les compétences attendues et déployées, les perspectives de carrière, etc., de ces divers opérateurs du reclassement (Balzani et *al.* 2008).

1. Conseil en évolution professionnelle – site sur les métiers du conseil – Syntec études conseil : http://www.syntec-etudes-conseil.com/index.php?page=conseil&id_rubrique =8.

Dans ce cadre, déjà bien documenté, quelle peut-être la plus-value d'une sociologie du langage à la compréhension des pratiques d'accompagnement ? Qu'est-ce qu'elle apporte de plus à ce que l'on connaît déjà assez bien par des enquêtes quantitatives ou qualitatives, incluant des analyses de contenu ? Si la sociologie du langage notamment nous convoque effectivement à effectuer « un pas de côté » (Leimdorfer 2011) pour prendre en compte la matérialité du langage dans sa complexité, que peut-on ainsi découvrir, comprendre, éclairer par cette posture, qui ne soit pas déjà connu par les travaux en sociologie de l'emploi et de la précarité ?

Notre réflexion part d'une enquête instruite deux années de suite par les étudiants d'un Master 2 dans le cadre d'un dispositif d'apprentissage à la méthodologie[2]. Au total, 20 entretiens semi-directifs auprès de consultants du secteur privé, public et associatif et 40 entretiens non directifs auprès de personnes ayant connu une expérience d'accompagnement suite à la perte de leur emploi ont été réalisés[3]. Un complément d'enquête quantitative autour d'un questionnaire administré par courrier électronique a été réalisé sur les deux années auprès d'un échantillon d'acteurs de l'accompagnement appartenant aux différents types de structures (service public de l'emploi, opérateurs privés de placement, acteurs du secteur associatif)[4]. Ce dispositif a produit

2. Il s'agit du Master 2 professionnel « conseil et accompagnement du changement dans les organisations » à Paris-Dauphine. Le cycle de méthodologie vise à sensibiliser des étudiants qui se destinent aux métiers de l'intervention en entreprise, aux démarches qualitatives et quantitatives en sociologie ; il impliquait en 2008 et 2009 la réalisation d'entretiens auprès de conseillers et de personnes accompagnées (ou ayant connu un accompagnement) destinés à explorer : les caractéristiques des dispositifs proposés, les pratiques professionnelles compte tenu du positionnement des structures, de la formation et des compétences des conseillers, la relation de prise en charge dans ses différentes dimensions et complexités, l'appropriation des dispositifs par les allocataires, l'évaluation des pratiques, la professionnalisation du secteur autour d'un métier, la responsabilité sociale et sociétale du secteur. Ces précisions « thématiques » qui cadrent la conduite semi-directive de l'enquêteur ne sont pas inutiles, si l'on veut bien considérer que le « fil du discours » a fait surgir des objets discursifs renvoyant à bien d'autres thèmes, de ce point de vue non attendus, comme par exemple celui des transformations des temporalités du travail d'accompagnement ou celui de l'investissement du travail réel par rapport au travail prescrit.

3. Le terme par lequel on désigne ces publics dans la profession n'est pas sans poser question. Reprenant une des dénominations présente dans les entretiens, nous les désignerons dans ce texte comme des « allocataires » (tous relèvent de dispositifs aidés), préférant ce terme à celui de « bénéficiaires » également utilisé dans la profession mais qui nous semble problématique scientifiquement du fait des connotations qu'il véhicule (quant à la relation d'aide, la positivité affichée de la situation d'accompagnement ou encore la place dans la relation avec le consultant...).

4. N = 116 en 2010.

un matériau complexe, dont la clôture relative par la méthodologie d'enquête assure suffisamment d'homogénéité pour qu'on puisse se poser la question de son articulation à l'interprétation sociologique.

À un premier niveau, le propos de ce texte est de donner à voir un mode de description des entretiens réalisés en nous appuyant sur les théories de l'énonciation et sur l'analyse du discours. Nous nous situons en amont d'une analyse systématique du corpus, celle que permettrait par exemple l'utilisation d'un logiciel d'analyse automatique. L'idée est plutôt de réfléchir sur le geste descriptiviste que permet le détour par l'observation des propriétés discursives des entretiens et l'intérêt qu'il peut avoir en sociologie. La difficulté tient peut-être à ce que le langage de description des théories énonciatives, sous l'apparente factualité des repérages linguistiques, incorpore déjà un point de vue sur l'objet, au demeurant complexe, si ce n'est hétérogène[5]. Il est difficile de ne pas en tenir compte dans une réflexion sur le couplage description linguistique/interprétation sociologique.

Mais à un deuxième niveau, se pose justement la question de la spécificité des couplages que nous opérons et plus généralement de la mise en circulation des analyses de la structure du matériau discursif dans une dynamique interprétative. Si comme le soutient N. Ramognino (2005 : 198), les différents programmes de recherche en sociologie (holisme, individualisme méthodologique, interactionnisme, constructivisme) se caractérisent par ce qu'elle nomme des « ontologies » différentes, c'est-à-dire des opérations (qui ne sont pas toujours totalement explicitées) de découpage du réel et de sélection des données, induites par et cohérentes avec le récit du sociologue (le point de vue théorique et analytique adopté), comment ces couplages investissent-ils l'interprétation des matériaux langagiers recueillis ? Sur un objet comme celui de l'accompagnement des mobilités professionnelles, nous regardons comment des ontologies différentes trouvent à se spécifier au plan d'observation des matériaux recueillis, compte tenu du statut théorique qu'elles accordent au langage et de la place qu'elles réservent à ce dernier dans la production du social.

5. Il serait intéressant de regarder de près l'homogénéité des théories réunies sous l'appellation « Analyse du discours » dans le courant français du même nom. Au-delà de concepts partagés qui assurent une cumulativité de la connaissance, des conceptions autonomes sinon divergentes semblent à l'œuvre, conceptions dont il faudrait cerner les lignes de fracture (cf. par exemple les notions d'image ou de places référées à une théorie de la logique naturelle (Grize) et donc ramenées à un postulat argumentativiste, ou articulées comme chez Pêcheux à une théorie de l'interpellation idéologique).

De ce point de vue, l'approche énonciative descriptive peut apparaître comme une base offerte aux interprétations sociologiques et partant comme une solution aux choix et arbitrages des sociologues s'agissant de la construction de leur objet. C'est ce que nous montrons dans un troisième temps.

Les couplages internes à l'approche énonciative

L'approche descriptiviste des matériaux langagiers peut être qualifiée de « position basse » en sociologie : il s'agit de « prendre au sérieux le statut d'existant des données empiriques en évitant de leur attribuer immédiatement un poids ontologique » (Ramognino *id. :* 198). Ainsi nous ne nous prononçons pas pour l'instant sur la nature sociologique de ces données, qu'il s'agisse de les qualifier en termes d'idéologie, de représentations sociales, de savoirs d'action ou de récits de pratique, par exemple. Nous refusons dans ce premier temps de faire coïncider les récits ou descriptions des acteurs avec l'analyse du réel.

Cette position incorpore toutefois une première forme de couplage. La linguistique a précisément évolué de l'étude des organisations linguistiques isolées et détachées de leur contexte vers l'étude de l'emploi de ces formes en situation. Le dépassement du structuralisme post-saussurien a conduit à réarticuler l'analyse des formes à une description des processus de construction du sens (Boutet, 1994). Le cadrage dialogique fourni par l'approche bakhtinienne suppose d'intégrer l'étude des formes linguistiques et des interactions verbales (Bakhtine [1929] 1977). Les théories de l'énonciation chez Benveniste ou Culioli font surgir dans la matérialité langagière les opérations de référence au sujet parlant et au contexte de l'énonciation.

Certes J. Boutet (*id.* : 55) fait remarquer la perspective a-sociologique de cette dernière approche de la situation : non pas des situations réelles, avec leurs locuteurs en chair et en os, avec des lieux effectifs et des objets, ce qu'elle appelle « une écologie de l'énoncé ». La situation d'énonciation chez Benveniste est plutôt un « construit théorique du chercheur », puisqu'elle ressortit au système de repérage induit par l'acte d'énonciation lui-même et activé dans les catégories linguistiques du temps, de la personne, de la détermination ou de l'aspect. Le contexte serait une fiction linguistique. Et chez Ducrot (1984 : 200), la personne « complète » (ou λ), qui possède la propriété d'être l'origine de l'énoncé, reste un « être de discours », distinct du sujet parlant. Mais ce processus d'autonomisation n'est pas le cas de la théorie du dialogisme, qui découpe d'emblée un objet langagier et social en rapportant l'analyse des formes langagières aux interactions sociales concrètes.

Une différenciation doit être introduite ici, si l'on veut bien observer que le modèle de l'énonciation connaît deux cadres théoriques opposés, « le premier suivi par les auteurs qui admettent l'activité du sujet, le second qui s'intéresse notamment aux formes grammaticales des préconstruits qui est interprété comme un sujet assujetti » (Ramognino 1996 : 82). On aura reconnu ici la différence entre l'analyse énonciative et l'analyse du discours, dont les hypothèses plus ou moins explicitées sur l'autonomie du locuteur, la subjectivité dans le langage, le dialogisme, les types d'hétérogénéité à l'œuvre dans la parole, etc. varient sensiblement, et parfois même d'un auteur à l'autre[6]. Il serait intéressant de mettre à plat quelques-unes des hypothèses implicites sur le sujet et le social dans les différents travaux de linguistique énonciative, mais dans l'intervalle et à défaut, on acceptera ce couplage interne, quitte à accepter une variabilité voire un certain flou sur la théorie induite du sujet d'énonciation.

L'approche descriptiviste à laquelle nous entendons soumettre l'objet « accompagnement », repose sur un dernier processus de couplage : celui lié à la détermination pragmatique et interactionnelle des situations d'entretien. On aurait tort de croire en effet que l'analyse énonciative des matériaux d'enquête produit une autonomisation des formes langagières de la subjectivité. Ce serait – nous dit N. Ramognino (1996 : 82) – faire comme si la position subjective des individus dans l'entretien exprimait leur « réalité subjective ». Il s'agit plutôt de référer les positions subjectives émises par les locuteurs dans un espace énonciatif concret, celui d'une enquête étudiante où des professionnels s'adressent à de futurs consultants dans des conditions d'interaction complexes dont les enjeux demeurent chaque fois à découvrir.

Dénomination et catégorisation des produits et des publics

Une des premières observations à la lecture du corpus touche à l'existence de formes métadiscursives de désignation (« on appelle X »), par lesquelles le locuteur fait mention d'opérations de catégorisation à caractère collectif, relatives aux publics ou aux dispositifs de l'accompagnement. Souvent présentes dans les premiers moments des entretiens, ces formes autonymiques signalent l'existence d'une « terminologie » partagée sur laquelle s'étayent les explorations de pratiques sollicitées par les enquêteurs. Tout se passe comme si les interviewés ne pouvaient répondre à la consigne

6. Cf. Kerbrat-Orecchioni ou Authier-Revuz par exemple dans leur lecture de la métadiscursivité.

large[7] qui leur était proposée et s'engager dans une description de leur activité (« moi je suis à... », « moi j'interviens dans le cadre de... », « moi j'accompagne », « moi j'ai été engagé à... ») qu'à condition d'en passer préalablement par l'identification de catégories de demandeurs d'emploi (1) ou de « produits » d'accompagnement (2), souvent les deux à la fois sous la forme de correspondances produits/publics :

> (1) Moi je suis effectivement mis à disposition auprès d'un espace d'insertion. Donc c'est un accompagnement par rapport aux demandeurs, *nous on les appelle [allocataires].* C'est un accompagnement qui est très particulier dans la mesure où... nous, on reçoit à peu près... la plupart... des gens ont un profil tout à fait particulier. Ce sont des gens qui sont ou alors en recherche d'un premier emploi ou alors qui sont des allocataires de longue durée – *ça veut dire qu'*ils sont des demandeurs d'emploi de longue durée. Ça fait plus de cinq ans, six ans. Il y en a même qui n'ont jamais eu d'expérience, qui ont un certain âge, etc... Donc on travaille avec ce type de personnes à construire un projet qui tient compte de leur projet de vie, oui, un projet professionnel en tenant compte, un petit peu, de leur projet de vie. On essaie dans la mesure du possible d'avoir, effectivement, un équilibre entre un projet de vie et un projet professionnel.
> C 10, Conseiller à l'emploi dans un Espace insertion, 52 ans, marié, Bac +5, Dess psychologie clinique

> (2) Moi j'ai été détachée par la DRH de Y [grande entreprise privée de téléphonie], donc j'avais un statut un peu consultante interne donc je ne pouvais pas faire la partie prise en charge d'un accompagnement de quelqu'un qui était en congé de reclassement pur et dur, donc ce qu'on m'a confié premièrement c'était *ce qu'on appelle [les suivis d'intégration],* c'est un produit qui venait d'être lancé par X [OPP], qui était testé sur notre antenne emploi et qui consiste à suivre les personnes qui avaient déjà retrouvé un job, soit qui avaient pris un congé de reclassement soit qui étaient parties directement avec un chèque de Y ou... de les suivre durant leur période d'essai. Évidemment la période était renouvelée, donc 6 mois et donc on peut estimer ça à du coaching en termes technique et d'entretien, donc moi j'étais en charge de ça et j'ai eu sur un an... des candidats en suivi d'intégration.
> C3, 46 ans, Cadre de Y détachée en tant que consultante interne auprès d'un OPP pour accompagner le reclassement de cadres de son entreprise

> (3) Ce sont en général des cadres qui sont en rupture de contrat qu'ils sont au chômage et la prestation qui accompagne leur négociation de licenciement est une prestation qui leur est offerte par l'entreprise, car on ne prend pas de particuliers ici, *qui s'appelle* un accompagnement pour qu'ils retrouvent du travail *c'est ce qu'on appelle [un accompagnement en transition de carrière]* qui est un accompagnement dont la durée est variable, il peut aller

7. Pour rappel : « Parlons ensemble de votre pratique et notamment du travail que vous menez avec les bénéficiaires compte tenu de votre positionnement et de votre vision du métier... ».

de trois mois à douze mois voire à une durée illimitée, qu'on accompagne le candidat jusqu'à son repositionnement et une fois qu'il est repositionné il a une garantie d'un an.
C18, consultante en outplacement et en transition de carrière, travaillant en sous-traitance pour un des principaux OPP français, 53 ans

Ainsi la « prise en charge » (Achard 1993), corrélative d'une position de locuteur dans le champ de l'accompagnement implique de se situer par rapport à une instance d'énonciation collective ou institutionnelle (*ce qu'on appelle, nous, on, ici*[8]), instance à laquelle est référé le système catégoriel qui rend possible de parler du travail d'accompagnement et qui en même temps le légitime. Le monde du chômage a fabriqué des classifications sociales des personnes privées d'emploi et le monde de l'accompagnement met en correspondance le « traitement » qu'il convient de leur réserver. Ainsi en (1), la référence au désignatif « allocataires » va permettre d'identifier un type de public (à savoir des personnes éloignées de l'emploi soit qu'elles n'ont jamais travaillé soit qu'elles sont des chômeurs de longue durée) et d'énoncer les modalités d'une pratique professionnelle qui leur est ajustée. Dans les termes de la logique naturelle, cela se marque par l'ancrage de l'objet « allocataires », qui permet la constitution d'une série signifiante par des opérations (internes) de reformulation θ (Grize 1990 : 87) :

(1) allocataires → des gens qui ont un profil tout à fait particulier → des gens qui sont… ou alors qui sont… → des demandeurs d'emploi de longue durée → il y en a même qui… → ce type de personnes

En (2) et en (3) ce sont des enchaînements d'opérations logico-discursives de reprise[9], de détermination[10], ou encore d'enrichissement sur les faisceaux ou les domaines[11], qui opèrent la mise en relation dans le sens produit → public (2) ou public → produit (3) :

(2) on m'a confié *ce qu'on appelle : [les suivis d'intégration]* → *un produit* qui venait d'être lancé → qui était testé… → qui incite à suivre *les personnes qui…* → avaient déjà retrouvé un job → avaient pris un congé de reclassement → étaient partis directement avec un chèque…

---

8. Les déictiques de lieu ou de personnes peuvent renvoyer à des contextes plus ou moins larges, incluant les collègues, l'équipe de conseillers, l'entreprise prestataire et parfois plus largement la profession.
9. θ : les suivis d'intégration → un produit.
10. δ : un produit → un produit qui incite à suivre les personnes qui…
11. des cadres en rupture de contrat → leur négociation de licenciement (Grize 1996 : 88-91).

(3) des cadres en rupture de contrat au chômage → leur négociation de licenciement → la prestation qui accompagne leur négociation de licenciement → une prestation offerte par l'entreprise → un accompagnement pour qu'ils retrouvent du travail → *ce qu'on appelle [un accompagnement en transition de carrière]* → un accompagnement dont la durée est variable → on accompagne le candidat jusqu'à son repositionnement...

De la même manière, le locuteur peut faire référence aux sigles qui servent à catégoriser les publics, sans les expliciter pour autant car leur reprise apparaît technique pour l'énonciataire (« ça va pas être très parlant pour vous ») mais leur désignation est néanmoins nécessaire pour parler de son travail dans le contexte de l'interview (« moi voilà, c'est celui-là »). Dans le passage ci-dessous, deux classes-objets s'emboîtent à la faveur d'une dénivellation (« cette convention, c'est »), de telle manière que le discours passe insensiblement de la caractérisation des publics à celle des dispositifs dont ils ressortissent :

(4) Alors moi j'interviens dans le cadre de l'accompagnement des demandeurs d'emploi sur deux volets euh... sur deux types de publics. Le public qui est licencié économique dans le cadre d'un dispositif particulier... alors euh moi ici on parle en sigles et des ceci et des cela ça va pas être très parlant pour vous donc moi, voilà c'est celui-là et alors voilà celui-là... moi j'accompagne les demandeurs d'emploi licenciés pour motifs économiques et qui ont décidé d'adhérer à cette convention. Et *cette convention c'est* un dispositif d'accompagnement à la recherche d'emploi euh avec un financement privé. C'est l'Assedic qui finance à 100 % ce dispositif. Et puis après, en parallèle de ça j'interviens sur de l'accompagnement on va dire un peu plus classique, celui que l'on donne ici à tous les autres demandeurs d'emploi, licenciés ou pas.
C1, Conseillère ANPE Maison de l'Emploi, 37 ans

Classe-objet 1 = {deux types de publics ; le public licencié économique dans le cadre d'un dispositif particulier ; les demandeurs d'emplois licenciés pour motifs économiques et qui ont décidé d'adhérer à *cette convention* ; tous les autres demandeurs d'emplois, licenciés ou pas}

Classe-objet 2 = {*cette convention* ; un dispositif d'accompagnement à la recherche d'emploi avec un financement privé ; l'Assedic qui finance ce dispositif}

La référence à ces dénominations collectives permet d'insérer dans le discours des artefacts linguistiques (« les suivis d'intégration », « un accompagnement en transition de carrière »), sortes d'outils cognitivo-discursifs fonctionnant comme des points-pivots dans l'énonciation, à partir desquels peut se déployer un discours de la pratique. Ces outils ont un statut de quasi-objets. Par là, nous voulons indiquer qu'ils correspondent à des artefacts socio-techniques et économico-juridiques mis en œuvre pour instruire le procès d'accompagnement. Condensés de procédures de prise en charge, de structures de financement et de techniques de reclassement, couplés à des opérations de sélection, d'évaluation et de catégorisation des publics, ces désignatifs sont de véritables opérateurs d'orientation de l'activité professionnelle. Ils distribuent les personnes et leur accompagnement selon des règles liées aux politiques publiques et aux contraintes de reclassement pesant sur les entreprises. Ils définissent des programmes d'action applicables à ces populations. Ils cadrent les bornes et l'extension du travail engagé. On retrouve ici la problématique de *Langage et Travail* et des travaux des années 2000 sur l'instrumentalisation langagière au travail, le rôle de la catégorisation dans l'activité, la cognition située..., bref les relations entre la mise en mots, la transmission des connaissances, l'action et la fabrication des routines (Borzeix & Fraenkel 2001 : 344).

Cette pragmatique de catégorisation, qui dans un même mouvement classe une personne ou une situation et définit les bornes du programme qui lui est appliqué (Foucault 2004), est importante du point de vue de la sociologie du langage. D. Demazière montre bien que les catégories du chômage sont des « impositions institutionnelles » : « processus contrôlés de qualification de situations », elles sont « porteuses d'exigences normatives et contribuent à fabriquer des personnes conformes aux attentes institutionnalisées » (2003 : 131). Ainsi le conseiller ne rencontre pas une personne, il rencontre une personne en tant qu'elle est déjà qualifiée, inscrite dans une segmentation socio-économique, juridique et administrative, identifiée à un parcours potentiel de retour à l'emploi institutionnalisé dans un dispositif. Ou du moins, on peut penser qu'il cherchera à l'instituer comme telle. De ce point de vue, si l'on considère la sociologie du langage comme une sociologie des matérialités langagières (Ramognino 1998), tout l'enjeu est de comprendre ce que fait le sujet avec ces objets technico-idéologiques et comment il développe à partir d'eux des compétences de travail... Dans quelle mesure s'agit-il de faire rentrer le demandeur d'emploi dans les « mondes possibles » (Martin, 1983) des dispositifs construits pour lui ? À l'inverse, existe-t-il des profils de conseillers plus aptes aux « jeux de langage » (Wittgenstein 1961), c'est-à-dire développant des compétences propres à complexifier de tels programmes, plutôt qu'à les appliquer de façon rigide et enfermante, bref capables de configurer une interaction qui dépasse/déplace la rationalité instrumentale des classements que les catégories condensent ?

C'est à ce niveau seulement qu'on rapprochera l'analyse discursive des résultats d'enquêtes sociologiques, notamment le constat d'une segmentation importante du secteur de l'accompagnement (types d'intervenants, publics, pratiques et méthodes), la segmentation du marché du travail et celle du champ professionnel se redoublant (Balzani et *al*: 7) et pouvant expliquer la récurrence de telles catégorisations.

Pluriaccentuation et couplages interprétatifs

Ces outils discursifs et cognitifs que sont les désignatifs n'ont pas seulement un rôle pragmatique de « guide à l'action ». Comme le montre J. Boutet s'appuyant sur Bakhtine (*id.* : 197), les « mots du travail » incorporent simultanément des formes d'évaluation, de pluriaccentuation propres à insérer une dimension axiologique dans l'énoncé des pratiques. Or une des spécificités des dénominations employées par les professionnels de l'accompagnement tient au caractère hétérogène voire contradictoire de leurs connotations... Que faut-il penser d'une expression pourtant largement usitée comme « cellule de reclassement », quand des ouvrières récemment au chômage en parlent en la mettant en lien avec le sentiment d'enfermement vécu dans l'usine ? De même, on ne peut être que surpris des accents de valeurs liés à des expressions comme « parcours de reclassement » (dans lequel on ne cesse d'entendre insidieusement, comme évoqué en creux : « parcours du combattant »[12]). À l'inverse « maison de l'emploi » ou « plan de sauvegarde de l'emploi » (condensé souvent dans l'acronyme P.S.E.) instillent une évaluation rassurante, voire positive de dispositifs de gestion de l'emploi pourtant marqués du saut de licenciements massifs et d'effets de déclassement pour les salariés.

La pluriaccentuation des matériaux langagiers (qui peut aller, comme ici, jusqu'à l'inversion des effets destructeurs de la perte d'emploi) force l'interprétation sociologique ou psychosociologique des conduites langagières. Faut-il voir dans ces expressions définies des condensés idéologiques, des instruments de domination qui orientent l'évaluation sociale des formes d'accompagnement en occultant l'aliénation des demandeurs d'emploi réduits à accepter l'exclusion et à la retourner en management de soi (interprétation marxiste) ? Leur reprise sans débat dans le discours des consultants témoigne-t-elle (interprétation psychosociologique) d'un préconstruit professionnel où s'énonce en même temps que le bornage du métier, un des refoulés de la profession, selon lequel ce qui fait la souffrance des uns créerait du travail pour les autres (non sans une culpabilité

12. Harmoniques très différentes de celles liées à l'expression : « convention de reclassement personnalisé » !

qui induirait des processus défensifs) ? Ou s'agit-il des catégories instituantes d'une pratique sociale, qui constituent en même temps qu'elles en rendent compte les actes de classement par lesquels s'accomplit l'activité d'accompagnement (interprétation ethnométhodologique) ?

Trancher entre ces métadiscours concurrents nous semble moins intéressant que de donner à voir la pluralité des interprétations possibles, sur la base d'une analyse du « produit social » qu'est le matériau d'enquête. Une sociologie du langage respectera cette pluralité interprétative en la renvoyant à une pluralité d'usages des objets langagiers. D'une certaine manière, les désignatifs, parce qu'ils ressortissent à une des propriétés fondamentales du langage : sa polysémie, font tout ce que les sociologues peuvent en dire et leur imputent : participer de l'aliénation de travailleurs à qui le travail a été volé (on parlera ici de représentations sociales et de leur détermination idéologique[13]), refouler la souffrance et la culpabilité (en tant que « processus défensifs »), rendre compte et instaurer en même temps le classement des publics et des dispositifs (en tant qu'accomplissements pratiques). Peut-être seulement ne le font-ils pas au même moment ou dans le même contexte, ni toujours avec la même intensité. Mais respecter et rendre compte de cette pluralité « d'usage » des objets langagiers nous semble au cœur de la sociologie du langage, en tant que cette dernière inaugure une ontologie du réel « non moniste et plurielle » (Ramognino 1998 : 160). Sur cette base, le programme est bien de rendre compte de l'hétérogénéité des pratiques langagières en lien avec les différents régimes d'existence des objets langagiers.

Couplage à l'analyse interactionnelle

Dans les couplages interprétatifs avancés ci-dessus, nous n'avons pas illustré celui qui ressortit à l'interprétation relationnelle des entretiens (Demazière 2008). Soit l'extrait suivant :

> (5) I[14] : on a 3 pôles ; moi, je suis dans le pôle emploi et à l'intérieur, il y a tout ce qui est outplacement, bilan de compétences et, la petite équipe, un peu privilégiée, créa- et reprise d'entreprise. Privilégiée, parce qu'on est les seuls, quasiment à avoir un N +1 dédié.
> E : d'accord.
> I : donc en plus, là aujourd'hui on fait une croissance, qu'on est passé de 10 consultants à 25 consultants en moins d'un an. Donc c'est un peu l'explosion. Ça pose d'autres problèmes mais enfin bon, bref... Mais donc effectivement, nous on travaille essentiellement sur des plans de

13. *cf.* Vergès 1989.
14. Dans la suite de l'article, I = interviewé, E = enquêteur

reclassement, des plans sociaux économiques, euh... enfin, *ça s'appelle exactement* [des Plans de Sauvegarde de l'Emploi ou plans de départ volontaire]... Derrière, vous avez... des salariés du privé en départ volontaire qui souhaitent soit, trouver un autre emploi, soit trouver une formation longue... et ceux qui souhaitent être en accompagnement création-reprise, donc, ils nous sont rattachés.
C4, consultante création-reprise d'entreprises, OPP, 30 ans, ESC + Master 2 Psychosociologie

La mise en relation des dispositifs et des publics opère suivant ce schéma logico-discursif:

classe-objet 1 = X = { X^1, X^2, X^3,... }, classe-objet 2 = Y = { Y^1, Y^2, Y^3,... }
polyopération de détermination = [derrière X, ∃ Y]

nous on travaille essentiellement sur → (X^1) des plans de reclassement → (X^2) des plans sociaux économiques → *ça s'appelle* exactement (X^3) [des Plans de Sauvegarde de l'Emploi ou plans de départ volontaire]

(classe-objet 2 = Y^1, Y^2, Y^3,...)
derrière X^3 vous avez → (Y^1) des salariés du privé en départ volontaire qui souhaitent... → et (Y^2) ceux qui souhaitent...→ (Y^3) ils nous sont rattachés

Nous ne commenterons pas plus ici l'effet de clôture (refoulement) porté par l'expression « bon, bref... », qui empêche que soient développées les raisons pour lesquelles la croissance du service, requalifiée en « explosion », pose problème. N'est-il pas précisément refoulé ici le fait que l'augmentation de l'activité se nourrisse de l'accroissement des plans sociaux et des chômeurs sur le marché de l'emploi[15] ?

Que l'on veuille bien comparer en revanche les énoncés suivants: « derrière *il y a* des salariés du privé » et « derrière, *vous avez* des salariés du privé », et l'on comprendra comment l'énonciation produit un effet « d'interpellation » de l'allocutaire[16] convoqué dans l'énoncé sous une forme indexicale (déictique de 2e personne)[17]. Le rapport produit/public à travers la mise en relation des deux classes-objets (« derrière X, vous avez Y ») correspond à un changement dans la structure énonciative, de telle

15. Interprétation que le contexte de l'entretien tend à corroborer.
16. Ou *co-énonciateur* ou *destinataire* – selon les théories de l'énonciation mobilisées – (à ne pas confondre ici avec ce que nous avons appelé plus haut « allocataire » pour désigner les publics de l'accompagnement).
17. Dans le premier énoncé, l'absence d'actant d'énonciation crée un effet de description distanciée et objectivante du monde de l'accompagnement; dans le second, l'allocutaire est convoqué comme actant d'énoncé et il est interpellé à une place de consultant potentiel.

manière que c'est à l'allocutaire qu'il est proposé d'assumer les formes de segmentation et les dispositifs de prise en charge des personnes. Une interprétation interactionniste de l'entretien ne manquera pas de commenter l'effet de sens qui en résulte : proposition est faite à l'étudiant de s'identifier à la place du consultant dans le travail de mise en correspondance des dispositifs et publics. Celui-ci n'est-il pas un des premiers gestes, une des premières compétences professionnelles, que l'interviewé chercherait à faire partager à tout nouvel entrant ou entrant potentiel ?

Le repérage des diverses occurrences du « vous » dans l'entretien fait émerger, à côté d'un « vous » d'énonciation (« vous m'interrompez s'il le faut », « je pourrais vous faire la présentation ») qui renvoie à l'enquêteur et au rôle qui lui est dévolu (interrompre, réclamer une présentation,...), une insistance sur un « vous » d'énoncé qui insère le destinataire dans la réalité de la pratique professionnelle et le construit comme l'actant d'une activité cognitive, relationnelle, stratégique, clinique... touchant à des points critiques de la profession (accompagner des dirigeants, identifier la nature des offres d'emploi dans des secteurs très spécialisés, accepter la hiérarchie des fonctions dans les cabinets de conseil en accompagnement, résister au transfert du demandeur d'emploi sur le consultant, etc.) :

« C'est pas parce que *vous* avez affaire à un VIP que le projet sera plus complexe » (à propos du statut social de l'allocataire)
« Alors c'est vrai que quand *vous* êtes dans des... comment dire... des solutions emploi, vous avez vraiment intérêt à connaître le secteur » (à propos de la prestation de conseil)
« *Vous* avez le directeur de projet qui est là plus sur un process commercial... » (à propos de la structure hiérarchique du cabinet)
« après c'est comment certaines personnes, dans quel rôle elles vont *vous* mettre » (à propos des projections des allocataires sur le consultant)
« c'est intéressant il y a des gens qui *vous* dévoilent leur vie de manière assez violente » (à propos des comportements verbaux dans les récits de vie des allocataires)

D'un point de vue interactionniste, on a ici affaire à une stratégie discursive de témoignage passant par la mobilisation subjective de l'enquêteur. Cette stratégie qui repose sur l'identification de l'allocutaire (actant d'énonciation) à un actant d'énoncé, plongé par conséquent au cœur de la description du travail du consultant, aurait pour ressort de mobiliser l'interlocuteur pour lui faire partager des points jugés cruciaux de la professionnalité[18]. Ce qui n'est pas sans effet perlocutoire ; la dynamique

18. Les couplages interprétatifs peuvent ici s'emboîter : l'implication « relationnelle » de l'interlocuteur est aussi liée à un besoin cathartique d'évacuation de la souffrance pour le conseiller. Comme le dit plus loin l'interviewée : « [...] Il y a des situations sociales, mais vraiment il y a des moments où moi, j'avais les larmes aux

interactionnelle témoigne de la complicité des deux interlocuteurs : rires de connivence, récurrence de l'expression « c'est intéressant ! » qui dans la parole de l'I ponctue la description des aspects les plus cliniques de l'accompagnement, et qui, repris dans les retours de l'étudiante, témoigne d'une appropriation du point de vue de la consultante. Cette complicité s'établit par ailleurs sur des bases objectives : le questionnaire d'identification montre que la consultante a une formation en psychosociologie clinique[19] qui est le champ de référence de l'étudiante et aussi l'imaginaire de l'identité professionnelle dont elle se réclame. Cette proximité a sans doute favorisé un processus d'identification.

Mais la correspondance produits/bénéficiaires que nous décrivons depuis le début de cet article peut aussi donner à voir des interactions de contrôle, telles que celle par laquelle le consultant cherche à pallier « l'indétermination relative de la situation » (Demazière *id.* : 18) en interrompant l'étudiant-enquêteur pour s'assurer d'une compréhension identique de l'objet de l'entretien, y compris en inversant les rôles attendus et en s'appropriant la place du questionnement :

> (6) I : Ah juste un petit détail, ce dont je parle là, ce sont des prestations qui s'adressent à des demandeurs d'emploi, on est bien d'accord ?
> E : tout à fait
> I : Alors c'est bien le champ dans lequel ça vous intéresse, parce que la mobilité ça peut-être dans l'entreprise aussi, par mutation interne vous voyez ?
> E : Ou, j'entends bien, mais là il s'agirait d'une mobilité entre une entreprise et une autre, avec une période de transition, qui peut être une période de chômage…
> I : Ah oui oui, tout à fait d'accord, d'accord…
> E : ça peut être aussi un reclassement professionnel…
> I : Ah oui, de toute façon, c'est la même chose…, non excusez-moi, au niveau administratif, ce n'est pas la même chose du tout, pour un reclassement, c'est plutôt contractuel entre l'entreprise et le cabinet d'outplacement, c'est vraiment un contrat spécifique, c'est un contrat de prestataire…
> E : Vous c'était un conventionnement avec les services publics de l'emploi ?
> I : Y'avait les deux, j'ai fait les deux, j'ai dû faire les deux…
> C 20, consultante free lance, cabinet privé de conseil et de formation en RH, 62 ans, Maîtrise de Lettres + École du Louvre, long parcours dans la formation pour adultes

yeux. C'est pas possible, des trucs horribles… qu'est-ce qu'on fait de ça nous ?… E : Eh bien, vous faites quoi ? I : Eh ben, moi, j'en parle [rires], à qui veut l'entendre [rire]. J'en parle en supervision, j'en parle en analyse […] ».

19. Master 2 de l'université Denis Diderot-Paris 7.

L'activité de catégorisation des dispositifs et des publics est ici prise dans une série d'actes de vérification et de cadrage (Girin 2001), où les interlocuteurs partagent leur connaissance, confrontent leur définition et se mettent d'accord sur l'objet de l'entretien. Jeu de langage d'un autre type autour du couple prestations/catégories d'allocataires.

L'analyse énonciative couplée à une interprétation interactionnelle montre la dynamique intersubjective de l'entretien et en fait surgir un des usages : l'interviewé convoque l'enquêteur à être l'acteur des opérations de catégorisation présentes au cœur de la pratique. Ce faisant, il rend compte d'un des préconstruits centraux de la profession, préconstruit à mettre en partage avec l'étudiant-enquêteur. Il témoigne par ailleurs d'une des compétences du consultant, capable de projeter son interlocuteur dans l'espace signifiant adéquat, gage d'une habileté professionnelle non négligeable dans le travail discursif de l'accompagnement.

Le couplage à des cadres théoriques relevant d'ontologies différentes démultiplie les possibilités d'interprétation sociologique. Nous avons vu toutefois que ces couplages coïncident avec un refus de « toute herméneutique préalable et indécidable » (Ramognino : 164) : la sociologie du langage repose en premier lieu sur une approche descriptive des objets langagiers. En amont de toute interprétation, il y a un « mode d'existence matérielle des données langagières » qui impose de les décrire comme produits symboliques, en évitant de rabattre d'emblée l'analyse sur leur fonctionnalité sociale (Ramognino 1998 :164). Nous détaillons maintenant quelques aspects remarquables de ces objets.

« Quand même » : une revendication de niveau de formation

À côté des récurrences de formes recensées traditionnellement pour être des organisateurs spécifiques de l'énonciation (par exemple, les marqueurs de dialogisme), la sociologie du langage est attentive à toute configuration énonciative originale, atypique, qui fait rupture dans la répétition des signifiants. Ainsi de l'apparition d'un concessif dans une question sur le niveau de formation et de compétence requis par le métier. Cette forme alerte et questionne sur la construction sociale du sens :

> (7) E : Est-ce qu'il y a des formations ou compétences particulières demandées au consultant ?
> I : Alors, ce qu'on demande c'est *quand même* un niveau Licence, ça c'est sûr, après ça peut-être Sciences de l'Éducation, ça peut-être Psychologie, ça peut être Ressources Humaines, voila, donc moi j'ai un parcours, j'ai une licence en psychologie, et après j'ai fait un DESU bilan de compétences Bac +4 voilà…

C2, conseillère en insertion professionnelle, petit cabinet privé de 20 salariés travaillant en sous-traitance pour l'ANPE, 45 ans, Licence de Psycho + DESU Bilan de compétences

« Quand même », par rapport à quoi ? à qui ? Cette locution adverbiale contrastive est inattendue ; elle impose une enquête grammaticale, au terme de laquelle on peut l'analyser comme une réponse aux implicites (dépréciatifs) de la question posée par l'étudiant. Celle-ci est une question propositionnelle (Hintikka 1981), c'est-à-dire une question qui admet une réponse en oui/non (oui, il y a des compétences particulières exigées/non, il n'y a pas de compétences...), là où on aurait pu attendre de l'enquêteur une question catégorielle : « quelles sont les formations ou compétences nécessaires à l'exercice du métier ? ». La différence tient à ce que la question catégorielle présuppose l'existence de ces compétences, ce que ne fait pas la première.

D'un point de vue dialogal, « quand même » constitue rétroactivement la question de l'étudiant comme un énoncé à connotation critique dont il faut faire taire les implicites négatifs en lui opposant un fait attestable. Pour Gardin (2005 : 41), « quand même » est « dans le parler familier introducteur d'une opposition, d'une proposition qui affirme l'irréductibilité d'un aspect du réel »[20]. Cet aspect irréductible est ici le niveau de formation posé comme un fait irréfutable en opposition au doute introduit par la question propositionnelle[21]. Ce niveau est intermédiaire (bac +3), mais il n'en constitue pas moins une garantie de qualification que l'interviewé réaffirme avec détermination (« ça c'est sûr »).

D'un point de vue clinique (couplage interprétatif), l'inclusion de cette locution verbale révélerait une défense. D'où vient-elle ? Comme le souligne Sophie Divay (2008 : 57), « aucune formation spécifique n'est requise pour occuper ce type de poste, les employeurs exigeants plutôt un niveau d'études (autour de bac + 4) ou une expérience dans l'insertion professionnelle ». Il peut en résulter une impression

20. « "Quand même" sert [...] à opposer à tous les arguments précédents ainsi qu'à tous les arguments possibles l'irréductibilité d'un fait, l'opacité du réel, d'un réel qui peut d'ailleurs échapper à toute compréhension. "Quand même" convertit en fait, en élément du réel extralinguistique, la proposition qu'il introduit et du coup dénonce comme propositions, comme "mots" les énoncés qui précèdent » (id.).

21. L'interviewé s'inclut en tant que locuteur dans la figure d'un actant d'énoncé collectif (« des formations demandées au consultant » ® « ce qu'on demande »), ce qui marque une reconnaissance, sinon une adhésion aux normes de qualification décrites.

d'éclatement des profils professionnels et des trajectoires, qui ne doit pourtant pas cacher la grande similitude des situations de travail et des difficultés et contraintes, auxquelles sont confrontés ces professionnels. Dans l'état de faible structuration de la profession et en l'absence de convention collective commune, le niveau d'études est un des critères pour garantir la professionnalité[22]. On comprend qu'il soit réaffirmé, avec la force d'un fait opposable.

La sociologie du langage alerte ici sur un des points sensibles de la profession. Quels jeux de langage se développent autour de l'objet « formation »? Comment est-il approprié par les différentes catégories d'acteurs? en rapport avec quels positionnements objectifs (trajectoires, qualifications acquises,...) dans le champ professionnel?

Eux/nous: l'univers représenté des professionnalités à l'œuvre

L'analyse de la distribution actantielle, par laquelle le locuteur convoque et organise les rapports entre les sous-groupes professionnels, les différents profils ou même les métiers à l'intérieur du secteur de l'accompagnement (nous ≠ ils, eux) rend compte de l'univers imaginaire des professionnalités, sous-tendu par des rapports d'identification et de différenciation entre actants. On est ici du côté des « rapports de places » (Pêcheux 1975; Flahaut 1978), tels qu'ils organisent les mondes vécus du travail autour de distributions qui intègrent la représentation des rôles, des hiérarchies et des compétences. À la fois réels et imaginaires, ces rapports de place sont opérants dans la construction des interactions quotidiennes. Ils sous-tendent la production des rapports sociaux de travail, notamment à travers la tension qui s'opère entre les identités professionnelles pour soi et pour autrui (Dubar 1991) et la dynamique de reconnaissance qui en résulte.

La recherche de ce marqueur fait surgir différentes lignes de différenciation, dont celle, fréquente dans notre corpus, qui oppose les consultants plus seniors (« nous les vieux, les anciens,... ») aux jeunes entrants dans la profession (« eux, ceux qui arrivent »). Il ne s'agit pas simplement d'une fracture objective qui séparerait les consultants selon leur âge, mais d'un constat d'évolution des profils de formation des acteurs du champ de l'accompagnement: dans un contexte de montée en professionnalisation du secteur, les recrutements évoluent vers des profils de

22. « Un tel niveau d'études donne la garantie à l'employeur de trouver chez ces salariés des capacités rédactionnelles, utiles pour la constitution des dossiers administratifs, ainsi qu'une autonomie professionnelle nécessaire tant pour assurer le suivi individuel ou collectif des chômeurs que pour entretenir des relations avec les entreprises ou partenaires extérieurs, notamment du travail social » (Divay & Balzani: 202).

plus en plus ciblés sur les problématiques des demandeurs (mobilité vers un emploi caractérisé sectoriellement, création d'entreprise, réinsertion sociale, etc.). Les interviewés différencient les collègues ayant des formations dédiées à ceux qui sont venus au métier au terme d'un parcours professionnel diversifié. Cette différenciation recoupe partiellement la distinction opérée par certains sociologues entre les « conseillers débutants » et les « conseillers reconvertis » (Divay & Balzani, 2008 : 203) :

> (8) I : [...] la formation des consultants ici, euh... Alors *c'est marrant parce que* ça a changé, en fait le recrutement, le fonctionnement du recrutement... Avant c'était pas... dans la première équipe, vous avez une psychologue, vous avez un juriste, vous avez... y'a une école de commerce, moi, je suis et école de commerce et master psychosocio, euh... plutôt des personnes qui se sont pas positionnées d'emblée... qui sont venues après quelques années d'expérience ou qui ont fait autre chose avant, bon, et plus on avance dans les recrutements, plus sont recrutés... plus ce sont des profils avec des diplômes liés à la créa- et à la reprise d'entreprise. Oui, voilà, c'est en train d'évoluer, des personnes qui ont un master en entreprenariat par exemple... qui deviennent consultants dans la cellule. Alors que *nous, on va dire les anciens*... puisque *ceux qui arrivent*, ils ont 24 - 25 ans... ils ont été formés pour ça. C'est vrai que... moi quand je faisais mes études, ça n'existait pas encore. Même la notion d'entreprenariat n'existait pas. Donc *eux*... eh bien maintenant, il y a des diplômes qui forment à l'entreprenariat. Donc *c'est vrai que c'est rigolo de voir* la professionnalisation...
> E : oui, la façon d'aborder les choses n'est pas la même, j'imagine...
> I : ben, ils sont opérationnels tout de suite. Enfin techniquement opérationnels, impeccable. Après, *nous on* arrive avec nos... comment dire, nos expériences dans d'autres structures... moi, j'ai travaillé 10 ans dans la formation, donc sur les formations, oui, forcément, j'suis en conseil, forcément ça va, je maîtrise le milieu, j'connais comment les organismes fonctionnent, j'connais le nom des organismes, etc... donc voilà, donc *eux*, forcément *ils* ont pas ça mais ils ont autre chose. Donc ça se complète, mais c'est des approches un peu différentes, oui, je pense.
> C4, extrait 5 ci-dessus

Comment interpréter la distance amusée induite par les dénivellations[23] (« alors c'est marrant parce que... » ; « c'est vrai que c'est rigolo de voir... ») ? Inquiétude latente face à une profession qui risque d'évoluer, de se techniciser ? Peur de la concurrence de nouveaux entrants, formés différemment, mieux adaptés aux nouvelles logiques du métier ? Et en

23. Au sens de Grize (1990). La dénivellation est une opération logico-discursive par laquelle le discours procède à une condensation d'éléments antérieurs pour opérer un changement de niveau. Elle est généralement associée à une thématisation du type : W, X, Y... c'est Z.

même temps, volonté de réaffirmer les compétences des « anciens » liées à la richesse de leur parcours et à leur expérience… On peut faire l'hypothèse (couplage interprétatif) que l'énonciation marque ici des processus défensifs de mise à distance du réel pour s'en protéger[24]. L'expression d'une position en surplomb d'observation du champ professionnel, qui plus est teintée d'ironie, peut s'analyser comme un processus de « mise à l'écart » des menaces de transformation de l'exercice du métier et de l'évitement des affects pénibles qui pourraient en découler (Ionescu et *al.* 1997 : 223-227). Ce qui est alors réaffirmé (une complémentarité entre les générations liée à la diversité des formations) apparaît comme une rationalisation défensive à peine voilée : « ça se complète mais c'est des approches *un peu* différentes ». La suite de l'interview montre que cette position de potentielle vulnérabilité est retournée par l'interviewé en volonté de défendre les dimensions moins techniques, plus qualitatives de l'accompagnement.

L'espace vécu des professionnalités dans le champ de l'accompagnement n'est pas homogène : s'y investissent des rapports de place imaginaires, des anticipations d'évolution professionnelle, des craintes et des processus défensifs qui ouvrent à des positionnements différents dans le champ, et œuvrent potentiellement à des formes de résistance aux orientations dominantes du champ. La sociologie du langage en rend compte à travers des marqueurs (ici marqueur de distribution actantielle) qui donnent à voir des jeux de langage (dans l'exemple ci-dessus, l'investissement du rapport de places de manière défensive). Ces jeux sont porteurs d'effets pragmatiques : on conçoit aisément qu'ils soient agissants dans les relations quotidiennes, au sens où ils s'incorporent à la construction des rapports sociaux de travail, que ce soit sous la forme du sens visé de l'activité (Weber [1922] 1971), des ethnométhodes des membres ou des conversations professionnelles ordinaires.

Ruptures énonciatives : un travail entre dire pour l'autre et faire dire à l'autre

> (8) donc dans le bilan de compétences, comment je travaille… ? Alors je travaille en essayant de mettre en avant euh… que la personne puisse verbaliser ses compétences clés, que sur… en mettant par exemple un chiffre,

24. Fonction défensive de la dénivellation qui par son caractère méta-énonciatif permet un déplacement de la scène représentée (le changement dans les recrutements, la professionnalisation des consultants) vers une place d'analyse et de commentaire « amusés », donc « d'intellectualisation » des évolutions décrites (sur ce processus, *cf.* Glady 2003 : 255). D'un point de vue formel : c'est marrant de voir [eux ≠ nous].

un pourcentage sur les réussites, d'objectiver en fait leurs acquis de compétences ce qu'ils savent faire et souvent le fait déjà de verbaliser ce qu'ils savent faire, déjà c'est un bon moyen de reprendre confiance en soi, parce qu'on se rend compte qu'on sait faire des choses, un bon sentiment d'auto-compétence comme on dit, d'accord ?
C2, extrait 7 ci-dessus

L'extrait alerte. Il présente un fil du discours haché, alternant deux actants d'énoncés : « je » (le conseiller) et « la personne », ce qui crée une succession d'ambiguïtés et ouvre à des sens différents selon les hypothèses que l'on émet sur la continuité ou sur la rupture énonciative entre les segments.

je travaille (1) en essayant (2) de mettre en avant…
(3) que la personne puisse verbaliser ses compétences clés
(4) que sur…
(5) en mettant par exemple (6) un chiffre
(7) un pourcentage sur les réussites
(8) d'objectiver en fait (9) leurs acquis de compétences
(10) ce qu'ils savent faire

L'hypothèse d'une continuité énonciative entre (2) et (3) crée un effet de sens autour du travail de présentation du cadre et de mise en condition par le conseiller : « essayer de mettre en avant que la personne puisse verbaliser » focalise sur l'injonction, classique dans le champ de l'accompagnement, de libération de la parole ; le consultant, facilitateur, installe et garantit un cadre interactionnel qui accueille la parole du chômeur ; s'il incite à la verbalisation et à l'élaboration de représentations, sa parole s'efface devant le travail de reconstitution du chômeur. L'hypothèse de rupture énonciative conduit à une autre interprétation, induite par la substitution d'actant d'énoncé : en (2) l'actant qui « met en avant » les compétences du chômeur est le conseiller, tandis qu'en (3) c'est le chômeur lui-même qui fait le travail de découverte des compétences verbalisables. Le passage de (2) à (3) peut s'interpréter alors comme un phénomène d'autocorrection, par lequel le conseiller, remobilisant en cours d'énonciation une injonction à la non-directivité, réaffirme le rôle du travail d'élaboration du chômeur, là où il s'était spontanément substitué à lui dans cette tâche. L'énonciation n'en maintient pas moins une ambiguïté persistante, puisque le raté énonciatif de (4) débouche sur un nouvel indécidable : qui « met un chiffre, un pourcentage sur les réussites » ? Il semble bien que ce soit à nouveau le conseiller, tout comme c'est lui en (8) qui objective les acquis de compétences des bénéficiaires ; du moins c'est le parti pris interprétatif que nous choisissons, en alignant graphiquement (5) sur (1) dans le schéma ci-dessus. Mais on ne peut occulter l'autre interprétation : celle d'une continuité entre (3) et (5)[25], qui induirait que le chiffrage puisse être mis en œuvre par le chômeur lui-même.

Que faut-il conclure de cette énonciation pour le moins opaque[26] ? D'abord que l'ambiguïté des actants d'énoncés témoigne de l'entremêlement des rôles du conseiller et de la personne dans l'accompagnement : l'interaction repose sur une co-production pour objectiver les compétences du chômeur. Les ruptures énonciatives ouvrent à l'idée que ce travail oscille entre le « faire dire » à l'autre et le « dire pour l'autre ». Néanmoins si quelque chose de la tension interprétative doit être résolu, notamment en (2), (5) et (8), c'est du côté du « faire » du consultant plutôt que du « dire » de l'allocataire, au sens où malgré les autocorrections, la dynamique de l'interaction semble devoir être rabattue sur l'intervention plus dirigiste du conseiller. Ce qui se « montre » ici dans l'énonciation[27] rend bien compte de l'espace de la pratique du conseiller. Celle-ci vise l'exploration de l'univers de compétences du chômeur sous injonction d'un accompagnement non-directif, en appui sur une théorie (spontanée) du langage comme « conditionnement opérant » : verbaliser donne un sentiment d'autoconfiance[28]. Mais en même temps, il existe un danger d'aplatissement de l'interaction rabattue sur la production par le conseiller des compétences à exhiber. S. Divay (2008 : 63) rappelle que conseillers et allocataires sont pris aujourd'hui dans les mêmes contraintes d'activation, ce qui peut amener le consultant à « faire à la place du chômeur pour gagner du temps » et donc à *dire* les compétences plutôt qu'à les *faire dire*.

Est-ce la bonne figure de conseiller, celui qui mêle sa voix à celui de la personne accompagnée ? Ou sommes-nous face à une injonction productiviste qui vise le consultant au moins autant que le chômeur, introduisant un partage de la responsabilité sociale du chômage ? Les ambiguïtés énonciatives révèlent des zones de la pratique professionnelle peu formalisées, en évolution, en questionnement[29]. La sociologie du langage témoigne ainsi, à travers des observables énonciatifs microscopiques, des évolutions structurelles des professions. Ce qui se dit

25. Notons toutefois la présence d'un pronom défini plutôt que d'un possessif (« les » réussites plutôt que « ses » réussites) qui plaide pour la première hypothèse.
26. Au sens d'une opacité liée à la matérialité langagière.
27. Wittgenstein dit : « le sens se montre, il ne se dit pas ».
28. théorie décrite comme partagée dans la profession : cf. l'autonymie « comme on dit ».
29. à l'inverse des préconstruits qui généralement expriment des zones stabilisées d'une pratique professionnelle.

dans les ruptures ou les continuités énonciatives éclaire sur l'activité cognitive, normative, éthique, inconsciente qui sous-tend et oriente le travail des conseillers. Nous plaidons pour une sociologie de l'activité énonciative comme élément d'une sociologie de la pratique.

Avant/maintenant: une profession sous tension productiviste

L'analyse langagière procède par réinjection d'hypothèses sur le corpus. Si l'on suit la piste dégagée ci-dessus d'une perte de qualité du travail sous la pression productiviste, on est amené à repérer dans notre corpus des fragments tels que:

> (9) I: alors ça aussi, dans les méthodes de travail, ça aussi ça a évolué. Moi ça fait 2 ans que je suis chez B[30], euh... *au début* on avait effectivement la possibilité de choisir, que quelqu'un qui va être plutôt sur de la reprise ou sur un projet de création, plutôt nouvelles technologies, on va dire « ah ben oui, ça c'est plutôt Mathieu, ça va plutôt l'intéresser », etc... Aujourd'hui on n'est plus du tout dans cette logique-là, ça s'est extrêmement accéléré, les délais demandés par les clients sont hypercourts. C'est-à-dire que en 6 semaines, il faut que les salariés se soient positionnés sur un début de commencement de projet, qu'on valide à toute vitesse et ensuite commence la phase d'accompagnement, donc en fait, on n'a plus le temps d'attribuer les ressources, c'est « qui est disponible? » et « ben tu prends! », voilà, donc c'est de la gestion d'agenda, c'est de la gestion de ressources et savoir si c'est dans le nord de Paris, dans le sud de Paris, si c'est de la banque ou autre chose... c'est de la gestion de ressources, c'est plus le problème, voilà, ça devient productiviste quoi... euh... et ça s'accélère, c'est pas près de s'arranger.
> C4, extraits 5 et 8 ci-dessus

Élément classique de la grammaire des discours sociaux, l'opérateur de comparaison temporelle avant/après, reformulé ici en « au début/ aujourd'hui », constitue ce que j'ai appelé ailleurs « un organisateur spatio-temporel » des mondes vécus. Ici il fait surgir dans le discours les évolutions productivistes du travail: « au début on avait effectivement la possibilité de choisir.../ aujourd'hui on n'est plus du tout dans cette logique-là, ça s'est extrêmement accéléré ». Sous l'effet de nouvelles normes commerciales, imposées par les commandes d'entreprises, l'organisation du travail par spécialités à l'intérieur de l'équipe de travail est simplifiée et la distribution des missions d'accompagnement en fonction des compétences des conseillers est abandonnée au profit d'une distribution aléatoire, ajustée aux disponibilités des uns et des autres. La structure discursive inscrit à la fois la prégnance d'une nouvelle norme de travail: « en 6 semaines, il faut

30. nom de l'Opérateur Privé de Placement.

que les salariés se soient positionnés... » et une double conséquence argumentative : « donc en fait, on n'a plus le temps d'attribuer les ressources » (conséquence en termes de déspécialisation du travail) et « donc, c'est de la gestion d'agenda, c'est de la gestion de ressources [...], ça devient productiviste, c'est pas près de s'arranger » (conséquence en termes de réduction des temps d'analyse des profils des allocataires).

Au-delà des spécificités de la politique commerciale de l'OPP où travaille cette consultante, ce fragment pointe un des dangers qui guette la profession : celui d'une perte de qualité de prise en charge du chômeur sous l'effet des contraintes de volume de traitement ; et par conséquent, celui d'une perte d'autonomie des consultants dans l'organisation de leur travail et la répartition des tâches à l'intérieur de l'équipe.

La rationalisation de l'impuissance : une négation significative

C2 est « conseillère insertion professionnelle » dans un cabinet privé en contrat avec le pôle emploi. Elle suit les allocataires en mettant en œuvre deux types de « prestations » (« ça fait un an que je suis sur les nouvelles prestations Pôle Emploi ») : le bilan de compétences approfondi (un suivi d'une heure par semaine sur 6 semaines, dont l'objectif est le repositionnement dans une nouvelle orientation professionnelle) et « cible emploi » (un rendez-vous une fois tous les quinze jours sur 3 mois, dont l'objectif est de travailler sur le projet professionnel). C2 précise :

> (10) I : Eh... on est... donc c'est que je disais tout à l'heure, on est juste prestataire, ça veut dire qu'on doit recevoir... que le Pôle Emploi en fait nous envoie des personnes qu'on puisse suivre dans une démarche de projet ou de recherche d'emploi, c'est tout, voilà... donc on *n'*a *pas*, [on devrait mais on n'a pas] de démarches au niveau de l'entreprise par exemple parce que on n'a pas le temps tout simplement de pouvoir prospecter les entreprises. On est là vraiment plus dans un accompagnement que dans un placement. On aide les personnes à devenir plus autonomes dans leur recherche d'emploi ou dans leur projet.
> C2, extraits 7 et 8 et ci-dessus

On sait depuis Ducrot que le propre de la négation est que l'on puisse déchiffrer en elle l'assertion de ce qu'elle nie et qu'il s'agit d'une forme de dialogisme montré. L'énoncé est intéressant car l'assertion implicitée[31] est ici tout simplement explicitée à la faveur d'une reformulation : « on n'a pas, on devrait mais on n'a pas de démarches au niveau de l'entreprise ». L'activité des opérateurs privés devrait être une activité

31. et considérée comme de l'hétérogénéité suggérée (Authier-Revuz, 1995).

de placement, c'est du moins ce que suggère le monde possible introduit par la négation. Mais cette activité, tout comme celle du commanditaire (Pôle Emploi), est rendue impossible par le manque de temps qui empêche toute prospection en entreprise.

Si l'impuissance ressentie devant la perte d'emploi, le chômage et à la structure du marché du travail induit des défenses, on en trouve ici une trace : ce que l'on pourrait appeler la défense par réduction de l'empan de responsabilité du consultant (les OPP ne sont responsables que de la prise en charge et du suivi des demandeurs d'emploi, pas de leur retour à l'emploi). La division du travail entre Pôle Emploi et les OPP investit contractuellement ces derniers d'une mission de suivi, et uniquement de cela ; cette définition de mission permet d'externaliser la question du placement : « on est juste prestataire », « on nous envoie... on suit », « c'est tout, voilà ». L'accompagnement se substitue alors au placement et le discours sur « l'aide à l'autonomie des personnes dans leur recherche d'emploi ou leur projet » déplace et occulte à peine l'impuissance face au marché du travail.

Conclusion sur l'objet, le programme et les propositions analytiques

L'entretien, coproduit contextuellement par le consultant et l'étudiant-enquêteur, est doté d'un statut d'objet dont nous avons examiné la matérialité et les propriétés. Fabriqué en situation d'enquête, cet objet condense toute une vie sociale, notamment des processus de (co)production et d'interrelation marqués dans l'épaisseur du langage. En tant qu'objet, il peut être pris dans des usages tels que : analyses, interprétations, controverses, exemplifications,... bref des « jeux de langage », qui peuvent être à l'origine de la production d'autres objets du social : rédaction d'articles scientifiques ou journalistiques, conférences, cours, ou toute autre production de la vie intellectuelle ou morale[32]. Enfin, cet objet langagier possède des propriétés formelles : les structures grammaticales, sémantiques, discursives, énonciatives, pragmatiques, logico-discursives et argumentatives identifiées au gré de l'analyse ont été mises en relation avec des processus de nature expressive et identitaire (sujet), intersubjective et relationnelle (interaction), défensive (intrapsychique), interdiscursive ou dialogique (mémoire).

Le programme ici esquissé propose de coupler l'analyse des propriétés formelles de l'objet aux différents cadres théoriques de la sociologie, permettant que les entretiens – en fonction des ontologies – se spécifient

32. L'article que nous livrons illustre cette appropriation productive.

en divers « êtres » symboliques : outils technico-idéologiques, processus défensifs, modalités de régulation de l'interaction, catégorisations comme impositions pratiques, etc. La sociologie du langage, comme sociologie d'accès au social par ses matérialités symboliques, ouvre ainsi à un travail procédural et descriptiviste, complémentaire des autres formes d'analyse du social. Cette position méthodologique et épistémologique ne se ferme pas sur la perspective sociolinguistique mais tenant compte de la diversité des couplages, vise à offrir une base aux interprétations du social et conjointement à évaluer les différents programmes ontologiques de la discipline. Ce travail est souhaitable sur l'objet « accompagnement », dont il nous semble que la phénoménologie interpelle différentes approches théoriques (de la psychosociologie clinique à une sociologie de la violence symbolique, en passant par la sociologie de l'emploi ou celle des compétences et des professions). L'objectif est de donner à voir le potentiel de déploiement interprétatif des matériaux dans leur pluridimensionnalité. Cette sociologie des usages des objets est donc à la fois une sociologie des pratiques symboliques des acteurs et une sociologie de la connaissance.

Ainsi répondons-nous à la question introductive de notre texte par un certain nombre de propositions analytiques articulées à des propositions d'investigation.

En premier lieu, on a décrit la préconstruction de l'accueil des allocataires par les catégories dont ils relèvent (en termes de situation face à l'emploi et de dispositifs d'accompagnement). Ces catégories sont constamment réactualisées par les politiques de l'emploi[33]. Quelles compétences en termes d'information, d'adaptation, de réactivité…, cela implique-t-il pour le conseiller ? Quel travail d'explicitation du cadre juridico-financier et institutionnel ? Quelle mise en place cela induit-il au plan de l'interaction avec les allocataires ? Comment ceux-ci acceptent-ils ou contestent-ils ce cadrage ? Quels accords peuvent s'opérer lorsque la catégorie ne convient pas[34] ? On voit qu'une des principales compétences

33. Comme le note S. Divay (*id.* : 211), « les conseillers ont à assimiler un ensemble complexe de mesures relevant de la politique de l'emploi qui concerne l'emploi, la formation ou encore les aides financières auxquelles les chômeurs ont droit. Ces mesures sont en perpétuelle évolution, ce qui implique une mise à jour continue de ces connaissances techniques ».

34. Les nombreux cas d'inadéquation évoqués par les acteurs du champ (le demandeur d'emploi ne relève pas d'un dispositif ; ou il est déjà pris en charge par un dispositif alors qu'on lui en impose un autre, etc.) montrent que des stratégies de contournement sont souvent mises en œuvre par les consultants pour éviter de pénaliser les allocataires. En effet, ne pas s'inscrire dans le programme d'aide qui lui est proposé peut conduire le chômeur à perdre toute allocation.

discursives du consultant va être de donner sens à ces objets de classement et d'orientation, et de savoir interpeller/mobiliser le demandeur d'emploi afin qu'il s'approprie et exploite au mieux ce cadre. Les entretiens montrent qu'à défaut d'avoir prise sur les résultats de la démarche d'emploi, les conseillers se concentrent sur l'appropriation du cadre par la personne accompagnée, appropriation qui devient le gage d'un accompagnement réussi.

Sur le plan de la professionnalisation des acteurs du champ, la sociologie du langage rend attentifs aux expressions, positionnements, revendications identitaires, ouverts par l'écart entre l'absence de formation spécialisée requise à l'embauche et des recrutements à un niveau de qualification relativement élevé. Cet écart invite à observer l'énonciation des différences de trajectoires et de postures professionnelles, en tant qu'elles se traduisent dans l'activité quotidienne sous forme de différences revendiquées dans les modes d'accompagnement. Dans les entretiens, l'application procédurale des normes de prise en charge et des outils de suivi fait contraste avec des modes d'accompagnement plus proches du travail réel, où la qualité de soutien et d'écoute l'emporte sur l'application des prescriptions.

Enfin la sociologie du langage observe comment les contraintes d'activation risquent de menacer la qualité de l'interaction, de recouvrir le travail d'exploration, d'interrogation et de mise en sens de l'allocataire par une imposition des catégories pour dire et penser son histoire, sa trajectoire, ses compétences, ses réalisations professionnelles... Il ne s'agit pas seulement d'un aplatissement instrumental de l'interaction faute de temps, induisant une « dépsychologisation de l'accompagnement » sous-tendue par des principes gestionnaires (Divay 2008). Il s'agit aussi du risque de perte de la dynamique dialogique de l'accompagnement[35] (Denoyel 2002), interdisant que de véritables apprentissages sur soi et sur son rapport au travail (Revuz 1993) puissent surgir dans cette « zone proximale de développement » qu'est le dispositif (Vygotski 1997). Comme si, paradoxalement, l'espace de repositionnement et de reconstitution de soi, ouvert par les politiques sociales face à l'inéluctabilité du chômage, venait à être menacé à l'intérieur même des dispositifs de solidarité et d'accompagnement, par un aplatissement de la dynamique d'apprentissage sous l'effet des contraintes économiques et de gestion des coûts.

35. Au sens où l'entend Denoyel, d'un processus inférentiel complexe permis par l'actualisation en situation de « réciprocités interlocutives conjointes ». Cette configuration articule une double dialogique : dialogique interne et dialogique interne-externe, propre à favoriser l'apprentissage réciproque.

Références bibliographiques

Achard P. (1993), *La sociologie du langage,* Paris, PUF, coll. Que sais-je?

Authier-Revuz J. (1993) Écouter les chômeurs pour comprendre le rapport au travail, *Éducation Permanente,* 117, p. 47-66.

Bakhtine M. (Volochinov V. N.) [1929] (1977), *Le marxisme et la philosophie du langage,* Paris, Les Éditions de Minuit.

Balzani et al. (2008), L'accompagnement vers l'emploi: acteurs, pratiques, dynamiques, *Rapport final pour la Dares,* septembre 2008.

Borzeix A. & Fraenkel B. (2001), *Langage et travail,* Paris, CNRS Éditions.

Boutet J. (1994), *Construire le sens,* BernPeter Lang.

Bruggeman F., Paucard D. & C. Tuchszirer (2005), Privé-public: une analyse des cellules de reclassement par l'examen des jeux d'acteurs, document de travail, IRES n° 05.03.

Bureau M. C. & E Marchal (2005), Pluralité des marchés du travail et qualité des intermédiaires, document de travail n° 48, Centre d'études de l'emploi.

Demazière D. (2003), *Le chômage, comment peut-on être chômeur?* Paris, Belin.

— (2008), L'entretien biographique comme interaction. Négociations, contre-interprétations, ajustements de sens, dans *Langage et Société,* 123: 15-35.

Denoyel N. (2002), La situation interlocutive de l'accompagnement et ses ruses dialogiques, quelques réflexions autour du paradigme du dialogue, *Éducation Permanente* n° 153, 2002/4.

Divay S. (2008), Psychologisation et dépsychologisation de l'accompagnement des chômeurs, *Sociologies Pratiques,* 17 : 55-66.

Divay S. & B. Balzani (2008), Analyse des pratiques professionnelles d'accompagnement des chômeurs, dans Balzani et al. (2008), L'accompagnement vers l'emploi: acteurs, pratiques, dynamiques, *Rapport final pour la Dares,* septembre 2008.

Dubar C. (1991), *La socialisation, construction des identités sociales et professionnelles,* Paris, A. Colin, coll. U.

Ducrot O. (1984), *Le dire et le dit,* Paris, Les Éditions de Minuit.

Flahaut F. (1978), *La parole intermédiaire,* Paris, Seuil.

Foucault M. (2004), *Sécurité, Territoire, Population. Cours au collège de France. 1977-1978.* Seuil/Gallimard.

Gardin B. (2005), *Paroles d'ouvrières et d'ouvriers,* Limoges, Lambert-Lucas.

Glady M. (2003), Ressources symboliques face à la précarité, dans Palmade (dir.), *L'incertitude comme norme*, Paris, PUF.

Girin J. (2001), La théorie des organisations et la question du langage, dans Borzeix A. & B. Fraenkel, *Langage et Travail,* Paris, CNRS Éditions.

Grize J.B. (1990), *Logique et langage,* Ophrys.

— (1996), *Logique naturelle et communication,* Paris, PUF Psychologie sociale.

Hintikka J. (1981), Questions de réponses et bien d'autres questions encore, *Langue Française,* 52 : 56-70.

Ionescu S., Jacquet M.M., Lhote Cl. (1997), *Les mécanismes de défense, théorie et clini*que, Paris, Nathan Université.

Leimdorfer F. (2011), *Les sociologues et le langage,* Paris, Éditions de la Maison des Sciences de l'homme.

Martin R. (1983), *Pour une logique du sens*, Paris, PUF linguistique nouvelle.

Pêcheux M. (1975), *Les vérités de la Palice,* Paris, Maspéro.

Ramognino N. (1996), De l'usage de la linguistique dans la construction d'un objet de sciences sociales, *Sciences Sociales et Santé,* Vol, n° 2, juin 1996, p. 79-85.

— (1998), Le sujet et ses discours : de leur pertinence dans l'observation sociologique, dans Vion R. (éd.) *Les sujets et leurs discours, Énonciation et interaction*, PUP.

— (2005), De l'idéologie à la cognition sociale, ruptures et/ou révisions, dans Ramognino N. & P. Vergès (dir.), *Sociologie et cognition sociale,* PUP, p. 197-256.

— (2007), Normes sociales, normativités individuelle et collective, normativité de l'action, *Langage et société,* 119 : 13-41.

Revuz C. (1993), Écouter les chômeurs pour comprendre le rapport au travail, *Éducation Permanente*, n° 117, p. 47-66.

Vergès P. (1989), Représentations sociales de l'économie : une forme de connaissance, *dans* Jodelet D. (dir), *Les représentations sociales*, Paris, PUF.

Vygotski L. (1997), *Pensée et Langage*, Paris, Éditions La Dispute.

Weber M. [1922] (1971), *Économie et Société/1, Les catégories de la sociologie*, Paris, Plon.

Les dynamiques langagières de l'accompagnement

Ingrid de Saint-Georges
Université du Luxembourg
Ingrid.DeSaintGeorges@uni.lu

Introduction

Depuis les années quatre-vingt-dix, des spécialistes de l'accompagnement s'imposent progressivement dans les domaines les plus variés. Du social au judiciaire, en passant par la formation, la santé ou le travail, ces professionnels dont la tâche est d'encadrer, d'orienter ou de guider se nomment tantôt coach, conseiller, tuteur, mentor, sponsor, etc. (Paul 2003, 2004). Sous ces termes, se nichent dans les faits des pratiques assez diversifiées. Il n'est donc pas toujours évident de saisir ce qu'elles ont en commun ou ce qui les rapproche. Qu'est-ce qu'accompagner et comment le fait-on ? Comment devient-on « accompagné » et pourquoi ? Qu'est-ce qu'on accompagne et jusqu'où ? L'accompagnement – ses définitions, ses techniques, ou ses effets – reste un phénomène aux contours assez flous, malgré les tentatives d'apporter des éléments de réponse à ces questions dans des champs disciplinaires aussi variés que la sociologie, la psychologie clinique, la formation des adultes ou la linguistique, par exemple (Boutinet, 2004 ; Boutinet *et al.*, 2007 ; Cifali, Bourassa & Théberge, 2010 ; Divay & Balsani, 2008 ; Filliettaz, 2009 ; Glady, 2008 ; Salini, 2009).

Dans cet ensemble, peu de recherches prennent par ailleurs pour objet les relations effectives qui se nouent *in situ* entre le professionnel et son destinataire. Si les situations d'accompagnement s'appliquent donc généralement à élucider la situation des bénéficiaires, la position du professionnel du conseil reste pour sa part largement énigmatique (Chauvet, 2002 : 8). Dans cette contribution, le parti pris a été par conséquent d'aborder l'accompagnement en « ethnographe de l'activité en train de se faire » (Brassac, 2011), en faisant l'hypothèse qu'une analyse détaillée d'une situation singulière pouvait lever le voile sur certains aspects cachés du métier.

Dans ce contexte, notre attention s'est portée sur une pratique sociale spécifique : l'accompagnement de chômeurs peu qualifiés en situation de reconversion professionnelle. Le suivi des chômeurs pose une question particulière. Quand le chômage est structurel, que les professionnels ne sont pas en mesure de créer de l'emploi, et que celui-ci apparaît inaccessible pour les demandeurs, comment les accompagnateurs effectuent-ils leur travail ? Cette question est complexe et les éléments de réponses varient en fonction des personnes, des environnements institutionnels, du contexte politique, etc. Pour mieux comprendre le travail des accompagnateurs dans ces conditions, nous avons donc souhaité explorer une telle situation de suivi (où l'emploi semble inaccessible, mais où une posture d'accompagnement doit être tenue) afin de mettre en lumière certains des dilemmes et des questionnements posés par la situation. Comme les situations d'accompagnement sont des situations d'échanges langagiers, il nous a également semblé pertinent d'analyser ce travail en mobilisant des catégories issues de l'analyse du discours et de l'interaction. C'est par ailleurs dans ce champ que se situe notre propre ancrage[1].

Dans la suite de ce texte, nous commencerons donc par préciser ce que les approches interactionnelles peuvent offrir comme ressources pour l'analyse des situations d'accompagnement. Nous relèverons aussi certains des défis que ces situations posent aux analystes du discours (§1). Nous proposerons ensuite quelques outils théoriques pour aborder un aspect peu étudié de l'accompagnement : sa dimension préfigurative (§2 et 3). La pertinence des outils théoriques élaborés sera ensuite testée en mobilisant ceux-ci pour analyser différents moments d'une situation concrète de suivi (§4-6). En conclusion, nous reviendrons sur des questions plus générales à partir de cette analyse (§7).

1. Pour une définition plus précise de cet ancrage, voir Filliettaz, de Saint-Georges & Duc (2008) ainsi que Scollon & de Saint-Georges (2011).

1. L'accompagnement des transitions professionnelles comme activité langagière

À y regarder de plus près, il peut sembler étonnant que les analystes du discours et de l'interaction aient si peu porté attention aux transitions professionnelles. Les situations de suivi dans ce contexte présentent en effet plusieurs propriétés qui les rendent intéressantes pour les sociolinguistes. Il s'agit, par exemple, de situations de communication se singularisant par leur *caractère dialogique*. Si l'on y transmet des informations, on s'y engage au moins autant dans des jeux d'influences réciproques. Ces jeux visent à tenter de construire de la continuité dans des situations de ruptures, à reconstruire du sens lorsque la situation en semble dépourvue, à lever des obstacles face à des problèmes pratiques rencontrés, etc. Bénéficiaires et acteurs sont donc engagés dans des formes *d'actions conjointes.* Leurs échanges visent à « faire quelque chose ensemble » (renouer avec la confiance en soi, élaborer un plan d'action, évaluer des chances de réussites, etc.).

La relation nouée entre les acteurs est également le plus souvent *asymétrique.* Celui qui accompagne occupe généralement une position active, « de contrôle », tandis que le bénéficiaire se met en position temporaire de dépendance ou de suivi pour un temps plus ou moins long (Boutinet, 2004 : 246). Cette distribution contribue à créer une asymétrie en terme de *places* occupées dans l'interaction (Kerbrat-Orrechioni, 1992 : 71) et de distribution des rôles. Enfin, l'accompagnement constitue une *trajectoire.* Celle-ci est souvent marquée d'avancées et de retours en arrière en fonction des aléas du parcours (Boutinet, 2004 : 248) et présente très souvent un caractère *ouvert* et *imprévisible.*

Ces différentes propriétés interactionnelles de l'accompagnement varient bien entendu selon les contextes et les modalités particulières dans lesquelles s'accomplissent les pratiques sociales de l'accompagnement. Elles rejoignent aussi de manière intéressante les préoccupations de la linguistique du discours et de la linguistique appliquée telles qu'elles se sont développées depuis les années soixante. Les travaux issus de la pragmatique ont, par exemple, mis de longue date en évidence que communiquer était rarement une fin en soi mais consiste globalement à opérer des transformations finalisées sur le monde (voir Filliettaz, 2004 ; Scollon, 2001). Les approches critiques du discours se sont intéressées de près aux rapports de pouvoir et aux négociations qui peuvent s'engager dans les échanges langagiers en cas de déséquilibre du rapport de place (Holmes & Stubbe, 2003). Sur le plan méthodologique, des travaux récents font des propositions pour dépasser la micro-analyse d'épisodes ponctuels, afin de mieux saisir les trajectoires plus longues dans lesquelles ces épisodes s'inscrivent (de Saint-Georges & Filliettaz, 2008 ; Scollon & Scollon, 2004 ; Wortham, 2006). Et plus généralement, les travaux portant sur le champ du langage au travail (Boutet, 1995, 2008 ; Drew & Heritage, 1992) ont affiné les outils et les catégories nécessaires à l'analyse de la part langagière des métiers. Ces travaux pourraient donc utilement être mis à profit pour analyser le travail langagier effectué par les professionnels de l'accompagnement et ses conséquences.

Les situations d'accompagnement posent cependant également des défis inédits aux analystes du discours. Un de ces défis nous semble lié à la nature « préfigurative » des entretiens de conseil et de suivi. Si une partie du travail réalisé entre accompagnateurs et bénéficiaires dans les échanges consiste à élucider ce qui dans le parcours de la personne a pu mener à la situation présente, une portion tout aussi significative est consacrée à l'exploration de ce qui est possible ou envisageable dans le futur. Or la littérature est peu prolixe à propos de ces « discours préfiguratifs ». Si l'analyse des récits et des discours au passé constitue un champ de recherche en soi[2], les « discours au futur », eux, ne sont que très marginalement étudiés (de Saint-Georges, à paraître). Il semblait dès lors opportun de se donner un cadre pour aborder ce travail discursif de préfiguration effectivement réalisé dans les situations d'accompagnement afin d'être en mesure d'aborder les questions suivantes : quelles sont les modalités de configuration sociale du futur dans le discours des accompagnateurs ? Dans quelle mesure les discours préfiguratifs participent-ils à ouvrir des champs de possibles pour le bénéficiaire ou au contraire à limiter ceux-ci ? Dans les sections suivantes, nous posons quelques jalons théoriques pour aborder ces questions.

2. Les « discours préfiguratifs »

Nous empruntons la notion de « discours préfiguratif » (en anglais, *anticipatory discourse*) aux travaux de Scollon et Scollon qui, au début des années 2000, ont posé les premiers jalons d'une « théorie linguistique de l'anticipation » (voir Scollon & Scollon, 2000 ; S. Scollon, 2001 ; de Saint-Georges, 2005, à paraître). Ces auteurs postulent avec d'autres que tout comportement humain est par nature orienté vers l'avenir (*forward-looking*). Par conséquent, si l'on s'intéresse au point de vue des acteurs au moment d'agir, il apparaît nécessaire d'intégrer une théorie

2. Voir à ce propos les travaux princeps de Labov & Waletzky (1967), ou les travaux plus récents de Bamberg, de Fina et Schiffrin (2008), pour des synthèses par exemple.

de l'anticipation aux théories de l'action ou de l'agentivité qu'on peut vouloir mobiliser pour l'étudier. Scollon & Scollon (2000) ne font qu'esquisser à quoi ressemblerait cette théorie de l'anticipation mais proposent qu'elle devrait comprendre en tout cas sur le plan de l'analyse discursive : a) l'analyse des motifs et raisons d'agir évoqués par les locuteurs pour justifier le choix d'un cours d'action futur plutôt qu'un autre et b) l'analyse des attitudes ou positions exprimées par rapport au futur dans leur discours. Scollon et Scollon (2000) avancent à ce propos que tout énoncé portant sur une situation à venir porte la trace de la manière dont le locuteur se situe par rapport à elle sur le plan *épistémique* (le futur apparaît-il comme connu, connaissable ou, au contraire, impossible à déchiffrer ?) et sur le plan de l'*action* (le locuteur considère-t-il qu'il est en position d'agir par rapport aux événements futurs ou au contraire qu'il lui est impossible d'influer sur ceux-ci ?). Selon la posture adoptée sur l'axe épistémique, le locuteur construira tantôt une posture *agnostique ou prophétique*. Sur l'axe de l'action, celle-ci sera plutôt *agentive* ou *fataliste*.

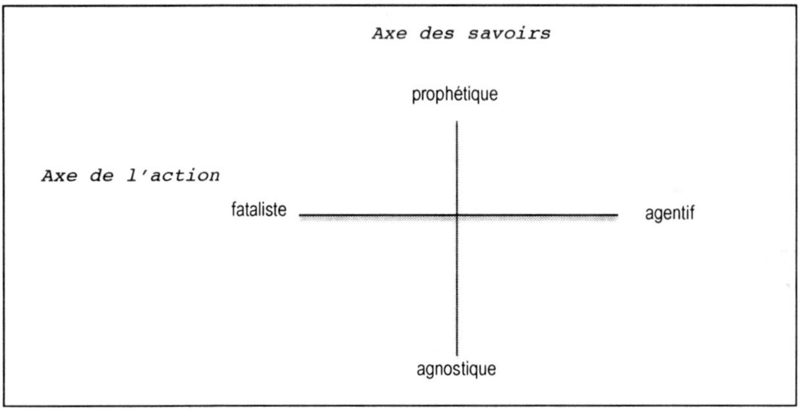

Figure 1 : Les postures préfiguratives
(adaptation de Scollon & Scollon, [2000])

Plus largement, le projet sous-jacent de Scollon et Scollon relève d'une approche critique du discours intéressée par les enjeux *politiques* des discours de décision, d'orientation ou de délibération. En effet, l'idée d'avenir implique de se représenter ce qui n'est pas encore advenu. D'un certain point de vue, l'avenir est donc relativement ouvert et potentiellement sujet à débat. Ces débats sont toujours des tentatives de projeter certaines configurations particulières d'événements dans le monde, de pré-former en quelque sorte l'avenir (Gee, 1998). La question politique qui se pose dans ce contexte est dès lors la suivante : puisque les propositions émises à propos du futur ne sont pas falsifiables au moment de leur énonciation, qui a le pouvoir d'imposer certaines représentations plutôt que d'autres ? Et dans le cas de négociations collectives, quelles descriptions sont légitimées, par quels processus et avec quelles conséquences ?

Les situations d'orientation et de conseil sont à certains égards des situations similaires de micropolitiques. L'idéologie de l'activation, par exemple, n'indexe pas les mêmes futurs possibles pour le chômeur que les projets que l'on peut trouver dans le secteur de l'économie sociale[3], souvent fondée sur une idéologie davantage émancipatrice. Dans les deux cas, la réinsertion professionnelle peut être visée de manière agentive et proactive, mais motivée par des raisons d'agir très différentes. Interroger les attitudes qui se déclinent dans l'exercice du travail est une porte d'entrée possible pour analyser comment ces idéologies se construisent dans l'interaction.

3. Actes directifs et pilotage stratégique de l'action

Une autre porte d'entrée pour analyser le travail des accompagnateurs est d'observer la façon dont leurs discours contribuent à légitimer ou au contraire à restreindre des lignes de conduite pour le bénéficiaire. De ce point de vue, l'exploration de données empiriques donne à voir qu'accompagnateurs et bénéficiaires font tout d'abord un important travail d'élaboration de scénarios au cours de leurs rencontres. Ce travail d'exploration consiste souvent à croiser les préférences du chômeur, ses compétences avérées et la réalité du marché du travail pour projeter un ensemble de choix possibles pour le bénéficiaire. Typiquement, deux formes de scénarios (de Jouvenel, 2004 : 77) apparaissent dans les situations de conseil. Les scénarios de type *exploratoire* permettent de défricher ce qui est possible, imaginable ou souhaitable pour le chercheur d'emploi, c'est-à-dire d'effectuer un inventaire des possibles (réalistes ou non). Les scénarios de type *stratégique* consistent à faire le tri parmi les scénarios imaginables pour ne retenir que celui ou ceux qui apparaissent réalistes ou souhaitables. À partir de là, le travail des conseillers consiste à clarifier, en accord avec le bénéficiaire, les étapes à mettre en œuvre pour réaliser le plan d'action envisagé. L'élaboration de scénario consiste ainsi tantôt à ouvrir l'avenir[4] et à proposer des ressources pratiques et symboliques pour

3. Voir ci-dessous pour la description d'un tel projet.
4. Les travaux classiques en psychosociologie du travail ont bien montré l'importance de cette dimension, le chômage à long terme érodant souvent la capacité des acteurs à se projeter dans l'avenir (Jahoda, 1987).

aider le bénéficiaire à s'orienter dans sa recherche d'emploi. À d'autres moments, l'activité de conseil amène à refermer des pistes, à décourager certaines conduites ou certains parcours, dont on juge qu'ils ne sont pas porteurs pour le demandeur.

Quelle que soit la manière, le professionnel accompagne donc aussi le processus décisionnel du bénéficiaire. Même lorsque l'accompagnateur considère que son rôle est de laisser le bénéficiaire libre de ses choix, sa posture apparaît rarement neutre. Dans les situations de conseil, on constate, par exemple, que les accompagnateurs parfois « suggèrent », parfois « invitent », parfois « conseillent », etc. d'envisager telle stratégie, ou de prendre telle initiative[5]. Ces actes de langage n'ont pas tous la même force illocutoire, comme le note Vanderveken (1988). Par exemple, « suggérer » à quelqu'un de faire quelque chose est une tentative relativement faible sur le plan langagier d'enrôler cette personne dans l'action (p. 184) ; « insister » constitue déjà une manière plus forte et persistante de l'y engager, tandis qu'« exiger » d'elle d'agir d'une certaine façon constitue la forme la plus impérative de lui dire de faire quelque chose (p. 185).

Selon que le conseiller utilise une forme directive plutôt qu'une autre, l'énoncé crée en outre des possibilités de réponse différentes pour le bénéficiaire. Par exemple, lui « dire de faire quelque chose » ou l'« encourager vivement à le faire » lui laisse moins d'options de refus que simplement lui « suggérer » ou lui « demander » d'adopter un cours d'action particulier. Le point le plus important à noter est que le système de la langue oblige le conseiller à nécessairement choisir une forme lorsqu'il exprime son conseil. Cette forme est toujours porteuse d'une certaine position par rapport à la proposition évoquée. Le discours a donc une fonction performative d'orientation plus ou moins forte de l'action. « Accompagner » en ce sens revient à utiliser les ressources du langage pour mettre le bénéficiaire en action, le faire réfléchir, l'inviter à anticiper pour provoquer des émotions ou des prises de décisions. Il s'agit donc d'un instrument pratique et psychologique particulièrement efficace pour induire certaines conduites chez le bénéficiaire, même si celui-ci est toujours en position de refuser les « offres de sens » (Glady, 2008) qui lui sont présentées. Il peut lui aussi négocier les choix qui conviennent, présenter d'autres scénarios qui lui semblent viables, contester les offres qui lui sont faites, etc. dans le rapport dialogique qui s'instaure.

5. Dans ce travail sur les actes de langage, nous reprenons et élargissons ici les travaux de Mayen & Specogna (2005 : 203) qui ont les premiers proposé de travailler sur l'acte de langage « conseiller » dans des situations de conseil en gestion dans le domaine de l'agriculture.

Dans la suite de cet article, nous aimerions examiner plus précisément comment l'élaboration de postures préfiguratives particulières, construites au cours de l'exploration de différents scénarios, sert de base pour exercer l'activité de conseil et pour induire certains comportements chez un stagiaire en formation. L'analyse sera également l'occasion d'identifier certaines controverses qui surgissent à propos de l'accompagnement au cours de l'activité. Avant de procéder à cette analyse, nous présentons toutefois brièvement le contexte de l'enquête et la situation étudiée.

4. Contexte de l'enquête

Les extraits que nous avons choisis d'analyser constituent différents moments d'une trajectoire d'accompagnement enregistrés au cours d'une recherche effectuée dans un centre de formation que nous désignerons sous le pseudonyme d'« Horizons ». Avec son équipe de 25 employés, Horizons réalise quelque 52 000 heures de formation par an dans quatre filières (gros œuvre-maçonnerie, peinture et plafonnage, travaux forestiers, nettoyage). Ce centre, reconnu par la Région Wallonne, appartient au réseau des Entreprises de Formation par le Travail (EFT) en Belgique francophone, des entreprises qui intègrent les valeurs de l'économie sociale[6]. De type associatif, les EFT ont émergé dans le champ du travail social dans les années 1980[7] et présentent la particularité de combiner activité économique véritable (avec production de biens et de services) et mission d'insertion/formation. Elles travaillent prioritairement avec des personnes menacées d'exclusion sociale et les plus en difficulté par rapport à une insertion professionnelle au sens strict. Par rapport aux politiques d'insertion des pouvoirs publics, elles mettent donc moins l'accent sur le taux de placement à l'issue de la formation que sur un objectif plus large de socialisation des personnes, d'insertion citoyenne et d'éducation.

L'enquête initiale a impliqué six mois d'observations ethnographiques et d'enregistrements audio et vidéographiques de différentes activités du centre (cours, chantiers, suivi et accompagnement des

6. Pour une description détaillée des origines et des modalités d'organisations des EFT en Belgique, voir Nyssen & Grégoire (2002).
7. Comme le notent Nyssen & Grégoire (2002), au départ, les EFT se sont développées hors de tout cadre légal, avant d'être progressivement reconnues par les autorités publiques. Ce processus d'institutionnalisation a eu des effets en partie bénéfiques (légalisation et subsidiation des activités réalisées), mais le cadrage qui en résulte contribue aussi parfois à limiter l'autonomie de ces entreprises et leurs prises d'initiatives (les formations ne sont pas qualifiantes, elles restent à la merci de changement de politique des autorités publiques, et elles doivent souvent lutter pour que le taux de placement ne soit pas la seule mesure du succès et du financement de leurs activités).

personnes) et ne visait pas au départ la question spécifique de l'accompagnement (de Saint-Georges, 2003). Au cours de ce travail, une activité est cependant apparue centrale de ce point de vue : les « conseils pédagogiques ». Le rôle de ces conseils est de contribuer à épauler le stagiaire dans ses projets personnels en lui prodiguant aide et points de repère pour mener à bien les objectifs qu'il s'est fixés. Leur particularité est de rassembler l'ensemble des professionnels en contact avec le jeune en formation (enseignants, moniteurs des chantiers, assistant social, responsable de la formation, responsable de l'insertion) au cours de temps d'accompagnement *collectif*. Cette situation est donc à certains égards atypique du point de vue de l'accompagnement, le colloque singulier entre un accompagnant et son bénéficiaire semblant être un format plus habituel de l'exercice du conseil. D'un point de vue méthodologique cependant, les débats collectifs observés se sont avérés un observatoire unique pour accéder à un discours qui reste habituellement invisible dans le secret du colloque singulier. Nous avons donc choisi d'analyser des extraits de ces conseils car ils permettaient de mettre en lumière certaines des controverses du métier, tout en étant représentatifs de l'activité d'accompagner « en train de se faire ».

5. La situation étudiée

Plus spécifiquement, la situation d'accompagnement que nous examinerons ici concerne Barry, un jeune père de famille qui a choisi de se reconvertir au métier de plâtrier après de nombreuses années dans le secteur de l'hôtellerie. Après des débuts très encourageants, son projet de reconversion vient buter contre un obstacle de taille : des problèmes de santé récurrents (bras droit qui enfle, maux de dos répétés) l'amènent à de fréquents arrêts maladie. Les différents intervenants qui encadrent Barry l'encouragent à consulter un médecin mais Barry s'y refuse, relevant que sa santé relève de la sphère privée. Au bout de quelques mois sans amélioration, des questions émergent : comment l'amener à se responsabiliser par rapport à sa santé et à débloquer la situation ? Quelles sont les possibilités pour lui de retrouver un emploi s'il ne cherche pas à résoudre son problème ? Pour les accompagnateurs, son projet professionnel risque d'être mis en péril s'il est incapable de tenir dans le travail.

Les extraits retenus sont issus de deux rencontres successives, chacune s'étant produite à un mois d'intervalle. La première rencontre est un conseil pédagogique ordinaire. Les participants à ce conseil sont : MF, la responsable de formation sur le plan pédagogique ; T, l'assistant social du centre ; W, le tuteur formateur du jeune sur les chantiers ; JP, le chef d'atelier responsable de l'ensemble de la formation pratique et P et F, respectivement professeurs de mathématiques et de français, qui donnent des cours de remises à niveau dans ces branches. Le stagiaire est lui-même absent de cette première séance (les formés sont invités à participer aux conseils mais ils le font rarement). La seconde situation est extra-ordinaire. Elle reprend les mêmes acteurs (sauf les deux enseignants des cours généraux) mais a été convoquée par les stagiaires eux-mêmes pour discuter de ce qui a été dit lors du premier conseil et des rapports d'évaluation qu'ils ont reçus à la suite de celui-ci. À cette seconde réunion, quatre stagiaires sont donc présents même si notre attention portera exclusivement sur les échanges avec et autour de Barry.

Le cas de Barry nous semblait intéressant à relever. En effet, les débats à son propos sont à la fois tout à fait typiques des négociations et délibérations qui ont lieu habituellement dans le cadre des conseils pédagogiques. Les intervenants cherchent des pistes individualisées par rapport à une situation toujours singulière. Mais le fait que Barry « résiste » aux propositions des accompagnateurs la rend aussi unique, les obligeant à s'interroger sur leur rôle et sur les limites de leur travail. Ces extraits offrent donc un matériau riche pour l'analyse car la démarche même d'accompagner y est explicitement discutée.

6. Analyse des extraits

6.1. Un paradoxe initial: l'accompagnement empêché[8]

La situation débattue dans les deux réunions est celle décrite à l'instant: comment parvenir à ce que Barry solutionne un problème de santé qui l'empêche de déployer la même énergie au travail tous les jours? La responsable de formation résume au début de la réunion ce problème de la manière suivante[9]:

(1) « c'est mon problème et vous ne pouvez rien y faire »

MF: 1. c'est vraiment un problème hein (xxxxx) [...]
2. le problème de-
3. de résistance. [...]
4. donc en décembre [...] on avait fait le topo et euh
5. Barry à ce moment-là s'était très fort braqué [...]
6. il avait dit euh . c'est mon problème . je le gère . et et pas question (xxxxxxxx) euh
7. donc manifestement il ne veut pas qu'on interfère là-dedans
8. et il n'est pas du tout décidé de se prendre en main.
9. le message qu'on avait fait c'était dire euh.

8. J'emprunte cette expression à Filliettaz (2009).

9. Les conventions de transcription sont présentées en annexe.

10. « c-c'est ta vie nous on ne peut rien faire de plus mais »
11. (et alors le message)
12. (il) avait été très clair hein en décembre (xxxx) « ta formation dépend de ça.
13. donc arriver à donner en continu avec autant d'énergie un jour après l'autre . augmenter ta capacité [...] »
14. et à ça il avait répondu si je résume..
15. « c'est mon problème et vous pouvez rien y faire vous quoi hein »
16. c'est ça hein ?

Cet extrait illustre d'emblée une situation d'accompagnement paradoxale. D'une part, le type de problème de santé rencontré par Barry pourrait rendre l'emploi de plâtrier potentiellement inaccessible pour lui. Selon sa gravité et la possibilité ou non de se soigner, il pourrait mettre directement en question son projet de reconversion professionnelle. D'autre part, le stagiaire refuse de s'informer sur la gravité du problème ou sur les démarches médicales qui pourraient ou non être entreprises pour réagir à ce problème. Les accompagnateurs sont ainsi doublement empêchés dans leur activité d'accompagnement. S'ils considèrent leur rôle comme celui d'amener vers un retour à l'emploi, ils sont confrontés aux limites physiques du stagiaire. S'ils estiment que leur fonction est de responsabiliser le stagiaire à prendre soin de sa santé, ils sont confrontés à la demande de non-ingérence du stagiaire dans des questions qu'il considère d'ordre privé (cf. l. 6. « il avait dit euh. c'est mon problème. je le gère. et et pas question (xxxxxxxx) euh » ; l. 7. « donc manifestement il ne veut pas qu'on interfère là-dedans » ; l. 8. « et il n'est pas du tout décidé de se prendre en main »). Ils se trouvent dans la position difficile de devoir accompagner (l'objectif de la réunion est de donner au stagiaire un feedback sur son travail ainsi que de lui suggérer des domaines dans lesquels il peut progresser) sans avoir la possibilité de le faire (ils ont déjà épuisé la possibilité de lui transmettre un message et reçu une réponse négative par rapport à celui-ci) (cf. l. 9-15). Dans ce contexte, une question se pose alors : comment le collectif peut-il et va-t-il exercer son travail ?

6.2. L'exploration de scénarios

L'activité discursive qui se met en place à l'énoncé des termes du problème est tout d'abord une activité d'exploration de champs de possibles à travers l'élaboration de différents scénarios. Nous en explorerons quatre parmi ceux évoqués. Le premier scénario consiste à projeter ce qui pourrait advenir au stagiaire s'il venait à trouver un emploi dans son nouveau domaine de formation sans avoir résolu son problème de santé. Ce scénario est évoqué par W, plâtrier de profession et formateur de terrain de Barry, de la manière suivante :

Scénario 1. L'engagement chez un patron

(2) « il ira chez quel patron après ? »

W : 1. (au niveau) professionnel ce sera plus dur
2. ça c'est
3. y'a rien à faire.
4. mais ici ça va l'amener à avoir d'autres problèmes et des problèmes réels (xxxx) qu'il a maintenant.
MF : 5. qu'est-ce que tu veux dire ?
W : 6. ben . bon . il aura besoin de son salaire et tout
7. (maintenant on commence à travailler)
MF : 8. ah oui.
W : 9. (à se faire distancer) ce sera (xxxx)
10. ce sera marqué sur un bout de papier
11. et puis voilà
12. manque de résistance
13. il ira chez quel patron après ?

Dans ce scénario, W présuppose que Barry a trouvé du travail dans le champ professionnel visé et déroule une image de cette situation pour en explorer les conséquences concrètes. En déroulant cette image, W adopte une posture préfigurative particulière. Si l'on reprend les termes proposés par Scollon & Scollon (2000), elle pourrait être qualifiée de *prophétique* et *fataliste*. Tout d'abord, le futur envisagé est présenté comme « connu », comme l'atteste l'emploi du futur simple (l. 1. « (au niveau) professionnel ce sera plus dur » ; l. 6. « ben . bon . il aura besoin de son salaire et tout » ; l. 10. « ce sera (xxxx) ce sera marqué sur un bout de papier »). Le formateur se base sur son expérience du milieu pour extrapoler la situation future de Barry. La posture du formateur est ensuite également « fataliste ». Il considère qu'il n'y a pas d'alternative au scénario qu'il expose (l. 3. « y a rien à faire ») ; si Barry est incapable d'exécuter son travail avec le même rendement tous les jours, aucune circonstance ne pourra surgir pour venir mitiger la situation. Enfin, le scénario est présenté comme potentiellement défavorable, risquant de ramener Barry à une situation de chômage (l. 13. « il ira chez quel patron après ? »). Toutes ces raisons (la réalité du milieu professionnel et le risque de perte d'emploi) amènent les accompagnateurs à souhaiter poursuivre leur travail d'accompagnement même s'il n'y a pas de demande de la part de Barry qu'ils le fassent (voir même si le bénéficiaire refuse ici d'être accompagné).

Scénario 2. Mettre fin à la formation

Le deuxième scénario évoqué dans l'échange est à nouveau de type exploratoire. Il est proposé par le professeur de mathématique, P, qui s'interroge sur le sens de garder Barry en formation si celle-ci n'a que peu de chances de déboucher sur un emploi. Dans l'échange, F, le professeur de français, MF, la responsable pédagogique et JP le responsable d'atelier interviennent également :

(3) « on a jamais mis quelqu'un à la porte parce qu'il avait des problèmes »

P: 1. dites j'voudrais poser une question [...]
2. ici dans sa can-
3. dans le cadre de sa formation
4. est-ce que ce serait un handicap tel qu'on dise « ben
5. écoutes non tu (xxxx) »
6. c'est des questions qu'je pose hein parce que
7. théoriques quoi hein.
MF: 8. humhm.
P: 9. voyez ce que je veux dire?
10. ce qui se passe en entreprise est-ce que nous à la longue si jamais c'est- c'est trop fort quoi =
F: 11. oui.
P: 12. = euh euh est-ce que ce serait un motif malgré toute la sympathie qu'on a pour lui de lui dire « écoutes si tu- ça-ça va pas quoi. »
? : 13. mais non !
P: 14. je demande c'est une question que je pose est-ce que ça pourrait être ça?
MF: 15. on n'a jamais mis quelqu'un à la porte parce qu'il avait des problèmes (xxxx)
P: 16. mais mis à la porte je n'ai- je ne dis pas !_
MF: 17. mais ça- ça revient au même quoi (xxxx) sa formation [...]
JP: 18. y a un an qu'il est ici et- et travaille
19. et tu vas lui dire «écoutes euh à cause de ta santé on ne te- veut plus?»
P: 20. oui ben oui oui c'est une question que je posais hein voilà
MF: 21. non non . [...]
JP: 22.(quitter sa formation peut-être la la brosser) et puis après hein qu'il tire ses plans comme on dit hein.

Le scénario qui propose de mettre un terme à la formation de Barry n'est évoqué qu'avec beaucoup de précautions rhétoriques. Il est évoqué tout d'abord sous forme de question (l. 1. « dites je voudrais poser une question » ; l. 6. « c'est des questions qu'je pose hein parce que » ; l. 14. « je demande c'est une question que je pose est-ce que ça pourrait être ça? »). Il est présenté comme un cas de figure théorique et non comme une proposition en soi (l. 6-8. « c'est des questions que j'pose hein parce que » « théoriques quoi hein»). L'idée de mettre fin à la formation de Barry n'est jamais non plus évoquée explicitement par P. ce qui permet de réfuter le scénario lorsqu'un des membres du groupe le rejette (l. 15. « on a jamais mis quelqu'un à la porte parce qu'il avait des problèmes » ; l. 16. « mais mis à la porte je n'ai- je ne dis pas ! »). Le scénario est de surcroît jugé irrecevable par plusieurs membres du groupe. Un participant le rejette d'emblée (l. 13. « mais non ! ») et un autre décrit pourquoi il lui semble non envisageable (l. 18. « y'a un an qu'il est ici et- et travaille » ; l. 19. « et tu vas lui dire "écoutes euh à cause de ta santé on ne te- veut plus?" »). Ces réactions négatives amènent donc à abandonner le scénario.

Plus largement, cet échange présente l'intérêt de mettre en lumière la difficulté à discuter des limites de l'accompagnement. Cette difficulté est perceptible dans le nombre de précautions oratoires prises par P pour l'énoncer. Elle est visible également dans les réactions exprimées par rapport à ce scénario par divers membres du collectif. L'échange semble donc illustrer que, pour une partie des participants, il est impossible de démissionner de la posture d'accompagnement même lorsqu'on est mis dans la situation paradoxale de ne pas pouvoir le faire (parce que la situation n'offre aucune solution visible et rapide et parce que les seules actions envisageables par le groupe sont refusées par le bénéficiaire). Il constitue par ailleurs une manière pour le groupe de clarifier son activité : un accord se dessine sur le fait qu'avoir des problèmes n'est pas un motif pour mettre quelqu'un à la porte (l. 15), que le fait d'avoir poursuivi une formation pendant près d'un an empêche d'y mettre fin du jour au lendemain (1.18-19), et que laisser quelqu'un seul devant l'obstacle n'est pas une option pour le groupe (l. 22).

Enfin, l'extrait est intéressant à analyser du point de vue des postures préfiguratives. Dans le premier scénario, W évoquait les exigences patronales pour construire une posture prophétique et fataliste (pas de futur professionnel pour Barry s'il ne se soignait pas). C'est donc le point de vue de la demande et de l'employeur qui était adopté pour formuler un conseil. P de son côté évoque plutôt avec ses interrogations la question de l'action sur l'offre. Son fatalisme semble concerner la capacité d'Horizons à former Barry. Il semble interroger le sens de l'acte de former quelqu'un qui n'est plus en mesure d'apprendre, indépendamment même du marché du travail.

Scénario 3. Imposer que le stagiaire se soigne

Une troisième option envisagée par le groupe consiste à explorer la possibilité d'obliger le stagiaire à prendre sa santé en main. À ce stade, le scénario est toujours exploratoire. Cette proposition est énoncée par l'assistant-social, T et fait l'objet d'une controverse. Le travail des accompagnateurs doit-il être une activité d'aide à la décision sans décider à la place de la personne ? Ou bien ont-ils une mission de prévention de l'échec si celui-ci semble programmé d'avance ?

(4) « oui mais nous on est dans un cadre où on peut aussi imposer quelque chose »

T: 1. oui mais nous on est dans un cadre où on peut aussi imposer quelque chose
JP: 2. imposer ?
3. on n'a jamais rien imposé à personne d'ailleurs
T: 4. mais si. on impose quand même certaines choses à certaines personnes
5. on leur impose des cours on leur impose=
JP: 6. ouais on
T: 7. = cer- certaines choses donc
8. donc par rapport à
9. à son projet professionnel
10. j'trouve qu'y qu'y a des choses qu'on peut imposer.
11. et ça c'est vrai pour
12. c'est un aspect des choses qu'il faut qu'il fau:t
JP: 13. (c'est atteindre) à sa vie privée.
P: 14. non . hein . si ça si ça a des répercussions
T: 15. c'est atteindre à sa vie professionnelle
P: 16. = si ça- si ça a des répercussions ..
17. sur l'aspect pro- euh
18. formation et professionnel
19. c'est pas seulement une atteinte à sa vie privée hein dans ce cas-là [...]
20. = le patron va pas aller par quatre chemins lui
21. or nous nous d-devons précéder et peut-être
22. je ne sais pas moi je ne vois pas clair je ne vois pas clair
JP: 23. mais je ne dis pas
P: 24. on lui a déjà conseillé fortement
25. on l'a averti fortement
26. euh
T: 27. et on ne peut rien faire d'autre hein
P: 28. ou alors c'est (xxx)
T: 29. ou alors bon à la limite ne nous posons plus la question quoi.
JP: 30. c'est bon on le sait bien
T: 31. voilà c'est tout ça ne pose pas de problème.

La controverse professionnelle évoquée ici porte sur deux aspects du travail d'accompagnement : 1) où s'arrête l'accompagnement (peut-il porter sur autre chose que des questions professionnelles) ? et 2) jusqu'à quel point l'accompagnateur peut-il influencer les actions du bénéficiaire (doit-il se borner à conseiller ou peut-il imposer) ? Différentes postures sont déclinées tandis que le collectif s'interroge sur ce qui est acceptable dans la relation professionnelle d'accompagnement pour arriver à un déblocage de la situation. L'assistant social, T, justifie l'autorité à piloter l'activité d'autrui par le fait d'être dans un contexte institutionnel particulier (l. 1. « oui mais nous on est dans un cadre où on peut aussi imposer quelque chose »). Cette position est immédiatement contestée par le chef d'atelier JP qui note que poser de telles exigences n'est pas conforme à la politique habituelle du centre (l. 2-3. « imposer ? » « on n'a jamais rien imposé à pers onne d'ailleurs »). À cela l'assistant social rétorque qu'il existe des antécédents (l. 4. « mais si . on impose quand même certaines choses à certaines personnes » ; l. 5. « on leur impose des cours on leur impose »). Les deux interlocuteurs s'opposent ensuite sur la question de l'ingérence. JP considère que réaliser l'acte d'imposer à Barry de se soigner est une atteinte à la vie privée du stagiaire (l. 13. « (c'est atteindre) à sa vie privée »). T situe l'enjeu au niveau de la vie professionnelle (l. 15. « c'est atteindre à sa vie professionnelle »). Ce point de vue est aussi repris par P, l'enseignant de mathématiques (l. 16-19. « si ça- si ça a des répercussions... sur l'aspect pro-euh formation et professionnel c'est pas seulement une atteinte à la vie privée hein dans ce cas-là »). Encore une fois, le futur professionnel de l'apprenant est évoqué comme motif pour justifier l'ingérence potentielle (l. 20-21. « le patron va pas aller par quatre chemins lui » ; « or nous nous de-devons précéder et peut-être»).

Au fil de l'échange, les gestes de l'accompagnement sont mis en débat et examinés sous plusieurs angles. Au final, une incertitude sur la décision à prendre demeure (P l'exprime en déclinant une posture préfigurative agnostique : l. 22. « je ne sais pas moi je ne vois pas clair, je ne vois pas clair ») et le choix entre une posture proactive ou plus ou moins attentiste n'est pas tranché. La décision d'augmenter la puissance dans la force illocutoire des messages renvoyés (conseil, avertissement, imposition) n'est pas prise et une position fataliste se dessine alors (l. 27. « et on ne peut rien faire d'autre hein » ; l. 29 : « ou alors bon à la limite ne nous posons plus la question quoi »). La question de déterminer l'action d'accompagnement qui convient reste ouverte, comme le montre la suite de l'échange.

Scénario 4. Renvoyer le message au stagiaire

(5) « on doit bien l'aider quand même »

MF: 1. mais maintenant comment est-ce qu'on peut agir le plus adéquatement possible pour euh

JP: 2. (ouais) il faut pas y aller par 4 chemins il faut y aller tout droit.

MF: 3. c'est-à-dire?

JP : 4. ben faut lui dire carrément (xxxx)
MF : 5. ah oui.
6. mais on lui a déjà dit hein.
JP : 7. eh ben.
MF : 8. plus clair que ça on ne sait pas être.
W : 9. moi-même je lui ai répété.
JP : 10. et bien c'est tout hein.
11. qu'est-ce que tu veux faire ?
MF : 12. oui, je ne sais pas non plus.
[...]
P : 13. si W lui a dit clairement
MF : 14. oui mais on ne sait pas (xxxx)
P : 15. = si toi tu lui as dit
16. si on lui a dit tous hein
JP : 17. (si tout le monde l'a dit xxxxx)
18. on doit bien l'aider quand même.
MF : 19. il- il est tellement braqué là dessus que

À ce stade, le groupe semble avoir épuisé toutes les options auxquelles il peut penser. Une double posture est énoncée par rapport à la ligne de conduite à adopter : fataliste (l. 10. « et bien c'est tout hein » ; « qu'est-ce que tu veux faire ? ») et agnostique (l. 12. « oui je ne sais pas non plus »). Sur l'axe de l'action les possibilités d'agir semblent avoir été toutes explorées sans que le collectif ne puisse se résoudre cependant à ne rien faire (l. 18. « on doit bien l'aider quand même »).

6.3. La prise de décision

À la fin de l'échange, deux options finissent par être retenues, qui constituent les deux scénarios stratégiques qui vont être adoptés. La première option est de continuer à faire passer un message. Cependant, plutôt que d'aller crescendo dans la force illocutoire des messages envoyés (par exemple imposer plutôt que conseiller ou avertir), c'est le levier de la répétition qui est choisi pour produire un changement d'attitude chez le stagiaire (redire l'information aussi souvent et longtemps que nécessaire) :

(6) « je suis assez d'accord de dire renvoyons-lui à chaque fois »

MF : 1. = donc maintenant on peut se dire effectivement ça va être récurrent
2. je suis assez d'accord de dire renvoyons-lui à chaque fois.
3. ne mâchons pas nos mots
4. soyons très clairs dans les messages qu'on renvoie
5. je souhaite qu'à un moment donné le déclic se fasse.
6. mais mais je crois
7. plus que ça
[...]

8. donc notre position clairement c'est de le laisser suivre sa route.
T: 9. oui.
MF: 10. de lui renvoyer le message chaque fois qu'on peut
T: 11. oui
MF: 12. et de- de l'aider à ce qu'un déclic puisse se faire de prendre sa santé en main quoi.
MF: 13. alors on va se mêler de nos oignons, mais c'est nos oignons aussi que de lui renvoyer
JP: 14. que de lui renvoyer
MF: 15. de lui renvoyer tout le temps le message
F: 16. chaque fois le message

Sur le temps de l'échange, l'objectif s'est aussi transformé. Dans le premier extrait (extrait 1), l'enjeu était de parvenir à ce que Barry prenne sa santé en main. Devant l'apparente impossibilité de le faire, dans l'extrait (6), l'enjeu s'est déplacé. Il consiste à présent à « espérer que le déclic se fasse ». Pour produire ce déclic, les accompagnateurs s'accordent sur l'idée de renvoyer de manière répétée un message identique : l'avertissement quant aux difficultés qui attendent Barry s'il ne résout pas son problème. De cette façon, le groupe parvient à une solution censée permettre d'éviter l'ingérence (l. 8. « donc notre position clairement c'est de le laisser suivre sa route ») tout en constituant néanmoins une forme d'action qui rend possible l'activité d'accompagnement (l. 13. « alors on va se mêler de nos oignons mais c'est nos oignons aussi que de lui renvoyer » ; l. 15. « de lui renvoyer tout le temps le message »).

La seconde action pour laquelle le collectif opte est de ne pas accorder à Barry d'augmentation de salaire pour la période à venir. Les stagiaires touchent en effet le chômage, mais reçoivent aussi un défraiement complémentaire pour leur travail à Horizons. Ce défraiement peut aller croissant au fur et à mesure de leur progression dans la formation. Il agit comme une sorte de stimulation ou de récompense pour les stagiaires :

(7) « on l'oblige sans l'obliger voilà »

MF: 1. et il est à 130.
2. euh
3. est-ce qu'on veut bouger quelque chose à ça ?
[...]
?? : 4. (tant qu'il ne se soigne pas)
5. [rires]
MF: 6. oui c'est ça.
7. mais non, mais c'est vrai hein.
8. (xxxx) il faut être très cohérent.
JP: 9. on va- on va vraiment finir par l'obliger.
MF: 10. mais oui, mais je crois que ce sera plus

11. effectivement plus efficace donc on est- on est bien d'accord que
12. statu quo quoi hein.

JP: 13. on l'oblige sans l'obliger voilà
14. [rires]

Au cours de l'échange, des positions sont proposées, argumentées, et négociées. Différents scénarios entrent en compétition sans qu'aucun semble tout à fait satisfaisant. En l'absence d'un plan qui ferait consensus, un accord s'établit. Il s'agira de répéter l'information et de donner des signaux tangibles que des progrès sont à faire (via par exemple la question de l'augmentation). Au final, même si le collectif n'a pas ratifié l'idée d'imposer une ligne de conduite à Barry, il semble cependant que différentes sortes d'action sont imaginées pour amener Barry à se responsabiliser par rapport à sa santé (l.13. « on l'oblige sans l'obliger » comme le résume bien JP). Des discours et des actions sont utilisés pour préfigurer une certaine trajectoire du stagiaire, considérée comme préférable (se soigner maintenant, plutôt que de se faire licencier par un patron plus tard).

À la suite de ce conseil, la responsable pédagogique rédige un rapport synthétisant la discussion et reprenant certains aspects de celle-ci. Le document spécifie: « nous pensons qu'il est important que tu prennes en main ta vie et ta santé, mais cette décision t'appartient, nous pensons qu'il sera difficile pour toi de te stabiliser dans un travail si tu ne solutionnes pas ce problème de résistance ». Par ailleurs, Barry est informé qu'il n'aura pas d'augmentation. C'est ce deuxième point qui provoque une réaction de sa part et l'amène avec d'autres stagiaires à convoquer une réunion de discussion. La rencontre dure une heure et est riche et foisonnante. Nous nous bornerons à en évoquer deux passages. Ils rendent visible le point de vue de Barry sur sa trajectoire future et la manière dont les accompagnateurs se mettent à l'écoute de ce point de vue.

6.4. Le point de vue du bénéficiaire

Barry semble projeter son avenir professionnel dans une direction fort différente de celle préfigurée dans le discours des accompagnateurs. Nous le découvrons dans l'extrait (8) ci-dessous:

(8) « j'ai peut-être l'intention de revenir en peinture… mais est-ce que je suis obligé de venir vous le dire ici ? »

B: 1. oui mais
2. ce qui se passe chez moi ça ne regarde pas Horizons ici
[…]

3. j'ai dit à ma femme
4. euh
5. je vais tirer
6. jusqu'à la fin de ma formation pour moi pouvoir me soigner
7. j'aurai un an
8. et après ça j'ai peut-être l'intention de revenir
9. en peinture.

MF : 10. oui.
B : 11. bon.
12. elle est tout à fait d'accord
13. mais est-ce que moi je suis obligé de venir vous le dire ici ?
14. non.

MF : 15. pas du tout
(xxxxx)

B : 16. ç-ç-ça me regarde moi.

On constate dans l'extrait que Barry s'est lui aussi interrogé sur ce qui pouvait advenir. Il a cependant opté pour un autre scénario que ceux explorés au cours du premier conseil pédagogique. Le scénario qui lui semble à la fois le plus réaliste et souhaitable présente une chronologie différente : il pense poursuivre sa formation jusqu'à son terme (posture prophétique : l. 5-6. « je vais tirer jusqu'à la fin de ma formation ») ; il a l'objectif de se soigner (l. 6. « pour pouvoir me soigner »). Le futur à long terme est plus incertain. Il envisage de revenir en formation plus tard (posture probabiliste, l. 8-9. « et après ça j'ai peut-être l'intention de revenir en peinture »). À travers ce scénario, Barry semble avoir déjà accepté qu'une reconversion dans le domaine du plafonnage sera difficile. Son projet de retour à l'emploi n'apparaît plus prioritaire. Il réitère aussi sa demande de non-ingérence (l. 13 : « mais est-ce que je suis obligé de venir vous le dire ici ? ») tout en faisant preuve de transparence et en dévoilant son scénario.

6.5. La liberté du choix ou l'autonomie contrainte

Par la suite, l'interaction se poursuit longuement. Barry exprime à plusieurs reprises ses regrets de ne pas avoir reçu d'augmentation. Il répète aussi qu'il considère sa santé comme de son ressort. La responsable pédagogique ne s'y oppose pas et lui renvoie donc la responsabilité de ses choix. Examinons comment cette responsabilisation se construit :

(9) « on n'oblige personne, que ce soit clair »

MF : 1. moi je crois que c'est un choix qui t'appartient Barry
2. je voudrais que tu entendes ce qu'on dit

3. que tu ne te braques pas uniquement sur la question de l'augmentation.
B: 4. ben c'est ça que vous me demandez aussi hein
5. c'est de me soigner.
MF: 6. d'abord on ne te demande pas.
7. c'est toi qui décides de venir en formation
B: 8. vous suggérez
9. que j'aille me soigner.
MF: 10. on fait le point sur ton- sur ta progression
11. sur ton évolution.
12. on ne demande rien
13. c'est toi qui as demandé de venir.
14. on n'a pas été te chercher d'accord?
B: 15. non non (xxxxx)
MF: 16. c'est un choix.
B: 17. je suis bien content
18. j'ai bien appris
MF: 19. et nous-
[...]
MF: 20. et en faisant ça on te dit
21. tu prends ou tu prends pas
22. on n'oblige personne.
23. que ce soit clair.
24. on ne demande pas que tu te soignes.
25. on dit si tu veux arriver à trouver un boulot
26. solutionnes ton problème de résistance
27. prends les choses en main.
28. à la limite on n'aurait même pas dû parler de cette affaire de santé
29. on aurait dû juste dire prends les choses en main pour solutionner ton problème de résistance
30. mais on ne t'oblige pas à aller voir un médecin
31. c'est ton choix, c'est ta vie
32. et on veut que vous appreniez ça aussi à Horizons . à vous prendre en main.
33. sans qu'il y ait quelqu'un qui dise tu dois faire ça.
34. comme on dit tout le temps à l'école.
35. okay?
36. quand tu dis j'en parle avec ma femme c'est elle que-
37. qui est concernée en premier lieu okay
38. mais tout à fait t'as raison
39. c'est clair
40. prends-la en main si c'est ton choix
41. de-de te soigner après
42. fais-le.
43. soigne-toi après
44. surtout fais-le.
45. d'accord?

46. mais tu dois faire un choix parce que toi tu le décides.
47. et pas parce que nous on te demande quelque chose.
48. on ne te demande pas nous on te guide.
49. on te donner des balises
50. que tu suis ou que tu ne suis pas.
51. c'est ton choix. ..
52. et si c'est ton choix maintenant que ça ne vaut plus la peine parce que tu n'es pas augmenté maintenant c'est ton choix d'arrêter okay on le respecte ce choix.

Ce dernier échange est intéressant à plusieurs niveaux. Tout d'abord, on constate que si le discours tenu par la responsable pédagogique est présenté comme un discours du choix et de l'autonomie à plusieurs reprises (par exemple, l. 1. « c'est un choix qui t'appartient Barry » ; l. 22. « on oblige personne » ; l. 32. « et on veut que vous appreniez ça aussi à Horizons, à vous prendre en main » ; l. 33. « sans qu'il y ait quelqu'un qui dise tu dois faire ça. » ; l. 34. « comme on dit tout le temps à l'école » ; l. 51. « c'est ton choix »), ce discours est plutôt perçu par Barry comme un discours d'« autonomie contrainte ». Il a l'impression que l'absence d'augmentation est une forme de sanction pour lui faire adopter une certaine ligne de conduite (l. 4. « ben c'est ça que vous me demandez aussi hein c'est de me soigner »). Au cours de l'interaction, la responsable de formation réfute à plusieurs reprises avec force cette interprétation. Lorsque Barry déclare qu'il a l'impression qu'on lui demande de se soigner, elle répond qu'il n'y a pas de demande (l. 6. « d'abord on ne te demande pas » ; l. 7. « c'est toi qui décides de venir en formation »). Il reformule alors la proposition (l. 8. « vous suggérez que j'aille me soigner »). Cette reformulation met le doigt sur l'ambiguïté vécue par le stagiaire : celle d'avoir l'impression qu'on lui impose quelque chose (une demande laisse moins d'options qu'une simple suggestion) tout en n'ayant pas le droit de le dire. Enfin, la séquence met en lumière la conception de l'accompagnement de la responsable de formation : les décisions sont à prendre *in fine* par le bénéficiaire, le rôle des accompagnateurs est de « guider » et de « donner des balises » et non de « demander » ou d'« exiger ». Dans ce dernier extrait, on voit bien le côté paradoxal de la dimension performative et inductive du conseil. Laisser le choix à Barry de ses actions lui apparaît comme une ultime manière de l'amener quelque part où il n'a pas nécessairement choisi d'aller.

7. Discussion conclusive

Bien d'autres éléments seraient sans doute à relever dans les extraits examinés. Ils nous semblent cependant déjà permettre de proposer quelques points de repère pour déchiffrer l'activité sociale d'accompagner. En conclusion, nous revenons donc sur certains éléments clés de l'analyse pour en souligner des points saillants.

Dans cette étude, nous avons cherché à explorer une pratique sociale – l'accompagnement des transitions professionnelles. Nous l'avons fait en partant de l'analyse d'une situation singulière, en faisant l'hypothèse que son analyse pouvait s'avérer éclairante, par contraste ou par similitude, avec d'autres situations relevant du même type.

L'enquête réalisée nous a menée à sortir quelque peu des cadres traditionnels. En effet, au lieu de l'examen d'un colloque singulier, notre attention a porté sur une situation d'accompagnement collective; plutôt que d'analyser des discours de professionnels portant *sur* leur travail, nous avons cherché à saisir l'accompagnement *dans* la dynamique même de son accomplissement (Filliettaz & Brockart, 2005 : 9). Enfin, notre attention a porté sur un contexte institutionnel particulier, relevant du secteur associatif, c'est-à-dire dans ce cas-ci moins concerné par le placement et l'insertion professionnelle *stricto sensu* que par la socialisation et l'autonomisation plus globale de la personne en formation.

En dépit du caractère atypique de la situation étudiée, cette brève étude de cas nous permet d'entrevoir plus finement quelques traits caractéristiques du travail d'accompagnement des transitions sur le plan langagier, du moins tel qu'il s'exprime dans ce contexte.

Le cas de Barry nous semble tout d'abord mettre en évidence l'important travail d'analyse, d'anticipation et de prévention qui est au cœur de l'activité des accompagnateurs. Les fonctions de ces activités sont multiples : lever des blocages psychologiques, prévenir de possibles échecs ultérieurement, soutenir le jeune, l'inciter à la responsabilisation, lui fournir des options et des choix. Le travail d'accompagnement consiste autant à projeter des conduites possibles qu'à éliminer celles qui semblent non souhaitables et non réalistes.Les débats autour de la situation de Barry nous montrent ensuite à quel point le travail des accompagnateurs est un travail situé et contingent. Il s'effectue largement *on-line* et a un caractère négocié. Les postures d'accompagnement qui s'imposent relèvent d'une transaction entre les différents participants et le bénéficiaire pour parvenir à un accord qui fasse sens et qui fasse consensus. En ce sens, il n'existe jamais de posture d'accompagnement « toute faite », ce qui rend ce travail complexe, aléatoire mais aussi profondément dynamique et ouvert.

L'analyse fine des actes performatifs nous fait également mieux prendre conscience des responsabilités portées par les accompagnateurs. En situation d'incertitude, il est difficile de prédire si une conduite s'avérera payante ou pas sur le long terme. Or, malgré cette incertitude, qu'ils le veuillent ou non, les accompagnateurs sont constamment en train de participer à des processus décisionnels. Au travers même des formes du discours qu'ils emploient, ils sont toujours en train d'induire des choix. Cette réalité explique peut-être en partie la prudence qui est souvent de mise chez les accompagnateurs et la propension à euphémiser dans le rapport à l'intervention sur autrui dans le travail social, déjà pointée par Chabrol (1994).

Par ailleurs, le cas de Barry nous semble permettre aussi d'illustrer un dilemme de l'accompagnement qui s'exprime assez clairement ici. La philosophie de l'accompagnement préconisée à Horizon est une idéologie de l'autonomisation des individus. Face à un marché de l'emploi relativement fermé pour les publics que l'organisation vise, Horizons prône de remettre au centre l'individu, ses désirs et ses intentions, et de l'amener à devenir acteur de son propre parcours. Le cas de Barry semble cependant venir contredire ce discours institutionnel. En situation de risque, il a évalué ses options et décidé d'une ligne de conduite (finir sa formation puis revenir plus tard pour en recommencer une autre). Cette décision montre tout à la fois sa faculté d'auto-détermination et sa capacité de rebond face au problème qui l'affecte. Par ailleurs, il a élaboré lui-même son propre scénario, en définissant la voie qui lui semblait la plus réaliste et conforme à ses désirs. Au travers de toutes ces décisions, Barry démontre précisément cette capacité à se déterminer et à prendre son autonomie, comme il est attendu de lui. Le collectif a cependant des difficultés à reconnaître cette autodétermination et on peut se demander si, tout en voulant développer autonomie et responsabilisation chez Barry, il n'est pas au contraire en train d'accentuer la dépendance du stagiaire à l'égard du système de formation. Cet exemple nous rappelle le curieux paradoxe qui consiste à vouloir développer de l'autonomie en contexte de dépendance et d'accompagnement. Plus largement, il permet de souligner combien le travail des professionnels de l'accompagnement oscille entre deux normes. D'une part, l'accompagnateur est celui qui ne doit pas juger, faire acte d'autorité, imposer (il doit laisser l'individu libre de ses choix). D'autre part, on dirait bien que l'« accompagnateur ne peut pas ne pas accompagner » (pour adapter la célèbre formule de Bateson). Il doit bien « faire quelque chose ». Cette tension entre deux postures contradictoires amène dans le cas présent à une curieuse forme de résolution qui consiste à « enjoindre au stagiaire d'agir librement », ce qui est vécu par lui comme l'expression d'une « autonomie contrainte ».

Dans ce travail, nous n'avons fait qu'esquisser les contours d'un cadre interprétatif pour l'analyse langagière des situations d'accompagnement de transitions professionnelles. Il nous semble cependant que les notions conjointes de discours préfiguratif, de scénarios et d'actes directifs auront permis de préciser un peu plus finement certains ingrédients du travail complexe réalisé par les accompagnateurs. En retour, l'accompagnement des transitions nous semble un terreau fertile pour étudier plus généralement les capacités du discours et des interactions à renforcer le statu quo ou, au contraire, à générer de nouvelles conduites et de nouveaux champs de possibles. Davantage de recherches empiriques dans ce domaine devraient pouvoir permettre d'affiner ces réflexions.

Annexe : Conventions de transcription

<u>Souligné</u>	segment accentué
.	intonation descendante
?	intonation montante
xxxxx	segment intranscriptible
:	allongement syllabique
-	troncation
(hésitation)	segment dont la transcription est incertaine
. .. ...	pauses de durée variable
??	locuteur non identifiable
=	continuation du tour de parole précédent
[...]	passage non retranscrit

Références bibliographiques

Bamberg, M., de Fina, A., Schiffrin, D. (eds). (2008). *Selves and identities in narratives and discourse.* Amsterdam : John Benjamins.

Boutet, J. (1995) (éd.). *Paroles au travail.* Paris : L'Harmattan.

— (2008). *La vie verbale au travail. Des manufactures aux centres d'appels.* Toulouse : Octarès Éditions.

Boutinet, J.-P. (2004). Questionnement anthropologique autour de l'accompagnement. *Éducation permanente,* 153, 241- 250.

Boutinet, J.-P., Denoyel, N., Pineau, G., Robin J.-Y. (2007). *Penser l'accompagnement adulte. Ruptures, transitions, rebonds.* Paris : PUF.

Brassac, C. (2011). Analyse d'une pratique éducative : le cas d'une rédaction conjointe. Dans B. Arend & J.-J. Weber (eds), *Penser l'éducation de demain. Études en l'honneur de Dominique Portante*. Differdange : Éditions Phi.

Chabrol, C. (1994). *Discours du travail social et pragmatique*. Paris : PUF.

Chauvet, A. (2002). L'entretien, pratique en question (conférence). *Repères*, 47, 6-17.

Cifali, M., Bourassa, M., Théberge, M. (2010) (eds). *Cliniques actuelles de l'accompagnement*. Paris : L'Harmattan.

de Jouvenel, H. (2004). *Invitation à la prospective. An invitation to foresight*. Paris : Futuribles (coll. Perspectives).

de Saint-Georges, I. (2003). *Anticipatory discourses : Constructing futures of action in a vocational program for long-term unemployed*, thèse de doctorat en Linguistique (non publiée). Georgetown University : Washington, D.C.

— (2005). Discours, anticipation et action : les constructions discursives de l'avenir dans une entreprise de formation par le travail. Dans L. Filliettaz & J.-P. Bronckart (eds). *L'analyse des actions et des discours en situation de travail* (pp. 201-219). Louvain : Peeters.

— (à paraître). Anticipatory discourse. Dans C. A. Chappelle (Ed.). *The Encyclopedia of Applied Linguistics*. Oxford, UK : Wiley-Blackwell.

de Saint-Georges, I., Filliettaz, L. (2008). Situated trajectories of learning in vocational training interactions. *European Journal of Psychology of Education*, XXIII(2), 213-233.

Divay, S., Balsani, B. (2008). Analyse des pratiques professionnelles d'accompagnement des chômeurs. Rapport pour la DARES. http://halshs.archives-ouvertes.fr/halshs-00348696/en/

Drew, P., Heritage, J. (eds) (1992). *Talk at work : Interaction in institutional settings*. Cambridge : Cambridge University Press.

Filliettaz, L. (2002). *La parole en action. Éléments de pragmatique psychosociale*. Québec : Éditions Nota Bene.

— (2004). Le virage actionnel des modèles du discours à l'épreuve des interactions de service. *Langage et Société*, 107, 31-54.

— (2009). Les dynamiques interactionnelles de l'accompagnement en formation professionnelle initiale. *Bulletin suisse de linguistique appliquée*, 90, 37-58.

Filliettaz, L., Bronckart, J.-P. (eds) (2005). *L'analyse des actions et des discours en situation de travail. Concepts, méthodes et applications.* Louvain-la-Neuve : Peeters.

Filliettaz, L., de Saint-Georges, I., Duc, B. (2008). Vos mains sont intelligentes ! Interactions en formation professionnelle initiale. Genève : *Cahiers des Sciences de l'Éducation*, 117.

Gee, J. P. (1998). The New Literacy Studies : from 'socially situated' to the work of the social. Contribution au colloque '*Situated literacies*', Lancaster, UK. 8-10 juillet.

Glady, M. (2008). Discours et capacité d'action en situation de perte d'emploi. Dans F. Hanique & L. Servel (eds). *Exister dans l'entreprise*, 13, 81-103.

Holmes, J., Stubbe, M. (2003). *Power and politeness in the workplace : a sociolinguistic analysis of talk at work.* London : Pearson.

Jahoda, M. (1987). Unemployed men at work. In : D. Fryer & P. Ullah (eds), *Unemployed people. Social and psychological perspectives* (pp. 1-73). Philadelphia : Milton Keynes.

Kerbrat-Orecchioni, C. (1992). *Les interactions verbales*, vol. 2. Paris : Colin.

Labov, W. , Waletzky, J. (1967). Narrative analysis. In : J. Helm (Ed.). *Essays on the Verbal and Visual Arts* (pp. 12-44). Seattle : University of Washington Press.

Mayen, P., Specogna, A. (2005). Conseiller, une activité et un jeu de langage professionnel. Dans L. Filliettaz & J-P. Bronckart (Eds). *L'analyse des actions et des discours en situation de travail. Concepts, méthodes et applications* (pp. 99-113). Louvain : Peeters, BCILL.

Nyssens, M., Gregoire, O. (2002). .Les entreprises sociales d'insertion par l'économique en Belgique *EMES Working Papers no. 02/03.* http://www.emes.net/fileadmin/emes/PDF_files/PERSE/PERSE_WP_02-03_B.pdf

Paul, M. (2003). Ce qu'accompagner veut dire. *Carriérologie*, 9, (1). http://www.carrierologie.uqam.ca/volume09_1-2/07_paul/index.html

— (2004). *L'accompagnement : une posture professionnelle spécifique.* Paris : L'Harmattan.

Salini, D. (2009). *Préfiguration de l'expérience de validation dans les situations d'information-conseil pour la VAE.* Contribution au colloque

« L'expérience » 1er colloque international de l'association Recherches et Pratiques en Didactique Professionnelle, Dijon, 2-4 décembre.

Scollon, R. (2001). Action and text: Toward an integrated understanding of the place of text in social (inter)action. In: R. Wodak & M. Meyer (eds). *Methods in Critical Discourse Analysis* (pp. 139-183). Londres: Sage.

— (2001). Habitus, consciousness, agency and the problem of intention: How we carry and are carried by political discourses. *Folia Linguistica* XXXV/1-2, 97-129.

Scollon, S., de Saint-Georges, I. (2011). Mediated Discourse Analysis. In: J. P. Gee & M. Handford (eds). *Handbook of Discourse Analysis.* Londres: Routledge.

Scollon, S., Scollon, R. (2000). The construction of agency and action in anticipatory discourse: Positioning ourselves against Neo-liberalism. Contribution à la *Third Conference for Sociocultural Research* UNICAMP, Campinas, São Paulo, Brésil,16-20 Juillet.

Scollon, R., Scollon, S. W. (2004) *Nexus analysis: Discourse and the emerging Internet.* Londres: Routledge.

Vanderveken, D. (1988). *Les actes de discours.* Bruxelles: Mardaga.

Wortham, S. (2004). From Good Student to Outcast: The emergence of a classroom identity. *Ethos, 32*(1), 164-187.

L'accompagnement des chômeurs en Belgique dans les discours politico-administratifs

Bernard Conter[1]
Institut Wallon de l'Évaluation, de la Prospective et de la Statistique (IWEPS)
b.conter@iweps.be

Introduction

Le plan d'accompagnement des chômeurs en vigueur depuis juillet 2004 organise un contrôle effectif du comportement de recherche d'emploi des bénéficiaires des allocations de chômage. Ce dispositif concerne un grand nombre de demandeurs d'emploi[2] et peut conduire à des exclusions temporaires ou définitives du bénéfice des allocations de chômage dans un pays où le droit aux allocations n'est pas limité dans le temps (Lebrun, 2008).

Cette politique constitue un véritable tournant dans la façon de concevoir la protection sociale. Il convient dès lors d'être attentif à la manière dont elle est légitimée par les acteurs responsables de sa conception ou sa mise en œuvre. Le propos de cet article sera d'analyser les termes des discours de responsables politiques sur la politique d'accompagnement et de contrôle des chômeurs et la manière dont ils sont relayés par les responsables ou acteurs administratifs de sa mise en œuvre. La circularité des discours et leur cohérence peuvent refléter un référentiel partagé, voire une production idéologique. Pour tester cette assertion, nous veillerons à

1. Politologue, attaché scientifique à l'IWEPS.
2. Sont convoqués les chômeurs de moins de 25 ans ayant atteint 12 mois de chômage et les chômeurs de plus de 25 ans ayant atteint 18 mois de chômage, soit 245 000 chômeurs ciblés en 2006 sur les 450 000 chômeurs indemnisés que compte le pays.

explorer un large éventail de sources et de matériaux. Nous nous appuierons ainsi sur une étude documentaire de matériaux portant sur le plan d'accompagnement des chômeurs (notes au Conseil des ministres, loi, accord de coopération entre État fédéral et régions, lettre d'avertissement aux demandeurs d'emploi, modèle de contrat de projet professionnel, etc.), des discours publics de responsables politiques (presse écrite et audiovisuelle) et sur une série d'entretiens réalisés depuis 2007 dans le cadre d'une recherche plus large sur les effets et usages de la stratégie européenne pour l'emploi[3] (Conter, 2007, 2010). Les textes et discours s'adressent donc autant au grand public qu'au chômeur ou au chercheur. Dans l'analyse, nous examinerons successivement comment sont évoqués ou décrits les chômeurs, l'action publique (le plan d'accompagnement, le rôle des agents chargés de son exécution) et l'emploi ou l'état du marché du travail, en cherchant à identifier les récurrences dans les différents discours.

1. Éléments de contexte : le plan d'activation du comportement de recherche d'emploi

Le système belge d'indemnisation du chômage a deux caractéristiques relativement rares en Europe : il ne comporte pas de fin de droits et n'est pas conditionné à une activité professionnelle antérieure. En effet, les jeunes sortant des études peuvent, moyennant un stage d'attente, bénéficier d'allocations et les travailleurs qui ont perdu leur emploi peuvent bénéficier d'allocations sans limite dans le temps[4].

Ces caractéristiques ont fait l'objet de nombreuses critiques de la part d'organisations internationales (OCDE, Commission européenne), du patronat (Fédération des entreprises de Belgique) et de partis politiques libéraux (Faniel, 2008) bien qu'elles s'inscrivent dans un compromis plus large : le caractère illimité des allocations de chômage a été en quelque sorte compensé par la création du statut de « cohabitant » et un niveau d'indemnisation relativement bas. Les chômeurs n'étant pas isolés ou chefs de ménage voient en effet leurs allocations diminuer après un an. Avant 2004, les cohabitants dont la durée de chômage était égale à une fois et demie la moyenne régionale pouvaient se voir exclus du droit aux allocations.

3. Interviews auprès de décideurs et acteurs de la politique de l'emploi en Belgique : responsables politiques (9), fonctionnaires (14), interlocuteurs sociaux (11), opérateurs dans les domaines de la formation ou de l'insertion (5), experts (2).
4. On ne saurait résumer le système belge de chômage à ces deux caractéristiques. Pour une description plus complète voir, par exemple, Faniel (2008).

Le Plan d'accompagnement des chômeurs adopté par le gouvernement fédéral en 2004 constitue une tentative de réponse à ces critiques. Il vise à conditionner l'octroi d'allocations à la démonstration d'un comportement de recherche active d'emploi.

Une autre particularité de la politique de l'emploi en Belgique est la répartition institutionnelle des compétences. L'État fédéral est compétent en matière de droit du travail, d'inspection sociale et de sécurité sociale, alors que les régions sont compétentes en matière de « politiques actives »[5] de l'emploi et de formation professionnelle.

Cette répartition des compétences rend possible des orientations politiques différentes entre régions mais implique aussi le développement de coordinations (horizontales et verticales) lorsqu'une initiative d'une entité politique influence ou doit se compléter par celle d'un autre niveau de pouvoir.

Il en va de la sorte en matière d'accompagnement des chômeurs. Si l'État fédéral (via l'Office national de l'emploi-ONEM) est responsable du contrôle et du paiement des chômeurs, les régions développent les politiques d'accompagnement. Ainsi, le plan d'accompagnement des chômeurs, initié en 2004, n'a pu être mis en œuvre qu'à la suite d'un accord de coopération entre gouvernements fédéral et régionaux garantissant une offre suffisante d'accompagnement et une transmission d'information (sur les actions entreprises par les demandeurs d'emploi, l'absence ou la présence aux convocations, les refus d'emploi, etc.) par les régions.

Cette articulation entre contrôle et accompagnement reflète aussi le consensus établi au sein du gouvernement de coalition libéral-socialiste qui a initié le plan d'accompagnement en 2004. Le ministre de l'emploi de l'époque, Frank Vandenbroucke, n'a pu l'imposer que dans le cadre d'une offre d'accompagnement garantie par les régions et qui immunise du contrôle les chômeurs qui s'y inscrivent.

2. Repères théoriques et méthodologiques

La norme juridique définissant le plan d'accompagnement des chômeurs (Arrêté royal du 4 juillet 2004) définit une procédure : conditions d'éligibilité au dispositif, délais de convocation, contenu des entretiens et modalités d'évaluation, conséquences en cas d'évaluation positive ou négative, modalités de sanction et de recours. Elle définit aussi certaines

5. La notion de politique active est ambiguë et se concrétise par des réalités très différentes selon les pays. On considère ici les politiques qui ne relèvent pas de l'indemnisation mais regroupent les différents dispositifs d'accompagnement, d'intermédiation sur le marché du travail, d'orientation professionnelle, etc.

notions. Ainsi, un accompagnement par les services publics de l'emploi sera catégorisé comme « intensif » s'il comporte une action (de formation, de convocation, ...) par mois. L'accord de coopération entre État et régions précise les engagements des parties en termes financiers et d'échange de données.

Mais ces textes juridiques ne précisent pas les finalités politiques d'un dispositif et n'énoncent pas d'argumentaire légitimant les changements introduits. Il est donc pertinent d'aborder ces questions à travers le langage et les discours des décideurs politiques et des acteurs chargés de la mise en œuvre. Nous nous intéresserons ici à la manière dont sont définis les rôles des chômeurs et de l'action publique, ainsi que les représentations du contexte (marché de l'emploi) dans les discours et dans la communication entre politiques ou à destination du grand public.

Comme le soulignent Lascoumes et Le Galès (2005), les transformations des instruments de politique publique peuvent servir de révélateur de transformations plus profondes de l'action publique, de son sens, de son cadre cognitif et normatif.

C'est donc essentiellement à travers une analyse de contenu, d'interviews, de notes, et donc à travers le langage, que peuvent être abordés les contours du référentiel (cadre cognitif et normatif) des politiques. Nous postulons ici que les politiques de l'emploi s'inscrivent dans un référentiel d'incitation et d'adaptation (Conter et Mainguet 2010) qui se reflète dans l'homogénéité des discours des acteurs.

3. Le chômeur, l'action publique, l'emploi et à travers les discours

Nous proposons ci-après un repérage des termes et des formes langagières utilisés pour évoquer tantôt le rôle d'accompagnement tantôt l'emploi ou le chômeur[6].

3.1. De nouvelles normes comportementales

Les principes du plan d'accompagnement et les obligations qui en découlent sont communiqués aux personnes concernées par courrier. Ce courrier, adressé par le directeur du bureau régional de chômage aux personnes ayant atteint 12 ou 18 mois de chômage (selon l'âge), est en pratique une reformulation de l'A.R. du 4 juillet 2004 ; il précise les obligations du demandeur d'emploi. On notera d'emblée que,

6. Lorsque nous nous appuyons sur des interviews ou des comptes rendus d'observation, seule la situation professionnelle du locuteur (accompagnateur, fonctionnaire) sera précisée afin de garder la confidentialité du propos.

dans ce courrier de deux pages, le mot « droit » n'est mentionné qu'une fois, dans une perspective conditionnelle, alors que les références aux obligations sont multiples et énoncées de manière déontique : « pour avoir droit aux allocations, vous *devez* remplir un certain nombre de conditions [...]. Mais vous *devez*[7] également être chômeur involontaire [...] vous ne pouvez pas refuser un emploi convenable qui vous serait offert ni refuser de suivre une formation qui vous serait proposée. En outre, vous *devez* être disponible pour le marché de l'emploi ».

Le courrier fait état de la « *démarche indispensable* » que doit accomplir le demandeur d'emploi avant sa convocation, dans une formulation sans doute difficilement compréhensible pour nombre des destinataires :

> Si vous n'avez pas encore suivi d'accompagnement individuel ou d'accompagnement intensif, une première démarche est de prendre contact sans tarder avec le service régional de l'emploi et de la formation professionnelle (FOREM). Ce service examinera avec vous les possibilités que vous avez de suivre une action d'accompagnement, de formation, d'expérience professionnelle ou d'insertion adaptée à votre situation. Une telle action peut vous être d'une aide très précieuse dans votre démarche de recherche d'emploi. En outre, si vous suivez ou si vous avez suivi une telle action, l'entretien d'évaluation au bureau de chômage peut, dans certaines conditions, être reporté à une date ultérieure.

Précisons encore que le courrier est accompagné d'une annexe (« feuille info – travailleurs ») détaillant en 13 pages l'ensemble de la procédure du plan d'accompagnement[8].

Le message adressé aux demandeurs d'emploi est donc clair. Aux obligations liées au statut de chômeur (caractère involontaire de la situation, disponibilité, obligation de répondre aux convocations) s'en ajoutent de nouvelles liées à la recherche intensive d'emploi (« prendre contact sans tarder ») et à la participation aux dispositifs régionaux d'accompagnement de la recherche d'emploi. Le discours met en scène un demandeur d'emploi (« vous ») pris dans une contrainte conditionnelle en fonction de laquelle il est fortement incité à s'inscrire dans un dispositif d'accompagnement.

C'est donc bien un changement de comportement qui est visé, dans le sens d'une moindre passivité. De même, il est attendu des chômeurs,

7. Nous soulignons.
8. Public cible, délais de convocation, méthode de calcul de la durée de chômage, déroulement des entretiens, conditions de suspension de la procédure, sanctions, modalités de recours.

en particulier des jeunes qu'ils adaptent leurs préférences à la réalité du marché de l'emploi. La déclaration suivante, de la ministre fédérale de l'emploi, en est l'illustration.

> Les jeunes doivent être volontaires et dynamiques. Il faut chercher partout. Je crois que quand on est jeune, une première expérience est intéressante et forme, même si ce n'est pas idéalement tout de suite dans le cadre de ce que l'on cherchait, je crois que c'est bien de toucher à tout.
> (Joëlle Milquet, Ministre fédérale de l'emploi[9])

Ce discours est relayé au sein du Service public régional de l'emploi (FOREM). L'accent est mis sur le principe de réalité et sur la « réalisation de soi » à travers les opportunités du marché.

> En Région wallonne, il y a des pénuries et un taux de chômage important. On pourrait glisser vers un système plus autoritaire. Si six mois après, il n'y a rien, tu élargis ton projet. En Allemagne, c'est comme cela.
> On ne peut pas continuer à dire 'les gens veulent travailler dans ce qu'ils veulent'. 'Je veux être infirmière mais pas travailler la nuit'. 'Je veux être marionnettiste'. 'Je ne veux pas faire plus de 25 kilomètres', etc. Il existe un principe de réalité où il n'y a plus de discussion. On doit se réaliser en prenant en compte la réalité du marché. Et il y a plein d'offres d'emploi en Flandre… (Interview : Directeur, Service public de l'emploi)

3.2 L'accompagnement, le contrôle et l'action publique

Les politiques de l'État fédéral et des régions en matière de chômage et d'emploi poursuivent deux types d'objectifs : l'incitation, le contrôle et la sanction (compétence du niveau fédéral), d'une part, et l'activation au sens de la motivation, l'aide à la recherche d'emploi, la formation, l'expérience professionnelle (compétences régionales), d'autre part. Ces objectifs sont formulés par les acteurs politiques ou administratifs dans des termes souvent positifs évoquant l'aide, l'accompagnement ou encore l'encouragement des individus au chômage. Rarement, la dimension de sanction est d'emblée mise en évidence.

3.2.1 Un système « plus juste et plus efficace »

Jusqu'à l'entrée en vigueur du plan d'accompagnement, seuls les chômeurs cohabitants risquaient de se voir exclus des allocations pour cause de recherche insuffisante d'emploi. Cette situation est présentée après coup comme brutale (le contrôle intervenait après une période allant de deux ans à huit ans et trois mois selon les régions, sans offre préalable d'accompagnement) et injuste dans la mesure où plus de

9. Interview, RTL radio, 31 mars 2010.

70 % des exclus du chômage étaient des femmes. Le nouveau système, plus universel et articulé à une prise en charge par les régions est présenté comme plus juste.

> Le nouveau système doit aider les demandeurs d'emploi à ne pas perdre courage [...]. Grâce au nouveau système, les autorités entendent suivre de près les chômeurs et éviter qu'ils ne se découragent. C'est la raison pour laquelle les autorités fédérales ont convenu avec les régions que l'offre d'accompagnement soit largement développée. Le but est de permettre à un maximum de demandeurs d'emploi de décrocher un travail. Dans le même temps, ceux qui réclament des allocations de chômage auxquelles ils n'ont pas droit les perdront peu à peu. (Frank Vandenbroucke, Questions-réponses sur le suivi des chômeurs, Document de travail du Cabinet du ministre de l'emploi, 5 mai 2004, p. 3)

Le plan est également présenté comme juste dans la mesure où la sanction n'est pas le premier objectif et où l'impossible (l'accès à l'emploi) n'est pas demandé à tous les chômeurs. L'équilibre entre droits et devoirs contribue par ailleurs à rendre le plan juste.

> Il n'entre absolument pas dans nos intentions de nous montrer intransigeants vis-à-vis des personnes sans travail. Au contraire, nous voulons les accompagner et les aider davantage dans leur recherche d'emploi, étant entendu que si de leur côté, elles ne fournissent aucun effort, nous les sanctionnerons. Ce que nous leur demanderons, ce n'est pas de trouver un emploi mais de ne pas relâcher leurs efforts de recherche, aussi difficiles puissent-ils être parfois. Au droit aux allocations de chômage sont maintenant liées certaines obligations, comme par exemple la disponibilité pour le marché de l'emploi. (*Idem*, p. 14)

3.2.2 Un véritable changement d'orientation

Le système, présenté comme plus juste, est également présenté comme en rupture avec le système précédent, notamment en ce qu'il apporte un soutien aux demandeurs d'emploi et qu'il ne sanctionne pas de manière systématique.

> L'autre système, c'était : vous étiez automatiquement sanctionné, perte d'allocations de chômage si vous atteigniez une fois et demie la durée moyenne du chômage dans votre région. Ça, c'était le système aveugle que je n'aimais pas. Aujourd'hui, nous voulons aider, stimuler, accompagner le demandeur d'emploi. Je ne veux absolument pas le sanctionner parce qu'il ne trouve pas de travail. Ça serait profondément injuste. Mais de l'autre [côté], je crois que conformément à notre système d'allocations de chômage, il doit montrer sa disponibilité au travail. (André Antoine, Ministre wallon de l'emploi[10])

10. Interview RTBF radio, 24 février 2010.

Quoiqu'il en soit du nombre d'offres d'emploi disponibles, il est implicitement acquis que tous les demandeurs d'emploi ne peuvent décrocher un emploi. Le Plan d'accompagnement doit, de ce point de vue, être présenté comme juste. Il ne peut prêter à la critique en devenant « machine à exclure ». Son rôle est d'ailleurs bien de modifier les comportements davantage que de sanctionner[11].

> Le nouveau système est un des grands changements en matière de politique de l'emploi ; il n'entraîne pas d'exclusions massives. Il assure un bon équilibre entre droits et obligations des chômeurs en leur demandant plus de collaboration. (Directeur, ministère)

Cette conception a dû être défendue devant la Commission européenne lors de l'évaluation des « rapports de progrès » établis dans le cadre de la stratégie de Lisbonne (Conter, 2010). La Commission avait par le passé souligné le caractère « désincitatif » d'un système d'allocation illimité dans le temps.

> S'il y avait un point de désaccord, c'était celui du contrôle des chômeurs. La Commission semblait indiquer que la Belgique n'en faisait quantitativement pas assez et que rien ne changeait. Là, [le directeur au ministère] n'était vraiment pas d'accord. Il s'est efforcé de montrer que justement, le nouveau 'système Vandenbroucke' d'accompagnement des chômeurs constituait une vraie rupture avec l'ancien système.
> On passe vraiment à une logique d'activation et de contrôle. La Commission voyait surtout le fait que les allocations restaient illimitées dans le temps. On a dû montrer que le nouveau système demandait de prouver une recherche active d'emploi. Ce n'est plus le même système. Il y a une procédure de convocation, d'accompagnement et, si nécessaire, de sanction. (Interview : Expert marché du travail, Institution fédérale belge)

Le nouveau plan d'accompagnement n'est pas la concrétisation d'une rupture idéologique brutale qui serait apparue au milieu de l'année 2004. Le « tournant de l'activation » s'est opéré dans la plupart des pays européens au cours des années quatre-vingt. Néanmoins, il a bousculé une certaine distribution politique du travail idéologique qui avait cours jusqu'alors, à tout le moins dans la partie francophone du pays. En effet, le partage institutionnel des compétences permettait, avant l'entrée en vigueur du plan, de ne considérer l'action publique régionale que sous sa seule dimension sociale d'accompagnement et de distinguer celle-ci de la politique fédérale de contrôle (peu abordée dans les discours).

---

11. Les premières évaluations du plan mettent davantage l'accent sur l'accroissement du nombre des demandeurs d'emploi participant à une formation que sur les sorties vers l'emploi.

> Il s'agit de réussir l'accompagnement des chômeurs. C'est une mesure importante et délicate, car elle crée un malaise et de l'ambiguïté [...] Cet accompagnement n'est pas une mesure de contrôle, c'est un atout pour aider les gens à améliorer leurs qualifications et donc leurs chances de trouver un emploi. (André Méan, administrateur général du FOREM en 2004[12])

Lors des négociations relatives à l'accord de coopération sur l'accompagnement des chômeurs, les responsables politiques régionaux wallons garantissaient qu'il n'y aurait « pas de chasse aux chômeurs en Wallonie ». Comme on l'a vu, ce discours a évolué. On insiste aujourd'hui autant sur l'absence d'exclusion massive que sur la bonne collaboration entre services publics régionaux et national qui conduit à une proportion similaire de sanctions en Wallonie et en Flandre.

3.2.3 Des interventions sur mesure

La nouveauté de l'approche du plan d'accompagnement des chômeurs passe par sa méthodologie présentée comme « individualisée » et « contractualisée ».

> Que ce soit le Forem, le VDAB ou Actiris [les services régionaux de l'emploi], tous essayent de rencontrer de plus en plus les besoins individuels des personnes et d'offrir dès lors des services sur mesure. C'est pour cela que le placeur n'est plus un placeur mais devient de plus en plus un véritable coach des personnes dont il s'occupe. [...]
> Nous devons trouver des façons collectives de répondre à des besoins individuels, c'est fondamental. Et de ce point de vue, je suis très critique par rapport à tous ces discours sur la 'chasse aux chômeurs', etc., parce que si, effectivement, on veut trouver des réponses collectives à des besoins individuels, cela signifie que l'on doit avoir une démarche véritablement contractuelle. Et donc, dans ce contrat collectif qui répond aux besoins identifiés et individuels des personnes, le droit précède le devoir. On donne droit aux allocations de chômage avant de demander quoi que ce soit. Mais le devoir doit être là. Et si on ne vérifie pas convenablement que le cocontractant respecte ses obligations, donc que le chômeur respecte ses obligations de chercher de l'emploi, à ce moment-là, on tue le système. Il n'y a plus de contrat possible.
> [Ce qu'il faut donc] C'est un véritable contrat entre une institution et une personne. Et donc, cet aspect contractuel me paraît fort important. C'est clair qu'il y a un droit aux allocations de chômage, c'est évident. Et je ne suis d'ailleurs pas pour le réduire ou le limiter dans le temps parce que je pense que si le contrat est bien fait et si on demande de le respecter, on n'a pas besoin de limiter les allocations dans le temps. Ce n'est pas cela l'important. L'important est en amont. (Interview: Directeur général, ministère)

12. Interview dans *Le Soir*, le 3 juillet 2004

3.2.4 Les acteurs chargés de la mise en œuvre : « facilitateurs » et « généralistes »

Le nouveau plan d'accompagnement a induit de nouvelles fonctions au sein des services publics de l'emploi. Ces nouvelles fonctions ont soit été remplies par des agents nouvellement recrutés (cas du fédéral), soit se sont inscrites dans un courant de transformation des missions existantes des agents (cas des services régionaux).

La fonction (fédérale) de contrôle du comportement de recherche active d'emploi est plus large que la mission des contrôleurs existants (sanction du travail au noir et des refus d'emploi ou de formation). Pour la remplir, 200 agents ont été engagés dans un premier temps. L'effectif a été renforcé au fur et à mesure de l'extension du plan d'accompagnement à de nouvelles catégories de chômeurs (Carlens, 2006). L'extrait suivant définit les contours de la fonction des nouveaux agents auxquels a été donné le nom de « *facilitateurs* » :

> Leur fonction peut être synthétisée comme suit : vérifier que les chômeurs remplissent bien les conditions réglementaires, notamment de durée de chômage, pour être invités aux entretiens et préparer les entretiens en rassemblant et en consultant les données et informations utiles ; mener les entretiens afin d'évaluer avec eux, en fonction de leur situation spécifique, les actions qu'ils ont entreprises pour réintégrer le marché de l'emploi au cours des 12 mois qui précèdent l'entretien ; le cas échéant, remotiver ces demandeurs d'emploi [...] ; gérer les éventuelles absences aux entretiens ; en cas d'évaluation négative, discuter et rédiger un plan d'action avec le demandeur d'emploi ; le cas échéant, vérifier le respect du plan d'action et informer le chômeur des sanctions qui lui seront appliquées (Carlens 2006 : 7)[13].

Dans les régions, la mise en œuvre du plan d'accompagnement s'inscrit dans une tendance plus lointaine de la transformation du métier de « placeur » en celui de « conseiller ». Comme l'a montré Orianne (2005), le rôle des conseillers n'est pas de mettre les individus à l'emploi mais de les inciter à initier un « travail sur soi ». Un vocabulaire médical est utilisé pour définir le rôle de ces conseillers (*généralistes, prescription, diagnostic*). Leur fonction est de détecter des « troubles de l'employabilité » et d'orienter vers les moyens d'y remédier.

> Oui, on est passé du métier de placeur à celui de conseiller, mais avec aujourd'hui un petit mouvement de retour [...]. À l'époque, on prenait le demandeur d'emploi en charge jusqu'à l'emploi. C'était la belle époque, jusqu'à la crise et même après. Les placeurs étaient en contact avec le monde des entreprises, ils avaient une connaissance du monde et des

13. L'auteur est directeur général à l'Office national de l'emploi (ONEM).

> contacts privilégiés. Ils étaient aussi spécialisés dans un secteur (construction, métallurgie). Quand une entreprise cherchait un carreleur, elle téléphonait au placeur : 'tu peux m'envoyer un gars'. J'utilise le tutoiement car ils se connaissaient.
> Aujourd'hui les conseillers n'ont plus aucun contact avec les entreprises. Ils sont face aux demandeurs d'emploi. Ils prescrivent la démarche que la personne doit faire.
> Ils vont devenir des généralistes et gérer les parcours de A à Z. [...]. Ils feront tout, du bilan de compétences, aux projets professionnels, mais aussi les freins à l'emploi, etc. [...] Ils feront le premier contact de diagnostic (études, situation familiale, freins), puis dans la deuxième étape, ils vont mettre en place des actions. C'est notamment la recherche d'offres d'emploi en direct [...], ou la prescription [...]. Le demandeur d'emploi ne peut jamais repartir comme ça (sans rien) cela crée de la pression. S'il a un projet clair, le conseiller peut prescrire de chercher des offres sur internet, sinon, il faut un autre type de prescription.

Le conseiller est par ailleurs considéré comme un gestionnaire de valeurs ou de clients : « dans ma direction régionale, chaque conseiller aura un portefeuille de 100 demandeurs d'emploi à gérer ». (Interview : Conseiller)

3.2.5 Work first !

Le métier de conseiller est davantage tourné vers la mise à l'emploi immédiate, appelée « work first » dans le jargon.

> Tout ceci relève d'une autre philosophie de travail. On a longtemps été influencé par le parcours d'insertion avec ses différentes étapes de requalification, socialisation, orientation, etc. On travaillait beaucoup de dimensions avant la recherche d'emploi.
> Aujourd'hui, on vise les parcours les plus courts possibles. C'est avec la confrontation avec le marché du travail qu'on arrive à ses fins, même quand on est en phase d'orientation professionnelle. Quand j'ai des savoir-faire, c'est la confrontation directe avec le marché qui permet de préciser mon projet. On vise le rapprochement, le contact direct avec le marché. Une démarche plus pratique. C'est ce qu'on appelle le *work first.* (Interview : Directeur, Service public de l'emploi)

> L'essentiel, c'est de les prendre tout de suite en charge, de ne pas avoir un délai entre le moment où vous vous inscrivez au Forem et le moment où l'on vous aide correctement et où on vous prend en charge. Il faut aller le plus vite possible, le temps joue contre nous. Le temps est un élément de découragement, il faut donc tout de suite aider.
> Deuxièmement, il ne faut pas nécessairement aller vers une nouvelle formation pour une partie des jeunes qui sont en décrochage scolaire, qui ont déserté l'école de manière précoce. Il faut au contraire les faire toucher à une expérience professionnelle, au milieu professionnel, à l'entreprise car,

> pour un grand nombre d'entre eux, c'est ce qu'ils attendent, c'est de devenir des adultes et de sortir de l'adolescence où on veut parfois les maintenir. (Jean-Claude Marcourt, ministre wallon de l'emploi en 2007[14])

3.3 L'ambivalence des discours sur l'emploi, sa qualité et sa disponibilité

Si l'ambition affichée du plan est de faire accéder rapidement les individus à l'emploi, la disponibilité de l'emploi est une condition nécessaire à la légitimité ou l'efficacité d'une politique d'accompagnement des chômeurs. À cet égard, un message ambivalent est véhiculé par les autorités politiques et les agents administratifs responsables du plan, dont la construction discursive témoigne : d'une part, il est fréquemment rappelé, à l'encontre d'un argument souvent évoqué par les adversaires du plan que des emplois disponibles existent et, d'autre part, il est souligné que le plan ne sanctionne pas les individus parce qu'ils ne trouvent pas d'emploi. Comme indiqué plus haut, seuls l'insuffisance de recherche d'emploi ou le refus de participer à un accompagnement font l'objet de sanctions.

En premier lieu, les discours sur les pénuries de main-d'œuvre viennent de facto conforter l'idée que les entreprises ont de nombreux emplois à offrir mais que les chômeurs ne présentent pas les aptitudes et compétences nécessaires. Mais à côté des professions en pénurie, il est un type d'emploi présenté comme plus accessible aux demandeurs d'emploi, c'est l'intérim. Les discours produisent une normalisation de ce type d'emploi, en le considérant comme un emploi comme un autre, et en mettant en évidence ses vertus de « tremplin ».

> Ah bien oui, l'intérim, c'est l'emploi convenable. Cela permet d'avoir un pied dedans. Les critères [acceptables de refus d'un emploi], c'est la distance, le temps de déplacem*ent* et si on gagne moins qu'au chômage. Mais l'intérim, on ne peut pas refuser. (Interview : Conseiller, Service public de l'emploi)

Le secteur de l'intérim est devenu un véritable partenaire de la politique de l'emploi. Il est partie prenante des pratiques d'accompagnement et est invité dans les murs du service public de l'emploi pour informer les demandeurs d'emploi des opportunités sur le marché du travail.

> L'intérim vient aux [séances d'information] collectives pour dire qu'il y a de l'emploi. On recrute beaucoup dans ces entreprises-là, même des peu qualifiés. L'intérim aboutit de plus en plus à des CDD, voire à des CDI. Les agences

14. Interview RTBF radio, 7 mars 2007.

opèrent aussi de la sélection et du recrutement, ça peut être un moyen de mettre le pied à l'étrier. (Interview : Directeur, Service public de l'emploi)

Les discours sur l'existence de l'emploi varient donc quelque peu selon les acteurs considérés. Les acteurs politiques, se situant plutôt à gauche, concéderont qu'il y a un manque structurel d'emplois et que, de ce fait, on ne peut sanctionner les chômeurs au motif qu'ils n'en trouvent pas. En revanche, les acteurs chargés de l'accompagnement et du contrôle se doivent de souligner l'existence d'emplois, même précaires, pour légitimer leur action.

C'est dans une note de travail du cabinet du ministre de l'emploi que la finalité principale du plan semble être exposée par son auteur, Frank Vandenbroucke, dans des termes qui évoquent implicitement l'idée d'armée de réserve.

> Il est incontestablement plus agréable de chercher du travail si l'offre [d'emplois] est importante. Si ce n'est pas le cas actuellement, force est d'admettre que les choses peuvent changer rapidement. La nouvelle approche, qui vise une aide et un suivi accrus des chômeurs, n'est pas non plus un projet de court terme, mais un projet que nous allons développer progressivement au cours des années à venir. Si l'économie se redresse dans un proche avenir, un potentiel de main-d'œuvre doit être disponible en suffisance pour répondre sans tarder à la demande. (Frank Vandenbroucke, Questions-réponses sur le suivi des chômeurs, Document de travail du Cabinet du ministre de l'emploi, 5 mai 2004)

Autant qu'une réponse aux questions d'équilibre financier de la sécurité sociale et d'équilibre entre droits et obligations des chômeurs, le plan d'accompagnement semble donc poursuivre une finalité macroéconomique plus large. Il s'agit d'alimenter le marché en main-d'œuvre disponible. L'option est ici de considérer l'emploi comme facteur de croissance et les pouvoirs publics comme garants de sa disponibilité. On se situe ici pleinement dans la perspective de la Stratégie de Lisbonne (Conter, 2007). On notera qu'il n'y a pas de référence, dans les textes et discours étudiés, aux politiques macro-économiques susceptibles d'apporter ce « redémarrage de l'économie ». Tout juste est-il fait allusion dans la même note du cabinet Vandenbroucke aux politiques de réduction du coût du travail et des cotisations sociales ou de mises en œuvre par le gouvernement de l'époque.

> Nous prenons maintenant des initiatives afin de créer davantage d'emplois grâce à des subsides publics, notamment via le système des titres-services. (*Idem*)[15]

---

15. Le dispositif des Titres services est un système de subvention massif de services de proximité (essentiellement du nettoyage à domicile) qui permet aux particuliers de disposer de ce type de service à un coût avantageux (5,25 € de l'heure).

4. Un vocabulaire à connotation positive

Les intentions initiales des promoteurs du plan d'accompagnement visaient le contrôle et la sanction des demandeurs d'emploi ne cherchant pas de travail. Dans sa déclaration au parlement en 2003, le Premier ministre de l'époque, Guy Verhofstadt en précisait les motivations :

> On ne peut plus accepter que l'argent soit gaspillé pour des personnes dont il s'avère clairement qu'elles n'ont aucune envie de chercher un emploi. Un nouveau système sera introduit. [l'ancien système] sera remplacé par un accompagnement individuel du chômeur, l'élaboration d'un parcours adapté pour décrocher un emploi, un parcours qui devra être scrupuleusement suivi si le chômeur souhaite conserver son droit à une allocation. (G. Verhofstadt, discours à la chambre et au Sénat, le 14 juillet 2003, cité par Faniel, 2005)

Cependant, dès la mise en œuvre concrète du plan, le vocabulaire utilisé a résolument été choisi dans le registre positif. Tout comme la notion *d'activation* comporte une dimension normative à connotation positive (et opposée à l'indemnisation, qualifiée de politique *passive*) (Barbier, 2002), le vocabulaire lié au plan d'accompagnement des chômeurs s'inscrit dans une perspective dynamique et d'aide aux individus.

Les obligations du demandeur d'emploi sont évoquées en termes de sollicitation. Ainsi, les facilitateurs de l'ONEM vont-ils *inviter les demandeurs d'emploi aux entretiens*, et, en cas d'évaluation négative de leurs efforts de recherche d'emploi, leur *proposer un plan d'action* (ou *contrat*), alors que le refus d'une de ces propositions sera suivi de sanction.

Il en va de même de la notion de *contrat proposé* au chômeur. Dans les faits, le chômeur qui a subi une évaluation négative dispose de peu de marges de négociation de son plan d'action (Dufour *et al*, 2004).

Mais surtout, le vocabulaire témoigne de l'idée que les individus sont responsables de leur situation de chômage. Cette responsabilisation des chômeurs est au cœur du principe « d'État social actif » (Dubois, 2007). Le chômage n'est pas présenté comme le résultat d'un manque structurel d'emplois mais comme la conséquence d'un comportement inadéquat du demandeur d'emploi. Il s'agit donc de rendre les individus *plus actifs*, de les inciter à *participer davantage*, à *accepter* les offres d'emploi, etc. Dans certains documents, le plan est appelé « *activation du comportement de recherche d'emploi* ».

Conclusion

Les changements « instrumentaux » apportés à la politique du chômage en Belgique et dans ses régions en ont profondément changé le paradigme, inscrivant la politique sociale dans les principes de l'État social actif. L'approche particulière, par le langage, du plan d'accompagnement des chômeurs visait à situer la manière dont ce plan était communiqué aux demandeurs d'emploi et au grand public et comment les évolutions politiques étaient légitimées.

Au travers de l'analyse, une vision plus claire des objectifs et de la légitimation du plan d'accompagnement semble se dessiner. Les différents discours abordés (différents destinataires et destinateurs) présentent une cohérence autour de quelques grands principes. L'objectif premier de l'accompagnement des chômeurs, d'éviter les gaspillages de ressources de la sécurité sociale, d'ajouter de nouvelles obligations aux demandeurs d'emploi et, par là, de garantir un meilleur équilibre entre droits et devoirs, est présenté comme juste et efficace.

Pour réaliser ces objectifs, de nouveaux métiers ont été développés. Ils reflètent et concrétisent une nouvelle philosophie de travail, plus individualisée et plus centrée sur l'accès à l'emploi, qui valorise la rapidité de l'intervention et l'expérience professionnelle, même de courte durée.

En revanche, l'objectif de diminution du chômage est rarement mis en évidence. Tout au plus est-il rappelé que des emplois disponibles existent et qu'un effort d'adaptation doit être porté par les chômeurs. Mais il est aussi rappelé avec insistance que le demandeur d'emploi qui ne trouve pas d'emploi, tout en cherchant, ne pourrait être sanctionné.

Au final, plus que les textes juridiques, les discours des décideurs politiques et des cadres administratifs chargés de la mise en œuvre du plan d'accompagnement laissent entrevoir la hiérarchie des priorités entre finalité économique d'adaptation et de mise à disposition d'une main-d'œuvre disponible et finalité sociale de mise à l'emploi des chômeurs.

Bibliographie

Barbier Jean-Claude, 2002, « Peut-on parler 'd'activation' de la protection sociale en Europe? », *Revue française de sociologie* n° 43-2, pp. 307-332.

Carlens Georges, 2006, « L'activation du comportement de recherche active d'emploi en Belgique », communication au colloque de l'Association internationale de sécurité sociale, Bruxelles, 21 avril 2006.

Conter Bernard, Mainguet Christine, 2010, « Politiques de l'emploi et de la formation : quel référentiel en Wallonie ? », *Cahier du CIRTES – UCL* n° 4, pp. 275-296.

Conter Bernard, 2007, « Plein emploi ou chômage nécessaire : la stratégie européenne pour l'emploi entre utopie et pragmatisme », *Politique européenne* n° 21, pp. 21-40.

Conter Bernard, 2010, « La stratégie européenne pour l'emploi comme processus de socialisation politique », *in* Michel Hélène, Robert Cécile, *La fabrique des Européens. L'Europe : acteur, objet et enjeu de socialisation*, Presses universitaires de Strasbourg.

Dubois Vincent, 2007, « État social actif et contrôle des chômeurs : tournant rigoriste entre tendances européennes et logiques nationales », *Politique européenne*, n° 21, pp. 73-95.

Dufour Pascale, Boismenu Gérard, Noël Alain, 2004, *L'aide au conditionnel. La contrepartie dans les mesures envers les personnes sans emploi en Europe et en Amérique du Nord*, Peter Lang, Bruxelles, 2004.

Faniel Jean, 2005, « Le contrôle des chômeurs en Belgique. Objectifs et résistances », *Informations sociales* n° 126, pp. 84-91.

Faniel Jean, 2005, « réactions syndicales et associatives face au contrôle de la disponibilité des chômeurs », *L'Année sociale 2004*, ULB, Bruxelles.

Faniel Jean, 2008, « L'assurance chômage en Belgique : entre pressions européennes et polémiques régionales », *Chronique internationale de l'IRES* n° 115, pp. 52-63.

Lascoumes Pierre, Le Galès Patrick, 2005, *Gouverner par les instruments*, Presses de Sciences Po, Paris.

Lebrun Mikael, 2008, « Bilans contrastés de l'activation du comportement de recherche d'emploi » *L'année sociale 2007*, ULB, Bruxelles, pp. 65-99.

Orianne Jean-François, 2005, *Le traitement clinique du chômage*, Thèse de doctorat, UCL, Louvain-la-Neuve.

Une progressive rationalisation de l'encadrement des chômeurs

Sophie Divay
Centre d'Économie de la Sorbonne (UM 8174), Université de Paris1
sophie.divay@univ-paris1.fr

Introduction

Les dispositifs relevant aujourd'hui de « l'accompagnement des transitions professionnelles » ont derrière eux une longue histoire. Le chômage représente une des causes principales de ces transitions, souvent synonymes de « ruptures » dans le parcours d'un individu. Le sens donné aujourd'hui au chômage a émergé à la fin du XIXe siècle, notamment avec le resserrement du lien entre l'ouvrier et l'entreprise (Topalov 1987). Une des questions qui se sont alors posées a été celle des conditions d'accès aux secours réservés aux victimes d'une perte d'emploi. Le comportement du chômeur et notamment ses efforts pour retrouver une situation ont constitué un critère central, même si légalement il n'a pas été immédiatement reconnu, comme le note une juriste dans les années 1930 : « Malgré des circulaires et des instructions ministérielles précises, des chômeurs sont rayés des listes de secours sous des prétextes les plus irréguliers, certaines décisions prennent motif que "l'intéressé n'a pas fait de démarche pour trouver du travail". Or il n'a pas à justifier de telles démarches, puisqu'il est inscrit à un Office de placement, et de plus il faut se demander en vertu de quelle enquête ou de quel contrôle une affirmation semblable peut être apportée. » (Lautier 1936 : 193)

C'est en 1979 qu'est introduite cette exigence dans le code du travail : « Art. L. 351-1 En complément des mesures tendant à faciliter leur reclassement ou leur conversion, les travailleurs involontairement privés d'emploi ont droit à un revenu de remplacement, sous réserve d'être à la recherche d'un emploi. » Le chômeur est désormais un individu involontairement privé d'emploi qui accomplit des « actes positifs de recherche d'emploi » (code du travail 1980, art. R. 351-1-s.). À partir des années 1980 se développent des prestations d'aide à la recherche d'emploi. Dans le but de favoriser l'insertion ou la réinsertion professionnelle de ses inscrits, l'ANPE diversifie et multiplie son offre de services ; parallèlement, des organismes spécialisés voient le jour, comme les Missions Locales qui ouvrent leurs portes en 1982.

À ses débuts, l'aide à la recherche d'emploi ne faisait pas l'objet d'un intérêt particulier. Cette activité paraissait bien anodine et était perçue comme un simple soutien moral et une aide technique (conseils pour la rédaction de CV, lettres de candidature, etc.) destinés à épauler les chômeurs dans leurs démarches. Depuis lors, les responsables des politiques publiques de l'emploi se sont davantage intéressés aux différentes solutions permettant de lutter contre le chômage. L'aide à la recherche d'emploi s'est développée, et a été au passage qualifiée d'accompagnement. Puis, l'accompagnement s'est progressivement intensifié pour répondre aux exigences dites « d'activation des chômeurs ».

Ce sont de ces évolutions que nous allons rendre compte en présentant les résultats de deux recherches menées à environ dix ans d'intervalle. La première (Divay 1999) porte sur une étude des conseils dispensés aux chômeurs au milieu des années 1990. Elle met au jour l'univers notionnel de l'aide à la recherche d'emploi tel qu'il apparaissait dans les manuels spécialisés et dans les discours tenus par des conseillers en situations individuelles ou collectives face à des chômeurs. À ces derniers était proposé un modèle du bon chercheur d'emploi organisé, auto discipliné et efficace, dont l'« activité sociale » est dirigée de « façon rationnelle en finalité [*zweckrational*], par des expectations du comportement des objets du monde extérieur ou de celui d'autres hommes, en exploitant ces expectations comme "conditions" ou comme "moyens" pour parvenir rationnellement aux fins propres, mûrement réfléchies que l'on veut atteindre. » (Weber, 1995, p. 55)

La seconde étude a été commandée par la Dares en 2007 et était centrée sur les professionnels chargés de « l'accompagnement dans et vers l'emploi ». Comme on le verra, la priorité est désormais donnée à l'« activation » des chômeurs et à leur « retour rapide en emploi durable ». Le travail d'enquête a permis de mettre en évidence que ces termes représentent les signes de l'application d'une pression temporelle pesant autant, voire davantage, sur les conseillers que sur les chômeurs. S'il s'agit toujours pour ces derniers de faire montre d'efficacité, leurs « accompagnateurs » se trouvent de plus en plus soumis à l'obligation de rendre des comptes sur les résultats de leur travail, résultats variables selon leur relative impuissance à « activer » les chômeurs. En effet, la réussite de leur accompagnement dépend en grande partie de l'« employabilité » ou plus exactement de la « recrutabilité »[1] (Pochic 2007) de leurs publics. Les conseillers chargés des chômeurs facilement recrutables (faible ancienneté de chômage) sont confrontés à des exigences et un contrôle institutionnels dont la nature a pu être saisie à travers le recensement et l'analyse du champ lexical de leur jargon professionnel.

Avant d'aller plus loin toutefois, nous commencerons par présenter la morphologie du monde des professionnels de l'encadrement des chômeurs qui s'est étoffé au cours du temps. Une nébuleuse d'intervenants hétéroclites s'est tout d'abord constituée en grande partie autour de l'ANPE; puis, au milieu des années 2000, cette nébuleuse a connu des turbulences avec l'introduction de nouveaux acteurs obéissant à des logiques de fonctionnement qui concordaient avec les nouvelles orientations, ou orientations plus prononcées, des politiques de l'emploi (voir l'encadré méthodologique page suivante).

1. Le monde professionnel de l'encadrement des chômeurs

Le domaine de l'encadrement des chômeurs est composé de trois grandes catégories d'organismes; certains ont vu le jour dans les années 1960. Beaucoup ont connu des restructurations internes plus ou moins importantes, mais ils n'en conservent pas moins leur activité d'accompagnement des chômeurs.

Dans une première grande catégorie, peuvent être regroupées les institutions dont la mission centrale relève soit du placement, soit plus largement de l'insertion professionnelle notamment par le biais de la formation. On compte, parmi elles, l'ANPE[2] et l'AFPA[3] qui incarnent le Service public de l'emploi (SPE) et qui sont, à ce titre, en charge de la mise en œuvre des politiques de l'emploi. Le tableau s'élargit encore avec, d'une part, des co-traitants de l'ANPE qui comprennent l'APEC[4], les Missions

1. En préférant ce néologisme au terme d'employabilité, l'auteure met davantage l'accent sur les pratiques des employeurs que sur celles des demandeurs d'emploi.
2. Il ne sera pas question ici de Pôle Emploi dont la mise en place s'est déroulée en 2009, avant notre enquête.
3. AFPA: Association Nationale Pour la Formation professionnelle des Adultes, créée en 1964.
4. APEC: Association Pour l'Emploi des Cadres, créée en 1966.

Encadré méthodologique

Enquête n°1 : réalisée entre 1995 et 1998

Le recueil de données s'est effectué dans le cadre d'un travail de thèse portant sur les dispositifs d'aide à la recherche d'emploi destinés à différentes catégories de chômeurs ou personnes préparant leur recherche d'emploi (étudiants, stagiaires).

Un corpus de cent cinq manuels consacrés à la recherche d'emploi, publiés entre 1968 et 1994, a été constitué. Tous les titres et un échantillon de trente-deux ouvrages ont été soumis à une analyse thématique de contenu.

Par ailleurs, quinze sessions complètes (d'une durée d'une semaine à trois mois) d'aide à la recherche d'emploi ont été observées dans différents organismes : associations, des agences locales de l'ANPE, des organismes de formation, un cabinet conseil et de recrutement, une structure universitaire et une école d'ingénieur. Une trentaine d'entretiens a été menée auprès de conseillers.

Enquête n°2 : réalisée en 2007-2008

Dans cet article, sera utilisée une partie du matériel recueilli dans le cadre d'une recherche portant sur « l'accompagnement vers et dans l'emploi » menée en 2007-2008 et commanditée par la DARES.

Des entretiens approfondis ont été menés auprès de conseillers de onze structures situées en Ile de France : une entreprise de travail temporaire, une association spécialisée dans l'aide à la recherche d'emploi des jeunes diplômés, un organisme de formation public, deux agences locales pour l'emploi, la Direction générale de l'ANPE, un Cap vers l'entreprise, une Maison de l'emploi municipale, deux Missions locales, un PLIE, un organisme de formation privé et une structure universitaire spécialisée dans l'insertion professionnelle des étudiants et deux agences d'un opérateur privé de placement.

Les données utilisées dans cet article sont plus particulièrement celles recueillies dans ces deux dernières agences du groupe OPP X[1] , société internationale spécialisée dans l'accompagnement et le placement des chômeurs. Au moment de l'enquête, elles sont prestataires de services de l'Unédic. Chaque manager a été interviewé ainsi que neuf conseillères sur les quinze salariés de ces deux agences.

Les résultats de cette recherche ont été présentés dans un rapport remis à la Dares (Balzani, Béraud, Boulayoune, Divay , Eydoux, Gouzien, 2008).

1. Nom d'emprunt.

locales et Cap Emploi[5], et, d'autre part, des structures municipales ou des PLIE[6] qui passent des conventions entre autres avec l'ANPE.

Une deuxième catégorie comprend l'ensemble des structures dites « sous-traitantes » qui répondent notamment à des appels d'offres de l'ANPE. D'après un rapport commandé par le Commissariat au Plan (Balmary, 2004), on comptait 4300 prestataires habilités en 2004. Ils se répartissent dans quatre types de statuts : organismes de formation privés, organismes de formation publics ou parapublics, associations des secteurs social et socioculturel, cabinets et associations de conseil (Chevrier-Fatôme, Simonin, 2004).

Une troisième et dernière catégorie rassemble des conseillers souvent oubliés ou moins visibles, sans doute parce qu'éloignés ou totalement indépendants du SPE. Ils sont les plus difficiles à repérer du fait de leur dispersion et de leur activité principale qui tend à masquer les services d'accompagnement qu'ils dispensent pourtant. Ainsi en est-il de certaines grandes écoles, universités ou IUT où sont mis en place des modules d'aide à la recherche de stages et d'emploi. On citera encore des organismes spécialisés dans l'accompagnement de publics ciblés et financés par des institutions représentantes de ces publics ou d'un secteur d'activité spécifique. Certaines associations dont les services sont destinés aux jeunes diplômés sont ainsi soutenues par des mutuelles étudiantes ; d'autres comme l'AREF-BTP[7], créée par un OPCA[8] du bâtiment, s'adresse aux jeunes chômeurs désireux de se professionnaliser dans ce secteur.

Les services d'aide à la recherche d'emploi sont donc proposés, de façon plus ou moins obligatoire, non seulement par un très grand nombre d'institutions variées, mais également délivrés par des intervenants aux profils divers (formateurs, psychologues, assistantes sociales, ancien recruteur reconverti dans ce domaine après un licenciement, jeunes diplômé(e)s en sciences humaines et sociales ou d'une école de commerce, consultant, etc.) puisqu'aucune qualification précise n'a jusqu'à présent été exigée pour exercer ce métier. Au-delà de cette diversité, une certaine homogénéité s'observe ailleurs, notamment dans le contenu des discours des conseillers.

---

5. Cap Emploi : organismes pour personnes handicapées en retour à l'emploi, progressivement mis en place à partir de 1975.
6. PLIE : anciennement Plan local d'insertion par l'économique, devenu Plan local pour l'insertion et l'emploi en 1998.
7. AREF-BTP : Association Régionale paritaire pour la formation continue dans le Bâtiment et les Travaux Publics.
8. OPCA : Organisme Paritaire Collecteur Agréé.

2. L'aide à la recherche d'emploi : un univers notionnel homogène et cohérent

Une analyse de contenu a été appliquée sur trois corpus de textes (écrits et oraux) : une liste de cent cinq titres de manuels consacrés à la recherche d'emploi, recensés au milieu des années 1990, un échantillon composé de trente-deux manuels de cette liste et la retranscription intégrale d'entretiens menés auprès de conseillers (voir encadré méthodologique). Ce travail analytique a permis de dégager un paradigme de la recherche d'emploi qui renferme une représentation de cette activité partagée par les professionnels spécialisés dans l'encadrement des chômeurs. Ce cadre normatif se décompose en deux grandes dimensions. La première recouvre un ensemble de techniques de recherche d'emploi qui sont autant de démarches et d'outils plus ou moins standardisés et empiriquement homologués dont les offreurs et les demandeurs d'emploi doivent conventionnellement faire usage pour entrer en relation sur le marché du travail. La seconde dimension relève d'une normalisation comportementale du chômeur auquel les conseillers transmettent le modèle du bon chercheur d'emploi tenu de respecter certains codes de conduites et d'interaction, notamment face au recruteur.

2.1. L'univers notionnel de la dimension technique

Comme pour justifier leur légitimité professionnelle et l'utilité sociale de leur activité, les conseillers (auteurs de manuels et/ou intervenants) insistent en tout premier lieu sur la complexité de la recherche d'emploi, qui ne peut s'improviser car elle suppose l'acquisition de nombreuses connaissances permettant de bien exercer le « métier de chercheur d'emploi »[9]. Pour ce faire, il faut maîtriser un ensemble de techniques, de démarches et une batterie d'outils dont la mise en œuvre suit un enchaînement logique et ordonné d'étapes. La réussite d'une telle entreprise dépend d'un entraînement rigoureux dont le conseiller détient les clés.

Dans un premier temps, le chômeur doit se pencher sur son passé et établir un « bilan personnel et professionnel ». Le champ lexical propre à la notion centrale de « bilan » recouvre un ensemble de substantifs, d'adjectifs et de verbes qui composent une première catégorie syntaxique de la dimension technique de la recherche d'emploi. Ainsi, cette démarche de bilan comprend-elle la réalisation d'un « récit de vie » ou d'un « récit du parcours professionnel et personnel » afin de « faire le point », et plus

---

9. Les termes placés entre guillemets renvoient soit aux propos des conseillers interviewés, soit à des expressions relevées dans des manuels.

précisément de chercher à atteindre une meilleure « connaissance de soi » à travers une « auto-évaluation de sa personnalité ». L'exercice classique consiste à se retrouver seul(e) devant une feuille de papier et à compléter deux colonnes à l'aide d'exemples puisés dans des expériences passées. Cette introspection vise à mettre en évidence des couples thématiques d'opposés : « les points forts, les points faibles »/ « ce que j'aime, ce que je n'aime pas »/ « mes qualités, mes défauts », etc. Cette méthode est proposée au chômeur pour l'aider à dégager les traits saillants de sa personnalité et à répondre à des questions telles que : « qui suis-je ? Quelles sont mes envies ? Mes limites ? Mes potentialités ? »

Cette injonction au travail sur soi, plus ou moins accentuée selon la nature des situations d'interaction[10], a conduit certains auteurs à souligner le caractère psychologisant des prestations d'aide à la recherche d'emploi (Castra, 2003 ; Coutant, 2005 ; Frétigné, 2004 ; Orianne, 2004 ; Vrancken, Macquet, 2006). Cette psychologisation ne satisfait pas seulement le besoin du chômeur d'être écouté ou la tentation du conseiller de se positionner en tant que thérapeute (faute de solutions concrètes), elle a également une finalité pratique. Elle permet, en effet, de collecter les informations nécessaires à l'utilisation de certains outils incontournables de la recherche d'emploi (Lochard, Ughetto, 2006). Le contenu des *curriculum vitae* (CV), lettre de motivation ou lettre de candidature spontanée doit en effet convaincre le destinataire de la valeur du candidat. Ce dernier s'efforce ainsi de dresser un portrait cohérent de lui-même en valorisant ses différentes ressources : qualifications, diplômes, expériences, savoirs, etc. La phase d'introspection, aussi psychologisante soit-elle, est avant tout une étape indispensable d'une part au bon usage de ces outils et, d'autre part, à la réalisation essentielle d'un « projet professionnel ».

Le « projet professionnel » représente la démarche centrale d'un autre aspect de l'aide à la recherche d'emploi, celle de l'exigence d'organisation à laquelle tout bon chercheur d'emploi doit se soumettre. Être organisé, c'est avoir un but et mettre en place les moyens efficaces pour l'atteindre. De ce fait, un projet professionnel « réaliste et réalisable » s'impose car il constituera le déterminant des occupations quotidiennes du chômeur qui « gérera son temps », « planifiera ses activités », « ciblera ces actions », établira des « bilans d'étape » en fonction des « objectifs » fixés.

10. Le degré de psychologisation de l'approche du conseiller dépend de plusieurs facteurs : durée de l'accompagnement, formation d'origine du conseiller et mandat qui lui est confié (accompagnement plus ou moins social), attentes et « recrutabilité » des chômeurs dépendant entre autres de leurs qualifications, ancienneté dans le chômage, expérience professionnelle et bien sûr de l'état du marché du travail.

Le sens de la formule selon laquelle la « recherche d'emploi est un métier » apparaît plus clairement à l'aune de la définition que les conseillers en donnent. Il s'agit bien pour le chercheur d'emploi d'acquérir des savoirs, la maîtrise d'outils, et de s'imposer une autodiscipline d'autant plus nécessaire que le chômage le prive de repères temporels et de buts. Il reste toutefois encore une dimension à évoquer, celle des règles de savoir-être qu'un bon chercheur d'emploi a intérêt à respecter, notamment lors de ses interactions avec les recruteurs.

2.2. L'univers notionnel de la dimension comportementale

Une recherche d'emploi ne se faisant « pas au hasard », le chercheur d'emploi se doit d'être « stratégique » et « calculateur », car organisation et rigueur ne suffisent pas. Il entretient et développe ainsi son réseau de connaissances qui pourra lui « être utile » et constituer une source d'informations ou un moyen d'entrer en contact avec un employeur. Hormis l'appropriation de savoirs techniques, l'acquisition et le perfectionnement de compétences sociales ou comportementales sont donc essentiels pour « gérer » au mieux les relations qu'il aura à entretenir aux cours de ses différentes démarches.

L'interaction à laquelle les conseillers prêtent la plus grande attention est bien sûr celle qui met face à face le candidat et le recruteur. Ils proposent à leur public de se livrer à différents exercices avant de se confronter aux situations réelles. Nombre de sessions collectives comportent des ateliers de « simulation d'entretien » souvent éprouvants pour les chômeurs. Ceux-ci sont en effet invités à jouer une scène de recrutement filmée, dans laquelle le recruteur est incarné par le conseiller ; l'enregistrement de cette scène est ensuite visionné par les membres du groupe qui font part de leurs critiques sur le jeu d'acteur de leur compère. Ces commentaires s'appuient sur un ensemble de recommandations (dont un échantillon est présenté ci-dessous) que le conseiller a au préalable livré à son auditoire sur les bonnes manières de se comporter et de se mettre en valeur face à un recruteur ainsi que sur les erreurs à éviter (voir encadré ci-contre).

Il incombe en fait deux grandes tâches au candidat (chercheur d'emploi face au recruteur). Il doit tout d'abord savoir « se vendre », c'est-à-dire convaincre son interlocuteur de ses qualités de « bon travailleur », et parallèlement savoir jouer son rôle d'« offreurs de service », c'est-à-dire être capable d'observer et de masquer ce respect des conditions de la position dominée qu'il occupe dans une relation asymétrique. Trois personnages sont donc rassemblés en un seul,

Échantillon de qualités attendues du bon candidat classées par rubriques comportementales

Donner une image de soi « positive »
– attitude de gagneur, de fonceur, prendre des décisions // offreur de services
– être énergique, actif, positif, plein d'entrain, d'allant, d'enthousiasme, utiliser des verbes d'action // être gai, dynamique, vivant // être motivé

Rapport au pouvoir, à l'ordre établi
– s'insérer, faire corps avec l'organisation, s'intégrer / être dévoué à l'entreprise, adaptable // bonne adaptabilité, faire contre mauvaise fortune bon cœur // accepter et exécuter des ordres
– avoir occupé avec succès des responsabilités, être personne sûre, fiable // aptitudes au commandement, savoir diriger des hommes

Maîtrise de soi
– réagir calmement, garder la maîtrise de la situation // être d'humeur égale, avoir le contrôle de ses réactions émotionnelles, surveiller son comportement
– discrétion, réserve, retenue, humilité

Assurance
– aisance, être sûr de vous, avoir confiance en vous, assurance, sang-froid

Qualités relationnelles
– faire bonne impression, être souriant, sociable, aimable, avoir des contacts avenants et bienveillants
– savoir travailler en équipe, compétence sociale et relationnelle, sens des relations sociales
– être concentré, attentif, à l'écoute, avoir une faculté d'observation

Expression écrite ou orale
– style simple, direct, bref, concis, esprit de synthèse, phrases courtes
– être précis, clair, concret, pragmatique, réaliste, cohérent

Rapport au travail
– avoir le sens de l'organisation, de la méthode, de la rigueur, être ordonné // désireux de bien faire, soigné, consciencieux
– être opérationnel, immédiatement utilisable
– faire preuve d'efficacité
– persévérance, constance, ténacité, détermination, courage, volonté, résistance au stress, à l'échec
– curiosité intellectuelle, ouverture d'esprit, soif de connaître, envie d'apprendre // innover, créer, être imaginatif

le chômeur devant tout à la fois être un chercheur d'emploi efficace, un candidat stratège et un futur bon travailleur.

Par ailleurs, en tant que candidat, le chômeur doit maîtriser certaines règles dites de savoir-être, que l'on peut qualifier de codes d'interaction, afin d'occuper correctement la place qui lui échoit dans une situation structurée par un rapport de force. D'après les conseillers, cette compétence sociale représente un signe positif aux yeux du recruteur qui l'interprétera comme une capacité d'adaptation aux conditions de la situation, ainsi que d'acceptation et d'appropriation des normes sociales. Afin d'illustrer quelques facettes de cette compétence sociale, on empruntera certains concepts goffmaniens[11] (Goffman, 1973, 1974) qui offrent une grille de lecture des principes énoncés par les conseillers en aide à la recherche d'emploi. La plus importante de toutes les règles est de toute évidence celle qui enjoint au candidat de toujours « garder la face » sans jamais la faire perdre à son interlocuteur. Il fera montre d'« assurance » et se mettra par exemple en valeur, mais sans tomber dans l'excès de vantardise au risque d'incommoder le recruteur. Celui-ci a le droit à d'infinis égards et ses éventuelles « offenses » doivent être acceptées comme faisant partie de ses prérogatives. De ce fait, le candidat ne s'en montrera jamais affecté, et s'il l'est, il saura dissimuler ce sentiment afin de « sauver la face ». Il maintiendra son « engagement » dans l'interaction et adressera indéfectiblement des marques de « déférence » au recruteur, tout en s'abstenant de violer son « territoire » ou d'avoir accès à ses « réserves d'information ». Il appartient au candidat de préserver le bon déroulement de l'interaction en évitant tout « faux pas » et en accueillant avec intérêt toute sorte de questions et de remarques.

L'application de ces principes idéaux nécessite toutefois quelques aménagements parfois source de tensions et de contradictions pour les conseillers. Théoriquement, rappelons-le, une bonne recherche d'emploi repose sur un projet arrêté par le chômeur lui-même: « S'il est convaincu, il sera convaincant! », « Il atteindra son but s'il sait où il va! » Mais les buts des chômeurs ne correspondent pas toujours à un « plan de carrière » fondé sur des critères professionnels. Lors d'une session organisée par l'ANPE, deux chômeuses livrent leurs points de vue:

> – Moi, je prends n'importe quel boulot! Je travaille pour la tune! J'irais même jusqu'à balayer les chiottes chez les poulets!
>
> – On travaille pas pour le plaisir, ça s'saurait!

11. Placés entre guillemets dans ce paragraphe.

Ce libre choix raisonné d'un métier semble également incongru à des candidats qui n'ont au préalable pas choisi leur formation. Ils ont suivi un cursus scolaire souvent imposé pour ne pas sortir de l'école sans diplôme, et peu leur importe le métier qu'ils exerceront.

Un chômeur de longue durée, dans un stage pour cadres, se montre distancié par rapport à l'utilité de la définition d'un projet : « Dans la réalité, j'ai pas le choix ! À la limite, je prendrai ce qui se présente ! » Quelle réponse le conseiller peut-il apporter face à cette évidence qui remet en cause la logique de son discours ? Renvoyé aux limites d'une bien fragile expertise, il ne lui reste plus qu'à « responsabiliser » le chômeur :

> Oui alors, je ne cherche pas à avoir toutes les réponses ! Mais les solutions sont en toi ! À toi de t'adapter à l'environnement. Il faut trouver l'interface entre ce que tu veux et l'environnement ! Je reviens au schéma que j'avais fait au tableau : quand tu as bien repéré ce que tu sais faire, veux faire, ce qui te plaît, là tu es armé !

Lutter contre le chômage à l'aide d'une si faible artillerie, dont l'équipement principal est fait de termes dotés d'une efficace plus symbolique que pratique, ne contribue pas à asseoir la légitimité professionnelle des conseillers. Ces derniers sont en permanence contraints de défendre leur pseudo-expertise à l'aide de pirouettes discursives composées d'un vocabulaire technique et d'arguments justifiant la validité de leurs conseils.

Depuis les années 1990, les dispositifs d'aide à la recherche d'emploi n'ont cessé de se développer et de se diversifier[12], mais il demeure toutefois impossible d'encadrer de près tous les chômeurs, même si les politiques d'emploi insistent de plus en plus sur la réduction de la période de chômage. La diffusion du paradigme de l'aide à la recherche d'emploi a donc représenté un moyen de contrôler (relevant de l'incitation et non de la coercition) à distance les chômeurs en leur inculquant un modèle du bon chercheur d'emploi correspondant à des techniques et pratiques en vigueur sur le marché du travail. L'enquête menée pour la

12. Le Plan d'aide au retour à l'emploi (PARE) a été l'un des plus conséquents programmes mis en place et pour lequel l'État a engagé un effort budgétaire d'environ un milliard d'euros par an, à partir de juillet 2001 (Crépon, Dejemeppe, Gurgand, 2005), auquel il faut ajouter la participation des partenaires sociaux telle que prévue dans la convention État-Unédic-ANPE de juin 2001 relative à la mise en œuvre du PARE. Bien que ses effectifs soient passés de 11 000 agents au début des années quatre-vingt-dix, à 16 000 en 2000 et à 28 000 en 2004 (Jeanneau, 2006), l'ANPE n'a pas été en mesure de faire face seule à l'accroissement des services proposés : « Ainsi, fin 2002, les prestations sous-traitées concernant les demandeurs d'emploi étaient multipliées par 7,6 par rapport à 1998, et près de 10 si l'on prend en compte les prévisions 2003. » (Balmary, 2004, p. 94)

DARES en 2007 et 2008 a révélé que ces dispositifs de normalisation des sans-emploi fonctionnent toujours selon les principes décrits ci-dessus. Des changements sont cependant venus perturber l'univers professionnel de l'encadrement des chômeurs qui, comme nous allons le voir, touchent surtout les conseillers et leurs conditions de travail.

3. De l'« aide à la recherche d'emploi » à l'« activation », en passant par l'« accompagnement » des chômeurs

3.1. Un champ d'intervention en recomposition

L'aide à la recherche d'emploi est une des composantes du champ de la politique de l'emploi dont la complexité n'a cessé de croître au fur et à mesure des ajouts de nouveaux programmes, comme le signalait déjà au début des années 1990 un rapport rédigé dans le cadre du Xe Plan (Muller, 1991, p. 165) :

> L'extrême complexité et l'instabilité du dispositif engendrent sa méconnaissance et son inutilisation partielle ; elles provoquent des effets de cannibalisme des mesures nouvelles aux dépens des mesures anciennes ; surtout, elles sont facteur d'amplification des inégalités.

Au-dessus de cet échelon national s'est greffée la politique de l'emploi européenne qui a introduit la thématique de l'« activation », néologisme apparu depuis plusieurs années dans le vocabulaire des organisations internationales (CERC, 2005). Selon l'OCDE, la politique d'activation vise la réduction des dépenses passives en faveur de l'emploi (indemnisation chômage) et l'augmentation des dépenses actives destinées au financement d'actions de réinsertion des chômeurs (formations, contrats aidés, « accompagnement », etc.). Par extension, on parle désormais couramment de l'« activation des chômeurs ». « Activation » et « retour rapide en emploi durable » représentent les objectifs prioritaires de la Stratégie Européenne de l'Emploi mise en place à partir de 1997. Le Traité d'Amsterdam, en juin 1997, accorde ainsi une place formelle aux questions de l'emploi et insiste sur la prévention du risque de chômage de longue durée. Dès 1998, la Commission européenne a initié une « marketisation » de l'accompagnement des chômeurs (Perez, Personnaz, 2008) en affirmant la nécessité de confier la délivrance d'une partie des services de placement au secteur privé. La « modernisation des services publics de l'emploi » passe dans cette optique par l'abandon du monopole de placement du Service public de l'emploi et l'externalisation des prestations d'accompagnement à travers leur prise en charge par des prestataires privés.

En France, ces orientations produisent leurs effets à travers la promulgation, en janvier 2005, de la loi de programmation de la cohésion sociale qui ouvre officiellement le marché du placement et de l'accompagnement aux opérateurs du secteur marchand (Rousseau, 2005). La fin du monopole de placement de l'ANPE a entraîné des changements concrets dans le champ de l'accompagnement des chômeurs : de nouveaux commanditaires de prestations, notamment l'Unédic et les collectivités territoriales, sont entrés en scène, pendant que de nouveaux opérateurs privés (comme des agences d'intérim, des entreprises et associations d'insertion, des cabinets conseil, des agences de placement privées) arrivaient sur le marché.

3.2. De la rationalisation de la recherche d'emploi à la rationalisation de l'aide à la recherche d'emploi

De tels bouleversements structurels pouvaient laisser supposer un aménagement des pratiques des conseillers. L'arrivée de nouveaux intervenants eut, en effet, pu s'accompagner de l'introduction de nouvelles techniques ou d'une redéfinition du bon chercheur d'emploi.

Les entretiens réalisés auprès des conseillers en 2007 et 2008, ainsi que les observations de certaines séances de conseil en présence de chômeurs, n'ont en fait pas permis de vérifier cette hypothèse. Mis à part l'existence de nouveaux outils informatiques et l'utilisation d'internet, les outils et techniques de recherche d'emploi n'avaient guère changé. Quant au profil du bon chercheur d'emploi, ses caractéristiques étaient restées semblables à celles des années 1990. Les conseillers ont eux-mêmes établi le constat d'une faible évolution du contenu de leurs conseils. Une jeune femme de 35 ans ayant en 2007 sept ans d'ancienneté en tant que conseillère affirmait à ce propos ne pas avoir enregistré de changements, à la fois dans le temps et au sein des différents organismes où elle avait travaillé, alors qu'elle avait quitté un univers associatif pour se faire embaucher par une agence d'intérim : « Mais c'est toujours les mêmes techniques, de toute façon on est là pour former les gens aux techniques de recherche d'emploi, c'est ça le but, et bon, les reclasser, bien évidemment, hein, les former pour qu'ils se reclassent aussi rapidement, mais les techniques de recherche d'emploi, sont toujours pareilles, c'est toujours les mêmes… faire un CV attractif, la présentation du CV, par pôles de compétences… » Elle ajoute d'ailleurs en fin d'entretien : « L'accompagnement, c'est bien, ça fait plus de sept ans que j'en fais, mais y a un moment où on s'use. C'est un peu toujours la même chose ! » (Conseillère en agence d'intérim).

En fait, de façon inattendue, les entretiens menés avec les conseillers de différents organismes ont révélé que des changements s'étaient produits dans leur domaine, mais ailleurs que dans le contenu de leurs conseils. L'arrivée de nouveaux opérateurs parmi les prestataires de services des financeurs publics (ANPE, collectivités territoriales) et privés (Unédic) a exacerbé la concurrence entre les organismes qui ont été également confrontés à des cahiers des charges plus exigeants notamment en termes de durée des prestations, de nombre de chômeurs accompagnés et de taux de reclassement. Ces nouvelles conditions se sont concrétisées par l'apparition ou le renforcement d'outils d'enregistrement des moyens mis en œuvre et des résultats atteints, qui prennent la forme de comptes rendus à établir par les prestataires.

Si tous les conseillers rencontrés disent être touchés par cette accentuation des exigences bureaucratiques[13], tous ne le sont pas aussi fortement. Afin de faire ressortir les traits saillants de ces nouvelles contraintes, nous avons choisi de nous intéresser aux situations où elles étaient le plus lourdement et visiblement instaurées, c'est-à-dire dans deux agences du même groupe baptisé ici OPP X. Les entretiens individuels menés auprès des « managers » et des conseillères ont permis de recenser et d'analyser non seulement certains glissements sémantiques, mais aussi tout un arsenal terminologique servant à dénommer des démarches, des procédures, des outils et des objectifs, représentant autant de révélateurs de la logique gestionnaire imposée par les dirigeants de cette société et intériorisée, non sans distanciation critique, par les salariés.

3.3. Conseillers en aide à la recherche d'emploi sous contraintes gestionnaires

La société OPP X fait partie des dix-sept opérateurs privés sélectionnés par l'Unédic fin 2006 auxquels l'accompagnement dit « renforcé » de demandeurs d'emploi indemnisés a été confié[14]. L'activité des deux agences étudiées est dédiée à la remise en emploi des chômeurs vers l'emploi ; le titre attribué aux accompagnateurs a été choisi pour mettre l'accent sur cette mission :

> Dire « conseiller en accompagnement et placement », ça permet aussi d'amener un titre qualitatif au poste, d'après moi, ce que je pense, c'est vraiment ça, c'est vraiment un état d'esprit, de dire voilà ce qu'on fait : on accompagne et on place des personnes. (manager d'agence)

---

13. *Cf.* Jean-Marie Pillon (2009) sur l'introduction des dispositifs gestionnaires à l'ANPE.
14. À propos du recours de l'Unédic à des opérateurs privés de placement, voir : « L'accompagnement renforcé des demandeurs d'emploi », n° 1, janvier 2008, document édité par l'ANPE, l'Unédic et la Dares, consultable à l'adresse : http//www.travail-solidarite.gouv.fr/IMG/pdf/Evaluation_OPPCVE_n1.pdf.

Selon les conditions établies dans le cahier des charges, les conseillers sont chargés d'accompagner des chômeurs inscrits depuis moins de six mois à l'ANPE[15] ; ces derniers perçoivent l'allocation d'aide au retour à l'emploi et ont des droits ouverts pour au minimum un an. Ils sont envoyés par leur « conseiller référent » de l'ANPE qui a jugé bon de leur proposer un « accompagnement renforcé », estimant qu'ils présentaient un risque de chômage de longue durée. Les conseillers ont un portefeuille d'une quarantaine de demandeurs d'emploi et sont tenus de les recevoir toutes les semaines dans le cadre d'entretiens de trente minutes. OPP X trouve ainsi matière à valoriser sa « force d'activation » en garantissant un suivi intensif des demandeurs d'emploi à qui sont proposés des entretiens fréquents, complétés par des échanges téléphoniques et des courriers électroniques.

À ce cadre imposé de l'extérieur, s'ajoutent des règles-maison qui prescrivent de façon précise le travail des salariés. Le dispositif de gestion de ressources humaines appliqué recouvre un ensemble de discours, démarches, techniques et savoir formant système dans le sens où ils s'articulent pour favoriser l'atteinte des objectifs fixés. Une présentation concise des principes organisationnels d'OPP X peut-être établie à travers un relevé des dénominations données aux postes, procédures, outils matériels ou immatériels, usagers et lieux utilisés dans le quotidien de travail. On ne cherchera pas à donner un sens particulier à la profusion de termes anglais qui peut être imputée au fait que les agences d'OPP X appartiennent à un groupe international anglo-saxon récemment implanté en France.

La mission de remise en emploi des chômeurs confiée aux conseillers repose, d'une part, sur une rhétorique institutionnelle, véhiculée par les responsables hiérarchiques et les formateurs, et, d'autre part, sur une organisation du travail qui se concrétise notamment à travers un ordonnancement spatial des personnes et des choses.

A OPP X « on ne fait pas de social »[16]. Si les « chercheurs d'emploi » ou les « clients » sont chaleureusement accueillis à chacune de leurs visites par leur conseiller, celui-ci doit aller droit au but, c'est-à-dire aborder au plus vite la question de la recherche d'emploi. Il ne dispose que de quelques instants pour prendre des nouvelles de son interlocuteur : « On nous demande, par exemple, sur un rendez-vous d'une demi-heure, de prendre juste le temps de traverser la salle pour parler. » (une conseillère)

15. Comme nous l'avons déjà indiqué, le recueil de données s'étant déroulé entre autres auprès des agences d'OPP X courant 2007 et 2008, il ne sera question ici que de l'ANPE, puisque Pôle emploi n'a été mis en place qu'en 2009.

16. Là aussi, les expressions entre guillemets sont celles des enquêtées.

Si comme partout ailleurs dans le champ de l'aide à la recherche d'emploi, le terme de « chômeur » est banni, celui de « client » n'a été rencontré qu'à OPP X. Son utilisation n'est pas explicitement imposée, mais implicitement diffusée et assimilée. Ainsi, lors d'un entretien, une conseillère se reprend après avoir utilisé le terme de « client » et le remplace par celui de « candidat ». Elle tient à expliquer pourquoi ce terme lui a échappé et fait apparaître sur l'écran de son ordinateur une page du « plan d'action », outil de suivi des chômeurs où figure la question suivante : « Le client a-t-il une voiture ? » À travers cet exemple *a priori* insignifiant, c'est un aspect essentiel de la logique d'agence qui transparaît et qui révèle que contrairement à l'ANPE ou chez leurs sous-traitants associatifs la valeur « service public » est délaissée au profit du développement d'une activité de service lucrative selon laquelle l'usager est un client source de profit.

Les conseillers sont réunis dans un « *open space* » et répartis autour de bureaux compacts de trois ou quatre places appelés « marguerites », terme repris au fournisseur de leur mobilier professionnel. Les conseillers ne sont installés à un poste que temporairement. En effet, en vertu de la règle du « *hot desking* », la manager du site attribue tous les mois de nouvelles places à ses subordonnés, dans le but affiché de favoriser les échanges au sein de l'équipe.

Les « clients », quant à eux, sont invités à s'asseoir aux côtés de leur conseiller et non pas en face à lui (ce qui est de toute façon impossible étant donné la forme des bureaux). Les échanges se déroulent au vu et au su de toutes les personnes présentes sur le « plateau ». L'absence de cloisonnement matériel traduit la volonté de traiter les chômeurs avec « transparence », c'est-à-dire de leur donner l'occasion de faire état de leur condition au grand jour, et, ce faisant, de rompre avec la stigmatisation qu'ils subissent.

Une des conseillères voit également dans cet agencement des rencontres une volonté des responsables d'entretenir une certaine distance vis-à-vis des chômeurs afin que ceux-ci limitent leur éventuelle envie de se confier, ce qui n'est pas sans renvoyer au principe d'OPP X qui distingue accompagnement et travail social.

À ce propos, les entretiens réalisés nous ont encore appris que les étapes de l'accompagnement étaient définies par des « standards ». Le « premier accueil » réunit quelques demandeurs d'emploi envoyés par leur Agence locale pour l'emploi. Ils reçoivent une information collective sur le dispositif. À partir du premier rendez-vous individuel, six semaines peuvent être consacrées à l'établissement d'un « plan d'action », formulaire à renseigner, précisant le parcours, le projet, les « freins » et les compétences du chercheur d'emploi. Toutefois, dès la quatrième semaine, la recherche doit avoir commencé.

Les conseillers sont tenus d'atteindre des objectifs précis. Ayant environ quarante personnes « en portefeuille » à suivre pendant six mois, ils sont obligés de mener huit entretiens par jour, pour tenir le rythme des entretiens hebdomadaires d'une durée maximale de trente minutes. Tous les mois, ils doivent au minimum réaliser quatre mises en emploi et recueillir deux « offres d'emploi facturables » par semaine. Il leur faut établir régulièrement différentes sortes de « reporting ». Chaque semaine, ils renseignent deux « tableaux de bord » pour leur manager : le premier récapitule le nombre de candidats en portefeuille, en CDD, en CDI, en « suspension maladie », etc. Le second indique pour chaque candidat en poste, le type de contrat signé et les coordonnées de l'employeur. Le respect de ces « standards », ou normes d'activité, est évalué dans le cadre d'« entretiens de performance » mensuels et d'« entretiens de bilan » annuels avec le manager du site. La délivrance de la note annuelle s'accompagne si nécessaire d'un récapitulatif des aspects à améliorer grâce à l'application d'« actions correctives ». En fonction des résultats, c'est-à-dire de la note obtenue, le DRH de la société décide ou non d'accorder une revalorisation du salaire, allant de 700 à 1 000 euros net annuels.

Les récits que les conseillères d'OPP X nous ont livrés renferment un ensemble de termes appartenant au registre de la gestion qui démontrent que leur activité a été mise sous surveillance. Elle s'exerce par l'intermédiaire de procédures, techniques et outils dont ces salariées ont intériorisé le langage et l'usage, sans avoir directement à obéir à des ordres qui commanderaient leurs agissements. Les opérations de contrôle de leur travail et de leurs résultats sont intégrées à leurs tâches (« *reporting* », remplissage quotidien des « plans d'action », suivi des « standards », etc.), ce qui les conduit à s'auto-administrer ce contrôle en toute autonomie, sans aucune participation de leur hiérarchie à laquelle elles remettent *in fine* le produit de leur auto examen.

Conclusion

Depuis le développement du chômage de masse, l'encadrement des chômeurs s'est progressivement affirmé suivant une rationalisation croissante de la recherche d'emploi. Rationalisation, tout d'abord, des pratiques de recherche d'emploi dont le fondement repose sur un univers notionnel technique et comportemental qui s'est institutionnalisé pour perdurer jusqu'à nos jours. Rationalisation, ensuite, de l'aide à la recherche d'emploi qui s'est au tournant muée en « accompagnement » des chômeurs, euphémisation à double effet, permettant tout à la fois de gommer l'aspect trop social de l'intitulé initial, et d'atténuer la violence inhérente à la logique d'« activation » (au sens de mettre en action et d'accélérer un processus [Rey, 2000]).

Cette logique, là où nous l'avons trouvée le plus fortement mise en œuvre, était notamment visible dans ce que, de l'extérieur, on peut appeler le jargon professionnel des conseillers. L'arsenal terminologique propre à OPP X révèle nettement que le travail des salariés est prescrit et évalué selon des principes gestionnaires visant formellement à contrôler et augmenter leur performance. Il est somme toute peu surprenant d'observer une telle démarche chez un opérateur privé de placement, même s'il ne faut pas oublier que des tendances similaires ont également été repérées dans des organismes associatifs ou publics. De tels constats n'ont rien d'étonnant ; ils ne font que vérifier des résultats déjà établis : « Omniprésente et envahissante, la gestion est également hégémonique. C'est bien ce que laisse voir la diffusion des pratiques de gestion dans le temps et dans l'espace. Elle est devenue la modalité évidente, universelle, incontournable de conduite des organisations. Elle est symbole d'efficacité au sens où elle représente le seul meilleur moyen pour une organisation de produire les effets qu'elle vise, quels que soient ces derniers. » (Boussard, 2008, p. 14).

On retiendra pour finir que les contraintes bureaucratiques ne représentent pas pour les conseillères rencontrées la principale source de pénibilité. Elles sont avant tout affectées par le rejet de l'approche « sociale », interprétée comme une forme d'assistanat humiliante pour les chômeurs. Cet interdit institutionnel enferme les conseillères dans des contradictions auxquelles elles doivent faire face seules. Si théoriquement les échanges avec le candidat ne doivent porter que sur la recherche d'emploi, l'expérience montre que cette posture est intenable. En effet, l'accompagnement des chômeurs suscite très souvent l'évocation de problèmes personnels devant lesquels les conseillères se disent démunies : que dire, que proposer à quelqu'un qui évoque des difficultés matérielles, familiales, conjugales, morales, psychologiques, médicales, etc. ? Ces conseillères sont d'autant plus privées de ressources que les critères d'embauche d'OPP X privilégient les profils « écoles de commerce, mais sans classe prépa » (les diplômés passés par les classes préparatoires accédant très certainement à des postes plus prestigieux). OPP X ne leur offrant aucune formation à la conduite d'entretien et aux techniques d'écoute, il leur revient donc de mettre en œuvre les arrangements et ajustements nécessaires au bon déroulement des interactions avec les chômeurs.

L'activation des chômeurs, centrée sur une accélération de leur retour en emploi, s'appuie donc tout à la fois sur une rationalisation du travail des rationalisateurs de la recherche d'emploi et une « dé-psychologisation » (Divay, 2008) de l'encadrement des chômeurs qui évite peut-être certaines dérives responsabilisantes, voire culpabilisantes lorsque trop d'attention est accordée aux facteurs personnels alors que les causes du chômage sont avant tout liées à l'état du marché du travail et à la conjoncture économique. Parallèlement toutefois, elle risque d'appauvrir le travail des conseillers en réduisant leur intervention à un accompagnement intensifié de la mise en œuvre de techniques et d'outils, c'est-à-dire à la réalisation d'« actes positifs de recherche d'emploi ».

Bibliographie

Balmary D. (2004), *Rapport de l'instance d'évaluation de la politique de l'emploi et recours à des opérateurs externes*, Commissariat Général du Plan, Paris, février.

Balzani B., Béraud M., Boulayoune A., Divay S., Eydoux A., Gouzien A. (2008), *L'accompagnement vers l'emploi. Acteurs, pratiques, dynamiques*, CES Paris, GREE Nancy, LESSOR Rennes, Rapport final pour la DARES, avril.

Boussard V. (2008), *Sociologie de la gestion. Les faiseurs de performance*, Paris, Éditions Belin.

Castra D. (2003), *L'insertion professionnelle de publics précaires*, Paris, PUF.

CERC (2005), *Aider le retour à l'emploi,* Rapport du Conseil, des revenus et de la cohésion sociale, Paris, la Documentation française.

Chevrier-Fatôme C., Simonin B. (2004) « Politique de l'emploi : un nombre croissant d'intervenants », *Premières synthèses*, DARES, juillet, 30.2.

Coutant I. (2005), Le pouvoir des mots : à propos de l'encadrement socio-éducatif des jeunes sans avenir, *Formation Emploi*, n° 89, pp. 19-33.

Crépon B., Dejemeppe M., Gurgand M. (2005), Un bilan de l'accompagnement des chômeurs, *Connaissance de l'emploi*, n° 20, septembre.

Demazière D., Glady M. (2008), Introduction, *Langage et Société*, n° 123, pp. 5-13.

Divay S. (1999), *L'aide à la recherche d'emploi. Des conseils pour sauver la face*, Paris, L'Harmattan.

— (2008), Psychologisation et dé-psychologisation de l'accompagnement des chômeurs, *Sociologies Pratiques*, n° 17, octobre, pp. 55-66.

Frétigné C. (2004), *Une formation à l'emploi?* Paris, L'Harmattan.

Goffman E. (1974), *Les rites d'interaction*, Paris, Éditions de Minuit.

— (1971), *La mise en scène de la vie quotidienne*, tome II, *Les relations en public*, Paris, Éditions de Minuit.

Jeanneau L. (2006), Service public de l'emploi: peut mieux faire, *Alternatives Économiques,* n° 250, septembre, article téléchargeable sur: http://www.alternatives-economiques.fr

Lautier M. (1936), *Assurance-chômage et assistance-chômage*, thèse pour le doctorat, législation comparée, Droit français, Rennes.

Lochard Y., Ughetto P. (2006), Candidater et embaucher: le courrier de candidature comme dispositif de rencontre, *La revue de l'IRES*, n° 52, pp. 133-154.

Muller M. (1991), *Le pointage ou le placement. Histoire de l'ANPE*, Paris, L'Harmattan.

Orianne J-F. (2004), Troubles de l'employabilité et traitement clinique du chômage, *4e Conférence intermédiaire du RC52 de l'AIS, « Savoirs, travail et organisation »*, Université de Versailles-Saint-Quentin-en-Yvelines, septembre.

Perez C., Personnaz E. (2008), *Les services d'information, de conseil et d'orientation professionnelle des adultes: un appui aux transitions professionnelles?* Marseille, Céreq, Relief n° 27, juillet.

Pillon J.-M. (2009), Violence et gestion à l'ANPE: entre résistance et pragmatisme, communication pour *le IIIe le Congrès de l'AFS*, Paris.

Pochic S. (2007), Développer la recrutabilité. L'autre versant des transitions professionnelles, *Cadres-CFDT*, n° 425-426.

Rey A. (dir.) (2000), *Le Robert. Dictionnaire historique de la langue française*, Paris, Dictionnaires Le Robert, tome I.

Rousseau Y. (2005), Du monopole public de placement à un nouveau service public de l'emploi, *Droit social*, avril, pp. 456-465.

Sassier M. 2007, Figures du temps discursif, *Temporalités*, n° 6-7, pp. 117-133.

Topalov C. (1987), Invention du chômage et politiques sociales au début du siècle, *Les temps modernes*, n° 496 et n° 497, pp. 53-92.

Vrancken D., Macquet C. (2006), *Le travail sur soi. Vers une psychologisation de la société*, Paris, Éditions Belin.

Weber M. (1995), *Économie et société*, tome I, Paris, Libraire Plon.

Varia

L'emploi des expressions épistémiques dans des lettres aux actionnaires en France, aux États Unis et en Allemagne[1]

Svenja Kranich
Centre de Recherche sur le Multilingualisme (SFB 538), Université de Hambourg
svenja.kranich@uni-hamburg.de

Introduction

Cette contribution représente une analyse contrastive de l'emploi des expressions de modalité épistémique dans des lettres aux actionnaires (constituant la première partie du rapport annuel) écrites par des sociétés françaises, états-uniennes et allemandes. Les éléments de modalité épistémique, comme *sans doute*, *cela devrait...*, *il est possible que...* fournissent un moyen linguistique permettant au locuteur d'exprimer que la vérité d'une proposition n'est pas complètement assurée. Une telle stratégie peut être utilisée soit pour des raisons liées au contenu (ne pas avoir accès à suffisamment d'informations), soit pour des raisons interpersonnelles (ne pas vouloir imposer à l'allocuteur un certain point de vue, ne pas vouloir perdre la sympathie de l'allocuteur) (voir Hyland 1996, 1998). L'emploi d'éléments de ce type représente clairement des avantages, comme lorsqu'on souhaite par exemple souligner que l'on n'exprime qu'une prédiction et non pas une vérité assurée ou

1. Je voudrais remercier Andrea Bicsár pour la collaboration agréable à une étude pilote qui a précédé la présente investigation (Bicsár et Kranich 2009), Anne Küppers pour me donner accès au corpus des LAA françaises qu'elle a compilé pour sa thèse de Maîtrise, Martin Elsig pour sa relecture d'une version précédente de ce texte et pour ses corrections qui m'ont été d'une grande aide, et Aurélie Denoyer et Xavier Protat pour leurs corrections très efficaces et professionnelles.

lorsqu'on cherche à atténuer l'impact d'une nouvelle négative. Cela peut néanmoins également avoir des inconvénients, étant donné que les auteurs utilisant un grand nombre de ces éléments risquent d'être perçus comme peu crédibles et comme ayant peu confiance en ce qu'ils rapportent, comme l'indiquent les résultats de Crismore et Vande Kopple (1997). Il serait donc intéressant de voir la manière dont les textes provenant de différentes cultures linguistiques varient en ce qui concerne la fréquence et les facteurs influençant l'emploi de ces éléments.

Des différences culturelles entre les pratiques du discours ont été relevées pour la communication économique en général (voir par exemple Clyne 1987 ; Bolten, Dathe et *alii* 1996 ; Böttger et Bührig 2003, 2004, 2007 ; Baumgarten et Özçetin 2008), mais jusqu'à présent peu d'études se sont spécifiquement penchées sur les lettres aux actionnaires (c'est-à-dire sur le 'mot du P.D.G.' dans le contexte français), du moins en ce qui concerne une perspective contrastive[2]. L'objectif de notre étude est donc de contribuer à une meilleure compréhension des différences entre les normes textuelles et pragmatiques dans ce genre central de la communication économique. Les expressions modales seront au centre de l'étude, car leur appréhension fournit un point de départ permettant de mettre à jour des différences subtiles dans le domaine interpersonnel. Une étude pilote a montré qu'il existe des différences considérables en ce qui concerne la fréquence de ces marqueurs dans les lettres aux actionnaires en Allemagne en comparaison de celles provenant des États Unis (Bicsár et Kranich 2009). Notre étude

2. Notez les exceptions suivantes : Suomela-Salmi et Gambier (1994) ont présenté une analyse contrastive du genre, comparant des lettres françaises et finlandaises ; Fløttum, Hemmingsen, Pereira et Unni (1994) comparent les mêmes langues que celles présentes dans notre étude se concentrant sur la question de l'aise de lecture (*readability*). Nickerson et De Groot présentent quelques résultats sur l'organisation discursive des LAA provenant des Pays Bas et de la Grande Bretagne. Garzone (2004) fait une comparaison entre les lettres aux actionnaires italiennes et les lettres émanant d'autres pays européens et des États Unis. Bien qu'elle arrive ainsi à livrer des résultats intéressants sur les caractéristiques spécifiques du genre en Italie, il aurait été souhaitable dans une perspective contrastive de faire une analyse distincte de chaque groupe national plutôt qu'une comparaison entre les textes italiens d'un côté et les textes provenant de toutes les autres cultures linguistiques dans l'ensemble de l'autre. Finalement, Küppers (2008) a présenté une analyse pertinente de l'emploi des pronoms personnels dans des LAA françaises et allemandes. En ce qui concerne le rapport annuel (contenant la LAA ainsi que des documents divers), on trouve une comparaison de la présentation de l'entreprise dans des rapports annuels français et allemands dans Kauffmann (2007), qui met l'accent sur des lexèmes/des idiomes choisis représentant les valeurs des entreprises.

élargit le champ d'investigation aux lettres provenant de France, car des études antérieures ont souligné des différences intéressantes au niveau des stratégies communicatives dans le discours économique français et allemand (Barmeyer et Demangeat 2007 ; Bastian et Hammer 2007) mais aussi entre le discours économique français et anglais (Jenkins et Hinds 1987 ; Böttger et Bührig 2003), en ce qui concerne plus particulièrement la relation entre auteur-locuteur et lecteur-allocuteur. De plus, l'étude présente offre une analyse plus détaillée que l'étude pilote, considérant non seulement la fréquence, mais partant aussi à la découverte des facteurs ayant une influence sur l'emploi des expressions épistémiques. L'analyse de leur distribution à travers les catégories grammaticales et sémantiques nous permettra de découvrir des différences quant aux styles communicatifs favorisés dans les trois cultures professionnelles.

2. Fonction et structure de la 'lettre aux actionnaires'

Le type de texte désigné ici 'lettre aux actionnaires' (LAA)[3] satisfait la fonction d'introduction et de synthèse du rapport annuel. Simultanément, les LAA ont des fonctions de marketing moins visibles: elles ont pour but de donner une image positive de la société aux actionnaires (présents et potentiels) ainsi qu'à d'autres lecteurs potentiels[4] (voir par exemple les descriptions du genre par Fløttum (1998), Hyland (1998) et Garzone (2004, 2005)).

On peut dire que la LAA possède un rôle très important, étant la partie la plus fréquemment lue de tout le rapport annuel (Kohut et Segars 1992), en particulier en ce qui concerne les lecteurs moins spécialisés (Garzone 2004 : 321). Le bon choix de moyens stylistiques convenables pour valoriser l'image de la société peut donc avoir des répercussions significatives sur le comportement des actionnaires.

La structure de la LAA est comparable dans les trois cultures linguistiques. On y retrouve les trois mouvements (*moves* dans le sens de Swales 1990) suivants:

3. Ce qu'on appelle ici 'la lettre aux actionnaires' est plus communément désigné par le terme 'le mot du P.D.G.' dans les études portant sur le terrain français. Comme il s'agit ici d'une analyse contrastive (et l'organisation des sociétés diffère entre les pays), on a choisi d'employer ce terme, plus général.

4. Comme ces documents sont, de nos jours, généralement publiés sur internet, ils sont accessibles à un grand nombre de personnes. Le public visé comme lecteur-allocutaire principal est néanmoins constitué d'actionnaires actuels et de professionnels vendeurs des titres dans les banques.

– une évaluation de la performance de la société dans l'année passée
– un récit des événements et des résultats les plus importants de l'année passée
– une déclaration des priorités pour le futur et une prévision de la performance future (Garzone 2005 : 194).

Ces mouvements sont présents dans les lettres françaises, anglaises et allemandes. Néanmoins, il existe également des différences interlinguistiques. Ainsi, on peut dire qu'il existe une certaine tendance à présenter plus souvent des commentaires très généraux dans les lettres provenant des États Unis que dans celles provenant de France ou d'Allemagne. Concrètement, la partie dédiée aux mouvements 1 et 3 est plus vaste et l'évaluation aussi bien du passé que du futur reste souvent assez vague dans les lettres anglaises, tandis que le mouvement 2, caractérisé par le récit des événements et des résultats concrets, est représenté dans les trois cultures professionnelles dans la même mesure. Un exemple d'une telle évaluation positive assez vague, qui a presque le caractère d'un slogan, est présenté dans l'exemple suivant :

1. Our business is more than just our products and services. It's about an experience.
(Notre entreprise ne réside pas seulement dans nos produits et nos services. Il s'agit d'une expérience.)

Le résultat de l'analyse qualitative indique qu'une plus grande importance semble être accordée dans la culture professionnelle américaine à la transmission d'une image positive par des connotations positives et des slogans, tandis que dans les cultures française et allemande, l'accent est plus particulièrement mis sur la description des événements et des résultats concrets. Supposant que la fonction du genre est double (d'un côté, informer sur l'état de l'entreprise, de l'autre, faire de la publicité pour l'entreprise), il est possible de dire que le poids accordé à ces deux fonctions varie selon les cultures professionnelles. Nous allons voir dans quelle mesure ces différences globales sont reflétées dans la distribution des expressions épistémiques.

3. L'emploi des expressions épistémiques dans les lettres aux actionnaires

L'intérêt propre aux expressions épistémiques dans ce genre de texte est surtout lié à leur emploi possible comme moyen d'atténuation ('hedging' dans la littérature anglophone). L'atténuation d'un acte langagier peut être accomplie en rendant l'applicabilité d'un terme moins définitive (comme dans le cas d'*une sorte de*, *plutôt*), mais aussi en signalant une confiance moins que totale dans la vérité de la proposition, et ceci par l'emploi d'un élément modal comme *sans doute, probablement*. La fonction d'atténuation peut aussi être accomplie par des tournures plus longues et plus individuelles qui rendent la proposition vague, comme dans l'exemple suivant :

2. Aujourd'hui, le Groupe *a toutes les cartes en main pour* répondre aux enjeux du monde moderne.

Ainsi, il y a, en principe, peu de limites quant aux éléments linguistiques qui peuvent réaliser cette fonction (Markkanen et Schröder 1997). Le concept d'atténuation étant si vaste, nous avons considéré plus pratique de choisir un groupe particulier et facilement identifiable pour l'analyse parmi les éléments pouvant servir à cette fonction, notamment les expressions épistémiques. Ces expressions peuvent être identifiées en se basant sur la définition suivante : un marqueur épistémique est un moyen linguistique qui indique que le locuteur n'exprime pas une certitude complète concernant la vérité de la proposition p (Coates 1995 : 59)[5]. Cette définition est basée sur une certaine idéalisation selon laquelle un locuteur n'affirme une proposition non-modalisée que dans le cas où il se sent justifié à croire que la proposition est vraie[6]. S'il n'est pas sûr de la vérité de la proposition, s'il n'en considère la vérité que comme possible ou probable, il est obligé, par la maxime de qualité de Grice (1975), de marquer en quelque sorte son degré de doute. Ce marquage peut être effectué par des expressions plutôt grammaticales (comme les adverbes modaux tels que *probablement* ou les verbes modaux tels que *pouvoir*), ou bien par des expressions lexicales (telles que *de mon point de vue, nous croyons que*). Les critères pour l'extraction de ces marqueurs seront présentés de manière plus détaillée dans la section 4.2.

En nous basant sur les études précédentes portant sur le phénomène de l'atténuation (*hedging*) dans la LAA (Pindi et Bloor 1987;

---

5. Notre délimitation du champ de modalité épistémique est donc plus restreinte que celle de Gosselin (2010 : 325-331) car, par définition, elle n'inclut pas de cas de modalité véridicible.
6. D'un point de vue philosophique, la notion de vérité est assez problématique. Ici, le terme 'vérité' est employé pour dénoter la vérité subjective du locuteur. Ce qui décide de l'emploi d'un élément modal est la croyance du locuteur en ce que la proposition est vraie (alors il peut employer le modus assertif, non-modalisé) ou en ce que la vérité de la proposition est seulement probable ou possible (alors il est forcé d'employer une modalisation).

Hyland 1998) et dans d'autres types de textes (par exemple Hyland 1994, 1996 ; Markkanen et Schröder 1997 ; White et Sano 2006), il nous est possible de distinguer deux types d'emploi dans le discours, dépendant de la motivation pour employer un marqueur épistémique:
1. Le locuteur n'a tout simplement pas suffisamment d'informations pour être sûr que la proposition soit vraie, par exemple *Il est possible que Martin soit toujours au bureau.* Dès lors, ce type sera appelé 'motivation idéationnelle'[7].
2. Le locuteur est tout à fait sûr que la proposition est vraie, mais il choisit de la présenter de façon moins assurée pour atténuer la force de l'acte de parole ou d'un acte potentiellement menaçant la face de son allocuteur (dans le sens de Brown/Levinson 1987), par exemple *Il est possible qu'il y ait d'autres solutions* (*que celles que vous avez proposées*). Ici, nous nous référerons à ce type comme 'motivation interpersonnelle'.

Il est à supposer que ces deux motivations jouent un rôle dans la LAA. La première motivation peut jouer un rôle surtout dans les contextes du futur – puisque c'est le domaine temporel qui est incertain par sa nature même –, tandis que la seconde peut se trouver aussi bien dans les contextes du passé, du présent, et dans ce qu'on a appelé des 'propositions générales' (celles qui font référence à quelque chose plutôt 'hors du temps', par exemple des descriptions de caractéristiques de la société ou du monde en général). Pour classifier les occurrences selon le type de motivation, le critère du cadre de référence peut donc nous fournir un moyen plus objectif que l'intuition seule. Des exemples pour les deux types de motivation sont présentés ci-dessous:

3. Dans un tel contexte, *nous estimons que* la marge opérationnelle au premier semestre 2006 *devrait* se situer dans la ligne du second semestre 2005.

4. C'est, *de mon point de vue*, une performance d'autant plus remarquable qu'elle a été réalisée dans un contexte difficile en France, notre premier marché.

Dans l'exemple (3), qui offre une prédiction du développement économique futur de la société, les raisons pour atténuer la proposition se situent dans le domaine idéationnel : il n'est tout simplement pas possible pour le locuteur de connaître le futur. Dans l'exemple (4) par contre, l'auteur se réfère à un succès de l'année passée, et il pourrait également exprimer son évaluation avec une proposition non-modifiée (après tout,

7. Le choix terminologique est inspiré par la distinction faite dans la grammaire systémique entre domaine idéationnel, interpersonel et textuel (Halliday et Matthiessen 2004).

il est clair qu'une proposition contenant un attribut évaluatif comme *remarquable* représente une évaluation subjective). La motivation primaire pour l'emploi de la phrase *de mon point de vue* semble donc se situer dans le domaine interpersonnel : le locuteur ne veut pas trop vanter la bonne performance de la société pour ne pas donner une image d'arrogance.

Ce type de motivation (éviter d'apparaître trop arrogant) a été souligné dans les analyses du *hedging* sur le discours académique (voir par exemple Myers 1989, Hyland 1996). Une autre possibilité d'emploi interpersonnel des éléments épistémiques est celle des 'softener' dans la communication des nouvelles négatives. Étant donné la double fonction de la LAA (d'un côté fournir des informations objectives sur la performance de la société et de l'autre, solidifier la confiance dans la société), on peut penser que ce type d'emploi se retrouve assez fréquemment. On peut ainsi satisfaire aux deux besoins : pour être fidèle à la réalité, il faut inclure des nouvelles négatives le cas échéant, mais, en atténuant les propositions respectives, on essaie d'éviter de nuire à l'image de la société. L'exemple suivant illustre ce point :

5. This *can* be a precarious balance.
(Cela *peut* être un équilibre précaire.)

Nous avons choisi pour exemple une lettre anglaise, car ce type d'emploi ne se trouve ni dans notre échantillon de lettres françaises, ni dans celui des lettres allemandes. Même dans les lettres anglaises, il est assez rare. Pour expliquer cette rareté, nous proposons l'hypothèse que, dans l'ensemble, les LAA essaient d'éviter des propositions ouvertement négatives, et la modalisation de ce type de propositions n'est pas considérée comme une protection suffisante contre une image négative.

Les différences contrastives intéressantes se trouvent, par contre, dans la fréquence des marqueurs épistémiques vus dans l'ensemble, dans leur distribution à travers les catégories grammaticales, et dans leur emploi au niveau des évaluations positives des sociétés, comme nous le verrons dans la présentation des résultats quantitatifs de l'analyse (section 5). Avant cela, nous allons brièvement présenter le corpus et la méthodologie utilisés pour l'étude présente.

4. Corpus et méthodologie

4.1. Le corpus des LAA

Le corpus est uniquement constitué de textes du genre LAA, c'est-à-dire du genre de documents se trouvant au début du Rapport Annuel. Pour notre étude, nous avons choisi des textes originaux (non traduits) en français, allemand et anglais américain. Les textes ont été saisis sur l'internet. Nous avons choisi surtout des LAA de grandes sociétés (par exemple de Renault, Danone, Crédit Agricole, Deutsche Telekom, BASF, Microsoft, General Motors), partant de l'idée que les lettres des grandes sociétés représentent le mieux les normes textuelles de ce genre de la communication commerciale. Afin de couvrir le champ entier des expressions épistémiques, une lecture proche de tous les textes dans leur intégralité était nécessaire, car, par la force des choses, une recherche automatisée se serait limitée aux expressions préchoisies. C'est pour cela que la taille du corpus a été maintenue à environ 40 000 mots par langue (ce qui équivaut à environ 40 LAAs complètes par langue). Les chiffres exacts sont donnés dans le tableau suivant :

Tableau 1 Le Corpus des Lettres aux Actionnaires

Langue	Nombre de mots
Français	40.067
Anglais américain	39.325
Allemand	39.729

4.2. Méthodologie

Afin d'effectuer notre analyse, nous avons isolé tous les cas d'expressions modales épistémiques selon notre définition présentée en section 3. Nous avons donc évalué chaque phrase en nous demandant s'il y a une proposition p et un élément modal (mod) qui modifie le degré de certitude avec lequel p est affirmé. Les types d'atténuation qui ne permettent pas une claire distinction entre p et mod n'ont pas été inclus dans l'analyse. Pour illustrer la différence : dans l'exemple (3), on peut différencier entre p (*la marge opérationnelle au premier semestre 2006 se situera dans la ligne du second semestre 2005*) et deux éléments servant de mod (*nous estimons, devoir* : exprimant une haute probabilité que p est vrai). Dans l'exemple (2), par contre, une telle différentiation est difficile : dans *le Groupe a toutes les cartes en main pour répondre aux enjeux du monde moderne*, c'est la proposition même qui est vague. C'est-à-dire, il est très difficile de savoir sous quelles conditions exactes p est vraie, mais on ne peut pas dire qu'il y a un élément précis modifiant une proposition qui, sans cet élément, serait présentée comme certaine.

Après avoir ainsi isolé les éléments que nous voulons classifier comme expressions épistémiques, nous avons ensuite classifié ces expressions selon les facteurs suivants :

1. Classe grammaticale de l'expression
2. Référence temporelle de l'expression
3. Référence à la société elle-même (oui ou non)

En ce qui concerne le premier facteur, il peut nous aider à améliorer notre connaissance des différences contrastives entre les trois langues par rapport au champ de modalité épistémique. La raison de l'inclusion du facteur de référence temporelle a déjà été expliquée dans la section 3. Le critère numéro 3, séparant les propositions faisant référence à la société elle-même des autres propositions, a été choisi selon le même raisonnement, à savoir que le locuteur devrait normalement avoir plus d'informations certaines au sujet de la société dont il est directeur (ou dont il est, du moins, un membre suffisamment important pour être impliqué dans la création de ce type de document) que par rapport à d'autres sujets. Donc, nous partons de la supposition que ce sont les modalisations des propositions faisant référence au présent et au passé ainsi qu'à la propre société qui sont les candidats les plus probables pour la catégorie interpersonnelle de l'atténuation, vu que, dans ce contexte, il serait peu probable qu'un réel manque d'informations soit à l'origine de l'emploi d'un élément modal. Par contre, ces contextes se prêtent assez facilement au type d'atténuation visant à maintenir de bonnes relations entre le locuteur et l'allocuteur (par exemple en évitant d'apparaître trop vantard en louant les succès de sa propre société). On pourrait s'imaginer que c'est en particulier ce type d'emploi qui va différer selon les cultures linguistiques, parce que les conceptions de ce qui est approprié dans l'interaction (par exemple quant à la question de savoir en quoi consiste un trop grand orgueil/une trop grande humilité, ou quand il faut être plus ou moins direct) sont divergentes dans les différentes cultures, comme l'ont démontré diverses études de la pragmatique contrastive et de la communication interculturelle (par exemple Byrnes 1986, House 1996, Kammhuber 1998, Becker 2009). On verra dans la section suivante si cela est effectivement le cas.

5. Résultats quantitatifs

Les tableaux suivants révèlent des différences entre les trois cultures linguistiques. Commençons avec les différences de la fréquence totale que l'on peut voir dans le tableau 2 :

Tableau 2 Fréquence des expressions épistémiques (Nombre absolu des occurrences)

LAA français	71
LAA anglaises	103
LAA allemands	52

On voit ici que les textes anglais emploient le plus grand nombre d'expressions épistémiques, et que les textes allemands contiennent le plus petit nombre. Les textes français se situent au milieu.

En observant la distribution entre les catégories grammaticales, on voit aussi des différences considérables entre les trois langues, comme le montre le tableau suivant :

Tableau 3 Catégorie grammaticale des expressions épistémiques

	Verbes modaux	Adverbes modaux	Verbes lexicaux	Constructions lexicales
LAA françaises	23 (32.3%)	14 (19.7%)	8 (11.2%)	26 (36.6%)
LAA anglaises	19 (18.4%)	11 (10.6%)	58 (56.3%)	15 (14.6%)
LAA allemandes	6 (11.5%)	7 (13.5%)	8 (15.4%)	31 (59.6%)

Dans ce qui suit, des exemples extraits des textes français pour chaque type sont présentés :

Verbe modal :
6. Ce projet **devrait** être effectif au cours du second semestre 2006.

Adverbe modal :
7. Participer à résoudre cette forme d'exclusion est **sans doute** le plus grand défi auquel l'industrie alimentaire doive faire face.

Verbe lexical :
8. **Nous pensons** que la marge de ce trimestre n'est pas représentative de l'évolution future de notre activité.

Construction lexicale :
9. La signature d'un Accord Général **est envisagée** fin 2007.

La différence la plus remarquable entre les trois langues figure dans la catégorie des verbes lexicaux. Les LAA anglaises les emploient dans plus de la moitié des cas, tandis que dans les lettres françaises et allemandes, la distribution des marqueurs à travers les catégories ne démontre pas une telle préférence. Les expressions employées dans les lettres françaises démontrent une distribution relativement égale à travers les catégories.

Les auteurs des lettres allemandes, par contre, choisissent très souvent des expressions appartenant à la catégorie de la construction lexicale.

Considérons maintenant la distribution des expressions épistémiques par champ de référence (temporelle et visant la société ou non). Étudions d'abord la différence concernant la distribution à travers les catégories de référence temporelle, visible dans le tableau suivant :

Tableau 4 Référence temporelle des propositions modalisées

	Passé	Présent	Vérité générale	Futur
LAA françaises	2 (2.8%)	8 (11.3%)	12 (17.0%)	49 (69.0%)
LAA anglaises	4 (3.9%)	19 (18.4%)	10 (9.7%)	70 (68.0%)
LAA allemandes	2 (3.9%)	5 (9.6%)	4 (7.7%)	41 (78.8%)

Ce tableau montre d'abord que, dans les trois langues, les LAA modalisent le plus souvent les propositions faisant référence au futur. Environ 70 % des expressions épistémiques dans les lettres françaises et dans les lettres américaines appartiennent à cette catégorie. Dans les LAA allemandes, il s'agit même de presque 80 %. On peut donc dire que les lettres françaises et anglaises semblent avoir une tendance un peu plus prononcée à modaliser les propositions faisant référence à des domaines temporels moins liés à l'incertitude que le futur. On peut noter des différences significatives dans le domaine du présent. Pour mieux comprendre la signification de ces résultats, il serait pertinent de les combiner à la catégorie suivante, à savoir le domaine de référence de la proposition, et plus précisément si elle fait référence à la propre société ou non. Le tableau suivant montre les résultats pour le domaine du présent :

Tableau 5 Référence à l'entreprise et à d'autres matières dans le domaine du présent

	Présent, autres matières	Présent de l'entreprise
LAA françaises	1	7
LAA anglaises	6	13
LAA allemandes	3	2

On peut s'apercevoir que dans les lettres françaises et anglaises, la modalisation est employée dans ce domaine temporel surtout en parlant de la propre société. Par contre, les lettres allemandes, qui réservent largement l'emploi des modalisations au domaine du futur, montrent une distribution plus égale dans le domaine du présent entre les propositions à propos de la société et celles qui font référence à d'autres matières.

Dans la section suivante, nous allons essayer de proposer une explication pour les différences visibles dans les résultats quantitatifs présentés ici.

6. Discussion des résultats

Nous avons pu constater que la distribution des marqueurs épistémiques à travers les facteurs présentés ici montre des différences quantitatives intéressantes. Abordons d'abord la question des préférences divergentes en ce qui concerne les catégories grammaticales. Nous avons pu constater que le français montre une distribution assez égale, tandis que l'anglais favorise l'emploi de verbes lexicaux et l'allemand, de constructions lexicales. Cependant, il y a une différence entre l'apparente préférence pour une catégorie seule dans l'anglais américain de l'un côté et dans l'allemand de l'autre. En allemand, les constructions lexicales fournissent le plus grand nombre d'exemples à cause d'un haut degré de variation. Ainsi, il y a un nombre considérable d'expressions qui ne se trouvent qu'une seule fois dans notre corpus. Par contre, l'apparente préférence pour les verbes lexicaux dans le corpus des lettres anglaises est le résultat du choix répété d'une seule expression, notamment *we believe*. Un exemple de ce type de modalisation est présenté ci-dessous :

> 10. That is one of the reasons why *we believe* the appellate courts will rule in Microsoft's favor…
> (C'est une des raisons pour lesquelles *nous croyons* que les tribunaux d'appels voteront en faveur de Microsoft…)

Parmi les 58 expressions dans la catégorie des verbes lexicaux dans le corpus anglais, nous trouvons 23 cas de *we believe* (plus un cas de *I believe* et un cas de *the board of directors [...] believe*). C'est-à-dire que l'emploi de *we believe* est responsable d'environ 40 % des expressions épistémiques employant un verbe lexical dans les lettres anglaises. Une préférence si claire pour une seule expression n'apparaît ni dans les lettres françaises, ni dans les lettres allemandes.

Ce résultat confirme les conclusions d'études précédentes. Böttger et Bührig (2003, 2007) présentent des analyses des 'mission statements', un genre de communication économique qui sert à « propager une « image » de l'entreprise parmi les collaborateurs, les actionnaires et également les concurrents » (Böttger et Bührig 2007 : 269), donc une fonction qui est partiellement similaire à celles de la LAA. Elles ont trouvé qu'en anglais américain, ce genre a une structure répétitive, commençant chaque paragraphe avec la formule *we believe.* Nous voyons dans nos résultats la même tendance dans les LAA anglaises, tandis que les textes français et allemands semblent en général plutôt éviter la répétition, suivant l'idéal stylistique de la 'variation élégante' (voir aussi Vinay et Darbelnet 1995 ; House 1996 ; Steiner 2008).

Si on regarde maintenant la distribution différente des expressions épistémiques à travers les champs de référence, on peut lier les résultats à des conclusions présentées dans des études précédentes sur la pragmatique contrastive. Ainsi, la différence entre l'anglais et l'allemand peut être liée aux contrastes généraux en ce qui concerne les préférences communicatives démontrées dans les travaux de House (1996, 1997, 2006). Dans ses analyses de divers types de discours, House a pu montrer que l'allemand tend généralement à mettre l'accent sur le domaine idéationnel (dans la terminologie Hallidayenne), donnant un caractère plutôt transactionnel aux textes, tandis que l'anglais favorise un style plus interactionnel, mettant l'accent sur le domaine interpersonnel. En ce qui concerne la modalisation, on peut donc dire que les textes anglais se montrent plus aptes à donner à l'allocuteur l'occasion de former sa propre opinion sans lui imposer de points de vue, ce qui conduit les auteurs à employer fréquemment des expressions modales servant à l'atténuation. Des cas représentant normalement un emploi interpersonnel sont ceux où l'auteur fait référence au domaine temporel du présent et à la propre société, car là, il y a peu de raison d'être incertain de la vérité des propositions. Dans ce contexte, les expressions modales servent souvent à faire apparaître de manière plus modeste une louange des propres activités, comme dans l'exemple suivant :

11. *Perhaps* that's why we have one of the lowest staff turnovers in our industry and are rated as one of the world's most attractive employers.
(C'est p*eut-être* pour cela que nous avons une des plus basses fréquences de changement de personnel dans notre industrie et que nous sommes classés parmi les employeurs les plus attrayants du monde).

Les textes allemands, par contre, cherche à trouver la façon la plus effective de transmettre les faits importants. Ils n'emploient donc généralement la modalisation que dans les cas où il s'agit de propositions dont la vérité ne peut effectivement pas être assurée (comme c'est le cas pour les prédictions des événements futurs), et moins pour des raisons interpersonnelles. Un exemple de modalisation typique d'une lettre allemande peut être vu dans l'exemple suivant :

12. *Es ist zu erwarten, dass* sich auch der Europäische Rat dem Votum des Parlaments anschließen wird.
(*Il est à prévoir que* le Conseil Européen se mettra d'accord avec le vote du parlement).

Les textes français paraissent suivre des conventions se situant au milieu de la concentration anglaise sur le domaine interpersonnel et de la concentration allemande sur le domaine idéationnel. L'emploi des expressions modales dans les contextes du présent et dans les propositions référant à la propre société peut être observé, mais il est moins fréquent que dans les textes anglais. En ce qui concerne les différences entre l'anglais et l'allemand, le résultat de l'étude présente est donc similaire à celui d'une étude précédente sur la vulgarisation scientifique, comparant des textes originaux en anglais et en allemand avec des traductions de l'anglais en allemand (Kranich 2009a, 2009b). Cette étude a montré que les textes anglais emploient plus de marqueurs épistémiques que les textes allemands, et que les textes traduits de l'anglais en allemand se situent au milieu, contenant des effets d'interférence de la langue source. Dans les vulgarisations scientifiques aussi, le fait d'employer plus de marqueurs épistémiques a pour effet de créer un texte plus interactionnel, en laissant au lecteur le libre choix de former sa propre opinion sur des faits (souvent sujet à controverse) présentés dans les textes. Ainsi, les résultats convergent et nous amènent à la conclusion que le différent emploi des marqueurs épistémiques reflètent une différente conceptualisation de la relation entre auteur et lecteur dans les langues étudiées, dont l'effet peut être visible dans divers types de textes.

Il semble plausible de voir dans cela une cause majeure de la différence entre les fréquences absolues des expressions épistémiques dans les trois langues. Dans les trois cultures, on se sert fréquemment d'expressions épistémiques pour marquer un vrai manque d'informations certaines, mais ce sont surtout les textes anglais, avec leur forte focalisation sur le domaine interpersonnel, qui emploient des marqueurs épistémiques assez couramment pour atténuer une proposition qui risquerait autrement d'être interprétée comme arrogante ou vantarde. Cette motivation a moins d'influence sur les textes français, et encore moins sur les textes allemands, qui privilégient la transmission effective des informations.

7. Conclusion

Dans la présente étude, nous avons présenté de manière détaillée quelques facteurs responsables de la variation interlinguistique dans un type de texte central de la communication économique. L'analyse des lettres aux actionnaires (constituant la première partie du rapport annuel) provenant des sociétés françaises, allemandes et états-uniennes a démontré que l'emploi des éléments épistémiques est différent selon la culture professionnelle et ce, sur plusieurs aspects. Premièrement, on a pu constater que la fréquence avec laquelle ces éléments se trouvent dans les textes est plus élevée dans les textes anglais que dans les textes français, tandis que ceux-ci les emploient plus souvent que les textes allemands. Nous avons proposé comme explication pour cette divergence les différences de normes textuelles dans le domaine interpersonnel. Alors que les textes allemands tendent généralement à privilégier la transmission effective des informations (en se focalisant sur le domaine idéationnel), les textes anglais attachent plus d'importance à la création d'une bonne relation interpersonnelle entre locuteur et allocuteur. Ce résultat est aussi en accord avec le résultat de l'analyse textuelle qualitative, dans laquelle nous avons pu également trouver des indices sur le fait que les LAA anglaises mettent l'accent sur l'établissement d'une image positive, tandis que les LAA allemandes et françaises mettent quant à elles l'accent sur l'information concernant des événements concrets. En ce qui concerne les éléments épistemiques, nous avons vu qu'ils sont employés dans les LAA américaines non seulement dans les contextes où la connaissance des faits n'est pas suffisante pour permettre une proposition plus assurée (comme c'est le cas lorsqu'on prévoit des événements futurs), mais aussi dans les contextes où il n'est normalement pas question d'un vrai manque d'informations. L'évidence pour ces tendances différentes peut être vue dans la distribution différente des expressions épistémiques entre les différents domaines temporels et entre les propositions se référant à la propre société et celles faisant référence à d'autres matières : tandis que les propositions modalisées en allemand font généralement référence aux événements futurs, les propositions modalisées dans les textes anglais sont aussi employées dans le contexte du présent et en faisant référence à la société elle-même. De telles modalisations servent communément à complimenter sa propre société de façon atténuée pour éviter de paraître trop vantard. Quant à cet aspect, les textes français se situent au milieu entre les conventions anglaises et les conventions allemandes : ils emploient ce type de modalisation interpersonnelle de temps en temps, mais moins fréquemment que les textes anglais.

En ce qui concerne la distribution des expressions épistémiques à travers les catégories linguistiques, nous sommes arrivés au résultat que l'emploi fréquent d'éléments appartenant à la catégorie de verbe lexical en anglais-américain est l'effet de la répétition fréquente de l'expression *we believe* dans ce genre de texte. Ni les lettres françaises, ni les lettres allemandes ne montrent une telle préférence pour une seule expression, un contraste que nous avons lié à des résultats d'analyses stylistiques contrastives précédentes, qui montrent que le français ainsi que l'allemand considèrent plus élégant un style varié, évitant des répétitions, alors que l'anglais ne semble pas suivre une telle maxime.

Ces résultats sont révélateurs des différences stylistiques et pragmatiques entre les trois cultures, du moins en ce qui concerne le type de texte analysé, les lettres aux actionnaires, et indiquent peut-être aussi des différences assez générales dans les conventions discursives. De tels résultats peuvent améliorer notre connaissance des contrastes entre les différentes conventions textuelles, ce qui est important dans le contexte des traductions. De plus, ils seraient à intégrer dans l'enseignement des langues étrangères, où l'enseignement de la communication économique et des différences interculturelles joue un rôle de plus en plus important (voir par exemple Spillner 2007 : 138).

Références bibliographiques

Barmeyer C. & Demangeat I., 2007, « Notions partagées ou malentendus interculturels ? Regards sur quelques « mots-clés » dans les coopérations managériales franco-allemandes », dans Behr et *alii* (éds), p. 371-391.

Bastian S. & Hammer F., 2007, « Commentaire boursier et subjectivité. Étude contrastive français-allemand de messages sur Internet », dans Behr et *alii* (éds), p. 349-365.

Baumgarten N. & Özçetin D., 2008, «Linguistic variation through language contact in translation», in Siemund P. & Kintana N. (éds), *Language Contact and Contact Languages*, Amsterdam, Benjamins, p. 293-316.

Becker A., 2009, « Modality and engagement in British and German political interviews », *Languages in Contrast*, 9, p. 5-22.

Behr I., Hentschel D., Kauffmann M. & Kern A. (éds), 2007, *Langue, économie, entreprise. Le travail des mots*, Paris, Presses Sorbonne Nouvelle

Bicsár A. & Kranich S., 2009, «These forecasts may be substantially different from actual results. The use of epistemic modal markers in letters to shareholders in English compared to their German translations and original German letters to shareholders», Workshop *Multilingual Discourse Production*, Hambourg, 06.-07.11.2009.

Bolten J., Dathe M., Kirchmeyer S., Roennau M., Witchalls P. & Ziebell-Drabo S., 1996, «Interkulturalität, Interlingualität und Standardisierung bei der Öffentlichkeitsarbeit von Unternehmen», dans Baumann K.-D. & Kalverkämper H. (éds), *Fachliche Textsorten*, Tübingen, Narr, 389-425.

Böttger C. & Bührig K., 2003, « Translating obligation in business communication », in Perez Gonzales L. (éd.), *Speaking in Tongues: Language across Contexts and Users*, Valencia, Université de Valencia, 161-182.

— 2004. « Financial communication, translation and text forms: A contrastive analysis of US-American and German letters to shareholders », in Gouveia, C.M. (éd.), *Discourse, Communication and the Enterprise. Linguistic Perspectives.* Lisbon, University of Lisbon Centre for English Studies, 233-245.

— 2007, « La communication économique et les traductions », dans Behr et al. (éds), 269-283.

Brown P. & Levinson S., 1987, *Politeness: Some Universals in Language Usage.* (réimprimé avec une nouvelle introduction par E. Goody), Cambridge, Cambridge University Press.

Byrnes H., 1986, « Interactional style in German and American conversations », *Text 2*, 189-207.

Clyne M., 1987, « Cultural differences in the organization of academic texts. English and German », *Journal of Pragmatics 11*, 211-247.

Coates J., 1995, « The expression of root and epistemic possibility in English », Bybee J. & Fleischmann S. (éds) *Modality in Grammar and Discourse*, Amsterdam, Benjamins, 55-66.

Crismore A. & Vande Kopple W. J., 1997, « Hedges and readers: Effects on attitudes and learning », in Markkanen & Schröder (1997) (éds), 83-113.

Fløttum K., 1998, « Le Mot du P.D.G. – descriptif ou polémique? », dans Gambier Y. (éd.), *Discours professionnels en Français*, Frankfurt, Peter Lang, 105-122.

Fløttum K., Hemmingsen I. & Pereira U.P., 1994, « Readability in English, French and German 'Chairman's Statements », in Brekke M., Andersen Ø., Dahl T. & Myking J. (éds.), *Applications and Implications of Current LSP Research*, Vol. II. Bergen, Fagbokforlaget, 729-737.

Garzone G., 2004, « Annual Company Reports and CEO's Letters : Discoursal features and cultural markedness », in Candlin, C.N. & Gotti M. (éds.), *Intercultural Aspects of Specialized Communication*, Bern, Lang, 311-341.

— 2005, « Letters to Shareholders and Chairman's Statements : Textual variability and generic integrity », in Gillaerts & Gotti (éds.), 179-204.

Gillaerts P. & Gotti M. (éds), 2005, *Genre Variation in Business Letters*, Bern, Lang.

Gosselin L, 2010, *Les modalités en français. La validation des représentations*, Amsterdam, Rodopi.

Grice H.P., 1975, « Logic and conversation », in Cole P. & Morgan J.L. (éds), *Syntax and semantics*, tome 3 *Speech Acts*, New York, Academic Press, p. 41-58.

Halliday M.A.K. & Matthiessen C., 2004, *An Introduction to Functional Grammar*, 3e éd. London, Arnold.

House J., 1996, « Contrastive discourse analysis and misunderstanding : The Case of German and English », in Hellinger M. & Ammon U. (éds), *Contrastive Sociolinguistics*, Berlin, Mouton, 345-361.

— 1997, *Translation Quality Assessment. A Model Revisited,* Tübingen, Narr.

— 2006, « Communicative styles in English and German », *European Journal of English Studies* 10 (3) : 249-267.

Hyland K., 1994, « Hedging in academic writing and EAP textbooks », *English for Specific Purposes 13*, 239-256.

— 1996, « Writing without conviction ? Hedging in science research articles », *Applied Linguistics 17*, 433-454.

— 1998, « Boosting, hedging, and the negotiation of academic knowledge », *TEXT 18*, 349-382.

Jenkins S. & Hinds J., 1987, « Business letter writing : English, French and Japanese », *TESOL Quarterly 21*, 327-349.

Kammhuber S., 1998, « Kulturstandards in der interkulturellen Kommunikation : Grobe Klötze oder nützliche Denkgriffe ? », dans Jonach, I. (éd.). *Interkulturelle Kommunikation*, München, Ernst Reinhardt Verlag, 27-36.

Kauffmann M., 2007, « La présentation de l'entreprise dans les rapports annuels français et les Geschäftsberichte/Jahresberichte allemands », dans Behr et *alii* (éds), 249-266.

Kohut G.F. & Segars A.H., 1992, « The President's Letter to Stockholders : An Examination of Corporate Communication Strategies », *The Journal of Business Communication 29*, 7-21.

Kranich S., 2009a, « Epistemic modality in English popular scientific articles and their German translations », *trans-kom. Zeitschrift für Translationswissenschaft und Fachkommunikation 2* [1] : 26-41.

— 2009b, « Epistemic modality between marker of true uncertainty and politeness strategy. Evidence from English and German popular scientific writing », Papier présenté à l'occasion de la 11e *IPra* (*International Pragmatics Association*), Melbourne, 12-17.07.2009.

Küppers A., 2008, *Sprecherdeiktika in deutschen und französischen Aktionärsbriefen*, [Arbeiten zur Mehrsprachigkeit 87 (Série B)]. Hamburg, Universität Hamburg.

Markkanen, R. & Schröder H. (éds), 1997, *Hedging and Discourse. Approaches to the Analysis of a Pragmatic Phenomenon in Academic Texts*, Berlin, Walter de Gruyter.

Myers G., 1989, «The pragmatics of politeness in scientific articles », *Applied Linguistics 10*, 1-35.

Nickerson C. & De Groot E., 2005, «Dear Shareholder, Dear Stockholder, Dear Stakeholder : The business letter genre in the Annual General Report», in Gillaerts et Gotti (éds), 324-345.

Pindi M. & Bloor T., 1987, «Playing safe with predictions : Hedging, attribution and conditions in economic forecasting», in Bloor T. & Norrish J. (éds), *Written Language*, CILT, 55-69.

Spillner B., 2007, « Discours économique : Variétés intralinguistiques et différences contrastives », dans Behr et *alii* (éds), 117-145.

Steiner E., 2008, «Empirical studies of translations as a mode of language contact. "Explicitness" of lexicogrammatical encoding as a relevant dimension», in Siemund, P. & Kintana N. (éds), *Language Contact and Contact Languages*, Amsterdam, Benjamins, 317-345.

Suomela-Salmi E. &. Gambier Y., 1994, « Le Mot du PDG : un leurre franco-finlandais », dans Moirand S., Ali Bouacha A.A., Beacco J.C. & Collinot A. (éds), *Parcours linguistiques de discours spécialisés*, Bern, Peter Lang, 219-230.

Swales J.M., 1990, *Genre Analysis : English in Academic and Research Settings*, Cambridge, Cambridge University Press.

Vinay J.-P. & Darbelnet J., 1995, *Comparative stylistics of French and English : a methodology for translation*, Amsterdam, Benjamins.

White P.R.R & Sano, M., 2006, « Dialogistic positions and anticipated audiences – a framework for stylistic comparisons », in Aijmer K. & Simon-Vandenbergen A.-M. (éds), *Pragmatic Markers in Contrast*, Amsterdam, Elsevier, 189-214

Texte reçu en mai 2010. Révision acceptée en octobre 2010.

Comptes rendus

Peter AUSTIN, Julia SALLABANK (éds)
The Cambridge Handbook of Endangered Languages
Cambridge University Press, 2011, 567 pages.
Compte Rendu par James Costa (Laboratoire ICAR, Institut Français de l'Éducation, ENS de Lyon)

Le livre dont il va être question ici s'inscrit dans le champ de recherche des « langues en danger », qui s'est développé en linguistique, sociolinguistique et anthropologie linguistique principalement dans le monde anglophone depuis les années 1990. Par son titre même, cet ouvrage se pose comme une référence dans ce domaine, ou si l'on préfère un jalon dans une histoire épistémologique qui, pour être courte, n'en est pas moins déjà très riche. Il s'inscrit clairement dans la continuité de l'ouvrage *Endangered Languages : Current Issues and Future Prospects* (Grenoble & Whaley 1998), et poursuit en cela une réflexion centrée sur les langues, dans une tradition qui appréhende généralement les individus comme des « locuteurs » et les groupes comme des « communautés ».

L'ouvrage lui-même est organisé selon quatre parties, qui suivent une longue introduction. La première partie est une description de la question des « langues en danger » à l'heure actuelle. La seconde partie s'intéresse aux problématiques liées à la documentation linguistique ; la troisième partie se concentre sur les réponses à apporter aux problèmes précédemment identifiés. Enfin, la quatrième partie analyse divers défis qui se posent autour des « langues en danger », et s'intéresse de fait à l'avenir de ces langues.

Dans leur introduction générale, Austin et Sallabank font le point sur l'histoire du champ et les thématiques principales qui y sont développées esquissant ainsi un vaste domaine qui s'interroge à la fois sur les causes de la disparition des langues, sur la manière dont celle-ci affecte la construction identitaire des individus en divers contextes, comme sur les réponses à apporter en termes de documentation des pratiques langagières comme en termes de politique linguistique.

La première partie de l'ouvrage décrit ensuite divers aspects de contextes de « langues en danger ». Ainsi, Lenore Grenoble revient-elle sur les causes et les conséquences de l'accélération du rythme de disparition des langues à travers le monde, et discute quelques grilles d'évaluation de la vitalité des langues. Cette réflexion est poursuivie dans le chapitre suivant (Grinevald et Bert) qui propose en particulier une typologie des locuteurs que les linguistes de terrain sont susceptibles de rencontrer au cours de leur travail, et analysent les conséquences du travail en linguistique avec ces différents locuteurs (voir aussi, en français, Bert & Grinevald 2010). Si le chapitre suivant (Bradley) fait le point sur les disparités en termes de dynamiques de déclin de langues à travers le monde, les autres chapitres adoptent un point de vue plus sociolinguistique, en abordant par exemple la question de ces dynamiques du point de vue du contact et du changement (O'Shanessy), des liens entre langage et culture (avec un excellent chapitre de Lev Michael) ou entre langage et société (Spolsky).

La seconde partie de l'ouvrage se concentre sur l'une des réponses apportées au problème identifié (ou construit) en première partie, la documentation (*language documentation*). Dans le premier chapitre de cette partie, Anthony Woodbury définit la documentation comme la « création, l'annotation, la préservation et la diffusion de données (*record*) transparentes sur une langue » (p. 160). Il s'agit d'une entreprise pluridisciplinaire destinée à pérenniser des données, à la fois à destination de chercheurs mais également des descendants des locuteurs, dans le cadre d'un éventuel mouvement de revitalisation. Dobrin et Berson relient ensuite ces considérations à d'autres, plus sociolinguistiques et questionnent, d'un point de vue critique, le lien des linguistes avec la construction d'un passé particulier et repositionnent les contextes sociaux au cœur des recherches sur les situations de « langue en danger ». Les autres chapitres sur la documentation, plus techniques, concernent le type de données à recueillir (Good), l'archivage (Conathan) et l'archivage digital (Nathan).

La troisième partie sur les réponses à apporter au « problème » aborde plus spécifiquement les questions de politique linguistique (Sallabank), de revitalisation linguistique (Hinton) et de graphisation (Lüpke). D'autres chapitres analysent le développement de curricula scolaires ou extra-scolaires (Coronel-Molina et McCarty) ainsi que le rôle des nouvelles technologies (Holton).

La quatrième partie porte sur les défis (*challenges*) liés au futur du champ mais aussi de ces langues. Les chapitres présentés ici connectent en particulier ce futur au développement économique des groupes qui les parlent (Harbert) et à la formation de futurs chercheurs, en particulier en linguistique (Jukes). L'ouvrage se clôt sur deux chapitres qui cherchent à ouvrir l'ouvrage. L'un sur de nouveaux rôles pour les « langues en danger » (Moriarty), notamment dans les médias, sur internet ou dans les domaines de la « culture populaire » (*pop-culture*) – et plus généralement auprès des « jeunes » face aux « puristes » de la langue ; l'autre (Bowern) pose un certain nombre de considérations pratiques pour la préparation d'un projet de documentation.

Cet ouvrage, de près de 600 pages, est un événement dans le champ d'étude des « langues en danger », et devrait intéresser à la fois des chercheurs et des étudiants. Il s'avérera sans doute incontournable dans le cadre de cours sur la diversité linguistique dans le monde. Les chapitres sont écrits par des autorités mondiales en la matière, faisant de ce livre un état de l'art très à jour. Le style clair et simple qui prévaut dans l'ensemble des chapitres le rend accessible pour des étudiants dès la licence tout en permettant d'aborder des problèmes parfois très complexes.

Comme tout ouvrage de ce genre, celui-ci n'est cependant pas exempt de défauts. On peut en particulier lui reprocher son caractère sinon militant, du moins engagé, en faveur d'un combat *pour* ces langues. Si cet aspect engagé est assumé, il révèle d'autres failles, plus importantes à mon sens. L'engagement est en effet clairement acté en faveur des *langues*, moins de *locuteurs*. Cette approche élude ainsi un certain nombre de questions sur le rôle des langues dans la définition, la reproduction et la contestation de rapports de pouvoir au sein de groupes qui souvent ne préexistent pas à l'action des linguistes ou des mouvements de revitalisation, mais bien souvent sont créés (ou « inventés ») par eux. La notion de groupe linguistique est ainsi très peu problématisée, de même que la notion de groupe social dans ces contextes. Ainsi, si certains chapitres sont à même de provoquer la réflexion (Grinevald & Bert ou Michael par exemple), et ce quel que soit l'avis que l'on puisse avoir sur ces questions par ailleurs, d'autres n'échappent pas à une certaine naïveté dans leur approche de phénomènes sociaux complexes (par exemple Moriarty). La quasi-absence de perspective critique dans l'ouvrage, comme la faiblesse du recours à des théories sociales dans la plupart des chapitres les conduit souvent à homogénéiser diverses catégories (communautés, jeunes, puristes etc.) sans prendre en compte les logiques sociales au sein de groupes complexes qui se construisent dans des contextes de contact de plus en plus multipolarisés. Une lecture complémentaire de l'ouvrage dirigé par Duchêne et Heller (2007) serait à ce titre particulièrement profitable.

Ces quelques remarques, qui participent de la vie d'un champ de recherche vivant et traversé de débats particulièrement ouverts et salutaires, n'altèrent cependant pas la qualité générale d'un ouvrage qui, à n'en pas douter, fera date dans la constitution du domaine d'étude des « langues en danger » - il pose de fait un certain nombre de questions centrales non seulement à ce champ mais aussi à la sociolinguistique et à la linguistique en général.

Références citées :

Bert, M. and Grinevald, C. (2010), Proposition de typologie des locuteurs de LED, *Faits de Langues,* 35/36, p. 117-132.

Duchêne, A. and Heller, M. (éds) (2007), *Discourses of Endangerment: Ideology and Interest in the Defense of Languages*, London & New York, Continuum.

Grenoble, L. A. and Whaley, L. J. (1998), *Endangered Languages: Current Issues and Future Prospects*, Cambridge, Cambridge University Press.

Jan BLOMMAERT
The Sociolinguistics of Globalization
Cambridge University Press (coll. « Approaches to language contact »), 2010
Compte rendu de Françoise Gadet (Université de Paris Ouest Nanterre la Défense)

On connaît les travaux de Jan Blommaert (désormais JB), qui relèvent de façon générale de la sociolinguistique des idéologies, du pouvoir et des inégalités, du plurilinguisme et de la littéracie. Il a travaillé en particulier (voir son ouvrage de 2005) sur les récits d'Africains demandeurs d'asile, sur la « grassroots literacy », et il est aussi connu pour des travaux en pragmatique, en sémiotique, et pour ses commentaires de l'œuvre de Hymes. JB, qui est présenté sur la quatrième de couverture comme « Professor of Language, Culture and Globalization » (à l'Université de Tilburg aux Pays-Bas), donne ici un stimulant petit ouvrage de 212 pages, qui réfléchit sur ce que la mondialisation fait bouger dans une discipline aussi peu stabilisée que la sociolinguistique, particulièrement sensible aux faits et processus politiques, sociaux et historiques.

JB est d'abord un homme de terrain et un africaniste. Mais c'est aussi un théoricien de la sociolinguistique, ce qu'il montre dès le chapitre I (« A critical sociolinguistics of globalization ») et en partie le chapitre II, où sont examinés de façon critique différents travaux récents ayant affaire aux effets sur les langues et leurs locuteurs des processus de mondialisation, qui laissent aujourd'hui place à un monde « messy, complex and rather unpredictable » (p. 27), où le concept traditionnel de « language » se trouve déstabilisé. Il s'agit, successivement, des ouvrages de Fairclough 2006, Calvet 2006 – qui est de fait la traduction d'un ouvrage en français datant de 2002 –, et de Pennycook 2007. Au passage, quelques stéréotypes en général bien admis chez les linguistes (mais tout autant chez les décideurs politiques) seront écornés. Ainsi de l'idéologie largement partagée de déploration sur la mort des langues, des langues tueuses et du linguicide (soit le LRP, linguistic-rights paradigm – p. 182, mais le thème courait tout l'ouvrage dès le début, par exemple p. 44 *sq.*), ou encore les idéologies des langues standard, et de la supériorité d'une idéologie monoglotte. Pour cela, il approfondit l'intérêt de différents concepts, relevés dans des traditions scientifiques aussi diversifiées que Hymes, Silverstein, Bourdieu, Castells, Wallerstein, Goffman, Appadurai, Foucault, Bakhtine, Heller, Kroskrity, qui lui permettent de discuter l'intérêt des notions d'échelles, d'espace/temps, d'ordres d'indexicalités, de contextualisation (et recontextualisation), d'intertextualité (et d'entextualisation), de régimes de langage, de polycentricité (et centre/périphérie), d'hétéroglossie, d'archive, de réseaux, d'inégalités, ainsi que la nécessité d'une historicisation des discours.

Pour JB, si la notion de langue a pu être pensée par les dialectologues puis par les premiers sociolinguistes, avant la fin de la guerre froide et les effets massifs de la mondialisation, comme liée à un territoire et à des communautés stabilisées dans une implantation locale, c'est de moins en moins le cas de nos jours, avec la mobilité massive, la déterritorialisation translocale des individus et donc des discours, et bien sûr les usages d'internet et de différents médias de communication. Les acteurs-locuteurs, en effet, n'ont dans des mobilités souvent forcées plus affaire à un paradigme herderien (une langue/une culture/un territoire – p. 183) ni à des langues stables, mais à des entités dont la valeur se modifie avec le déplacement : « people do not move across space [...] they move across different orders of indexicality » – p. 41. Les locuteurs disposent de *ressources* langagières, organisées dans des *répertoires* multilingues qui peuvent être complexes et très inégalement distribués, et qui sont fragmentés selon les domaines, et dans tous les cas fortement hybridifiés. Il parle ainsi de « truncated repertoires » (p. 8, puis *passim*), donnant plus lieu à des ressources elles-mêmes inégales (« little bits of language »), auxquelles on ne rend pas justice en les interprétant en termes de langues – parce que dès lors forcément partielles.

Les chapitres de 2 à 6 sont essentiellement des études de cas, qui montrent la puissance explicative des concepts ainsi mis en place : le livre comporte de nombreux exemples, relevant d'aires géographiques diversifiées (toujours de première main, et avec quelques photos quand il s'agit d'écrits). C'est toutefois l'Afrique qui domine, en particulier de nombreux exemples concernent la Tanzanie, donnant ainsi accès à des voix « de la périphérie », que l'on n'entend que rarement. Ces exemples concernent pour certains d'entre eux de simples anecdotes, plus ou moins amusantes : ainsi du slogan relevé à Tokyo *Nina's derrière*, qui ne se situe plus du tout dans le linguistiquement signifiant mais dans la simple connotation sémiotique du chic français (chapitre II), ainsi des connotations imposées par des affiches se servant du golf (chapitre V), ainsi des publicités sur internet pour des écoles d'anglais langue seconde (« selling accent », ou la marchandisation de l'accent, chapitre II), ou des messages frauduleux sur internet offrant la possibilité de gagner facilement de fabuleuses sommes d'argent (chapitre IV). D'autres concernent des faits aux conséquences bien plus déterminantes voire dramatiques, comme la figure de Vladi (chapitre VI), dont l'école belge ne reconnaît pas les compétences de littéracie et qu'elle oblige à de fastidieux recopiage du modèle du maître (alors que ses erreurs graphiques reflètent la prononciation locale du maître). Ou encore celle du jeune Rwandais Joseph (longuement présentée au chapitre VI, p. 155 *sq*.), un demandeur d'asile éconduit en Grande-Bretagne. Le motif du refus rencontré par Joseph est que son histoire de vie particulièrement disloquée lui fait tenir un récit montrant un répertoire « anormal », ne correspondant aucunement aux schémas de langues stabilisées des experts du Home Office (eux aussi en plein schéma herderien, et pour lesquels un ressortissant de tel pays, ça doit parler telle langue, et éventuellement telle autre langue). Les experts s'avèrent ainsi mobiliser des réponses modernes (« national order ») dans un monde post-moderne tissé de mobilité : « The dominant reflex to increases of hybridity and deterritorialization, unfortunately, too often appears to be a reinforced homogeneity and territoralization » (p. 172). On voit fort bien ici ce que peut être une sociolinguistique d'intervention politique.

Un livre très stimulant, qui donne largement à penser et apporte une pierre majeure aux nombreuses tentatives actuelles de refondation de la sociolinguistique. On pourrait être un peu désarçonné par l'alternance entre des passages conceptuellement très élaborés (comme les chapitres I, II et VII) et des passages plus factuels (ainsi, les 30 pages du chapitre IV développant l'exemple de messages mails frauduleux donnent un peu l'impression d'un article implanté à l'intérieur de l'ouvrage), et on pourrait s'interroger sur la pratique de l'analyse de ces discours (voir toutefois l'ouvrage de 2005). Mais l'impression qui domine quand on termine la lecture de cet ouvrage, c'est l'intérêt d'une sociolinguistique des discours, des ressources, des répertoires et des voix (*voices*), dont Jan Blommaert montre ici toute la possible portée critique, par opposition à une plus classique sociolinguistique des langues, demeurée proche des conceptions structuralistes des langues.

RÉFÉRENCES CITÉES :

Blommaert J., 2005, *Discourse. Key topics in sociolinguistics*, Cambridge, CUP.

Cécile CANUT et Jean-Marie PRIEUR (dirs)
1968-2008. Événements de paroles
Paris, Michel Houdriard éditeur, 448 pages
Compte rendu de Jean Léo Léonard (IUF & Université de Paris 3 UMR 7010)

L'ouvrage collectif *1968-2008. Événements de paroles* (448 pages) réunit trente contributions interdisciplinaires sur les cristallisations idéologiques, psychosociales, langagières et discursives qui se sont condensées autour des événements, des discours, des horizons et des idées de mai 1968. Ce qui avait été conçu initialement comme un atelier de réflexion dans le cadre d'un colloque a fini par prendre la forme d'un brillant et curieux essai en analyse de discours et en politologie contemporaine. Il est articulé sur six volets qui entretiennent d'étroites relations d'asymétrie et de complémentarité : *politique de la parole ; paroles politiques, paroles d'artistes ; écritures en paroles ; des mots et des corps ; paroles sur paroles.*

Cet essai collectif est à la fois un témoignage introspectif, une reconstruction macroscopique et scénotypique, une réflexion constructive et déconstructive sur mai 1968 comme miroir et anti-miroir de notre époque. Ce livre revisite la logique *subversive* (dans le meilleur sens du terme, de lutte intelligente contre l'autoritarisme) autant que *réflexive* de mai 1968, à travers une introspection épistémologique des auteurs, qui représentent un vaste champ disciplinaire de spécialistes de la parole sous toutes ses formes, anciennes et modernes. Il entreprend une archéologie culturelle, linguistique et idéologique de mai 1968.

Les contributions des auteurs sont pertinentes, efficaces, souvent inattendues, et déconstruisent les mythes invoqués pour démembrer l'héritage de mai 1968 (mythe du radicalisme idéologique, de l'individualisme cynique, de la récupération managériale, de la manipulation corporatiste), pour réhabiliter de manière argumentée la sincère réflexion humaniste et pluraliste qui a marqué cette période, autant que pour questionner les mécanismes de ce démontage idéologique et politique dont elle fait l'objet dans le contexte politique actuel. La notion de *scénotype* permet aux auteurs de dépasser le caractère anecdotique de la mémoire des événements, du dire et du faire immédiat. Il s'agit d'une véritable tentative d'analyse appliquée/impliquée du discours – une recherche à la fois impliquée, engagée, et distanciée, critique, abondamment nourrie de références interdisciplinaires. À ce titre, cette réflexion collective se situe dans la continuité des recherches en analyse du discours dont les années qui ont précédé et suivi les événements de mai 1968 furent si fertiles, notamment autour du groupe de Michel Pécheux, tout en transcendant ses méthodes et ses outils d'analyse – l'empreinte du paradigme de Patrick Charaudeau, en revanche, est très présente. Cependant, le caractère multifacétique, imprévisible par la multiplicité des champs de référence et des expériences vécues, de cette approche, fait de cet ouvrage un essai hautement original et pragmatiquement ancré, en tant qu'essai d'analyse de discours. En termes d'archéologie des savoirs, des penseurs comme Ernst Kantorowicz, Robert Walser, apparaissent aux côtés ou parallèlement à Jacques Lacan et Michel Foucault, des revues comme *Porisme, Labo-contestation, Survivre, Impascience*, sont exhumées de leurs cendres. Les tendances émancipatrices, critiques, poétiques, vulgarisatrices, mais aussi auto négatrices qui ont traversé les sciences sociales et les sciences dites « exactes » nous rappellent à quel point les explorations, les audaces, voire les provocations épistémologiques de mai 1968 sont devenues aujourd'hui des acquis tangibles et fertiles de la praxis scientifique. Ce livre permet de comprendre également comment et pourquoi la *réflexivité* a pris tant d'importance en sciences sociales depuis une trentaine d'années.

Le discours et la logique d'abjuration dont mai 1968 fait aujourd'hui l'objet de la part d'une partie de la classe politique et d'une partie de l'élite culturelle et économique sont démontés dans leur trame énonciative, leurs contradictions, leurs projections, leurs inversions et surtout, leurs dénégations, dans une logique axiologique de démystification. L'argumentaire polyphonique de cet essai agit à la fois comme une fronde et comme un boomerang. Comme fronde, il touche sa cible, comme boomerang, il revient à l'émetteur dans une dynamique réflexive. D'autant plus que mai 1968 fut moins une « prise de pouvoir » qu'une *prise de parole*, une prise de conscience, un réinvestissement de l'agora par la société civile. Loin d'être un moment d'anarchie, ce fut un moment d'invention, de réinvention et de reconfiguration des disciplines et des savoirs, comme le montre par ailleurs le récent livre de Michael Christofferson sur l'idéologie antitotalitaire en France de 1973 à 1981. Cet essai est donc une opération de *déminage* de champs de pensée qui méritent d'être encore parcourus et explorés.

Percutant, intelligent, documenté, argumenté, et même tout simplement touchant et attachant, ce livre original contribuera à rétablir des conditions d'intelligence ou de lecture et de relecture d'une période marquante de l'histoire sociale récente, mais aussi de l'histoire de la pensée occidentale, aussi bien en termes d'encyclopédisme que de rationalisme – car les auteurs montrent que sous la révolte et l'apparente déraison, c'est la raison et une *critique de la raison cynique* qui allait émerger, et continuer d'interpeller dans ses contradictions le *statu quo*, puis la réaction (néo)conservatrice contemporaine. On mesure, à lire ces interventions qui sont autant de fragments d'une vaste investigation qui procède sous forme de mosaïque, ce que la tendance à la disqualification actuelle de l'apport de mai 1968 a d'irrationnel, de contre factuel, de récessif et de stérile pour la pensée moderne. L'avantage de cette tentative de réhabilitation (car c'en est une) est de ne pas non plus adopter le biais inverse, sans intransigeance mais sans complaisance pour autant.

Je recommande vivement par conséquent la lecture de cet ouvrage, qui représente à la fois une avancée interdisciplinaire et critique sur une époque et un moment de la pensée moderne, et un geste fort de réhabilitation d'une des multiples expressions des Lumières, qui, espérons-le, ne sont pas condamnées à s'éteindre au seuil du XXIe siècle sous la pression de contraintes systémiques globales, et d'une réaction irrationnelle à ce que fut réellement l'apport de 68. Les lumières ont en effet continué d'éclairer tant bien que mal les deux siècles qui ont suivi ou accompagné les révolutions politiques et industrielles, et elles ont trouvé en mai 1968 une phosphorescence, plutôt qu'une simple flambée, dont cet essai original met en valeur de manière salutaire le caractère brillant et encore riche en perspectives pour l'humanisme et la critique de l'humanisme moderne, au-delà des clivages et des tentatives de polarisation populiste.

Valentin NIKOLAEVI VOLOŠINOV
Marxisme et philosophie du langage.
Les problèmes fondamentaux de la méthode sociologique dans la science du langage
traduit par Patrick Sériot et Inna Ageeva
coll. « Bilingues en sciences humaines », éditions Lambert-Lucas, 2010
Compte rendu de Cécile Canut, CEPED, Paris-Descartes.

La nouvelle traduction de Patrick Sériot et Inna Ageeva de *Marxisme et philosophie du langage* (MPL) est un véritable événement éditorial dans le champ des sciences du langage qu'il convient d'emblée de souligner. Bien plus qu'une traduction, l'imposant volume de 600 pages, qui comporte certes le texte russe et français de Valentin Vološinov, se voit accompagné d'une très riche préface (109 pages) de Patrick Sériot ainsi que de nombreuses annexes comprenant les rapports d'activité de l'auteur entre 1925 et 1928, une traduction inédite de l'article « Qu'est ce que la langue et le langage ? », une liste des ouvrages et des auteurs cités dans MPL et enfin d'un *index nominum*. On attendait depuis plusieurs années déjà le résultat de ce travail colossal entrepris par les spécialistes de linguistique slave que sont Patrick Sériot et Inna Ageeva.

Traduit d'après la seconde édition originale corrigée par l'auteur (Leningrad, Priboj, 1930), ce texte retrouve son véritable auteur après avoir été attribué pendant une longue période à Mikhail Bakhtine. La traduction française de Marina Yaguello, parue aux Éditions de Minuit en 1977 (sous le titre *Le marxisme et la philosophie du langage. Essai d'application de la méthode sociologique en linguistique*) et préfacée par Roman Jakobson, attribuait la double paternité de l'ouvrage à Bakhtine (Vološinov) relayant la « doxa », selon P. Sériot, qui s'était imposée en 1973 suite au « scoop d'Ivanov ». Le premier objectif de Patrick Sériot est donc de retirer Vološinov « du néant » pour reprendre les termes de Vasil'ev (p. 47) après une longue « recherche en paternité » (p. 36) afin de prouver, à travers une exégèse des textes historiques, biographiques et politiques de l'époque, que Vološinov est bien le seul auteur de MPL ; Bakhtine qui ne s'est jamais clairement prononcé sur cette affaire a surtout « semé des leurres » et « des fausses pistes » (p. 33). Le second objectif du traducteur consiste à invalider la traduction antérieure afin d'en proposer une plus « rocailleuse » (p. 16) mais plus fidèle à l'original, « plus près de Leningrad 1929, plus loin de Paris 1977 » (p. 14). Décisive sur plusieurs points, notamment pour les notions de parole/langage/langue et d'énoncé/énonciation, l'enjeu de la traduction, pour le préfacier, dépasse le simple souci technique. Elle implique de lire autrement cet ouvrage, en se défaisant à la fois de la lecture « marxiste » issue de « l'occident bourgeois » (p. 54) des années soixante-dix et 80 ainsi que « de l'idolâtrie » (p. 17) pour le « Cercle de Bakhtine » qui, à ses yeux, n'a en fait jamais existé.

Faire tomber le « mythe » suppose, selon P. Sériot, une « remise en contexte » au plus près de la naissance de l'œuvre et des conditions de productions sociales, scientifiques et historiques qui la constituent. Grâce à un retour sur les trajectoires des membres du « Cercle » et des mouvements scientifiques des années vingt-trente en Union Soviétique, il dresse le portrait d'un groupe plus prompt à discuter philosophie, littérature, musique et art qu'à parcourir le champ du marxisme et moins encore se consacrer à l'érection d'une théorie linguistique : il s'agit plutôt d'un « vaste projet de synthèse entre le christianisme et le socialisme » (p. 28). Cette remise en cause est ensuite confirmée à travers l'analyse textuelle de MPL lui-même. L'ouvrage de cet « étrange sociologue » est avant tout, selon le préfacier, un traité de « psychosocio-sémiotique du comportement verbal dans l'interaction individuelle » (p. 66) d'un grand « conformisme social » (p. 70) ou encore une « sociologie interactionniste des rapports verbaux inter-individuels en situation de vécu commun débouchant sur l'enthymème » (p. 72), « une théorie de la connaissance » et non de l'action (p. 56) qui repose principalement sur une visée « anti-linguistique » et « anti-positiviste ». Passant en revue l'ensemble des « problèmes » de Vološinov et de ses « apories » (p. 87), le préfacier s'attaque enfin directement à l'auteur lui reprochant d'être « aveugle aux innovations de Saussure… » (p. 87), de produire un texte « anti-dialogique », qui « assène des vérités » (p. 87), donne « des leçons » (p. 86) et produit finalement un « empirisme naïf » (p. 91) issu d'un « malentendu épistémologique » (p. 92). On ne peut que s'étonner de ce qu'un préfacier soit le premier contempteur du livre qu'il ouvre ; on se souvient toutefois d'une position plus virulente[1] encore vis-à-vis du Bakhtine des « Genres du discours » considéré comme « bien en deçà de MPL ».

La lecture de MPL sera pour chacun singulière mais d'un intérêt réel. Claire, très structurée, la progression logique de cet ouvrage nous porte d'une conception globale du langage, fondée sur une sémiotique idéologique, à l'étude du fonctionnement des discours rapportés, en

1. P. Sériot, « Généraliser l'unique : genres, types et sphères chez Bakhtine », *Linx*, n° 56, 2007, 37-54.

passant par une mise en relation avec des textes scientifiques antérieurs pour les mettre en opposition avec la position de l'auteur. Pleinement dialogique, cette œuvre n'a pas pour vocation de construire une théorie du langage, mais de proposer un nouvel objet (l'énoncé) comme fondement d'une approche sociale des idéologies (au sens d'un ensemble de signes réfractés dans la conscience) dans le cadre d'une philosophie du langage. MPL jette ainsi les bases d'une approche du sens en tant qu'il se construit par l'interaction. Certes, l'ouvrage s'inscrit dans une opposition aux approches « positivistes » et particulièrement à ce qu'il nomme la théorie de « l'objectivisme abstrait » (connue essentiellement à travers le *Cours de Linguistique Générale*), il se fonde sur des corpus littéraires et repose sur une vision idéalisée des rapports sociaux faisant du marxisme, ainsi que le rappelle P. Sériot, « une lecture singulière » (p. 56). Pourtant, la liberté d'écriture et de pensée nous conduit à découvrir combien l'approche du langage en termes de « processus » et de « devenir » réintégrant la dimension historique est très intéressante (« La langue est un flot continu en perpétuel devenir » p. 253). Le rôle de la « conscience » en tant qu'elle est reliée aux situations d'interaction et de production du sens va conduire l'auteur à étudier le rôle majeur que joue la circulation des discours et donc du *dialogisme*. Les derniers chapitres sur les discours rapportés constituent l'apport le plus important puisqu'ils visent à analyser les formes linguistiques à partir du rôle de la perception et de l'évaluation des paroles d'autrui (« tout énoncé est avant tout une orientation appréciative » p. 343) et à travers l'interaction des paroles (ou du « Mot », *slovo*) et du sens. L'esquisse du dialogisme, que développera et modélisera pleinement ensuite Bakhtine en y intégrant la dimension du déjà-dit, deviendra une notion phare de l'analyse de discours. Chez Vološinov, le locuteur n'est pas propriétaire du langage (p. 299), l'énoncé émerge de la « parole intérieure » (p. 323) marqué par une « orientation appréciative » (p. 343) qui vient puiser ses formes dans le monde social où se mêlent les voix : « Toute compréhension est de nature dialogique » (p. 339). Cette intuition du milieu qui marque la co-construction du sens dans le « Mot » fait que le signe n'est jamais réitérable, l'énoncé « réfracte » l'existence et résulte d'une création idéologique permanente, à travers les interactions verbales, la signification appartient au « Mot » en tant que trait d'union entre les interlocuteurs qui vivent comme dans un grand théâtre. Cette approche a le mérite de dépasser la causalité mécaniste bien qu'elle n'élabore pas une théorie abstraite ainsi que le déplore P. Sériot : mais une telle théorie a-t-elle jamais existé en sociolinguistique ? L'intérêt, aujourd'hui, pourrait être de repenser ces propositions et de concrétiser les relations entre la sociolinguistique et l'analyse de discours par exemple[2] : revenir à l'origine de la notion de dialogisme dans ce cadre n'est pas inutile, bien au contraire.

Un livre produit nécessairement des effets, des associations, des transformations. Plus encore, cet ouvrage nous oblige à penser la question de la circulation et de la constitution des savoirs. Le difficile « dialogue » entre les interprétations, révélé dans la préface sous forme polémique, pose avant tout la question de la contextualisation, aussi précise soit-elle. Si la contextualisation d'une œuvre à son point d'origine est essentielle, le « contexte d'accueil » la constitue tout autant[3]. Comme dans le phénomène du discours rapporté pour lequel il convient de reconnaître ces deux contextes, c'est bien le va-et-vient entre les deux, ce jeu où le discours rapporté ne cesse de se construire, qui la fait vivre. Vološinov n'a pas bien lu Saussure, la « bourgeoisie occidentale » (J. Kristeva, R. Jakobson, T. Todorov, etc.) s'est trompée dans sa lecture de Vološinov, et nous pourrions continuer à l'infini : nous ne lisons probablement que ce que nous voulons bien lire. Loin d'une position de vérité du texte, chaque texte s'élabore dans ce dialogisme perpétuel et conduit bien souvent au phénomène de l'*entextualisation*[4]. Ainsi, la lecture des chercheurs de 2010 ne peut être identique à celle de chercheurs qui, dans les années soixante-dix, élaboraient une *autre* linguistique. Toutefois, à lire les textes et les comptes rendus des débats autour de cette œuvre, notamment dans la section linguistique du CERM en 1978, il apparaît que l'unanimité ne régnait pas, loin de là. Alors que B. Gardin[5] décelait en Vološinov un novateur qui tentait de construire une méthode marxiste par le biais d'une pensée originale, d'autres refusaient une sémiotique dans laquelle était « diluée la linguistique » (S. Rostang[6]). MPL a peut-être été un « prétexte » (p. 15)

---

2. Voir par exemple J. Boutet et D. Maingueneau dans *Langage et société* n° 114, 2005.

3. J. Authier-Revuz, « La RDA comme double (re-)contextualisation : contexte représenté et contexte d'accueil », chapitre de *Dire dans le déjà-dit* (titre provisoire) Armand Colin (à paraître).

4. Richard Bauman and Charles L. Briggs, « Poetics and performance as critical perspectives on language and social life », *Annual Review of Anthropology*, Vol. 19, 1990, pp. 59-88 : « It is the process of rendering discourse extractable, of making a stretch of linguistic production into a unit – a *text* – that can be lifted out of its interactional setting. ».

5. « Lire Voloshinov », *Centre d'Études et de Recherches Marxistes, section linguistique*, document dactylographié, 1978 (communiqué par J.Authier).

6. « Notes préliminaires pour une introduction aux travaux du groupe Bakhtine », *Centre d'Études et de Recherches Marxistes, section linguistique*, document dactylographié, 1978 (communiqué par J. Authier).

dans les années soixante-dix pour le développement de nombreuses notions (énonciation, idéologie, sujet parlant, langues de classes) et de théories allant de P. Bourdieu à J. Kristeva, en passant par des dizaines d'autres penseurs (J.-J. Lecercle, J.-L. Houdebine, J.-B. Marcellesi et B. Gardin, pour s'en tenir aux Français), il aura toutefois permis que s'élaborent d'autres voies dont on ne peut que se réjouir.

MPL « n'est pas une anticipation de la pragmatique, de l'énonciation ou de la sociolinguistique » (p. 17), c'est l'évidence. Il n'en reste pas moins que cet ouvrage non abouti résonne de manière souvent pertinente pour ceux qui s'intéressent aux dimensions discursives et sociales. Sans nul doute, ce livre parmi d'autres, a fait partie de la bibliothèque de certains des professeurs qui nous ont plus ou moins transmis quelque chose de ce « devenir » du langage, ce va-et-vient entre le locuteur et la société, ou plus encore du rôle éminent des « évaluations » et des « perceptions » dans les pratiques langagières. Ce qu'ils nous ont aussi appris, à leur insu parfois, alors qu'ils s'inscrivaient davantage dans des approches lacaniennes ou bourdieusiennes, c'est que la lecture, l'interaction et la relation à autrui ne peuvent se produire sans malentendus, quiproquos, erreurs, dénis, résistances… On s'imagine alors sans mal que cet ouvrage fera encore l'objet de lectures et d'interprétations qu'il conviendra à chacun d'apprécier, de contredire, de discuter… Comme l'évoque Jacqueline Authier-Revuz, à propos de Bakhtine, les textes soviétiques de cette époque ont constitué une véritable « auberge espagnole[7] » tant les débats qu'ils suscitent concernant l'articulation du linguistique et du social sont loin d'être clos.

7. « Hétérogénéité montrée et hétérogénéité constitutive : élément pour une approche de l'autre dans le discours », *Parole multiple, aspect rhétorique, logique, énonciatif et dialogique, DRLAV, revue de linguistique*, n° 26, 1982, p. 91-151

• **Marc GLADY**
Pratiques d'accompagnement des demandeurs d'emploi
L'apport de la sociologie du langage
Dans un contexte de développement de travaux sociologiques portant sur l'accompagnement des demandeurs d'emploi, ce texte examine les spécificités d'une construction de l'objet à partir de la sociologie du langage. En tant qu'elle incorpore une technologie de description des matériaux recueillis, celle-ci s'offre à alimenter le « récit » des sociologues sur la base d'une analyse des caractéristiques formelles des objets langagiers. L'article met en évidence quelques propriétés structurelles de ces objets, notamment : l'ancrage de catégories socio-techniques inscrites dans une dialogie professionnelle permettant le déploiement du discours sur la pratique, la pluriaccentuation de ces catégories, l'élaboration de rapports de place autour de la distribution actantielle, les ruptures énonciatives dans la description de la pratique, l'organisation spatio-temporelle des mondes vécus, l'explicitation signifiante de l'implicite attaché à une négation… Ces propriétés autorisent des couplages interprétatifs relevant d'ontologies distinctes dont le texte donne des exemples. Ces couplages, qui dévoilent une pluralité d'existence des objets langagiers, questionnent en même temps la performativité plurielle de l'interprétation sociologique. La sociologie du langage est à la fois une sociologie des pratiques et une sociologie de la connaissance.

Mots-clés : accompagnement, catégories, couplage interprétatif, objet langagier, ontologies, sociologie du langage.

Accompanying job seekers
The contribution of the sociology of language
As sociological research on the practice of accompanying job seekers develops, this paper examines how an object is constructed specifically from the point of view of the sociology of language. The latter incorporates a descriptive technology to deal with the material collected, so that sociologists' "narratives" are nourished on the basis of an analysis of the formal characteristics of language objects. The paper demonstrates some of the structural properties of these objects, in particular: the anchoring of socio-technical categories in professional exchanges that allow discourse about accompaniment to unfurl; the multiple accentuation of those categories; elaborating relations according to one's place in an exchange; faltering when describing the practice; the spatial-temporal organization of lived worlds; the significant explanation of an implicit meaning attached to a negation, etc. All these properties authorize coupled interpretations that depend on distinct

ontologies, and examples are given. The couplings, which reveal the plural existence of language objects, also question the plural performative nature of sociological interpretation. The sociology of language is both a sociology of praxis and a sociology of knowledge.

Key-words: accompaniment, categories, interpretative coupling, language object, ontologies, sociology of language.

• **Ingrid de SAINT-GEORGES**

Les dynamiques langagières de l'accompagnement

L'article part d'un constat: peu de travaux ont étudié les relations effectives qui se nouent entre professionnels et bénéficiaires dans les situations d'accompagnement de reconversion professionnelle. Il propose par conséquent d'examiner l'accompagnement tel qu'il s'accomplit en situation réelle d'interaction. Dans un premier temps, la contribution relève quelques aspects génériques des situations d'accompagnement (caractère dialogique, ouvert et imprévisible, orientation vers un but, asymétrie des rôles). Dans un second temps, l'article souligne la nature « préfigurative » des situations d'accompagnement (elles sont orientées vers l'avenir et vers des décisions concernant des actions futures) et propose quelques catégories pour les analyser. Dans un troisième temps, une situation d'accompagnement effective est examinée à partir de ces catégories. Le contexte analysé est celui d'une entreprise de formation par le travail (milieu associatif), intégrant les valeurs de l'économie sociale et poursuivant une double mission d'insertion et de formation de chômeurs de longue durée peu qualifiés. L'analyse fine de l'interaction permet de relever certains aspects saillants de l'« activité sociale d'accompagnement » et de s'interroger sur certains dilemmes et controverses du métier. Sur le plan méthodologique, des outils issus de la sociolinguistique interactionnelle sont mobilisés.

Mots clés: interaction, langage, accompagnement, préfiguration, reconversion professionnelle, chômage.

The language dynamics of accompaniment

This article is based on the following observation: little has been done on the actual relations between professionals and the beneficiaries in situations of occupational reconversion they accompany. We therefore propose examining accompaniment as it takes place during an authentic interaction. Our paper first notes a certain number of aspects generic to situations of accompaniment (its open and unpredictable, dialogical nature, being orientated with a specific aim in mind, asymmetrical roles).

Secondly, the article stresses the "pre-figurative" nature of situations of accompaniment (which are future-oriented and consider forward-looking decisions for action) and suggests a few analytical categories. Thirdly, a real situation of accompaniment is examined applying those categories. The context analyzed is an on-the-job training organization (voluntary association) that promotes the values of social economics and pursues the double objective of reintegrating and training long-term, low-skilled unemployed. A minute analysis of the interaction points to some salient features of the "social activity of accompaniment" and allows us to reconsider some of the dilemmas and controversies that haunt the profession. From a methodological point of view, we have applied tools used in interactional sociolinguistics.

Key-words: interaction, language, accompaniment, prefiguration, professional reconversion, unemployment.

• **Bernard CONTER**

L'accompagnement des chômeurs en Belgique dans les discours politico-administratifs

L'accompagnement des chômeurs est devenu depuis 2004 en Belgique un dispositif systématisé qui concerne l'ensemble des demandeurs d'emploi de moins de 50 ans et repose sur des étapes de convocation, d'analyse des efforts de recherche d'emploi réalisés, de prescription d'actions et éventuellement de sanction.

Le plan consacre un changement de référentiel de l'action publique et le passage d'une logique assurancielle d'indemnisation à une logique d'activation et d'incitation. Le sens d'une politique se construit par la mise en œuvre des dispositifs et par les discours qui l'accompagnent. Cet article propose une analyse de contenu d'acteurs politiques et administratifs sur le plan d'accompagnement des chômeurs.

Ces discours font apparaître d'abord les nouvelles normes comportementales prescrites aux chômeurs. Mais ils sont également porteurs de représentations plus larges sur le rôle de l'État, sur l'efficacité et la justice de ses interventions, sur l'emploi et les formes acceptables de l'emploi. De la sorte, ils sont révélateurs de la hiérarchisation des objectifs politiques entre adaptation et flexibilité des individus, d'une part, et orientation professionnelle et mise à l'emploi, d'autre part.

Mots clés : Accompagnement des chômeurs, analyse de contenu, normes comportementales, *work first*, professionnels de l'accompagnement, État social actif.

Accompanying the unemployed in Belgium in political-administrative discourse
Accompanying the unemployed has, since 2004 in Belgium, become an organized system involving all job-seekers under 50 years of age. It consists in a summons, analyzing the efforts made at finding a job, recommended actions, an eventual sanction.
The plan confirms the change of reference that has taken place in public policy and the passage from a logics of a guaranteed indemnity to a logics of activation and incitement. The meaning of a policy is built up by the system implemented and the discourses that accompany it. This article proposes a content analysis of politicians' and administrators' discourses on the accompaniment of the unemployed. These discourses reveal first of all the new norms of behavior prescribed to the unemployed. But they also carry more general representations of the role of the State, the effectiveness of Justice and its decisions, employment and acceptable forms of employment. As such, they reveal the hierarchy of political objectives between adaptation and flexibility of individuals, on one hand, and professional orientation and getting a job, on the other.

Key words: Accompanying the unemployed, Content analysis, norms for behavior, work first, professional accompaniment, socially active State.

• **Sophie DIVAY**

Une progressive rationalisation de l'encadrement des chômeurs
À partir de la fin des années 1970, des dispositifs d'aide à la recherche d'emploi se sont progressivement développés parallèlement à la croissance du chômage. Une recherche menée au milieu des années 1990, portant sur les productions écrites et les discours de spécialistes de la recherche d'emploi a permis de mettre au jour des univers notionnels centrés d'une part sur une dimension technique qui normalise les démarches des chômeurs et d'autre part sur une dimension comportementale recouvrant un modèle du « bon chercheur d'emploi ». La rationalisation du « métier de chercheur d'emploi » a été suivie, au début des années 2000, d'une seconde vague de rationalisation touchant cette fois davantage les conseillers eux-mêmes tant l'« activation » des chômeurs – c'est-à-dire l'injonction au « retour rapide en emploi durable » – est devenue prégnante dans les politiques de lutte contre le chômage. L'analyse du « jargon professionnel » des conseillers d'une agence privée de placement révèle à quel point la logique gestionnaire pèse désormais sur ces professionnels dont les résultats (taux de placement) représentent des données politiquement sensibles.

Mots-clés : aide à la recherche d'emploi, activation des chômeurs, univers notionnels des conseillers, sociologie.

A progressive rationalization of the management of job-seekers
From the end of the 1970s, in the face of rising unemployment, systems to help job-seekers find work were progressively developed. Research carried out during the mid-1990s, bearing on the written and oral productions of specialists in job-seeking revealed the notional space created by, on one side, a technical dimension that normalizes job-seekers' actions and, on the other, a behavioral dimension representing the model of the "good job-seeker". At the outset of the years 2000, rationalizing the "profession of job-seeker » was followed by a second wave of rationalization which this time concerned more the consultants themselves, given that "activating" the unemployed, i.e. the order to "rapidly return to stable employment", became significant in policies to combat unemployment. Analyzing the "professional jargon" of the consultants of a private employment agency shows up the extent to which a managerial logics now weighs on them, since the results they obtain (number of people they place) represent politically sensitive data.

Key-words: helping job-seekers, activating the unemployed, consultants' notional space, sociology.

• **Svenja KRANICH**
L'emploi des expressions épistémiques dans des lettres aux actionnaires en France, aux États Unis et en Allemagne
Cet article offre une analyse contrastive de l'emploi des expressions épistémiques dans des « lettres aux actionnaires » (document constituant la première partie du rapport annuel) provenant des sociétés françaises, états-uniennes et allemandes. L'étude se base sur un corpus constitué de lettres aux actionnaires saisies sur internet (environ 120 000 mots). Nous avons choisi d'étudier les expressions épistémiques pour deux raisons : premièrement, leur utilisation pour marquer l'incertitude les rendent intéressantes pour un genre qui doit fournir des prédictions concernant de futurs événements. Deuxièmement, des recherches (Hyland 1996, 1998, par ex.) ont montré que les éléments épistémiques peuvent aussi avoir pour fonction d'atténuer la force des propositions qui autrement risqueraient de brusquer l'allocuteur. C'est en nous penchant en particulier sur l'emploi interpersonnel des expressions épistémiques que nous avons découvert des différences interculturelles intéressantes. L'étude de la forte fréquence des éléments épistémiques dans ces lettres ainsi que

leur distribution dans les catégories grammaticales et sémantiques nous a permis de découvrir des différences interculturelles que l'on peut relier à des idéaux stylistiques divers et à des préférences communicatives divergentes.

Mots clés : lettres aux actionnaires, mot du P.D.G., modalité épistémique, atténuation, linguistique contrastive, analyse de discours.

Using epistemic expressions in letters addressed to stockholders in France, the United States and Germany

This article offers a contrastive analysis of the use of epistemic modal markers in 'Letters to Shareholders' (i.e. the first part of the Annual Report) from French, US-American and German companies. The study is based on a corpus of around 120,000 words. We have chosen to study the use of epistemic modal markers for two reasons : firstly, their use to mark uncertainty is highly relevant for a genre which has to furnish predictions about future developments. Secondly, previous research (e.g. Hyland 1996, 1998) has indicated that epistemic modal markers may also function as a type of hedging, i.e. they can tone down propositions which might otherwise be perceived as potentially face-threatening. Particularly concerning this latter, more interpersonal use of epistemic expressions, the results of the present study show interesting intercultural differences. Based on the analysis of the overall frequency of epistemic markers and on their different distributions across grammatical and semantic categories, intercultural differences can be established which can be linked to different stylistic ideals as well as to divergent preferences in communicative strategies.

Key-words: letters to stockholders, a word from the Director, epistemic mode, attenuation, contrastive linguistics, discourse analysis.

Numéros à paraître :

- **Variation en contexte urbain arabophone**
  dirigé par C. Miller et M.-A. Germanos, n° 138, décembre 2011.
- **Dell Hymes**
  dirigé par C. Trimaille et B. Masquelier, n° 139, mars 2012.
- **Pratiques langagières de jeunes urbains**
  dirigé par M. Auzanneau et C. Juillard, n° 140, juin 2012.
- **Analyse de discours "à la française" : héritage et deshéritage**
  dirigé par L. Rosier, n° 141, septembre 2012.
- **Hommage à Paul Wald**
  n° 142, décembre 2012.
- **Les langues au Maroc**
  dirigé par L. Messaoudi, n° 143, mars 2013.
- Les *focus groups*,
  dirigé par F. Dervin, n° 144, juin 2013.

Derniers numéros parus :

- **Appropriation politique et économique des langues**
  dirigé par Cécile Canut et Alexandre Duchêne, n° 136, juin 2011
- **Méthodes en analyse des discours**
  dirigé par J. Boutet et D. Demazière, n° 135, mars 2011
- **Varia,** n° 134, décembre 2010.
- **New Literacy Studies, un courant majeur sur l'écrit**
  dirigé par B. Fraenkel et A. Mbodj, n° 133, septembre 2010.
- **Linguistique légale et demande sociale : les linguistes au tribunal**
  dirigé par D. Lagorgette, n° 132, juin 2010.
- **Sourds et langue des signes : norme et variations**
  dirigé par B. Garcia et M. Derycke, n° 131, mars 2010.
- **Pratiques discursives du christianisme contemporain**
  dirigé par D. Maingueneau, n° 130, décembre 2009.
- **Le français en milieu minoritaire**
  dirigé par A. Boudreau et M. Ali-Khodja, n° 129, septembre 2009.
- **Marcel Cohen : aux origines de la sociolinguistique**
  dirigé par J. Boutet et A. Tabouret-Keller, n° 128, juin 2009.
- **Écritures scientifiques. Carnets, notes, ébauches**
  dirigé par C. Doquet-Lacoste, n° 127, mars 2009.

• Achat d'un numéro

16 euros

– dans toutes les librairies (en précisant que notre diffuseur est La Sodis)

– au Comptoir des presses d'universités,
soit à son espace de vente et d'animation 86 rue Claude Bernard, Paris 5e,
soit électroniquement sur www.lcdpu.fr

• Achat d'un article

sur le site de Cairn : www.cairn.info

• Abonnement

Par chèque bancaire, postal ou virement à *Langage et société,*
Maison des sciences de l'homme, bureau 242,
190, av. de France, CS n° 71345, 75648 Paris Cedex 13.

Responsable des abonnements : Marie-Claire Teillol
tél. : (00 33) 1 49 54 22 04 – e-mail : teillol@msh-paris.fr

Tarifs des abonnements 2011 et 2012 (4 numéros par an) :
FRANCE : individuels : 40,00 euros – collectivités : 50,00 euros
ÉTRANGER : individuels : 52,00 euros – collectivités : 62,00 euros

• Adresse des sites :

www.LetS.msh-paris.fr
www.editions-msh.fr

Commission paritaire n° 1014G86045
JOUVE
1, rue du Docteur Sauvé, 53100 Mayenne
Imprimé sur presse rotative numérique
N° 742690V – Dépôt légal : septembre 2011
Imprimé en France

Übersetzung aus dem Englischen von Charlotte Herbst

SUSAN X MEAGHER

FAST DER HIMMEL

Widmung

Für Carrie, meine rechtmäßig angetraute Frau

1

Wenn Cody Keaton all die Lebenszeit zurückerstattet bekommen könnte, die sie schon damit verbracht hatte, vor der *Twined Creek Medical Clinic* herumzulungern, wäre sie mindestens ein Jahr jünger.

Sie selbst war noch nie in einem der Untersuchungsräume gewesen, aber irgendjemand aus ihrer Familie musste immer dorthin. Da ihr Auto zu den zuverlässigsten weit und breit gehörte und sie außerdem nicht Nein sagen konnte, war Cody mittlerweile so oft hier gewesen, dass sie jedes Schlagloch auf der zwanzig Meilen langen Strecke persönlich kannte.

Es war bitterkalt, doch sie hielt es nicht im Gebäude aus. Vor allem nicht heute. Das große Wartezimmer war schon unter normalen Umständen brechend voll, aber am Weihnachtsabend platzte es aus allen Nähten. Rote und grüne Girlanden hingen von der Decke und auf einem wackligen Tisch stand ein verwahrlost aussehender Plastikbaum.

Weihnachten war für viele, die hier in der Gegend wohnten, ohnehin schon furchtbar deprimierend. Warum musste man sie auch noch daran erinnern, dass ihr Leben nichts mit dem Idealbild aus dem Fernsehen gemeinsam hatte? Statt sich mit ihren Liebsten über das neueste Luxusauto freuen zu können, saßen die Patienten hier auf zum Teil kaputten Plastikstühlen und versuchten, sich nicht die Grippe einzufangen.

Trotz der Kälte fror Cody nicht. Zwar hatte sie ihren besten und wärmsten Wintermantel nicht an, der knallorange war und den sie eigentlich nur zum Jagen trug. Aber ihr Cousin Devin hatte alle seine Army-Sachen bei ihr abgeladen, als er aus dem Krieg zurückgekommen war, und seine hellbraune Camouflage-Jacke war ein Traum. Sie war zwar ein ganzes Stück zu groß, aber nicht so groß, dass die Leute sie anstarrten, wenn sie sie trug. Was sie heute tat. Eins musste man der Army lassen: Sie hatten es echt drauf, Ausrüstung anzufertigen, die die Soldaten warm hielt. Wobei Hitze am Persischen Golf nicht das große Problem war. Laut Devin war die Ausrüstung, die in der Kälte Wunder wirkte, nicht wirklich dazu geeignet, den Soldaten das Leben in der Hitze zu erleichtern.

Die heutigen Klinik-Fahrgäste waren die Ex-Freundin eines ihrer Cousins und deren kleiner Sohn. Amy war ein nettes Mädchen und schien ihr Bestes zu geben, war aber nicht besonders clever und erst neunzehn. Zu alt für die Highschool und zu jung, um Mutter zu sein, zumindest wenn es nach Cody ging. Aber mit sechzehn oder siebzehn neigten viele in dieser Gegend dazu, eine Richtung einzuschlagen, die ins Nirgendwo führte.

Amy war sowohl schüchtern als auch faul. Sie würde nach ihrem Termin bestimmt so lange im Wartezimmer sitzen bleiben, bis Cody sie abholte. Und tatsächlich: Als Cody den Kopf hineinsteckte, saßen Amy und Adam wie erwartet gebannt vor dem lautlos gestellten Fernseher, der in einer Ecke des Raums an der Wand hing. Cody hatte noch nie verstanden, warum andere so fasziniert vom Fernsehen waren, ganz egal, was gerade lief. Adam war drei Jahre alt und verstand bestimmt noch nicht, was es bedeutete, dass da ein paar Leute in einem Halbkreis saßen und miteinander stritten. Lautlos. Aber er schien genauso fasziniert zu sein wie seine Mutter.

Cody betrat den Raum und ging auf die beiden zu. »Seid ihr fertig?«

»Noch nicht. Wir haben das da …« Amy griff in ihre Tasche und fischte einen Zettel heraus. »Sie meinten, er braucht das.«

Cody griff nach dem Stück Papier. Erst als sie es in der Hand hielt, bemerkte sie, dass es eigentlich zwei Zettel waren. Hinter dem neuen steckte ein älterer, zerknitterter. Das eine Rezept war für Adam, das andere für Amys Vater. Medikamente für Kinder waren kostenlos, aber Erwachsene mussten eine Zuzahlung leisten – auch wenn *Medicaid*, die Gesundheitsfürsorge, ihre Kosten übernahm.

Amy sah Cody nicht in die Augen. Das Mädchen war bettelarm, aber sie hatte ihren Stolz.

»Wartet hier, ich erledige das schon.«

Während Cody in die Apotheke nebenan ging, fragte sie sich, ob Adams Arzttermin nur ein Vorwand von Amys Vater war, damit er seine Medikamente nicht selbst bezahlen musste. Rasch warf sie einen Blick auf das Rezept. Blutdrucksenker. Die nahm niemand gern, also versuchte er höchstwahrscheinlich nicht, sie reinzulegen. Ein Rezept für Viagra hätte sie zusammengeknüllt und in den Müll geworfen. Doch wenn der Mann wirklich etwas brauchte und es nicht selbst besorgen konnte, würde sie ihm natürlich helfen.

Sie betrat den kleinen Raum, in dem es nach Desinfektionsmittel und Thunfischsandwiches roch, reichte der jungen Frau an der Kasse die Rezepte und wartete – und wartete. Die Frau ließ sich alle Zeit der Welt, bis sie schließlich auf ihrem Kuli kauend verkündete: »Das macht fünf Dollar.«

Zum Glück hatte Cody nach dem Tanken noch sieben Dollar übrig. Mit zwei Dollar würde sie zwar nicht weit kommen, aber der Tank war voll und die Tiefkühltruhe auch. Sie würde schon klarkommen.

»Alles klar.« Cody fischte ihr Portemonnaie heraus, zählte das Geld genau ab und legte es auf den Tresen. Dann beeilte sie sich, wieder hinauszukommen. Wenn sie die Wahl hatte, hielt sie sich immer lieber im Freien auf.

Kaum trat sie über die Schwelle, blitzte etwas Grünes in ihrem Augenwinkel auf. Sie blieb stehen und hob es auf. Eine Dollarnote. Ihr Herz raste. In ihrem ganzen Leben hatte sie noch nie einen Dollarschein gefunden. Hin und wieder mal ein Zehncentstück, vielleicht sogar einen Vierteldollar. Aber noch nie einen ganzen. Irgendwie war es ihr fast peinlich, wie sehr sie sich über so wenig Geld freute. Doch ihre Freude währte nur kurz. So furchtbar sie es auch fand, sie musste umdrehen und zurück zur Apotheke gehen.

»Ich hab das draußen gefunden«, sagte sie und hielt den Schein mit beiden Händen hoch.

Denkbar unbeteiligt zuckte die junge Frau mit den Schultern. »Und?«

»Vielleicht will die jemand zurück.«

Die junge Frau legte das elektronische Gerät hin, das ihre Aufmerksamkeit gefesselt hatte, und starrte Cody irritiert an. »Niemand wird deswegen zurückkommen. Der gehört dir.«

»Vielleicht ja doch. Vielleicht ist es gerade erst passiert.«

»Hier war seit über fünfzehn Minuten niemand mehr. Und wenn jemand fünfzehn Minuten weg ist, kommt er auch nicht mehr zurück.«

»Vielleicht ja doch.«

Die junge Frau streckte die Hand aus. »Gib schon her.«

Damit hatte Cody nicht gerechnet. Das Geld gehörte ihnen beiden nicht und die junge Frau würde es dem rechtmäßigen Besitzer wohl auch nicht zurückgeben, wenn er zurückkam. Aber jetzt konnte Cody auch nicht mehr zurück. Sie war noch nicht so tief gesunken, dass sie um einen Dollar bettelte.

Sie gab der Frau den Schein, drehte sich um und ging los, stoppte aber, als die junge Frau ihr etwas nachrief. »Hey!«

»Ja?«

Sie hielt etwas hoch und legte es dann auf den Tresen. Cody ging zurück. Ein Lotterielos. Cody hatte noch nie eines gekauft, hatte noch nie einen Dollar für etwas derartig Verschwenderisches übriggehabt.

»Nimm. Heute ist dein Glückstag.«

Sie sollte einfach wieder gehen. Es war nicht ihr Dollar und es war nicht ihr Lotterielos. Aber wenn sie es nicht nahm, würde die junge Frau es tun, und wenn überhaupt gehörte das Lotterielos eher Cody. Obwohl ihr das Geld lieber gewesen wäre, steckte sie den Schein vorsichtig in die Geldbörse. Es war albern, wirklich, aber eine gewisse Aufregung breitete sich in ihr aus. Ihre Gewinnchance war wahrscheinlich eins zu einer Milliarde, aber die Hoffnung war ein törichtes Ding und für einen kurzen Moment erlaubte sie es sich, zu träumen.

Peng!

Erwischt! Die Hunde flippten aus. Stripes sprintete in Richtung des Hirschs, während Blue erschrocken in die andere Richtung rannte. Sie waren vielleicht nicht die schlechtesten Jagdhunde der Welt, aber viel fehlte nicht. Wenn Cody den Hirsch nicht schnell erreichte, würde sich Stripes unweigerlich auf die Beute stürzen.

Sie stürmte über die kaum bewaldete Fläche. Zum Glück hatten ihre viel zu großen Sicherheitsstiefel eine gute Sohle und damit Halt auf dem feuchten Schnee. Ihr Atem ging zunehmend schneller. Sollte Stripes den Hirsch tatsächlich zerfleischen, würde sie die angenagte Hälfte definitiv Curly geben, beschloss sie in diesem Moment. Der faule Geizkragen mochte zwar der Einzige weit und breit sein, der einen Truck besaß, der auch mit vereisten, zugeschneiten Straßen zurechtkam, doch nur weil er ihr die Karre geliehen hatte, hatte er noch lange keinen Anspruch auf die Hälfte ihrer Beute.

Vielleicht würde ihr eigener Jeep in zwei Wochen wieder fahrbereit sein. Doch heute war schon der einunddreißigste Dezember und die Saison für die Jagd auf geweihloses Rotwild war damit so gut wie vorbei. Sie konnte es kaum erwarten, dass ihr Kontostand wieder besser aussah. Pro Saison durfte man nur zwei Rehe schießen und sie würde ganz bestimmt nicht auf eines davon verzichten. Na ja, auf ein halbes. Dieser Curly war schlicht und ergreifend ein Dieb.

Zum Glück faszinierte Stripes in erster Linie der Schwanz des Hirsches und er verschonte daher Fleisch und Fell. Trotzdem musste sie ihren ganzen Körper einsetzen, um Stripes anzuleinen und an einen Baum zu binden. Wenigstens würde sein Geheul Blue anlocken, also litt er nicht umsonst.

In Momenten wie diesen erwiesen sich die Sachen, die sie von Devin geerbt hatte, als besonders nützlich. Die Uniform-Jacke und die Hose hatten jede Menge praktische Taschen, in denen sie alles verstauen konnte, was sie brauchte. Von den dicken Gummihandschuhen bis zum Messer. Manche machten sich über sie lustig, weil sie Handschuhe trug, aber sie wollte nicht, dass das Blut an den Händen gefror und sie ihre Finger nicht mehr bewegen konnte. Abgesehen davon: Wieso sollte sie ein unnötiges Risiko eingehen? Das Wild in der Gegend mochte zwar keine ansteckenden Krankheiten haben, doch sicher war sicher. Das hatte schon Granny immer gesagt und da hatte sie bestimmt recht.

Mit dem Seil, das sie schräg über einer Schulter trug, band sie schnell die Hinterläufe des Hirschs zusammen. Dann machte sie sich an die mühsame Arbeit, das tote Tier an einem Ast hochzuziehen. In solchen Momenten beneidete sie Männer, obwohl sie das sonst nie tat. Mehr Kraft im Oberkörper wäre jetzt schon praktisch. Sie schwitzte und schuftete und fluchte vor sich hin, aber schließlich gelang es ihr, den Hirsch so zu positionieren, dass sie ihn effizient ausweiden konnte. Natürlich hätte sie das auch am Boden tun können, doch ihr Daddy hatte ihr beigebracht, dass es viel leichter und sauberer war, wenn man das Wild aufhängte – zumindest dann, wenn das Mistvieh endlich in der Luft war.

Sorgsam darauf bedacht, nichts Wichtiges zu beschädigen, arbeitete sie zu den dissonanten Klängen von Stripes' und Blues Gejaule vor sich hin. Sie musste immer noch lachen, wenn sie daran dachte, wie ihr von sich selbst überzeugter Onkel mal die Blase erwischt hatte. Es war wesentlich lustiger, dabei zuzusehen, wie jemand von einem heißen Urinstrahl ins Gesicht getroffen wurde, als wenn einem das selbst passierte.

Nachdem sie das Tier versorgt hatte, band sie es los und ließ es vorsichtig zu Boden gleiten. Der Weg zurück zum Truck war weit, doch der Schnee würde das Fell des Hirschs vor dem rauen Untergrund schützen, also konnte sie ihn hinter sich herziehen. Wenn nötig, könnte sie ihn auch zerteilen und die Hälften einzeln zum Truck schleppen. Aber der Schnee ersparte ihr das. Das war ein Vorteil, sagte sie sich immer wieder, während sie sich mühsam durch den Schnee kämpfte.

Wie immer hatten die Hunde keine Ahnung, was gerade los war. Sie zerrten am Hirsch und sprangen vor ihr auf und ab und verhedderten sich in ihren Leinen. Es war ein Wunder, dass niemand aus ihrer Familie sie bisher hatte einschläfern lassen. Aber ein guter Jagdhund war teuer und so viel Geld hatte keiner. Cody würde nie einen Hund erschießen, nur weil er dumm war, doch diese beiden würden sie irgendwann noch ins Grab bringen.

Nachdem sie den Abschuss ordnungsgemäß gemeldet und ihre Hälfte zu Hause abgeladen hatte, brachte sie Curly seinen Truck und seine widerrechtlich erworbene Ausbeute. Zufrieden beäugte er den halben Hirsch und vergaß für ein paar Momente seine übliche schlechte Laune.

»Was trinken?«, fragte er schroff. »Ziemlich kalt.«

»Nein, geht schon.« Sie winkte ihm kurz zu, dann marschierte sie die lange, holprige Auffahrt hinunter zur Straße. Bis zu ihrem Haus musste sie bergauf laufen, was ihr plötzlich unendlich anstrengend vorkam. Eigentlich war es gar nicht so weit und normalerweise schaffte sie die zehnfache Strecke mit Leichtigkeit. Aber sie war seit fünf Uhr auf den Beinen und hatte heute schon einen Hirschkadaver hinter sich hergeschleift. Auch das schaffte sie unter normalen Umständen mit links, aber nicht bei diesen verdammten Mengen an Schnee. Und es schneite noch immer. Es würde nicht lange dauern, bis der erste Fahrer die Kontrolle über seinen Wagen verlor. Von einem schlitternden Truck getötet zu werden, würde ihrem bisher so erfolgreichen Tag einen ganz schönen Dämpfer verpassen. Kurzerhand beschloss sie, bei Onkel Shooter und Tante Thelma vorbeizuschauen, deren Haus auf ihrem Weg lag. Eine kleine Pause würde ihr guttun.

Nachdem sie dort angekommen war, band sie die Hunde draußen an. Dann öffnete sie die Tür und trat ein. Man nahm ihre Anwesenheit nur vage zur Kenntnis. Schnell schlüpfte sie aus ihren übergroßen Stiefeln, legte die Jacke auf einen Stuhl und ließ sich vor dem Fernseher auf den Boden fallen.

Obwohl das Haus nicht groß war, waren wie immer etliche Leute hier, um fernzusehen. Darunter zwei ihrer erwachsenen Cousins und ein paar kleine Kinder, die durch den Raum wuselten. Die Kinder gehörten zwar nicht zu den Cousins, aber das war am Ende auch egal.

Cody kannte die Sendung, die gerade lief. Sie selbst hatte keinen Fernseher, aber sämtliche Familienmitglieder schauten so viel fern, dass sie eigentlich immer mitreden konnte, egal, was gerade lief.

Gerade ging es um Leute, die irgendwo auf dem Land in Louisiana lebten. Diese Sendung stand bei ihrer Familie besonders hoch im Kurs.

Auch Cody musste zugeben, dass es nett war, ab und an ganz normale Leute im Fernsehen zu sehen und nicht immer nur welche, die aussahen wie Barbiepuppen.

Jemand brachte eine riesige Tüte Tortilla-Chips ins Wohnzimmer und ein kleines Handgemenge entstand. Für so einen kleinen Kerl war Elijah verdammt laut. Seine Mutter verwöhnte ihn viel zu sehr. Da er ohnehin schon öfter hier als zu Hause war, konnte Tante Thelma ihn vielleicht ein bisschen zurechtstutzen. Bei ihrem eigenen Sohn hatte sie das zwar nicht geschafft, aber bei Enkeln war manches leichter.

Da man sich mit einem Vierjährigen nicht wirklich prügeln konnte, fielen für Cody nur ein paar Handvoll Chips ab. Wahrscheinlich war das auch schon ihr ganzes Abendessen. Sie war zu müde, um zu kochen, und in der Not fraß der Teufel eben Fliegen. Im Geiste konnte sie hören, wie ihre Granny das immer gesagt hatte. So wie sie das ausgesprochen hatte, hatte der Spruch allerdings viel mehr Biss gehabt, doch ihre Mama hatte immer darauf bestanden, dass sie sich wie Stadtmenschen ausdrückten. Sie meinte, dass man nur dann einen guten Job bekam, wenn man nicht klang, als wäre man aus der Gosse gekrochen. Das hatte sich zwar nicht bewahrheitet, aber wenn es darauf ankam, war Codys Grammatik tadellos.

Nachdem sie ein paarmal eingenickt und wieder hochgeschreckt war, rappelte sie sich auf und ging zu ihren Stiefeln. Von der Küche aus fragte Tante Thelma: »Na, was sagst du zu den Neuigkeiten?«

»Was für Neuigkeiten?«

»Hast du es denn noch nicht gehört?« Richtung Fernseher gewandt fügte sie lauter hinzu: »Shooter? Hast du es Cody nicht erzählt?«

»Ich hab Cody noch gar nicht gesehen.« Langsam löste er den Blick vom Fernseher, drehte sich um und lächelte sie an. »Hey, Cody.«

Thelma warf ihrem Mann einen finsteren Blick zu. »Das Lotterielos, das gewonnen hat, wurde in Twined Creek verkauft. Also fast hier im Ort. Und …« Sie machte eine dramatische Pause. »Es war der größte Jackpot *aller Zeiten*.«

Einen Moment lang starrte Cody ins Leere. Unglaublich, dass jemand aus der Gegend so viel Glück gehabt hatte. »Da wird irgendein Glückspilz aber ein verdammt schönes Silvester haben.«

Thelma lachte. »Wer auch immer all das Geld gewonnen hat, wird nie wieder unglücklich sein.«

Auf dem Heimweg dachte Cody über den Lottogewinn nach. Tante Thelma hatte zwar nicht gesagt, wie hoch er ausgefallen war, aber wer auch immer so viel Geld gewonnen hatte, konnte es bestimmt brauchen. Im Umkreis von zehn Meilen waren alle auf eine helfende Hand angewiesen. Sie hoffte nur, dass der Gewinner – wer immer es auch sein mochte – nichts Dummes anstellte, wie sich zum Beispiel eine riesige Villa mit Helikopterlandeplatz zu bauen, ohne darüber nachzudenken, dass das riesige Gebäude beheizt werden musste. Sie hatten schon viele Sendung über Menschen geschaut, die einen Haufen Geld gewonnen und es dann umgehend verprasst hatten. Die meisten Menschen trafen eher schlechte als gute Entscheidungen. Diese Sendungen machten süchtig, aber irgendetwas an ihnen war ihr auch immer unangenehm. Es war fast so, als ob man sich bemühte, die allerdümmsten Menschen zu finden, um sie dann nur von der allerschlechtesten Seite zu zeigen. Es waren richtige Hinterwäldler, über die man sich gern lustig machte. Das hatte Cody immer gestört. In Großstädten gab es ganz bestimmt genauso viele Trottel, aber die wurden verschont.

Sie schaute zu den Hunden, die man fast für wohlerzogen halten könnte, so wie sie gerade neben ihr hertrotteten. »Sollte ich je etwas gewinnen, kaufe ich euch die größten Knochen aller Zeiten.« Interessiert sahen sie zu ihr auf. »Aber macht euch keine zu große Hoffnung.«

Auch heute versuchten die Hunde wieder, ins Haus zu kommen, obwohl sie eine eigene Hütte hatten, die auch völlig in Ordnung und ihr Platz war. Nachdem Cody die Tür hinter sich geschlossen hatte, zog sie sich langsam aus. Ihr entfuhr ein Stöhnen, als sie sich vorbeugte, um ihre Hose aufzuheben. Ihre Schultern waren total verspannt, was das Zusammenlegen der Kleider nicht gerade erleichterte. Wenigstens war der Schnee nicht eklig. Ihre Hose war zwar feucht, aber immer noch sauber genug, um sie noch ein, zwei Tage zu tragen. Damit blieb ihr der Trip in den Waschsalon erst mal erspart.

Cody war ein bisschen übel, wahrscheinlich vor Müdigkeit. Sie wollte gerade ins Bett gehen, als sie ihr Portemonnaie bemerkte, das auf der Arbeitsplatte in der Küche lag. Ein Lächeln breitete sich auf ihrem Gesicht aus, als sie an ihr kleines Geheimnis dachte. Es war albern, doch sie nahm den Lottoschein vorsichtig heraus und lehnte ihn an die Zuckerdose. Morgen früh würde sie die Zahlen checken.

Irgendjemand musste ja gewonnen haben.

2

Cody hatte kein Zeitungsabo, der Bruder ihrer Tante schon. Da sie sowieso vorhatte, zu einem Grundstück zu fahren, auf das sie schon länger ein Auge geworfen hatte, und Rufus' Haus fast auf dem Weg lag, konnte sie auch bei ihm vorbeischauen. Als sie aufbrach, ging die Sonne gerade auf.

Die Hunde nahm sie diesmal nicht mit. In solchen Situationen störten sie nur. Die Kälte kroch ihr in die Knochen, aber es versprach, ein schöner Tag zu werden. Statt auf die Kälte konzentrierte Cody sich einfach auf die unberührte weiße Schneedecke, die sich auf die Wiesen und die Bäume gelegt hatte und die Zäune verbarg. Irgendwo vor ihr musste die Einfahrt zu Rufus' Haus sein, doch durch den vielen Schnee war kaum etwas zu erkennen. Alles fühlte sich verändert an, wenn es so viel geschneit hatte. Als wäre man ganz woanders. Als wäre man verreist, ohne weggefahren zu sein.

Die Zeitung lag noch im Briefkasten, also musste Cody nicht zum Haus gehen. Sie konnte die Zahlen hier überprüfen Der Schnee hatte Rufus' *Betreten verboten*-Schilder verdeckt, aber das machte nichts. Für sie galten sie ohnehin nicht. Natürlich würde er seine Schrotflinte zücken, wenn sie in seine Einfahrt lief, aber er würde nie ein Familienmitglied erschießen. Zumindest nicht absichtlich.

Die Zeitungsseiten waren steif vor Kälte und es dauerte eine Weile, bis Cody die richtige aufgeschlagen hatte. Kurz starrte sie die Zahlen an, die in dem Kästchen an der Seite standen – 2, 3, 5, 31, 33, 40. Keine davon war eine ihrer Glückszahlen. Trotzdem fischte sie den mitgebrachten Bleistiftstummel heraus und schnappte sich einen Werbeflyer aus dem Briefkasten, auf dem sie die Zahlen notierte. Dann faltete sie die Zeitung wieder zusammen und steckte sie zurück in den Briefkasten. Aufmerksamer wäre es natürlich gewesen, wenn sie sie Rufus an die Tür gebracht hätte, doch sie wollte nicht zum unverwechselbaren Geräusch seiner entsicherten Schrotflinte die Flucht ergreifen müssen.

Das Grundstück, auf das sie ein Auge geworfen hatte, war nur noch eine halbe Meile entfernt. Sie wusste gar nicht mehr, warum sie damals überhaupt in der Gegend gewesen war und es entdeckt hatte, schließlich war es in Privatbesitz und sie ging grundsätzlich nirgendwohin, wo sie nicht jagen durfte. Es war viel zu frustrierend, wenn das Wild sich ihr förmlich anbot und sie es nicht erlegen durfte. Aber heute hatte sie keine Waffe dabei, also musste sie sich auch keine Sorgen machen, dass ihre Reflexe sie womöglich überrumpeln würden. Stattdessen konnte sie sich an der Natur erfreuen und nur mit einem halben Auge nach dem Besitzer Ausschau halten.

Der Licorice Creek war zwar in der Nähe, speiste den malerischen Bach, der über eine kleine, von Schuppenrinden-Hickorys gesäumte Waldlichtung floss, aber wahrscheinlich trotzdem nicht. Nur zu oft hatte Wasser seinen ganz eigenen Kopf. Der Bach war eisig kalt und an den Rändern gefroren, sprudelte aber weiter fröhlich vor sich hin. Das war das wunderbarste Geräusch, das sie je gehört hatte.

Sie liebte den Anblick dieser Bäume im Winter. Wenn ihre schindelartige Borke silbrig schimmerte und ihre kahlen Äste sich in den Himmel reckten. Darum war diese Lichtung eindeutig ihr neuer Lieblingsplatz. Sie setzte sich auf einen umgefallenen Baumstamm und sog den Anblick der Umgebung in sich auf. Das klare, saubere Wasser sprudelte aus dem Boden empor, als wolle es sich aus seinem engen Gefängnis unter der Erde befreien und endlich leben.

Cody hatte viel zu lange herumgetrödelt, obwohl sie eigentlich einen Hirsch zerlegen sollte. Aber das machte nichts. Es war momentan so kalt wie sonst nur im Gefrierschrank, also konnte dem Fleisch nichts passieren.

Vor ein paar Jahren hatte sie sich die Mühe gemacht, den Bereich unter dem Vordach der Hütte, die ihr Großvater in der Nähe des Hauses errichtet hatte, mit Beton zu befestigen. Das war der perfekte Platz für ihre Fleisch-Gefriertruhe – vorausgesetzt, sie schloss sie ab und achtete darauf, dass sie den Elementen nicht ausgesetzt war.

Nachdem sie ihre Fleischermesser geholt hatte, machte Cody sich daran, die Plane über dem Hirschkadaver zu entfernen. Die Hunde wollten natürlich ein Häppchen abhaben, aber Stripes' Bettelei sollte nun wirklich nicht auch noch bestärkt werden.

Es dauerte eine Ewigkeit, bis sie alles Fleisch von den Knochen gelöst, in Gefrierbeutel gepackt und diese beschriftet hatte. Aber der Aufwand hatte sich gelohnt. Das gab jede Menge Mahlzeiten für sie und ein paar Prime Cuts, die sie mit ihren Onkeln und Tanten teilen würde. Sie packte alles in die Gefriertruhe, auch die Stücke, aus denen sie Trockenfleisch machen würde. Dann konnte sie sich endlich eine Pause gönnen.

Wie immer im Winter las sie gerade Dickens. Jane Austen und George Elliot waren eher etwas für den Sommer. Alle ihre Bücher waren aus dem Bestand der Bücherei aussortiert worden und so hatte sie nichts für sie bezahlen müssen. Oft war die Bindung kaputt und die Ränder bekritzelt, aber die Seiten und damit auch die Wörter waren noch alle da.

Sie schlief über der Lektüre der *Pickwickier* ein und wachte entsprechend verspannt und zerknautscht wieder auf. Essenszeit. Eine große Schüssel warmes Müsli klang doch gut. Sie ging zum Küchenschrank, um sich welches zu holen, als ihr der Lottoschein in die Augen fiel. Innerlich musste sie über sich selbst lachen. Da war sie meilenweit marschiert, um die Zahlen herauszufinden, nur um dann darauf zu vergessen, sie mit denen auf ihrem Lotterielos abzugleichen.

Fast wäre ihr der Werbeflyer aus der Tasche gerutscht. Ihr Cousin Devin war zwar kein Riese, aber er hatte doch zwei, drei Kleidergrößen mehr als sie und seine Hose war ihr dementsprechend viel zu groß. Zum Glück hatte sie aber einen Gummizug, der sich enger machen ließ. Auch die Hosenbeine konnte sie problemlos unterschlagen, sodass sie nicht so lang waren, dass sie darüber stolperte. Trotzdem hing die Hose so locker an ihr, dass sie es nicht bemerkt hätte, wenn ein Frosch in ihrer Gesäßtasche herumgehüpft wäre. Geschweige denn, dass ein Stück Papier herausrutschte.

Sie legte den Zettel neben den Lottoschein und kratzte mit dem Daumennagel über die einzelnen Zahlen, um sie freizulegen, während sie vor sich hin murmelte. »Zwei … hab ich. Drei … hab ich auch. Fünf … da brat mir einer 'nen Storch. Die hab ich auch!« Ob man wohl auch etwas gewann, wenn man ein paar der Zahlen richtig hatte? Ihr Herz raste, während sie die nächste Zahl laut aussprach: »Einunddreißig.« Wahnsinn, die hatte sie auch!

Bei der Zahl dreiunddreißig blieb sie stumm. Langsam wanderte ihr Blick zur letzten Zahl. Fünf von fünf Zahlen hatte sie schon. Damit *musste* sie etwas gewonnen haben. Musste sie einfach. Sie zitterte, als wäre sie versehentlich auf eine unterirdisch verlaufende Hochspannungsleitung getreten, und kratzte die letzte Zahl frei. Eine dicke, fette Vierzig.

Ihre Gedanken überschlugen sich. Cody versuchte mit aller Kraft, sich zu konzentrieren und den Fehler zu finden. Es musste einen geben. Sie musste ihn nur entdecken. Wieder und wieder las sie jede einzelne Zahl. Solange sie auch auf das Los starrte, die Zahlen veränderten sich nicht. Jede einzelne der sechs Zahlen stand auf dem Schein, den sie in ihrer zitternden Hand hielt. Die Zeit stand still. Alles um sie herum schien zu schwanken und sich zu drehen. Plötzlich floss warme Flüssigkeit ihre Oberschenkel herab und riss sie zurück in die Gegenwart. Sie hatte sich eingepinkelt! Und es war alles andere als einfach, damit aufzuhören. Letztlich schaffte sie es aber doch noch rechtzeitig ins Bad, bevor sie die komplette Küche einsaute.

Da saß sie dann und wusste nicht, was sie als Nächstes tun sollte. Instinktiv wollte sie sich eine frische Hose anziehen und dann allen, die sie kannte, von den Zahlen erzählen. Aber irgendetwas hielt sie zurück. Also zog sie sich erst mal nur aus und stieg unter die Dusche. Dann zog sie sich wieder an und schrubbte den Küchenboden. Es beruhigte sie ein wenig, dass sie etwas zu tun hatte. Doch sie war wie betäubt. Bisher hatte sie nicht gewusst, dass das mehr als nur eine Redewendung war. Sie stand so unter Schock, dass sie kaum wahrnahm, was um sie herum geschah, und auch nichts spüren konnte.

Sie brauchte Gesellschaft. Kurzerhand ließ sie die Hunde ins Haus, die erst einmal ausführlich an dem Beweis für ihren Schock schnupperten. Möglicherweise blieb ihr nichts anderes übrig, als Bleichmittel zu besorgen.

Mit einem ordentlich großen Hirschsteak in der Hand machte sich Cody auf den Weg zum Haus von Onkel Cubby und Tante Lurlene. Cubby war der Älteste der vier Geschwister ihrer Mutter und das inoffizielle Familienoberhaupt. Wann immer etwas im Argen lag, zog es Cody zu ihm.

Es war kurz nach Mittag und daher relativ ruhig. Nur ihr Cousin Jaden war mit einigen seiner Kinder da. Eines saß auf dem Küchenboden und schlug mit einem Kochlöffel auf einen Topf.

»Ich hab euch was mitgebracht.« Cody musste laut reden, um den Krach zu übertönen. Sie legte das Riesensteak auf die Arbeitsplatte. »Frohes neues Jahr.«

Ihre Tante umarmte sie kurz und murmelte: »Danke.«

Da körperliche Zuneigungsbekundungen in ihrer Familie eher selten waren, fragte Cody sich unweigerlich, ob die Nahrungsvorräte vielleicht knapp waren. Wenn sie allerdings schon Ende Dezember nicht mehr genug Vorräte hatten, war das zu früh, aber der Sommer war nun mal sehr trocken gewesen und die Gärten hatten nicht viel hergegeben. Abgesehen davon: Selbst wenn sie fruchtbares Land hätten, würde das nicht reichen. Sie brauchten trotzdem noch etwas Fleisch. Es war Onkel Cubbys Aufgabe, dafür zu sorgen, dass sie welches hatten, aber er kam seiner Aufgabe nicht nach. Wie Stripes und Blue bezeugen konnten, die jeden Morgen schwanzwedelnd neben ihrem Trailer standen. Obwohl sie miserable Jagdhunde waren, nahm Onkel Cubby immer mindestens einen von ihnen mit, wenn er auf die Jagd ging, damit er Gesellschaft hatte.

Sie zwang sich, nicht weiter darüber nachzudenken, und sich wieder auf das zu konzentrieren, was sie eigentlich hierhergebracht hatte. Es war kompliziert und sie musste sich langsam an dieses Gespräch herantasten. Einerseits, weil sie von Natur aus vorsichtig war, andererseits, weil sie ganz sicher sein musste, dass sie sich nicht zum Affen machte. Jaden hatte seinem Dad vor ein paar Jahren ein gefaktes Lotterielos gegeben und sie lachten heute noch darüber, wie Onkel Cubby ihnen flennend versichert hatte, dass er sich um sie alle kümmern würde – gleich nachdem er sich erst einmal um sich selbst gekümmert hatte.

Das würde ihr nicht passieren.

Hier im Haus gab es nie eine Zeitung, aber Cody wusste, dass die Lottozahlen früher oder später auch im Fernsehen kommen würden. Dass der Gewinnschein in der Gegend verkauft worden war, war eine große Sache, darüber würde bestimmt berichtet werden. Und tatsächlich musste sie nicht lange warten, bis das Thema aufkam.

»Sie haben gesagt, wo das Los verkauft wurde«, sagte Cubby. »Hast du das schon mitbekommen?«

Cody setzte sich neben ihn auf die Couch. »Nein. Wo denn?« Sie lehnte sich gegen die Armlehne und gab sich alle Mühe, sich völlig normal zu verhalten. Hoffentlich konnte er nicht hören, wie sehr ihr Herz raste.

»Im Krankenhaus. Ist das zu fassen?«

»Nicht wirklich«, sagte sie langsam, während ein dumpfes Brummen in ihren Ohren dröhnte. »Nein, wirklich nicht.«

»Jupp. Die haben das Scheißteil an Weihnachten verkauft. Kam in den Nachrichten.« Er deutete mit der Fernbedienung auf den Fernseher.

»Das war diese *große* Lotterie.« Lurlene kam aus der Küche. »Die, die sie einmal die Woche veranstalten.«

»Ich kenn mich mit der Lotterie nicht wirklich aus«, gab Cody zu.

»Du bist einfach zu geizig«, meinte Jaden. »Man muss auch mal was wagen, wenn man Gewinn machen will.«

Cody wollte schon etwas Schnippisches erwidern, verkniff es sich jedoch. Jetzt war nicht der Zeitpunkt dafür. Sie wusste nicht, womit Jaden sein Geld verdiente, aber sie hatte so eine Ahnung. Wenn er genug Geld hatte, um es fürs Lottospielen aus dem Fenster zu werfen, sollte er endlich mal Unterhalt zahlen. Nur weil seine Ex-Freundinnen nicht vor Gericht gegangen waren, um ihr Recht einzuklagen, bedeutete das noch lange nicht, dass er ihnen nichts schuldete.

»Sobald der Gewinner sich meldet, wird bestimmt ganz viel darüber berichtet. Dann siehst du, wie das funktioniert«, sagte Lurlene. »Das ist die größte Sache in der Gegend seit … immer. Die vom Fernsehen waren schon beim Krankenhaus, aber die haben über die Feiertage geschlossen. Revision.«

Cubby schaltete zu einem öffentlichen Sender aus Charleston. Das Bild war schlecht wie immer, doch am unteren Rand liefen Zahlen. Die letzte konnte Cody gerade noch lesen. Eine dicke, fette Vierzig, die den Sack zugemacht hatte.

Es war eine Schande, dass sie ihrer Familie gegenüber so gleichgültig tun musste. Jaden starrte sie jetzt schon an wie ein Geier. Sie musste aufpassen. Er würde ihr nicht den Lottoschein klauen, das konnte sie sich nicht vorstellen. Aber er würde jedem in der Gegend davon erzählen. Und es gab so viele, die sie, ohne mit der Wimper zu zucken, umbringen würden, um an ihr Geld zu kommen.

Wieder lief die Schlagzeile über den Bildschirm und in ihrem Nacken prickelte es. Ein Schweißtropfen rann ihr über den Rücken. Am liebsten hätte sie sich gekratzt, aber das hätte die anderen nur auf sie aufmerksam gemacht. Sie hatte sich die Zahlen auf den Arm geschrieben, obwohl das gar nicht nötig gewesen wäre. Sie hatten sich in ihr Gehirn gebrannt, wahrscheinlich für immer – 2, 3, 5, 31, 33 und 40. Und genau diese Zahlen flimmerten auch jetzt wieder über den Fernseher. Sie hatte gewonnen. Sie … hatte … gewonnen.

Cody fiel – oder vielmehr rutschte – auf den Boden, und das Baby krabbelte auf sie zu. Es kletterte auf sie, als wäre sie ein großes Spielzeug.

»Alles okay?«, fragte Cubby. »Hast du was gegessen?«

»Mir geht's gut«, erwiderte Cody mit zitternder Stimme. »Bin nur müde … von der Jagd.«

»Wann hast du den Hirsch geschossen?«

»Gestern. War die letzte Möglichkeit.«

»Oh, verdammt! Ich wollte auch raus, bin dann aber nicht.«

Lurlene warf ihm einen finsteren Blick zu. »Er sagt, es ist zu kalt zum Jagen. Erbärmlichste Ausrede aller Zeiten. Wenn Cody das schafft, dann du erst recht.« Sie wandte sich Cody zu. »Du warst aber nicht allein da draußen, oder?«

»Doch, war ich.« Sie würde nie eine ihrer Tanten anlügen. Das gehörte sich nicht.

»Du weißt doch, dass du immer jemanden mitnehmen sollst, Mädel.«

Dass sie nicht log, bedeutete nicht, dass sie immer die ganze Wahrheit sagte. Viele ihrer Cousins wilderten und sie würde sich ganz bestimmt keine Strafzahlung von mehreren Tausend Dollar aufhalsen lassen. Die ganze Familie hatte zusammenlegen müssen, als Jaden mit einem unmarkierten Waschbären erwischt worden war. Außerdem … wer wollte schon für Tiere bezahlen, die sowieso nicht schmeckten?

Aber sie wollte nicht klugscheißen, also sagte sie: »Es wäre wirklich schön, Gesellschaft zu haben. Ich ruf an, wenn ich das nächste Mal losgehe, aber jetzt ist die Hirschsaison erst mal vorbei.«

»Sobald es wärmer ist, gehe ich«, sagte Cubby.

Das war gelogen. Jetzt hatten nur noch Hasen, Kaninchen und Moorhühner Saison, und Cubby war viel zu ungeduldig, um denen aufzulauern. Vielleicht wurde er etwas aktiver, wenn im Frühling die Truthahn-Saison begann, doch Cody bezweifelte es. Auch von denen konnte sie nur zwei schießen und sie ahnte jetzt schon, dass sie die mit ihren weniger motivierten Verwandten würde teilen müssen.

Und dann traf es sie erneut, wie ein Schlag auf die Brust. *Sie hatte gewonnen.* »Hey, äh, wie bekommt der Gewinner eigentlich sein Geld?«

»Keine Ahnung«, erwiderte Cubby. »Sie überreichen denen doch immer irgendwo diese riesigen Schecks. Vielleicht in Charleston?« Er lachte schallend. »Die schauen immer so bescheuert aus mit ihren Monsterschecks, als hätte man ihnen mitten in die Fresse geschlagen.«

»Als ich dir den Fake-Schein gegeben habe, hast du noch viel bescheuerter ausgeschaut.« Jaden lachte laut, obwohl das Ganze schon Jahre her war.

»Wär mir egal, wie bescheuert ich aussehe«, sagte Cubby. »Wenn ich gewonnen hätte, würde ich jetzt schon dort stehen und gegen die Tür hämmern, damit die mir gefälligst mein Geld geben. Neujahr hin oder her, die müssten mir aufmachen, dafür würd ich sorgen.«

Daraufhin entbrannte eine hitzige Diskussion darüber, wie, wann und auf welche Weise man seinen Gewinn wohl einfordern konnte. Die Vorschläge schienen allerdings nicht gerade auf Fakten zu basieren. Cody blendete die Stimmen um sich herum aus und schmiedete Pläne, wie sie selbst ihren Gewinn einfordern konnte – ohne die ganze Welt darauf aufmerksam zu machen.

3

Maddie Osborne warf einen prüfenden Blick über ihre Schulter, bevor sie die Tür zur Bank aufschloss. Die Wahrscheinlichkeit, ausgeraubt zu werden, war ähnlich hoch wie die, in dieser Stadt ein französisches Restaurant zu finden, aber ihr Boss hatte ihr eingetrichtert, dass es selbst in den Kleinstädten West Virginias zu Überfällen kommen konnte. Gerade Einwohner, die auf Drogen waren, konnten so etwas schon mal versuchen. Das war es auch, was Maddie die meisten Sorgen machte. Professionelle Bankräuber gab es kaum noch. Wer heute eine Bank überfiel, war meist ein Amateur, high und gewalttätig.

Bevor sie den Schlüssel ins Schloss steckte, schaute sie noch einmal nach rechts. Es war noch früh, gerade halb acht, und die Straße war wie ausgestorben, wenn man von der einen Rostlaube absah, die in einiger Entfernung parkte. Um nicht noch mehr Zeit zu verlieren, steckte sie den Schlüssel ins Schloss, sperrte auf und betrat die Bank. Sie hatte dreißig Sekunden Zeit, um den Alarm auszuschalten. Inzwischen war sie so gut, dass sie es in der Hälfte der Zeit schaffte. Kleine Erfolge würden zu großen führen – oder so ähnlich.

Sie öffneten zwar erst um neun, doch Maddie war gern vor allen anderen da. So ging sie mit gutem Beispiel voran und außerdem konnte sie sich so um alles kümmern, was ihre Angestellten nicht mitbekommen sollten. Eigentlich brauchte sie ihre Privatsphäre nur selten, aber falls sie tatsächlich mal in aller Herrgottsfrühe etwas Wichtiges zu erledigen hatte, würde sich niemand wundern, warum sie so früh da war.

Innerlich lachte sie über die Vorstellung, dass etwas Wichtiges passieren könnte, als sie eine Gestalt bemerkte, die auf der gegenüberliegenden

Straßenseite herumlungerte und das Bankgebäude eingehend studierte. Zumindest sah es so aus, als würde der Typ das tun. Vorhin war er noch nicht da gewesen. Er musste aus der Schrottkarre gesprungen und hergelaufen sein, gleich nachdem sie aufgeschlossen hatte.

Maddie ging nach oben in den Pausenraum und an das kleine Fenster. Hier war sie von unten nicht zu sehen. Jetzt, wo sie genauer hinsah, bemerkte sie, dass das da unten kein Typ war, sondern eine junge Frau. Sie war wohl in der Army. Vielleicht war sie nur kurz auf Heimaturlaub, bevor sie wieder in irgendein gefährliches Land geschickt wurde.

Maddie war erst seit ein paar Monaten im Greenbrier Valley und sie war immer noch verblüfft, wie viele Menschen in der Gegend dienten. Von ihren sieben Angestellten hatten sechs nahe Verwandte, die auf die eine oder andere Art beim Militär waren.

Die Frau vor der Bank war niedlich, wenn man auf butche Frauen stand – was Maddie tat. Diese spezielle Frau befand sich auf der Butch-Skala ganz oben, obwohl selbst extrem feminine Frauen in Uniformen tough wirkten.

Diese Soldatin hatte auf jeden Fall eine beeindruckende Statur. Sie war groß, schlank und breitschultrig. Ihr dichtes, dunkles Haar fiel ihr offen über die Schultern. Mehr konnte Maddie aus dieser Entfernung nicht erkennen. Die Frau lehnte an einem Gebäude, stemmte einen bestiefelten Fuß gegen die Wand und schien auf etwas zu warten. Nie im Leben war sie hier, um die Bank auszurauben. Aber sie schien etwas zu wollen. Unverwandt starrte sie auf die Tür.

Maddie ging wieder nach unten, öffnete die Tür und winkte ihr zu. Auf keinen Fall würde sie sie bis neun in dieser Kälte warten lassen.

Mit erstaunlicher Eleganz kam die Frau auf sie zu. »Hi«, sagte sie und nickte ihr zur Begrüßung zu. »Ich wusste nicht, wann Sie aufmachen.«

Maddie trat einen Schritt zur Seite und winkte sie herein. »Erst um neun, aber wenn Sie so lange draußen warten, erfrieren Sie noch.« Auf dem horizontalen Streifen über der Brusttasche der Frau stand *Buchanan*. Maddie streckte ihr die Hand entgegen. »Private Buchanan?«

Die Frau warf einen schnellen Blick nach unten, ehe sie den Kopf schüttelte. »Das ist mein Cousin. Ich heiße Keaton. Cody Keaton.«

»Ich bin die neue Filialleiterin, Maddie Osborne«, stellte sie sich vor und schüttelte ihre Hand. »Ich kann Ihnen leider keinen Service anbieten, weil ich keinen Zugriff auf das Bargeld habe, aber Sie können gern warten.«

»Ich habe nur eine Frage.«

Maddie sah sie abwartend an. Als sie nicht weitersprach, sagte sie: »Fragen Sie.«

Plötzlich wirkte Cody unsicher. Was für ein Unterschied zu dem Selbstvertrauen, das sie vorhin auf der Straße ausgestrahlt hatte. »Sagen wir mal, ich würde an Geld kommen. Was mache ich dann damit?«

Interessante Frage. Vielleicht könnte sie es ja ... keine Ahnung ... zur Bank bringen? Maddie ermahnte sich innerlich, dass Geduld eine Tugend war und dass sie härter daran arbeiten musste, diese Tugend zu erwerben. »Ich verstehe nicht ganz, worauf Sie hinauswollen. Wollen Sie wissen, was Sie mit dem Geld tun können, *außer* es zur Bank zu bringen?«

Cody schürzte die Lippen und schüttelte den Kopf. »Ich weiß selber nicht, was ich genau wissen will. Ich werde bald an etwas Geld kommen und ich muss es sicher verwahren.«

Ihre kostbare, ungestörte Zeit zerrann, doch Maddie blieb freundlich. »Auf Ihrem Konto ist Ihr Geld sicher. Versucht etwa jemand ...« Sie wusste selbst nicht so recht, wie dieser Satz enden sollte. Anscheinend war die Anspannung ihres Gegenübers ansteckend.

»Ich habe kein Konto. Wäre das Geld da sicher?«

Oh Mann, sie war wahrscheinlich noch nie in der Zivilisation gewesen. »Selbstverständlich wäre es das. Die Regierung haftet für Beträge bis zweihundertfünfzigtausend Dollar.«

Cody blinzelte. »Nur?«

»Schwebt Ihnen etwa ein höherer Betrag vor?«

War Codys Gesichtsausdruck eben noch relativ offen, wenn auch fragend gewesen, so fuhr sie jetzt das Visier herunter. »Ich weiß nicht, wie das alles funktioniert. Ich hatte noch nie ein Bankkonto.«

Maddie kniff die Augen zusammen. Vielleicht würde ihr ein Perspektivwechsel helfen, zu verstehen, was im Kopf dieser frustrierenden Frau vorging. Was, zum Teufel, wollte sie denn wissen? »Wenn Sie ein Konto eröffnen möchten, würden wir den Scheck, den Sie erwarten, an uns nehmen und das Geld auf Ihr Konto übertragen.«

»Wer sagt denn, dass es ein Scheck ist?«, zischte sie.

Verlegen stammelte Maddie: »Ich habe einfach angenommen ...«

»Wahrscheinlich ist es ein Scheck. Ein großer.« Sie streckte die Hände weit aus, als wolle sie ... irgendetwas andeuten.

»Okay. Also, wie gesagt: Wir zahlen das Geld dann auf Ihr Konto ein und Sie können auf Ihr Geld zugreifen, indem Sie Schecks ausstellen oder mit Ihrer Bankkarte welches abheben.«

Cody wirkte immer noch sehr misstrauisch. »Ich gebe Ihnen also meinen Scheck und Sie behalten ihn. Und wenn ich dann etwas davon haben will, komme ich vorbei und hole es mir.«

Maddie setzte ihr bestes Kundenservicelächeln auf. »So ungefähr.«

»Aber nicht genau so.«

Das klang eher anklagend als fragend, also versuchte Maddie, sich klarer auszudrücken: »Das funktioniert alles über Computer. Wir behalten nicht Ihren eigentlichen Scheck, aber wir wissen, wie viel Geld Sie auf dem Konto haben und können Ihnen jederzeit Zugriff darauf geben.«

»Wenn ich Ihnen also einen Scheck über ...« Sie schien konzentriert nachzudenken. »... zweihundertsechzigtausend Dollar gebe, notieren Sie sich irgendwo, dass Sie mir dieses Geld schulden. Aber Sie garantieren mir nur, dass ich zweihundert*fünfzig*tausend Dollar zurückbekomme.«

Das war schon ziemlich nahe dran. »Ganz genau.« Allmählich kamen sie auf einen grünen Zweig.

»Und angenommen, ich komme morgen wieder und will alles zurück, dann würden Sie es mir geben. Vorausgesetzt, Sie haben die zusätzlichen zehntausend Dollar bis dahin nicht verloren.«

War das ein Scherz? So konzentriert wie sie sie anstarrte, wahrscheinlich nicht. »Ihr gesamtes Geld ist sicher bei uns. Wir haften zwar nur für zweihundertfünfzigtausend Dollar, aber bei der *Appalachian States Bank* hat niemand je auch nur einen Cent verloren.« Ihr Gewissen meldete sich. Diese Frau schien alles ganz genau zu nehmen. »Viele Banken haben jedoch während der Weltwirtschaftskrise Geld ihrer Kunden verloren. Deswegen ist die Regierung eingesprungen und haftet jetzt für die Konten. Aber wir sind sehr vorsichtig und Ihr Geld wäre bei uns sicher.«

»Das heißt also, ich kann Ihnen das Geld heute geben und es morgen wieder abholen.«

»Selbstverständlich. Wir müssten sichergehen, dass keine weiteren Schecks offen sind, aber würden Ihnen einen Scheck über den gesamten Betrag ausstellen, wenn Sie das wollen.«

»Ich würde Bargeld wollen.«

Okay. Die Frau hatte wahrscheinlich kürzlich erst einen Einführungskurs in Scheckbetrug belegt. Es war nicht gerade schlau, das dort

Gelernte in die Praxis umzusetzen, indem man noch vor den offiziellen Öffnungszeiten in eine Bank hineinschneite und sich danach erkundigte, wie genau man vorzugehen hatte. Aber Kriminelle waren oft nicht die hellsten Kerzen im Leuchter. »Derartig große Summen an Bargeld haben wir nicht hier. Wir könnten natürlich alles besorgen, was Sie brauchen, aber das würde einen Tag dauern.«

Sie sackte resignierend in sich zusammen und wandte sich zum Gehen.

In Maddie kochten Entschlossenheit und ihre fürsorgliche Ader gleichermaßen hoch und sie versuchte, sie zum Bleiben zu überreden. »Wenn Sie eine größere Summe erwarten, ist es nicht sicher, wenn Sie dieses Geld in bar bei sich haben.«

Das Misstrauen ging förmlich in Wellen von Cody aus, als sie sich wieder zu Maddie umdrehte. »Weil es sicherer ist, wenn ich Ihnen alles gebe und Sie irgendwem eine kleine Notiz schreiben und dann jemand anderen holen müssen, der Ihnen das eigentliche Geld bringt … irgendwann. Klingt *das* für Sie sicher?«

Maddie aktivierte all ihr Selbstvertrauen und sagte: »Ja. Das klingt für mich sehr sicher. Es *ist* sehr sicher.«

»Nichts für ungut, aber das ist doch irre. Ich such mir lieber eine Alternative.«

Maddie war stur und gab sich nicht leicht geschlagen. Sie würde diese Frau nicht einfach so gehen lassen. »Kommen Sie mit nach unten, dann zeige ich Ihnen den sichersten Ort der ganzen Stadt.«

Als sie zur Treppe im hinteren Bereich des Gebäudes gingen, kam der Wachmann auf sie zu.

»Oh, Ripley«, sagte Maddie. »Können Sie bitte kurz aufpassen? Wir gehen mal eben nach unten.«

»Klar, Miz Osborne«, sagte er mit seinem gedehnten Dialekt.

Sie gingen nach unten und fanden sich vor einer kunstvollen, schmiedeeisernen Tür wieder. Dahinter befanden sich die Schließfächer. Die Tür war etwa einen halben Meter dick. Wann immer Kinder sie bei einem Schulausflug zu sehen bekamen, waren sie schwer beeindruckt. Auch geschlossen war sie noch beeindruckend.

Cody beäugte sie misstrauisch.

»Wenn es Ihnen in erster Linie um Sicherheit geht, könnten Sie Ihr Geld im Tresor aufbewahren.«

»Wie hoch wäre es da versichert?«

»Die einzige Sicherheitsgarantie, die wir Ihnen hier geben können, ist die Stahltür. Sie können in Ihr Schließfach legen, was immer Sie wollen. Da wir nicht wissen, was Sie darin aufbewahren, können wir dafür auch keine Haftung übernehmen.«

Cody nickte. Sie wirkte schon etwas überzeugter. »Also könnte ich meinen Scheck da hineintun.«

Ach Mann! »Das wäre keine gute Idee. Schecks müssen eingelöst oder eingezahlt werden. Sonst verfallen sie.«

»Wie ein altes Haus?«

Maddie hatte noch nie erlebt, dass jemand wegen etwas so Banalem so verwirrt war. »So ähnlich. Schecks behalten ihre Gültigkeit im Allgemeinen ein Jahr lang, darum würde ich an Ihrer Stelle den Scheck nicht allzu lange aufbewahren. Aber dafür könnten Sie hier so viel Geld aufbewahren, wie Sie wollen.« Weil sie sie vollständig informieren wollte, fügte Maddie hinzu: »Ihr Geld würde Ihnen dann allerdings keine Erträge einbringen. Wenn Sie zehntausend Dollar in den Safe geben, haben Sie in zehn Jahren immer noch zehntausend Dollar.«

»Ich weiß, was Erträge sind. Wie hoch sind Ihre denn?«

»Zugegeben, nicht sehr hoch. Nur etwa ein Prozent.«

Cody schob die Hände in die Taschen ihrer Uniformjacke und wippte auf den Fersen vor und zurück. »Ich soll Ihnen also all mein Geld geben, ohne zu wissen, was Sie damit tun, nur um dann ein Prozent Zinsen zu bekommen?« Der Blick, den sie ihr unter ihren hochgezogenen Augenbrauen hervor zuwarf, war mehr als skeptisch.

»Nun, es gibt diverse Anlageoptionen, die Ihnen höhere Erträge einbringen würden.«

Ihre ausdrucksstarken Augenbrauen wanderten noch weiter nach oben. »Anlage-was?«

Maddie hätte sich am liebsten die Haare gerauft. »Das ist ein Fachbegriff, den wir für die unterschiedlichen Möglichkeiten verwenden, Ihr Geld anzulegen. Verbriefte Bankeinlagen wären eine solche Option, oder Tagesgeldkonten oder auch ein Anlagekonto. Wir finden bestimmt einen Weg, Ihre Erträge zu steigern.«

Sie nickte langsam und sagte: »Ich will nur sichergehen, dass ich behalten kann, was ich bekomme.«

»Wann werden Sie das Geld denn erhalten?«

Wieder versteinerte sich Codys Miene. »Darum brauchen Sie sich keine Gedanken zu machen.« Sie neigte den Kopf zu einer seltsam höfischen Verbeugung. »Vielen Dank, dass Sie sich Zeit für mich genommen haben.« Dann drehte sie sich um und erklomm flink die Treppe.

Als Maddie oben ankam, war sie bereits verschwunden.

Es hatte auch seine Vorteile, unzivilisiert zu sein: Niemand kam auf die Idee, dass man einen kleinen Schein in der Tasche haben könnte, der einen zur Millionärin machte.

Cody saß in dem geliehenen Auto in den Bergen über der Stadt und überlegte, was sie tun sollte. Der Blick von hier oben auf das geschäftige Treiben in Greenville half ihr, sich zu entspannen und zu konzentrieren. Beides fiel ihr schwer, wenn sie unter so vielen Menschen war.

Sie hatte den Lottoschein jetzt seit einer Woche und noch war nichts Schlimmes passiert. Doch seit sie wusste, dass sie gewonnen hatte, hatte sie das Gefühl, eine radioaktive Substanz mit sich herumzuschleppen. Der Schein schien eine Hitze auszustrahlen, die sich regelrecht durch ihre Hose und in ihre Haut brannte.

Sie musste das verdammte Teil in Sicherheit bringen, bis sie endlich herausgefunden hatte, wie sie an ihren verdammten Gewinn kam. Und dann musste sie natürlich ihre Familie informieren. Sie würden unendlich verletzt sein, wenn sie herausfanden, dass sie ihnen nicht vertraut hatte.

Es war komplett unlogisch, aber schon bei dem Gedanken, mit irgendjemandem zu telefonieren, solange sie den Schein bei sich hatte, kochte blanke Panik in ihr hoch. Als könnte ihr Gesprächspartner durch die Telefonleitung greifen und ihr den Schein wegschnappen. Sie konnte eindeutig nicht mehr klar denken, doch obwohl ihr das bewusst war, fiel es ihr um keinen Deut leichter, eine Entscheidung zu treffen.

Tief im Inneren wusste sie, dass der Schein in Sicherheit sein würde, wenn sie ihn irgendwo im Wald versteckte. Sie konnte auf fast jeden Baum klettern, also musste sie sich nur einen besonders unauffälligen Baum aussuchen und den Schein dort verstecken. Aber was, wenn jemand sie dabei beobachtete? Oder wenn jemand die Fußspuren im Schnee entdeckte und herausfinden wollte, wohin die führten? Das war zwar äußerst unwahrscheinlich, aber die Gedanken daran hielten sie trotzdem die ganze Nacht wach.

Nein, sie musste den Schein irgendwohin bringen, wo er *wirklich* sicher war. Jetzt musste sie nur noch herausfinden, wem sie vertrauen konnte. Das war schwierig. Die Lady in der Bank war eindeutig davon überzeugt gewesen, die Antworten auf sämtliche Fragen zu haben, aber es kam ihr komplett irre vor, einer völlig Fremden weiß Gott wie viel Geld anzuvertrauen.

In Gedanken ging Cody die Optionen durch, die sie hatte. Sie kannte keine Priester, aber einige von ihnen schienen Geld noch mehr zu lieben als Jesus. *Politiker?* Also bitte. Da konnte sie sich den Schein genauso gut an die Stirn heften und die Leute auffordern, ihn ihr wegzunehmen. Der Sheriff? *Ha!* Der Typ hatte so viel Dreck am Stecken, dass man sein Grab nicht mal mehr zuschaufeln musste. Ein paar ihrer Lehrer waren nett und ehrlich gewesen, aber sie hatte keine Ahnung, wo die lebten. Nein, die einzigen Menschen, denen sie vertraute, waren ihre Verwandten. Von denen würden sie auch nur ein paar umbringen, um an das Geld zu kommen. Aber sie alle waren Plappermäuler. Letztlich blieb ihr also nur eins: Sie musste den Schein in diesen riesigen Safe legen und hoffen, dass alles gut ging. Es war unglaublich bescheuert gewesen, der Frau zu erzählen, dass sie eine Menge Geld erwartete. Aber jetzt war sie ein bisschen vertrauter mit den Gepflogenheiten dort und konnte sich wahrscheinlich unauffälliger geben.

Mit eiskalten Fingern umklammerte sie das Lenkrad fester. *Das glaubst du doch selbst nicht.*

Maddie saß an ihrem Schreibtisch und telefonierte gerade mit ihrem Vorgesetzten, als Cody die Filiale erneut betrat. Maddie erwiderte ihren Blick und bedeutete ihr, auf dem Besucherstuhl vor ihrem Schreibtisch Platz zu nehmen.

»Ich habe eine Kundin«, sagte sie ins Telefon. »Kann ich zurückrufen?« Sie beendete das Gespräch und stand auf, um die Glastür ihres Büros zu schließen. Sobald sie wieder saß, faltete sie die Hände auf dem Tisch und bereitete sich mental darauf vor, sämtlichen Bemerkungen zu kontern, die ihre eigensinnige Kundin ihr an den Kopf werfen würde. »Wie schön, Sie wiederzusehen. Darf ich Sie Cody nennen?«

»Klar. Ähm… Ich hätte gern eines dieser Tresorfächer. Ein kleines.« Mit den Fingern formte sie ein winziges Quadrat.

»Wunderbar. Das kann ich Ihnen sofort einrichten. Unser kleinstes Schließfach kostet fünfunddreißig Dollar im Jahr.«

»Ich brauche es nicht für ein ganzes Jahr. Nur …« Sie verzog nachdenklich das Gesicht. »Vielleicht ein paar Tage.«

»Oh. Aber wir vergeben die immer nur jahresweise. Ähm…«

»Ich hab kein …« Cody senkte den Blick und schüttelte den Kopf. »Ich kann heute noch nicht zahlen.« Sie sah Maddie direkt in die Augen. »Aber ich brauche das Schließfach. Sofort.«

Oh Mann. Codys Dackelblick hatte so etwas Dringliches. Was wollte sie bloß so dringend beschützen? Nun, was auch immer es war, es war ihr verdammt ernst damit. Scheiße. Wenn sie jedem dahergelaufenen Pechvogel umsonst half, würde sie sehr schnell gefeuert werden. Aber … verdammt, die arme Frau sah aus, als müsste sie jeden Moment kotzen. »Okay. Dann gebe ich Ihnen heute ein Schließfach und Sie bezahlen es … nächste Woche?«

»Das krieg ich hin.«

Maddie holte die Formulare und ließ Cody sie ausfüllen, bevor sie wieder nach unten zum Tresorraum gingen. Diesmal stand die Tür offen, was wirklich ein beeindruckender Anblick war.

Cody sog scharf die Luft ein.

»Das ist Ihr Schlüssel«, sagte Maddie. »Sie bekommen einen und wir den anderen. Man braucht beide Schlüssel, um das Fach zu öffnen. Wenn Sie Ihren verlieren, müssen wir das Schließfach aufbohren. Für die Kosten müssten Sie dann aufkommen.«

»Und wenn Sie den Schlüssel verlieren?«

Das hatte bisher noch niemand gefragt, dabei war es doch eigentlich nur logisch. »Ich schätze, dann müssten Sie ebenfalls herkommen und zuschauen, wie das Schließfach aufgebohrt wird. Aber dazu wird es nicht kommen. Wir sind sehr, sehr vorsichtig.«

»Und wie kann ich sicher sein, dass Sie keine Kopie von meinem Schlüssel angefertigt haben?«

Der Blick aus ihren dunkelbraunen Augen bohrte sich in Maddies. Unwillkürlich wich sie einen Schritt zurück. Kurz dachte sie nach, dann beschloss sie, komplett ehrlich zu sein. »Wahrscheinlich können Sie das überhaupt nicht. Ich gebe Ihnen mein Wort, aber da wir uns nicht kennen, taugt das wahrscheinlich nicht viel.«

Codys Gesichtsausdruck wurde weicher und sie blinzelte. »Danke. Ich hasse es, wenn man versucht, mich von etwas zu überzeugen, obwohl ich weiß, dass es Bullshit ist.«

»Wir haben wirklich keine Kopie von Ihrem Schlüssel. Unsere Kunden verwahren Schmuck, Aktien, Goldmünzen und alles Mögliche andere in ihren Schließfächern. Wenn wir sie bestehlen würden, würde sich das herumsprechen und wir würden sämtliche anderen Kunden verlieren.«

Der Anflug eines Lächelns huschte über Codys Gesicht. »Ich kenne niemanden, der hier Kunde ist. Das hier ist bloß die einzige Bank, die ich kenne, darum bin ich da. Sie könnten so viel Dreck am Stecken haben wie ein Hund an den Pfoten und ich wüsste nichts davon.«

Das war irgendwie charmant. Und erfrischend ehrlich. »Andere Leute hätten aber bestimmt davon gehört und dann gäbe es uns nicht mehr. Dass es die Bank schon seit achtzig Jahren gibt, hat doch bestimmt etwas zu bedeuten.«

»Die Regierung gibt es seit zweihundertfünfzig Jahren und die haben verdammt viel Dreck am Stecken.« Das winzige Lächeln war zurück. Das, das man beinahe übersehen konnte.

»Ich werde Sie wohl nicht von unserer Ehrlichkeit überzeugen können.« Maddie führte sie zu ihrem Schließfach und steckte ihren Schlüssel in eine der beiden Öffnungen, ehe sie auf die zweite deutete. »Ihrer muss da hinein.«

Cody steckte ihren Schlüssel hinein. Die kleine Tür sprang auf und gab den Blick auf eine Metallschatulle frei, die Maddie herauszog und Cody in die Hand drückte. »Sie können in den privaten Raum dort drüben gehen und hineinlegen, was immer Sie wollen. Die gehört jetzt Ihnen.«

Cody zitterte merklich, als Maddie sie in den Raum führte und ihr bedeutete, sich zu setzen. »Bleiben Sie ruhig, so lange Sie wollen. Niemand kann Sie hier sehen. Versprochen. Sagen Sie dem Wachmann einfach, wenn Sie fertig sind. Er hat den Schlüssel der Bank.« Sie schloss die Tür hinter sich und ging zurück nach oben. Ob Cody wohl heraufkommen würde, bevor sie schlossen?

Auf dem Weg zu ihrem Büro lief Maddie ihrer Stellvertreterin über den Weg. »Hast du kurz Zeit?«

»Klar, komm rein.«

Geneva setzte sich und zückte einen Notizblock. »Hast du ein neues Konto eröffnet?«

»Oh, hast du sie gesehen? Unsere neueste Kundin ist in etwa so entspannt wie die sprichwörtliche Katze auf dem heißen Blechdach.« Bei dem Gedanken an Codys Gesichtsausdruck, als sie den Tresor gesehen hatte, musste sie grinsen. »Ich glaube, sie war noch nie in einer Bank.«

»Das ist hier in der Gegend nichts Ungewöhnliches. Ist sie aus den Bergen?«

»Keine Ahnung. Ich weiß nur, dass sie arm ist.«

»Das hab ich ihr nicht angesehen. Sie wirkte nur wie eine weitere Jugendliche, die bald ausrücken muss.«

»Oh, sie ist nicht in der Army. Und sie ist auch keine Jugendliche. Sie ist eher in meinem Alter.«

»So hätte ich sie gar nicht eingeschätzt. Aber vielleicht wirkte sie jünger, weil ihre Klamotten so groß waren. Als würde sie sich verkleiden.«

»Ich glaube nicht, dass sie für so etwas Zeit hat. Und wenn du mit ihr geredet hättest, wüsstest du, dass sie arm ist. Sie ist eine attraktive Frau, aber einer ihrer Vorderzähne ist abgebrochen. Eine Frau würde ihren letzten Cent geben, um so etwas reparieren zu lassen.«

»Oh.« Geneva schlug sich eine Hand vor den Mund. »Hoffentlich war das nicht ihr Mann.«

Maddie sah auf, gerade rechtzeitig, um zu beobachten, dass Cody die Bank verließ. Sie war immer noch kreidebleich. »Ich weiß nicht, was mit ihr los ist, aber sie hat bestimmt ein hartes Leben.«

»Das haben die meisten Leute dort oben. Sie wird leider kaum die Ausnahme von der Regel sein.«

4

Da das Haus von Cubby und Lurlene das größte und Cubby de facto das Familienoberhaupt war, bestellte Cody ihre gesamte Familie für acht Uhr abends dorthin. Wie zu erwarten war, fragten alle zunächst neugierig, was sie denn von ihnen wollte, willigten dann aber ein, zu kommen.

Um ihre angespannten Nerven zu beruhigen, ging Cody zu einem ihrer Lieblingsplätze. Der war zwar nicht in der Nähe des Hauses ihrer Tante und ihres Onkels, aber er war es definitiv wert, die zusätzlichen Meilen zu laufen. Auf den ersten Blick machte er vielleicht nicht viel her, zumindest nicht, wenn man sich nicht die Mühe machte, genau hinzusehen, doch für sie war es ein Kraftplatz.

Mitten im dichten Wald, auf einer kleinen Lichtung, stand das Fundament einer Hütte. Im Sommer floss in der Nähe ein Bach, der jetzt aber zugefroren war. Trotzdem meinte sie, ihn selbst unter der dicken Schneedecke noch plätschern zu hören.

Wenn sie wüsste wie, würde sie ein wenig nachforschen und herausfinden, von wann das Fundament stammte. Es bestand aus

Steinen und Felsbrocken, die wahrscheinlich direkt an Ort und Stelle ausgegraben worden waren, und war eindeutig von Hand gefertigt. Die Hütte selbst war klein gewesen, wahrscheinlich hatte sie nur aus einem Zimmer bestanden. Ein paar Meter entfernt befand sich ein zweites, kleineres Fundament, das wahrscheinlich zu einer Küche gehört hatte. In ihrer Vorstellung waren die Fundamente richtig alt und stammten aus der Zeit, als die europäischen Siedler in diesen Teil von West Virginia gelangt waren.

Man hatte die Hütte aufgegeben und sich selbst überlassen, bis nur noch ein paar Steine und Felsbrocken davon kündigten, was hier einst gestanden hatte. Sie trat mit dem Fuß dagegen. Vielleicht war sie der erste Mensch, der diese Lichtung betreten hatte, seit die damaligen Bewohner die Hütte verlassen hatten oder gestorben waren. Sie wusste nicht genau, warum dieser Gedanke sie so faszinierte. Das hier war ihr geheimer Ort. Hier konnte sie träumen und sich vorstellen, wie die Menschen damals wohl gelebt hatten, wie sie jeden Tag aufs Neue ums Überleben hatten kämpfen müssen – überall hatte der Tod gelauert, sei es durch Krankheiten, Hunger oder durch Angriffe von Idigenen. Jede Missernte, jede Dürre, jede Überschwemmung, jede Ungezieferplage hätte das Ende bedeuten können. Vielleicht war es ja auch so gewesen. Vielleicht war die ganze Familie an einem einzigen Tag gestorben. Vielleicht hatten sie aber auch Glück und Erfolg gehabt und waren in ein größeres Haus gezogen. Sie würde es nie erfahren und dieses Rätsel machte den Ort nur noch interessanter.

Sie setzte sich auf einen umgestürzten Baumstamm, den der ungewöhnlich harte Winter wohl in die Knie gezwungen hatte. Es war nur eine armselige Espe, aber ein Weilchen ließ es sich gut darauf sitzen und so konnte sie ihren Gedanken nachhängen. Cody dachte an die Lotterie und daran, wie sich innerhalb von ein paar Minuten ihr Leben für immer ändern würde. Sie war nicht bereit dafür, aber wahrscheinlich würde sie das auch nie sein. Allerdings zwang sie ja auch niemand, all das Geld anzunehmen. Sie könnte den Schein zerreißen und nie wieder daran denken. Die Vorstellung entlockte ihr ein Lachen, das die Bäume in einem leisen Echo zu ihr zurückwarfen.

Cody kam direkt zur Sache. Das war immer die beste Methode. Jetzt starrten sie sechzehn Augenpaare unverwandt an. Brett, einer der Cousins, die sie am wenigsten mochte, sagte: »Nicht lustig, Cody. Es ist mies, uns dazu zu zwingen, bei der Arschkälte rauszugehen.«

»Das ist kein Witz.« Langsam ließ sie ihren Blick durch den vollen Raum schweifen. »Ich hab gewonnen. Ich muss morgen nach Charleston fahren und meinen Scheck holen. Wer mag, kann gern mitkommen.«

»Oh mein Gott!«, rief ihre Tante Lily. »Die Kleine sagt die Wahrheit!«

Die Aussage überzeugte alle Anwesenden und sie fingen an zu johlen. Wahrscheinlich konnte man den Krach bis nach Twined Creek hören.

Uff, das wird anstrengend.

Ihre Cousine Mandy bot ihr an, sie nach Hause zu fahren. Mit der Papiertüte in der Hand, in der sich die Sachen befanden, die sie sich für morgen geliehen hatte, ging Cody zu dem kleinen Auto. Mandys Mädchen quasselten in einer Tour über das Geld – das wohl noch lange das Hauptgesprächsthema sein würde.

Die gesamte Fahrt über, die zum Glück nicht lange dauerte, starrte Mandy sie an. Es war ein Wunder, dass das Auto auf der Straße blieb.

»Wie willst du all das Geld nur ausgeben?«, fragte sie schließlich.

»Ja, Cody«, sagten die Mädchen wie aus einem Mund. »Wie?«

»Keine Ahnung. Ich hab noch nicht darüber nachgedacht. Nur darüber, wie ich an das Geld komme.«

»Dann überleg dir mal was«, erwiderte Mandy. »Du hast jede Menge Geld zum Verprassen!«

Cody lag im Bett und konnte nicht schlafen. Etwas nagte an ihr und ließ sie jedes Mal, wenn sie sich endlich entspannen konnte, die Augen wieder aufreißen.

Zum einen hatten einige ihrer Cousins und Cousinen immer wieder gefragt, wann »wir« denn »unser« Geld bekommen würden. Das war beunruhigend. Nicht, dass sie plante, sie auszuschließen. Sie teilte gern mit allen, die etwas brauchten. Aber es war ihr Geld und es gefiel ihr nicht, dass andere Ansprüche darauf erhoben. Das würde sie niemandem antun und sie erwartete, dass man ihr die gleiche Höflichkeit entgegenbrachte.

Das Zweite, was sie beunruhigte, war Devin. Er hatte ihr immer am nächsten gestanden, doch bei ihrer Ankündigung hatte er nicht einmal gelächelt. Während seines Einsatzes hatte sich seine Persönlichkeit verändert, vielleicht für immer. Jetzt konnte sie nicht mehr einschätzen, wie er auf etwas reagieren würde. Wahrscheinlich musste er erst seinen Prediger anrufen und ihn fragen, was er von der ganzen Sache halten sollte. Pastor Jackson kontrollierte jeden einzelnen Aspekt seines Lebens.

Je länger sie an Devin dachte, desto nervöser wurde sie, also zwang sie sich schließlich, den Gedanken beiseitezuschieben. Sie würde morgen früh schon herausfinden, was mit ihm los war, wenn sie zusammen nach Charleston fuhren.

Eines war jedenfalls sicher: Hätte sie das Los nicht weggeschlossen, hätte sie es sich längst geschnappt und wäre damit zum Lotteriebüro gefahren. Dort hätte sie gewartet, bis endlich geöffnet wurde.

Die Warterei war furchtbar.

Um Punkt neun Uhr betrat Cody die Bank. Auf dem Weg zum Tresorraum nickte sie Maddie zu, dann schnappte sie sich schnell die Kiste aus dem Schließfach und ging damit in den kleinen Raum. Wieder zitterten ihre Hände, doch sie schaffte es, den magischen Schein aus seiner höhlenartigen Behausung zu befreien und in ihren Geldbeutel zu stecken.

Nachdem sie die leere Kiste zurückgegeben hatte, lief sie direkt in Maddie hinein, die in der Tür stand.

»Guten Morgen«, sagte diese.

»Hi.« Am liebsten hätte Cody ihr gesagt, was sie gerade tat, aber das fiel ihr immer noch so furchtbar schwer. »Ich komme wahrscheinlich heute Nachmittag oder morgen früh noch einmal her. Dann kann ich auch für das Schließfach zahlen.«

Maddie legte eine Hand auf Codys Oberarm und in diesem Moment sah Cody sie an. So richtig. Verdammt, war sie hübsch! War sie gestern auch schon so hübsch gewesen? Höchstwahrscheinlich. Wärme stieg ihr in die Wangen, wie immer, wenn sie mit einer Frau sprach.

Unglaublich, dass sie in ihrer Nähe bisher nicht nervös geworden war. Wahrscheinlich war sie wegen allem anderen so aufgeregt gewesen, dass sie sie gar nicht richtig wahrgenommen hatte. Dabei war Miss Osborne die hübscheste Lady, die sie in letzter Zeit gesehen hatte.

Ihr Haar hatte die Farbe von Honig und ihre Frisur war schön und ordentlich, aber auch … irgendwie leicht und frei. Die Streifen ihres ordentlich gebügelten Hemdes nahmen das Hellblau ihrer Augen auf. Ihr

Lächeln trieb Cody die Hitze in die Ohren. Zu gern hätte sie den Blick tiefer schweifen lassen, aber Miss Osborne sah ihr direkt in die Augen, darum wagte sie es nicht.

»Ich muss zu meinem Auto«, sagte Maddie. »Darf ich Sie hinausbegleiten?«

»Äh, klar. Ich halte dort hinten«, sagte sie und deutete in die entsprechende Richtung.

»Direkt neben mir.«

Maddie öffnete die Tür und Cody musste sich zusammenreißen, um nicht über die eine Stufe zu stolpern. Sie gingen zur Beifahrerseite des Autos, das sie sich geliehen hatte, und Devin starrte Maddie finster an. Verdammt, er warf ihr einen bösen Blick zu.

»Mein Cousin«, erklärte sie und ihre Wangen glühten noch mehr. »Wir sind … spät dran.«

»Dann wünsche ich Ihnen noch einen schönen Tag.«

Maddie winkte zum Abschied und öffnete ihr Auto mit so einem kleinen Piepser. Das war bestimmt praktisch, wenn es kalt war. Cody stieg ein und kämpfte gegen die Nervosität an.

»Ich hab das Lotterielos«, presste sie hervor. »Bringen wir es hinter uns.«

Maddie platzte in die Bank und rieb sich die Arme, um sich zu wärmen.

»Sie sollten einen Mantel anziehen«, rief Lynette, die hinter dem Schalter saß.

»Mache ich normalerweise auch. Ich hatte es nur eilig.«

»Die meisten Menschen ergreifen vor den Montgomerys ja die Flucht. Sie sind stattdessen mit einer mitgegangen.«

»Montgomery?«

»Das Mädel, mit dem Sie rausgegangen sind. Sie ist eine Montgomery.«

»Nein, sie heißt anders. Sie ist eine …«

»Keaton. Aber eigentlich ist sie eine Montgomery. Das sind richtig gefährliche Leute.«

Maddie schluckte. »Ihr Cousin saß mit einer *Schrotflinte* in der Hand auf dem Beifahrersitz.«

Lynette nickte wissend. »Die kommen aus einem winzigen Kaff, etwa eine Stunde entfernt. Aber alle hier kennen sie. Das sind allesamt Drogendealer.«

Maddie warf ihr einen verblüfften Blick zu. »Drogendealer?«

»Ganz genau. Ihr Bruder ist vor ein paar Jahren gestorben, als er Meth gekocht hat.« Sie schüttelte langsam den Kopf. »Wäre das in einer Stadt passiert, hätte er eine ganze Straße in die Luft gejagt. Extrem finstere Gestalten. Alle miteinander.«

»Sie schien mir nett zu sein. Sehr höflich.« Aus irgendeinem Grund hatte Maddie das Bedürfnis, Cody zu verteidigen. Was auch immer mit ihrer Familie los war: Sie war ganz bestimmt nicht finster. Unweigerlich musste sie daran denken, wie süß Cody in ihren Zivilklamotten ausgesehen hatte. Die Camouflage-Jacke hatte sie zwar auch heute angehabt, aber darunter trug sie einen blauen Pullover und eine Stoffhose. Gut, die war vielleicht ein bisschen kurz, und ja, der Pulli hatte gefusselt. Na und? Man musste sich nicht immer herausputzen. Cody mochte aus schwierigen Verhältnissen stammen, das hieß aber noch lange nicht, dass sie ein schlechter Mensch war.

»Die verticken Tabletten, kochen Meth und wahrscheinlich brennen sie auch noch ihren billigen Fusel selbst.«

Um diese Information hatte sie nicht gebeten. Außerdem käute Lynette eindeutig nur Gerüchte wieder.

»Ich mag sie«, sagte Maddie und verengte die Augen.

»Die haben gerade mal ein Dach über dem Kopf, mehr aber auch nicht, und niemand von denen arbeitet. Niemand.« Lynette redete sich zunehmend in Rage. »Das Mädel hatte in ihrem Leben wahrscheinlich noch nicht einmal genug Geld, um sich eine neue Unterhose zu kaufen. Alle ihre Klamotten sind entweder getragen oder geklaut.«

»Ganz gleich, was man sich so über sie erzählt: Ich erwarte, dass Sie ihr mit Respekt begegnen. Sie ist eine Kundin.«

»Eine Kundin«, schnarrte Lynette.

»Sie *ist* eine Kundin«, betonte Maddie erneut.

»Wie das denn? Ich weiß von keinem neuen Konto.«

»Sie hat ein Schließfach gemietet.«

»Ein Schließfach?« Lynette starrte sie mit großen Augen an. »Was hat sie da reingetan?«

»Ich habe keine Ahnung. Es ist *ihr* Schließfach.«

»Warten wir mal ab, ob Sie das immer noch so sehen, wenn wir hier erst eine Schießerei haben, weil irgendwelche Hinterwäldler sich über ein Pfund Meth oder sonst welche Drogen streiten. Drogen sind das Einzige, was sie da reingetan haben kann.«

Maddie machte einen Schritt auf die Absperrung zu, die die Kassiererinnen von den Kunden trennte. Im Moment waren sie zwar unter sich, aber es war ihr trotzdem wichtig, diskret zu sein. »Behalten Sie Ihre Meinung über Cody für sich – und über alle anderen Kundinnen und Kunden auch –, Lynette. Cody Keaton ist eine Kundin und darum schätzen wir sie. Ich erwarte, dass sie genauso zuvorkommend behandelt wird wie der Bürgermeister.«

»Der Bürgermeister«, grummelte sie und stand auf, um sich ein Glas Wasser zu holen. »Der ist doch total korrupt.«

Es versprach ein langer Tag zu werden.

Maddie saß in ihrem Büro und war immer noch sauer auf Lynette. Sie würde noch einmal deutlich machen müssen, dass sie ihre Kunden nicht zu verurteilen hatten. Schließlich war die Bank ein Dienstleister.

Alle Angestellten arbeiteten schon seit Jahren für die Bank. Die meisten schienen Maddie mehr oder weniger abzulehnen. Das war durchaus nachvollziehbar, darum setzte es ihr nicht allzu sehr zu. Ihr selbst hätte es auch nicht gefallen, wenn eine Fremde anmarschiert gekommen wäre und den Laden übernommen hätte – erst recht nicht, wenn sie überzeugt gewesen wäre, dass sie selbst die Richtige für den Job war. Aber Lynette war die Schlimmste von allen. Sie machte nicht viele Fehler, aber ihr Service war miserabel und das konnte Maddie ihr nicht durchgehen lassen. Lynette würde sich verbessern müssen, sonst konnte sie ihren Job nicht behalten. Jeder Kunde war wichtig – auch die nervigen.

Verdammte Lynette! Was hatte sie sie so verwirren müssen? Konnte es sein, dass Cody deswegen so nervös gewesen war, weil sie ihren Drogenvorrat im Schließfach versteckt hatte? Warum sonst sollte eine Frau einen finster dreinblickenden Mann mit einer Schrotflinte brauchen, der sie begleitete, wenn sie etwas aus dem Schließfach holte? Verdammt noch mal!

Sämtliche Familienmitglieder – von Onkel Cubby bis zum jüngsten Baby – hatten sich um Cody versammelt. Sechs Autos hatten sie zusätzlich zu ihrem eigenen Auto noch leihen müssen, sonst hätten sie es nicht geschafft. Aber sie waren alle da – und ihr war schlecht.

Der Mann von der Lotterie war sehr nett gewesen, aber es hatte lange gedauert, bis sie sämtliche Formulare ausgefüllt und die ihren Namen auf den riesigen Scheck gedruckt hatten. Jetzt stand sie im Scheinwerferlicht vor einigen Kameras, hielt den riesigen Scheck in der Hand und wartete darauf, dass die Reporter ihre Fragen stellten.

»Was werden Sie mit dem ganzen Geld machen?«, rief eine Frau.

»Ich will einfach nur meiner Familie helfen«, antwortete sie. Die Antwort hatte sie geübt, nachdem der Mann von der Lotterie ihr erzählt hatte, dass sie mit der Presse reden musste.

»Was machen Sie beruflich?«, fragte ein Mann.

Damit hatte sie nicht gerechnet. Wie immer, wenn sie nervös war, stieg ihr die Hitze in die Ohren. »Ich … Ich …«

»Sind Sie arbeitslos?«, fragte jemand anderes.

»Ich … Irgendwie schon«, erwiderte sie leise.

»Wann haben Sie Ihren Job verloren?«, wollte der Typ wissen.

Die Scheinwerfer waren verdammt hell und jemand hatte ihr das Baby in die Arme gelegt. Der Körper der Kleinen war warm und sie wand sich. Davon wurde Cody nur noch heißer. Sie fürchtete schon, dass sie jeden Moment in Ohnmacht fallen könnte. Doch die Frage schwebte über ihr und sie musste antworten.

»Ich hatte irgendwie noch nie einen Job mit regelmäßigem Gehalt.« Gott, klang das bescheuert.

»Die meisten kündigen sofort, wenn sie so viel Geld gewinnen«, sagte er. Sein Tonfall hatte etwas Spöttisches. »Aber Sie können ja dann einfach mit Ihrem Lotterleben weitermachen.«

»Was?«, hakte sie nach und schirmte ihre Augen gegen das gleißende Licht ab. »Was haben Sie gesagt?«

»Sie meinten, Sie arbeiten nicht …« Er verstummte.

»Das habe ich nicht gesagt«, blaffte sie. »Was glauben Sie, wer sorgt wohl dafür, dass ich etwas zu essen auf dem Tisch habe? Ich arbeite genauso hart wie jeder andere, wie jeder Mann, jede Frau, jedes Kind, in diesem Land.«

»Ich meinte nicht …«

Jetzt war sie richtig in Fahrt und konnte nicht mehr aufhören. »Da, wo ich herkomme, gibt es keine Jobs für ehrliche, hart arbeitende Menschen. Schon seit dreißig Jahren nicht mehr!« Jetzt war ihr wirklich heiß. Sie glühte förmlich und ihr Kragen wurde immer enger. »Wenn die großen

Firmen unsere Fabrikjobs nicht ins Ausland verlagert hätten, damit sie mehr Profit machen können, dann …« Sie drehte sich um und ließ den Blick über ihre Familie schweifen. »Dann hätten wir alle reguläre Jobs.«

»Ich meinte nicht …«

»Doch, genau das meinten Sie. Wir sind nicht faul«, knurrte sie. »Wir müssen uns jeden Cent erkämpfen. Als das Stahlwerk aus Greenville weggegangen ist, haben wir einfach so fünftausend Jobs verloren.« Sie schnipste laut mit den Fingern. »Was glauben Sie, wie viele von diesen Jobs wurden ersetzt? Hundert? Wohl kaum. Wir wollen arbeiten, aber wir können ja schlecht eigene Fabriken eröffnen!«

Der nette Mann von der Lotterie trat neben sie und gab ein Zeichen, auf das hin die heißen Scheinwerfer ausgeschaltet wurden. »Es tut mir leid«, sagte er beruhigend. »Ich bin mir sicher, er hat sich bei dieser Frage nichts gedacht.«

»Doch, das hat er«, knurrte Cody. »Ich bekomme das schon mein ganzes Leben lang zu hören, aber davon ist es kein Stück leichter geworden.«

Es würde in den Abendnachrichten kommen. Garantiert. Und obwohl Greenville eine Million Mal so groß war wie Ramp und sich dort viel mehr tat, worüber die Leute reden konnten, würden alle in der großen Stadt Bescheid wissen.

Von Charleston nach Greenville waren es etwa hundert Meilen und Cody beschloss, allein zu fahren. Weil die anderen alle direkt nach Ramp fuhren, konnte sie die Fahrt nutzen, um darüber nachzudenken, wie sie über ihren Gewinn reden sollte. Das Thema würde von nun an immer wieder aufkommen, also musste sie vorbereitet sein.

Als sie wieder vor der Bank anhielt, war Cody immer noch nervös und angespannt. Es war schon halb vier am Nachmittag und sie wusste nicht, wie lange sie noch offen hatten. Doch als sie langsam an der Bank vorbeifuhr, konnte sie sehen, dass hinter den Fenstern noch reges Treiben herrschte.

Da sie nicht weit gehen musste, ließ sie die Jacke im Auto. Der Pullover und die Hose, die sie sich von ihrer Cousine geliehen hatte, saßen zwar nicht perfekt, waren aber viel schicker als ihre eigenen Klamotten. Man musste sich bestimmt nicht hübsch machen, um eine Bank zu betreten, aber heute war ein großer Tag und sie wollte gut aussehen. Oder zumindest nicht allzu schlecht.

Kaum war sie durch die Tür getreten, sprang Maddie auf und kam auf sie zu. »Hallo. So sieht man sich wieder«, sagte sie. Aus irgendeinem Grund klang sie ein wenig verärgert. Vielleicht hatte sie es schon gehört.

»Hi. Ich kann Sie jetzt bezahlen. Können wir in Ihr Büro gehen?«

»Ähm... Natürlich.« Maddie führte sie in ihr Büro, setzte sich auf ihren großen Stuhl und starrte sie an.

Das war wirklich verdammt schwer, aber bestimmt würde es leichter werden, wenn Cody mehr Übung hatte. Cody fischte einen Umschlag aus ihrer Gesäßtasche und legte ihn auf Maddies Schreibtisch, hielt ihn aber immer noch mit beiden Händen fest. »Ich hab hier einen Scheck. Ich möchte den gern ausgezahlt bekommen und Sie bezahlen.«

Maddie lächelte erleichtert. »Oh, das können Sie einfach an der Kasse machen. Man wird Sie nur bitten, sich auszuweisen, und das war es dann auch schon.«

»Das ist ein großer Scheck«, sagte Cody ernst.

Maddie streckte die Hand aus und sagte: »Darf ich mal sehen?«

Es war schwer, ihn loszulassen, doch Cody schaffte es, den Scheck aus dem Umschlag zu ziehen und über den Tisch zu schieben. Es war eine gute Idee gewesen, ihr den Scheck einfach zu zeigen, anstatt darüber zu reden. So konnte Cody ihre Reaktion besser beobachten als in einem Gespräch. Und sie wurde nicht enttäuscht. Mindestens sechsmal schaute Maddie zwischen Cody und dem Scheck hin und her. Aber am lustigsten war es, als sie versuchte, zu reden.

»Ich ... Ich ... Ich ... Wie ... Wann ...« Sie ließ den Kopf auf den Tisch sinken und als sie wieder aufsah, legte sie sich die Hände an die Schläfen. »Gottverdammte Scheiße!«

»Ich war auch überrascht«, bemerkte Cody und gluckste.

»Überrascht? Fuck, ich hätte einen Herzanfall bekommen!« Sie schlug sich die Hände vor den Mund und riss entsetzt die Augen auf. »Entschuldigung! Ich hab kurz die Beherrschung verloren.«

Cody beschloss, offen und ehrlich zu sein. »Ich hab mir in die Hose gemacht. Und auf den Boden. Wortwörtlich.«

Das entlockte Maddie ein Lachen. Sie ließ den Kopf erneut sinken und lachte weiter. Wenn sie losließ, war sie noch hübscher. Codys Finger zuckten, wenn sie nur daran dachte, wie süß sie war. Sie musste unbedingt weiterlachen. »Ich hätte feiern sollen, dass ich jetzt Millionärin bin, aber stattdessen bin ich auf den Knien herumgerutscht und habe eine gelbe Pfütze aufgewischt.«

Das funktionierte. Maddie lachte so sehr, dass sie husten musste. Schließlich beruhigte sie sich und wischte sich mit dem Handrücken über die Augen. »So herzlich habe ich die ganze Woche nicht gelacht.« Wie es aussah, versuchte sie, sich zusammenzureißen und sich wieder professionell zu benehmen. Sie klatschte ein paarmal mit dem Scheck gegen den Tisch und sagte: »Sie müssen ein paar große Entscheidungen treffen.«

»Was für Entscheidungen? Ich will das Geld ausbezahlt bekommen und es dann in mein Schließfach legen.«

Noch bevor Cody den Satz beendet hatte, schüttelte Maddie entschieden den Kopf. »Das können Sie nicht tun. Das geht einfach nicht.«

Warum änderte sie plötzlich die Regeln? »Gestern meinten Sie, Sie könnten so viel Geld besorgen, wie ich brauche.«

»Cody, ich weiß gar nicht, wo ich anfangen soll. Das erste Problem ist, dass die bloße Menge an Bargeld schier grotesk wäre. Selbst wenn ich so viel besorgen könnte, würde das sämtliche Schließfächer beanspruchen, die wir haben.«

Kaum zu glauben, aber ihre Cousine schien tatsächlich eine bessere Idee gehabt zu haben. »Dann nehme ich einfach nur das Bargeld und kaufe mir einen eigenen Safe. Jemand meinte, ich kann mir einen besorgen, der schwer genug ist, dass niemand damit abhauen kann.«

Maddies Augen wurden groß und ihre Wangen röteten sich. »Nein, nein, nein. Bitte tun Sie das nicht. Ich flehe Sie an. Wenn Sie das tun, wird Sie unweigerlich jemand foltern, damit Sie den Safe für ihn öffnen.« Sie griff über den Tisch und drückte Codys Hand, fest und entschlossen. »Ich glaube, Sie haben das noch gar nicht richtig sacken lassen. Dieses Geld wird Ihr Leben auf eine Art und Weise ändern, die Sie sich unmöglich vorstellen können. *Bitte* machen Sie langsam.«

»Was soll ich denn Ihrer Meinung nach damit tun?« Cody hatte sich gestern fünfzig Varianten anhören müssen, wie Maddie versuchen würde, sie übers Ohr zu hauen. Sie betete, dass das nicht stimmte.

»Ich kann Ihnen sagen, was ich an Ihrer Stelle tun würde, aber ich bin ganz ehrlich: Ich bin keine kompetente Anlageberaterin. Sie sollten unbedingt einen Profi anheuern. Sie brauchen einen Anwalt und einen guten Buchhalter, und zwar schnell.«

So war das also. Maddie wollte ihr jemanden aufschwatzen, der sie ausnehmen und ihr das Geld abknöpfen und dann Maddie einen Anteil abgeben würde. »Sie kennen da wahrscheinlich jemanden.«

»Nein, leider nicht. Ich bin erst seit Kurzem in der Stadt, darum bin ich hier noch nicht sonderlich vernetzt. Ich bin natürlich schon ein paar Anwälten begegnet, aber ich weiß nicht, ob die was taugen.« Sie lehnte sich ein wenig vor und fügte leise hinzu: »Und ich weiß auch nicht, ob sie ehrlich sind. Ich will Ihnen keine Angst machen, aber Sie müssen sichergehen, dass die Menschen, mit denen Sie sich umgeben, ehrlich sind.«

Codys Magen zog sich wieder schmerzhaft zusammen. »Wie kann ich das wissen?«

Maddie schüttelte den Kopf und senkte den Blick. »Wenn ich das nur wüsste. Manchmal erkennt man erst dann, ob jemand ehrlich ist, wenn diese Person die Gelegenheit hat, etwas Unehrliches zu tun. Ich will nicht, dass Ihnen das passiert.«

»Was soll ich also tun?« Es war bescheuert, dieser Frau zu vertrauen, aber im Moment war Maddie ihr einziger Fels in der Brandung.

»Wir können zwar nur bis zweihundertfünfzigtausend Dollar haften, aber die Bank ist sehr gut aufgestellt. Ich garantiere Ihnen persönlich, dass Sie sich keine Sorgen machen müssen, wenn Sie ein Konto eröffnen und das Geld dorthin transferieren. Dann können Sie sich in Ruhe klar darüber werden, was Sie damit anfangen wollen.«

»Das geht nicht. Ich brauche Bargeld.«

Wieder rieb sich Maddie die Schläfen. »Brauchen Sie heute Bargeld? Wollen Sie ausgehen und feiern?«

»Wie, feiern?«

»Keine Ahnung. Wenn ich an Ihrer Stelle wäre, würde ich wahrscheinlich für alle, die ich kenne, eine Riesenparty schmeißen.«

»Darüber … hab ich gar nicht nachgedacht. Ich will einfach nur endlich in Ruhe schlafen und das kann ich nicht, solange ich nichts habe außer einem kleinen Zettel, auf dem steht, dass Sie mir das Geld geben werden.«

»Dann befinden wir uns gewissermaßen in einer Pattsituation. Selbst die größte Bank der Welt hat keine derartige Summe an Bargeld vorrätig.« Sie nahm den Scheck und wedelte damit in der Luft herum. »Sie sagen, dass Sie der Bank nicht vertrauen können. Aber Sie glauben doch schon daran, dass aus diesem Zettel eine Wagenladung Bargeld werden kann. Das können Sie sich also vorstellen. Da ist es doch nur mehr ein kleiner Schritt, das Geld auf ein Konto einzuzahlen.«

»Es tut mir leid, aber das kann ich nicht. Ich brauche etwas, das ich sehen kann.«

Maddie schnappte sich ihr Telefon und sagte: »Lassen Sie mich ein paar Anrufe tätigen.« Sie wählte eine Nummer und erzählte dann einer Person nach der anderen, dass sie eine große Summe Geld für eine Kundin brauche. Cody konnte die Antworten nicht hören, aber vermutlich war es Nein, denn Maddie wählte jedes Mal eine neue Nummer.

Nach einem letzten Telefonat legte sie schließlich den Hörer auf und lehnte sich zurück. »Wenn Sie den Scheck bei uns einlösen, kann ich Ihnen bis Freitag eine Million in bar besorgen.«

»Was ist mit dem Rest?«

»Wir müssen das Schritt für Schritt machen.« Sie lehnte sich vor und sah Cody so ernst an, dass diese sich sicher war, dass Maddie sie nicht anlog. »Sie werden in der Zeitung darüber berichten, oder?«

»Im Fernsehen«, erwiderte sie und Übelkeit stieg in ihr auf.

»Dann müssen Sie sich schützen. Ich finde, es ist das Beste, wenn Sie den Scheck jetzt einlösen. Dann gebe ich Ihnen sämtliches Bargeld, das ich übrig habe.« Sie sah auf und biss sich auf die Unterlippe. »Es sind schon alle weg, aber ich habe Zugang zum Bargeldtresor.«

»Das ist wirklich alles, was Sie tun können?«

»Ich schwöre, das ist alles, was ich für Sie tun kann.«

Eine halbe Stunde später saß Cody allein in dem diskreten Nebenzimmer des Tresorraums und zählte achttausend Dollar. So viel Geld hatte sie gelegentlich schon gesehen, aber das war das erste Mal, dass es ihr gehörte. Als sie fertig war, legte sie siebentausend Dollar in ihre Kiste, steckte fünfzig Zwanziger ein und packte die Kiste zurück ins Schließfach. Sie drehte ihren Schlüssel um, Maddie den der Bank, und dann erstarrte Cody wie betäubt.

Maddie legte ihr eine Hand auf den Oberarm und sagte: »Eine Sache sollten Sie unbedingt noch machen.«

Sie saßen in Maddies Büro und Cody las sorgfältig ein Formular. »Ich brauche kein Testament. Echt nicht.«

Maddie schürzte die Lippen und schloss für einen Moment die Augen. »Bitte fühlen Sie sich nicht angegriffen durch das, was ich gleich sagen werde.«

Codys Magen verkrampfte sich.

»Es sind schon Leute wegen wesentlich weniger Geld ermordet worden. Wenn Sie ein Testament aufsetzen und alles ...« Ihr Blick zuckte durch das Büro, als suchte sie nach etwas Verborgenem. »Wenn Sie alles einem Wohltätigkeitsverein hinterlassen ... Dann hätte niemand einen Grund, Ihnen etwas anzutun.«

Säure schien in Codys Magen zu brodeln. Vor einer Fremden würde sie es nie zugeben, aber mindestens zwei, vielleicht auch drei ihrer Cousins würden nicht schlechter schlafen, wenn sie ihr eine Kugel in den Kopf gejagt hatten.

»Aber ich müsste allen erzählen, dass ich dieses Testament gemacht habe.« Der Raum schien sich zu bewegen und sie umklammerte den Schreibtisch, um nicht das Gleichgewicht zu verlieren. »Sie würden wissen, dass ich Ihnen nicht vertraue.«

»Ja, das würden sie«, sagte Maddie leise. »Aber sie wüssten auch, dass Sie auf Nummer sicher gehen.« Sie griff über den Tisch und nahm Codys Hand in ihre. »Und das wäre eine sehr, sehr wichtige Botschaft.«

Cody nahm das Formular, faltete es und steckte es in ihre Hosentasche. »Ich werde darüber nachdenken. Danke.« Sie nickte. »Ich weiß es zu schätzen, dass Sie sich um mich sorgen.«

»Das tue ich wirklich«, erwiderte Maddie.

Cody ertappte sich dabei, wie sie einer wildfremden Frau glaubte. Offenbar stimmte es doch: Einmal war immer das erste Mal.

Sie standen an der Vordertür und Cody wünschte, sie könnte sich auf den Boden legen und sich ein wenig ausruhen. Sie war angespannt und erschöpft zugleich, und die dicken Gitter vor den Fenstern hatten für sie inzwischen etwas Vertrautes und versprachen ihr Sicherheit. Sie hatte nichts mehr zu sagen und obwohl es verlockend war, konnte sie sich nicht allein auf Maddie verlassen und darauf vertrauen, dass sie alle Probleme lösen würde.

Sie rang sich ein kleines Lächeln ab und griff nach dem Türknauf.

Genau in diesem Moment streckte Maddie eine Hand nach ihr aus und strich ihr beruhigend über den Rücken. »Das wird schon alles werden.«

Cody trat hinaus in den eisigen Wind und wusste, dass die Welt ihr nie wieder so begegnen würde wie zuvor.

⊲——♡——⊳

Maddie hatte recht gehabt. Obwohl Cody eine Million – ach was, mehrere Millionen – neuer Sorgen hatte, musste sie auch ein bisschen feiern. Es wäre doch bescheuert, das nicht zu tun. Auf dem Heimweg hielt sie also ein paarmal an, ehe sie um sechs Uhr abends in Onkel Cubbys Einfahrt fuhr. Tante Lurlene streckte den Kopf aus der Tür, winkte fröhlich, und in diesem Moment wusste Cody, dass sie das Richtige getan hatte. Eine schwere Last schien ihrer Tante von den Schultern gefallen zu sein. Cody erlaubte sich ein wenig Freude und verdrängte die Angst und Verwirrung. Sie öffnete die Autotür und rief: »Wir haben Grund zum Feiern! Ruf alle an und sag ihnen, dass sie herkommen sollen. Sie sollen Hunger mitbringen!«

⊲——♡——⊳

Eine Stunde später brieten ihre Tanten immer noch Steaks für die Erwachsenen und Hamburger für die Kinder. Ein Bierfass stand auf der Veranda und die Teenager hatten jede Menge Spaß dabei, ständig raus in die Kälte zu rennen und die Gläser nachzufüllen. Eigentlich hätte es im Haus eiskalt sein müssen, so oft, wie sie die Vordertür aufrissen, doch da so viele Leute sich hineingezwängt hatten, war es trotzdem warm.

Cody ließ den Blick über die lachende und schwatzende Meute schweifen. Das war schön. Nein, mehr als schön. Alle waren fröhlicher als selbst zu Weihnachten und es war toll, dass ausgerechnet sie dafür gesorgt hatte, dass alle so guter Laune waren. Sie ließ die überwältigenden Gefühle über sich hinwegschwemmen. Keiner von ihnen würde je wieder versuchen müssen, eine Dose Chili so zu strecken, dass sie für vier reichte. Niemand würde je wieder bei allen Bekannten um Geld betteln müssen, um die Grundsteuer bezahlen zu können. Niemand musste einem Kind die Zahnspange verweigern oder auf ein Hörgerät verzichten oder auf all die anderen Dinge, die sie sich bisher hatten versagen müssen. Sie grinste vor sich hin. Das Bier, das ihr ständig in die Hand gedrückt wurde, schlug ihr wahrscheinlich schon auf den Verstand. Doch sie hatte noch eine unangenehme Aufgabe zu erledigen, die sie nicht länger vor sich herschieben konnte.

Cody stand auf und sprach so laut, dass alle sie hören konnten. »Die Lady von der Bank meinte, ich muss noch einiges klären, unter anderem, was mit dem Geld passiert, wenn ich sterbe.«

Plötzlich war es so still, dass man das Brutzeln des Fetts in der Eisenpfanne hören konnte.

»Ich rechne nicht damit, dass das passiert, aber falls doch, hinterlasse ich alles Onkel Cubby. Er ist das Familienoberhaupt und wird dafür sorgen, dass alle versorgt sind.« Sie ließ ihren Blick über die Anwesenden schweifen und lächelte angespannt. »Ich muss dieses Formular ausfüllen und brauche zwei Zeugen, die meine Unterschrift bezeugen.« Sie deutete mit dem Kopf auf ihre beiden Cousins Brett und Ricky, die es am schwersten hatten und die meisten Schwierigkeiten machten. »Ihr habt eine schöne Handschrift. Die Zeugen müssen Leute sein, die im Fall meines Todes nichts bekommen.« Sie hielt ihnen das Formular hin. »Hier unterschreiben, Jungs.«

5

Am nächsten Tag wanderte Cody stundenlang durch das Tal. Wenn sie draußen war, konzentrierte sie sich ganz auf ihre Umgebung. Die Natur war schon immer ihr Zufluchtsort gewesen. Das Geld, der Ruhm, die endlosen Fragen ihrer Familie – all das verblasste zu einem entfernten Gemurmel, das zwar immer noch nervte, aber relativ leicht auszublenden war. Zur Abwechslung hatte sie beide Hunde dabei und ließ sie allem hinterherjagen, das sich bewegte. Es fühlte sich unglaublich gut an, sie machen zu lassen, was sie wollten. Bellend stürzten sie sich auf alles, was sie sahen – sei es real oder existiere es nur in ihrer Vorstellung. Inzwischen mussten sie an die fünfzig Eichhörnchen auf irgendwelche Bäume gejagt haben. Fröhlich flitzten die Hunde durch den Wald und niemand erwartete etwas von ihnen. Cody saugte ein wenig von ihrer Freude in sich auf.

Als sie nach einer gefühlten Ewigkeit auf dem Heimweg waren, waren sie alle drei mehr als erschöpft. Daheim wartete eine große Überraschung auf die Hunde. Cody hatte ihr Versprechen gehalten und gestern an der Fleischtheke im Supermarkt den größten Knochen mit dem meisten Fleisch darauf besorgt. Die Hunde würden glauben, dass sie es waren, die in der Lotterie gewonnen hatten.

Sie war noch etwa zwanzig Meter von ihrem Haus entfernt, als sich plötzlich ein unheimliches Kribbeln auf ihrer Haut ausbreitete. Auch ihre Hände kribbelten. Irgendetwas stimmte nicht. Da waren Reifenspuren in der Auffahrt, große, von einem Geländewagen. Niemand in ihrer Familie hatte einen so großen Truck. Vorsichtig schlich sie zur Vordertür. Sie stand sperrangelweit offen. Sie sollte vorsichtiger sein, aber in ihrem Kopf brannte eine Sicherung durch und sie stürmte hinein.

Ihr sonst so ordentlicher kleiner Trailer war zerstört. Jedes einzelne Buch lag auf dem Boden, jedes Kissen war aufgerissen worden, die Sofakissen zerfetzt und ihre Matratze von oben bis unten und von links bis rechts aufgeschlitzt.

Wut pulsierte in ihren Adern. Wenn sie die erwischte, die das getan hatten, würde Cody sie wahrscheinlich umbringen. Auch die Aussicht aufs Gefängnis würde sie nicht davon abhalten. Wenn sie wirklich wütend war, hatte sie sich nicht mehr unter Kontrolle. Und wäre das nicht das Tüpfelchen auf dem i? Wenn sie den Rest ihres Lebens im Gefängnis verbringen müsste und Millionen Dollar auf dem Konto hätte, an die sie nicht herankäme.

Cody ließ sich in den Schaukelstuhl neben der Tür fallen und versuchte vergeblich, sich zu beruhigen. Binnen eines Tages hatte sich die Welt völlig verändert. Wahrscheinlich für immer.

Sie übernachtete bei Tante Merry, der jüngsten Schwester ihrer Mama, weil sie die längste Couch und die wenigsten Enkelkinder hatte, die unangemeldet auftauchen konnten.

Sie blieben lange wach und redeten über das, was geschehen war, und darüber, was es wohl zu bedeuten hatte.

»Warum tut man so was?«, fragte Cody zum zehnten Mal.

»Lass mich ehrlich sein, Schatz. Alle, die glauben, dass sie von dir nichts abkriegen, werden versuchen, dir was wegzunehmen.«

Sie sah ihre Tante an. Innerlich hatte sie das Gefühl, jeden Moment zu explodieren. »Eigentlich wende ich mich von niemandem ab, der etwas braucht, das ich entbehren kann.« Entschlossenheit machte sich in ihr breit. »Aber wenn man mich bestiehlt … Dann garantiere ich für nichts.«

Cody verbrachte den ganzen nächsten Tag mit Putzen. Sie putzte alles, was sich noch irgendwie reinigen ließ. Ihre Essensboxen waren zerstört oder ausgeleert worden, darum brauchte sie eine Ewigkeit für die Küche. Wenigstens hatten die Einbrecher ihre Dosen und Gläser nicht geöffnet. Das war immerhin ein kleiner Trost. Im Lauf des Tages schauten alle Familienmitglieder vorbei und halfen ihr, mal mehr, mal weniger. Dadurch fühlte sie sich etwas weniger allein – weniger ausgeliefert.

Ihre Familie war genauso wütend und außer sich wie sie. Das half ihr sehr dabei, sich zu beruhigen. Wenn man sie teilte, verschwand Wut rasch.

Cody ließ sich die Ratschläge durch den Kopf gehen, die man ihr den ganzen Tag über gegeben hatte. Ausnahmsweise waren sich alle einig gewesen: Sie sollte sich ein richtiges Haus kaufen und es mit der besten Alarmanlage und vielen Überwachungskameras ausstatten. Aber das würde sie nicht tun. Ihr Trailer genügte ihr und es war bescheuert, sich Sachen zu kaufen, einfach nur, weil man es konnte. Leute, die das taten, gerieten unweigerlich irgendwann in Schwierigkeiten. Sie würde nicht zu denen gehören, die erst alles hatten, nur um es dann wieder zu verlieren. Es würde keine Fernsehsendung geben, in der man sie weinen sehen konnte, weil der Sheriff ihr das protzige Haus weggenommen hatte und ihre Autos und Boote versteigert wurden. Nein, sie würde nur für Dinge Geld ausgeben, die sie wirklich brauchte, und sie würde anderen geben, was sie brauchten. Alles andere war eine Frage des Sicherheitssystems. Darum würde sie in Zukunft auch öfter eine Waffe mitnehmen. Das war die einzige Sprache, die Diebe verstanden.

Nach Ramp, West Virginia, zu fahren, ohne sich ganz genau nach dem Weg zu erkundigen, war nicht unbedingt Maddies schlauste Idee gewesen. Ja, ihr Vorgesetzter hatte darauf bestanden, dass es Teil ihres Jobs war, sich aktiv in die Gemeinde einzubringen und sich um ihre Kunden zu kümmern. Trotzdem übertrieb sie es mit ihrer heutigen Aktion. Doch als sie Cody angerufen hatte, um ihr zu sagen, dass ihr Bargeld morgen käme, und Cody ihr daraufhin erzählt hatte, dass bei ihr eingebrochen worden war … Nun, da hatte sie eben nach ihr sehen müssen.

Normalerweise hatte Maddie keine sozialarbeiterischen Neigungen, aber Cody ging ihr einfach nicht aus dem Kopf. Sie konnte gar nicht genau sagen, was an ihr so anziehend war. Vielleicht ihre Naivität. Wobei der

Begriff *Naivität* noch eine großzügige Bezeichnung war. Cody hatte keine Ahnung … so gar keine Ahnung, wie man mit Geld umging, und plötzlich war ihr eine Unmenge davon in den Schoß gefallen. Das war, als würde man einen Schimpansen in eine Rakete setzen und erwarten, dass er selbst rausfand, wie er damit zum Mars gelangte. Dabei war Cody eindeutig nicht dumm; sie hatte nur keine Ahnung, was man mit Geld machte. Aber wenn sie erst einmal herausgefunden hatte, was sie damit anfangen konnte und wie sie damit umgehen musste, dann würde sie das bestimmt gut hinkriegen. Sie mussten nur aufpassen, dass sie vorher nicht ermordet wurde.

Vor ihrem inneren Auge sah Maddie den Moment vor sich, als Cody das Geheimnis um ihren Gewinn offenbart hatte. Sie hatte schon irgendwie glücklich gewirkt, gleichzeitig aber auch seltsam nüchtern. Das war ziemlich bewundernswert, fand Maddie. Sie mochte geradlinige Menschen, die nicht wegen jeder Kleinigkeit ausflippten. Nicht, dass Codys Gewinn klein gewesen wäre. Er war geradezu grotesk groß und Maddie erschauderte bei dem Gedanken an die Verantwortung, die eine solche Summer mit sich brachte.

Obwohl sie schon seit zwei Monaten in der Gegend lebte, war sie noch nie in den Bergen gewesen. Die Menschen in Greenville schienen Wert darauf zu legen, dass die »Hillbillys« dort blieben, wo sie hingehörten. Je weiter sie sich von Greenville entfernte, desto mehr drängte sich ihr der Gedanke auf, dass da etwas dran sein könnte. Die Hügel selbst waren hübsch anzusehen, bewachsen mit immergrünen Pflanzen und beeindruckenden Bäumen, aber man hatte der Landschaft offensichtlich so einigen Schaden zugefügt. Teilweise waren ganze Bergkuppen weggesprengt worden. Und der Müll! In den Gärten der Menschen hatten sich so viel Schrott und Unrat angesammelt. Kaputte Autos, Motorräder ohne Vordergabel, ganze Schluchten voller Hausmüll, ein Trampolin im Vorgarten eines Hauses, so nah an der Tür, dass man direkt darauf hätte springen können – wenn nicht eines der Stützbeine gefehlt hätte. Diesen Leuten schien alles egal zu sein. Eine andere Erklärung gab es nicht. Sie konnten oder wollten sich nicht die Mühe machen, die Spielsachen ihrer Kinder im Haus zu verstauen, sondern ließen sie lieber draußen vor sich hin schimmeln. Was für ein deprimierendes, trauriges Leben.

Je weiter sie fuhr, desto größer wurde der Abstand zwischen den einzelnen Häusern, bis es irgendwann gar keine mehr gab. Auch hier schienen Menschen zu leben – gelegentlich stieg Rauch in den Himmel –, aber ihre Häuser schienen ein ordentliches Stück von der Straße entfernt zu sein. Sie schaute auf das GPS-Display auf dem Armaturenbrett. Die Straße, auf der sie sich befand, wurde angezeigt. Sonst … nichts. Keine Abzweigungen, keine Geschäfte, keine Schulen. Am Fuße eines langen Hügels, auf einer ebenen Fläche, befand sich eine Tankstelle und daneben ein kleines Gebäude. Sonst gab es keine sichtbaren Hinweise auf Menschen.

Sie war schon eine Stunde unterwegs. Ramp musste ganz in der Nähe sein. Codys Adresse jedoch war ganz schön schwer zu finden. Maddie hatte keinerlei Handyempfang, was sie immer nervös machte. Albern, aber wahr: Sie hing so sehr an ihrem Handy wie an ihren engsten Verwandten. Dass sie keine Hilfe rufen konnte, war verdammt beunruhigend.

Auf dem GPS schien die Straße endlos weit, aber laut Anzeige befand sie sich bereits in Delilah und nicht mehr in Ramp. Als sie sich zu Hause am Computer die Gegend auf einer Karte angeschaut hatte, war ihr der ungewöhnliche Name aufgefallen. Sie musste direkt an Ramp vorbeigefahren sein. Wie hatte Lynette es ausgedrückt? Es bestand aus einer einzigen Straßenkreuzung? Das war anscheinend geradezu übertrieben gewesen.

Maddie folgte den Reifenspuren im Schnee. Kam hier jemals ein Schneepflug vorbei? Sah nicht danach aus. Sie dachte gerade über den Mangel in ländlichen Gegenden nach, da fuhr sie in ein Schlagloch. Das Auto geriet ins Schlingern, kam von der Straße ab und landete langsam im Graben. Oh, großartig. Ganz wunderbar!

In Virginia, wo sie ihren Führerschein gemacht hatte, hatte es nie viel Schnee gegeben, aber selbst Maddie wusste, dass es keinen Sinn hatte, weiter Gas zu geben. Statt aus dem Graben zu kommen, würde sie das Auto nur noch tiefer hineinmanövrieren.

Zum Glück hatte sie geistesgegenwärtig ihre festesten Stiefel angezogen, und auch der Mantel war recht warm. Mütze und Handschuhe lagen auf dem Beifahrersitz. Wenigstens war sie auf die eisigen Temperaturen vorbereitet. Die Frage war bloß, wo sie sich hinwenden sollte. Es war etwa zwei Uhr, also hatte sie noch ein paar Stunden, bis es dunkel wurde. Aber wenn sie es bis dahin nicht in die Zivilisation schaffte, würden sie wahrscheinlich die Wölfe fressen. Gab es Wölfe in West Virginia? Sie hatte keine Ahnung.

Sie lief einfach los, ohne zu wissen wohin. Dank der zahlreichen Einheiten auf dem Laufband im Fitnessstudio war sie fit genug, um ein schnelles Tempo anzuschlagen. Ein paarmal kam sie an Abzweigungen vorbei, die zu Häusern zu führen schienen, doch an den Straßen standen jedes Mal diverse Schilder, die jedem Eindringling mit bösen Konsequenzen drohten – wobei *Straße* in diesem Fall ein sehr weit gefasster Begriff war. Es handelte sich eher um Trampelpfade, die gerade breit genug für ein Auto waren.

Da vorne schien etwas zu sein. Sie ging ein Stück weiter und erkannte schließlich, dass es ein Truck war, der ein ganzes Stück abseits der Straße geparkt worden war. Gerade als sie ihn erreicht hatte, stürmten zwei Männer in Camouflage-Kleidung aus dem Wald. Sie trugen Schrotflinten oder so etwas Ähnliches. Jedenfalls etwas, womit man jemanden umbringen konnte. Sie hatte keine Ahnung von Waffen und auch nicht das Bedürfnis, etwas daran zu ändern.

»Hallo«, rief sie, als die beiden abrupt stehen blieben und sie anstarrten. »Mein Auto ist im Graben gelandet.«

»Was bringt Sie hierher?«, fragte der Größere der beiden.

Seine Worte waren noch einigermaßen freundlich, aber seine Ausstrahlung war es nicht. Maddie begann zu zittern, kämpfte aber darum, sich nichts anmerken zu lassen. Viele Menschen hatten Waffen. Wahrscheinlich waren die beiden schlicht auf der Jagd gewesen. Aber trugen Jäger nicht eigentlich immer Orange? War das nicht irgend so eine Regel?

»Ich bin auf der Suche nach Cody Keaton«, brachte sie hervor. »Kennen Sie sie?«

»Nein«, antwortete der kleinere, noch fieser aussehende Typ. Seine Antwort kam etwas zu schnell, um glaubwürdig zu sein. »Besser, Sie schauen, dass Sie weiterkommen, Lady. Sie haben hier nichts zu schaffen.«

»Doch, genau genommen habe ich das.« Sie würde sich nicht wie ein verängstigtes Kind benehmen. Selbstbewussten Menschen begegnete man immer mit Respekt. Hoffte sie. »Cody ist eine Kundin von mir. Ich bin die Filialleiterin der *Appalachian States Bank* in Greenville.«

»Ganz schön weit weg«, murmelte der Größere misstrauisch.

»Das ist es. Und ich möchte auch gern wieder zurück in die Stadt. Aber ich kann nicht hinlaufen und ich kann mein Auto nicht aus dem Graben schieben. Also wäre ich sehr dankbar für eine Mitfahrgelegenheit oder für jemanden, der mir den Wagen aus dem Graben zieht.« Sie straffte die Schultern und bemühte sich, selbstbewusst auszusehen. »Was davon wird es?«, fügte sie hinzu, als die beiden nicht sofort antworteten.

Der Kleinere deutete mit der Waffe auf den Truck. »Steigen Sie ein.«

Na super. Jetzt hatte sie sich so richtig schön in die Ecke manövriert. Sie musste zu zwei bewaffneten Fremden ins Auto steigen … irgendwo im Nirgendwo … wo ihr Handy nicht funktionierte. Möglicherweise hätte sie noch etwas Dümmeres tun können – allerdings fiel ihr spontan nichts ein.

Der Kleinere stieg ein, der Größere öffnete die Beifahrertür und bedeutete ihr, als Nächste einzusteigen. Warum auch nicht? Der Platz in der Mitte war eindeutig der beste. Da konnte sie nicht entkommen, wenn die beiden beschlossen, sie zu töten, zu verstümmeln oder zu zerstückeln.

Der große Truck rumpelte über die Straße und wühlte mit seinen riesigen Reifen den Schnee auf. Jetzt war Small Talk angesagt. Andernfalls konnte man über der angespannten Stille bestimmt ihr rasendes Herz hören. »Wo fahren wir hin?«

»Sehn Sie dann schon«, erwiderte der kleinere Mann, der offenbar der Gesprächigere der beiden war. Danach sagte er nichts mehr.

Schon nach ein paar Hundert Metern bog er abrupt auf etwas ab, das definitiv nicht wie eine Straße aussah. Doch schon bald konnte Maddie Reifenspuren erkennen. Und dann, auf einer Lichtung, einen Trailer. Er war ganz eindeutig alt. So etwas wurde heute nicht mehr gebaut. Aber er wirkte sauber und gepflegt. Hier lag auch keinerlei Müll herum, es gab keine windschiefen Hütten und keine uralten, umgedrehten Badewannen. Das war eine große Erleichterung.

Der Wagen hielt vor dem Trailer und Cody trat aus der Tür. Sie trug einen übergroßen grauen Sweater mit der Aufschrift ARMY auf der Brust, sowie eine blaue Jogginghose, die ihr ebenfalls zu groß war. Als sie sich vorbeugte, um in den Truck zu schauen, konnte Maddie durch den Ausschnitt einen Blick auf ihre Brüste erhaschen.

Maddie hatte nicht gewusst, dass Cody Sinn für Humor besaß. Doch als sie fragte »Ist deine Versandkatalogbraut endlich angekommen, Stumpy?«, hätte Maddie sich beinah verschluckt.

»Haben sie auf der Straße gefunden. Sie behauptet, sie ist von der Bank.«

»Kann sein, dass wir uns schon mal begegnet sind«, meinte Cody gedehnt, ehe sie Maddie ein träges Lächeln schenkte. »Stalken Sie mich?«

»Nein! Also … Nein. Tu ich nicht. Ich wollte Sie nur besuchen. Aber mein Auto ist ein kleines Stück entfernt stecken geblieben, und die Herren haben angeboten, mich mitzunehmen.«

»Nix haben wir angeboten«, widersprach Stumpy. »Sie hat mir fast den Schlüssel geklaut.«

»Ich bring Sie dann nach Hause«, sagte Cody und ging um das Auto herum. Sie öffnete die Beifahrertür und Maddie stieg aus.

»Wie denn?«, fragte der Größere. »Dein Truck läuft doch immer noch nicht, oder?«

»Wir kommen schon klar. Danke für eure Hilfe.« Cody nickte ihnen zu und die beiden fuhren davon.

Sie sahen ihnen nach.

»Ich hätte besser vorher anrufen sollen, aber … hab ich nicht. Was für ein Glück, dass die beiden gerade auf der Jagd waren.«

Cody verzog keine Miene. »Die jagen nicht.«

»Aber sie hatten Gewehre …«

Cody schüttelte langsam den Kopf. »Ich weiß nicht, was sie machen oder wo, aber sie jagen nicht.« Sie zog eine Augenbraue hoch und sah ihr direkt in die Augen. »An Ihrer Stelle würde ich mich von ihrem Land fernhalten. Ich würde auch keine Fragen stellen. Die Leute in der Gegend legen Wert auf … nein, sie *verlangen* Privatsphäre.«

Fuck.

Cody hatte keine Ahnung, warum sie nicht einsilbig und nervös war. Noch nie war eine Frau in ihrem Haus gewesen, mit der sie nicht verwandt war. Und schon gar keine hübsche. Aber jetzt war Maddie in ihrem Revier und das gab Cody ein wenig von ihrem üblichen Selbstvertrauen zurück.

Vielleicht war ihre Warnung etwas übertrieben, aber sie wusste tatsächlich nicht, was Stumpy und George trieben, und es war offensichtlich, dass Maddie keine Ahnung hatte, wie empfindlich die Einheimischen sein konnten.

»Bitte entschuldigen Sie mein unangekündigtes Auftauchen«, sagte Maddie. Sie ließ theatralisch den Kopf hängen und umfasste Codys Oberarm. »Ich hätte Ihnen vorher Bescheid geben sollen.«

Ihre Angewohnheit, Menschen zu berühren, war … anders. »Die meisten hier in der Gegend sind ganz nett, aber ich betrete auch nicht anderer Leute Grundstücke und ich wohne hier schon mein ganzes Leben. Sie sollten einfach nur vorsichtig sein.« Okay, ihr geheimer Kraftplatz an dem murmelnden Bach befand sich tatsächlich auf einem Privatgrundstück, aber das musste Maddie ja nicht wissen.

»Das werde ich. Das werde ich ganz bestimmt.«

Maddies Blick zuckte zur Tür und riss Cody aus ihrer Trance. Hastig lief sie hinüber und riss die Tür auf. »Kommen Sie rein. Auch wenn ich so, wie es gerade aussieht, gerade eigentlich keine Besucher empfangen kann.« Sie hielt Maddie die Tür auf und ließ sie eintreten.

»Oh, Cody, das ist ja …« Sie wirkte, als würde sie jeden Moment in Tränen ausbrechen.

Für jemand Außenstehenden musste es wirklich schlimm aussehen. Da sie keine Polster mehr hatte, hatte Cody ein Laken über die Couch gelegt. Jetzt bot das Ding einen verdammt traurigen Anblick. Zum Glück hatten die Diebe den Rahmen nicht auch noch zerstört, man konnte also immer noch drauf sitzen. Dafür hatten sie ihre Bücherregale umgeworfen, und da die alt und billig waren, waren sie allesamt an mehreren Stellen zersplittert. Sie hatte ihre Bücher dort aufgestapelt, wo die Regale gestanden hatten. Wenn man den Flur entlangsah, musste man feststellen, dass ihre Matratze fehlte. Sie hatte sich eine neue gekauft, das konnte sie sich jetzt ja leisten, aber sie hatte immer noch keinen Truck. Statt der Matratze lag dort momentan also nur eine Sperrholzplatte und das war nun wirklich kein guter Schlafplatz.

»Ja, war ganz schön aufwühlend. Nicht wegen der Sachen. Die kann ich alle ersetzen. Weil jemand in mein Zuhause eingedrungen ist. Das kann ich nicht verzeihen.«

»Bei mir ist noch nie eingebrochen worden, also kann ich nur erahnen, wie Sie sich wohl fühlen müssen.«

»Und jetzt stellen Sie sich mal vor, dass es jemand war, den Sie kennen.« Schon bei dem Gedanken kochte die Wut in ihr hoch. Nur jemand von hier konnte wissen, wo sie wohnte.

»Grauenvoll. Einfach grauenvoll.« Langsam schüttelte Maddie den Kopf. »Werden Sie bleiben?«

»Wo soll ich denn hin? Das ist mein Zuhause.«

»Oh, natürlich ist es das. Ich dachte nur …«

»Was?«

»Na ja, die meisten, die plötzlich an Geld kommen, kaufen sich ein großes Haus. Eigentlich alle.«

»Kann ich mir nicht vorstellen«, erwiderte Cody, bevor sie in die Küche ging. »Mögen Sie Kakao?«

Hoffentlich hatte Maddie Cody nicht verletzt, als sie sie gefragt hatte, ob sie umziehen wollte. Aber wer wollte denn schon in einem winzigen, alten – uralten! – Trailer leben, wenn man Millionen hatte? Das überstieg ihre Vorstellungskraft.

An den spanholzvertäfelten Wänden hingen viele Schulfotos. Einige waren mit Klebeband an der Wand befestigt, andere mit Reißzwecken. Maddie trat an eine Wand und musterte die Fotos genauer. Manche davon schienen Jahrzehnte alt zu sein.

»Sind das Verwandte von Ihnen?«, fragte sie.

Cody stellte sich neben sie. »Mhm. Das sind meine Mama und mein Daddy, als sie noch klein waren.« Sie zeigte auf zwei Fotos. »Und das ist von ihrer Hochzeit.« Ein größeres, gerahmtes Foto stand auf einem Ehrenplatz, einem kleinen Tisch neben dem Sofa.

»Sie sehen glücklich aus«, sagte Maddie.

»Waren sie auch meistens.«

»Leben … sie noch?«

»Nein. Sie sind beide schon tot. Daddy ist gestorben, als ich in der vierten Klasse war, und Mama, als ich fast mit meinem ersten Jahr fertig war.«

»Von der Highschool?«

»Ich war nicht auf dem College.«

Natürlich war sie nicht auf dem College gewesen! Was für eine bescheuerte Frage! *Denk doch nach, bevor du was sagst!*

Cody ging zurück zu der elektrischen Herdplatte und rührte in dem Topf mit dem Kakao, bevor sie ihn in Tassen goss und damit zu ihr zurückkam. »Bitte sehr. Achtung, heiß.«

Vorsichtig pustete Maddie auf das heiße Getränk. »Sind die anderen Ihre Geschwister?« Dafür waren es eigentlich viel zu viele, doch sie war neugierig und ihr fiel keine bessere Frage ein.

»Nein. Nur er.« Sie deutete auf das Foto eines etwa zehnjährigen Jungen. »Mein Bruder Keith. Er ist auch tot.«

Mann! Lynette hatte doch erzählt, dass er gestorben war … als sein Meth-Labor explodierte. Wahrscheinlich war es besser, wenn sie ihre Fragen für sich behielt. »Er sieht nett aus.«

»War er auch. Er war sieben Jahre älter als ich«, sagte Cody leise. Sie betrachtete das Bild, als könnte er jeden Moment daraus hervortreten und sich neben sie stellen. »Als ich klein war, war er für mich der Allergrößte.«

Kälte legte sich auf ihr Gesicht und Maddie wünschte, sie hätte nicht angefangen, diese Erinnerungen in ihr wachzurufen. Dann deutete Cody auf das verblichene Foto einer älteren Frau und ihr Lächeln kehrte zurück.

»Das ist meine Granny.« In ihrer Stimme schwang Stolz mit. »Sie hat uns alle zusammengehalten.«

»Sie ist hübsch. Sie sehen ihr ein bisschen ähnlich.«

»Das wäre schön, aber vor allem will ich so *sein* wie sie. Sie war ein guter Mensch.« Cody ging ins Schlafzimmer und Maddie folgte ihr. »Granny hat richtig tolle Quilts gemacht.« Ein farbenfroher Quilt hing unter dem kleinen Fenster. Sie nahm ihn aus der Aufhängung und breitete ihn auf dem Bett aus. »Wenn diese Typen sich an dem Quilt vergangen hätten, hätte ich sie verfolgt und umgebracht.«

Sie sagte das mit einer solchen Härte in der Stimme, dass Maddie ein eisiger Schauer über den Rücken lief.

Doch als sie weitersprach, wurde Codys Stimme ganz sanft. »Das Grundstück hat früher ihr gehört. Nach Daddys Tod konnten wir nicht mehr in Greenville bleiben und mussten zurückkommen. Ich fand das super, aber für Mama und Keith war es hart.«

Was sollte sie darauf erwidern? Maddie bemühte sich, das Gespräch in fröhlichere Bahnen zu lenken. »Ich wusste gar nicht, dass Sie früher in Greenville gelebt haben.« *Woher denn auch?*

»Ja. Ich bin in Huntington geboren, dann nach Greenville gezogen, und dann zurück hierher. Ich hab die Sommer immer bei Granny verbracht, also hat es sich für mich schon nach Zuhause angefühlt. Für Mama aber nicht …« Sie verstummte, nahm den Quilt und faltete ihn sorgfältig zusammen, bevor sie ihn wieder zurücklegte.

Maddie nahm das als Zeichen, wieder ins Wohnzimmer zu gehen. Sie entschied sich für das Sofa, obwohl es viel zu niedrig war, um auch nur annähernd elegant darauf sitzen zu können. Das nächste Mal würde sie eine Hose anziehen. Röcke waren denkbar ungeeignet, um durch den Schnee zu marschieren, Autos aus Gräben zu schieben und auf Sofarahmen ohne Polster zu sitzen.

Cody setzte sich auf den Schaukelstuhl am Fenster und nippte an ihrem Kakao. Es schien ihr nichts auszumachen, schweigend dazusitzen, aber Maddie brauchte Small Talk. »Also … Was haben Sie denn mit dem Geld geplant?«

»Ich hab keine Pläne. Ich will nur für meine Familie sorgen.«

»Wenn Sie wollen, können Sie für jede Familie im County sorgen.«

»Danke, nein. Meine ist schon groß genug.«

»Äh, ich hoffe, bitte halten Sie mich nicht für dreist, aber ich glaube, Sie sollten ein paar Regeln festlegen. Ich fände es scheußlich, wenn man Sie ausnutzt.«

Cody runzelte die Stirn. »So sind wir nicht. Wir stehen füreinander ein. Nach Daddys Tod und auch als Mama weg war, haben alle getan, was sie konnten. Sie haben verzichtet, damit wir was haben. Was mir gehört, gehört auch ihnen. Sie müssen nur fragen, und dann können sie es haben.«

Oh, das klang gar nicht gut, aber Maddie war nicht in der Position, ihr zu widersprechen. »Ich … äh… hab Sie letztens im Fernsehen gesehen. Sie haben sehr deutlich klargemacht, dass Sie hart arbeiten, obwohl Sie keinen Vollzeitjob haben.«

Cody lachte laut auf und schlug sich dann eine Hand vor den Mund, um den beschädigten Zahn zu verdecken. »Das hab ich ziemlich deutlich gemacht, hm? Er hat mich eiskalt erwischt.«

»Er war ein Arsch«, sagte Maddie und schlug sich dann ebenfalls eine Hand vor den Mund, wenn auch aus ganz anderen Gründen. »Entschuldigung. Manchmal habe ich einfach keine Beherrschung. Ich versuche wirklich, nicht mehr zu fluchen, aber …«

»Bei mir müssen Sie sich nicht entschuldigen. Außerdem haben Sie nicht unrecht.« Sie gluckste und wirkte tatsächlich kein bisschen verärgert. »Es ist schwer, den Leuten aus der Stadt zu erklären, wie man hier überleben kann, obwohl wir nur so wenig haben. Und … manches von dem, was wir machen, ist nicht so wirklich legal …«

Verdammt! Dealte sie etwa auch mit Drogen? Wollte sie das damit sagen? »Vieles ist nicht so wirklich legal.« Maddie wusste selbst nicht so recht, warum sie das sagte.

»Ich bezahle meine Steuern wie alle anderen auch. Die Regierung hat nicht das Recht, mir vorzuschreiben, dass ich kein Moos nehmen kann. Es gibt jede Menge davon und ich passe immer auf, was übrig zu lassen.«

Maddie nickte, ehe ihr bewusst wurde, dass sie keine Ahnung hatte, wovon Cody sprach. »Moos?«

»Damit verdiene ich mein Geld. Wenn das Wetter passt, sammle ich Moos und verkaufe es. Wenn ich hart genug arbeite, kann ich genug sparen, um über den Winter zu kommen. Es hilft natürlich, dass ich auf die Jagd gehe. Und dass ich einen großen Garten habe.« Sie stand auf und ging in die Küche, wo sie Maddie ein Regal voller Einmachgläser zeigte, die sorgfältig nach Art des Inhalts sortiert waren. »Die Bohnenernte war dieses Jahr super, Rote Bete, Spargel und Süßkartoffeln auch. Die Tomaten waren eher so mittelmäßig. Und mit Mais braucht man es in der Gegend gar nicht erst zu versuchen. Irgendwann lerne ich es auch und pflanze keine Tomaten mehr an, aber ich mag nun mal Tomaten-Relish so gern.«

»Das ist … bemerkenswert. Wie … Wer kauft Moos?«

»Ein Typ ganz bei Ihnen in der Nähe. Er kauft mir alles ab, was ich sammle, und verkauft es dann an irgendwen. Keine Ahnung, an wen genau.«

»Aber *warum* kauft man Moos?«

»Oh. Für Floristen, glaube ich. Irgendwer macht damit anscheinend eine ordentliche Stange Geld. Ich tausche außerdem ein bisschen und ab und an repariere ich Sachen für ein paar Dollar. Ich bin ganz geschickt«, fügte sie hinzu und senkte sichtlich verlegen den Blick. Sie wollte wirklich nicht prahlen.

»Klingt nach jeder Menge Arbeit. Ich verstehe, warum Sie meinten, dass Sie genauso hart arbeiten wie jeder andere auch.«

»Das war vielleicht ein bisschen übertrieben«, meinte Cody schüchtern. »Aber im Frühling und Sommer arbeite ich von Sonnenauf- bis Sonnenuntergang. Zwölf bis vierzehn Stunden bin ich dann im Wald, sammle immer nur ein bisschen Moos und gehe dann weiter, damit ich keine zu großen Löcher mache.« Sie reckte das Kinn nach vorn und fügte hinzu: »Der Wald gehört uns allen, das weiß ich. Und es ist ein Verbrechen, dass ich mir was von dem Land nehme, das in Staatsbesitz ist, aber wir müssen nun mal was essen, und Moos zu sammeln ist besser, als mit Drogen zu dealen.«

»Wesentlich besser. Ich wünschte, es gäbe mehr Jobs in der Gegend. Ich bekomme ja mit, wie schwer die Leute es haben.«

Cody schnaubte. »Sie bekommen kaum was mit. Den Leuten, die ein Konto haben, geht es gut.«

So wie sie das sagte, klang es, als wäre ein Konto bei der *Appalachian States Bank* das Gleiche wie ein Schweizer Nummernkonto. »Was … Wie … Müssen Sie denn nie mal einen Scheck ausstellen? Wie bezahlen Sie Ihre Rechnungen?«

»*Fast Money* in Twined Creek oder bei der Post. Es muss sowieso jeden Tag jemand von uns dorthin, um eine *postal money order* zu kaufen.«

Oh, das hätte sie sich denken können. Bei *Fast Money* konnte man Schecks einlösen, wenn man kein Konto hatte, natürlich gegen horrende Gebühren. Das war reine Abzocke. *Fast Money* ging kein Risiko ein und nahm die Leute schamlos aus. Aber jetzt war wohl nicht der richtige Zeitpunkt, Cody einen Vortrag über diese Mistkerle zu halten.

»Das macht Sinn. In Zukunft werden Sie aber nicht mehr auf die angewiesen sein. Ihre persönlichen Schecks werden in etwa einer Woche da sein. Dann brauchen Sie die nie wieder.«

Sie kannten sich noch nicht lange, doch Maddie wusste, dass Codys verschlossener Gesichtsausdruck darauf hindeutete, dass sie skeptisch war, was ihre persönlichen Schecks anging.

»Wir schauen besser, dass Sie loskommen. Hier draußen wird es früh dunkel.«

Cody stellte ihren Kakao ab und ging dann ins Schlafzimmer. Als sie zurückkam, trug sie ihre übliche Army-Uniform. Sie zupfte an der Camouflage-Jacke und sagte: »Ich wünschte, sie hätten meinen Cousin wo hingeschickt, wo es kalt ist. Ich hätte so gern so eine Winterjacke. Und eine Schneehose.«

Es würde wohl noch eine Weile dauern, bis Cody sich an den Gedanken gewöhnt hatte, dass sie sich eine ganze Reihe von Military-Läden kaufen konnte.

Draußen machte Cody einen Abstecher zu einer kleinen Hütte, die neben einer großen mit Stroh bedeckten Freifläche stand. Das musste der Garten sein. Sie kam mit einer Schaufel und einer großen Gummimatte zurück. Sie hielt die Matte hoch und erklärte: »Damit wir mehr Grip haben.«

Im Gänsemarsch gingen sie zur Straße. Laut Cody war das sicherer, weil man nie wusste, wer um die nächste Ecke bretterte. So konnten sie sich nicht richtig unterhalten, aber das machte Maddie nichts aus. Sie kam fast nie an die frische Luft und sie musste zugeben, dass die Aussicht auf die Landschaft viel schöner war als der Blick auf den winzigen Fernseher in ihrem Fitnessstudio.

»Schweinepriester«, zischte Cody, als sie das Auto erreichten. Jemand hatte es vorsichtig aus dem Graben gezogen – um Räder und Felgen zu entfernen. Jetzt stand das Auto wackelig auf mehreren unterschiedlich großen Felsbrocken. Wahrscheinlich würde ein kräftiger Windstoß ausreichen, um es zurück in den Graben zu befördern. »Zu faul oder zu dämlich, um Ziegelsteine zu verwenden.« Cody schüttelte den Kopf, drehte sich um und marschierte schnurstracks zu ihrem Trailer zurück.

Maddie beeilte sich, ihr zu folgen.

Cody verbrachte eine gute Viertelstunde am Telefon. Sie rief eine Person nach der anderen an und verlangte Maddies Reifen zurück. Schließlich sagte sie: »Natürlich hast du keine Ahnung, wo sie stecken, Zeke, aber nehmen wir mal an, du hättest da so eine Ahnung. Vielleicht könntest du diese Ahnung dazu bringen, die Reifen wieder anzubringen, bevor ich der Person in den Hintern trete.« Schweigend hörte sie sich die Antwort an. »Ja, ich habe ihr gesagt, dass wir hier keine unangekündigten Besucher mögen. Ich hätte mir das aber gar nicht erst antun müssen. Zwei Typen haben ihr im Wald solche Angst gemacht, dass sie sich fast eingenässt hätte. Hier traut sich keine Bankangestellte mehr her.« Sie legte auf und drehte sich zu Maddie um. »Das alles tut mir total leid. Da beschweren wir uns immer, wenn die Leute schlecht über uns reden, und dann machen wir so was.«

»Keine Sorge. Ich könnte … jemanden anrufen, damit ich abgeholt werde.«

»Nein, bis wir wieder bei Ihrem Auto sind, sind die Reifen zurück. Versprochen.«

Cody hielt Wort. Die Reifen lagen fein säuberlich aufgereiht neben dem Auto und blockierten so die gesamte Straße. Grummelnd und leise fluchend machte sich Cody an die Arbeit. Sie war ziemlich routiniert im Umgang mit dem Werkzeug und es schien für sie bei Weitem nicht so anstrengend zu sein, wie es für Maddie gewesen wäre. Genau genommen hatte Maddie gar keine Ahnung, wie man einen Reifen wechselte. Allein würde sie wahrscheinlich in dem gefährlich wackeligen Auto sitzen und heulen wie ein verängstigtes Kind.

Cody hatte auch damit recht gehabt, dass es bald dunkel werden würde. Noch vor vier Uhr verschwand die Sonne hinter einem Berg. Der Wind hatte aufgefrischt und obwohl sie die Heizung voll aufgedreht hatte, fror Maddie. Cody hielt die Hände vor die Lüftungsschlitze. »Das ist schön«, sagte sie leise. »Ich glaube, ich hatte noch nie eine funktionierende Heizung.«

Maddie versuchte sich vorzustellen, wie das sein mochte, aber es gelang ihr nicht. Sie und Cody lebten in völlig verschiedenen Welten. Insgeheim fragte sie sich, ob Cody jemals mit ihrer Welt zurechtkommen würde, einer Welt, in der man eine funktionierende Heizung erwartete und sich bitterlich beschwerte, wenn nicht genug warme Luft herauskam.

Als sie die Abzweigung erreichten, die zu Codys Trailer führte, sagte sie: »Lassen Sie mich hier raus.«

»Ich kann Sie das restliche Stück auch noch fahren.«

»Ist nicht nötig.« Sie stieg aus und ging zur Fahrerseite.

Maddie fuhr das Fenster herunter. »Vielen Dank, dass Sie nach mir gesehen haben.«

Ein Lächeln umspielte ihre Lippen. Schnell verdeckte sie es mit einer behandschuhten Hand. »Aber kommen Sie nicht wieder her. In der Gegend gibt es einen Typen, der heimlich Tierfallen aufstellt. Wäre doch scheußlich, wenn Sie sich das Bein durchnagen müssten, um fliehen zu können.«

Auch diese Nacht verbrachte Cody bei Tante Merry. Es würde schwierig werden, sich einen Truck zu leihen, mit dem sie die neue Matratze nach Hause bringen konnte, aber Curly würde sie auf keinen Fall mehr um seinen bitten. Der würde als Gegenleistung nur die Hälfte der Matratze verlangen.

Das Sofa war nicht gerade der bequemste Schlafplatz. Codys Rücken schmerzte so sehr, dass sie noch vor Sonnenaufgang wach wurde. Sie gab sich alle Mühe, keinen Lärm zu machen, während sie sich anzog und aus dem Haus schlich. Es war noch dunkel, als sie sich auf den Heimweg machte. Um diese Uhrzeit schlief fast noch alles, doch nach Jahren des Anschleichens und der verpassten Gelegenheiten war es ihr in Fleisch und Blut übergegangen, sich zu jeder Tages- und Jahreszeit leise und vorsichtig zu bewegen. Genauso lautlos näherte sie sich ihrem Trailer. Offensichtlich war sie dabei ziemlich effizient, denn das knappe Dutzend Männer, das ihrem Garten gerade mit Schaufeln und Harken zu Leibe rückte, bemerkte sie nicht. Cody wollte sich auf sie stürzen, möglichst viele von ihnen packen und ihre dämlichen Köpfe gegeneinanderschlagen. Doch dann wurde ihr bewusst, dass ihr diese Vollkoffer gerade eine Arbeit abnahmen, die sie in ein paar Monaten sonst selbst hätte erledigen müssen. Wenn sie unbedingt ihren Garten umgraben wollten, wer war sie dann, sie daran zu hindern?

Sie arbeiteten so emsig, als wäre jemand mit einer Peitsche hinter ihnen her. Innerlich musste Cody lachen. Einige dieser Mistkerle hatten in den letzten zehn Jahren nicht mehr so hart gearbeitet. Hoffentlich holten sie sich ein paar schöne Blasen an den Händen und ordentliche Rückenschmerzen.

Zwei Typen hatten sich auf ihre Schaufeln gestützt. Offensichtlich waren sie komplett fertig mit der Welt. Dem Anblick ihres komplett umgegrabenen Gartens nach zu urteilen, waren sie wohl schon fast die ganze Nacht hier. Um sicherzugehen, dass sie noch einen netten Abschied bekamen, schlüpfte Cody in ihren Trailer, schnappte sich die Schrotflinte, trat auf die Veranda und schoss in die Luft. »Ich kenne jeden Einzelnen von euch Wichsern, und wenn ihr euch noch einmal auf meinen Grund und Boden wagt, *werde* ich euch erschießen.«

Lachend sah sie zu, wie sie die Zufahrt hinunterstolperten. Sie hielt sich die Hand vor den Mund, damit die Idioten ihr Lachen nicht hören konnten. Sie durften nicht wissen, dass sie die ganze Sache lustig fand. Cody schoss noch einmal in die Luft und der Langsamste, Butterbean Jerwin, umklammerte seine rutschende Hose und rannte so schnell er konnte. Was nicht sonderlich schnell war.

Erst nach acht Uhr erreichte sie jemanden bei der Zeitung. Faulpelze. Endlich wurde sie mit jemandem verbunden, der für den Lokalteil arbeitete. »Cody Keaton hier«, erklärte sie. »Die Frau mit dem großen Lottogewinn. Ich möchte etwas in der Zeitung gedruckt haben.«

»Ähm… Ich könnte eventuell ein Interview mit Ihnen führen. Wir drucken nicht einfach irgendwelche Statements ab.«

»Schön. Interviewen Sie mich. Ihre erste Frage sollte sein, was ich mit dem ganzen Geld machen werde.«

»Okay«, sagte der Mann gedehnt. »Was planen Sie, mit dem Geld zu machen?«

»Ich bringe alles zur Bank. Und mit *alles* meine ich auch alles. Ich habe kein Geld bei mir, auch nicht in meinem Haus, meinem Auto oder meinem Garten. Was ich dafür habe, sind Schrotkugeln, und ich habe keine Angst davor, die einzusetzen. Wer sich also keine Kugeln aus dem Arsch friemeln will, sollte sich besser von mir fernhalten.«

6

Da sie Tante Lily in den letzten Tagen nicht gesehen hatte, ging Cody nach dem Gespräch mit dem Reporter zu ihr. Heute war der ideale Tag, um auf Eichhörnchenjagd zu gehen. Im Herbst hatten einige einen Ahornvorrat in der großen Eiche versteckt, die nicht weit vom Haus ihrer Tante entfernt stand. Wenn sie lange genug still saß, würde sie die kleinen Nagetiere so leicht erwischen, als wenn sie auf Fische in einem Eimer schoss.

Sie setzten sich mit Kaffee an den Küchentisch und plauderten leise. Gerade als sie ihren Bericht über die morgendlichen Störenfriede beendet hatte, kam ihr Cousin Bobby aus dem Badezimmer. Er hatte nur das Ende gehört, aber seine Mutter erzählte ihm den Rest, wobei sie die Geschichte ganz schön ausschmückte.

»Als Nächstes kommen die zu uns«, meinte Bobby. »Hier ist es nicht mehr sicher.«

»Es wächst bald Gras über die Sache«, erwiderte Cody, obwohl sie selbst nicht so recht daran glaubte.

Das Telefon klingelte und Bobby ging ran. »Ja? Nein, ich kann nicht nach Twined Creek fahren!«

Er sah aus, als würde er gleich das Telefon gegen die Wand schleudern. Hoffentlich musste ihre arme Tante nicht wieder dafür zahlen, dass die Telefonfirma hier rauskam und die Leitung reparierte.

»Wenn sie unbedingt heimmuss, dann hol du sie gefälligst.«

»Um wen geht es?«, fragte Cody, die in Gedanken schon überlegte, welches Auto sie sich leihen konnte.

»Melody«, brummte Bobby. Seine älteste Tochter. »Die wollen sie *schon wieder* heimschicken. Sie regt sich über irgendwas auf.«

»Ich fahre«, sagte Cody.

Er wirkte, als wolle er widersprechen, aber schließlich hielt er sich den Hörer wieder an den Mund und sagte: »Cody macht das.« Dann legte er auf und drehte sich wieder zu ihr um. »Ständig heult das Mädel wegen irgendwas. Wenn sie noch öfter fehlt, fällt sie durch. Dann muss sie die Zweite wiederholen.« Er zuckte mit den Schultern. »Hey, bring mir doch ein Sixpack und ein Päckchen Camels mit, okay?« Ein Lächeln verdrängte seine düstere Miene und er passte seine Bestellung an. »Du kannst es dir leisten. Machen wir eine Kiste und eine Stange draus.«

Cody hatte sich Bobbys Auto geliehen, also sollte sie es hin und auch wieder zurück schaffen. Sie wusste, dass es unklug war, aber sie legte die Schrotflinte auf den Rücksitz. Lieber hätte sie sie direkt am Körper gehabt, aber mit einem Kind im Auto ging das nicht.

Sie parkte auf dem überfüllten Parkplatz der Grundschule. Nachdem sie Greenville damals verlassen hatten, war auch sie hier zur Schule gegangen. Selbst jetzt, Jahre später, erschauderte sie beim Anblick des

Gebäudes. Es war eine schwere Zeit für sie gewesen. Heute noch hatte sie den Spott der anderen Kinder im Ohr, die sich auf sie gestürzt hatten, weil sie neu und ärmer als die meisten war.

Das Schulsekretariat war noch an der gleichen Stelle wie früher, doch es kam ihr viel kleiner vor als damals. Eine freundlich wirkende Frau saß hinter dem hohen Schalter. Cody machte mit einem Räuspern auf sich aufmerksam. »Ich möchte meine Cousine abholen, Melody Montgomery.«

»Oh, alles klar. Ich gebe der Direktorin Bescheid.« Sie ging in das Büro hinter dem Schalter und schloss die Tür.

Ein paar Minuten später kam eine andere Frau heraus, von der Cody annahm, dass es die Direktorin war. Melody klammerte sich an ihrem Rock fest. Ihre Augen waren geschwollen und gerötet, ihre Wangen fleckig. Sie sah Cody noch nicht einmal an. Das war ungewöhnlich, denn eigentlich hatten sie einen guten Draht zueinander.

Die Direktorin musste Melodys Finger geradezu von ihrem Rock schälen. Schließlich schob sie sie sanft zu Cody hinüber. »Die Pause war heute recht konfliktreich für sie. Da ist es vielleicht besser, wenn sie nach Hause geht, und morgen noch mal von vorne anfängt.«

Cody nahm Melodys Hand, doch sie sah ihr immer noch nicht in die Augen.

Die Direktorin zuckte mit den Schultern und sagte: »Glückwunsch zu Ihrem Gewinn. Das muss ein großartiges Gefühl sein.«

»Äh, ist es. Natürlich ist es das«, erwiderte sie, weil sie wusste, dass das von ihr erwartet wurde. »Auf Wiedersehen.«

Während sie den Flur entlanggingen, schniefte Melody immer noch und wischte sich mit dem Ärmel über die Nase.

»Irgendwo muss ich ein Taschentuch haben«, meinte Cody und durchsuchte ihre Taschen. »Wir wollen doch nicht, dass deine Jacke schmutzig wird.« Noch während sie das sagte, nahm sie die Jacke genauer ins Visier. Sie war nicht nur schmutzig, sie passte Melody auch nicht. Vor allem aber war einer der Ärmel komplett aufgerissen. Jemand hatte versucht, den Riss mit Panzertape zu flicken, was den Schaden nur noch offensichtlicher machte. Melodys Turnschuhe waren immerhin in einem ganz annehmbaren Zustand, aber für Schnee und Kälte völlig ungeeignet. Cody wollte gerade fragen, ob sie denn keine Winterschuhe hatte, als Melody zu weinen begann.

Cody hockte sich vor sie, um mit ihr auf Augenhöhe zu sein, und fragte: »Was ist denn passiert, Kleines?«

»Amber und Hayley haben gesagt, dass du mich nicht lieb hast, weil du mich in der scheußlichen Jacke in die Schule gehen lässt. Sie sagen, du bist jetzt reicher als alle anderen, aber du gibst mir von deinem Geld nichts ab.« Sie fiel Cody um den Hals und schniefte und schluchzte so laut, dass sie kaum noch Luft bekam.

Ihre Worte trafen Cody wie ein Schlag in den Magen. Sie hob Melody hoch und trug sie zum Auto. »Ich liebe dich mehr als alles andere, Kleines. Die haben doch keine Ahnung, wovon sie reden.« Sie stiegen ins Auto und Cody gab sich alle Mühe, fröhlich zu klingen. »Der Tag gehört nur uns. Lass uns ein bisschen shoppen gehen.«

Eine Stunde später hatte Melody den schicksten pinken Daunenparka, den es in ganz Summit County gab. Die neue pinke Jeans und den pinken Rollkragenpullover fand Cody zwar etwas übertrieben, aber Melody bestand darauf, dass alle nur pink trugen. Dafür hatte Cody auf dunkelblauen Stiefeln bestanden, die auch dann noch ordentlich aussehen würden, wenn sie damit im Schneematsch versinken würde. Melody schien die Schuhe zum Glück auch cool zu finden.

Sie waren schon auf dem Rückweg nach Ramp, als Melody fragte: »Kann ich zurück zur Schule?«

»Wirklich? Du willst da heute noch hin?«

»Ja«, antwortete sie mit einem breiten Grinsen und offenbarte so eine Zahnlücke, da, wo sie vor einer Woche einen Zahn verloren hatte. »Die sollen alle meine neuen Sachen sehen.« Sie warf Cody einen geradezu ehrfürchtigen Blick zu. »Ich hatte noch nie eine Jacke, die nur mir gehört hat.«

Cody musste sich in die Wange beißen, um nicht in Tränen auszubrechen. Es war schon fast zwanzig Jahre her, trotzdem wusste sie noch ganz genau, wie es sich anfühlte, wenn alle auf einem herumhackten, weil man arm war. Diese Wunde würde vermutlich niemals heilen und in diesem Moment schwor sie sich, dass von all ihren kleinen Cousins und Cousinen niemand mehr so aussehen würde, als hätte er oder sie sich in der Altkleidersammlung bedient.

Der Tag war so stressig gewesen, dass Cody entschied, dass sie sich jetzt auch gleich die volle Dröhnung geben konnte. Sie wusste, dass ihr Bargeld eingetroffen war und wollte es unbedingt sehen. Theoretisch machten Schecks und Sparkonten schon Sinn, aber im Gegensatz zu echten Scheinen konnte sie die nun mal nicht anfassen.

Cody versuchte, ihre angespannten Nerven zu beruhigen, indem sie zu Fuß zur Bank ging. Als sie das Gebäude betrat, waren zwar einige andere Kunden da, trotzdem löste Maddie sich sofort aus einem Gespräch und kam auf sie zu.

Diesmal lächelte sie nicht, als sie sagte: »Das, worüber wir geredet haben, ist im Tresor. Was möchten Sie damit tun?«

»Ich möchte es in mein Schließfach legen.«

Maddies Gesichtsausdruck war finster, doch sie nickte. »Dann brauchen Sie ein größeres.«

Cody saß in dem privaten Nebenraum und starrte mit offenem Mund auf den kleinen Wagen, den Maddie hereingekarrt hatte. Sechs Plastikboxen standen darauf, die fast bis zum Rand mit Hundertdollarnoten gefüllt waren.

Sie hatte ja keine Ahnung gehabt, dass das Geld so viel Platz einnehmen würde. Dabei war es ja nur ein relativ kleiner Teil des Gewinns. Aus irgendeinem Grund begann sie, es zu zählen, und fühlte sich dabei so reich wie König Midas. In jedem Bündel waren hundert Scheine und nachdem sie ein paar Dutzend gezählt hatte, beschränkte sie sich darauf, nur noch die Bündel zu zählen, nicht aber die einzelnen Scheine. Dann drapierte sie sie in unterschiedlichen Mustern, stapelte sie so hoch, wie sie konnte, ohne dass der Turm umfiel. Über eine Stunde lang spielte sie damit und aalte sich in dem zutiefst befreienden Gefühl, Bargeld zu haben.

Eigentlich war sie nicht sonderlich sentimental veranlagt, aber für einen Moment stellte sie sich vor, wie anders es gewesen wäre, wenn sie als Kind auch nur einen Bruchteil dieses Gelds gehabt hätten. Manche würden ihr vielleicht widersprechen, doch sie war überzeugt davon, dass ihre Mama, ihr Daddy und ihr Bruder noch am Leben wären, wenn sie auch nur ein bisschen Geld gehabt hätten. Es fiel ihr schwer, sehr schwer, sich über ihren Reichtum zu freuen, weil sie ihn nicht brauchte, jedenfalls nicht so viel. Aber so war das Leben nun mal. Sie war reich, und auch wenn es auch zu spät gekommen war: Jetzt war das Geld nun mal da.

Sie verstaute es in vier der größten Schließfächer, die die Bank hatte, bevor sie die siebentausend Dollar, die Maddie ihr neulich gegeben hatte, in ihre Taschen steckte. Alle würden annehmen, dass sie Geld bei sich hatte. Wahrscheinlich schadete es nicht, wenn sie tatsächlich flüssig war. Wenn jemand versuchen sollte, sie zu bestehlen, würden ihn die Scheine vielleicht zufriedenstellen.

Maddie sah auf, als Cody wieder den Eingangsbereich durchquerte. Selbst aus dieser Entfernung konnte sie sehen, wie fahrig sie war. Ob es das Geld oder die Bank war, Cody bewegte sich, als wäre jemand hinter ihr her und würde sie jeden Moment einholen. Als sie an Maddies Büro vorbeikam, sah sie zu ihr. Als ihre Blicke sich trafen, hielt sie an und lehnte sich, sichtlich angespannt, gegen den Türrahmen. »Danke, dass Sie mir das Geld besorgt haben.«

»Gern. War eine lustige Abwechslung. Die wenigsten verlangen eine Million in bar.«

»Kann ich mir vorstellen.« Cody betrat das Büro und schloss die Tür hinter sich. »Hey, ich hab eine Frage. Ich will ein paar Sachen für meine Familie besorgen. Die Kleinen brauchen neue Schuhe und Jacken und so. Wie stelle ich das an?«

Hmm... Sie musste etwas anderes als das Offensichtliche mit dieser Frage bezwecken. »Meinen Sie ... praktisch?«

»Ja, irgendwie schon.« Sie hatte die Lippen geschürzt und die Augen zusammengekniffen wie ein Forscher, der über einem komplexen Problem brütete.

»Warum geben Sie ihnen nicht einfach je fünf- oder zehntausend Dollar, damit sie sich kaufen können, was sie brauchen?«

»Zehntausend?« Sie wurde blass. »Ich dachte eher so an ein paar Hundert. Ich hab einer meiner Cousinen gerade eine Jacke und eine Hose und Schuhe gekauft, und das hat nur fünfzig Dollar gekostet.«

Das entlockte Maddie ein Lachen. Cody war offensichtlich zu dem Ramschladen am Stadtrand gefahren, der Kleidung zu Spottpreisen anbot. »Waren das Wintersachen?«

Cody nickte. »Ja. Was spielt das für eine Rolle?«

»Momentan ist Winterschlussverkauf. Da hat alles wahrscheinlich nur die Hälfte gekostet, oder noch weniger.« Sie sah Cody an, bis die ihr endlich direkt in die Augen sah. »Sie müssen ein bisschen lockerer werden. Sonst werden Sie sie unweigerlich gegen Sie aufbringen. Wenn die Kinder Schuhe brauchen ...«

»Tun sie«, gab sie zu. »Ein mieses kleines Gör hat sich über meine Cousine lustig gemacht und behauptet, ich würde sie nicht genug lieben, um ihr einen ordentlichen Mantel zu besorgen.« Sie schlug sich so heftig auf den Oberschenkel, dass Maddie zusammenzuckte. »Wenn es nicht verboten wäre, Kinder zu schlagen, würde ich diese kleinen Monster finden ...«

Trotz der harten Worte zog sich Maddies Herz vor Mitgefühl zusammen. Die arme Frau war völlig verloren. Maddie ging um ihren Tisch herum und lehnte sich gegen die Kante. »Wir können Schecks auf die Namen Ihrer Verwandten ausstellen. Dann können die sich besorgen, was immer sie wollen.«

»Nein, nein«, widersprach Cody. »Wenn sie die Schecks einlösen, müssen sie zwei Prozent dafür zahlen. Da ist es besser, wenn ich ihnen Bargeld gebe.«

»Sie haben inzwischen Ihre Schecks, oder?«

»Ja. Sind gestern angekommen.«

»Gut. Schecks können Sie überall ausstellen. Schnappen Sie sich Ihre Familie und lassen Sie sie aussuchen, was immer sie wollen. Und dann stellen Sie ihnen einen Scheck aus. Ich sorge dafür, dass Sie Fünfzigtausend auf dem Girokonto haben. Seien Sie mal ein bisschen verrückt.«

»Ich bin nicht gern verrückt«, erwiderte Cody mit besorgtem Gesichtsausdruck. »Ich gehe es lieber langsam an.«

»Das verstehe ich. Aber Sie sollten nicht Unmengen an Bargeld austeilen. Irgendwer wird mitkriegen, wie Ihre Familie damit herumwedelt. Und das wäre nicht gut.«

»Nein, wäre es nicht. Hab ich Ihnen von den Dieben erzählt, die meinen Garten umgegraben haben?«

Allein von der Vorstellung wurde Maddie schon übel. »Oh, Cody.« Einem Impuls folgend lehnte sie sich vor und umarmte sie. In ihrer Jacke hing der Geruch von verbranntem Holz. »Das tut mir so leid.«

»Ist schon gut. Ich krieg das schon hin.«

»Sie könnten immer noch für jeden und jede Einzelne ein Bankkonto eröffnen. Dann hätten sie ihr eigenes Geld. Das wäre sicher.«

Sie schüttelte den Kopf. »Das werde ich wohl eher nicht tun. Es geht aber auch alles so wahnsinnig schnell.«

»Es sind erst ein paar Tage, ich weiß ... Aber Ihre Familie sieht das vielleicht anders.«

»Ja, kann sein.« Auf einmal wirkte Cody so niedergeschlagen. Trotzdem setzte sie ein Lächeln auf, nickte und ging zur Tür.

Maddie blieb noch einen Moment sitzen und sah ihr nach. Wie lange würde ihre Familie wohl noch auf Codys Vorsicht Rücksicht nehmen? Vermutlich nicht mehr allzu lang. Früher oder später würde es zum großen Knall kommen.

Sobald Cody zurück war, rief sie alle Familienzweige an und verkündete, dass sie shoppen gehen würde. Diese Ankündigung wurde mit solcher Begeisterung aufgenommen, dass Cody das Gefühl hatte, dass alle schon darauf gewartet hatten. Sie hätte ihren Hintern wohl schon früher hochkriegen sollen, aber es war so schwer, sich darüber klar zu werden, was sie wann tun sollte.

Pünktlich zur Ladenöffnung am nächsten Tag holte sie ihre vier Tanten ab und startete die Expedition. Tante Merry brauchte unbedingt einen neuen Kühlschrank, das stand ganz oben auf der Liste. Tante Lilly beharrte darauf, dass sie nichts benötigte, gab aber letztlich zu, dass sie gegen einen neuen Herd und eine neue Mikrowelle nichts einzuwenden hätte. Lurlene und Thelma weigerten sich, etwas anzunehmen, dabei funktionierte auf Lurlenes Herd nur noch eine Platte.

Als Nächstes fuhren sie in den größten Laden der Stadt. Dort gab es Schaufensterpuppen und alles war so ordentlich arrangiert. Sie kauften Kleidung und Schuhe für jedes Enkelkind. Natürlich hätten das auch deren Mütter übernehmen können, aber Cody vertraute ihren Tanten mehr als ihren Cousinen beziehungsweise den aktuellen und ehemaligen Freundinnen ihrer Cousins. Ihre Tanten hatten so etwas wie Anstand. Trotzdem schockierten Cody die Schecks, die sie ausstellte. Zwei Paar Schuhe, ein paar Winterstiefel, sowie Jeans, Shirts, Unterwäsche und Jacken für jedes Kind – da ging ein gesamter Monatslohn drauf, wenn nicht sogar zwei. Wie machten die Leute das nur?

Als sie zu Hause die Sachen ausluden, kam Onkel Shooter aus seinem Trailer und sagte: »Was ist mit den Erwachsenen? Wir wollen auch neue Spielsachen.«

Er tat so, als würde er scherzen, doch Cody wusste, dass es sein Ernst war. Es war wohl an der Zeit, sich ein bisschen locker zu machen und mal was Verrücktes zu tun. »Wo willst du denn hin?«

»*Outdoor Universe*«, antwortete er sofort. »Wollen wir alle.«

Cody war noch nie dort gewesen, dafür aber einige ihrer Verwandten und die sprachen nur in den höchsten Tönen von dem Laden. »Morgen früh«, sagte sie also. »Wir fahren alle gemeinsam.«

Sie beschlossen, die Kinder nicht mitzunehmen, obwohl die lautstark jammerten und protestierten. Trotzdem fuhren am nächsten Morgen nur Cody, zehn Cousins und Cousinen und zwei Onkel – ohne Kinder – im Konvoi nach Charleston. Es war ein eiskalter, aber klarer Tag.

Der Laden war unglaublich. Sie hatten alles von Kanus über Schlafsäcke, bis hin zu allen möglichen Waffen und allem, was man so zum Campen braucht.

Sie waren erst ein paar Minuten dort, als alle ihre Cousinen in die Klamottenabteilung eilten. Cody folgte ihnen, nur um sich mal umzusehen. Sie wollte sich lieber erst einmal einen Überblick verschaffen. Die Mädels schleppten Berge von Klamotten in die eine große Umkleidekabine und probierten die Sachen an. Cody blieb bei der Tür stehen und gab brav ihre Meinung zu jedem einzelnen Teil ab. Das wurde ihr aber bald zu langweilig und so machte sie sich auf die Suche nach den Männern. Sie hatte so eine Ahnung, dass die sich in einiger Entfernung von der Klamottenabteilung befinden würden.

Und tatsächlich: Alle männlichen Familienmitglieder hatten sich in der Jagdabteilung versammelt. Wie es aussah, wollte jeder Einzelne von ihnen eine Waffe. Allerdings wollten viele von ihnen eine Pistole statt eines Gewehrs. Das war beunruhigend. Ja, man konnte auch mit Pistolen zur Jagd gehen, doch sie fürchtete, dass sie die Waffen eher gegen Menschen einsetzen wollten als gegen Wild.

Von einer Sache konnte niemand je genug haben, und das war Munition. Sie räumten die Regale leer und füllten zwei große Einkaufswagen mit ihrer Ausbeute. Für die restlichen Kunden blieben nur Platzpatronen übrig.

Devin überraschte sie, indem er sich einen Jagdbogen aussuchte. Soweit sie wusste, hatte er noch nie mit Pfeil und Bogen gejagt, aber sie konnte es ihm ja beibringen. Vorausgesetzt, er verließ mal das Haus. Im Wohnzimmer konnte man nicht jagen.

Während sie die Männer beobachtete, fiel Cody auf, dass Onkel Cubby sich nichts ausgesucht hatte. Sie trat neben ihn. »Willst du eine neue Schrotflinte?«

»Nein, ich brauche nichts.« Er lächelte glücklich und widerstand jeglicher Versuchung. »Ich kann schon für mich selbst sorgen. Aber es ist schön, dass du den Kindern gegenüber so großzügig bist.«

»Ist mir ein Vergnügen«, sagte sie. »Ich würde dir auch gern etwas schenken.«

»Nein, danke. Mein Gewehr funktioniert einwandfrei. Ich müsste nur öfter mal den Hintern hochkriegen.« Er gluckste. »Sagt Lurlene immer.«

Während sie zwei ihrer Cousins dabei beobachtete, wie sie über das beste Kaliber und den besten Waffentyp diskutierten, dachte sie über ihren Onkel nach. Sie würde es nicht zugeben, aber insgeheim war sie froh, dass er sich aus dem allgemeinen Kaufrausch heraushielt. Es war schön, dass er nicht zu denken schien, dass sie ihm etwas schuldete. Aber ein Geschenk würde er trotzdem annehmen, das wusste sie. Es wäre unhöflich, es nicht zu tun. Sobald sie mal einen ruhigen Moment hatte, würde sie ihm etwas besorgen.

Als alle Männer sich mit dem eingedeckt hatten, was sie wollten, machte Cody sich auf die Suche nach den Mädels. Sie kam nicht weit. Ein Paar Stiefel fiel ihr ins Auge und sie blieb abrupt stehen. Innerlich lachte sie darüber, wie albern sie sich verhielt, doch sie konnte nicht anders, als die Stiefel geradezu ehrfürchtig anzustarren. Sie waren in der Mitte aufgeschlitzt worden und standen genau auf Augenhöhe in einem Regal, damit man all ihre wundersamen Eigenschaften bewundern konnte. Natürlich hatte sie schon Stiefel besessen, aber noch nie ein neues Paar. Im Secondhand-Laden fanden sich immer welche, die halbwegs passten und die noch einen Winter hielten, vielleicht auch zwei. Aber meistens waren das Arbeitsstiefel, die nicht dafür gedacht waren, über Stock und Stein und durch Schnee, Matsch und Eis zu wandern.

Aber diese Schuhe, diese Wunderwerke der modernen Technik, versprachen warme Füße, komme, was wolle. Außerdem hatte sie noch nie so leichte und weiche Stiefel gesehen. Unweigerlich stiegen in ihr die seltsamsten Bilder auf. Zum Beispiel, wie sie einem Reh folgend einen Pfad entlanghüpfte und dabei immer höher in die Luft flog. Sie war versucht, etwas wirklich, wirklich Teures zu kaufen, und sie wollte sich gar nicht wirklich dagegen wehren. Sie konnte es sich leisten – schließlich hatte sie jetzt jede Menge Geld – und sie wollte die Stiefel so sehr. Noch nie hatte sie sich von dem Drang, etwas besitzen zu wollen, überwältigen lassen, doch sie musste diese verdammten Stiefel haben. Wasserdicht, mehrfach isoliert, ergonomisch, weich, leicht – lauter Eigenschaften, von denen sie nicht gewusst hatte, dass sie ihr wichtig waren und ohne die sie jetzt nicht mehr leben konnte.

Ihre Haut prickelte und sie kratzte sich heftig im Nacken, als könnte sie die Begierde so wegrubbeln. Die Stiefel kosteten hundertfünfzig Dollar. Einhundertfünfzig Dollar für ein Paar Schuhe! So viel hatte sie noch nie für etwas ausgegeben, abgesehen von ihrem Auto, und auch das hatte nur tausend Dollar gekostet. Jetzt jedoch ertappte sie sich dabei, wie sie im Regal nach einem Paar in ihrer Größe suchte und es anprobierte. Die Schuhe gaben ihr ein bisschen das Gefühl, auf Wolken zu laufen. Leicht wie Laufschuhe, aber perfekt, um einen ganzen Tag lang herumzugehen und zu laufen und noch ein bisschen herumzustehen. *Himmlisch.* Sie klemmte sich den Schuhkarton unter einen Arm und machte sich nun wirklich auf die Suche nach ihren Cousinen. Es war höchste Zeit, zu gehen, bevor sie noch weiter durch die Regalreihen wanderte und weiteren ungeahnten Begierden erlag.

Die anderen wollten noch nicht gleich aufbrechen, also musste Cody sie in das kleine Café begleiten, das beinahe aus allen Nähten platzte, als sie sich lachend und herumalbernd darin breitmachten, als wären sie alle ein bisschen high. Dann kam der Moment der Wahrheit. Cody hatte schon Angst, dass man ihr nicht erlauben würde, einen Scheck über eine derartig hohe Summe auszustellen. Nervös nagte sie an der Innenseite ihrer Wange, während sie in der Schlange stand. Es wäre unendlich peinlich, wenn sie nicht zahlen könnte.

Sie war so außer sich vor Sorge, dass sie gar nicht mitbekam, wie Mandy an sie herantrat. Erst als sie ihr etwas entgegenstreckte, bemerkte sie sie. Reflexartig hob sie abwehrend die Hände. »Was ist das?«

»Eine Schneehose. Ich bin es leid, dass du ständig über die überlangen Hosenbeine von Devins Hose stolperst. Du bist nicht in der Army, also brauchst du auch keine Uniform.«

Am liebsten hätte Cody ihr die Hose zurückgegeben, aber schließlich nickte sie ihr nur dankend zu und warf die Hose auf den Stapel mit dem restlichen Zeug. Nein, sie brauchte sie nicht, aber es wäre schon nett, sie zu haben. So fing es wohl an. Erst Stiefel, dann eine Hose, und als Nächstes dann ein Haus mit dreißig Zimmern und einem Hubschrauberlandeplatz. Sie sah den Sheriff schon vor sich, wie er ihre Sachen konfiszieren würde, sobald sie ihr gesamtes Vermögen verprasst hatte. Aber er würde sich verdammt anstrengen müssen, wenn er ihr die neuen Stiefel wegnehmen wollte. Allein der Gedanke, nach einem langen Tag im Wald trockene Füße zu haben, ließ ihr Herz schneller schlagen. Wenn er die Schuhe haben wollte, würde der Sheriff verdammt noch mal mit seinen Hunden anrücken müssen. Die würde er brauchen.

Als Cody am nächsten Nachmittag aus ihrem Haus trat, neigte sie den Kopf zur Seite. Schüsse hallten durch die Stille. Sie klangen nah, aber nicht so nah, als dass sie von ihrem Land kommen konnten. Sie ging also langsam zum Haus ihres Cousins Chase. Als sie näher kam, sah sie, dass er Gesellschaft von Bobby, Brett, Lucas, Jaden und Ricky hatte. Sie schossen auf Ziele, die sie im Garten verteilt hatte. In kürzester Zeit hatten sie fünfzig Magazine verschossen. Das war beeindruckend, aber auch eine groteske Geldverschwendung. Zum Glück trugen einige von ihnen wenigstens den Gehörschutz, auf den Cody bestanden hatte. Es war natürlich ihr gutes Recht, sich selbst das Gehör zu ruinieren. Ihr missfiel nur die Vorstellung, dass sie ihnen allen würde Hörgeräte kaufen müssen.

Ein paar Tage später saß Cody am Tresen des Diners an der Main Street in Greenville. Ihr tat alles weh, wahrscheinlich wegen der Probleme, die heute so schwer auf ihr lasteten.

Eine Hand legte sich auf ihren Rücken und sie fuhr kampfesbereit herum.

»Oh! Tut mir leid, ich wollte Sie nicht erschrecken«, sagte Maddie, ohne dabei die Hand von ihrem Rücken zu nehmen.

»Schon gut. Ich bin nur paranoid. Glaube immer, dass mich jeden Moment jemand ausrauben will.« Unheilvoll schüttelte sie den Kopf. »So wie heute früh.«

Maddie setzte sich auf den leeren Stuhl neben ihr und musterte sie sichtlich besorgt. »Oh Gott, was ist passiert?«

»Ich meine das nicht wörtlich. Mein Auto ist hier in der Werkstatt, aber sie wissen von dem Geld und, was sie jetzt von mir verlangen, kommt einem Raub gleich.« Sie seufzte schwer. »Das ist so ätzend.«

Maddie schien konzentriert nachzudenken, bevor sie schließlich sagte: »Vielleicht kann ich Ihnen da helfen. Mein Auto war letztens hier in der

Stadt in der Werkstatt und die Leute dort wirkten ehrlich. Ich kann dort anrufen und dafür sorgen, dass man Ihr Auto dorthin bringt. Dann wird man es nicht mit Ihnen in Verbindung bringen.«

Cody überlegte. »Glauben Sie wirklich, dass das funktioniert?«

»Könnte es zumindest. Und dann hätten Sie einen Vergleichswert. Wenn meine Werkstatt billiger ist, ist das nur gut. Wenn die Reparatur gleich viel kostet, war Ihre Werkstatt vielleicht doch ehrlich. So oder so profitieren Sie davon.«

Cody schlug sich eine Hand vor den Mund und lachte auf. »Eine Möglichkeit haben Sie vergessen. Ihre Werkstatt könnte noch teurer sein, und dann müssten Sie sich Gedanken darüber machen, ob die *Sie* ausgenommen haben.«

Dass Maddie ihr beistand, besserte Codys Laune so sehr, dass sie noch eine Weile in Greenville blieb und noch mehr Geld ausgab. Es war wie Wasser, das einem durch die Finger rann: Wenn es einmal floss, war es verdammt schwer aufzuhalten.

Sie kam erst am Abend zurück, trotzdem ging sie direkt zu Onkel Cubbys Haus. Es machte ihnen nichts aus, wenn sie sie beim Essen störte.

Sie hupte und kurz darauf steckte Cubby den Kopf aus der Tür und warf ihr einen irritierten Blick zu.

Cody öffnete die Autotür und rief: »Ich brauch Hilfe beim Tragen.«

Er kam in die Einfahrt und keuchte, als sie den Kofferraum des Autos öffnete, das sie sich geliehen hatte. Darin lag ein Fünfundvierzig-Zoll-Flatscreen-Fernseher sowie eine dieser Spielekonsolen, von der der Typ im Laden behauptet hatte, dass jetzt alle so eine hatten.

»Willst du mich verarschen?« Seine Stimme war höher und lauter als sonst.

»Nein. Ich hatte kein Geld für ein Weihnachtsgeschenk für euch. Das hole ich jetzt nach.«

Er klopfte ihr fest auf die Schulter. »Das ist nicht nötig, Cody. Wir brauchen nichts.«

»Ich weiß, ich weiß. Aber bei euch hängt immer mindestens ein Dutzend Kinder und Jugendlicher ab. Ich hab ihnen ein paar Spiele besorgt. Dann gehen sie euch nicht mehr so auf die Nerven.«

Er klopfte ihr noch einmal auf die Schulter, was einer freundlichen Umarmung gleichkam. Es war schön, zu sehen, wie seine Augen leuchteten.

Sie hätte heulen können, wenn sie sich die Geschichte darüber nicht noch in zwanzig Jahren anhören müsste.

7

Nach über einer Woche hatte Cody endlich ihr Auto zurück. Sie kam sich vor wie ein Kind mit einem neuen Spielzeug. Als Erstes fuhr sie zur Bank. Der Wachmann dachte wahrscheinlich schon, dass sie Maddie stalkte. Sollte er nur. Sie betrat das Gebäude und achtete darauf, nicht zur Kassiererin zu schauen. Sie war eine Goodwin und die waren immer schon fies gewesen – ganz besonders zu Keith. Mädchen wie sie hatten ihm die Highschool zur Hölle gemacht und das würde Cody ihnen nie verzeihen. Wenn jemand mal bei ihr durchgefallen war, dann für immer. Sollte eine Goodwin in Flammen aufgehen, würde sie noch nicht einmal auf sie spucken, um das Feuer zu löschen.

Maddie saß in ihrem Büro und winkte Cody herein.

Sie setzte sich und wartete, bis Maddie ihr Telefonat beendet hatte. Maddie sah heute besonders gut aus – natürlich sah sie immer gut aus, aber der Pulli, den sie heute trug, war leuchtend rot und ließ ihre Wangen besonders rosig aussehen. Ob sie wohl verheiratet war und Kinder hatte?

»Wie läuft es?«, riss Maddie sie aus ihren Gedanken.

»Oh! Gut. Haben Sie kurz Zeit?«

»Klar. Immer.«

»Dann schnappen Sie sich Ihren Mantel. Ich muss Ihnen was zeigen.«

Eigentlich war Maddies Terminplan übervoll, aber sie hatte das Gefühl, dass Cody beleidigt wäre, wenn sie keine Zeit für sie hatte. Sie gingen ein Stück die Straße entlang, bis Cody vor einem weißen Jeep stehen blieb.

»Komplett repariert«, erklärte sie stolz. »Es ist ein bisschen mit mir durchgegangen.«

Maddie hatte keine Ahnung von Autos, aber dieses hatte wahre Schlachten hinter sich. Es hatte üble Dellen, war zerkratzt und der Lack glänzte schon lange nicht mehr. Aber die mattweiße Oberfläche war sauber und die knallroten Stoßdämpfer leuchteten ihr förmlich entgegen.

»Sieht super aus!«, versicherte sie begeistert.

»Weil sie ohnehin einen neuen Motor einbauen mussten, habe ich sie auch gleich die Wasserpumpe und das Getriebe und die Kupplung ersetzen lassen. Außerdem sind die Bremsen neu, und die Offroad-Reifen auch. Eigentlich ist es ein komplett neues Auto.«

»Klingt für mich nicht, als hätten Sie es übertrieben.« Ein neuer Rolls Royce wäre übertrieben gewesen, aber die Bemerkung verkniff sie sich.

»Oh. Die ausgeflippten Details sind da.« Sie deutete auf die Stoßdämpfer und die Seilwinde vorne an der Stoßstange. »Ich hab mir sicherheitshalber eine Seilwinde anbringen und das Auto höherlegen lassen. Dann komme ich zur Not noch tiefer in den Wald hinein. Ich wünschte nur, sie hätten die blöden Dinger in Schwarz gehabt. Rot sieht blöd aus.«

»Mir gefällt's«, meinte Maddie. »Ist etwas Besonderes und unterscheidet das Auto von all den anderen. Haben Sie auch die Heizung reparieren lassen?«

Cody schüttelte vehement den Kopf. »Das ist nicht so wichtig. Der Winter ist bald vorbei und wegen des Cabriodachs ist es sowieso immer eisig.«

Interessante Logik. Es war kalt, also konnte es auch gleich noch kälter sein. »Sie sind wahrscheinlich der erste Mensch, der in der Lotterie gewinnt und sich nicht sofort ein neues Auto kauft. Selbst die Leute, die sich kein neues Haus anschaffen, kaufen doch zumindest ein neues Auto. Oder auch zwei.«

»Zwei?« Cody riss die Augen auf. »Wer braucht denn zwei Autos?«

»So einige. Ich meine, ich bin einfach nur überrascht, dass Sie sich keinen neuen Jeep besorgt haben. All die Reparaturen waren doch sicher teuer.«

»Waren sie, aber immer noch günstiger als in meiner alten Werkstatt.« Sie verneigte sich kurz. »Noch mal danke dafür. Inklusive Winde, Stoßdämpfer und dem ganzen Rest hat mich das in etwa das gekostet, was die Halsabschneider für die bloße Reparatur verlangt hätten.«

»Das freut mich.« Sie umfasste Codys Oberarm und drückte ihn kurz. »Wenn Sie sich über die Reparaturen mehr freuen als über ein neues Auto, dann war es die richtige Entscheidung. Sie sollen nur glücklich damit sein.«

»Ich hab ja gar nichts dagegen, etwas Neues zu kaufen. Aber ein Auto bleibt nun mal nicht schön und neu … Zumindest nicht da, wo ich lebe. Es ist nur ein Transportmittel. In den Bergen ist binnen weniger Tage der Lack ab.« Sie kicherte und schaffte es gerade noch rechtzeitig, sich die Hand vor den Mund zu halten. »Wie Sie ja aus eigener Erfahrung wissen.«

»Ja, allerdings.« Es war verdammt kalt, aber sie wollte nicht wie ein Weichei wirken. Cody benahm sich, als wäre es ein milder Frühlingstag, dabei war ihre Jacke für die Wüste gedacht. »Sie haben schon länger nichts von sich hören lassen und gesehen habe ich Sie auch nicht. Ich war schon kurz davor, Sie anzurufen, um sicherzugehen, dass Sie nicht entführt wurden.«

Cody gluckste. »Wurde ich nicht, zumindest nicht richtig. Aber es ist so komisch, in einen Laden zu gehen, auf etwas zu zeigen und es einfach mitnehmen zu können. Meiner Familie fällt die Umstellung viel leichter als mir.«

»Oh-oh. Wie leicht fällt es ihnen denn?«

»Die meisten finden das wahrscheinlich ganz normal, aber ich habe im Outdoor-Laden über zwanzigtausend Dollar ausgegeben und das nagt immer noch an mir.«

Maddie stieß einen Pfiff aus. »Das *ist* aber auch viel Geld. Haben sie sich denn so große Sachen ausgesucht?«

»Nur ein paar von ihnen. Ein Cousin hat sich das wahrscheinlich teuerste Gewehr aller Zeiten ausgesucht. Keine Ahnung, wozu er das braucht. Man müsste ihm Dynamit unter den Hintern schieben, damit er in der Früh aufsteht, um zur Jagd zu gehen.«

»Das ist wahrscheinlich nur die erste Euphorie. Was haben Sie sich denn ausgesucht?«

»Meine Cousine hat mich gezwungen, mir eine Schneehose zu kaufen und ich konnte nicht widerstehen und habe mir außerdem noch grotesk teure Stiefel gekauft.« Sie lächelte verzückt. »Die sind großartig.« Sie schüttelte den Kopf, als wolle sie die Gedanken an ihre wunderbaren Stiefel vertreiben. »Oh, und eine Matratze habe ich mir auch noch geholt. Das reicht.«

Das entlockte Maddie ein leises Lachen. »Im Ernst? Alles, was Sie sich gekauft haben, waren eine Schneehose und ein Paar Stiefel?«

»Nein, die Matratze habe ich mir auch noch gekauft. Die ist richtig gut und hat zweihundert gekostet. Außerdem war es bescheuert, die Schneehose zu kaufen. Ich hatte noch nie eine und mir hat nichts gefehlt.«

»Ich habe keine Ahnung, ob Sie sich je daran gewöhnen werden, Geld auszugeben, aber ich bin froh, dass Ihre Cousine Sie gezwungen hat, sich eine warme Hose zu kaufen. Nehmen Sie sie doch öfter mit.«

»Nein, ich muss damit allein klarkommen. Aber was ich gern würde … also, wenn Sie mögen … und es keine Umstände macht … und falls Sie morgen Zeit haben …«

»Cody, ich habe keine Ahnung, was Sie gerade zu sagen versuchen.«

»Entschuldigung. Das ist nur so ungewohnt. Ich möchte mich gern dafür bedanken, dass Sie so nett zu mir sind. Kann ich Sie zum Mittagessen einladen?«

»Sie müssen mich nicht einladen, aber ich würde sehr gern mit Ihnen zu Mittag essen. Morgen klingt wunderbar.«

Sie vereinbarten, sich direkt im Restaurant zu treffen. Maddie schlug ein Uhr vor, weil sie in der Bank sein wollte, wenn der Ansturm mittags am Größten war. Normalerweise aß sie zwei Stunden früher, aber Cody hatte nichts dagegen.

Am nächsten Vormittag ging sie von einer Cousine zur nächsten, um ein passendes Outfit zu finden. Schließlich entschied sie sich für eine Jeans, die Melissa während ihrer Shoppingtour erstanden hatte. Sie waren ungefähr gleich groß, aber die Hose schlackerte an Codys Hüften und drohte nach unten zu rutschen. Zum Glück verdeckte das der hellblaue Pulli, den sie sich ebenfalls ausgeliehen hatte, ganz gut.

Bisher hatte es Melissa nie etwas ausgemacht, ihr Klamotten zu borgen, diesmal jedoch wirkte sie etwas schnippisch. Und das war nicht nur ein Gefühl. Melissa erklärte ihr nämlich, dass sie sich gefälligst eigene Klamotten besorgen und nicht so verdammt geizig sein sollte.

Cody war noch nie in dem Restaurant gewesen, in dem sie sich verabredet hatten. Wahrscheinlich war sie als kleines Mädchen in Restaurants gewesen, damals, als ihre Familie noch Geld für solchen Luxus übriggehabt hatte. Es war schon eine neue Erfahrung für sie gewesen, neulich im Diner einen Kaffee zu trinken. Daran könnte sie sich aber wahrscheinlich gewöhnen. In Restaurants zu essen machte einen noch nicht zu was Besserem, aber alle sagten ihr ständig, dass sie mal ein bisschen leben sollte. Sie nahm an, dass sie so was damit meinten.

Jetzt stand sie also vor dem Restaurant und las die Werbeanzeigen, die an der Wand und der Tür hingen. Laut der bunten Karte hatte das Restaurant insgesamt vier Filialen in West Virginia. Dann musste es also gut sein. Ein zweites Restaurant zu eröffnen, machte nur Sinn, wenn die Leute mehr wollten, nachdem sie im ersten gewesen waren. Sie versuchte, den Abschnitt über die Geschichte des Restaurants zu lesen, aber die Schrift war winzig und der Text war in einem merkwürdigen Winkel angebracht, sodass sie den Kopf ganz schön verdrehen musste, um ihn lesen zu können.

Als jemand ihr auf die Schulter tippte, zuckte Cody zusammen.

Eine vertraute Stimme sagte: »Ich muss dringend damit aufhören. Ich will ja nicht, dass meine beste Kundin meinetwegen einen Herzanfall erleidet.«

Beim Klang von Maddies Stimme wurde Cody ganz warm. »Ich hab schon Schlimmeres erlebt. Wahrscheinlich bin ich einfach nur schreckhaft. Haben Sie Hunger?« Was für eine bescheuerte Frage. Natürlich hatte sie Hunger, es war ein Uhr mittags.

»Hab ich. Ich fange immer ziemlich früh an, also bin ich um die Zeit kurz vorm Verhungern.«

Als sie eintraten, fing die Frau am Pult Codys Blick auf. Nachdem Cody ihren Namen genannt hatte, nickte sie ihr zu und bedeutete ihnen, ihr zu folgen. Sie wurden zu einem Tisch am Fenster geführt, von dem aus sie auf den Highway blicken konnten.

»Wie nett«, sagte Maddie.

Cody nickte nur.

Die Frau, die sie an den Platz geführt hatte, reichte ihnen die Speisekarten und dann kam jemand anderes und füllte ihre Wassergläser. Maddie nahm die ordentlich gefaltete braune Serviette, schüttelte sie aus und legte sie auf ihren Schoß. Cody tat es ihr gleich.

Auch während sie bestellten, tat sie alles, was Maddie tat. Dann warteten sie darauf, dass das Essen kam. Cody hatte immer noch Schwierigkeiten damit, dass ein Hamburger hier 6,95 Dollar kostete.

»Sie meinten letztens, dass Sie nicht hier in der Gegend geboren sind«, sagte Maddie. »Aber Sie sind hier verwurzelt, oder?«

»Ja, sehr sogar. Ich hab ein bisschen nachgeforscht und es gibt recht plausible Hinweise, dass die Montgomerys schon im frühen achtzehnten Jahrhundert nach Amerika gekommen sind.«

»Wow. Ganz schön früh. Stammten sie aus England?«

»Nein, wir sind *Scots-Irish*.«

Ein verwirrter Ausdruck breitete sich auf Maddies Gesicht aus. »Den Ausdruck habe ich schon gehört, aber ich weiß nicht genau, was es eigentlich bedeutet.«

»Wir waren Schotten, die man zwang, nach Irland zu ziehen. Da sind wir etwa hundert Jahre lang geblieben, haben aber nie richtig hingepasst.

Dann sind viele von uns nach Amerika ausgewandert. Eigentlich ist es viel komplizierter, aber das ist die Kurzfassung.«

»Da haben Sie Ihre Hausaufgaben aber ganz schön gründlich gemacht. Interessieren Sie sich schon lang für Ahnenkunde?«

»Nein, erst seit der Highschool. Ich hab mich vor allem für die Seite meiner Mom interessiert. Wahrscheinlich sollte ich mich mal hinsetzen und mir Dads Seite anschauen.«

»Woher stammt seine Familie?«

»Mindestens die letzten drei Generationen haben in Greenville gewohnt, mehr weiß ich aber nicht.«

»Erzählen Sie mir, wie Ihre Eltern zusammengekommen sind. Ich liebe romantische Geschichten.«

Cody gluckste und trank einen Schluck Wasser. »Keine Ahnung, wie romantisch das war, aber sie haben sich kennengelernt, als sie beide im Stahlwerk gearbeitet haben. Daran sind Sie vorbeigekommen, als Sie zu uns hinausgefahren sind. Angeblich will die Regierung irgendwas damit machen, aber das glaubt niemand.«

»Ja, das ist mir aufgefallen. Das hat schon vor Langem geschlossen, oder?«

»Japp. Sie haben sich hier in Greenville im Stahlwerk kennengelernt und sind nach Huntington gezogen, als mein Dad befördert wurde. Er hat sich wohl ziemlich gut angestellt, war ein guter Vorgesetzter und so, aber das hat ihm auch nichts genützt, als sie Einsparungen machen wollten. Dann wurden sie wieder zurück hierhergeschickt.«

»Das war bestimmt hart.«

»Denke schon. Das Stahlwerk hing dann ein paar Jahre am seidenen Faden, ehe sie es ganz aufgegeben haben. Wenn sie zwei Jahre früher zugemacht hätten, gäbe es mich wahrscheinlich nicht.«

»Was?« Maddie sah aus, als hätte jemand sie gekniffen.

»Meine Mama hat das nie so direkt gesagt, aber sie meinte, dass sie noch mehr Kinder haben wollten, sich aber dagegen entschieden haben, als sie ihren Job verloren hat. Ich bin direkt nach ihrer Entlassung geboren worden, also bin ich gerade so noch mit durchgerutscht.«

»In Ihrem Fernsehinterview haben Sie die Schließung des Stahlwerks auch erwähnt. Ich kann mir gar nicht vorstellen, was es für eine Kleinstadt wie diese bedeutet haben muss, auf einen Schlag fünftausend Jobs zu verlieren.«

»Schön war es nicht. Mein Dad war handwerklich echt geschickt und konnte so ziemlich alles bauen, also hat er sich eine Weile mit Gelegenheitsjobs durchgeschlagen. Eine Zeit lang haben sie auch Arbeitslosengeld bekommen und auch was von der Gewerkschaft. So haben sie sich über Wasser gehalten.«

»Aber das hat nicht ewig funktioniert.«

Das Essen wurde serviert und wenigstens damit kannte sich Cody aus. Sie mochte es würzig, darum verwendete sie alles, was hier an Soßen und zusätzlichem Belag angeboten wurde. Riesig, wie er war, brachte sie den Hamburger kaum in den Mund. Schließlich schaffte sie es doch, abzubeißen, und nickte zufrieden. »Verdammt lecker.« Eine Weile genoss sie einfach nur ihr Essen, bevor ihr auffiel, dass sie nicht auf Maddies Frage geantwortet hatte. »Ich glaube, meine Eltern wären schon klargekommen, aber dann hat mein Dad einem Freund dabei geholfen, sein Auto zu reparieren, und der Wagenheber ist gebrochen.« Auf Maddies neugierigen Blick fügte sie hinzu: »Hat ihn umgebracht.«

Maddie hatte gerade von ihrem Burger abgebissen und hielt sich nun eine Serviette vor den Mund, um zu sagen: »Oh mein Gott! Wie furchtbar!«

»Ja, das war es. Ohne seinen Lohn hatte meine Mama es echt schwer. Daddys Eltern haben auch in Greenville gewohnt, und mein Großvater ist bald nach meinem Daddy gestorben. Mama und Keith und ich sind zu meiner Grandma gezogen, aber als sie auch gestorben ist, ist das Haus sofort verkauft worden, da konnten wir gar nichts machen. Wir mussten zu meiner anderen Granny nach Ramp ziehen, ging gar nicht anders.«

Maddie sah sie mit großen Augen an. »Sie haben zu viert da gewohnt, wo Sie jetzt noch wohnen?«

»Mhm. Mama und Granny haben im Schlafzimmer geschlafen, Keith und ich im Wohnzimmer. War vielleicht ein bisschen eng, aber das hat mir nichts ausgemacht.«

»Sie scheinen sehr anpassungsfähig zu sein«, meinte Maddie nachdenklich.

Cody lachte auf und vergaß beinahe, sich die Hand vor den Mund zu halten. »Ich hatte gar keine andere Wahl, als mich anzupassen. Aber es war eine schöne Zeit für mich. War es wirklich.«

»Wegen Ihrer Granny?«

»Ja, ich hab meine Granny sehr geliebt, aber Ramp habe ich auch geliebt. Alles daran. Ehrlich gesagt tue ich das noch immer.«

»Es ist gut, wenn man seinen Wohnort liebt. Immerhin verbringt man dort die meiste Zeit.« Maddie lachte über ihren eigenen Witz.

»Ich liebe es nicht nur deswegen, weil ich eben dort wohne. Ich liebe die Landschaft, die Jahreszeiten. Den Duft, der frühmorgens in der Luft liegt. Meistens liebe ich auch den Nebel, der im Sommer immer aufzieht, auch wenn er meine Tomaten massakriert. Und ich liebe es, dass ich Teil von etwas bin. Meine Leute leben da schon seit Jahrhunderten und ein Teil von mir kann sehen, was sie gesehen haben, als sie sich hier niederließen. Sie haben sich für dieses Fleckchen Erde entschieden und für kein anderes. Mir geht es genauso.«

Als Maddie sich vorbeugte und sachte über ihren Handrücken streichelte, breitete sich eine Gänsehaut auf Codys Armen aus.

»Das ist wunderschön, Cody. Wirklich wunderschön. Sehr poetisch.«

»Oh, wohl kaum. Ich lese viele Gedichte, aber ich glaube, ich könnte keine schreiben.«

»Die vielen Bücher sind mir aufgefallen, als ich bei Ihnen war. Sie müssen ein ganz schöner Bücherwurm sein.«

»Schon ein bisschen. An der Highschool hatte ich eine Lehrerin, die mich echt dafür begeistert hat, und meine Mama hat es geliebt, wenn ich ihr vorgelesen hab.« Ihr wurde bewusst, wie das klang, und sie beeilte sich, hinzuzufügen: »Sie konnte auch selber lesen, aber sie mochte es einfach, wenn ich laut las.«

»Das klingt nach einer schönen Kindheit.«

Etwas daran, wie sie das sagte, erinnerte sie an die Realität des Lebens in Ramp. »Das war es … eine Zeit lang.«

Sobald sie aufgegessen hatten, schaute Maddie auf die Uhr. »Ich muss zurück. Heute ist ganz schön viel los.«

»Ich übernehme die Rechnung, wenn das okay für Sie ist«, sagte Cody. »Ich würde Sie wirklich gern einladen.«

Maddie schien erst widersprechen zu wollen, nickte dann aber und lächelte. »Aber nur, wenn ich das nächste Mal *Sie* einladen darf.«

Würde es denn ein nächstes Mal geben? Oder sagte man das nur so? Ihre Mutter hatte immergemeint, wenn jemand sagt *Lass uns und bald mal treffen,* bedeutete das eigentlich, dass sie keine Lust hatten, einen wiederzusehen.

Cody nahm das Plastikmäppchen mit der Rechnung und zückte ihren Geldbeutel. Sie wollte gerade das Geld abzählen, da fiel ihr etwas ein. Sie schluckte schwer. Verdammt, sie war ja so unbeholfen. »Hey, ähm… Ich muss da noch zusätzliches Geld reintun, oder? Für die Kellnerin?«

Maddie warf ihr erst einen verwirrten Blick zu, doch dann breitete sich ein Lächeln auf ihren hübschen Lippen aus. »Für gewöhnlich gebe ich zwanzig Prozent Trinkgeld.«

Um ein Haar hätte Cody sich an ihrer eigenen Spucke verschluckt. Zwanzig Prozent? Das war unfassbar viel Geld! Sie zählte es ab und platzierte es ordentlich auf dem Tisch, ehe sie aufstand und Maddie eilig folgte. Sie musste dringend jemand anderen nach dieser Trinkgeldsache fragen. Zwanzig Prozent – das war doch Wucher!

Als sie vor ihren Autos standen, verabschiedeten sie sich.

»Ich habe eine ganze Stunde lang nur über mich geredet«, sagte Cody. »Sie haben es echt drauf, mich zum Reden zu bringen.« Sie lachte. »Wobei, eigentlich sollte ich Ihnen nicht die Schuld dafür geben. Manchmal rede ich wie ein Wasserfall.«

Maddie fand sie eigentlich nicht sonderlich gesprächig. Aber je mehr Zeit sie miteinander verbrachten, desto mehr taute Cody auf. »Ich fand es sehr schön. Wir sollten das unbedingt wiederholen.«

»Geben Sie einfach Bescheid, wann es Ihnen passt«, erwiderte Cody. »Ich bin flexibel.« Sie lächelte.

In diesem Moment wurde Maddie bewusst, dass sie wirklich auftaute. Sie versteckte ihren abgebrochenen Zahn nicht mehr.

Als Maddie die Bank betrat, winkte Lynette ihr zu. Obwohl sie immer noch ihren Mantel trug, ging Maddie direkt zum Schalter. »Hi. Was gibt's denn?«

»Die Schwiegertochter meiner Schwester arbeitet im *The Mountaineer*. Sie meinte, Sie haben dort mit diesem Montgomery-Mädel gegessen.«

Uff, die Freuden des Kleinstadtlebens. Ob es hier wohl jemanden gab, der es schaffte, eine Affäre geheim zu halten? »Das stimmt. Ich werde mit sämtlichen unserer Großkunden essen gehen, also können Sie der Schwiegertochter Ihrer Schwester gern schon ausrichten, dass sie die

Augen offen halten soll.« Das war dann wohl hoffentlich alles. Maddie wandte sich ab und wollte in ihr Büro gehen, doch Lynette zischte ein sehr lautes *Psssssst*.

Maddie wappnete sich innerlich für das, was da jetzt noch kommen würde, und ging zu ihr zurück. »Ja?«

»Nur damit Sie es wissen: Es heißt, sie ist eine Lesbe.«

Normalerweise errötete Maddie nicht, doch jetzt stieg ihr die Hitze in die Wangen. Ihr Mentor hatte ihr geraten, ihre Sexualität in Greenville unter Verschluss zu halten, und das hatte sie getan. Aber vielleicht war das ein Fehler gewesen. Wenn ihre Mitarbeiter wüssten, dass sie lesbisch war, würden sie derartige Kommentare wenigstens für sich behalten. Sie atmete ein paarmal tief durch, ehe sie sagte: »Kommen Sie bitte einen Moment mit in mein Büro. Geneva kann derweil die Kasse im Auge behalten.«

Als sie ihr Büro betrat, hatte sie sich ein wenig beruhigt, war aber immer noch ganz schön geladen. Sie zog ihren Mantel aus und hängte ihn auf, bevor sie sich setzte und sich Lynette zuwandte. Die wirkte tatsächlich völlig ruhig und schien nicht zu ahnen, dass ihr eine gewaltige Standpauke bevorstand.

»Setzen Sie sich«, sagte Maddie. »Ich dachte eigentlich, ich hätte mich letztens klar ausgedrückt, aber da habe ich mich wohl getäuscht.« Sie beugte sich vor und sprach extra langsam. »Wir verurteilen unsere Kundschaft nicht, wir lästern nicht über sie und wir machen uns nicht über sie lustig. Mich interessiert nicht, was Sie gegen Miss Keaton haben. Es geht mich nichts an, genauso wenig wie ihr Privatleben *Sie* etwas angeht.«

»Ihr Privatleben ist mir gleich. Aber alle wissen, dass sie all das Geld hier im Safe aufbewahrt. Früher oder später wird jemand die Bank stürmen und uns alle umbringen, um an das Geld zu kommen.«

Maddie atmete tief durch. »Erstens stimmt das nicht. Nichts davon. Und zweitens geht es Sie nichts an, was Miss Keaton mit ihrem Geld macht. Sie stehen hinter einer Sicherheitsbarriere. Wenn etwas passiert, können Sie sich gern jederzeit ducken.«

»Es ist aber nicht in Ordnung, dass ich für Leute wie sie mein Leben riskieren muss.«

»Das müssen Sie nicht.« Maddie deutete zur Eingangstür. »Sie werden nicht gegen Ihren Willen hier festgehalten.«

Ihre Worte perlten an Lynette ab wie an Teflon. »Ich versuche nur, zu helfen. Sie können es sich nicht leisten, mit ihr gesehen zu werden. Das gibt übles Gerede.«

Maddie beugte sich so weit vor, dass sie fast auf dem Schreibtisch lag. »Hören Sie mir bitte ganz genau zu«, versuchte sie es noch einmal. »Es ist mir *egal*, ob die Leute sich das Maul über mich zerreißen. Was für mich zählt, ist einzig und allein, dass wir unsere Kunden anständig behandeln. Für mich zählt, dass die Angestellten dieser Bank begreifen, dass sie Dienstleister sind und dementsprechend kundenorientiertes Verhalten an den Tag zu legen haben. Das ist mir tatsächlich extrem wichtig, und Ihre Chancen, Ihren Job zu behalten, würden erheblich steigen, wenn Sie Ihre gesamte Energie auf eben diese Punkte konzentrieren würden.« Sie richtete sich auf. Ihr Gesicht glühte und ihr Herz raste. »Die Arbeitslosenzahlen sind sehr hoch, Lynette. Sie wollen doch nicht, dass Sie auch in dieser Statistik auftauchen.«

»Niemals!«, blaffte sie. »Ich habe schon hier gearbeitet, als Sie noch zur Highschool gegangen sind. So können Sie mit mir nicht reden!«

»Doch, das kann ich. Ich werde außerdem ein Protokoll unseres Gesprächs erstellen, das Sie dann bitte unterschreiben werden. Ich möchte sichergehen, dass es keine Missverständnisse gibt.«

»Ich hab Sie schon verstanden.« Lynette stand auf und ging zur Tür, blieb dort aber kurz stehen, bevor sie sich noch einmal umdrehte. »Alle wissen, dass Sie in der Zeit, seit Sie hier wohnen, noch keine einzige Verabredung hatten. Wenn Sie mit der oder mit ihresgleichen gesehen werden, wird Sie erst recht kein anständiger Mann wollen.«

»Auch mein Privatleben gehört zu den Dingen, über die Sie sich nicht den Kopf zu zerbrechen brauchen.«

»Meinetwegen. Aber Sie brauchen nicht bei mir anzukommen und rumzuheulen, weil Sie samstagabends immer allein daheimhocken.«

Maddie schenkte ihr ein wenig überzeugendes Lächeln. »Das werde ich nicht, versprochen.«

Endlich wandte Lynette sich ab und ging zurück zum Kassenbereich.

»Miese Arschgeige. Engstirnige Vettel. Homophobe Kuh«, knurrte Maddie – vielleicht etwas zu laut. Sie stand auf und schloss die Bürotür, weil sie so eine Ahnung hatte, dass sie noch so einiges über ihre am wenigsten geschätzte Angestellte zu sagen hatte. Eigentlich hatte sie sich ja vorgenommen weniger zu fluchen, aber heute konnte sie eine Ausnahme machen. »Drecksstück.«

Kochend vor Wut setzte sie sich wieder an ihren Schreibtisch. Sie sollte sich nicht so lange und ausgiebig ihrem Ärger hingeben, aber sie konnte nicht anders. Ihr Beschützerinstinkt schlug bei Cody eindeutig viel zu stark an. Wahrscheinlich hatte Lynette sogar recht mit dem, was sie gesagt hatte. Cody hatte nie über ihr Liebesleben geredet und in ihrem Trailer hatte es keine Fotos von aktuellen oder ehemaligen Liebhabern – oder Liebhaberinnen – gegeben. Vielleicht war es einfach nur schwierig, in so einem kleinen Nest jemanden kennenzulernen. Aber egal, wie es um ihre Sexualität bestellt war: Jetzt würden die Leute definitiv hinter ihr her sein. Hoffentlich musste Maddie ihr dabei nicht auch noch helfen. Sie dazu zu bringen, etwas von ihrem Geld auszugeben, war schon fast ein Vollzeitjob. Wenn sie sie auch noch dazu drängen musste, bei persönlicheren Dingen freigiebiger zu sein, wäre das mit ihren Aufgaben als Bankerin nicht mehr wirklich zu vereinbaren.

8

Einmal im Monat musste Maddie nach Huntington fahren, um sich mit ihren Vorgesetzten und dem Vorstand für Privatkunden zu treffen. Die Bank hatte mehr als hundert Filialen in West Virginia, Kentucky, North Carolina und Ohio, und alle Filialleiter mussten regelmäßig in der Zentrale ihre Aufwartung machen.

Sie freute sich weder auf die Fahrt noch auf die Meetings, die für gewöhnlich den ganzen Tag dauerten und meist sterbenslangweilig waren. Aber zum Glück kam auch ihr ehemaliger Boss, Avery Jones, der inzwischen zu einem Freund geworden war. Er brachte immer etwas Abwechslung in die dröge Angelegenheit.

Maddie marschierte um Viertel vor neun in das große Auditorium und sah sich nach Avery um, der sicher einen Platz für sie freihielt. Ein Lächeln breitete sich auf ihren Lippen aus, als sie ihn entdeckte. Sie beeilte sich, sich neben ihn zu setzen, bevor ihr jemand den Platz abspenstig machen konnte.

Avery gab ihr einen Kuss auf die Wange. »Setz dich und erzähl mir von deiner Promi-Kundin!«

Maddie lächelte. Avery war schwuler als schwul. Er selbst war felsenfest davon überzeugt, dass man ihm das nicht anmerkte, dabei war es unmöglich, es *nicht* zu bemerken. Maddie kannte ihn inzwischen seit drei Jahren und hatte in dieser Zeit nicht nur einmal darüber nachgedacht, ihm zu sagen, dass alle es wussten. Sie hatte es aber nie getan, weil die Vorstellung, unerkannt zu bleiben, für ihn etwas Beruhigendes haben musste. Und wer war sie, ihm seine Illusionen zu rauben?

Sein kurzes blondes Haar war perfekt frisiert und sein blauer Nadelstreifenanzug saß wie maßgeschneidert. Er hatte ihn mit einem ebenfalls gestreiften, hellblauen Hemd kombiniert, zu dem er als Farbtupfer eine rot gemusterte Krawatte samt passendem Einstecktuch trug. Er sah aus, als wäre er gerade einem Modemagazin entsprungen und war damit das komplette Gegenteil zu den anderen Anwesenden, die eher Durchschnittstypen waren. Typische Mittelklasse. Ihr Gehalt war nicht besonders hoch, und da sie davon eine ganze Familie ernähren mussten, wurde das Geld zum Ende des Monats öfter knapp.

Avery dagegen flog im Urlaub an die exotischsten Orte, besaß zwei Siamkatzen, mit deren Fotos er sein Büro zugekleistert hatte, und betonte immer wieder lautstark, dass er sesshaft werden würde, sobald er die Richtige fand. Doch obwohl er die Augen vor seiner eigenen Außenwirkung verschloss, war er ihr ein guter Freund. Sie konnte ihm vertrauen und das bedeutete ihr viel.

Nach einer kurzen Begrüßung erzählte sie ihm von Cody. »Es war alles recht aufregend, ehrlich gesagt«, sagte sie. »Wenn es um Geld geht, ist Cody unbedarft wie ein junges Reh. Ich musste mich so richtig ins Zeug legen, um sie davon zu überzeugen, es zu hinterlegen. Und ich habe Angst, dass sie irgendwann darauf besteht, dass ich ihr alles in bar auszahle, und dass ich dann meine Seele verkaufen muss, damit das durchgeht.«

»Ich kann es immer noch nicht glauben, dass sie dir tatsächlich eine Million gegeben haben. Wie groß war das Paket?«

»Groß«, sagte sie gedehnt. »Das Geld ist jetzt vermutlich in ihren Schließfächern, daheim kann sie es nicht aufbewahren. Habe ich dir erzählt, dass jemand ihren Garten umgegraben hat, um ihr Versteck zu finden?«

»Lass bloß nicht zu, dass sie das Geld mitnimmt.« Averys Stimme hatte einen warnenden Unterton angenommen.

»Ich gebe mir alle Mühe. Ich versuche gerade, eine Verbindung zu ihr aufzubauen, damit sie mir vertraut. Sie braucht jemanden, der auf sie aufpasst.«

Er blinzelte. »Doch nicht ihretwegen. Deinetwegen! Wie sähe das denn aus, wenn sie das Geld aus deiner Filiale abzieht? Das muss doch so viel sein wie dein gesamtes restliches Portfolio.«

»Mehr. Erheblich mehr.«

Er senkte die Stimme und kramte seinen Vorgesetztenton heraus. »Das ist mein voller Ernst. Du musst sie davon überzeugen, das Geld langfristig anzulegen.«

»Avery, ich werde ihr nicht einreden, irgendetwas mit dem Geld zu tun, was nicht in ihrem Interesse ist. Du brauchst gar nicht erst zu versuchen, mich davon zu überzeugen.«

»Willst du deinen Job behalten?«, flüsterte er. »Es wird definitiv zu Stellenkürzungen kommen. Da solltest du bloß nicht negativ auffallen!«

Sie schüttelte den Kopf und gab sich alle Mühe, diesen Kommentar nicht an sich heranzulassen. »Wenn sie mich entlassen wollen, weil ich auf meine Kunden achtgebe, können sie das gern tun. Ich arbeite lieber wieder als Kellnerin, als Codys Unerfahrenheit auszunutzen.«

»Es schadet ihr doch nicht, wenn sie ihr Geld investiert. Ich verlange doch nicht, dass du sie zu Hochrisikoinvestitionen zwingst.«

»Danke für deinen Rat, aber ich werde weiterhin ehrlich zu ihr sein und hoffen, dass sie bleibt. Nur so kann ich weiter in den Spiegel schauen.«

Er lehnte sich zurück und musterte sie eine Weile. »Du benimmst dich die ganze Zeit schon so merkwürdig. Dass du sie daheim besucht hast, war wahrscheinlich das Verrückteste, das du je getan hast. Ich fasse es immer noch nicht, dass du das durchgezogen hast.«

Wut stieg in ihr hoch. In Gedanken zählte sie nach, wann sie zuletzt ihre Tage gehabt hatte. War es schon wieder so weit? »Das war ja nun nicht gerade ein Trip nach Afghanistan. Das sind ganz normale Menschen.«

»Nein, sind sie nicht«, beharrte er. »Das sind Hillbillys und die sind eine komplett andere Sorte Mensch.«

»Also bitte, das kannst du doch nicht sagen. Sie sind auch nicht anders als du und ich.«

»Doch, sind sie. Armut und Geld vertragen sich nicht. Sie wird das Geld für irgendwelchen Schrott verpulvern oder sich von irgendwem dazu überreden lassen, es in irgendwelchen Schwachsinn zu investieren. In spätestens einem Jahr ist alles wieder weg.«

Sie schlug ihm gegen den Oberarm. »Das ist total klassistisch von dir!«

»Nein, ich bin nur realistisch. Weißt du, was Profisportler machen, wenn sie ihren ersten fetten Gehaltsscheck bekommen? Sie kaufen sich fette Autos, riesige Häuser, jede Menge Schmuck. Bei ihr wird das ganz bestimmt genauso laufen. Warte nur ab.«

»Oh, das werde ich. Keine Sorge.«

Ihr Vorgesetzter betrat die Bühne, und Maddie lehnte sich zurück. Sie würde ihr eigenes Gehalt darauf verwetten, dass Cody es schaffte, den Großteil ihres Vermögens weit länger als ein Jahr zusammenzuhalten. Bei der Vorstellung, dass Cody sich Unmengen an Schmuck kaufte, breitete sich ein Grinsen auf Maddies Zügen aus. *Unvorstellbar* war noch untertrieben.

9

Cody fuhr zu Tante Lilys Haus, um nach Devin zu sehen. Sie wollte ihn unbedingt mal wieder dazu bringen, rauszugehen. Seit er zurück war, hockte er immer nur zu Hause vor dem Fernseher. Das war doch nicht gesund.

»Hey«, sagte sie, nachdem sie das Haus betreten und ihn an seinem üblichen Platz vorgefunden hatte – direkt vor dem Fernseher. »Hast du Lust, deinen Bogen auszuprobieren?«

Er sah zum Fenster und blinzelte gegen das helle Licht. »Zu kalt.«

»Es ist nicht kalt. Da plätschert doch Wasser vom Dach, siehst du? Es hat keine Minustemperaturen mehr.«

»Vielleicht morgen.«

Frustriert setzte sie sich hin und wartete auf die Werbepause, um einen weiteren Vorstoß zu wagen. Doch er wirkte so leblos, dass sie sich nicht länger zurückhalten konnte und es aus ihr herausplatzte. »Hör mal, Dev, ich weiß ja, dass die vom Kriegsveteranenministerium keine große Hilfe sind. Warum schauen wir nicht mal, ob wir in Huntington oder in Charleston einen Arzt finden? Jemanden, der dir hilft, nachts wieder zu schlafen und wieder mehr du selbst du sein.«

»Was für ein Arzt? Ein Psychodok?«

»Was immer du für einen Arzt brauchst. Ich kann das bezahlen, Devin. Alles, was dir hilft.«

Er zuckte mit den Schultern und wirkte dabei gleichermaßen unbekümmert und wenig überzeugt. »Pastor Jackson sagt, nur durch Jesus kann ich Frieden finden. Dein Geld kann da nicht helfen. Ich muss daran arbeiten, dem Herrn näherzukommen.«

Das wäre schön und gut, wenn er denn Fortschritte machen würde. Aber er war inzwischen seit fast einem Jahr wieder daheim und seine einzigen Sozialkontakte waren die Leute in der Kirche, in die er jeden Mittwochabend und Sonntagmorgen ging. Das reichte nicht.

»Es schadet doch nicht, Jesus ein bisschen unter die Arme zu greifen, oder?« Sie bemühte sich um einen scherzenden Tonfall, schließlich wollte sie nicht, dass er sich angegriffen fühlte. Und angegriffen fühlte er sich in letzter Zeit sehr schnell.

»Der Herr braucht unsere Hilfe nicht. Wir brauchen *seine*.«

Es fiel ihr schwer, still zu sitzen. Das Wetter war so schön wie seit Weihnachten nicht mehr. Sie wollte unbedingt raus, also setzte sie alles auf eine letzte Karte: »Hey, was sagst du dazu?«

Fast widerwillig wandte er sich ihr zu. Seine Augen hatten kaum noch Glanz. »Wozu?«

»Vielleicht hat Jesus ja dafür gesorgt, dass ich in der Lotterie gewinne, damit ich *dir* helfen kann.«

Er schüttelte den Kopf. »Warum sollte er das? Wenn er wollte, dass ich das Geld bekomme, hätte er es mir gegeben.«

»Denk doch mal drüber nach. Er weiß, dass du eine schwere Zeit durchmachst. Er weiß, dass du nicht mehr so … am Leben teilhast wie früher. Wenn du gewonnen hättest, wärst du vielleicht genauso daheim geblieben wie jetzt schon. Aber er weiß, dass wir uns nahestehen, und dass ich dafür sorgen würde, dass du Hilfe bekommst, wenn er mir das Geld gibt.«

Einen Moment lang starrte Devin sie einfach nur an, dann wandte er sich stirnrunzelnd wieder dem Fernseher zu. »Ich werde im Gebet darüber nachdenken. Wirklich.«

Eines Morgens betrat Cody die Bank, als Maddie sich gerade mit einem sehr geschwätzigen Kunden unterhielt. Sie ertappte sich dabei, wie sie sein Anliegen ziemlich schnell abhandelte, um frei zu sein, sobald ihre zögerliche Millionärin die Treppe zum Tresorraum wieder hochkam.

Nach ein paar Minuten tauchte Cody wieder auf und Maddie winkte sie in ihr Büro. »Wie geht's?«, fragte sie, nachdem Cody der Aufforderung gefolgt war.

»Gut. Ihnen?« Mit der gleichen lässigen Anmut wie immer lehnte Cody sich gegen den Türrahmen.

»Mir geht's gut. Kommen Sie doch rein. Wir haben uns schon ein Weilchen nicht unterhalten.«

Cody betrat das Büro und ließ sich auf den Besucherstuhl sinken. »Wie gesagt, ich bin flexibel. Sie brauchen mich nur anzurufen, dann komme ich.«

Das war keine gute Idee. Gemeinsam Mittag zu essen oder sich zu unterhalten, wenn sie sowieso in der Bank war, war vernünftig. Sie aber extra anzurufen, wäre ziemlich unprofessionell. »Vermutlich wird Ihre Zeit inzwischen öfter beansprucht als früher.«

»Nur manchmal. Ich fahre immer noch oft Leute ins Krankenhaus oder zu *Fast Money*. Ich sitze genauso viel hinter dem Steuer wie ein Trucker.«

Maddie stand auf und ging zu dem kleinen Kühlschrank, der in ihrem Büro stand. »Limo? Wasser?«

Cody gluckste. »Ich hatte noch nie Wasser aus einer Flasche. Dann probieren wir das mal aus.« Sie nahm die Flasche, schraubte den Verschluss auf und trank einen großen Schluck. Beinahe im selben Moment zuckte sie vor Schmerz zusammen und schlug sich eine Hand vor den Mund. »Scheißnerv.«

»Nerv?«, fragte Maddie, als wüsste sie nicht genau, wovon Cody sprach.

»Mein abgebrochener Zahn. Das ist jetzt zwei Jahre her und tut immer noch weh, wenn ich was zu Heißes oder was zu Kaltes trinke.«

»Sie haben einen schmerzenden Zahn? Warum lassen Sie den nicht richten?«

Sie schüttelte vehement den Kopf. »Nein, nein, danke. Ich hasse Zahnärzte.«

»Im Gegensatz zu Nervenschmerzen?«

»Nein«, meinte sie gedehnt. »Die mag nun wirklich niemand.«

»Wie ist das denn passiert?«

»Ich hab ein Kind getragen. Wahrscheinlich Adam ...« Sie runzelte die Stirn und versuchte offensichtlich, sich zu erinnern. Schließlich nickte sie. »Ja, er ist jetzt drei, das kommt also hin. Es war auch im Winter und ich bin auf dem Eis ausgerutscht. Das war so eine *Entweder er oder ich*-Situation, also habe ich geschaut, dass es mich erwischt.« Sie deutete genau auf die Stelle, unter der sich der abgebrochene Zahn verbarg. »Bin genau da draufgefallen. Als ich aufgestanden bin, habe ich meinen halben Zahn ausgespuckt. Hab fast lauter geheult als das Baby.«

»Sie müssen das richten lassen, Cody. Wirklich.«

»So schlimm ist es gar nicht. Meistens fällt es mir auch gar nicht auf.«

»Aber Cody! Sie sollten nicht mit solchen Schmerzen leben müssen. Ich werde mich mal umhören, ob jemand einen guten Zahnarzt kennt.«

Cody sah aus, als wollte sie widersprechen. Doch schließlich senkte sie den Blick und starrte auf den Teppich. »Ich hab Angst vor Zahnärzten.«

»Oh, das ist etwas anderes. Haben Sie es je mit Lachgas versucht?«

»Ich glaube nicht?«

»Meine Mom hat auch Angst vor dem Zahnarzt. Sie bekommt selbst zur Mundhygiene Lachgas.«

»Und das hilft?«, fragte Cody misstrauisch.

»Oh ja, und wie. Inzwischen freut sie sich schon direkt darauf, hinzugehen.« Sie musste lächeln, als Cody sie immer noch so skeptisch ansah. »Ehrlich.«

»Ich weiß nicht ...«

»Okay, wie wäre es dann damit? Ich habe in Huntington einen hervorragenden Zahnarzt. Den besten, den ich je hatte. Ich mache einen Termin für Sie aus und schaue, dass der auf den Tag fällt, an dem ich das nächste Mal zur Zentrale muss. Dann kann er sich um Ihren Zahn kümmern und ich fahre Sie danach wieder heim. Ich verspreche Ihnen hoch und heilig, dass Sie nichts spüren und keine Angst haben werden.«

»Ich hab aber ziemliche Angst«, sagte sie leise.

»Dort werden Sie keine mehr haben. Glauben Sie mir.«

Gleich nachdem Cody gegangen war, rief Maddie in der Zahnarztpraxis an und erklärte der freundlichen Sprechstundenhilfe die Situation. Sie vereinbarten einen Termin in zwei Wochen. »Wir haben eine ziemlich weite Anreise. Bitte schauen Sie, dass Dr. Anderson den Zahn dann auch wirklich richten kann.«

»Ich habe neunzig Minuten für Sie reserviert. Das sollte reichen. Wenn Sie solche Angst vor Zahnärzten hat und so lange bei keinem war, braucht Sie wahrscheinlich auch eine Mundhygiene. Sollen wir die auch gleich machen?«

»Klar. Warum nicht? Problematisch ist es nur, sie hinzubekommen. Wenn sie schon da ist, können wir auch gleich alles in einem Aufwasch erledigen.«

Maddie legte auf und stützte dann ihr Kinn auf die Hände. Sie musste sich ganz schön anstrengen, um sich einzureden, dass das noch unter

Kundenservice fiel. Verfluchte Cody Keaton! Das niedliche Landei war ihr langsam wirklich ans Herz gewachsen, dabei konnte sie es so gar nicht gebrauchen, sich in eine Kundin zu verknallen. Schon gar nicht in eine, die so unschuldig war wie Cody. Wenn es darum ging, in der Wildnis zu überleben, machte ihr sicher niemand etwas vor, aber Maddie war sich ziemlich sicher, dass Cody mit Frauen so gut wie gar keine Erfahrungen hatte.

Sie fuhren um sieben Uhr in Greenville los. Normalerweise zog sich die Fahrt nach Huntington unendlich, aber mit Cody an ihrer Seite verging sie wie im Flug.

»Wie sind Sie überhaupt Filialleiterin geworden? Die anderen in der Bank wirken alle viel älter als Sie.«

»Sind sie auch. Lebenswege können ganz schön unterschiedlich aussehen, aber meiner war ziemlich geradlinig. Ich habe gleich nach dem College in der Bank angefangen und eine Ausbildung in der Unternehmensfinanzierung gemacht.«

»Ich sollte wahrscheinlich wissen, was Unternehmensfinanzierung ist, aber ich habe keine Ahnung.«

»Oh, glauben Sie mir, die wenigsten kennen sich damit aus. Ist auch nicht nötig. Dabei geht es darum, Unternehmen und Firmen große Mengen an Geld zu leihen.« Sie schaute zur Seite und stellte fest, dass Cody noch nicht ganz verstanden zu haben schien, was sie damit meinte. »Sagen wir, *The Mountaineer* will in Charleston eine weitere Filiale aufmachen. Dafür brauchen sie ein paar Millionen Dollar. Dann können sie zu unserer Bank kommen, um dieses Geld zu erhalten.«

»Das machen Sie jetzt aber nicht mehr, oder?«

»Nein. Ich habe das etwas drei Jahre lang gemacht, bin in der Zeit aber nicht sonderlich weit aufgestiegen. Ich hätte wahrscheinlich noch ein paar Jahre auf eine Beförderung warten müssen. Ich wollte aber nicht warten.«

»Sie sind ehrgeizig«, stellte Cody durchaus zufrieden fest. »Das merkt man.«

»Bin ich, zumindest bis zu einem gewissen Grad. Jedenfalls bin ich dann ins Privatkundengeschäft gewechselt. Das ist der Teil des Bankgeschäfts, den die meisten kennen. Schecks, Sparkonten und so. Ich war stellvertretende Filialleiterin in einer Filiale etwa zwanzig Minuten außerhalb von Charleston. Nach drei Jahren dort habe ich dann meine eigene Filiale erhalten. Und das war's dann.«

Cody lächelte. »Oh, ich denke, es geht noch weiter. Sind Sie glücklich?«

»Hm, das wird man nicht allzu oft gefragt.«

»Sollte man aber.«

»Das stimmt wohl. Die meisten konzentrieren sich aber immer schon auf die nächste Beförderung. Trotzdem: Ich bin ziemlich glücklich.«

»Das klingt ziemlich unspezifisch. Warum sind Sie denn nicht richtig glücklich mit Ihrem Job?«

»Es ist nicht so, dass ich unglücklich bin. Ich bin eher ... ein bisschen enttäuscht. Ich dachte, ich hätte als Filialleiterin mehr Einfluss, als ich tatsächlich habe.«

»Wie das? Es ist doch Ihre Bank.«

So wie Cody das sagte, war es, als hätte man Maddie die Schlüssel gereicht und sie mit einem feuchten Händedruck ihrem Schicksal überlassen. »Ist es nicht. Es ist eine von hundert Filialen und es wird erwartet, dass wir alle alles gleich machen. Ich kann kaum etwas bewegen und das setzt mir allmählich zu.«

»Huh. Mit so etwas hätte ich nie im Leben gerechnet. Ich dachte, Sie wären die Chefin da.«

»Bin ich auch, auf gewisse Weise zumindest. Aber für alles, was auch nur ein bisschen von der Norm abweicht, muss ich die Erlaubnis einholen. Wenn ich mein eigenes Unternehmen leiten würde, wäre ich zufriedener, da bin ich mir sicher. Aber dafür fehlt mir der richtige Antrieb. Und das nötige Kleingeld.«

»Was für ein Unternehmen hätten Sie denn gern?«

Maddie überlegte einen Moment. »Da kommt jetzt der fehlende Antrieb ins Spiel. Irgendwie gibt es nichts, das mir wichtig genug wäre, um mich dem voll und ganz zu widmen. Erfolgreiche Unternehmer haben doch stets ihr Leben lang davon geträumt, ein Restaurant zu besitzen oder einen Modelleisenbahnladen oder was auch immer. So bin ich aber nicht. Ich will einfach nur einen guten Job, bei dem ich mich nicht jedes Mal rechtfertigen muss, wenn ich eine Entscheidung treffe.«

Cody schenkte ihr ein bezauberndes Lächeln. »Ich kann Ihnen ein nettes Fleckchen im Wald empfehlen. Vielleicht entdecken Sie ja noch Ihre Liebe fürs Moospflücken. Die Arbeitszeiten können Sie sich ganz frei einteilen und Ihr Gehalt hängt zu hundert Prozent von Ihrem Einsatz ab. Sie wären die Chefin Ihrer eigenen Firma.«

»Wer weiß. Sie können mich ja irgendwann mal mitnehmen und dann können wir überprüfen, ob ich für den Job geeignet bin. Ich will mich nicht selbst feuern müssen, wenn ich es verkacke.« Kaum hatte sie das gesagt, zuckte sie zusammen. Scheiße, wie schwer konnte es denn bitte sein, sich nicht unflätig auszudrücken?

Während sie durch die Straßen von Huntington fuhren, rief Cody alle paar Sekunden entzückt auf. »Letztes Mal, als ich hier war, gab es diesen Laden noch nicht!« Sie deutete auf einen kleinen Haushaltswarenladen. »Alles sieht komplett anders aus.«

»Wie lange ist es denn her, dass Sie zuletzt hier waren?«

»Eine Ewigkeit. In Greenville gibt es so gut wie alles, was wir brauchen, darum kommen wir so gut wie nie hierher. Ich glaube, in so einer großen Stadt könnte ich nie leben«, fügte sie fast ehrfürchtig hinzu.

Huntington war eine etwas größere Kleinstadt. Groß genug für zwei Fernsehsender und zwei Zeitungen, aber das war auch schon alles. Soweit Maddie wusste, hatte die Stadt etwa fünfzigtausend Einwohner. Im Umland lebten noch ein paar mehr. Es war definitiv nicht die Metropole, für die Cody die Stadt hielt. Was würde sie erst von Pittsburgh oder Cincinnati halten? Und erst von Chicago? Dort würde ihr Hirn wahrscheinlich gleich einen Kurzschluss erleiden.

Kurz nach acht kamen sie beim Zahnarzt an. Maddie begleitete sie hinein, um sicherzugehen, dass alles für Cody vorbereitet war. Das war es auch und alle waren sehr rücksichtsvoll. Als Maddie wieder ging, machte sich trotzdem in ihr das Gefühl breit, sie hätte ihre Katze zur Kastration in der Tierklinik gelassen. Es musste sein, aber trotzdem hatte sie ein schlechtes Gewissen dabei, so, als hätte sie ein verängstigtes, verwirrtes Tier zurückzulassen.

Maddies Meetings waren unerwartet kurz. Schon vor elf Uhr konnte sie wieder gehen. Sie eilte zurück zum Zahnarzt. Jetzt konnten sie und Cody vor der Rückfahrt sogar noch Mittagessen gehen.

Als sie die Praxis betrat, sagte die Rezeptionistin: »Ihre Freundin hatte Probleme mit der Maske für das Lachgas. Wir mussten ihr darum eine intravenöse Sedierung geben. Die Behandlung ist inzwischen vorbei, aber sie ist immer noch ziemlich groggy.«

Sie führte Maddie in einen Raum, in dem Cody auf einem Behandlungsstuhl lag, der ganz nach hinten geklappt war.

»Hi.« Cody winkte träge. »Ich bin totaaaal hinüber.«

»Das ist nicht zu übersehen.«

Ihre sonst so wachen braunen Augen waren trüb und es fiel ihr sichtlich schwer, Maddie zu fokussieren.

»Wir können auch noch ein, zwei Stunden warten und dann erst zurückfahren.«

»Nein, wir können los.« Cody versuchte, sich aufzusetzen, wirkte dabei aber wie ein Käfer, der auf den Rücken geworfen worden war und jetzt verzweifelt mit allen Beinen strampelnd versuchte, sich wieder umzudrehen.

»Warten Sie hier, ich hole jemanden, der uns helfen kann.«

Zusammen mit der Sprechstundenhilfe schaffte Maddie es, Cody ins Auto zu verfrachten. Um ehrlich zu sein, fühlte sich das an, als würde sie eine Schwerstbetrunkene aus einer Bar abholen.

Cody hatte kaum noch Körperspannung und so gut wie keine Kontrolle über ihre Gliedmaßen, aber ihre Laune war hervorragend. Da Cody beständig grinste, konnte Maddie die provisorische Krone ausgiebig bewundern. Sie war wirklich gelungen.

»Diese Sedierung war echt super«, sagte Cody langsam, so wie sie im Moment alles sehr langsam und träge tat. »Wenn ich das Zeug bekomme, gehe ich auch jeden Tag zum Zahnarzt.« Sie holte tief Luft. »Vielleicht geh ich auch nur zum Spaß hin. Der Zahnarzt muss auch gar nicht da sein.«

Maddie war froh, dass sie Cody angeboten hatte, sie zu fahren. Dickköpfig wie sie war, hätte es Maddie nicht überrascht, wenn sie in ihrem Zustand versucht hätte, Auto zu fahren. So jedoch erinnerte sie an eine zufriedene Katze – stolz und unabhängig und sogar ein wenig kratzbürstig, aber auch schutzbedürftig.

»Ich werde meiner Mom ausrichten, dass Sie die Sedierung noch besser finden. Vom Lachgas ist sie nie so lange high.«

»Jetzt weiß ich, dass Sie eine Mama haben. Haben Sie auch einen Daddy?«

Sie fragte das mit einer solchen kindlichen Unschuld, dass Maddie unweigerlich lächeln musste. »Ja, ich habe auch einen Daddy. Und zwei Brüder.«

»Haben Sie Kinder?«

Maddie warf ihr einen schnellen Seitenblick zu. »Nicht, dass ich wüsste.«

Der Witz war nicht sonderlich gut, trotzdem prustete Cody los. Es dauerte ein ganzes Weilchen, bis sie sich von ihrem Lachanfall erholt hatte. »Haben Sie einen Mann?«

»Nein, auch das hätte ich wohl bemerkt.«

»Aber warum denn nicht? Sie sind wirklich nett und klug.«

»Das ist nett, danke.« Einen Moment lang überlegte Maddie, ob es wohl sehr unhöflich wäre, wenn sie Cody einen ihrer Handschuhe in den Mund stopfte. Jemanden plappern zu lassen, der eindeutig nicht ganz bei Sinnen war, war fast so schlimm, als würde man die Person heimlich belauschen. »Der Zahnarzt hat Ihren Zahn richtig gut hinbekommen. Damit haben Sie bestimmt eine große Freude.«

Unbeholfen klappte Cody die Sonnenblende zurück und betrachtete sich im Spiegel. Sie verzog den Mund zu einem breiten Grinsen. »Als wäre er nie weg gewesen.« Sie ließ sich in ihren Sitz zurücksinken und schaute aus dem Fenster. »Wissen Sie, wer einen hübschen Mund hat?«

Ihrem Ton haftete etwas Gefährliches an. Maddie versuchte, das Thema zu wechseln. »Mochten Sie den Zahnarzt denn? Würden Sie wieder zu ihm gehen?«

»Sie«, sagte Cody und ignorierte den Themenwechsel damit völlig. »Den hübschesten Mund, den ich je an einer Frau gesehen habe. Wenn Sie lächeln, geht die Sonne auf.«

Nun, es war gut zu wissen, dass ihr Instinkt sie nicht getäuscht hatte. Eine heterosexuelle Frau hätte wohl kaum das Bedürfnis gehabt, Loblieder auf Maddies Mund zu singen. Doch die Freude darüber, dass sie Codys sexuelle Orientierung richtig eingeschätzt hatte, änderte nichts daran, wie unangenehm es ihr gerade war, praktisch Codys Gedanken lesen zu können.

»Danke«, sagte sie, in der Hoffnung, dass das Thema damit erledigt war.

»Ihre Augen funkeln, wenn Sie lächeln. Wussten Sie das?«

»Oh! Ist das nicht ein niedlicher Hund? Auf Ihrem Grundstück ist mir eine Hundehütte aufgefallen, aber Hund habe ich keinen gesehen. Haben Sie einen?«

»Tun sie wirklich. Sie funkeln. Wie kleine Sterne. Sie haben Sterne in den Augen und die Sonne im Mund … ein richtiges Sonnensystem.«

Das musste aufhören. Cody war ein sehr stolzer und sehr zurückgezogener Mensch und es war nicht in Ordnung, dass Maddie zuließ, dass sie sich so vor ihr verbal derart entblößte. Eigentlich wollte sie gerade auf den Highway auffahren, aber sie konnte sich jetzt nicht aufs Fahren konzentrieren. Also hielt sie auf dem Seitenstreifen an und schaltete den Motor aus. Sie sah Cody in die Augen und sagte: »Sie werden bereuen, was Sie mir da gerade erzählen. Sie sind wie betrunken, Cody. Ich höre Ihnen wahnsinnig gern beim Reden zu, aber jetzt sollten Sie wirklich besser eine Weile still sein. Fahren Sie einfach Ihren Sitz zurück und entspannen Sie sich.«

Sie wusste nicht, wie viel Cody von dem verstand, was sie ihr sagte, aber sie nickte würdevoll. Dann presste sie ihren Oberkörper gegen die Rückenlehne, während sie suchend an der Seite des Sitzes herumtastete. Kurzerhand stieg Maddie aus, umrundete das Auto und betätigte den Hebel unter dem Sitz. Mit der anderen Hand drückte sie sachte gegen die Rückenlehne und schob so die grinsende Cody zurück. Sie waren sich sehr nah und wenn sie ihr die Chance bot, hätte Cody sie wahrscheinlich geküsst. Aber dazu würde es nicht kommen. Maddie richtete sich wieder auf, schloss die Autotür und ging zurück zur Fahrerseite. Die ganze Zeit über versuchte sie, ihren rasenden Herzschlag unter Kontrolle zu bringen.

»Nicht vergessen«, sagte sie, nachdem sie sich wieder hinters Steuer gesetzt hatte, »Schließen Sie die Augen und entspannen Sie sich ein Weilchen. Schweigend.«

»Mach ich«, sagte Cody leise. »Ich mache alles, was Sie wollen.« Sie drehte den Kopf zur Seite und schaute Maddie direkt in die Augen. »Ganz egal, was.«

Fuck.

10

Erst eine Woche später kam Cody das nächste Mal in die Bank. Maddie saß in ihrem Büro und beobachtete, wie sie eintrat und sofort innehielt. Cody war ein sehr vorsichtiger Mensch und neigte dazu, sich erst dann zu bewegen, wenn sie sich einen Überblick über ihre Umgebung verschafft hatte, das wusste Maddie inzwischen. Beinahe sofort schaute sie zu Maddies Büro, und als sie ihr in die Augen sah, breitete sich ein strahlendes, selbstbewusstes Lächeln auf ihren Lippen aus.

Es war nur ein einziger Zahn gewesen, aber jetzt, da er gerichtet worden war, hatte Cody sich verändert. Sie wirkte um Jahre jünger und längst nicht mehr so verhärmt. Möglicherweise war sie jünger als gedacht. Ihr Geburtsdatum stand bestimmt in den Akten. Maddie könnte ja einen schnellen Blick hineinwerfen und ... *Nein!* Das war doch lächerlich. Ein unnötiges Eindringen in Codys Privatsphäre und außerdem viel zu persönlich. Sie hatten nur eine geschäftliche Beziehung. Daran musste Maddie sich festhalten.

Cody kam in ihr Büro und lehnte sich an den Türrahmen, wie sie es immer tat. Aber heute hatte die Geste nichts Zögerliches. Im Gegenteil, Cody erweckte den Anschein, als gehöre sie hierher und überlegte nun, ob sie sich hinsetzen wollte oder nicht. »Ich glaube, mir geht das Geld aus«, sagte sie schließlich und gluckste leise.

»Wenn Sie nicht gerade Virginia gekauft haben, sollte noch genug da sein.«

»Ich hab Virginia ein Angebot gemacht«, meinte Cody todernst, »aber sie haben einfach abgelehnt. Sie machen uns wohl immer noch Vorhaltungen, weil wir uns während des Bürgerkriegs von ihnen abgespalten haben. Ich werde es lieber mit Kentucky versuchen.«

»Da gewöhnt sich anscheinend jemand allmählich daran, Geld zu haben.«

Cody betrat das Büro und setzte sich. »Nicht wirklich. Aber ich gebe viel mehr davon aus als gedacht. So gut wie alle haben irgendwelche Probleme mit den Zähnen und sobald der eine beim Zahnarzt war, will der Nächste auch. Ich mag Ihren Zahnarzt echt gern, aber ich könnte so viel Benzingeld sparen, wenn ich ihn davon überzeugen könnte, einfach nach Ramp zu ziehen.«

»Zahnmedizin ist teuer. Sie könnten ja mal darüber nachdenken, in eine Versicherung zu investieren.«

Abwehrend hob Cody die Hände. »Das ist mir viel zu gewagt. Ich werde einfach noch etwas mehr Geld auf mein Girokonto übertragen und mir die Tränen verkneifen, wenn ich mal wieder Schecks mit unglaublich vielen Nullen ausstellen muss.«

Okay. Sie begann, sich wirklich an das Geld zu gewöhnen. Das bedeutete, dass es Zeit für ein wichtiges Gespräch war. »Als Sie das Geld bekommen haben, habe ich Ihnen versichert, dass die Bank gut aufgestellt ist.« Cody riss die Augen auf und Maddie beeilte sich, hinzuzufügen: »Das ist sie natürlich immer noch. Aber das, was Sie mit Ihrem Geld gemacht haben, ist das pure Chaos.«

»Ist es nicht. Ich hab ein bisschen Bargeld daheim, eine Menge Geld auf meinem Girokonto und den Rest beiseitegeschafft. Wenn Sie wissen wollen, wie echtes Chaos aussieht, dann sollten Sie mal wieder nach Ramp kommen.«

»Das ist mein voller Ernst, Cody.« Es war so schwer, ihr gegenüber einen strengen Ton anzuschlagen, vor allem, wenn sie Maddie aus ihren großen braunen Rehaugen ansah. »Sie müssen Ihr Geld anlegen. Wenn Sie sonst schon nichts damit machen wollen, dann kaufen Sie doch wenigstens Staatsanleihen.«

Codys Miene verfinsterte sich. »Sie wissen ganz genau, dass ich keine Ahnung habe, was das ist.«

»Bei Staatsanleihen borgt man der Regierung Geld und die verspricht, einem das nach einer bestimmten Laufzeit zurückzuzahlen, inklusive einer kleinen Rendite. Es ist extrem unwahrscheinlich, dass da etwas schiefgeht und man sein Geld nicht zurückerhält.«

»Aber ein gewisses Risiko bleibt trotzdem. Ich lese nicht jeden Tag die Zeitung, aber wenn ich in die Bücherei komme, schaue ich immer hinein. Irgendein Land zerbricht doch immer gerade. Oder ist kurz davor.«

»Aber die USA sind stabil aufgestellt. In Staatsanleihen wäre Ihr Geld sicher angelegt.«

»Ich weiß nicht. Ich bin zufrieden damit, wie es jetzt ist.«

»Ich tue Ihnen aber keinen Gefallen, indem ich Sie das Geld hier horten lasse. Wir haften nur für einen winzigen Bruchteil davon, Cody. Sie sagen, Sie trauen der Regierung nicht, aber ich versichere Ihnen, dass sie besser aufgestellt ist als diese Bank.«

Langsam schüttelte sie den Kopf. Ihr dunkles Haar fiel ihr dabei über die Schultern. »Ich traue denen nicht. Ihnen vertraue ich aber.«

Gott, sie war so verdammt stur! »Entschuldigung, wenn ich das so deutlich sage, aber das ist eine schlechte Entscheidung. Nein, nicht nur eine schlechte, sondern eine dumme Entscheidung.«

Abrupt sprang Cody auf. Sie bebte geradezu und als sie sich vorbeugte, glühten ihre Augen. »Ich bin vielleicht nicht so klug wie Sie und auf dem College war ich auch nicht. Ich habe keinen wichtigen Job und kein Büro und keine Angestellten. Aber ich bin *nicht* dumm!« Sie wirbelte herum und stürmte aus dem Büro.

Wie vom Donner gerührt blieb Maddie zurück.

Auch eine Woche später fühlte Cody sich noch mies. Sie war so niedergeschlagen, dass sie beschloss, ihren Cousin Devin zu besuchen, in der Hoffnung, das würde sie aufheitern. Tat es natürlich nicht. Die beiden saßen nur vor dem Fernseher und redeten kaum miteinander.

»Mama sagt, dass du mit Bobbys Kindern zum Zahnarzt fährst, damit sie vielleicht Zahnspangen bekommen. Was läuft denn da zwischen dir und diesem Zahnarzt?«

Das entlockte Cody ein Lachen. Es war ihr erstes Lachen seit zwei Tagen. »Nichts. Und ich fahre auch nicht zum Zahnarzt mit ihnen, sondern zum Kieferorthopäden. Der ist in Greenville, damit ich nicht *jeden* Tag nach Huntington fahren muss.« Sie gluckste leise. »Nur jeden zweiten.«

»Besuchst du diese Bankfrau, wenn du in der Stadt bist?«

Codys Magen zog sich unangenehm zusammen. »Nein, mache ich nicht. Nicht mehr.« Sie musste jemandem erzählen, was passiert war, sonst würde sie platzen. Devin war immer derjenige gewesen, dem sie sich anvertraut hatte. Ja, er hatte sich seit seiner Rückkehr sehr verändert, aber vielleicht konnte er ihr trotzdem helfen. »Sie hat mich wütend gemacht«, gab sie schließlich zu.

»Wie?« Er kniff die Augen zusammen. »Hat sie versucht, dich zu betrügen?«

»Nein, nein, so was würde sie nicht tun.« Allein die Vorstellung war absolut lachhaft. »Sie hat … mich beleidigt.«

Devon starrte sie immer noch aufmerksam an.

»Sie hat mir das Gefühl gegeben, ich wäre dumm«, gab sie schließlich zu.

Er verdrehte die Augen und wandte sich wieder dem Fernseher zu. »Hast du echt geglaubt, dass jemand wie sie mit jemandem wie dir befreundet sein will?«

Das war fies, aber es war auch was dran. »Das hab ich. Hab ich wirklich.«

»Sie hat doch schon dein Geld«, zischte er. »Was sollte sie sonst noch von dir wollen?«

»Ich dachte, sie will, dass wir Freunde sind.«

Sein Lachen war schlimmer als jede Beleidigung. »Freunde? Sie will keine Freunde von hier. Will niemand.«

»Du verstehst das nicht.« Er starrte sie an, aber sie bemühte sich, weiterzusprechen. »Ich hab keine Ahnung, wie ich dir das erklären soll, aber es war wirklich schön, Zeit mit ihr zu verbringen.«

Zum ersten Mal seit Monaten setzte er sich aufrecht hin und zeigte Emotionen, als er sagte: »Solche Gefühle solltest du nicht haben. So was solltest du nur für einen Mann empfinden, Cody. Such dir endlich einen.«

Sie stand auf und ging zur Tür. Jetzt fühlte sie sich unendlich viel schlechter als vorher. »Genauso wie sie mir nicht vorzuschreiben braucht, wie ich mein Geld anlegen soll, brauchst du mir nicht vorzuschreiben, mit wem ich befreundet sein kann.«

»Das sind nicht meine Regeln, sondern Gottes.«

»Dann richte Gott von mir aus, dass er sich nicht in meine Angelegenheiten einzumischen hat.« Sie schlug die Tür hinter sich zu und begrüßte fast schon erleichtert den kalten Regen. Das Wetter half ihr, klarer zu denken. Und sie hatte einiges, worüber sie nachdenken musste.

Devins Haus war am einen Ende des Tals, das von Onkel Cubby am anderen. Deshalb war Cody selbst etwas überrascht, als sie sich in der schlammigen Einfahrt seines Hauses wiederfand. Es regnete immer noch in Strömen, aber ihre neuen Stiefel hielten ihre Füße trocken. Das verbesserte ihre Laune ein wenig. Doch das Gespräch mit Devin hatte ihr wirklich zugesetzt, sonst würde es sie jetzt nicht so zu ihrem Onkel ziehen.

Seltsamerweise waren Blue und Stripes draußen angebunden und bellten sich die Seele aus dem Leib, als sie auf sie zukam. Sie kraulte die beiden hinter den Ohren und scheuchte sie in ihre Hütte.

Hinter ihr quietschte die Tür und dann drang ein unverwechselbares Geräusch an ihre Ohren: eine Schrotflinte, die durchgeladen wurde. Ein eisiger Schauder lief ihr über den Rücken und sie erstarrte. »Ich bin's, Cody«, rief sie.

»Dachte mir schon, dass es jemand ist, den wir kennen«, antwortete Cubby. »Man kann nie vorsichtig genug sein.«

Cody richtete sich auf und ging langsam zum Haus. Ihre Hände prickelten und ihr war etwas schwindlig. »Es bringt die Lebensgeister echt in Schwung, wenn eine Waffe auf einen gerichtet wird.«

»Willst du die Hunde holen? In dem Regen kann man nicht wirklich jagen«, meinte Cubby und warf einen bedeutungsvollen Blick in den wolkenverhangenen Himmel.

»Nein, ich war nur gerade spazieren.«

»Komm rein«, sagte er. »Lurlene ist gerade bei Luca. Und wenn ich jetzt Gesellschaft habe, habe ich auch einen Grund, was zu trinken.« Er lachte vor sich hin, schnappte sich zwei Bierflaschen und reichte Cody eine davon. Er wischte sich den Regen von den Schultern und ließ sich auf die Couch fallen. »Was tut sich so bei dir?«

»Nicht viel.« Sie nahm einen Schluck von ihrem Bier.

»Was hat dir die Laune verhagelt?«

»Ist das so offensichtlich?«

»Ist es.«

Cody gähnte und streckte sich ein wenig. Es machte sie immer so müde, über solche Dinge zu reden. Noch müder, als sie ohnehin schon war. »Es ist schwer, mich an das Geld zu gewöhnen. Alle behandeln mich, als wäre ich plötzlich ein anderer Mensch, aber das bin ich nicht. Ich bin immer noch ich – ganz genauso wie davor.«

»Glaub ich. Aber das wird schon werden.«

»Aber es dauert zu lang.« Sie trank einen weiteren Schluck. »Du und Tante Lurlene seid die Einzigen, die mich behandeln wie immer.«

»Was ist mit der Lady aus der Bank? Letztes Mal hast du nur von der geredet.«

Cody überkam das dringende Bedürfnis, sich zu bewegen, aber sie konnte ja nicht einfach aufstehen und Liegestütze machen. Stattdessen musste sie sitzen bleiben und über ihre Gefühle reden. Wiederzukäuen, was Maddie gesagt hatte, war peinlich, also fasste sie sich kurz: »Sie hat mich beleidigt.«

»Wirklich? Absichtlich?«

»Weiß ich nicht«, gab sie zu. Die Scham nagte noch immer an ihr. »Sie hat gesagt, ich wäre dumm.«

»Warum? Wegen dem Geld?«

»Wegen dem, was ich damit machen soll. Sie will, dass ich es …« Wie sollte sie ihm erklären, was Maddie gesagt hatte, wo sie es doch selbst kaum verstand? »… in irgendein Regierungsding investieren soll. Sie meint, dass es dann sicherer ist. Aber ich traue der Regierung nicht. Ihr schon. Zumindest habe ich das.«

Cubby nahm einen großen Zug von seinem Bier. Die Augen hatte er ungewohnt nachdenklich zusammengekniffen. »Reg dich jetzt bitte nicht auch noch über mich auf, aber kann es nicht sein, dass du ein bisschen empfindlich reagiert hast?« Er sah ihr direkt in die Augen und fügte hinzu: »In letzter Zeit bist du ziemlich leicht reizbar. Anders als sonst.«

»Sie hat gesagt, das wäre dumm von mir. Das war schon ziemlich deutlich.«

»Aber das ist doch nicht dasselbe, als wie wenn sie dich dumm genannt hätte! Vielleicht *ist* es ja dumm, was du da machst. Wenn du ihr vertraust, dann musst du ihr auch zuhören, wenn sie was zu sagen hat.«

»Ich hab ihr zugehört«, sagte sie leise.

»Sicher? Klingt für mich nicht danach.«

Cody sackte in sich zusammen und schüttelte den Kopf. »Vielleicht auch nicht. Kann sein, dass ich nicht immer hören wollte, was sie zu sagen hatte. Vielleicht sollte ich mich bei ihr entschuldigen.«

»Solltest du, wenn du mit ihr befreundet sein willst. Andererseits ... Sie hat fast dein ganzes Geld, also könntest du ihr wahrscheinlich auch ins Gesicht schlagen und sie würde dich immer noch anlächeln. Willst du das?«

»Nein, natürlich nicht. Ich will, dass sie mich meinetwegen mag und nicht wegen des Geldes.«

»Dann solltest du sie vielleicht wissen lassen, dass du zugeben kannst, wenn du dich geirrt hast.«

Cody hielt es keine Sekunde länger aus, untätig herumzusitzen, und stand auf. »Danke fürs Reden. Wer hätte gedacht, dass neue Freundschaften anstrengender sind als Familie?«

»Oh ja, das sind sie. An deiner Stelle würde ich mir keine neuen Freunde suchen, aber du hattest ja immer schon deinen eigenen Kopf.«

Sie grinste. »Allerdings. Und der bringt mir manchmal ganz schön viel Ärger ein.«

Heute war viel los und Maddie eilte ständig von einem Ende der Filiale zum anderen, um den Überblick zu behalten. Als ihr Telefon klingelte, hätte sie es beinahe ignoriert, aber sie hatte sich für diese Woche vorgenommen, wann immer möglich, ans Telefon zu gehen.

Sie hob gerade noch rechtzeitig ab, bevor die Mailbox ansprang. »Maddie Osborne.«

»Ich bin's, Cody Keaton.«

Eine überraschende Woge der Erleichterung durchfuhr Maddie. Sie versuchte, sie zu ignorieren. »Hallo. Wie geht's Ihnen?«

»Gut. Hey, es ist fast Mittagszeit und ich bin im Diner. Hätten Sie eventuell Zeit, mir Gesellschaft zu leisten?«

Ausgerechnet heute? Heute wurden die Sozialversicherungsschecks zugestellt und jeder Einwohner über fünfundsechzig schien deswegen herzukommen. Alle hatten mindestens ein, zwei Fragen, die nur sie beantworten konnte. Außerdem war sie um eins am anderen Ende der Stadt mit einem wichtigen Anwalt zum Mittagessen verabredet. Trotzdem zögerte sie kaum, sondern sagte sofort: »Ich beeile mich, dann geht das schon.« Sie winkte und Cody, die am öffentlichen Telefon im Eingangsbereich des Diners stand, winkte zurück. »Bin gleich da.«

Als sie sich kurz darauf vor dem Diner trafen, wirkte Cody genauso schüchtern und zögerlich wie bei ihrer ersten Begegnung, wenn auch nicht ganz so fahrig. Sie setzte an, etwas zu sagen, brach dann aber ab. »Ist es okay, wenn wir uns an den Tresen setzen?«

»Natürlich.« Maddie drückte die Glastür auf und betrat das Diner. Sie setzte sich auf den Stuhl, der der Wand am nächsten war.

Cody blieb direkt neben ihr stehen. »Ich möchte mich bei Ihnen entschuldigen.« Sie beugte sich vor und sprach sehr leise. »Ich war sehr unhöflich zu Ihnen.«

Maddie klopfte auf den Stuhl neben sich. »Setzen Sie sich doch.« Kaum hatte Cody Platz genommen, beugte sie sich zu ihr. »Ist schon gut. Ich wollte Sie selbst schon anrufen, aber … na ja, Sie haben ziemlich verärgert gewirkt. Ich wollte Ihnen noch etwas Zeit lassen.«

Sie wirkte verlegen. »Wenn ich erst mal auf jemanden wütend bin, dann bleibe ich das meistens auch. Aber ich hab mit meinem Onkel geredet und er meinte, ich bin wohl etwas empfindlich.«

Das traf es ganz gut, nicht dass Maddie das jemals laut sagen würde. »So kann man das nicht sagen, finde ich. Ich habe Sie mit dem, was ich gesagt habe, offensichtlich getroffen, und das tut mir sehr leid. Ich wollte Ihnen meine Meinung aufzwingen. Das war unprofessionell.«

Cody nickte der Kellnerin zu, die ihnen die Speisekarte brachte. Sie las sie kurz durch, und legte sie dann auf den Tresen. »Das war nicht der Grund. Sie haben mich verletzt, als Sie meinten, ich wäre dumm.«

Schockiert keuchte Maddie auf. »Das hab ich nicht gesagt!«

»Sie haben gesagt, was ich mache, ist dumm. Das ist dasselbe.«

Der Schmerz zeichnete sich immer noch so deutlich auf Codys Gesicht ab, dass er sich Maddie förmlich ins Herz schnitt. Automatisch streckte sie die Hand aus und strich Cody sanft über den Arm. »Sie sind nicht dumm. Kein bisschen. Ich hab mich da sehr ungeschickt ausgedrückt. Was ich Ihnen eigentlich sagen wollte, war, dass ich Ihren Entscheidungen nicht zustimme, aber aus einer rein finanziellen Perspektive.«

»Es geht um Geld, also ist die finanzielle Perspektive die einzige, die zählt.«

»Nicht wirklich. Bei Entscheidungen geht es immer auch um Gefühle und Sie sind die Einzige, die weiß, was sich richtig oder falsch anfühlt.« Sie drückte ihren Oberarm. »Es tut mir wirklich leid.«

Die Kellnerin kam zurück und sie bestellten. Spätestens um drei würde Maddie an ihrem Schreibtisch einschlafen, aber es war unhöflich, sich mit einer Kundin zu treffen und dann nichts zu bestellen. Also würde sie heute eben zweimal zu Mittag essen. Dafür stand ihr am Abend eine schweißtreibende Einheit auf dem Laufband bevor.

»Ich glaube, mir wäre wohler zumute, wenn ich ein paar Bücher darüber lesen könnte, wie Banken funktionieren. Gibt es denn welche für Leute wie mich?«

»Natürlich! Ich mach mich mal schlau. Und ich bin immer für Sie da, wenn Sie Fragen haben. Ich rede gern über meinen Job.«

»Klingt gut.«

Die Kellnerin brachte ihre Sandwiches, und Maddie gab sich alle Mühe, den Speck aus ihrem unauffällig verschwinden zu lassen, während sie aß. Darin steckten wahrscheinlich die meisten Kalorien. Cody schien es nicht zu bemerken, die Kellnerin hingegen würde sich Gott weiß was ausmalen, wenn sie feststellte, dass die Serviette dick mit Speck gefüllt war.

»Ich gehe nachher zum Zahnarzt. Meine Krone ist fertig.«

»Wer fährt Sie?«, fragte Maddie alarmiert.

Cody schenkte ihr ein Lächeln. »Sie haben mir versprochen, dass es nicht wehtun wird. Ich werde es ohne Betäubung machen lassen. Beim nächsten Mal, wenn etwas Größeres gemacht werden muss, versuche ich es mit diesem Lachgas. Jetzt bin ich ja nicht mehr so nervös, da sollte ich mit der Maske klarkommen.«

»Was für ein Fortschritt! Wenn Sie so weitermachen, schaffen Sie es auch ohne Lachgas.«

»Niemals!« Cody sah aus, als wollte sie auf der Stelle fliehen. »Ich war zuletzt als Kind bei einem Zahnarzt, der *Medicaid* akzeptiert hat. Er hat mir nichts zur Betäubung gegeben, sondern hat diesen riesigen Bohrer gezückt und …« Sie schloss ein Auge und wedelte mit einer Hand unheilvoll über Maddies Kopf herum, als hielte sie darin einen unsichtbaren Bohrer. »Ich hab fast geheult.«

»Nur fast? Ich würde heute noch heulen, wenn mir so was passiert wäre. Ich kann mir gar nicht vorstellen, wie das erst sein muss, wenn man noch klein ist.«

»Er war ein Dieb«, sagte sie verächtlich. »Wahrscheinlich hat er Geld für Betäubungsmittel bekommen und es behalten.«

Maddie warf ihr einen Seitenblick zu. Wenn man arm war, konnte es leicht passieren, dass man ausgenutzt und betrogen wurde. Je weniger Geld man hatte, desto weniger freie Entscheidungen konnte man treffen. Kein Wunder, dass Cody so vorsichtig und misstrauisch war. Sie hatte allen Grund dazu.

»Ich werde gegen Abend wieder zurück sein. Essen Sie zu Abend?«

Manchmal fragte sie so trocken, dass Maddie unweigerlich rätselte, ob sie es ernst meinte oder nicht. Jetzt jedoch war sie sich ziemlich sicher, dass das der Fall war. Okay, zwei Mittagessen, kein Fitnessstudio, dafür ein Abendessen. Scheiß drauf. »Natürlich. Ich warte in der Bank auf Sie. Es gibt jede Menge zu tun, falls es bei Ihnen später wird.« Irgendwie musste sie die Arbeitszeit ja wieder reinholen, die sie durch die beiden Geschäftsessen verlor.

Etwas war anders. Vielleicht lag es an ihrem Streit, vielleicht auch daran, dass sie sich inzwischen schon so oft gesehen hatten. Jedenfalls fühlte sich ihr Treffen nicht mehr wie ein Geschäftsessen an. Sondern nach einer Verabredung mit einer Freundin.

Maddie suchte das Restaurant aus. Sie entschied sich für das, in dem sie heute noch nicht gewesen war. Von den drei Restaurants, die es in Greenville gab, war es das einfachste, was ihr ganz recht war.

Eigentlich war es eher eine Bar als ein Restaurant und ziemlich düster und verraucht, aber gemütlich, was auch an den Sitznischen aus dunklem Holz lag. Hier ging man definitiv eher mit Freunden hin als mit Kunden oder Kollegen.

Maddie bestellte ein Bier zu ihrem Cheeseburger und den Pommes. Jetzt war es auch schon fast egal.

Cody bestellte das Gleiche und so nippten sie bald einträchtig schweigend an ihrem Bier. Cody war die Erste, die das Schweigen brach. »Sie wissen so viel über mich, aber ich weiß noch nicht einmal, wo Sie herkommen.«

»Von nebenan. Aus dem Mutterland.«

Für einen Moment runzelte Cody die Stirn, bevor sich ein Lächeln auf ihrem Gesicht ausbreitete und sie nickte. »Sie sind so richtig aus Virginia?«

»Bin ich. Ich bin etwa anderthalb Stunden von Washington entfernt aufgewachsen.«

»Hmm. Die Großstadt.«

»Ja, Washington ist wirklich groß. Wir waren aber nur selten da. Da, wo ich herkomme, ist es fast schon ländlich.«

»Aber nur fast.« Cody lächelte. »Waren Sie je verheiratet?«

Um ein Haar hätte Maddie ihr Bier ausgespuckt. »Das ist aber ganz schön weit weg von *Wo sind Sie aufgewachsen?*.«

»Tut mir leid. Ich lerne fast nie ... so gut wie nie ... neue Leute kennen. Mit den meisten bin ich aufgewachsen. Ich habe keine Ahnung, wie Sie das anstellen.«

Maddie gluckste. »Sie brauchen Sich nicht zu entschuldigen. Um auf Ihre Frage zurückzukommen: Ich war nie verheiratet. Ich bin ein richtiger Partysingle, der das Nachtleben von Greenville so richtig auskostet.« Natürlich hätte sie noch mehr über sich erzählen können, aber es war wohl besser, erst mal eher an der Oberfläche zu bleiben und nur langsam von geschäftlichen zu privaten Themen zu wechseln.

»In Greenville gibt es ein Nachtleben?«

»Nicht, dass ich wüsste. Man sollte es nicht meinen, aber ich war wild entschlossen, in einer Großstadt zu leben. Selbst Washington war mir noch zu klein. Aber irgendwie bin ich in Greenville gelandet. Ich weiß auch selbst gar nicht so genau, warum.« Sie lachte leise und nahm einen Schluck von ihrem Bier. »So kann's gehen.«

Cody warf ihr einen überraschend offenen Blick zu, in dem sich all ihre Gefühle widerspiegelten. »Ich bin wirklich froh, dass es Sie hierher verschlagen hat.«

Das fühlte sich etwas zu vertraulich an. Also versuchte Maddie, zurückzurudern. »Was ist mit Ihnen? Waren Sie je verheiratet?«

»Wohl kaum«, erwiderte Cody glucksend. »Ich hatte noch nie wirklich Interesse an jemandem.«

Das erschien Maddie unwahrscheinlich, aber vermutlich war es besser, wenn sie nicht weiter nachfragte. Höchste Zeit, das Thema zu wechseln. »Ist es in Ordnung, wenn wir kurz unser geschäftliches Missverständnis aus dem Weg räumen?«

Cody antwortete nicht direkt. Sie zuckte nur mit den Schultern.

Das war wohl kaum eine Aufforderung, trotzdem redete Maddie weiter. »Ich weiß nicht, ob ich das je deutlich gemacht habe, aber es wirft ein gutes Licht auf mich, dass Ihr Geld in meiner Filiale liegt.«

Cody riss ihre rehbraunen Augen weit auf.

»Der Betrag, den Sie bei mir eingezahlt haben, ist um ein Vielfaches höher als das, was bis dahin auf der Bank lang. Es sieht also so aus, als hätte ich innerhalb weniger Monate unsere Einlagen massiv erhöht. Wie gesagt, das lässt mich gut dastehen.«

»Schön«, meinte Cody zögerlich. »Ich möchte, dass Sie gut dastehen.«

»Ich sage Ihnen das nur, weil ich möchte, dass Sie wissen, dass ich nicht *auf Ihre Kosten* gut dastehen will.« Sie legte ihre Hand auf Codys. »Ich mache mir Sorgen. Sie sollten wirklich einen Anlageberater anstellen, der Ihnen bei alledem beisteht.«

Cody schüttelte heftig den Kopf. »Das möchte ich nicht.«

»Okay. Von den Staatsanleihen habe ich Ihnen schon erzählt. Ebenfalls sicher, wenn auch nicht ganz so sicher, wäre es, wenn Sie das Geld in Portionen zu je zweihundertfünfzigtausend Dollar aufteilen und in jeder Bank des Staates ein Sparkonto eröffnen. Wobei, wahrscheinlich gibt es im ganzen Staat nicht genug Banken. Da müssten Sie dann auf die Nachbarstaaten ausweichen.«

»Nein.«

Maddie legte beide Hände auf den Tisch. »Okay. Das war's.«

»Gut. Die Truthahnsaison beginnt bald. Jagen Sie?«

Das mit den Gedankensprüngen hatte sie wirklich drauf. »Nein, ich bin drinnen aufgewachsen.« Sie lachte, weil das so albern klang, und fügte hinzu: »Wirklich übertrieben ist das aber nicht. Ich war nie auch nur in der Nähe einer Waffe.«

»Wie sieht's mit Pfeil und Bogen aus?« Codys Augen blitzten, also war das wohl wirklich ein Scherz.

»Auch nicht. Natürlich esse ich Fleisch, aber ich mache es mir leicht und lasse andere Leute das Töten übernehmen.«

Diesmal klang sie todernst. »Fischen Sie auch nicht?«

»Ich weiß noch nicht mal, an welches Ende der … Angelrute man den Köder steckt. So nennt man das doch, oder?«

»Auch wenn Sie nicht gern jagen: Jeder angelt gern. Wenn Sie mal nach Ramp kommen, zeige ich Ihnen, wie es geht.«

Maddie nahm einen großen Schluck von ihrem Bier. »Ich hänge inzwischen ziemlich an meinen Reifen. Ob ich die danach wohl wieder mit heimnehmen kann?«

Zur Antwort schenkte Cody ihr ein breites Grinsen, das alle ihre Zähne zeigte. »Versprochen.«

Als Maddie eines Nachmittags ein wenig Luft hatte, rief sie Avery an. In ihrem neuen Job hatte sie noch niemanden gefunden, dem sie sich anvertrauen konnte, und ihre alten Freunde interessierten sich weder für ihre Arbeit noch für ihre Kundschaft. Außerdem hatte er ein Händchen dafür, ihr zu sagen, wenn sie im Begriff war, etwas zu tun, das sich negativ auf ihre Karriere auswirken könnte.

»Avery«, sagte sie, nachdem er abgenommen hatte. »Hast du kurz Zeit?«

»Natürlich, *principessa*.«

Sie hatte keine Ahnung, warum er sie als italienische Prinzessin bezeichnete. Sie war weder das eine noch das andere.

»Was gibt es Neues in deinem Provinznest?«

»Nicht viel. Ich war letztens mit meiner widerspenstigen Millionärin essen.« Sie hielt den Atem an und wartete auf seine Reaktion.«

»Suboptimal, Süße. Du zeigst zu viel Interesse. Ich habe letztens ein Foto von ihr gesehen und ja, sie ist niedlich – zumindest für dich –, aber sie ist tabu.«

»Ich will doch gar nichts von ihr«, erwiderte sie. »Aber ich glaube, sie ist lesbisch und …« Und was? Mussten alle Lesben immer auf einem Haufen sitzen?

»Wenn sie ein Mann wäre, wäre es schlimm genug. Aber wenn du mit einer Frau derartig vertraulich bist …« Er ließ sie ihre eigenen Schlüsse ziehen. »Riskier es nicht.«

»Ich mache doch gar nichts, Avery. Selbst wenn ich sie als … was auch immer … mögen würde … Ich will hier keine Sekunde länger bleiben als unbedingt nötig. Ich fange doch nichts mit jemandem von hier an.«

»Und du fandest Charleston zu klein.« Er kicherte spöttisch.

»Hey, ich dachte erst auch, dass Pittsburgh unter meiner Würde wäre. Nach dem College wollte ich nach New York, San Francisco oder Los Angeles. Notfalls noch nach Chicago.«

»Witzig, wie sich die Dinge ändern, wenn man erst zwei Jahre wieder bei den Eltern wohnen muss.«

»Ja, das war echt total witzig. Der Job als Kellnerin hat mir eine völlig neue Perspektive eröffnet, zumal ich meine gesamte Freizeit darauf verwendet habe, jede einzelne Bank der westlichen Hemisphäre anzuflehen, mich zu einem Bewerbungsgespräch einzuladen.«

»Du hast dich immer weiter verkleinert, Maddie. Inzwischen ist das schon ein Trend. Genauso gut kannst du anfangen, in deinem Provinznest auf Brautschau zu gehen.«

»Ich hätte ja gar nichts gegen eine Beziehung. Ganz im Gegenteil. Aber nicht mit Cody – auch dann nicht, wenn sie nicht tabu wäre.«

»Also bitte, das ist doch gelogen. Sie ist genau dein Typ. Verdammt, sogar ich könnte mir einreden, dass sie mein Typ ist. Ihr Kontostand würde mich über den fehlenden Penis hinwegtrösten.«

Die beiden wären das schrägste Paar aller Zeiten. »Gut, vermutlich wäre sie mein Typ, aber ich glaube, sie hat noch nie auch nur jemanden geküsst. In ihrem Dorf leben ungefähr sechs Leute und sie ist mit allen verwandt. Und *bitte* erspar uns die Inzest-Witze.«

»So tief würde ich nie sinken. Ich weiß, wie es in Kleinstädten zugeht, also wundert es mich kein bisschen, dass sie so rein ist wie ein Engel. Homosexualität gibt es dort genauso wenig wie ein gutes chinesisches Restaurant.«

»Das ist wohl wahr. Leider«, sagte sie und ließ damit die Maske fallen. »Sie wäre jemand, dem man absolut vertrauen könnte und der alles für einen tun würde. Aber ich bin nicht dafür geschaffen, verängstigten Lesben die Jungfräulichkeit zu rauben. Außerdem würde unweigerlich einer ihrer Verwandten mit einer Schrotflinte vor meiner Tür auftauchen. Und ich meine das nicht im übertragenen Sinn.«

11

Wenn man in Filmen oder Serien Menschen beim Angeln sah, dann saßen sie für gewöhnlich auf saftig grünen Wiesen, wurden vom sanften Sonnenlicht gewärmt, das durch das Blätterdach der Bäume fiel, und Schmetterlinge flatterten um sie herum. Sie waren immer barfuß und hielten ihre Zehen zur Abkühlung ins Wasser. Die Wirklichkeit hingegen war weit weniger malerisch: Die Bäume waren kahl, der Schnee gerade erst geschmolzen und Maddie bibberte vor Kälte. Es hatte gerade mal sieben Grad, es war also eher unwahrscheinlich, dass sie demnächst die Zehen ins Wasser stecken würden.

Aber Cody hatte ihr versichert, dass heute die idealen Bedingungen zum Angeln herrschten. Allerdings trug sie selbst im tiefsten Winter nur dünne Jacken, also war ihr Temperaturempfinden vielleicht nicht unbedingt repräsentativ. Immerhin war es ein klarer, sonniger Tag und als Maddie die kurvige Landstraße entlangfuhr, erstreckte sich vor ihr ein endloser tiefblauer Himmel.

Dieses Mal fand sie die Abzweigung zu Codys Grundstück ohne Probleme. Cody hatte nämlich ein Schild mit der Aufschrift *Willkommen* an einen großen Baum am Straßenrand getackert. Niedlich. Das war bestimmt das einzige Willkommensschild weit und breit, aber vielleicht erwies sich Cody damit als Trendsetterin.

Kaum hatte sie angehalten, sprang Cody aus dem Trailer. Sie trug ... neue Klamotten!

Maddie stieg aus dem Auto und pfiff anerkennend. »Wie viele Pistolen musste man Ihnen an die Schläfe halten, damit sie sich diese Sachen besorgen?«

»Nur eine.« Sie lachte. »Meine Cousine Mandy hat mich zum wöchentlichen Munitionskauf in den Outdoor-Laden begleitet.« Ein finsterer Ausdruck huschte über ihr Gesicht. »Meine Cousins schießen lieber auf Dosen, als den Arsch in die Höhe zu bekommen und richtig auf die Jagd zu gehen. Davon hätte man wenigstens was.« Sie schüttelte den Kopf und atmete tief durch, als wollte sie die Gedanken an ihre nutzlosen Cousins vertreiben. »Mandy meint, die Leute würden anfangen zu glauben, dass mit mir was nicht stimmt, wenn ich weiter Devins alte Sachen trage.«

»Und das hat gereicht, um Sie zu überzeugen? Das ist ja ein komplettes, aufeinander abgestimmtes Outfit.«

Die Klamotten passten ihr tatsächlich und betonten ihre schlanke, drahtige Figur. Cody sah darin fantastisch aus. Bisher war Maddie nicht aufgefallen, wie lang und schlank ihre Beine waren, wie schmal ihre Taille.

»Die meinten, man kann auch leichtere Sachen nehmen, wenn man sie in Schichten trägt. Darum habe ich mir diese kleine Jacke ausgesucht«, Cody zupfte an einem grauen, eng anliegenden Kleidungsstück, »und eine Weste, und eine wasserdichte Hardshell-Jacke.« Sie lachte. »Keine Ahnung, warum die zu den Regenjacken *Hardshell* sagen, aber diese drei Schichten sind viel wärmer als die riesige Jacke, die ich bisher immer zur Jagd getragen habe. Außerdem sehe ich jetzt nicht mehr aus wie ein kleines Mädchen, das die Sachen seines Bruders trägt.«

Im Gegenteil, man sah ihr an, dass sie wirklich Mühe in ihr Outfit gesteckt hatte. Aber wahrscheinlich war es besser, wenn Maddie das nicht zu sehr betonte, sonst bekam Cody womöglich das Gefühl, sie hätte davor lächerlich ausgesehen. »Die Hose sieht auch echt gut aus. Das dunkle Grau ist toll.«

»Das ist Anthrazit«, sagte sie und runzelte die Stirn. »Eigentlich wollte ich nur dunkelbraune Sachen, weil man dann den Dreck nicht so sieht, doch Mandy war dagegen. Aber letztlich war es gut, dass sie darauf bestanden hat, dass ich unterschiedliche Farben nehme.«

»Sieht wirklich gut aus. Welche Farbe hat das Shirt?«

»Schiefer.« Cody sah aus, als hätte sie die richtige Antwort eines schweren Tests gewusst. »Es war ganz schön schwer, derartig teure Sachen zu kaufen, aber ich muss mir wirklich abgewöhnen, jeden einzelnen Penny sparen zu wollen.« Sie strich über den Stoff ihrer neuen Hose. »Die ist wasser- und fleckenabweisend und das Shirt soll im Sommer Insekten fernhalten. Wäre schon verdammt schön, wenn ich dieses Jahr mal nicht völlig von Moskitos zerstochen werde.«

Maddie legte eine Hand auf ihre Schulter. »Wie fühlt es sich an, etwas zu tragen, das auch wirklich passt?«

»Merkwürdig. Sehr merkwürdig. Aber ich werde mich schon daran gewöhnen.« Sie fixierte irgendeinen Punkt in der Ferne und als sie weiterredete, war ihre Stimme leiser. »Meine Klamotten waren mir aber auch erst seit ein paar Jahren so gleichgültig.«

Wie antwortete man auf so etwas? »Äh… Was ist passiert?«

»Wir hatten nie viel, aber meine Mama hat immer dafür gesorgt, dass wir durchkommen. Sie hat Moos gesammelt und sie konnte nähen. Meine Klamotten waren selbst gemacht und so sahen sie auch aus. Nicht, dass sie schlecht gemacht gewesen wären. Ich habe nur einfach Stoffhosen und Blusen getragen, während die anderen Kinder Jeans und T-Shirts hatten. Aber ich habe trotzdem anständig ausgesehen.«

»Da bin ich mir sicher.« Vor ihrem inneren Auge sah sie eine jüngere Cody in einer handgenähten Hose und einem schlichten Shirt, während alle anderen Markenklamotten mit prominenten Logos trugen. Kinder waren grausam, wenn jemand auch nur ein bisschen von der Norm abwich. Sie war bestimmt pausenlos gemobbt worden.

»Nach der Highschool habe ich beschlossen, dass es den Aufwand nicht wert ist.« Sie lächelte traurig. »Seither haben mir alle immer ihre abgetragenen Klamotten gegeben, die sie ausgemistet haben.« Geradezu zärtlich strich sie über ihren Ärmel. »Aber jetzt schlage ich ein neues Kapitel auf.«

»Gut so. Sie werden nie leichtfertig Geld ausgeben, und das ist auch richtig so, aber Sie haben es verdient, Kleidung zu besitzen, die Sie wärmt und trocken hält und die Ihnen auch wirklich passt.«

»Jeder hat das verdient, aber ich kann es mir jetzt auch leisten, und ich werde mich schon daran gewöhnen.«

»Super. Also … wohin geht's jetzt?«

»Zu einem Ort, den ich sehr mag. Der ist aber miiitten im Wald, zu Fuß kommen wir da nicht hin.«

Ihr abenteuerlustiges Grinsen brachte Maddie dazu, in den Jeep zu springen und sich gut festzuhalten.

Nach einem kurzen Zwischenstopp, bei dem sie sich zwei Quads ausliehen, waren sie bereit, es mit dem Wald und der Wildnis aufzunehmen. Maddie war eine absolute Anfängerin, doch Cody versicherte ihr, dass sie bald den Dreh raushaben würde. »Fahren Sie mir einfach nach und verlagern Sie Ihren Schwerpunkt nicht zu sehr auf die Seite.«

»Ich will meinen Schwerpunkt überhaupt nicht verlagern!«

»Sie machen das schon«, versicherte Cody und fuhr los. Sie hatte ihre Angelausrüstung an ihrem erstaunlich schmutzigen Quad befestigt. Wo auch immer die Quads zuletzt gewesen waren: Ohne den Dreck wären sie bestimmt fünf Kilo leichter.

Maddie musste sich ganz schön konzentrieren, um mit Cody mitzuhalten. Mühelos bretterte sie durch Bäche, über enorme Wurzeln und alles, was ein winterlicher Wald sonst noch an Vegetation zu bieten hatte. Bis auf das Dröhnen der Quads war es ganz still. Nur ab und zu waren die Rufe von Habichten oder anderen Vögeln zu hören.

Eigentlich war es ein Wunder, dass sie auf den Quads unterwegs waren und nicht zu Fuß gingen, schließlich liebte Cody die Stille des Waldes doch so sehr. Aber nachdem sie eine halbe Stunde lang über Stock und Stein, bergauf und bergab gebrettert waren, war Maddie ihr zutiefst dankbar für ihre Weitsicht.

Schließlich erreichten sie eine Lichtung und Cody hielt an. »Das letzte Stück können wir zu Fuß zurücklegen. Ab jetzt ist es ziemlich eben.« Ein bezauberndes Grinsen breitete sich auf ihrem Gesicht aus. »Ich dachte mir, Sie wüssten die Strecke bis hierher vielleicht nicht so zu schätzen.«

»Oh, ich weiß sie sehr zu schätzen. Vor allem weiß ich zu schätzen, dass ich nicht laufen musste.«

Cody schwang die große Tasche über eine Schulter und nahm die Angel in die andere Hand, dann gingen sie los. Bald schon verschluckte sie der Wald. Ein leichter Wind wehte, die Baumwipfel bewegten sich sacht und gaben sanfte Geräusche von sich. Als würden sie ihre Äste schützend über ihnen ausstrecken.

»Wie schön«, sagte Maddie. »Ich war noch nie in einem Wald. Das ist wie eine andere Welt.«

Cody blieb abrupt stehen und starrte sie mit offenem Mund an. »Nicht Ihr Ernst!«

»Oh doch. Mein voller Ernst. Wie gesagt, ich bin drinnen aufgewachsen. Das war keine Übertreibung.«

»Aber … warum?«

»Sie brauchen mich nicht so mitleidig anzuschauen«, neckte sie sie. »Ich hab Ihnen ja erzählt, dass ich zwei ältere Brüder habe. Die waren beide sehr sportlich unterwegs, haben vor allem Basketball gespielt und gewrestlt. Also habe ich einen guten Teil meiner Jugend bei ihren Spielen und Matches und so verbracht.«

»Aber dafür ging doch nicht jede freie Minute drauf … Oder?«

»Na ja, nein, natürlich nicht. Aber wir waren einfach eher Drinnies.« Sie zuckte mit den Schultern. Sie wusste ja auch nicht so recht, warum ihre Familie war, wie sie war.

»Und was war mit Ihnen? Haben Sie irgendeinen Sport gemacht?«

»Oh ja, ich war so richtig hardcore drauf, war immer draußen und hab mich dreckig gemacht. Wie das eben so ist, wenn man Schulsprecherin ist und am Jahrbuch mitarbeitet. Bei ein paar Aufführungen des Theaterkurses habe ich auch backstage mitgearbeitet. Alles drinnen«, fügte sie zwinkernd hinzu.

»Faszinierend. Werden Sie denn nie … unruhig, wenn Sie so lange drinnen sind?«

»Ähm... nein. Ich bin ganz ruhig.«

Sie gingen weiter. Cody lief immer ein paar Schritte vor ihr. Sie schwebte geradezu und schien jede Senke und jeden Hügel zu kennen, ohne hinschauen zu müssen. Maddie hingegen achtete peinlich genau darauf, wo sie hintrat. Wenn es nach ihr ging, wartete der Waldboden nur darauf, ihr ein Bein zu stellen. Und auf einen verstauchten Knöchel konnte sie gut verzichten. »Und Sie? Werden Sie unruhig, wenn Sie zu lange drinnen sind?«

»Ja. Natürlich habe ich es auch gern warm und gemütlich, aber ich würde lieber zittern und bibbern, als immer nur drinnen zu hocken. Keine Ahnung, wie andere das aushalten.«

»Mir fällt das ganz leicht. Ich kann es nicht ausstehen, zu zittern und zu bibbern«, erwiderte Maddie.

Cody drehte sich um und schenkte ihr ein nachsichtiges Lächeln, das Maddie erwiderte.

Je weiter sie gingen, desto mehr versuchte Maddie, sich auf diese fremde Umgebung einzulassen. Es war erstaunlich ... friedlich. Ja, das war das richtige Wort. Keine von Menschen gemachten Geräusche weit und breit. Das war schon ziemlich großartig.

Im Wald selbst war es dafür gar nicht still. Vögel zwitscherten, kleine Tiere wuselten herum und ließen das Laub rascheln, ein Ast brach, sei es wegen des Winds oder wegen eines Tiers. Wäre sie allein gewesen, wäre Maddie bei jedem neuen Geräusch erschrocken zusammengezuckt. Aber Cody wirkte hier so ... zu Hause, dass sie sich mehr und mehr entspannte. Wer hätte gedacht, dass es so leicht war, das hektische Treiben von Greenville hinter sich zu lassen? Okay, sonderlich hektisch war Greenville nun nicht gerade. Trotzdem ...

Endlich erreichten sie ihr Ziel. Schon seit geraumer Zeit war das Geräusch von fließendem Wasser an ihre Ohren gedrungen, und jetzt hatten sie das Ufer fast erreicht.

»Oh, Cody, ist das schön!«, hauchte Maddie.

Vor ihnen lag ein langsam dahinfließender Fluss. Kleine, dünne Pflanzen säumten sein Ufer. Sie waren erstaunlich grün und saftig, obwohl es noch Winter war. Große, alte Bäume wuchsen am Flussufer. An einigen Ästen wuchs Moos.

»Normalerweise würde ich da hochklettern und etwa ein Viertel davon entfernen«, sagte Cody nachdenklich und deutete auf den leuchtend grünen Bewuchs eines dicken Stammes. »Aber wir sind zum Vergnügen hier, nicht um zu arbeiten.«

Maddie hätte Cody gern gefragt, ob sie vorhatte, ihre Karriere als Moossammlerin fortzusetzen, aber vielleicht würde Cody die Frage als dreist oder unhöflich empfinden. Vielleicht war das Moossammeln für sie mehr als nur ein Job, auch wenn Maddie keine Ahnung hatte, worin der zusätzliche Reiz bestehen sollte.

Cody legte einen Finger auf die Lippen und schlich einen Trampelpfad entlang … den sie wahrscheinlich selbst angelegt hatte. Leise bahnten sie sich ihren Weg, bis Cody ein paar Meter vom Fluss entfernt eine Hand hob. Dann deutete sie auf … etwas … eine Art Ansammlung von Stöcken, Zweigen und dicken Ästen. Das Gebilde staute einen Teil des Flusses und kreierte so einen richtigen See. Plötzlich steckte ein Biber seinen Kopf heraus und sah sich um.

Maddie zuckte zusammen und drückte begeistert Codys Schulter. »Da!«, flüsterte sie.

Cody warf ihr einen vielsagenden Blick zu – *Deswegen sind wir hier!* –, verkniff sich zum Glück aber weitere Bemerkungen.

Ein weiterer Biber tauchte neben dem Damm auf, dann noch einer. Diese beiden waren kleiner und wirkten jünger als der erste. Immer wieder tauchten sie unter und wieder auf, suchten vielleicht nach irgendetwas. Was auch immer das sein mochte. Schließlich verschwand der große Biber und auch die kleinen tauchten nicht mehr auf.

Cody drehte sich um, zeigte nach links, umrundete Maddie und führte sie weg.

»Das war großartig!«, rief Maddie begeistert, als sie in einiger Entfernung waren. »So etwas habe ich noch nie gesehen!«

»Sie haben noch nie einen Biber gesehen?«, fragte Cody misstrauisch.

»Ich habe noch nie auch nur einen Fluss gesehen«, erwiderte Maddie, was ihr einen mehr als skeptischen Blick von Cody einbrachte. Sie lachte auf. »Okay, natürlich habe ich schon Flüsse gesehen, aber ich war nie so nahe an einem dran.«

»Ich …« Cody starrte sie völlig verblüfft an.

»Das klingt komisch, ich weiß. Aber wir waren am Wochenende immer im Einkaufszentrum, nicht in der Natur. Das waren doch Biber, oder? Keine Otter oder so?«

»Nein, das waren Biber.« Sie klang immer noch ziemlich verblüfft. »Wie … Wie ist das denn, zum ersten Mal welche zu sehen?«

Maddie dachte einen Moment darüber nach. »Irgendwie … magisch«, sagte sie schließlich. »Ich hab mich noch nie so … naturig gefühlt.«

»Naturig, hm? Gefällt mir.«

Sie überquerten den Fluss und blieben am anderen Ufer stehen. Cody deutete auf ein paar Teiche hinter großen Felsen. »Das sind die besten Nacktbadeplätze weit und breit. Gerade tief genug und perfekt kühl. Wenn es heiß und feucht ist und alles an einem klebt, weil man in der Sonne gesessen und geangelt hat oder auf Bäume geklettert ist … Da gibt es echt nichts Besseres.« Sie stockte und blinzelte. »Sie waren doch schon mal Nacktbaden, oder?«

»Nur in einem Pool. Zählt das?«

»Nope. Noch nicht mal annähernd.«

Sie gingen weiter und blieben schließlich auf einer Lichtung in der Nähe des Flusses stehen. Cody zog eine Plane aus der Tasche und schüttelte sie aus. »Normalerweise setze ich mich auf einen umgefallenen Baumstamm, aber ich wollte sichergehen, dass Sie es bequem haben.«

Maddie setzte sich und wartete gespannt.

»Mittagessen«, verkündete Cody.

Sie zauberte ein paar in Alufolie eingewickelte Päckchen hervor und reichte Maddie eines davon. Sollte das etwas Merkwürdiges sein … Schlange oder Waschbär zum Beispiel … würde es ihr schwerfallen, höflich hineinzubeißen. Aber dann wickelte Cody ihr Päckchen aus und Maddie stellte fest, dass es sich um ein ganz gewöhnliches Schinken-Käse-Sandwich handelte. Erst jetzt wurde ihr bewusst, wie hungrig sie nach der ganzen körperlichen Anstrengung war, und sie beeilte sich, ihr Sandwich auszupacken.

Schweigend aßen sie und lauschten dem Murmeln des Flusses. Das Quaken, Quieken und Krächzen rätselhafter Tiere bildete eine ganz eigene Symphonie.

»Das ist wirklich mein schönstes Outdoor-Erlebnis«, sagte Maddie.

»Es ist ja auch Ihr *erstes* Outdoor-Erlebnis.« Codys trockener Tonfall war verdammt süß und das neckende Funkeln in ihren Augen war sogar noch niedlicher.

Nachdem sie ihre Sandwiches aufgegessen hatten, zauberte Cody etwas Flaches, Dunkles hervor. »Trockenfleisch vom Wild«, erklärte sie. »Selbst gemacht. Es ist süß und scharf.«

Wild. Also Rehe und Hirsche, oder? Wie Bambi? Nein, eher wie Bambis *Mutter*, die von einem Jäger erschossen worden war. Maddie schossen noch immer die Tränen in die Augen, wenn sie an diese Szene dachte. Aber selbst gemachtes Essen lehnte man nicht ab, auch wenn sich einem bei dem Gedanken an dessen Ursprung der Magen umdrehte. Maddie nahm ein kleines Stück, steckte es in den Mund und kaute vorsichtig.

»Das ist gut«, stellte sie verblüfft fest. »Und richtig scharf.«

»Ich gebe Cayennepfeffer dazu, und außerdem Melasse und braunen Zucker. Einige meiner Cousins und Cousinen essen nicht gern scharf, also mache ich das Trockenfleisch immer so scharf wie möglich.« Sie grinste verschmitzt. »Dann bleibt mehr für mich.«

Trockenfleisch würde wahrscheinlich nie Maddies Lieblingsessen werden, aber anders als befürchtet, schmeckte es nicht nach Wild. Den Gewürzen und dem Zucker sei Dank.

»Wissen Sie, was ich mich gefragt habe?« Cody streckte sich auf der Plane aus, als wäre sie das bequemste Sofa.

»Nein, weiß ich nicht. Was denn?«

Sie deutete mit dem letzten Stück Trockenfleisch auf Maddie. »Ich frage mich, was für Hobbies Sie wohl haben.«

»Hobbies?« Maddie überlegte einen Moment. Es war wohl kein gutes Zeichen, dass ihr nicht sofort etwas einfiel. »Na ja, normalerweise gehe ich nach der Arbeit joggen oder aufs Laufband ...« Sie unterbrach sich selbst. Das waren eigentlich nicht wirklich Hobbies. »Wenn ich mal ein Wochenende frei habe, treffe ich mich in Huntington oder Charleston mit Freunden von früher.« Sie zuckte mit den Schultern und fügte hinzu: »Eine ganz schön kurze Liste, was?«

»Schon.« Nachdenklich kauend sah Maddie sie an. »Was für Freunde besuchen Sie denn? So ... romantische?«

»Romantische ... Oh!« Okay. Der Moment der Wahrheit war gekommen. Cody wollte wissen, mit wem Maddie ausging. Sag's ihr. »Äh, nicht wirklich.« Verdammt, warum war das noch immer so schwer? Man sollte meinen, sie hätte nach all den Jahren inzwischen eine gewisse Routine entwickelt. »Unter den Leuten, mit denen ich mich regelmäßig treffe, ist auch eine Ex-Freundin von mir, aber die anderen sind alle ehemalige Arbeitskollegen.«

»Eine Ex-Freundin? Also eine Freundin, die Sie nicht mehr mögen?«

»Nein. Eine Frau, mit der ich mal eine Beziehung hatte.« So. Jetzt war es raus.

Cody riss die Augen so weit auf, dass sie ihr jeden Moment aus dem Schädel zu fallen drohten. »Sie sind …?« Offensichtlich brachte sie nicht einmal das Wort über die Lippen.

»Ja«, erwiderte Maddie glucksend. »Ich bin lesbisch.«

Cody musterte sie misstrauisch, bevor sie nervös auflachte. »Sie wollen mich doch verkohlen.«

»Nein, will ich nicht.« Oh, oh. Wenn Cody was gegen Lesben hatte, würde es ein verdammt langer Fußmarsch zurück werden. »Ich habe ein paarmal halbherzig versucht, mit Jungs auszugehen, aber davon abgesehen identifiziere ich mich seit der Highschool als lesbisch.«

»Sie identifizieren sich so?«

Worauf wollte sie denn mit dieser Frage schon wieder hinaus? »Damals habe ich … es mir selbst eingestanden. Vor meiner Familie habe ich mich geoutet, kurz bevor ich aufs College gegangen bin.«

»Ich weiß immer noch nicht, ob das Ihr Ernst ist.« Cody kniff die Augen zusammen. »Sind Sie es wirklich?«

»Ja, Cody. Keine Ahnung, warum das so überraschend ist, aber ja, ich bin wirklich homosexuell.«

»Sie schauen aber nicht so aus. Kein bisschen.« Sie schüttelte den Kopf so heftig, dass ihre dunklen Haare nur so flogen.

»Genau so sehen Lesben aus«, erwiderte Maddie und rahmte ihr Gesicht mit den Händen ein.

»Ich … hab mir das immer anders vorgestellt. Sie tragen Lippenstift und haben die Augen geschminkt.«

»Ja. Und viele andere Lesben tun das auch. Woher haben Sie denn Ihr Bild von Lesben? Kennen Sie welche in der Gegend?«

»Nein. Okay, es gibt eine Frau, von der es heißt, sie ist eine. Sie ist eine kleine, uralte Vogelscheuche, trägt einen Bürstenschnitt und kaut Tabak. Die Leute gehen ihr aus dem Weg. Fies«, fügte sie vage hinzu.

»Es gibt uns in allen Farben und Formen. Man sollte wirklich nicht davon ausgehen, dass Lesben alle gleich aussehen«, sagte Maddie.

In Codys Miene spiegelte sich eine … Sehnsucht … ein Bedürfnis, das so stark war, dass es fast greifbar schien. Wahrscheinlich war es zu früh, aber sie fragte trotzdem. »Und Sie? Zu wem fühlen Sie sich hingezogen?«

Das fragende Funkeln in den dunklen Augen erlosch sofort. »Zu niemandem.« Sie schüttelte den Kopf, stand auf und machte sich daran, ihre Sachen zu packen. »Ich hab mich noch nie für jemanden interessiert.«

Maddie stand ebenfalls auf. »Stört … Stört es Sie, dass ich lesbisch bin?«

»Nein, nein, warum sollte es?« Sie schenkte ihr ein künstliches Lächeln. »Ich bin nur überrascht, weil ich noch nie eine getroffen habe … die es zugegeben hat.« Sie verzog das Gesicht. »Das klang jetzt komisch. Aber Sie wissen, was ich meine, oder?«

»Ja, ich glaube, das tue ich.« Tat sie nicht. Nicht wirklich. Hatte Cody Angst vor ihrer eigenen Sexualität? Oder vor Maddies? Jedenfalls sah sie aus, als würden Ameisen in ihrer Hose herumkrabbeln und als müsste sie einen großen, großen Abstand zwischen sich und dieses Gespräch bringen.

Sie gingen zurück zum Fluss und folgten seinem Ufer. Maddie lenkte das Gespräch in eine andere Richtung, und Cody schien sich allmählich wieder zu entspannen.

»Erzählen Sie mir von Ihrer Familie«, sagte Cody, während sie nebeneinander spazierten.

»Wir sind ziemlich durchschnittlich, glaube ich. Meine Eltern arbeiten beide für eine Firma, die komplexe Waffensysteme für das Militär herstellt.«

»Wirklich? Das klingt … kompliziert.«

Maddie lachte. »Sie entwerfen die Waffen nicht oder so. Mein Dad bedient eine computergesteuerte Maschine und meine Mom klebt die *Inspected by Number 88*-Sticker auf die fertigen Teile.«

»Ich habe keine Ahnung, was das ist.«

»Wenn ein Teil vom Fließband kommt, wird es geprüft. Meine Mom ist für die Qualitätskontrolle zuständig.«

Cody zog verblüfft die Augenbrauen hoch. »Sie arbeitet am Fließband?«

»Ja. Bis vor etwa fünf Jahren haben sie in unterschiedlichen Fabriken gearbeitet. Damals hat sein ehemaliger Arbeitgeber geschlossen. Doch zum Glück hat Moms Firma damals einen großen Auftrag vom Verteidigungsministerium bekommen und Dad konnte dort anfangen.«

»Das ist unglaublich«, sagte sie langsam. »Ich dachte, Ihre Eltern wären Ärzte oder so.«

»Nein, wir sind eine Arbeiterfamilie. Bei uns trägt niemand Schlips und Kragen zur Arbeit.«

Cody grinste sie frech an. »Schlips hat bei uns auch keiner. Und die meisten noch nicht einmal ein Hemd.«

Maddie war ernstlich versucht, ihre Hand zu nehmen. Cody war so hinreißend, wenn sie herumwitzelte und so ein unverfälschtes Interesse an Maddies Leben zeigte. Es war geradezu grotesk schön, mal eine Frau zu treffen, die sich so sehr für das interessierte, was sie sagte. »Hemden gibt es in meiner Familie schon, aber wir haben immer zur Arbeiterklasse gehört. Meine Großväter haben als Werftarbeiter Schiffe für die Navy gebaut.«

»Es fällt mir wirklich schwer, das mit dem Bild übereinzubringen, das ich ursprünglich von Ihnen hatte. Ich war mir so sicher, dass Sie mit Geld aufgewachsen sind.«

»Nein, bin ich nicht. Aber meine Eltern haben früh klargemacht, dass sie wollen, dass aus uns etwas wird. Dass wir studieren und so. Sie dachten, dass wir dann sicherer aufgestellt sind.«

»Sind Sie das denn?« Cody sah aus, als fürchtete sie die Antwort.

»Hmm, nicht wirklich. Es kann jederzeit passieren, dass die Bank von einer größeren übernommen wird. Sollte es dazu kommen, werden sie einige Filialen schließen.« Sie zuckte mit den Schultern. »Bei unserem letzten Monatsmeeting hieß es, man erwäge, jeweils eine Person zwei Filialen leiten zu lassen.«

»Zwei? Wie sollen Sie das denn anstellen?«

»Ich habe nicht die geringste Ahnung«, meinte sie trocken. »Das funktioniert vielleicht, wenn beide Filialen in der gleichen Stadt sind, aber hier draußen funktioniert es ganz bestimmt nicht. Die nächste Filiale ist vierzig Minuten entfernt.«

»Gibt es denn überhaupt Menschen mit sicheren Jobs?« Cody klang ziemlich verloren.

»Politiker!«, rief Maddie.

Cody drehte sich zu ihr um und warf ihr einen finsteren Blick zu, der Maddie ein breites Grinsen entlockte.

»Bitte versauen Sie mir nicht den Tag.«

Sie hielten an einer geradezu schmerzhaft schönen Stelle. Der Fluss machte hier eine leichte Biegung und rauschte in mehreren Stufen über große Felsen, die halb aus dem Wasser ragten.

»Meine Güte, Cody. Ist das schön. Da kann sogar ich nachvollziehen, warum Sie lieber draußen sind.«

»Das ist einer meiner Lieblingsplätze. Zum Angeln. Wenn der Winter zu Ende geht und der Frühling beginnt.«

»Kann es sein, dass Sie eine ganze Menge an Lieblingsplätzen haben?«

»Muss man auch. Jedes Fleckchen ist ein bisschen anders und für unterschiedliche Dinge geeignet.«

»Irgendwie dachte ich immer, dass die meisten Leute überwiegend im Sommer in der Natur sind. Wenn das Wetter gut ist und so.«

Das entlockte Cody ein Lachen. »Im Winter ist hier draußen am wenigsten los. Ich angle gern, darum liebe ich den Sommer, aber im Herbst und Winter kann man mit Abstand am meisten machen. Da sprüht der Wald geradezu vor Leben.« Sie legte die Ausrüstung ab und machte sich daran, die Angelrute zusammenzubauen. »Sie haben ja keine Angellizenz, darum habe ich nur eine Rute mitgebracht. Sollte Sie ein Wildhüter ertappen, wäre das zwar das erste Mal und würde Ihnen darum nur eine Verwarnung einbringen, aber Vorsicht ist besser als Nachsicht. Wenn wir angesprochen werden, dann beobachten Sie mich nur.«

»Ich kann mir eine Lizenz besorgen.«

»Können Sie natürlich. Aber wenn Sie nicht gern angeln, macht es keinen Sinn.« Sie schenkte ihr ein Grinsen, ein selbstbewusstes, fast unverschämtes Grinsen, und Maddies Knie wurden weich. »Wobei … Ich kann mir wirklich nicht vorstellen, dass jemand nicht gern angelt.«

Cody erzählte ihr ausführlich, wie unglaublich streng der Staat das Angeln reglementierte. Die Arten, die man fangen durfte, die Größe der Fische, ihre Anzahl, die Jahreszeit, die verwendeten Köder und Lockstoffe und all die Dinge, von denen sie rein gar keine Ahnung hatte, was sie waren – für all das schien es unzählige Regeln zu geben.

Dann begann Cody, ihr die richtige Technik zu erklären. Wahrscheinlich sah sie, wie verwirrt Maddie war, denn letztlich sagte Sie: »Schauen Sie mir einfach zu, wie ich es mache.«

Sie sprang von Stein zu Stein und blieb schließlich auf einem flachen Felsen fast in der Mitte des Flusses stehen. Sie machte eine lockere Handbewegung und die Angelschnur flog surrend und mit fast tänzerischer Anmut durch die Luft. Viele, viele Meter entfernt kam der Köder auf der Wasseroberfläche auf. Cody bewegte die Angel einen Moment lang sacht, bevor sie die Schnur wieder einholte und von vorne begann.

Zu gern hätte Maddie Codys Bewegungen auf Film gebannt. Mit unendlicher Eleganz beugte und streckte sie ihren Körper und brachte den Köder dazu, genau das zu tun, was sie wollte. Es dauerte eine Weile, aber schließlich spannte sich die Schnur und Cody brummte zufrieden. Kurbelnd sprang sie wieder von Fels zu Fels. Am Ufer angekommen zog sie den zappelnden Fisch aus dem Wasser. Er war unglaublich schön. Im Sonnenlicht schimmerte seine glatte Haut in den buntesten Farben. Maddie würde es ganz bestimmt nicht übers Herz bringen, ihn zu töten.

Zum Glück zog Cody eine Zange aus der Tasche, schnitt den Haken ab und beförderte den Fisch zurück ins Wasser. Das alles tat sie in wenigen effizienten, geschmeidigen Bewegungen. »Geben wir ihm noch eine Chance.« Sie klang ein wenig enttäuscht.

»Warum haben Sie das gemacht?«

»Ich dachte mir, wir machen heute erst mal nur *Catch and Release.*« Sie schenkte Maddie ein Lächeln, das sie an einen Erwachsenen erinnerte, der ein Kind nachsichtig an etwas heranführte, das ihm Angst machte. »Ein Schritt nach dem anderen.«

»Das muss nicht sein. Ich will Ihnen doch nicht den Spaß verderben. Meinetwegen müssen Sie den Fisch wirklich nicht wieder freilassen, wenn Sie ihn behalten wollen.«

»Oh, aber ich habe jede Menge Spaß. Kommen Sie mit, dann zeige ich Ihnen, wie es geht.«

Sie streckte eine Hand aus und Maddie ergriff sie. Gemeinsam sprangen sie von Stein zu Stein bis zu dem großen Felsen in der Mitte des Flusses. Der vorbeiströmende Fluss murmelte und gurgelte vor sich hin.

Cody stellte sich hinter Maddie und zeigte ihr, wie man die Angelrute hält. Dann griff sie nach ihrem Arm und demonstrierte die Handgelenksbewegung, mit der sie den Köder auswerfen sollte. Was ihr gelang, war wahrscheinlich nur ein müder Abklatsch von Codys eleganten Bewegungen. Trotzdem machte es Spaß. Zumal es sehr angenehm war, Cody hinter sich zu spüren. Sie vermittelte ihr ein Gefühl von Sicherheit und vertrieb die Befürchtungen, Maddie könnte stürzen und im Fluss ertrinken. Ihre Schwimmkünste ließen nämlich zu wünschen übrig.

Ein Fisch biss an und die Spule drehte sich wie wild. »Hilfe!«

Glucksend legte Cody beide Arme um Maddie. Gelassen wartete sie einen Moment, bis sie den Fisch schließlich mit ruhigen, souveränen Bewegungen einholte. Sie hielt ihn Maddie hin, die ihn am liebsten berührt hätte. Seine Schuppen schimmerten im sanften Licht, das durch die Baumkronen fiel. Doch noch bevor sie fragen konnte, war er schon wieder zurück im Wasser.

»Das ist großartig«, sagte sie und war selbst überrascht, wie sehr es ihr gefiel. »Ich will sie nicht mitnehmen, aber sie kurz rauszuholen und anzuschauen, ist wirklich toll.«

Lange Zeit angelten sie träge weiter. Cody strahlte eine unendliche Ruhe aus und wirkte völlig gelassen. Hätten mehr Menschen Zugang zu solch schönen, entspannenden Orten, müssten Ärzte wahrscheinlich wesentlich weniger Beruhigungsmittel verschreiben.

»Wann wussten Sie es?«, fragte Cody nach einer ganzen Weile. Ihr Atem strich kitzelnd über Maddies Ohr.

»Wann ich …?« Ahh. Das Lesbenthema war wieder auf dem Tisch. »Ich glaube, irgendwie … wusste ich es schon immer. Auch als Kind habe ich mich nur für andere Mädchen interessiert. Ich glaube, ich war auch nie wirklich in einen Jungen verknallt.«

»Aber, Sie meinten, Sie … haben versucht, auf Jungs zu stehen.«

»Ja, habe ich. Wahrscheinlich wollte ich irgendwie dazugehören. Ich dachte, ich habe ihnen vielleicht nie wirklich eine Chance gegeben. Also habe ich mich gezwungen, mich für Jungs zu interessieren. Doch egal, wie sehr ich mich angestrengt habe … Es hat sich nie richtig angefühlt.«

»Das ist interessant. Wie haben Ihre Eltern … Waren sie … verärgert?«

»Ganz ehrlich, ich glaube, das war keine sonderlich große Überraschung. Eine aufmerksame Mutter merkt es einfach, wenn sich ihre Tochter immer nur für ein Mädchen nach dem anderen interessiert. Mein Dad war überrascht, aber er hat es schnell akzeptiert.«

»Jemand hat meiner Mama erzählt, ich wäre eine … ich wäre lesbisch«, sagte Cody leise. »So eine miese Kröte aus der Grundschule ist mit ihrer Mama zu meiner gegangen und hat behauptet, die anderen Mädchen bezeichnen mich als Lesbe.«

»Oh, Cody.« Gott, gab es denn gar keine schönen Geschichten aus ihrer Kindheit? »Das war bestimmt hart.«

»Ging schon. Meine Mama hat ihr gesagt, dass sie sich nicht in anderer Leute Angelegenheiten einmischen soll und dass sie sich ihre Meinung über mich sonst wohin schieben konnte.« Sie lachte leise auf. »Wahrscheinlich wollte sie ihr noch ganz andere Sachen an den Kopf werfen, aber meine Mama ist nie vulgär geworden.«

»Hat sie mit Ihnen darüber geredet?«

»Nein. Aber ich habe mich nach der ganzen Sache ziemlich komisch gefühlt. Ich bin dann allen aus dem Weg gegangen, die nicht aus Ramp waren.«

»Kinder können so grausam sein.«

»Ja, und wie. Ich hab aber immer wieder darüber nachgedacht, was sie gesagt hat.« Sie klang so schüchtern und zögerlich, dass sich Maddies Herz vor Mitleid zusammenzog. »Verstehen Sie das?«

»Ja, natürlich.« *Also? Raus damit!*

»Ich habe dann herausgefunden, dass ich asexuell bin. Ich habe es nachgeschlagen und das schien mir passend.«

»Hmm. Das trifft bestimmt auf einige Menschen zu. Aber vielleicht hatten Sie auch einfach noch nicht sonderlich viele Gelegenheiten, Ihre Sexualität zu erkunden. Es ist ganz schön schwer, herauszufinden, was man mag, wenn die Einzigen, die zur Auswahl stehen, Verwandte sind.«

»Kann sein«, meinte Cody gedehnt. »Aber ich bleibe trotzdem dabei.«

Maddie war überzeugt, dass Cody genauso lesbisch war wie sie. Sie war sich außerdem sicher, dass sie Angst vor ihrer eigenen Sexualität hatte oder zumindest deswegen verwirrt war. Aber sie würde auf keinen Fall versuchen, Cody aus ihrem Schrank zu locken und anfangen, mit ihr zu flirten. Sie war so süß und unschuldig – es würde sich unweigerlich anfühlen, als würde sie eine Fünfzehnjährige anmachen. Nein, auch wenn sie sich zu ihr hingezogen fühlte – sehr sogar –, würde Maddie sich beherrschen. Sie würde nicht an die Brüste denken, die sie gelegentlich im Rücken spürte, wenn sie gemeinsam den Köder warfen. Und anfassen würde sie sie erst recht nicht.

Verdammt!

Sie standen vor Codys Haus und zögerten den Abschied hinaus. »Haben Sie denn nun Hunde oder nicht?«, fragte Maddie mit Blick auf die leere Hundehütte.

»Oh. Ja, irgendwie schon, aber wir teilen sie uns. Eigentlich sollten sie Jagdhunde sein, aber das checken sie nicht.«

»Sind sie … Haustiere?«

»Haustiere? Sie dürfen nicht rein, falls Sie das meinen. Sie sind einfach nur zwei Mountain Curs, ein gestromter und ein blaugrauer.«

»Mountain Curs? Ist das eine Rasse?«

»Glaub schon. Es sind ganz normale Jagdhunde. Alle in der Gegend haben einen oder auch zwei.«

»Ich würde sie gern mal kennenlernen. Ich mag Hunde.«

»Dann müssen Sie unbedingt wieder herkommen. Ich weiß nicht, wo die beiden gerade stecken, aber irgendwann werden sie sicher wieder da sein. Sie müssen einfach nur schauen, dass Ihr Timing stimmt.«

Sie war so bezaubernd, wenn sie sich traute, sie zu necken, und Maddie musste sich zwingen, den Blickkontakt abzubrechen und ins Auto zu steigen. Das Bedürfnis, Cody zu umarmen, war beinahe überwältigend, aber konnte nur böse enden. »Das war ein großartiger Tag. Wirklich. Ich hatte so viel Spaß.«

»Ich auch.« Sie stützte sich auf die Autotür und beugte sich kurz hinein. »Lassen Sie von sich hören.«

Als Maddie Greenville erreichte, ging die Sonne gerade hinter dem großen Hügel im Norden der Stadt unter. Sie war diese Straße schon so oft entlanggefahren, aber sie hatte nie angehalten und sich die Aussicht angesehen. Es gab kaum Verkehr – typisch Sonntagnachmittag –, also fuhr sie kurzerhand seitlich ran und tat genau das.

Die Stadt sah aus, als hätte jemand ein paar Dutzend Häuser auf eine Schnur gefädelt und sorgfältig auf einem Bergrücken platziert. Wie im Gänsemarsch schienen die Häuser bergab und bergan und bis ins Tal zu streben.

Das Tal selbst war sehr schmal. An einer bestimmten Stelle der Main Street hatte sie, wenn sie die Arme austreckte, immer das Gefühl, als könne sie rechts und links die Berge berühren, die schroff nach oben ragten.

In Greenville gab es genau zwei Straßen mit Wohnhäusern und zwei Einkaufsstraßen. Das war es auch schon. Wenn man auf der Main Street stand, erhob sich vor einem ein großer Hügel und versperrte die Sicht. Es war eine merkwürdige Stadt, sehr abgeschottet. Maddie hatte noch nie in solch einem kleinen, heruntergekommenen Ort gewohnt. Doch von hier oben konnte sie durchaus nachvollziehen, warum Menschen einst beschlossen hatten, sich hier niederzulassen und eine Siedlung zu errichten.

Erst aus der Nähe, wenn man sah, wie viele Läden und Restaurants geschlossen hatten, wirkte Greenville klein und bedrückend. In den

Fünfzigern hatte die Stadt wohl floriert, doch das war schon ewig her. Wirtschaftlich hatte Greenville schon lange nichts mehr zu bieten. Bis auf die Landschaft – die war wirklich beeindruckend. Um die Schönheit des Orts zu sehen, musste sie nur alles von Menschenhand Geschaffene ausblenden und sich auf die Wunder der Natur konzentrieren.

Urgh, sie klang ja schon wie Cody!

12

Vielleicht war Cody doch nicht wirklich asexuell. Noch vor ein paar Monaten war sie felsenfest davon überzeugt gewesen. Jetzt jedoch … jetzt … sah das anders aus. Immer wenn Maddie in ihrer Nähe war, sammelte sich Hitze zwischen ihren Beinen. Sie hatte so eine leise Ahnung, dass asexuelle Menschen nicht völlig besessen von einer Frau waren und vor Verlangen bebten, wann immer diese einen berührte.

So viele Fragen schwirrten Cody durch den Kopf, Fragen, auf die sie keine Antworten hatte. Maddie konnte sie diese Fragen nicht stellen und ihre einzige andere Quelle in Liebesdingen waren ihre Tanten. Tante Lurlene hätte sicher gern mit ihr über Bienchen und Blümchen geredet, oder nur über die Blümchen – waren das in der Metapher überhaupt die Frauen? –, aber Cody brachte es nicht über sich, sie danach zu fragen. Manche Dinge tat man einfach nicht. Außerdem war das alles ganz schön privat. Und sie hätte es wahrscheinlich schon vor Jahren für sich klären sollen.

Diese Grübelei war für sie immer eine unendliche Zeitverschwendung gewesen. Sie hatte sich nie zugehörig gefühlt, weder der einen noch der anderen Seite, und solange alles in der Schwebe war, hatte sie sich einreden können, sie wäre bloß eine weitere Singlefrau in einer Gegend, in der es nicht sonderlich viele heiratstaugliche Männer gab. Es gab hier jede Menge Singlefrauen – allerdings hatten die meisten davon mindestens ein Kind. Eine junge Cousine hatte sie mal gefragt, warum sie denn noch kein Baby hatte, und sie hatte erwidert, dass sie nicht dazu in der Lage war, ein weiteres Maul zu stopfen. Seit sie in der Lotterie gewonnen hatte, galt diese Ausrede nicht mehr. Sie konnte sich nicht mehr mit ihrer Armut herausreden. Im Gegenteil, jetzt, da sie Geld hatte, würden wahrscheinlich einige darauf aus sein, sie zu heiraten.

Das Geld erlaubte ihr aber auch, sich das zu nehmen, was sie wirklich wollte. Ihr Auto funktionierte, sie hatte schicke, neue Klamotten, ihr

Lächeln war wieder makellos und sie musste nicht mehr zwölf Stunden am Tag damit verbringen, Moos zu sammeln. Es war an der Zeit, das Problem anzugehen.

Wie fast immer, wenn Cody auf der Suche nach Antworten war, ging sie in die Bücherei. Genau genommen gab es zwei Büchereien, die sie regelmäßig besuchte. Die große öffentliche Bibliothek in Greenville und eine etwas kleinere in Twined Creek. In beiden gab es Internetzugang und die in Twined Creek wurde nur von älteren Menschen und Müttern besucht, die ihre Sprösslinge zu Kinderlesungen brachten. Keine der beiden Gruppen benutzte das Internet.

Ein paar Tage nach dem Angelausflug mit Maddie fuhr Cody nach Twined Creek. Es schüttete und ein eisiger Wind fegte durchs Tal, sodass sie ohnehin keinem ihrer Outdoor-Hobbys nachgehen konnte.

In der Bücherei bemühte sie sich, so unauffällig wie möglich zu sein. Die Bibliothekarinnen wirkten zwar ganz nett, aber sie waren auch etwas arrogant und hatten immer auf sie herabgeschaut, wenn sie in ihrer übergroßen Uniform aufgetaucht war.

Jetzt jedoch trug sie eine Jeans, die perfekt saß, und ein eng anliegendes, langärmliges Shirt, das die unterste Schicht ihres neuen Zwiebelsystems bildete. Hätte sie gewusst, wie warm und bequem Shirts sein konnten, hätte sie sich schon viel früher danach gesehnt, eins zu besitzen. Doch alles zu seiner Zeit. Und jetzt war ihre Zeit gekommen.

Ein warmes Gefühl durchströmte sie, als sie an sich hinunterblickte und das mintgrüne Shirt unter ihrer Jacke hervorblitzte. Mit selbstbewussten Schritten betrat sie das kleine, gedrungene Gebäude. Früher hatte sie nie Farbe getragen, aber sie hatte so eine Ahnung, dass sie sich leicht daran gewöhnen würde.

Als Cody sich anmeldete, waren beide Computer frei. Aus irgendeinem unerfindlichen Grund bekam man immer nur für eine halbe Stunde Zugang. Dann musste man zurück an den Schalter gehen und die Bibliothekarinnen darum bitten, dass man die Computer weiter benutzen durfte. Solange niemand wartete, erlaubten sie einem das immer. Ein wirklich bescheuertes System. Warum konnte man nicht so lange am Rechner sitzen, bis jemand anderes ihn brauchte? Am liebsten hätte sie nachgefragt, was es damit auf sich hatte, aber sie hatte schon vor langer Zeit gelernt, dass den meisten Menschen Regeln wichtig waren – egal, ob diese nun sinnvoll waren oder nicht.

Sie grübelte eine Weile, ehe sie schließlich *Woher weiß man, dass man lesbisch ist?* in die Suchleiste tippte. Das brachte ihr etwa eine Million Treffer. Sie klickte die vielversprechendsten an und vergaß alles um sich herum, als sie sich die Vorschläge durchlas: *Stell dir vor, wie es sich anfühlen würde, von einer anderen Frau berührt zu werden.* Eine schöne Vorstellung. Vor allem, wenn sie sich vorstellte, wie Maddie sie anlächelte, während sie ihr die Hände auf die Schultern legte und dann langsam ihre Oberarme streichelte.

Eine andere Seite riet Cody, sich nicht verwirren zu lassen, nur weil man sich zu einer bestimmten Person hingezogen fühle. Das käme häufiger vor, dass man von einer Freundin oder einem Promi fantasiere. Die Seite schlug vor, sich andere Leute vorzustellen, um so herauszufinden, ob man sich grundsätzlich zu Frauen hingezogen fühle. Cody sah sich um. Ein paar junge Mütter saßen mit ihren Kindern in einer Spielecke. Nichts. Die Bibliothekarin? Nope. Die sah aus wie eine weniger attraktive Version ihrer Granny. Nein, sie fühlte sich nur zu Maddie hingezogen. Aber vielleicht war das ja nur eine Schwärmerei oder eine Fantasie. Laut der Seite war, sich etwas auszumalen, noch nicht dasselbe, wie es auch wirklich in die Tat umsetzen zu wollen. Okay, das war leicht. Wenn sie könnte, würde sie mit Maddie jetzt sofort, in diesem Moment, zur Tat schreiten.

Der Bildschirm wurde schwarz. Sie seufzte und ging zurück zum Schalter. »Kann ich bitte noch eine halbe Stunde am Computer haben?«

Die Frau schaute erst auf die große Uhr, dann auf den Anmeldezettel. »Sie haben noch Zeit übrig.« Sie öffnete die Tür des Schalters und kam auf Cody zu. »Der Computer zickt öfter herum.«

Ehe Cody sie daran hindern konnte, ging sie zum Computer und nestelte am Kabel herum. Der Bildschirm leuchtete wieder auf. Die Frau schaute hin und riss die Augen weit auf, als sie die Bilder auf der Website sah. Neben dem Artikel, den Cody gerade gelesen hatte, prangte ein kleines Foto von zwei jungen Frauen, die sich küssten. Sie hatte auf den Artikel geklickt, weil eine der beiden Frauen goldenes Haar und funkelnde Augen hatte, genau wie Maddie. Die Frau, die sie küsste, sah Cody kein bisschen ähnlich, aber sie hatte die Augen geschlossen und versucht, sich vorzustellen, wie es wohl wäre, wenn Maddie sich so an sie schmiegte.

Jetzt jedoch wollte sie sich bei dem Anblick am liebsten in ein tiefes Loch verkriechen. Ihre Wangen brannten und ihre Augen glühten, als die Bibliothekarin sich zu ihr beugte und zischte: »Hier gibt es auch Kinder, junge Dame. Die sollten nicht solchem … Schmutz und Schund ausgesetzt sein.« Den letzten Teil spuckte sie förmlich aus, Tröpfchen inklusive.

Cody schnappte sich ihre Jacke und flüchtete Hals über Kopf aus der Bücherei. Nie wieder würde sie einen Fuß da hineinsetzen. Sie sprang ins Auto und startete den Motor. Scham brannte in ihr wie eine lodernde Flamme.

Noch zwei Tage später nagte diese Begegnung an Cody. Sie fühlte sich unendlich gedemütigt. Es war weniger, weil sie befürchtete, dass die Bibliothekarin vielleicht anderen davon erzählt hatte, was passiert war – obwohl das durchaus möglich war. Nein, es war die Tatsache, dass sie sich Cody herausgepickt und sich förmlich auf sie gestürzt hatte, so voller Verachtung. Das hasste sie mehr als alles andere. Als wäre sie anders und weniger wert.

Sie konnte mit niemandem darüber reden, also blieb sie für sich. Sie ging nicht einmal zu Calebs Geburtstagsparty im Haus ihrer Cousine Melissa. Er war noch ein Baby, also würde er es nicht merken.

Stattdessen saß sie in ihrem Trailer und versuchte, zu lesen, aber die Wörter verschwammen immer wieder vor ihren Augen. Es war Freitagabend, fast Essenszeit, und sie hatte nur Dosenessen daheim. Sie aß abends öfter Bohnen oder Kartoffeln, aber heute war ihr nicht danach. Eigentlich konnte sie das Abendessen auch ganz auslassen.

Das Telefon klingelte. Hoffentlich war es nicht ihre Tante, die sie dafür tadelte, dass sie nicht zur Feier gekommen war. »Hallo?«

»Hi«, ertönte Maddies fröhliche Stimme. »Was geht heute so in Ramp?«

»Oh!« Bei dem vertrauten Klang von Maddies Stimme raste ihr Herz. Als wüsste Maddie, was passiert war, und als könnte sie sehen, wie schlecht es Cody ging.

»Cody? Ist alles in Ordnung?«

Wahrscheinlich zum ersten Mal in ihrem Leben brach Cody vor jemand anderem als ihrer Mutter in Tränen aus. »Nein«, brachte sie schniefend hervor. »Ich …«

»In einer Stunde bin ich da«, verkündete Maddie und legte auf.

Oh Gott. Wie sollte sie ihr das bloß erklären?

Maddie hielt Wort. In weniger als einer Stunde stand sie vor Codys Tür. Sie musste erst noch nach Hause gegangen sein, denn sie trug eine dunkelblaue Jeans und einen lachsfarbenen Pulli mit V-Ausschnitt. Cody hatte inzwischen schon einige ihrer Klamotten gesehen, aber diesen Pulli kannte sie noch nicht. Nie im Leben würde sie vergessen können, wie er Maddies Figur umschmeichelte und die Kurven betonte, die ihre Anzüge normalerweise kaschierten.

»Was ist passiert?«, fragte sie und musterte Cody aufmerksam mit ihren hübschen blauen Augen.

»Nichts. Es ... tut mir leid. Ich hab nur einen schlechten Tag.« Auf der Suche nach einem Grund, warum sie sich schlecht fühlen könnte, sah sie sich um. »Wahrscheinlich hab ich einfach Hunger.«

»Hunger?«, echote Maddie verwirrt. »Okay. Dann gehen wir was essen. Ich hatte auch noch nichts.«

»Ähm, es gibt aber nichts ...«

»In Twined Creek muss es doch irgendein Lokal geben.«

»Es gibt eine Raststätte. Die haben Nachos, glaube ich.«

Maddie ging zum Auto. »Dann gehen wir Nachos essen. Ich fahre.«

Während der langen Fahrt nach Twined Creek sprachen sie kaum miteinander. Cody rutschte auf dem Sitz herum und suchte panisch nach einer Ausrede, fand aber keine.

Schließlich hielten sie vor der Raststätte. Obwohl es früher Abend war, war der Parkplatz voll. »Die Invalidenrente ist heute gekommen«, erklärte Cody mit Blick auf die vielen Autos.

Sie gingen hinein und laute Countrymusik schallte ihnen entgegen. Die Leute saßen eng zusammengepfercht, das Bier floss reichlich und der Zigarettenrauch waberte durch die Luft wie Nebel. Die meisten schienen sich zu kennen. Vielleicht war es aber auch nur das Bier, das sie zu Freunden gemacht hatte. In Grüppchen standen sie um die Bar herum. Einige Stimmen übertönten brüllend die Musik, eine Frau lachte schrill und ein paar große Männer hatten die Arme umeinander gelegt – Busenfreunde, bis ihnen das Geld ausging.

Maddie deutete auf ein Schild, das von einer Neon-Bierreklame am Rande der Bar baumelte. »Die Nacho-Maschine ist defekt.«

»Greenville?«, fragte Cody.

Maddie marschierte schnurstracks zur Tür. Kaum saßen sie wieder im Auto, sagte sie: »Es wäre kein Wunder, wenn man hier in der Gegend verhungert.«

»Ich weiß. Der Supermarkt hat geschlossen, als ich noch in der Highschool war. An der Tankstelle gibt es Snacks und im Krankenhaus kann man auch ein bisschen was kaufen, das war's dann aber auch schon. Um einzukaufen, fahren die Leute nach Greenville. Oder aber sie bleiben hungrig.«

»Haben Sie wirklich nur deswegen geweint?«, fragte Maddie sanft. »Weil Sie Hunger haben?«

»Nein, nicht wirklich. Ich … hatte unlängst ein unschönes Erlebnis und das nagt noch immer an mir.«

»Was ist passiert?«

Es war dunkel und die Lämpchen im Armaturenbrett tauchten das Innere des Wagens in ein schummriges Licht. Wenn sie es ihr jetzt erzählte, blieb es ihr wenigstens erspart, ihr dabei in die Augen zu sehen.

Nachdem Cody zu Ende erzählt hatte, schwieg Maddie einen Moment, ehe sie leise grollte: »Wenn ich dieses Weib in die Finger bekomme …«

»Hey, bitte seien Sie nicht sauer. Sie wollte bestimmt nur die Kinder beschützen.«

»Wovor denn?«, blaffte Maddie. »Vor Informationen? Scheiße! Diese scheinheilige Kuh!«

Diese Schimpfwörter klangen so unpassend, wenn sie aus diesem schönen Mund kamen. Jedes Mal, wenn Maddie fluchte, zuckte Cody innerlich zusammen. Hoffentlich merkte sie das nicht. Cody wollte auf keinen Fall ihre Gefühle verletzen. »Wahrscheinlich dachte sie, ich schaue mir was Schmutziges an.«

»An Sex ist nichts Schmutziges.« Sie hielt inne und lachte leise. »Okay, manchmal doch, aber an Liebe oder Begehren oder Anziehung ist wirklich nichts Schmutziges.« Sie sah Cody an und ihre Augen waren so warm und sanft. »Erzählen Sie mir, was Sie empfinden. Sie können mir vertrauen.«

»Äh… also … ich …«

»Sind Sie Ihren Empfindungen je gefolgt?«

»Ja, das … bin ich. Nicht oft, aber doch.« Zum Glück konnte Maddie ihr in der Dunkelheit nicht ansehen, dass ihre Wangen ganz heiß und vor Scham bestimmt knallrot waren.

Maddie erwiderte nichts. Sie sah Cody an, drängte sie aber nicht. Das machte es leichter, es ihr zu erzählen.

»Äh, das erste Mal war direkt hier an der Raststätte.«

»Wirklich?«

»Mhm. Ich war so fünfzehn oder sechzehn. Ich war hier, um einen meiner Cousins abzuholen, der so besoffen war, dass jemand ihm den Schlüssel abgenommen hat.« Sie gluckste. »Aus irgendeinem Grund hat Mama mich hergeschickt, dabei hatte ich damals noch gar keinen Führerschein. Als ich angekommen bin, war mein Cousin total hinüber. Eine ältere Frau hat mir dabei geholfen, ihn ins Auto zu verfrachten. Dann sind wir ein bisschen rumgestanden und haben uns abgekühlt – es war furchtbar heiß damals – und dann hat sie sich zur Seite gedreht und mich geküsst.«

»Eine Wildfremde? Verdammt, Cody, Sie waren da noch ein Kind!«

»War ich nicht. Ich hab so ausgesehen wie jetzt auch. Sie dachte sicher, dass ich über achtzehn war. Allerdings war sie ziemlich betrunken. Keine Ahnung, was sie sich wirklich dabei gedacht hat.«

»War das alles?«

»Ich wusste nicht, was ich tun sollte, also bin ich einfach still dagestanden. Sie hat mich noch ein paarmal geküsst, aber …« Sie erinnerte sich an diese Nacht, als wäre es gestern gewesen. »Wie gesagt, sie war betrunken und hat nach Zigaretten und Gin gerochen. Ich wollte bleiben … aber ich wollte auch gehen.«

»Das ist keine sonderlich schöne Geschichte«, meinte Maddie. »Kein Wunder, wenn einen so was für mehrere Jahre vom Experimentieren abhält.

»Ich hab auch … mit Jungs Erfahrungen gesammelt. Nur ein paar. Aber sie mochten es nicht, wenn ich …« Sie suchte nach den richtigen Worten, um zu beschreiben, wie es damals gewesen war. »Es war, als wollten sie, dass ich einfach abwarte, bis sie entscheiden, was als Nächstes passiert.« Sie schüttelte den Kopf. »Das hat mir nicht gefallen.«

»Das glaube ich sofort.« Maddie legte eine Hand auf Codys Oberschenkel. »Kommen Sie, wir schauen, dass wir etwas Anständiges zu essen bekommen. Ich wollte mir einen Salat machen und der reicht für zwei. Interesse?«

»In Ihrem Haus?«

»In meiner Wohnung, ja.« Sie warf Cody einen schnellen Blick zu. »Ist das okay?«

»Klar.« *Oh Gott.*

Sie aßen einen Salat, mit all dem frischen Gemüse, das es um diese Zeit im örtlichen Supermarkt gab. »Das ist lecker«, sagte Cody und deutete auf ihre Schüssel. »Aber im Sommer kann ich Ihnen einen Salat machen, bei dem Ihnen Hören und Sehen vergeht.«

»Das klingt super. Es ist so schwer, in Greenville frische Produkte zu finden.«

»War das in Huntington einfacher?«

Maddie schüttelte den Kopf. »Das ist nicht ohne Grund die Stadt mit dem höchsten Prozentsatz an übergewichtigen Personen. Endlose Regalreihen voller Fertigprodukte und dafür kaum frisches Obst und Gemüse.«

»Dann baue ich Ihnen dieses Jahr extra etwas an. Die Bohnen werden Ihnen noch zu den Ohren rauskommen.«

Maddie brachte die Schüsseln in die kleine Küche, und Cody nutzte den Moment, um sich ein wenig umzusehen. Das Wohnzimmer war ein Schuhkarton, das Schlafzimmer ein weiterer und das Bad war noch kleiner. Deko gab es kaum, als wäre die Wohnung für Maddie nur eine Zwischenlösung. Die Wände waren beige, das Sofa dunkelbraun und die Sessel hellbraun. Nichts daran sah nach Maddie aus. Cody würde ausflippen, wenn sie in einer derartig kalten und seelenlosen Wohnung leben müsste.

»Die Wohnung war schon möbliert«, meinte Maddie und trat hinter sie. »Sie wundern sich doch sicher gerade über meinen miserablen Geschmack.«

»Nein!« Verdammt, sie konnte Gedanken lesen.

»Ist schon gut. Ich bin kaum hier und ich habe … so gut wie nie Gäste. Trotzdem sollte ich mich mal aufraffen und eine etwas persönlichere Note hineinbringen.«

»Die Wohnung ist doch nett«, log Cody. »Sauber und so.«

»Nein, sie ist nicht sonderlich nett, aber ich hatte auch keine große Auswahl. Ich konnte nur entweder diese Wohnung nehmen oder in jemandes Gästezimmer ziehen.« Sie lachte leise. »Ich wollte nicht, dass die Dame wegen meines Lebenswandels einen Herzanfall bekommt.« Sie führte Cody zum Sofa, setzte sich neben sie und sagte: »Sie wollten mir doch noch etwas aus Ihrer Vergangenheit erzählen.« Sie tätschelte Codys Oberschenkel. »Oder?«

Cody zuckte verlegen mit den Schultern. »Erinnern Sie sich noch an den Laden, in dem wir Burger essen waren?«

»Natürlich.«

»Ich hab mich da mal ein bisschen betrunken und bin mit einer Kellnerin im Lager gelandet.« Der bloße Gedanke daran trieb ihr die Hitze in die Wangen.

»Verstehe«, sagte Maddie. »War das ihre Idee?«

»Ich weiß nicht. Vielleicht. Die Erinnerung ist ziemlich verschwommen.«

»Sonst noch was?«

Cody hielt einen Finger hoch. »Das große Mal.« Sie atmete tief durch. »Wieder eine Frau bei der Raststätte. Betrunken, auf der Ladefläche eines Pick-up-Trucks.«

»Wow.« Maddie lächelte zwar, aber sie wirkte merkwürdig traurig. »Das klingt wirklich ganz besonders.«

»Ich glaube, sie war vielleicht eine Prostituierte«, gab Cody zu. »Sagt man zumindest. Sie hat es mir nicht in Rechnung gestellt oder so«, beeilte sie sich hinzuzufügen. »Ich glaube nur, sie ist in der Gegend ein bisschen herumgekommen.«

»War das alles?«

»Ja. Das war alles.« Sie wartete auf Maddies Urteil.

»Das klingt für mich nicht, als wären Sie asexuell, Cody.« Sie sah ihr direkt in die Augen. »Für mich klingt es eher danach, als hätten sie noch nicht ausreichend Gelegenheiten gehabt, um herauszufinden, wer Sie wirklich sind.«

Arme, arme Cody. Manchmal klang ihr Leben wie etwas, das sich Dickens hätte ausdenken können. Maddie sah sie förmlich vor sich, wie sie Mitte des neunzehnten Jahrhunderts neben anderen schmutzigen Kindern in einer Fabrik für Schuhpolitur schuftete. Aber sie lebten im einundzwanzigsten Jahrhundert und in den USA. Ihr standen so viele Möglichkeiten offen. Sie musste sie nur ergreifen.

»Sie müssen auch mal Risiken eingehen«, riet Maddie ihr darum. »Niemand hat Ihnen vorzuschreiben, wer Sie sind. Das bestimmen Sie ganz allein. Aber ganz egal, wer Sie sein wollen: Stehen Sie dazu. Auch dann, wenn es den Menschen, die Ihnen nahestehen, nicht gefällt.« Maddie lehnte sich vor, damit Cody ihr in die Augen sehen musste. Sie wirkte so ernst, schien jeden Ratschlag so begierig aufzusaugen. Maddie wog ihre Worte sorgfältig ab. »Sie haben ein erfülltes Sexleben verdient. Wirklich. Aber Sie müssen einen ersten Schritt machen und sich nehmen, was Ihnen zusteht.«

Als müsste sie sofort in die Tat umsetzen, was Maddie ihr riet, umfasste Cody sanft ihre Schultern und zog sie an sich. »*So* bin ich«, flüsterte sie.

Dann presste sie die Lippen auf Maddies und erschütterte sie bis ins Mark. Wer war das? Wo war die schüchterne, vorsichtige Cody?

»Das …«, brachte Maddie hervor, als sie sich wieder von ihr löste. »Das ist keine gute Idee.«

»Doch, ist es. Die beste Idee aller Zeiten.« Ohne zu zögern, schlang sie die Arme um Maddie und zog sie an sich.

Sie versank in Codys Wärme, in ihrer Umarmung, fühlte sich beschützt und geborgen. Wieder legte Cody ihre süßen, weichen Lippen auf Maddies, drängender diesmal.

Maddies Gehirn spuckte Befehle aus, die ihr Körper einfach ignorierte. Sie durften das nicht tun! Cody war sich noch nicht einmal sicher, ob sie tatsächlich lesbisch war, und Maddie wollte ganz sicher nicht ihr Experimentierfeld sein. Doch all die logischen, vernünftigen Argumente hielten sie nicht davon ab, den Mund zu öffnen und Codys Zunge willkommen zu heißen. Auch ihre Arme erwiesen sich als Verräter und entwickelten ein Eigenleben. Anders war es schließlich nicht zu erklären, dass sie Cody fest umschlungen hielt. Sie bewegten sich im Einklang, als wären sie eins.

Maddie gab sich Codys Berührungen hin, den glühenden Küssen, die sie auf ihrem Hals, hinter ihrem Ohr, auf ihren Wangen verteilte, ehe sie wieder zu ihren Lippen zurückkehrte. Es war, als hätte Cody das schon Hunderte Male getan – und nicht bloß ein-, zweimal in einem Lagerraum oder auf einer Ladefläche.

Der Gedanke an diese scheußlichen Erlebnisse brachte Maddie wieder zu sich. »Wir sollten das nicht tun«, sagte sie stöhnend, während Cody sich gerade küssend und knabbernd einen Weg über ihr Schlüsselbein bahnte.

»Doch, sollten wir.« Codys Ton war fest und bestimmt. Als hätte man ihr einen Befehl erteilt, dem sie sich bloß fügte. »Genau das sollten wir tun.«

Maddie ließ jeden Widerstand fahren, vergrub die Hände in Codys dunkler Mähne, zog sie an sich. So gut hatte sie sich seit Jahren nicht gefühlt – wenn überhaupt. Ein urtümliches, verzehrendes Verlangen durchzuckte sie, dem sie nichts entgegenzusetzen hatte. Ganz gleich, wie unvernünftig es war.

Dann schob Cody eine Hand zwischen sie und streichelte Maddies Brust. Diese simple Berührung brach den Bann, unter dem sie eben noch gestanden hatte. Maddie umfasste Codys Schultern mit beiden Händen und schob sie von sich weg.

Cody hatte die Augen halb geschlossen und wirkte fast betrunken. Sie lehnte sich in Maddies Berührung, drängte sich ihr entgegen. »Mehr. Lass mich.«

»Nein. *Nein*«, sagte Maddie und kämpfte gegen das Verlangen an, das noch immer ihren ganzen Körper erfüllte.

Cody blinzelte ein paarmal, bevor sie die Augen weit aufriss. »Hab ich dir wehgetan?«

Da war sie wieder. Die Cody, die sie kannte. Lieb, schüchtern, besorgt. Die Cody, die immer zuerst an andere dachte. »Nein, natürlich nicht. Aber wir sollten darüber reden.«

Das verwegene Grinsen kehrte zurück und Cody veränderte sich wieder. »Reden können wir später noch. Jetzt gibt es was viel Besseres.« Sie nutzte es aus, dass Maddie ihren Griff gelockert hatte, und küsste sie verzehrend. Die Hand ließ sie dabei nach unten wandern, hin zum Saum von Maddies Jeans. Entschlossen griff sie nach dem Reißverschluss.

»Nein!« Dieses Mal sprang Maddie auf und brachte einen ordentlichen Sicherheitsabstand zwischen sich und diese viel zu anziehende neue Cody. »Du bist meine Kundin!«

»Weiß ich doch«, erwiderte sie gelassen. »Spielt aber keine Rolle.«

»Doch, tut es.« Sie wusste zwar nicht mehr warum, aber immerhin wusste sie noch, dass das die korrekte Antwort war. Sie setzte sich auf die Kante eines Sessels. »Du verstehst das nicht. Ich gehöre nicht hierher. Sobald es geht, werde ich wegziehen.«

»Sobald es geht?« Cody wirkte so verblüfft, als hätte sie nie auch nur über diese Möglichkeit nachgedacht.

»Ja. Ich will unbedingt in einer größeren Stadt leben. In einer Stadt mit einer Football-Mannschaft, vielen Kinos, Restaurants aus aller Welt und Golfplätzen. Ich *brauche* das.«

»Du brauchst ein Football-Team?« Cody blinzelte irritiert.

»Nein, nicht das konkret. Aber ich brauche die Atmosphäre einer Großstadt. Ich wollte immer schon in einer leben.« Sie beugte sich nah genug vor, um Cody zu vermitteln, wie ernst es ihr war, aber nicht so nah, dass sie ihrer Anziehungskraft wieder zu erliegen drohte. »Ich kann mit dir nicht bloß eine Affäre eingehen, aber ich will mich auch nicht binden. Ich werde weggehen und das würde zu sehr wehtun. Uns beiden …«

Das schien endlich zu ihr durchzudringen. Cody richtete sich auf, strich ihr Shirt glatt und fuhr sich mit beiden Händen durchs Haar. »Verstehe«, sagte sie leise. »Du willst mehr.«

»Nein, nicht mehr … Nur etwas anderes.« Sie wollte irgendwo wohnen, wo sie nicht erst eine halbe Stunde fahren musste, nur um dann herauszufinden, dass die Nacho-Maschine kaputt war!

Cody stand auf und ging zum Fenster. Von dort aus konnte man nur auf die Rückseite des Nachbarhauses sehen, trotzdem starrte sie lang hinaus. »Wenn ich je mehr gehabt hätte, würde ich das vielleicht auch wollen.« Sie drehte sich wieder um. »Aber ich kenne nur das hier.«

»Ich weiß.« Maddie fühlte sich so leer. Als wäre nichts in ihr außer einer schwarzen Leere. Codys Berührungen hatten eine Wärme in ihr entfacht, die sie seit Jahren nicht mehr gefühlt hatte. Und doch erstickte sie diese Glut willentlich. Vor ihrem inneren Auge stiegen alle möglichen Bilder auf. In erster Linie das von Cody, wie sie ihr aus tränenfeuchten Rehaugen nachsah, während Maddie ins Auto stieg und Greenbrier Valley für immer verließ. Sie durfte ihr nicht das Herz brechen. Sie durfte es einfach nicht.

»Aber ich kenne etwas anderes«, würgte sie heraus, obwohl ihre Augen brannten. »Mir fehlt all das, was es hier nicht gibt. Und ich will es wiederhaben.«

»Okay.« Cody ging zum Eingangsbereich und nahm ihre Jacke. Sie lächelte Maddie traurig an. »Du hast mir heute sehr geholfen. Ich denke, ich weiß jetzt, wer ich bin.« Sie zog ihre Jacke an und fügte hinzu: »Irgendwer aus Ramp ist bestimmt gerade an der Main Street und wird mich mitnehmen. Wir sehen uns.«

Und dann war sie weg.

Mit schmerzendem Herzen und zugeschnürtem Hals blieb Maddie zurück.

Am nächsten Tag saß Maddie in ihrem Büro vor dem Computer. Samstags schloss die Bank mittags. Alle anderen waren schon gegangen, darum hatte sie ihre Ruhe. Wieder ging sie die Liste durch. Sie hatte jede halbwegs große

Bank in jeder amerikanischen Stadt mit einer eigenen Sportmannschaft und mehr als einem internationalen Restaurant aufgelistet. Sie klickte auf *Drucken* und sah zu, wie der Drucker eine Seite nach der anderen ausspuckte. Sie musste hier weg. So bald wie möglich. Wenn sie blieb, würde das noch übel enden.

13

Cody verbrachte den ganzen Tag im Wald. Sie hatte kein Gewehr dabei, keine Angel und auch keine Tasche, in der sie gesammeltes Moos verstauen konnte. Sie hatte nichts dabei, außer ihren Gedanken.

Noch immer konnte sie Maddies Lippen auf ihren spüren. Vielleicht würde das ein Leben lang so bleiben. Nicht, dass ihr das was ausgemacht hätte. Diese Küsse waren das Beste, was ihr je passiert war. Am liebsten würde sie Maddie anrufen und ihr danken.

Wahrscheinlich hatte es so ausgesehen, als hätte Cody erst gestern begriffen, dass sie lesbisch war. Aber wenn sie ehrlich zu sich selbst war, musste sie zugeben, dass sie die Anzeichen bisher schlicht ignoriert hatte. Sie hatte solche Angst gehabt, es sich einzugestehen, und hatte bloß kein Risiko eingehen wollen. Maddie hatte ihr geholfen, sich aus diesem trüben Sumpf zu befreien. Dafür schuldete sie ihr was. Die Frage war nur, was Maddie jetzt wohl von ihr dachte. Sie *mussten* befreundet bleiben. Es wäre schrecklich, die einzige Außenstehende zu verlieren, der sie sich je hatte öffnen können.

Doch wie schaffte man es, sich eine Frau aus dem Kopf zu schlagen, wenn sie sich dort erst eingenistet hatte? Eine schräge Vorstellung, aber irgendwie auch eine zutreffende. Die Gedanken an Maddie, die Gefühle für sie hatten sich in ihr eingenistet, sich immer weiter in ihr ausgebreitet, bis in die letzte Faser ihres Körpers. Es würde verdammt schwer werden, darüber hinwegzukommen, aber sie musste es schaffen. Sie hatte keine andere Wahl.

Am nächsten Tag war Cody schon im Morgengrauen unterwegs und sammelte Moos. Dabei hatte sie sich ein ordentliches Stück von zu Hause entfernt. Moos konnte man zwar zu jeder Tageszeit sammeln, aber sie war am liebsten im Wald, wenn die Natur gerade erwachte. Wenn unzählige Versprechen in der Luft lagen und alles möglich schien.

Die Leute hielten sie für bescheuert, weil sie immer noch Moos sammelte, das war ihr klar. Aber sie machte das schon fast ihr ganzes Leben lang. Einige ihrer schönsten Kindheitserinnerungen waren die Momente, in denen ihre Mama ihr gezeigt hatte, wie man Moos sammelte. Auch später, als sie älter war, war Cody immer besser darin gewesen als ihr Bruder. Was wahrscheinlich vor allem daran lag, dass er es nie gern gemacht hatte. Keith hatte seine Zeit nicht mit Sachen verschwendet, die ihm nicht leichtfielen oder ihm keinen Spaß machten. Vielleicht war er deswegen nicht mehr da. Drogen herzustellen war ihm leicht erschienen, auch wenn es das nicht gewesen war. Und dafür hatte er bezahlen müssen. Sie erschauderte bei dem Gedanken.

Die Erinnerung an Keith schaffte es jedes Mal, ihre Laune zu trüben. Als sie daheim ankam, hing eine dunkle Wolke über ihr. Ein ungutes Gefühl beschlich sie. Irgendetwas stimmte nicht. Gleich darauf wusste sie auch, was es war. Ihre Tür stand weit offen. Ihr Magen zog sich zusammen. Ein weiterer Einbruch.

Sie betrat den Trailer und es traf sie wie ein Schlag in die Magengrube. Ihre Waffen waren weg. Wieder war alles durchwühlt, aber wenigstens hatte dieser Dieb nicht alles zerfetzt. Wahrscheinlich war er dazu zu faul gewesen. Sie trat gegen die Tür, die daraufhin gegen die Wand knallte. *Was wollten die denn bloß von ihr?*

Das Telefon klingelte und immer noch brodelnd nahm sie den Hörer ab. »Hallo«, blaffte sie.

»Cody? Bei uns ist eingebrochen worden«, sagte Tante Thelma.

Sie klang verängstigt und Cody sah rot. »Bin gleich da.«

Sie fuhr sofort los und stürmte nur wenige Minuten später in ihren Trailer. Chase und Brett waren da, sowie einige von Chases Kindern. Sie waren alt genug, um zu verstehen, dass bei ihren Großeltern eingebrochen worden war, aber noch zu jung, um zu begreifen, warum das allen so zusetzte. Darum waren sie unruhig und weinerlich, was alles nur noch schlimmer machte.

»Austin, hör auf rumzuflennen, sonst geb ich dir einen Grund zum Heulen«, drohte Shooter.

Das brachte den Jungen natürlich nur dazu, noch lauter zu weinen. Er versteckte sich hinter seiner Großmutter, die ihrem Mann einen tödlichen Blick zuwarf.

In ihrem Trailer sah es in etwa so aus wie in Codys. Alles war durchwühlt, aber es fehlte nichts von Wert. Ihr Onkel war auf Eichhörnchenjagd gewesen und hatte sein neues Gewehr dabeigehabt. Wenigstens war ihnen das nicht auch noch in die Finger gefallen.

Cody ging mit ihrer Tante und ihrem Onkel nach draußen, damit sie sich in Ruhe und ohne lauschende Kinder unterhalten konnten.

»Wo's nix gibt, ist wenigstens nix zu holen«, brummelte Shooter.

»Wir dürfen uns das nicht gefallen lassen«, sagte Cody. »Ich besorge euch eine Alarmanlage oder ... eine Kamera ... oder einen Wachhund. Was immer ihr für das Beste haltet.«

»Das isses nicht«, blaffte Shooter. »'S is halt ... ich fühl mich nicht mehr sicher ... solang du da bist.«

»Solange ich da bin?« Sie traute ihren Ohren nicht. »Gibst du etwa mir die Schuld daran?«

»Wem denn sonst?« Er war ein cholerischer Typ und offensichtlich kurz davor, überzukochen.

Das Vernünftigste wäre, die Sache abzubrechen, nach Hause zu gehen und zu warten, bis er sich beruhigt hatte. Doch inzwischen brodelte es auch in Cody. »Es ist doch nicht meine Schuld, wenn diese Diebe zu blöd sind, um zu wissen, dass wir daheim kein Geld haben!«

»Wir haben sowieso kein Geld!«, knurrte er und reckte das Kinn vor. »Du hast Geld und die glauben, du gibst uns was. Für nix und wieder nix brechen die bei uns ein!«

Sie hatte das Gefühl, dass ihr der Dampf schon zu den Ohren rauskam. »Ich habe alles bezahlt, was ihr wolltet!«

»Cody«, sagte ihre Tante und legte ihr beruhigend eine Hand auf den Rücken. »Ignorier ihn einfach.«

»Nein, nichts da. Er hat mir was zu sagen. Also spuck's aus!« Herausfordernd blickte sie ihrem Onkel in die Augen.

»Wir leiden ... für nix«, wiederholte er langsam.

»Wie viel willst du denn noch?«, blaffte sie. »Wie viel? Hä?« Sie brannte vor Wut.

Ihr Cousin Chase rannte aus dem Trailer und schubste sie so fest, dass sie ein paar Schritte zurücktaumelte. Eine kleine Staubwolke stob auf. »Rück ihm nicht so auf die Pelle«, zischte er warnend. »Du weißt genau, dass er dir sonst eine reinhaut.«

»Er hat mir eh schon erklärt, dass ich von hier wegziehen soll.« Sie reckte den Kopf, um an ihrem massigen Cousin vorbei ihrem Onkel einen finsteren Blick zuwerfen zu können. »Wenn er mich schlägt, kann das auch nicht mehr wehtun!«

Ihre Tante stellte sich vor sie und streichelte ihr über die Wange. »Sei nicht so, Cody. Er ist nur wütend auf die Einbrecher. Nicht auf dich.«

»Nein, er ist auf mich wütend«, entgegnete sie. »Weil ich nicht genug für ihn getan habe. Und für die anderen auch nicht.«

»Das stimmt nicht«, beharrte Thelma. »Er dachte nur … Wir alle dachten, dass da mehr wäre.«

»Ich hab euch alles gegeben, was ihr wolltet. Alles! Habt ihr schon vergessen, dass wir shoppen waren?«

»Wir dachten, das wäre das *erste* Mal gewesen«, sagte ihre Tante. »Nicht das *letzte*.«

Codys Atem ging stoßweise und ihr Herz raste. Sie bemühte sich, tief durchzuatmen und sich zu beruhigen. »Sag allen, sie sollen um sieben herkommen. Und eine Liste mitbringen von allem, was sie wollen.« Sie setzte an, loszugehen, drehte sich aber noch einmal um. »Egal, was ihr wollt, ihr könnt es haben.«

Cody stand auf dem kleinen Fleckchen, das sie sich in Onkel Shooters Wohnzimmer inmitten ihrer Verwandten freigeschaufelt hatte. Shooters Wohnzimmer war ihr immer ziemlich groß vorgekommen, aber jetzt, wo die gesamte Familie hier versammelt war – die meisten saßen im Schneidersitz auf dem Boden –, war kein Quadratzentimeter mehr frei.

Alle, die alt genug waren, um zu verstehen, worum es ging, starrten sie an. Die Kinder spielten miteinander und alberten herum, aber auch sie wirkten ein wenig gedrückt. Cody räusperte sich. »Wie es aussieht, seid ihr unzufrieden damit, was ich mit meinem Geld mache.«

»Das habe ich nicht gesagt«, knurrte Shooter. »Aber du bist geizig.«

»Bin ich nicht. Ich habe alles bezahlt, worum ihr mich gebeten habt.« Jetzt schon stieg ihr die Hitze in den Nacken, obwohl die anderen noch nichts getan hatten, außer sie anzustarren.

»Wir wollen dich aber nicht jedes Mal darum bitten müssen«, sagte Merry. »Das gibt uns das Gefühl, immer in deiner Schuld zu stehen.«

Das stimmte, daran gab es nichts zu rütteln.

»Ist so«, sagte Shooter dann auch. »Ein paar von uns haben geredet und wir finden, es ist das Beste, wenn du es einfach aufteilst. Jedem seinen Anteil gibst, und das war's dann.«

Fast hätte sie gefaucht, dass niemand hier Anrecht auf einen Anteil hatte, doch sie schaffte es, sich zu beherrschen. Sie musste ruhig bleiben.

»Hast du eine Ahnung, wie klein euer Anteil wäre, wenn wir das Geld aufteilen? Wir sind vierzig Leute. Das macht dann …« Im Kopf überschlug sie den Betrag schnell, auch wenn sie es nicht gewohnt war, mit derartig hohen Summen zu rechnen. Verdammt, das war immer noch ziemlich viel. Das würden sie definitiv haben wollen. »Viel weniger, als ihr denkt.«

»Es wäre so schön, richtig Geld zu haben«, sagte Lily wehmütig. »Dann müsste ich mir um nichts mehr Sorgen machen.«

»Überlegt euch doch nur, wie schnell manche das Geld durchbringen könnten«, entgegnete Cody. »Wir haben doch so oft im Fernsehen gesehen, wie Leute Millionen verprassen und am Schluss komplett pleite sind. Ich hab in den letzten Monaten unfassbar viel Geld ausgegeben und was haben wir dafür bekommen? Bessere Zähne und ein paar Klamotten.«

»Aber wir würden das Geld nur für uns selber ausgeben«, argumentierte Merry. »Du gibst es für uns alle aus. Ist doch klar, dass es dann schnell weg ist.«

»Okay. Und was ist damit? Irgendwer wird das Geld unweigerlich binnen kürzester Zeit durchbringen. Wenn das passiert – und es *wird* passieren … Wer wird dann was von seinem Ersparten abgeben wollen, wenn der, der pleite ist, dringend etwas braucht?« Sie ließ den Blick durch den Raum schweifen und bemerkte mit Genugtuung, dass ein paar ihrer Verwandten Ricky und Brett misstrauisch ansahen. Die beiden waren die wahrscheinlichsten Kandidaten, wenn es darum ging, jeden einzelnen Cent zu verpulvern.

»Dann teil das Geld doch einfach zwischen dir und den Geschwistern deiner Mama auf«, sagte Amber. »Das wäre nur fair. Durch fünf geteilt ist es immer noch je eine ordentliche Menge und die wissen doch am besten, was ihre Familie braucht.«

»Das ist kein bisschen fair!«, brüllte Ricky und sprang auf. Er war bei Weitem der cholerischste ihrer Verwandten.

Alle, die in seiner Nähe saßen, lehnten sich zur Seite, für den Fall, dass er um sich schlagen – oder treten – sollte.

»Tante Merry hat nur Amber. Meine Mama hat aber …« Er zählte nach und verzog dabei das Gesicht. »… siebzehn Mäuler zu stopfen.«

»Ich hab zwei Kinder.« Amber warf ihm einen finsteren Blick zu. »Wenn ihr siebzehn seid, dann sind wir vier.«

»Ihr könnt gern die ganze Nacht deswegen streiten.« Cody sprach lauter, um sie zu übertönen. »Aber das wird keinen Unterschied machen.

Weil ihr euch unweigerlich gegenseitig an die Gurgel springen werdet. Wenn ich das Geld behalte, könnt ihr weiter auf mich sauer sein, aber wenigstens seid ihr dann nicht eifersüchtig aufeinander.«

»Wir gehen das Risiko gern ein«, erwiderte Brett. »Ich will mein *eigenes* Geld. Und dich nicht um Taschengeld anbetteln müssen wie ein Baby.«

»Dann wirst du dir einen *eigenen* Job suchen müssen«, entgegnete Cody und sah ihm direkt und ohne zu blinzeln in die Augen.

»Wenn's hier draußen Jobs gäbe, hätten wir die schon. Ich werd so was von nicht eine Stunde nach Greenville fahren, um dort Teller zu spülen.«

Da war was dran, aber sie würde sich jetzt ganz bestimmt nicht ablenken lassen. »Es ist nun mal so, dass es *mein* Geld ist, und das bleibt es auch. Als ich mein Geld noch fürs Moossammeln bekommen habe, habt ihr auch nicht verlangt, dass ich es zwischen euch aufteile. Das ist genau dasselbe. Wenn ihr damals was von mir gebraucht habt, hab ich es euch gegeben, und jetzt mache ich es ganz genauso. Wenn ihr was braucht, dann kommt damit zu mir, und dann gebe ich euch das Geld.«

»Ich will ein Haus«, verkündete Shooter. Seine Augen sprühten fast wie Wunderkerzen. »Ich will ein richtiges, echtes Haus, keinen verschissenen Trailer.«

Fast wäre ihr Essen wieder hochgekommen, aber Cody schaffte es, sich zusammenzureißen und langsam zu nicken. »Überleg dir, was genau du willst. Ich werde es bezahlen.«

»Ein Haus?« Cubbys Stimme war so schrill, dass er wie ein kleiner Junge klang.

»Ja, ein Haus«, blaffte Shooter. »Cody hat gesagt, dass wir haben können, was wir wollen. Ich hab sie jetzt nicht dazu gezwungen.«

»Ist schon okay, Onkel Cubby«, versuchte sie ihn zu beruhigen. »Onkel Shooter hat recht. Ich hab's versprochen.«

»Ich will auch eins«, platzte Jaden heraus. »Ich hab fünf Kinder. Da brauch ich was Eigenes.«

Die fünf Kinder hatte er mit drei verschiedenen Frauen und sie hingen auch nur deswegen bei ihm herum, weil er zu faul war, sie zu ihren Müttern zurückzubringen. Doch Cody widersprach ihm nicht. »Schön. Dann gilt für dich dasselbe. Überleg dir, was du willst und woher du es bekommst. Ich zahle.«

Lucas und Ricky schlossen sich an und forderten ebenfalls eigene Häuser.

»Wo wollt ihr die denn hinbauen?«, fragte Cody. »Greenville? Charleston? Paris?« Wahrscheinlich war es nicht hilfreich, sarkastisch zu werden, aber allmählich – oder nicht ganz so allmählich – riss ihr der Geduldsfaden.

»Hier natürlich«, sagte Lucas. »Wir haben doch genug Land.«

»Gar kein Land hast du«, widersprach Cody. »Dein Daddy hat Land. Also schau lieber, ob es ihm wirklich recht ist, wenn du dich einfach breitmachst, wo es dir gefällt.«

»Ich brauch ein Auto«, warf Bobby ein. Er sah sich um, als erwarte er Zustimmung von seinen Cousins und Cousinen. »Wir alle.«

»Keiner von euch hat je einen wichtigen Termin versäumt, weil er kein Auto hat«, meinte Cody. »Aber bitte sehr. Wenn ihr Autos wollt, könnt ihr sie haben.« Ihr Herz raste vor Fassungslosigkeit. Diese Dreistigkeit! »Aber denkt daran: Was ihr ausgebt, ist dann auch weg. Jeder Brunnen trocknet aus, wenn man zu viel Wasser abschöpft.«

»Ich will so einen Satellitenfernseher«, sagte Shooter. Er starrte Cody immer noch giftig an, was kein Wunder war. Seine üble Laune hielt meistens Tage an. Wenn er einmal wütend war, dann blieb er das auch. »Alle anderen Hillbillys im Tal haben einen. Ich bin es leid, immer den unscharfen Scheiß zu schauen, den wir mit der Antenne reinkriegen. Wenn das so weitergeht, werd ich noch blind.«

»Das gilt für uns alle«, tönte Bobby, dem es sichtlich Spaß machte, das Sprachrohr zu sein. Niemand widersprach ihm.

»Ich hab schon eine Satellitenschüssel«, sagte Cubby leise. »Ich brauche nichts.«

»Schön für dich«, knurrte Shooter. »Aber wir anderen haben keine und wir wollen eine.«

Cody ging dazwischen. »Könnt ihr haben. Sucht wen raus, der die anbringen kann und gebt mir die Telefonnummer.« Wieder ließ sie den Blick über die Anwesenden schweifen. Zufrieden stellte sie fest, dass zumindest ein paar sich unwohl zu fühlen schienen. Allerdings hatte sie keine Ahnung, ob das an Bobbys und Shooters Gier oder an der Anspannung lag, die sich zunehmend aufstaute. »Ich denke, das reicht für heute.«

Sie bahnte sich einen Weg durch die Menge. Noch bevor sie die Tür erreicht hatte, sagte Brett: »Das alles wär nicht nötig gewesen, wenn du's von dir aus angeboten hättest.«

Cody bahnte sich auf Zehenspitzen weiter den Weg nach draußen, stieg dabei aber auch auf ein paar Füße. Bei der Tür angekommen, drehte sie sich zu ihm um. »Ihr hättet gleich was sagen sollen. Abzuwarten und euch immer weiter reinzusteigern, war mies von euch.« Sie legte die Hand auf den Türknauf und fügte leise hinzu: »Ich dachte immer, ihr wärt früher glücklich gewesen. Ich war es jedenfalls.« Dann ging sie hinaus.

Sie atmete tief durch und sog die kalte, frische Luft ein. Bevor sie im Lotto gewonnen hatte, *war* sie glücklich gewesen, sehr glücklich sogar. Wie war es möglich, so viel Geld zu haben und nicht mehr glücklich zu sein?

Es war noch nicht spät, aber Cody hatte keine Ahnung, wie Maddies Tagesablauf aussah. Sie konnte genauso gut bei Einbruch der Dunkelheit zu Bett gehen, wie sie bis nachts um drei wach bleiben konnte. Aber sie musste mit jemandem reden. Mit jemandem, der kein Geld von ihr wollte.

»Ich bin's, Cody«, sagte sie, nachdem Maddie ans Telefon gegangen war. »Störe ich?«

»Kein bisschen. Ich bin gerade heimgekommen.«

»Von der Arbeit?«

»Aus dem Fitnessstudio.«

»Wo gibt es denn in Greenville ein Fitnessstudio?«

»Auf der Main Road. Du weißt schon, beim Reifenhandel und der Autowerkstatt.«

»Da gibt es ein Fitnessstudio?«

Maddie lachte. »Kein sonderlich spektakuläres. Aber der Typ, dem der Reifenhandel gehört, hat ein Zimmer im oberen Stock mit Gewichten und so Krams für Pumpis ausgestattet. Aber er hat außerdem auch ein Laufband hingestellt. Ich gehe da an den meisten Abenden laufen.«

Das verschlug Cody die Sprache. Laufen war ja okay, aber warum in aller Welt sollte man das drinnen tun wollen?

»Du hast wahrscheinlich noch nie auch nur einen Fuß in ein Fitnessstudio gesetzt.« Maddies Tonfall hatte etwas Neckendes angenommen. »Und trotzdem habe ich noch nie jemanden mit so einem durchtrainierten Körper gesehen wie dich.«

Dass Maddie ihre Figur bemerkt hatte, trieb Cody Hitze in die Wangen. Was sollte sie darauf denn erwidern? »Ähm, danke«, brachte sie heraus. »Äh, heute sind ein paar Sachen passiert, die … Na ja, ich hatte keinen sonderlich schönen Tag. Darf ich mich ein bisschen bei dir ausheulen?«

»Oh, aber natürlich. Ich hole mir nur schnell ein Wasser. Dann setze ich mich hin und kann dir den ganzen Abend lang zuhören.«

»Wirklich?« Plötzlich war Cody nervös. »Halte ich dich auch von nichts ab?«

»Nein, kein bisschen. Nachdem ich laufen war, hänge ich immer nur vor dem Fernseher ab. Mein Leben ist stinklangweilig.«

»Deshalb willst du auch weg«, sagte Cody.

»Unter anderem, ja. Ich würde so gern mal ins Theater gehen können oder ins Kino. Es wäre ja schon eine nette Abwechslung, mal zu einer Lesung oder in ein spezielleres Restaurant zu gehen. All das, was es in Großstädten eben so gibt.« Sie stockte kurz, ehe sie hinzufügte: »Ich hatte das nie, aber ich habe immer schon davon geträumt.«

»Nie? Wo warst du denn auf dem College?«

»Virginia Tech.«

»Das ist ja ganz in der Nähe! Dort in der Gegend war ich sogar schon jagen. Das ist *wirklich* ländlich. Warum warst du denn nicht ...« Sie kannte kaum Colleges, aber es musste doch welche in den Städten geben, die Maddie gefallen hätten.

»Ich wollte zur NYU oder zur Columbia oder zur UCLA, aber meine Noten waren zu schlecht für ein Stipendium. Und ich wollte mich nicht bis über beide Ohren verschulden, indem ich die Studiengebühren selbst zahle.« Sie lachte auf und Cody wusste ganz genau, wie Maddies Mundwinkel dabei nach oben zuckten. »Außerdem ging meine damalige Freundin zur Tech und ich wollte unbedingt bei ihr bleiben. Natürlich hat sie mich in der Woche vor Semesterbeginn verlassen.«

»*Sie* hat *dich* verlassen?« Wie um alles in der Welt konnte man nicht mit Maddie Osborne zusammen sein wollen?

»Ja. Schwer zu glauben, stimmt's?« Sie kicherte, wie sie es immer tat, wenn sie etwas gesagt hatte, das sie für besonders witzig hielt. »Sie wollte sich nicht binden. Man glaubt schnell mal, dass die Erste die Beste ist. Ist sie aber meistens nicht. Vergiss das nicht, Cody.«

Niemand konnte Cody davon überzeugen, dass Maddie nicht die Allerbeste war, aber sie waren nun mal kein Paar. »Alles klar. Okay, dann erzähle ich dir mal, warum es das Highlight meines Tages war, dass bei mir eingebrochen wurde.«

Cody erzählte ihr, was an dem Abend passiert war und wie verletzt, enttäuscht und erschüttert sie war. Maddie war außer sich vor Wut und zählte ihr sofort alle möglichen Dinge auf, die sie tun könnte, um zu verhindern, dass sich ihre Familie noch einmal so gegen sie stellen würde. Cody fühlte sich dadurch allerdings kein bisschen besser. Sie wollte keine Ratschläge, zumal weil Maddie ihre Familie nicht verstand. Sie war ein wahnsinnig netter Mensch, aber von Codys Leuten hatte sie keine Ahnung. Das war nicht ihr schlimmster Moment mit ihnen gewesen. Wahrscheinlich war er noch nicht einmal in den Top Ten. Maddie aber reagierte, als würde ihre Familie auseinanderbrechen. Das würde nicht passieren. Nie. Sie stritten und zankten sich, doch wenn es darauf ankam, hielten sie immer zusammen.

Je länger sie redeten, desto trauriger wurde Cody. Endlich wurde ihr klar, was sie wirklich wollte. Sie brauchte keine Ratschläge, sondern jemanden, der mit ihr mitfühlte. Jemanden, der sie tröstete. Vielleicht konnte sie das von einer Freundin nicht verlangen. Doch sie wünschte es sich mehr, als sie in Worte fassen konnte.

Am nächsten Morgen wollte Cody gerade aufbrechen, als sich ein Auto mit röchelndem Motor ihrem Trailer näherte. Sie steckte den Kopf aus der Tür. Es war Onkel Cubbys Wagen, der sich den Weg entlangquälte, ehe er schließlich anhielt. Als er den Motor ausschaltete, keuchte und zickte der ein wenig, ließ sich aber schließlich abwürgen. Cody ging nach draußen, um ihn zu begrüßen.

»Ich bin hergekommen, um mich bei dir zu entschuldigen«, sagte Cubby.

»Wofür? Du bist der Einzige, der noch keine Ansprüche auf ein Haus angemeldet hat. Oder auf einen Privatjet.«

Er wirkte ehrlich zerknirscht. »Ich will mich für meine Kinder entschuldigen. Ich hab bei der Erziehung der Jungs versagt, dabei hab ich mein Bestes gegeben.«

»Du bist ein guter Vater«, erwiderte sie. Im Großen und Ganzen stimmte das. Er liebte seine Söhne sehr. Nur mit der Disziplin hatte er es nie so gehabt. Die Jungs machten, was sie wollten. Cubby ermahnte sie höchstens leise, es in Zukunft besser zu machen. Aber das reichte nicht bei diesen draufgängerischen jungen Männern, die jeder Menge schlechtem Einfluss ausgesetzt waren.

»Das wird sich wahrscheinlich erst noch zeigen, aber es tut mir ehrlich leid, dass es ausgerechnet meine Jungs waren, die dir gestern am meisten Ärger gemacht haben. Keine Ahnung, woher Jaden diese Dreistigkeit nimmt.«

»Ist schon gut. Wirklich.«

»Nein, ist es nicht. Du brauchst ihnen gar nichts zu geben. Bisher ging es ihnen ja auch gut.«

Das stimmte nicht, aber die meisten ihrer Probleme hatten nichts mit ihrem Kontostand zu tun. »Ich hab das Geld, Onkel Cubby, und ich will denen, die was brauchen, wirklich unter die Arme greifen. Wenn Jaden Platz für die Kinder braucht, soll er ihn haben. Das gilt übrigens auch für dich und Tante Lurlene. Wenn ihr irgendwas braucht …« Sie warf einen demonstrativen Blick auf seine Schrottkarre. »… dann besorge ich es euch gern.«

Seine großen braunen Augen glänzten. »Ich hab deiner Mama versprochen, dass ich auf dich aufpasse. Es ist nicht richtig, Geld von dir anzunehmen.«

Sie umarmte ihn kurz. »Du warst auch immer für mich da. Aber ich hab genug Geld für uns alle. Wir müssen nur herauskriegen, wie wir damit umgehen, ohne uns gegenseitig an die Kehle zu gehen.«

»Das überlasse ich besser dir«, sagte er und stieg wieder ins Auto. »Ich schaff es nie, die Jungs vom Streiten abzuhalten.«

Etwa eine Woche nach dem großen Gespräch kam Shooter kurz vor der Abendessenszeit zu Cody. Seine Laune schien sich gebessert zu haben. »Thelma hat dir einen Pie gebacken«, sagte er und hielt ihr den Kuchen unbeholfen entgegen.

»Danke. Weiß ich zu schätzen.«

Er trat ein und wollte sich aufs Sofa setzen, bemerkte dann aber, dass sie immer noch keine Polster hatte. Er deutete auf die nackte Couch. »Holst du dir 'ne Neue?«

»Vielleicht.« Es war albern, aber sie fand es furchtbar, neue Sachen zu besitzen. Es war ja schon schlimm genug, wenn man bei ihr einbrach und ihre alten Sachen durchwühlte und zerstörte. Aber wenn sie sich ein schönes, neues Sofa kaufte und jemand würde auch das zerfetzen … Sie wollte sich gar nicht ausmalen, wie sie reagieren würde.

Shooter hatte ein paar Zettel, die er ihr in die Hand drückte. »Ich hab mit so 'nem Handwerker in Greenville geredet. Erst hatte er keinen Bock, hier rauszukommen, aber als ich ihm gesagt hab, dass wir das Geld vom Lotteriegewinn haben, hatte er dann doch plötzlich Interesse.«

»Kann ich mir vorstellen.« Super. Jetzt würde sich noch ein Blutsauger an ihr festbeißen. »Was stellt ihr euch vor?«

»Er meint, wir brauchen etwa dreihundert Quadratmeter. Passt das?«

Codys Trailer hatte gerade mal dreißig. Dreihundert klangen schon ganz schön üppig. »Was wollt ihr mit so viel Platz denn anfangen?«

»So viel ist das gar nicht. Vier Schlafzimmer, ein Ess- und ein Wohnzimmer. Soll etwa tausend Dollar den Quadratmeter kosten.« Er starrte ihr direkt in die Augen. »Du hast gesagt, du übernimmst alles, was wir wollen.«

»Werde ich auch. Es macht dir aber sicher nichts aus, wenn ich mich umhöre, ob er einen guten Ruf hat, oder?«

»Nein. Tu, was du nicht lassen kannst.« Er stand auf und legte die Hand auf den Türknauf. »Tut mir leid, dass ich dich so angegangen bin. Ich will dir nichts Böses.«

»Ich weiß, Onkel Shooter.« Sie ging zu ihm und umarmte ihn kurz. Sie waren keine besonders emotionale Familie, aber er sollte wissen, dass sie ihm nichts nachtrug. »Sag Tante Thelma Danke für den Pie, okay?«

»Mach ich.« Und dann bretterte er auch schon in seinem uralten Truck davon – den sie garantiert bald durch ein neueres Modell ersetzen musste.

Cody wollte mit Maddie darüber reden, was sie von dem Hausbau hielt, entschied sich aber, noch ein bisschen zu warten, für den Fall, dass irgendwer aus ihrer Familie Onkel Shooter doch noch einen Klaps auf die Finger geben würde.

Bis zum Ende der nächsten Woche hatte sich jede ihrer Tanten, aus jedem Familienzweig – außer Shooters –, bei ihr über das »Anwesen« beschwert. Geduldig erklärte Cody, dass sie nur ihr Versprechen hielt. Wenn alle ein großes Haus wollten, wäre das Geld aufgebraucht und dann mussten sie in Zukunft einen anderen Weg finden, die Grundsteuer zu zahlen. Sonst würde die Regierung ihnen das Land samt Haus wegnehmen. Ganz einfach. Daraufhin bekam sie sämtliche möglichen Varianten von

»Lass dir nicht so auf dem Kopf herumtanzen« zu hören, doch sie blieb dabei: »Ihr könnt haben, was ihr wollt.«

Am Freitagabend war Cody bei Tante Thelma zum Essen eingeladen. Eine so offizielle Einladung war eher unüblich, also war bestimmt etwas im Busch. Cody hatte schon so eine Ahnung, worum es gehen würde. Sie war sich nur noch nicht sicher, ob sie mit mürrischen, oder mit überfreundlichen Menschen am Tisch sitzen würde.

Es gab Tante Thelmas leckeren Thunfischauflauf. Eigentlich kein besonders kompliziertes Gericht, aber Cody bekam es nie so gut hin. Zur Abwechslung waren alle Kinder von Thelma und Shooter ausgeflogen. Mandy und Melissa wohnten sowieso nicht hier, und Chase und Brett trieben sich Gott weiß wo herum. Ohne herumwuselnde Enkelkinder war es merkwürdig ruhig. So ruhig, dass man den Wind durch die nicht richtig schließende Tür heulen hören konnte.

»Ich hab ein bisschen nachgedacht«, sagte Shooter. »Und ich glaube, ein kompletter Neubau ist keine gute Idee. Ein Typ bei meinem Friseur meinte, Fertigteilhäuser sind das einzig Wahre.« Er machte eine Kunstpause. »Die sind wie Trailer, nur besser.«

»Aber du wolltest doch keinen Trailer.«

»Will ich auch nicht. Aber der Typ sagt eben, Fertigteilhäuser sind viel besser. Da lässt man erst ein richtiges Fundament gießen und dann bringen die das komplette Haus auf 'nem Lkw und stellen es auf. Dann müssen auch nicht monatelang irgendwelche Bauarbeiter jeden Tag hier rausfahren.«

»Okay. Ich mache mich schlau, wo es gute Fertigteilhäuser gibt. Ihr wollt ja kein Haus, bei dem wieder der Wind durch alle Ritzen pfeift.«

Das entlockte ihrem Onkel ein Lächeln.

Cody atmete auf und nahm sich ein zweites Stück vom Pekannuss-Pie.

14

Cody musste sich die Zeit vertreiben, während ihr Onkel Shooter in Greenville beim Augenarzt war. Er hatte schon seit Jahren die Augen zusammengekniffen, hatte es sich aber nie leisten können, sich von einem Arzt untersuchen zu lassen. Jetzt, wo Cody die Rechnung übernahm, hatte ihr Onkel endlich einen Termin vereinbart.

Sie hatte ständig das Bedürfnis, Maddie zu besuchen, aber obwohl es verdammt schwer war, hatte sie es geschafft, nicht jeden Tag in der Bank aufzutauchen, um Maddie zu sehen. Ihr letzter Besuch war sogar schon fast zwei Wochen her. Doch jetzt, da sie außer den alten Zeitschriften im Wartezimmer keinerlei Ablenkung hatte, geriet ihre Entschlossenheit ins Wanken. Sie konnte ja ein wenig die Main Street entlangschlendern und dann vielleicht in die Bank gehen. Unterwegs würde sie schon wieder zu Sinnen kommen. Auf keinen Fall würde sie wie eine Stalkerin in der Bank herumlungern.

Tat sie doch. So früh am Nachmittag war die Bank fast leer. Das war insofern nett, als die Wahrscheinlichkeit dann größer war, dass Maddie sie sah und zu einem Plausch zu sich ins Büro bitten würden. Allerdings konnten die Angestellten, allen voran die fiese Goodwin, sie so auch ungeniert anstarren. Ohne nach rechts oder links zu sehen, ging Cody schnurstracks zum Tresorraum und schnappte sich die Kiste aus einem ihrer Schließfächer.

Das Nebenzimmer war klein und stickig, aber sie verbrachte trotzdem gute zwanzig Minuten darin, und spielte mit den Geldbündeln. Inzwischen war sie ziemlich gut darin, sie ineinander zu stecken und die so verbundenen Scheine zu imposanten Stapeln aufzutürmen. Das waren die einzigen Momente, in denen sie es wirklich genoss, so viel Geld zu haben. Wenn es ordentlich gestapelt war, strahlte es so viel Sicherheit und Potenzial aus. Irgendwann wurde ihr aber selbst das langweilig. Sie verstaute das Geld wieder im Schließfach und ging nach oben.

Fast wäre sie mit Maddie zusammengestoßen, die gerade vom Schreibtisch ihrer Stellvertreterin kam. Ein wohliger Schauer lief Cody über den Rücken.

»Dachte ich's mir doch, dass ich dich durch den Eingangsbereich habe huschen sehen«, sagte Maddie.

Sie lächelte und ihr Gesicht war so schön, dass sich Codys Herz schmerzhaft zusammenzog. »Ja, ich musste … was erledigen. Wie geht's dir?«

»Gut. Hey, ich hab mir was überlegt, über das ich ohnehin mit dir reden wollte. Passt es dir gerade?«

»Ja, wunderbar.« Cody folgte ihr. Wie gern würde sie das jeden Tag für ein paar Stunden tun. Sie brauchten auch nicht zu reden. Sie setzte sich auf den Besucherstuhl und bemühte sich, sich auf das zu konzentrieren, was Maddie sagte, und nicht nur auf ihre verlockenden Lippen zu starren.

»Ich habe über die Situation mit deiner Familie nachgedacht«, begann Maddie.

Allein bei den Worten drehte sich Cody der Magen um. »Inzwischen stehen sie Schlange, um Autos und Häuser zu bekommen.«

»Haben sie denn momentan keine Häuser?«

»Die meisten nicht.« Sie zögerte kurz, entschied sich dann aber, die Wahrheit zu sagen. »Ohne Kredit kann man nun mal kein Haus kaufen, auch kein billiges. Die meisten von ihnen hatten noch nie einen richtigen Job.«

»Gar … keinen?«

»Na ja, abgesehen von Devin sind die Männer alle vorbestraft.« Es war schmerzhaft, das zuzugeben. Sehr schmerzhaft. »Mandy wäre es auch, aber bei den meisten Raufereien war sie noch nicht volljährig.«

»Raufereien?«

»Sie ist recht aufbrausend.« Cody führte das nicht weiter aus. »Wie gesagt, es gibt kaum Jobs in der Gegend und erst recht keine für jemanden, der vorbestraft ist. Ein paar sind noch auf Bewährung und dürfen das County nicht verlassen. Letztes Jahr haben sie in Higgins County Mienenarbeiter gesucht, aber sie können dort nicht hin.« Beschämt und niedergeschlagen schüttelte sie den Kopf.

Zum Glück wirkte Maddie nicht besonders schockiert. Sie hielt sich nicht mit Details auf, sondern kam gleich zur Sache. »Vielleicht verlangen sie so viel von dir, weil sie kein Geld für Alltägliches haben. Hast du ihnen was gegeben?«

»Ich sorge dafür, dass sie was im Kühlschrank haben, kaufe Klamotten für ihre Kinder, bringe sie zum Arzt, zahle ihre Rezepte und ihr Benzin und ihr …«

»Nein, nein.« Maddie schüttelte den Kopf. »Mir ist bewusst, dass du für eine Myriade von Sachen aufkommst. Aber hast du ihnen auch … einfach nur so Geld gegeben? Ohne irgendwelche Bedingungen daran zu knüpfen?«

»Nein.«

Maddie lächelte sie an. »Das war eine sehr knappe Antwort. Willst du das noch ein bisschen ausführen?«

»Nein, Ma'am.« Unweigerlich musste Cody grinsen. »Das habe ich nicht.«

»Ist dir bewusst, warum du das nicht getan hast?«

»Weil es nicht ihr Geld ist.«

»Okay, aber warum bezahlst du dann alles andere?«

»Weiß ich nicht.« Langsam sank ihre Stimmung. »Ich will ihnen helfen, aber sie haben einen anderen Bezug zum Geld als ich.« Sie vergrub das Gesicht in den Händen. »Es ist kleinlich von mir, ich weiß, aber ich glaube nicht, dass sie das Geld richtig verwenden.«

»Was wäre denn richtig?«

»Als Sicherheitsnetz«, erwiderte sie entschlossen. »Ich will so weitermachen wie bisher, aber das Geld soll den Druck rausnehmen, verstehst du?«

»Nein, nicht wirklich. Den Druck von … ausstehenden Rechnungen?«

»Ja. Und weil wir immer Angst haben mussten, dass das County uns jederzeit unser Land wegnehmen könnte, weil wir die Schulden nicht zahlen können. Oder weil ich lernen musste, mit Schmerzen zu leben, weil ich es mir nicht leisten konnte, meinen Zahn richten zu lassen. Weil Kinder uralte Klamotten tragen müssen, die von Panzertape zusammengehalten werden. Ich wollte, dass es besser wird … nicht anders.«

Maddie schüttelte langsam den Kopf und schloss für einen Moment die Augen. »Es ist aber alles anders, Cody, und deine Familie will diese Veränderungen annehmen. Wenn du ihnen nicht erlaubst, ein bisschen Geld auf den Putz zu hauen, wirst du einen Streit nach dem anderen ausfechten müssen. Sie werden es dir nachtragen und noch wütender auf dich sein.«

»Und wie sie es auf den Putz hauen werden.« Sie schnaubte. »So lange, bis alles weg ist.«

»Das darfst du natürlich nicht zulassen. Aber du hast genug Geld, um jedem von ihnen ein großes Haus und zwei Autos zu kaufen und ihnen jährlich mehrere Hunderttausend Dollar auszuzahlen. Das wäre überhaupt kein Problem, trotzdem tust du so, als müsstest du jeden einzelnen Cent horten. Ich flehe dich an, verabschiede dich von der Vorstellung.«

»Das ist so schwer«, erwiderte sie leise und ihre Augen brannten. »Ich hab mein altes Leben geliebt. Ich will es zurück.«

»Ich fürchte, das ist unwiederbringlich verloren.« Maddies Tonfall war sanft und mitfühlend. »Aber du kannst immer noch das Leben führen, das du führen willst. Lass nur die anderen ein kleines bisschen aus dem Vollen schöpfen.«

»Wie klein soll dieses bisschen denn sein?«

»Glaub nicht, dass mir dieses Lächeln entgeht. Okay, lass uns das Ganze mal logisch betrachten. Was, wenn du jedem Einzelnen eine gewisse

Summe gibst … vielleicht fünfundzwanzig tausend … und sie sich davon selbst kaufen können, was sie haben wollen? Dann musst nicht mehr du dafür sorgen, dass ihre Kühlschränke gefüllt sind. Nimm dich ein bisschen aus dem Spiel. Lass sie selbst herausfinden, wie sie mit dieser geringen Summe zurechtkommen.«

»Das ist keine geringe Summe. Das ist jede Menge«, grummelte sie.

»Verglichen mit dem, was du in meinem Tresorraum gelagert hast, ist es das nicht. Ich will dich wirklich nicht verletzen, aber im Moment ist es, als hättest du eine riesige Bäckerei und würdest allen sagen, dass es allein deine Entscheidung ist, ob sie einen Keks bekommen. Da müssen sie ja zwangsläufig frustriert sein.«

Dem hatte Cody nicht wirklich etwas entgegenzusetzen. Sie nickte. »Okay. Wie gehe ich das an?«

Am Freitagabend parkte Maddie bei Anbruch der Dunkelheit vor Codys Trailer. Cody war unruhig und sich offensichtlich nicht sicher, ob sie die richtige Entscheidung getroffen hatte. Aber sie würde es versuchen, und das erfüllte Maddie mit Stolz.

Die Fahrt zu ihrem Onkel dauerte nur wenige Minuten. Maddie wünschte sich, sie hätte mehr Zeit gehabt, um sich zu fangen, als sie das Haus sah. Es war tatsächlich ein richtiges Haus, kein Trailer, doch es war in einem grauenvollen Zustand. Ein Haus, wie man es von einer Person mit schweren psychischen oder physischen Problemen erwartete. Von einer Person, die aus welchen Gründen auch immer an dieses Haus gefesselt war.

Es war klein und halb mit Schindeln, halb mit Ziegeln verkleidet. Wahrscheinlich hatte es nicht einmal annähernd hundert Quadratmeter. Aber die Größe war nicht das Problem. Cubby hatte wahrscheinlich noch nie in seinem Leben etwas weggeworfen. Er öffnete einfach die Tür und schleuderte es hinaus. Alte Haushaltsgeräte, ausgeweidete Autos, Fahrräder, kaputte Schaukeln, Reifen, die an Ästen hingen, eine eklige Matratze, die auf der Seite lag, und Spielsachen … alle möglichen kaputten Spielsachen. Was hatten arme Menschen nur mit Spielsachen?

Maddie konnte ihre Gefühle bei diesem Anblick nicht in Worte fassen.

Cody schon. »Verstehst du jetzt, warum ich mir Sorgen mache, wenn ich ihnen allen einen Haufen Geld in die Hand drücken soll?«

»Ja, das verstehe ich«, brachte Maddie heraus. Ihr Herz raste. Darauf war sie nicht vorbereitet gewesen und sie gab sich alle Mühe, sich nicht anmerken zu lassen, wie sehr sie sich ekelte. Es war keine Schande, arm zu sein, doch so zu leben, war etwas ganz anderes.

Kaum hatten sie das Haus betreten, richteten sich etwa ein Dutzend Augenpaare auf Maddie und musterten sie misstrauisch. In Hosenanzug und Wollmantel fühlte sie sich wie eine exotische Kuriosität, die vor sehr skeptischen Menschen zur Schau gestellt wurde. Im Haus sah es nicht ganz so schlimm aus wie draußen. Es war staubig und unordentlich und alle Einrichtungsgegenstände waren entweder abgenutzt oder ganz kaputt. Auf dem Boden lagen mehr oder weniger kaputte Spielsachen, aber die Küche war ziemlich sauber und es stank nicht. Man freute sich ja über die kleinen Dinge.

»Das ist Maddie Osborne«, stellte Cody sie vor. »Sie wird euch erklären, wie ihr an euer Geld kommt.« Sie deutete auf die einzelnen Personen. »Mein Onkel Cubby und Tante Lurlene, und ihre Kinder Lucas, Jaden und Ricky.«

»Angenehm«, sagte Maddie. Ricky hatte einen Arm in Gips und hatte eine Naht am Kinn. Cody hatte ihr nichts von einem Unfall erzählt, also hatte er sich diese Verletzungen wahrscheinlich nicht zugezogen, als er alten Damen über die Straße geholfen hatte. Jetzt, wo sie genau hinsah, stellte sie fest, dass ein weiterer von Codys Cousins ein blaues Auge hatte. Ein weiterer trug einen Verband über einem Ohr und hatte eine kahle Stelle, an der sein längeres Haar rasiert worden war.

Alle starrten sie finster an, auch die Frauen, und ihr wurde immer wärmer von der Spannung, die in der Luft lag. Zumindest dachte sie das, doch dann wurde ihr bewusst, dass es in dem Zimmer tatsächlich unerträglich heiß war. Ihr war schon ganz schwindelig, aber sie konnte ihren Mantel nirgendwo aufhängen, ohne zu riskieren, dass er furchtbar schmutzig wurde.

Cody schien ihr Unwohlsein nicht zu bemerken, denn sie fuhr mit der Vorstellungsrunde fort. »Onkel Shooter und Tante Thelma und ihre Kinder Chase, Mandy, Melissa und Brett.«

»Freut mich«, sagte Maddie, woraufhin ihr alle zunickten.

»Meine Tante Merry und ihre Tochter Amber, und Tante Lily und ihre Jungs Bobby und Devin. Im Schlafzimmer sind ein paar von den Kindern, aber wir dachten, wir führen dieses Gespräch unter Erwachsenen.«

»Sehr vernünftig«, sagte Maddie. Sie musste den Mantel ausziehen. Dazu stellte sie die Handtasche auf den Boden und ließ ihren Mantel über die Schultern hinabgleiten.

Cody fing ihn auf. »Ich geb das …« Sie zögerte einen Moment, dann ging sie zur Tür und hängte den Mantel an den Knauf. Der Saum hing in ein paar Schlammflecken im Eingangsbereich, trotzdem war das wahrscheinlich die beste Lösung.

»Okay«, meinte Maddie. »Wir werden Girokonten für jeden und jede Einzelne von Ihnen eröffnen und Cody wird auf jedes dieser Konten fünfundzwanzigtausend Dollar einzahlen.«

»Warum kannst du es uns nicht einfach so geben?«, wollte ein Cousin wissen.

Maddie übernahm die Antwort. »Da bereits bei einigen von Ihnen eingebrochen wurde, wäre es gefährlich, Bargeld herumliegen zu lassen. Ich verspreche Ihnen, dass das Geld auf den Konten besser und sicherer aufgehoben ist. Sie alle erhalten Bankkarten und Schecks, also haben Sie jederzeit Zugriff auf Ihr Geld, wenn Sie es brauchen. Aber es liegt nirgends herum und kann darum auch nicht gestohlen werden.«

»Diebe, die ich kenne, sind mir immer noch lieber als welche, die ich nicht kenne«, erklärte ein anderer Cousin.

Wenn Maddie sich richtig erinnerte, hatte Cody ihn vorhin als Jaden vorgestellt.

»Halt die Klappe«, blaffte Cody ihn an. »Die Leute in der Bank sind keine Diebe.«

»Sagst du«, knurrte er. »Dabei sind von deinem Geld vielleicht nur mehr zehn Kröten über. Weißt du's?«

»Ich hab ihnen Millionen anvertraut.« Cody stierte ihn finster an. »Dann kannst du ihnen ja wohl fünfundzwanzigtausend anvertrauen.«

»Okay.« Maddie gab sich alle Mühe, fröhlich zu klingen. »Ich hab die nötigen Formulare mitgebracht, damit Sie nicht alle nach Greenville fahren müssen, um Ihre Konten zu eröffnen.« Sie begann, die Formulare zu verteilen, und einige wurden ihr von grimmig dreinschauenden Cousins förmlich aus der Hand gerissen. Ein schwieriges Publikum!

Es dauerte eine ganze Weile, bis alle ihre Formulare korrekt ausgefüllt und ihr die Führerscheine gezeigt hatten. Doch irgendwann war alles erledigt.

Cody und Maddie gingen hinaus in die Nacht und Maddie sog gierig die kalte, klare Luft in sich auf.

»Verstehst du jetzt, warum ich keine Konten für sie eröffnen wollte?«, fragte Cody. Endlich lächelte sie ein wenig.

»Ja. Ich hab mir heute wahrscheinlich keine Freunde gemacht. Aber wenigstens ist das Geld so sicher.«

»Bis sie alles auf einen Schlag verspielen.«

Maddie kam auf eine Tasse Kakao mit zu ihr und sie unterhielten sich noch eine Weile. Doch die Scham nagte noch immer an Cody. Sie könnte sich selbst in den Hintern treten. Warum hatte sie nicht früher daran gedacht, wie schlimm das Haus ihres Onkels für Außenstehende wirken musste? Für sie war es einfach so, wie es war. Es war ein weiterer Teil des Gewebes ihrer Familie.

Maddie war in dem schmuddeligen Haus so hervorgestochen. Und es war ja nicht nur der Schmutz gewesen. Ihre helle Haut und das honigfarbene Haar waren ein strahlender Gegensatz zu den dunklen, wirren Locken der Montgomery-Männer und ihren teigigen Gesichtern.

Cody bemühte sich, nicht Trübsal zu blasen, doch ihre Gedanken wanderten unweigerlich zu ihrer Mutter. Sie hatte sich so sehr danach gesehnt, von hier wegzukommen, dass sie mit sechzehn nach Greenville abgehauen war. Sie hatte ihre Familie sehr geliebt, war aber mit deren Faulheit und Schlampigkeit nicht zurechtgekommen. Sie besaßen einfach keinen Stolz mehr. Wer mehr wollte, ein besseres Leben etwa, musste gehen. Deshalb hatte es Codys Mutter so unendlich geschmerzt, als sie wieder zurückziehen musste. Sie hatte ihren Kindern ein anderes Leben ermöglichen wollen und hatte versagt.

Es war schlimm für Cody gewesen, wie sehr sich ihre Mama für ihr Leben in Ramp schämte, doch ihre eigene Sichtweise hatte das nie beeinflusst. Es gab Gutes in der Natur und in den Menschen hier. Stolz, verborgen unter Schmutz und Verfall. Daran hatte Cody fest geglaubt. Bis heute. Es würde sehr schwer werden, den alten Schleier wieder hochzuziehen, jetzt, da sich ihr der Anblick von Maddies hübschen blauen Augen eingegraben hatte, die sich vor Abscheu verengten, als sie Onkel Cubbys Haus betreten hatten. Das war eine sehr schlechte Idee gewesen. In jeglicher Hinsicht.

Am Montagnachmittag schlenderten Lucas und Ricky Montgomery in die *Appalachian States Bank* und gingen auf Lynette zu, die auch heute wieder für die Kasse zuständig war. »Wir wollen unser Geld«, sagte Lucas und starrte sie drohend an.

»Welches Geld? Ihr habt doch gar kein Geld«, sagte Lynette, die nicht nur die Sicherheitsbarriere vor ihren Gegenübern schützte, sondern auch ihr eigener Hochmut.

»Hab ich's doch gesagt, dass die es klauen.« Ricky schlug seinem Bruder gegen den Arm.

»Halt die Fresse«, knurrte Lucas. »Wo ist die Lady, die den Laden hier schmeißt?«

»Die ist nicht zu sprechen. Und jetzt verschwindet, bevor ich den Wachmann rufe.«

Lucas beugte sich über die Sicherheitsbarriere und starrte Lynette mit seinen fast schwarzen Augen an. »Ich will mein Geld«, zischte er. »Und ich will es jetzt!«

Das letzte Wort schrie er so laut, dass auch Maddie ihn hören konnte. Sie stürmte aus dem Büro und blieb neben den beiden Männern stehen. Sie waren wirklich einschüchternde Gestalten, groß und fies aussehend. »Hi«, brachte sie heraus, bevor ihre Stimme versagte. Sie streckte die Hand aus. »Maddie Osborne. Wir wurden uns letztens vorgestellt.«

Keiner der beiden Männer schüttelte ihr die Hand. »Wir wollen unser Geld«, sagte Lucas mit grimmigem Ton.

Ihr Magen zog sich unangenehm zusammen und Maddie gab sich alle Mühe, sich nicht anmerken zu lassen, wie gestresst sie war. »Wie viel davon … wollen Sie denn?«

»Alles«, sagte er und sein Bruder nickte. »Es gehört uns.«

»Natürlich tut es das.« Sie versuchte, zu lächeln, doch es gelang ihr nicht. »Ich vermute, Sie möchten es in bar.«

»Scheiße, was denn sonst?«, knurrte Lucas.

Schweiß lief ihr den Rücken hinunter, trotzdem versuchte sie, selbstbewusst zu wirken. »Derartig viel Bargeld haben wir nicht lagernd. Ich muss es erst aus einer anderen Filiale herbringen lassen. Passt Ihnen morgen?«

»Heute.« Ricky kniff die dunklen Augen zusammen. »Es gehört uns.«

»Ja, es gehört eindeutig Ihnen«, stimmte Maddie zu. »Aber es dauert ein Weilchen, bis ich es Ihnen geben kann.« Sie atmete ein paarmal tief durch. Ihr war schwindlig. »Warten Sie hier, ich schaue inzwischen, wie lange es dauert.«

Zwei ältere Damen betraten die Bank, bemerkten die Montgomerys, drehten sich um und verschwanden sehr schnell wieder.

Maddie tätigte ein Telefonat nach dem anderen, bis es ihr endlich gelang, das Geld zu besorgen. Nachdem drei weitere Kunden die Bank betreten und eilig wieder verlassen hatten, rief sie die beiden Männer in ihr Büro. Damit war zumindest die bedrohliche Situation im Eingangsbereich gebannt.

Riesig und bedrohlich ragten sie über ihrem Schreibtisch auf. Sie waren kräftig gebaut, hatten die kantigen Kiefer kämpferisch zusammengepresst und die schwarzen Haare hingen ihnen strähnig in die Augen.

»In zwei Stunden ist das Geld da.«

»Zwei Stunden!« Ricky sah aus, als würde er jeden Moment den Schreibtisch packen und bis ins nächste County schleudern.

»Es tut mir wirklich leid, aber derartige Summen können wir hier nicht aufbewahren.«

»Das ist doch eine verschissene Bank«, schnarrte Lucas. »Warum habt ihr hier kein Geld?«

Das würde sie sicher nicht jedem Montgomery einzeln erklären. Bei Cody war das schon anstrengend genug gewesen. Außerdem würde sie niemals eine langfristige Kundenbeziehung mit diesen beiden aufbauen, also wäre es ohnehin vergebene Liebesmüh, sie jetzt zu besänftigen. »Ist eben so. Und jetzt können Sie gern heimfahren und warten, bis ich mich bei Ihnen melde, oder … zum *Tap Room* gehen. Sobald das Geld da ist, hole ich Sie.«

»Wir brauchen aber Geld«, sagte Lucas. »Geben Sie uns welches.«

»Kein Problem.« Sie stand auf und ging zu Lynette, wo sie sich zwei Blankoschecks schnappte und die Kontodaten der beiden ausfüllte, ehe sie Lynette die Schecks reichte. »Sie haben doch tausend Dollar in der Kasse, oder?«

»Ja«, zischte sie und warf den beiden Männern einen finsteren Blick zu.

»Dann zahlen Sie unseren Kunden bitte diese Summe aus.« Sie lächelte ihnen angespannt zu und ergänzte: »Ich komme Sie dann holen, sobald wir die Transaktion vollenden können.«

Sie wandte sich zum Gehen und Lynette rief ihr nach: »Maddie, was ist hier los?«

Sie ignorierte sie, ging in ihr Büro und schloss die Tür hinter sich. Dann zog sie an der Kordel und ließ zum ersten Mal, seit sie hier arbeitete, die Jalousie herunter. Als sie vor allen Blicken sicher war, ließ sie sich auf ihren Stuhl sinken und legte den Kopf auf den Schreibtisch. Sie würde Bargeld brauchen. Jede Menge Bargeld. Und zwar schnell.

15

Am Montag waren Lucas und Ricky in der Bank gewesen. Am Dienstag kam Mandy, am Mittwoch Chase. Er wurde von einer Frau begleitet, die nicht mit ihm verwandt, dafür aber sehr erpicht darauf war, ein paar Scheinchen in die Finger zu bekommen. Maddie hatte noch fünfzigtausend Dollar im Tresor, aber sie war sich ziemlich sicher, dass die zum Ende der Woche auch weg sein würden. Wenn nicht sogar zum Ende des Tages.

Sie hatte Kopfschmerzen. Einerseits wegen all der Verrenkungen, die sie anstellen musste, um diese Summen in ihre kleine Filiale zu bekommen. Vor allem aber nagte es an ihr, dass sie ein Geheimnis vor Cody hatte. Die Montgomerys waren zwar wahrscheinlich die schlechtesten Kunden in der Geschichte der *Appalachian States Bank*, doch sie *waren* Kunden und als solche hatten sie ein Anrecht auf Diskretion. Nicht, dass Cody das verstehen würde. Das wusste Maddie mit der gleichen Sicherheit, mit der sie wusste, dass es nicht gut enden würde, wenn ihre Cousins mit derartig großen Mengen an Bargeld herumliefen. Doch sie konnte weder gegen das eine noch gegen das andere etwas unternehmen. Alles, was ihr blieb, war, sich Sorgen zu machen.

Es dauerte nicht lange, bis sich ihre Prophezeiung erfüllte. Schon am Freitagabend stürmte Cody in die Bank, durchquerte mit schnellen Schritten den Eingangsbereich und baute sich in Maddies Tür auf. Ihre Wangen waren gerötet, ihre Ohren glühten. »Deinetwegen ist mein Cousin heute fast umgebracht worden!«

Ein stechender Schmerz breitete sich in Maddies Kopf aus. Sie legte die Hände an die Schläfen und schlug die Stirn mehrmals leicht gegen die Schreibtischplatte. »Fuck, fuck, fuck!« Als sie wieder aufsah, traf sie die Wut in Codys Gesicht und eine Welle der Angst durchfuhr sie. Im Moment war Cody Lucas und Ricky verblüffend ähnlich. »Was ist passiert?«

»Irgendwer hat rausgekriegt, dass fünf von meinen Cousins und Cousinen Bargeld haben. Bei ihnen wurde eingebrochen und alles durchsucht. Diese Trottel hatten das Geld in Einmachgläsern und unter Matratzen und im Spülkasten versteckt. Und jetzt ist alles weg. Aber Ricky ...« Ihr Atem ging so schwer, dass es kein Wunder wäre, wenn sie jeden Moment in Ohnmacht fallen würde. »Ricky war daheim, als sie seine Tür eingetreten haben. Hat behauptet, er hätte kein Geld.« Sie stockte. »Bis sie ihm eine Waffe an die Schläfe gehalten und sie entsichert haben. Dann ist es ihm wieder eingefallen.«

»Scheiße.« Maddie schaffte es nicht, den Kopf von der Tischplatte zu heben. »Es tut mir so leid, Cody. Ich kann gar nicht in Worte fassen, wie ...«

»Es tut dir leid!« Cody umklammerte den Türrahmen und schüttelte ihn so sehr, dass das ganze Büro förmlich vibrierte. »Dein Ernst? Deinetwegen hab ich hundertfünfundzwanzigtausend Dollar verloren und mein Cousin ist fast gestorben ... Und es tut dir leid?!«

»Ich ... Ich weiß nicht ... Ich weiß nicht, was ich sagen soll.«

»Da gibt's auch nichts zu sagen. Danke für nichts.« Sie drehte sich um und stürmte davon.

Maddie sprang auf und rannte ihr hinterher. »Warte, Cody, bitte!«

Die Augen aller in der Bank waren auf sie gerichtet, als wären sie der spannendste Film aller Zeiten. Sie rannten aus der Bank, Maddie Cody dicht auf den Fersen. Doch mit ihren langen Beinen war Cody ihr immer ein Stück voraus und der Abstand wurde größer.

»Bitte, Cody, rede mit mir!«

»Du hast echt schon genug geredet«, knurrte sie. Dann riss sie die Autotür auf, schlüpfte hinein und raste mit aufheulendem Motor davon. Lange schwarze Streifen auf dem Asphalt zeugten von ihrer rasanten Fahrtechnik.

Maddie drehte sich um und ging zurück in die Bank. Alle Angestellten hatten sich an der Tür versammelt und das Drama beobachtet. Sie hatte nur ein Augenrollen für sie übrig.

Als Maddie die Bank betrat, beeilten sie sich zwar, ihre Posten wieder einzunehmen, aber sie gaben sich gar nicht die Mühe, so zu tun, als hätten sie nicht alles beobachtet. Sie sahen Maddie erwartungsvoll an, als rechneten sie damit, dass diese jetzt eine bedeutende Rede halten würde. Doch stattdessen ging sie in ihr Büro und holte ihren Mantel und ihre Handtasche. Dann machte sie sich daran, die Bank wieder zu verlassen.

Auf dem Weg nach draußen sagte sie: »Sie können gern Wetten abschließen, wo ich jetzt hingehe. Aber wer auf etwas anderes als Cody Keatons Haus tippt, ist ganz schön bescheuert.«

Es war nicht gerade der professionellste Abgang ihrer neunjährigen Karriere gewesen. Aber wahrscheinlich würde es in nächster Zeit noch die eine oder andere ähnliche Szene geben, wenn man bedachte, wer seit Neuestem zu ihrem Kundenstamm gehörte. Trotzdem. Sie machte sich schreckliche Sorgen und war wütend und ihr war übel. Was für eine verfahrene Situation. Man konnte schlicht nicht erwarten, dass Menschen, die noch nie einen Cent gehabt hatten, sich vernünftig verhielten, wenn sie plötzlich eine ordentliche Menge an Bargeld besaßen. Genauso wenig, wie man erwarten konnte, dass alles harmonisch blieb, wenn man Millionen hatte und sich weigerte, zu teilen. Cody steckte wirklich in einer Zwickmühle und Maddie hatte ihr kein bisschen geholfen. Und das tat ihr unendlich leid. Sie konnte nur hoffen, dass Cody ihr vergeben würden. Wenn nicht heute, dann doch bald.

Als Maddie vor Codys Trailer geparkt hatte, blieb sie noch eine Weile im Auto sitzen, in der Hoffnung, dass ihre Hände aufhören würden zu zittern. Sie holte noch einmal tief Luft und stieg aus.

Cody stand schon oben auf der Treppe, die zur Eingangstür führte. »War es das wert, vierzehn neue Konten zu eröffnen?« Ihr Tonfall war bitter. »Alle haben mich gewarnt, dass du nur hinter meinem Geld her bist. Ich hab ihn nicht geglaubt … bis jetzt.«

»Das ist Bullshit!« Innerhalb eines Herzschlags verwandelte sich Maddies Nervosität in Wut. »Ich hab vielleicht einen Fehler gemacht, als ich dir geraten habe, ihnen Geld zu geben, aber doch nicht, weil ich mich an dir bereichern will. Das ist Bullshit, Cody, und das weißt du auch!«

»Jeder weiß, dass man Hillbillys kein Geld geben kann!«

»Das ist doch auch Bullshit! Du stellst dich mit deinem Geld echt gut an! Du hast nicht einen Cent verschwendet!«

»Ich hab hundertfünfundzwanzigtausend Cent … Dollar verschwendet«, widersprach sie. »Und du hast mich dazu überredet. Du hättest verhindern müssen, dass …« Sie stockte und ihre Miene verfinsterte sich. »Hast du gewusst, dass sie das Geld abgehoben haben? Hast du es gewusst?« Inzwischen schrie sie.

Die Vögel waren verstummt, warteten darauf, dass die Gefahr vorüber war.

Maddies Kehle war wie zugeschnürt, aber sie konnte Cody nicht anlügen. »Ja, ich hab's gewusst.«

Cody drehte sich abrupt um und knallte die Tür so heftig hinter sich zu, dass die dicke, alte Scheibe des kleinen Fensters zerbrach. Dann trat sie wohl mit voller Wucht gegen etwas. Das Geräusch hallte über die Lichtung.

Maddie war wie gelähmt vor Angst, zwang sich aber, die Treppe hinaufzusteigen und die Tür zu öffnen.

Cody stand in der Küche und klammerte sich an die Arbeitsplatte. Langsam drehte sie sich um. Der Blick, den sie Maddie zuwarf, war mörderisch.

»Du musst mir zuhören.«

»Verschwinde von meinem Land«, knurrte Cody.

»Nein.« Sie setzte sich auf das Sofa und verfluchte sich dafür, dass sie in einem Bleistiftrock hierhergekommen war. Wann würde sie endlich lernen, sich dem Anlass entsprechend zu kleiden? »Du kannst mir nicht vorwerfen, ich hätte dich betrogen, und dann erwarten, dass ich mich mit eingezogenem Schwanz verziehe.«

Cody rührte sich nicht von der Stelle und starrte Maddie aus zusammengekniffenen Augen an.

Sie nahm das als Aufforderung fortzufahren. »Ich schulde allen meinen Kunden Diskretion. Ich habe mich grauenvoll gefühlt, als ich ihnen das Geld ausgezahlt habe, aber verdammt, Cody! Das ist gesetzlich so verankert!«

»Du kannst mir doch nicht einreden, dass das Gesetz dich dazu verpflichtet, mir zu verschweigen, dass meine Cousins drauf und dran sind, etwas richtig Bescheuertes zu tun.«

»Nein, natürlich nicht. Aber die Richtlinien der Bank. Und meine eigenen. Es tut mir leid, dass du es nicht wusstest, aber es tut mir nicht leid, dass ich es dir nicht gesagt habe. Es tut mir furchtbar leid, wie das gelaufen ist, aber ich konnte dich einfach nicht davor warnen.«

»Meinetwegen. Aber irgendwer hat es weitergetratscht.« Cody ging zum Schaukelstuhl und setzte sich. Noch immer sprühten ihre Augen Funken vor Wut. »Nur bei denen, die Geld abgehoben hatten, ist eingebrochen worden. Wer war das?«

»Ich weiß es nicht«, erwiderte Maddie leise. »Aber wenn ich herausfinden sollte, dass es jemand aus meiner Bank war, werde ich die Person sofort feuern.«

»Die miese Goodwin war's.«

»Kann gut sein«, gab Maddie zu. »Aber genauso gut könnte auch der Wachmann jemandem davon erzählt haben. Vielleicht ist auch einem deiner Cousins was rausgerutscht. Ricky und Lucas haben einige Zeit im *Tap Room* gewartet, bis ich die fünfzigtausend Dollar beisammenhatte. Die beiden waren alles andere als nüchtern, als ich ihnen Bescheid gegeben habe, dass das Geld da ist.« Sie zuckte mit den Schultern. »Glaubst du, dass sie sich nur über das Wetter unterhalten haben?«

Cody sprang plötzlich auf die Füße. »Jetzt gibst du auch noch ihnen die Schuld, dabei ist es ganz allein deine!«

»Es ist genauso deine Schuld, wie es meine ist. Du kennst deine Cousins besser als ich. Warum hat du sie nicht im Auge behalten?«

»Verschwinde!« Cody deutete auf die Tür. »Verschwinde aus meinem Haus!«

»Nein.« Maddie verschränkte die Arme vor der Brust. »Du schuldest mir eine Entschuldigung. Ich habe diese Konten eröffnet, damit deine Familie sicher ist. Ich habe Stunden damit verbracht, hier herauszufahren und diese Drecksdinger zu eröffnen. Ich habe den Papierkram extra am Samstag erledigt, damit meine Angestellten von den neuen Konten nichts wissen und keine Fragen stellen. Ich habe alles in meiner Macht Stehende getan, damit es für dich und deine Familie leichter ist.« Inzwischen brodelte in ihr nackte Wut. »Du schuldest *mir* eine Entschuldigung, verdammt noch mal!«

Dunkel und bedrohlich ragte Cody über ihr auf. »Hau ab«, sagte sie und ihre Stimme brach. »Hau ab oder ich werf dich raus.«

»Nein.« Maddie sah zu ihr auf. Wut ging immer noch in Wellen von Cody aus. Doch sie machte ihr keine Angst mehr. Im Gegenteil, sie konnte ihr ansehen, dass sie selbst außer sich war vor Angst. Wegen der Gewalt, wegen der Einbrüche, wegen der Leichtsinnigkeit ihrer Cousins. Sie musste sich Luft machen und Maddie würde ihr dabei helfen.

Dann überraschte Cody sie, indem sie sie am Ellbogen packte und mühelos hochzog. Sie standen einander direkt gegenüber, kaum eine Handbreit voneinander entfernt.

»Hau ab«, flüsterte Cody.

»Nein«, sagte Maddie ein letztes Mal. »Du bist mir wichtig und ich gehe erst, wenn du mir das glaubst.«

Ein Muskel zuckte in Codys Gesicht, ein kleiner, ganz nah an ihren Lippen. Ihre wütende Fassade begann zu bröckeln. »Ich weiß nicht mehr, wem ich glauben soll …«, setzte sie an, verstummte dann und kniff die Augen zusammen. Ihr Kinn bebte.

»Glaub mir«, flehte Maddie. »Glaub mir, dass du mir wichtig bist und ich nur das Beste für dich will.« Sie legte eine Hand auf Codys Herz und spürte, wie es schnell und kräftig schlug. »Ich würde dir niemals absichtlich wehtun.« Sanft strich sie ihr über ihr seidiges Haar. »Bitte glaub mir, Cody.«

Cody ließ Maddie los – und schlang die Arme um sie. Ohne ein Wort zu sagen, zog sie sie in eine enge Umarmung. Prüfend sah sie Maddie an, als suchte sie nach einem Zeichen, nach dem kleinsten Hinweis, dass sie beide das Gleiche fühlten. Maddie konnte nicht anders, sie senkte den Blick auf diese Lippen, die sie so gern wieder auf ihren spüren wollte.

Cody umklammerte sie noch fester und dann küsste sie Maddie, presste die Lippen auf ihre und vergrub ihre Finger in ihrem Rücken.

Maddie neigte den Kopf zur Seite und zog Cody an sich. Sie sollte bloß nicht auf die Idee kommen, sich von ihr zu lösen.

Cody entfuhr ein Knurren, das gleichermaßen lustvoll und ängstlich klang. Ihre Hände waren überall. Ohne den Kuss zu unterbrechen, schob sie Maddie den Blazer von den Schultern.

Maddie umklammerte wiederum Codys Schultern so fest, dass ihre Hände wahrscheinlich blaue Flecken hinterließen. Irgendwann merkte sie, dass Cody sie durch den Flur schob. Sie krachte gegen die Wand, griff nach Codys Shirt und zog es ihr über den Kopf. Wie zwei betrunkene Boxer, die sich ineinander verkeilt hatten, taumelten sie im Zickzack von Wand zu Wand.

Endlich hatten sie es ins Schlafzimmer geschafft. Maddie hatte unterwegs ihre Bluse verloren und Cody kämpfte kurz mit ihrem BH, ohne dabei den Kontakt zu Maddies Lippen zu verlieren. Keuchend schob sie ihr die BH-Träger über die Schultern und umfasste ihre Brüste mit beiden Händen, spielte mit ihnen, bis Maddie in dieser einzigartigen Mischung aus Schmerz und Lust aufstöhnte, die es nur beim Sex gab.

Codys Küsse brannten wie Lava. Sie taumelten zum Bett und Maddie trat sich die Schuhe von den Füßen, bevor sie die Hacken in der Matratze vergrub, um besseren Halt zu haben. Cody streichelte über Maddies Oberschenkel und hielt erst inne, als ihre Fingerspitzen den Slip berührten. Der Bleistiftrock erwies sich als lästiges Hindernis. Cody packte den Stoff mit beiden Händen und schob ihn nach oben, befreite so Maddies Beine, die diese umgehend einladend spreizte. Die Eile schien aus Cody zu weichen, sie wurde langsamer, strich über die Seite von Maddies Slip, dann den Beinsaum entlang, neckte ihre Haut mit sanften Berührungen. Sie war schon kurz davor, zu verglühen, als Cody sich auf sie legte, sie mit ihrem Gewicht auf die angenehmste Weise niederdrückte.

Sie küssten sich, als teilten sie die Lebenskraft, die ihre Herzen schlagen ließ. Noch nie war Maddie so unersättlich gewesen. Sie war süchtig nach diesen Küssen. Codys Küssen.

Die ganze Zeit hörte Cody nicht auf, sie mit den Fingern zu necken. Sie streichelte über ihre Hüfte, ihren Bauch, die Innenseite ihrer Oberschenkel. Sie berührte sie überall, nur nicht da, wo sie sie so verzweifelt brauchte. Von unstillbarer Begierde getrieben, spreizte sie die Beine immer weiter.

»Berühr mich«, hauchte Maddie.

Mit einer schnellen Handbewegung befreite Cody Maddie von ihrem Slip. Sie knabberte sacht an Maddies Unterlippe, bevor ihre Hand endlich den Weg zu ihrer intimsten Stelle fand. Die Berührung von Codys kühlen, weichen Fingern war alles und mehr, als sie sich je erträumt hatte. Maddie entfuhr ein tiefes, hungriges Stöhnen. Sie brauchte mehr. Mehr Berührungen, mehr Druck. Einfach *mehr.*

Sie drängte sich Codys Fingern entgegen, bewegte sich gegen sie, bis sie einen gemeinsamen Rhythmus fanden. Dann lag sie da, ganz offen, und die Lust, die Cody ihr mit ihren wunderbaren Fingern bereitete, durchflutete ihren ganzen Körper. Ihre Liebkosungen waren ein wenig unbeholfen und ungestüm. Aber Maddie hatte nichts je so sehr gewollt wie Cody Keaton in diesem Moment.

Sie wollte nicht, dass es zu schnell vorbei war, doch Cody war zu fordernd, umspielte mit den Fingern ihre Klit, erkundete Maddies Mund mit der Zunge, saugte ihr Stöhnen in sich auf. Maddie warf den Kopf zurück und erschauerte. »Ich kann nicht aufhören …«, wollte sie sagen, aber da sank sie schon aufs Bett zurück und erbebte wieder und wieder.

Cody war ganz nah bei ihr, küsste ihre Stirn, ihr Gesicht, ihre Lippen, während Maddie sich immer wieder ihrer Hand entgegenwölbte.

»Oh mein Gott«, keuchte sie schließlich. »Das war …« Sie öffnete die Augen und schaute geradewegs in Codys ernstes Gesicht. »… großartig.«

Erst jetzt realisierte Maddie, was gerade passiert war. Sie war fest davon überzeugt gewesen, dass es richtig war, mit Cody nur eine rein platonische Freundschaft einzugehen und sie nicht auf eine romantische Ebene zu heben. Und nun lag sie oben ohne in Codys Bett und ihr Rock war kaum mehr als ein zerknitterter, zusammengeknüllter Haufen. Und neben ihr lag eine sehr aufmerksame, grinsende Frau.

Cody schien zu merken, dass Maddie wieder bei Sinnen war, denn sie beugte sich vor und rieb ihre Nase an Maddies Halsbeuge. Was sie wohl gerade dachte? Eben wären sie noch fast aufeinander losgegangen und jetzt lagen sie halb nackt und befriedigt im Bett. Maddie wollte darüber nachdenken, wollte herausfinden, wie es dazu hatte kommen können, doch Cody küsste sie und schnell wurden die Küsse immer feuriger und ihr fiel es immer schwerer, klar zu denken. Cody war so unglaublich sexy, dass es ihr die Sinne raubte. Die Frau, die mitten im Fluss auf einem Felsen gestanden und sich so selbstbewusst bewegt hatte … lag neben ihr … und Maddie war ihr völlig verfallen.

Cody nahm Maddies Hand und schob sie zwischen ihre eigenen Beine, drängte sich ihr entgegen.

Sehr gut! Scheu dich nicht davor, zu sagen, was du willst! Sehr gute Instinkte. Gedanken rasten durch Maddies Kopf. Sie brauchte keine weitere Ermutigung, um Cody zu geben, was sie wollte. Jedes Mal, wenn sie das Verlangen in Codys halb geschlossenen Augen gesehen hatte, hatte Maddie sich ihr hingeben wollen. Jetzt war Cody außer sich vor Verlangen – nach ihr – und das trieb Maddie an, wie nichts sonst es könnte.

»Warum hast du noch so viel an?«, fragte sie und strich über Codys Seiten.

Das musste sie Cody nicht zweimal fragen. Sie rappelte sich auf und tastete nach dem Verschluss ihres BHs.

»Lass mich das machen«, sagte Maddie und schob die Hände beiseite. Es erregte sie immer, eine Frau auszuziehen, und das erste Mal war etwas ganz Besonderes. Wenn sie dann auch noch beide so erregt waren … war es das Beste überhaupt.

Maddie beugte sich vor und küsste Cody, während sie ihr sanft über den Rücken streichelte, sie neckte. Ein Geräusch, das an ein leises

Schnurren erinnerte, entwich Cody. Es schien tief aus ihrer Brust zu kommen. Sie klang wie eine Raubkatze, die in der Sonne lag und ihren muskulösen Körper streckte. Bei dem Geräusch sammelte sich noch mehr Hitze zwischen Maddies Beinen.

Maddie öffnete den Verschluss, ließ den BH über Codys Schultern baumeln und kitzelte die Haut, die sie befreit hatte.

»Sehr schön«, knurrte Cody. Ihre Stimme klang tiefer als sonst und so viel erotischer.

Diese zwei Silben genügten, um Maddie erschauern zu lassen. Sie musste sie unbedingt dazu bringen, mehr zu reden, aber andererseits musste sie sie auch unbedingt weiter küssen. Letzteres gewann und sie kniete sich rittlings auf sie, um besser an ihre Lippen zu kommen. Außerdem konnte sie so beim Küssen Codys Brüste umfassen, was sie in vollen Zügen genoss.

Die wenigen Male, die sie sich gestattet hatte, darüber zu fantasieren, wie es mit ihr sein könnte, hatte sie sich Cody immer als eine sanfte und nachgiebige Liebhaberin vorgestellt, die bei der leisesten Berührung erbebte. Sie hatte erwartet, sie wie ein verängstigtes Kätzchen behandeln zu müssen. Doch tatsächlich war Cody ganz anders. Sie war entschlossen, hungrig und fordernd. Als hätte sie es schon tausendmal gemacht. *Himmlisch.*

Als wolle sie genau diese Gedanken unterstreichen, warf Cody ihren BH von sich. Maddie widmete sich schnell und effizient ihrer Hose. Alles, was zwischen ihr und der Erfüllung ihrer Lust stand, musste weg. Ihr eigener Rock hing völlig zerknittert um ihre Taille. Sie schwor sich, nie wieder einen kurzen Rock zu tragen, wenn sie in Codys Nähe war, und streifte ihn ab. Als kühle Luft über ihre erhitzte Haut streifte, erschauderte sie.

Jetzt, da sie beide nackt waren, war Maddie wieder an der Reihe. Cody hatte auch ihre eigene Entschlossenheit entfesselt. Genau wie Cody, würde sie sich nehmen, was sie brauchte. Das Gesicht zwischen diesen starken Schenkeln zu vergraben war nicht bloß eine von vielen Möglichkeiten … es war die einzige.

Also rutschte sie vom Bett und kniete sich hin. Für einen Moment machte sich Verwirrung auf Codys Gesicht breit und sie sah Maddie fragend an. Doch als Maddie entschlossen Codys Füße auf ihren eigenen Schultern platzierte, riss sie die Augen auf, bevor sie zurück auf das Bett fiel und erwartungsvoll bebend dalag.

Genau so wollte Maddie sie haben. Offen, hungrig, zu allem bereit. Sie beugte sich vor und atmete tief ein. Sie hatte keine Ahnung, welche Hormone in ihr ansprangen, wenn sie den Duft einer erregten Frau einatmete, aber sie reagierten sofort. Eine heftige Welle der Erregung durchströmte sie und um ein Haar hätte sie eine Hand zwischen ihre eigenen Beine gleiten lassen. Doch Cody zu erkunden, sich ganz ihr zu widmen, war viel wichtiger. Sie spreizte Codys Beine noch etwas mehr und beugte sich noch weiter vor. Codys ganzer Körper stand unter Spannung, als Maddie den letzten Abstand überwand und sie schmeckte.

»Mhm«, brummte sie. Das hier war urtümlich. Mit dem rationalen Verstand nicht zu begreifen. Dieser Drang – das Bedürfnis, im Duft einer anderen Frau aufzugehen, die Zunge gegen ihr pulsierendes Fleisch zu pressen – war nicht in Worte zu fassen. Es war ein Drang, den man nicht analysieren, sondern dem man einfach nur nachgeben konnte, und genau das tat Maddie. Ohne zu zögern.

Sanft erkundete sie Codys intimste Stellen, berührte sie nur ganz leicht. Cody zitterte jetzt schon so sehr, dass Maddie sie mit ein paar Berührungen ihrer Zunge zum Höhepunkt hätte bringen können. Doch dies war wahrscheinlich das erste Mal, dass jemand sie auf diese Art und Weise erkundete, und Maddie würde dafür sorgen, dass es ein denkwürdiges Ereignis war.

Aber Cody hatte andere Pläne. Sie hatte offenbar noch nicht gelernt, dass Geduld sich auszahlen konnte, darum packte sie Maddies Kopf mit beiden Händen und versuchte, sie zu ihrer Klit zu bewegen. Aber Maddie weigerte sich, nachzugeben. Sie wusste Dinge, die Cody erst noch lernen musste. Sie würde ihr behutsam den Weg weisen.

»Mach nur ein …« Cody entkam ein frustriertes Ächzen, als Maddie einmal mehr eine kleine Pause machte.

»Entspann dich«, sagte sie leise. »Atme und entspann dich und lass mich dich verwöhnen.« Sie zog sich ein Stück zurück und berührte sie sanft mit einem Finger, strich durch die Feuchtigkeit, beobachtete fasziniert, wie Cody auf die Berührungen reagierte. Als sie schließlich versuchte, in sie einzudringen, verkrampfte Cody sich. Sie sagte kein Wort, doch genauso gut hätte sie »Nein, danke!« rufen können.

Das war ein wenig überraschend, aber nun ja, jede hatte andere Vorlieben.

Dann umfasste Cody ihre Schultern, zog sie entschlossen zu sich hoch.

Maddie legte sich neben sie. Hatte sie eine Grenze überschritten?

Doch Cody umschlang sie fest und küsste sie gierig, wie im Rausch. Sie keuchte und dann schob sie eine Hand zwischen Maddies Beine, drang langsam, vorsichtig mit einem Finger in sie ein. Maddie hielt für einen Moment die Luft an, bevor sie wieder ausatmete. Da war sie, die bezaubernde Cody! Wenn Maddie sie so berührte, dann musste sie selbst so berührt werden wollen. Weil Cody das vorhin nicht getan hatte, musste sie diese Erkenntnis jetzt sofort in die Tat umsetzen.

Maddie blieben nur wenige Sekunden, um Codys hinreißende Ernsthaftigkeit in sich aufzusaugen. Der Finger in ihr, Codys Berührung, entfachte ihre Lust von Neuem und sie bewegte ihre Hüften vor und zurück, um Cody zu ermutigen, es ihr gleichzutun.

Cody reagierte sofort, als hätte Maddie ihr das explizit gesagt. Mit einem Knurren rollte sich Maddie auf sie, setzte sich rittlings auf Cody und nahm ihren Finger ganz tief in sich auf. Dann stützte sie sich mit einer Hand an Codys Schulter ab und berührte sich mit der anderen Hand selbst.

Cody bewegte ihre Finger schneller und mit der anderen Hand zog sie an einer ihrer Brustwarzen.

»So gut«, keuchte Maddie. Sie beugte sich vor, um den Winkel zu ändern, und diese Bewegung reichte, um sie über die Klippe zu treiben. Sie schrie auf und brach auf Cody zusammen, die ihre Finger immer noch in ihr vergraben hatte. Wieder und wieder rollten diese wunderbaren Wellen über Maddie zusammen.

Cody hielt ganz still.

Schließlich kam Maddie wieder zu sich und löste sich langsam von ihr.

Cody legte ihr eine Hand in den Nacken und zog sie zu einem heißen Kuss nach unten. »Das war *mega*«, murmelte sie.

Maddie sammelte sich und versprach: »Es wird noch besser.« Dann drehte sie sich um, spreizte Codys Beine und beugte sich vor. Dieses Mal verschlang sie sie. Keine zarten Küsschen. Keine sanften Erkundungen. Dieses Mal würde sie sie dazu bringen, zu kommen – und zwar heftig.

Es dauerte nicht lange. Cody krallte die Finger in Maddies Haar, ließ ihr keinerlei Bewegungsspielraum. Dabei war das gar nicht nötig. Maddie genoss jede Sekunde und hätte mit niemandem in der Welt tauschen wollen.

Cody warf sie beinahe ab, als ihr Körper erbebte, doch Maddie blieb bei ihr, ließ während ihres gesamten zitternden, erschauernden Höhepunkts nicht von ihr ab. Sie zog den Kopf nur weit genug zurück, um über Codys erhitzte Haut zu pusten. Sobald Cody aufhörte, zu beben, machte sie weiter.

»Ich glaube nicht …«, setzte Cody an, stöhnte dann aber auf. »Ja, das ist … so gut«, keuchte sie.

Höhepunkt um Höhepunkt entlockte Maddie ihr. Sie hörte erst auf, als Cody völlig ausgelaugt und ihre Zunge taub war. Dann schwang sie ein Bein über Cody, rutschte herum und brach erschöpft neben ihr zusammen.

»Ich hatte ja keine Ahnung …« Cody verstummte.

Maddie aktivierte ihre letzten Reserven und stützte sich auf einen Ellbogen, um ihr ins Gesicht sehen zu können. »Besser als auf der Ladefläche eines Pick-up-Trucks?«

Cody blinzelte langsam. »Was? Oh, da haben wir nur geknutscht … und uns ein bisschen herumgewälzt. Mich hat noch nie jemand ohne Klamotten berührt.«

Maddie starrte sie an. »Ich dachte, du hattest Sex mit dieser Prostituierten!«

»Das hab ich nicht gesagt. Ich *weiß*, dass ich das nicht gesagt habe.«

»Aber du hast … irgendwas gesagt, wie … dass es das große Mal war oder so?« Ihr Herz raste.

»Oh. Wahrscheinlich, weil sie mit der Hand …« Schüchtern senkte sie den Blick. »Du weißt schon. Sie hat mir Angst gemacht, darum war es eine große Sache für mich.« Grinsend fügte sie hinzu: »Wenn ich damals gewusst hätte, was ich jetzt weiß …« Sie pfiff leise, bevor sie sich aufs Bett zurücksinken ließ. »Meine Güte!«

Der lange, emotional anstrengende Tag forderte seinen Tribut. Sie waren beide völlig erschöpft. »Soll ich hier schlafen? Oder …« Cody deutete Richtung Flur.

Oh Mann! Sie hatten gerade praktisch jeden Zentimeter der anderen gesehen und trotzdem machte sie die Schlafsituation nervös? »Wollen wir hier gemeinsam schlafen? Ich kann aber auch gehen, wenn …«

Mit einem zufriedenen Lächeln wälzte Cody sich in dem völlig zerwühlten Bett. »Hier ist gut. Sehr gut sogar.«

Maddie sprang auf. »Bin gleich wieder da. Ich muss … du weißt schon … Zähne putzen.« Zähne putzen? Womit denn? Mit ihrer imaginären Zahnbürste? Maddie huschte trotzdem ins Bad. Ihr Herz raste und ihr war schwindlig.

Sie war die Einzige, die Cody je berührt hatte. Die Einzige, die sie je nackt gesehen hatte. Sie hatte ihr die Jungfräulichkeit geraubt und zwar so richtig. *Verdammt!* Sie hatten sich wie tollwütige Tiere herumgewälzt. Hätte sie das gewusst, wäre sie ganz anders mit ihr umgegangen.

Sie tigerte in dem winzigen Raum auf und ab. Die Wände schienen immer näher zu kommen und ihr brach der Schweiß aus. Was *war* Jungfräulichkeit überhaupt? Sie lebten nicht mehr anno dazumal, als es nur darum ging, sicherzustellen, dass der Nachwuchs auch wirklich von einem selbst stammte. Sie hatten genau das getan, was Cody gewollt hatte. Da war Maddie sich sicher.

Sie öffnete die Tür. Cody lag auf dem Bauch und ließ sich die kühle Luft über den nackten Rücken wehen. Sie schlief tief und fest. So voller Vertrauen. Maddies Herz krampfte sich zusammen. Vorsichtig deckte sie sie zu, dann ging sie zum Fenster und schaute hinaus.

Vielleicht war Cody nur deshalb so aggressiv gewesen, weil die anderen Frauen sie so behandelt hatten. Oh, fuck! Wahrscheinlich war es wirklich so! Sie waren alle grob zu ihr gewesen. Es schien kein Vorspiel gegeben zu haben, nur ein paar Frauen, die sie sich geschnappt und sie gezwungen hatten, sich ihnen zu unterwerfen. So, wie Maddie es getan hatte. Ihre Beine gaben unter ihr nach und sie ging in die Hocke. Sie war genau wie diese anderen Frauen … die ihr Angst eingejagt und sie verwirrt hatten. Verdammte Scheiße. *Gottverdammte Scheiße!*

Früh am nächsten Morgen schaute Cody auf die schlafende Maddie und dachte über ihr gestriges Abenteuer nach. Endlich hatte sie begriffen, wie Sex sich anfühlen konnte. Es war wirklich erstaunlich. Kein Wunder, dass Menschen ihr Leben ruinierten, weil sie diesem Gefühl nachjagten.

Endlich hatte sie das Gefühl, angekommen zu sein. Was für eine Erleichterung. Sie war eine Lesbe. Eine richtige Lesbe, die richtigen lesbischen Sex gehabt hatte. Mehr Sex als den, den sie miteinander geteilt hatten, konnte es nicht geben!

Seltsamerweise war es genauso schön, Maddie beim Schlafen zuzusehen, wie *mit ihr* zu schlafen. Cody ließ diese warmen Gefühle über sich hinwegrollen, doch aus den Tiefen ihres Gedächtnisses bahnte sich eine Erinnerung ihren Weg nach oben, bei der sich ihr der Magen zusammenzog. Chelsea Bracken. Siebte Klasse. Sie waren in dieselbe Klasse gegangen, aber Chelsea hatte zu den reichen Kindern gehört und Cody nicht beachtet. Aber eines Tages war Codys Mama zu Chelseas Haus gefahren, um ein paar kurzfristige Änderungen an einem Kleid ihrer Mutter vorzunehmen. Es war ein Kleid aus einem Laden, aber Mrs. Bracken hatte ein paar Pfund zugenommen und bekam den Reißverschluss nicht mehr zu. Aus irgendeinem Grund hatte Cody ihre Mama an diesem Tag begleitet, obwohl sie viel lieber woanders gewesen wäre.

Cody konnte sich nicht daran erinnern, dass eine ihrer Mütter ihnen gesagt hatte, sie sollten miteinander reden. Wahrscheinlich war Chelsea einfach langweilig gewesen oder sie hatte Hausarrest oder so. Aber sie war wirklich freundlich zu ihr, und eine gute Stunde lang schaute Cody begeistert ihre beeindruckende Bücher- und Videosammlung sowie die vielen Gymnastik-Preise an, die sie gewonnen hatte. Es war magisch. Das einzige Mal, dass sie das Heiligtum eines beliebten Mädchens hatte betreten dürfen. Doch am Montagmorgen war der Zauber gebrochen. Als sie Chelsea vor der Schule zuwinkte, tat die so, als wäre Cody Luft für sie. Normalerweise hätte Cody auf so etwas reagiert, wäre auf sie zugerannt und hätte ihr eine geknallt. Sie hatte es nie ertragen können, gedemütigt zu werden. Doch in diesem Fall konnte sie es verstehen. Der Standesunterschied zwischen ihnen war viel zu groß, um ihn auf Dauer zu überwinden. Ein beliebtes Mädchen konnte zwar ein paar Stunden im Lager des Feindes verbringen, aber wenn es dabei ertappt wurde, stand ihm ein höllischer Spießrutenlauf bevor.

Neben Maddie wirkte Chelsea Bracken wie der Inbegriff von *White Trash*. Maddie hatte Stil, sie war gebildet und erfolgreich und nur auf der Durchreise zu einem viel, viel besseren Ort. Cody musste der Wahrheit ins Auge sehen. Maddie hatte gestern kurz den Verstand verloren, aber sie würde sich nicht im Bett des Feindes erwischen lassen.

Während Cody dabei zusah, wie sich Maddies Brust langsam hob und senkte, breitete sich eine weitere Erkenntnis in ihr aus. Maddie würde ihr niemals den Rücken kehren, wie Chelsea es getan hatte. Sie würden Freundinnen bleiben. Darauf konnte sie ihr Leben verwetten. Letzte Nacht war es ein bisschen mit Maddie durchgegangen. Das war verständlich. Jetzt, wo Cody wusste, wie sich Sex anfühlen konnte, war sie beeindruckt, dass es überhaupt Menschen gab, die sich beherrschen konnten. Ihr hitziger Streit hatte seinen Teil dazu beigetragen, dass es so weit gekommen war. Jetzt mussten sie das hinter sich lassen.

Als Maddie die Augen aufschlug, war sie überzeugt, von einer magischen Nacht voller Sex geträumt zu haben. Dann blickte sie in Codys große braune Augen, die nur ein paar Zentimeter von ihr entfernt waren. »Gott!«, keuchte sie und ihr Herz raste. »Ich hatte ganz vergessen, wo ich bin.«

»Magst du angeln gehen?«, fragte Cody und schenkte ihr ein süßes Lächeln.

»Ähm… keine Ahnung.« *Angeln?* Letzte Nacht hatte sie zum ersten Mal richtigen Sex gehabt – und jetzt wollte sie angeln gehen? Cody konnte keine Lesbe sein, ihr fehlte die instinktive Angst. Lesben wollten immer reden und reden und verarbeiten und weinen und was man nicht sonst noch so alles Emotionales tun konnte. Aber Cody wollte angeln gehen. »Ich hab nicht die passenden Klamotten da …«

»Hmm… Meine Jeans wird dir zu lang sein, aber du kannst sie hochkrempeln.« Unsicherheit huschte über ihr Gesicht. »Natürlich nur, wenn du willst.«

»Ich würde sogar sehr gern angeln gehen.« Sie legte eine Hand auf Codys Wange, woraufhin sie zusammenzuckte. Ein scharfer Schmerz durchfuhr Maddie bei diesem Anblick. »Willst du über das reden, was gestern passiert ist?«

»Reden? Wie das?«

Oh ja, sie war eindeutig eine andere Art von Lesbe. »Na ja, ich dachte mir, du magst vielleicht darüber reden, wie du dich gefühlt hast. Es war ja dein erstes Mal und so …« Sie wusste selbst nicht so genau, was sie hören wollte. Sie konnte nur nicht glauben, dass Cody zu dem Thema so gar nichts zu sagen hatte.

»Es hat mir gefallen«, sagte sie mit einem ernsten, unsicheren Lächeln auf den Lippen. »Sehr.«

»Mir auch.« Maddie kratzte all ihren Mut zusammen und sprach weiter. »Ich glaube, wir haben uns ein bisschen hinreißen lassen.«

Codys Lächeln verschwand.

»Nicht, dass ich es bereue!« Sie legte Cody eine Hand auf die Schulter und drückte sie sanft. »Aber es ändert sich nichts an dem, was ich dir erzählt habe. Ich will immer noch in eine Großstadt ziehen, oder zumindest in eine größere …«

»Oh, ja, ich weiß.« Das strahlende Lächeln war wieder da. »Also tut es dir nicht leid, dass wir …« Sie senkte den Blick auf ihre nackten Körper, die nur von der Decke bedeckt waren.

»Nein, natürlich nicht. Aber wir sollten das wahrscheinlich nicht …«

»Das verstehe ich.« Cody nickte ernst. »Das erwarte ich auch nicht.«

Wie unangenehm konnte ein Gespräch eigentlich sein? »Okay. Gut. Ähm, trinkst du Kaffee?«

»Ja. Bin gleich wieder da.« Cody sprang auf, zog sich an und eilte in die Küche.

Maddie blieb liegen, obwohl sie eigentlich kurz davor war, aus der Haut zu fahren. Doch sie schien die Einzige zu sein, die diese Situation als quälend unangenehm empfand. Schließlich stand auch sie auf und ging unter die Dusche, um den Geruch ihrer Liebesnacht abzuwaschen.

Als sie nur in ein Handtuch gewickelt ins Schlafzimmer zurückkehrte, hielt Cody ihr eine Jeans sowie Maddies Bluse und Unterwäsche hin. Sie schlüpfte zurück ins Bad und zog sich an, bevor sie dankbar den Kaffee annahm, den Cody ihr reichte, als sie zurückkam.

»Ich bin dran.«

Cody war eindeutig eine Art von Lesbe, mit der Maddie keinerlei Erfahrung hatte. Zum ersten Mal überhaupt vermisste sie es, über jedes noch so kleine Detail einer sich anbahnenden Beziehung zu sprechen. Sie schüttelte den Kopf in dem Versuch, diesen Gedanken ganz schnell wieder zu verdrängen. Sie waren *nicht* in einer Beziehung. Und würden es auch nie sein.

Cody saß auf einem Baumstamm am Ufer eines nahe gelegenen Flusses, den sie wegen Maddies ungeeignetem Schuhwerk ausgesucht hatten, und dachte über alles nach, was zwischen ihnen geschehen war.

Was Maddie wohl machte, wenn sie am Wochenende ihre Freunde besuchte? In Huntington oder Charleston gab es bestimmt Frauen, mit denen sie schlief. Sicherlich wollte jede, die konnte, mit Maddie schlafen. Das war nur logisch.

Ihre Gedanken wanderten zurück zur letzten Nacht und wie sie sich wohl geschlagen hatte. Sie war ziemlich zuversichtlich, sich nicht völlig blamiert zu haben, aber sie war sich auch sehr sicher, dass sie nicht gerade überragend gewesen war. Maddie hatte offensichtlich Spaß gehabt, aber mit jemand Erfahrenerem musste Sex viel besser sein. Wahrscheinlich war das wie beim Fliegenfischen. Konnte schon sein, dass man beim ersten Mal eine Forelle fing, doch es dauerte Jahre, bis man alle ihre Geheimnisse kannte. Mit Frauen war es bestimmt ähnlich, und da Maddie richtig, richtig gut war, war es nur logisch, dass sie viel Übung hatte.

Es würde nicht einfach werden, aber jetzt, wo sie wusste, wer sie war, musste Cody eine Frau finden. Vielleicht auch mehr als eine. Man musste ja nicht die Erste nehmen, der man in die Arme lief. Natürlich würde keine so sein wie Maddie. Es *gab* schlicht keine anderen Frauen wie Maddie. Aber irgendeine würde es geben. Sie musste es sich nur vornehmen, sie zu finden, und es dann auch durchziehen.

Als sie zum Trailer zurückkamen, war es schon spät, und Maddie war völlig fertig. Sie war sich sicher, dass sie draußen gewesen waren und geangelt hatten, aber sie war so erschöpft, dass sie sich an kaum etwas erinnerte.

Cody dagegen wirkte frisch wie der junge Morgen. Sie brachte Maddie zu ihrem Auto und verkündete mir strahlenden Augen: »Das Wochenende hat unschön begonnen, aber es ist verdammt viel besser geworden.« Ihr Grinsen wurde sogar noch breiter. »Ich … Ich werde die letzte Nacht nie vergessen und ich möchte dir danken.«

Sie zögerte kurz, und für einen Moment war Maddie überzeugt, dass sie sie umarmen würde. Doch dann flüchtete Cody förmlich zur Tür ihres Trailers und ging hinein.

Maddie saß einfach nur da und fragte sich, in welcher Parallelwelt sie gelandet war. Träge führte sie ihre Finger an die Nase und schnupperte daran. Obwohl sie geduscht hatte und trotz der vielen Stunden, die seit ihrer gemeinsamen Nacht vergangen waren, konnte sie immer noch Cody Keatons wunderbaren Duft auf ihrer Haut riechen.

16

Ein paar Tage nach den Einbrüchen kam Maddie nach einer langen Einheit auf dem Laufband nach Hause. Irgendwie hatte das Laufen in einem Gebäude seinen Reiz verloren. Wer hätte das gedacht? Ein schneller Spaziergang im Wald war tatsächlich viel besser. Doch nach Einbruch der Dunkelheit traute sie sich nicht mehr in den Wald, also blieb ihr nur das Laufband.

Im Bademantel ließ sie sich auf das Sofa fallen. Noch eine Stunde, dann war Schlafenszeit. Letzte Nacht hatte sie anscheinend zuletzt den lokalen Privatsender laufen lassen, zumindest liefen dort die Nachrichten, als sie den Fernseher einschaltete. Sie verdrehte die Augen, als die omnipräsente Nachrichtensprecherin in ihrem immer leicht panischen Tonfall verkündete: »Die Behörden sind frustriert, weil es keine Zeugen für das Großbrandereignis in Little Egypt gibt.«

Großbrandereignis? Im Ernst? Wer war denn auf dieses Wort gekommen? Sie wollte gerade umschalten, als eine Karte eingeblendet wurde. Wie es aussah, lag Little Egypt direkt hinter Delilah, der Nachbargemeinde von Ramp. Summit County hatte nicht viele Einwohner, aber es umfasste eine große Fläche. Und die Gegend, in der Cody lebte, schaffte es normalerweise nie in die Lokalnachrichten.

Als Nächstes kam ein Video, das den Sheriff an einem Pult stehend zeigte. Dazwischen waren immer wieder Bilder von einem ausgebrannten Geländewagen und zahlreichen verkohlten, gefällten Bäumen zu sehen. Der Sheriff war ein ernster, rundlicher Mann. Er klang resigniert. »Ein Benzinkanister wurde in der Nähe des Geländewagens gefunden, der gestern erst mit Bargeld von einer gewissen Alma Winterspoon gekauft worden war.« Er schaute direkt in die Kamera. »Mrs. Winterspoon ist zweiundachtzig Jahre alt und lebt seit drei Jahren in einem Pflegeheim.« Er warf einen Blick auf seine Notizen. »Mrs. Winterspoon stand heute nicht für Fragen zur Verfügung. Alles, was sie sagte, war ›Ihr kommt nur mit einem Durchsuchungsbefehl hier rein‹.«

Er räusperte sich und fuhr fort. »Es steht wohl außer Frage, dass diese bettlägerige Frau den Wagen nicht für die eigene Verwendung erworben hat, schließlich wurde er zwanzig Meilen von ihrem Heim entfernt gefunden. Ein Enkel von Mrs. Winterspoon, ein gewisser Dervis Gamble, wohnt in einem Trailer direkt neben der Stelle, an der der Geländewagen gefunden wurde, doch er behauptet, den Wagen noch nie gesehen zu haben. Auch das Feuer, dem sieben Bäume zum Opfer gefallen sind und das ohne den bewundernswerten Einsatz unserer Feuerwehr außer Kontrolle hätte geraten können, will er nicht bemerkt haben.« Er atmete tief durch und fügte hinzu: »Laut eines Berichts des *Summit County Hospital* wurde Mr. Gamble gestern wegen einer Schussverletzung an … seiner Kehrseite behandelt. Es ist noch unklar, ob es einen Zusammenhang zwischen dieser Verletzung und dem Feuer gibt.« Frustriert schlug er seine Notizen gegen das Pult. »Das Sheriff Department will und muss in Fällen wie diesem ermitteln, doch das wird uns unmöglich gemacht, wenn niemand, noch nicht einmal das Opfer, bereit ist, mit uns zu reden.«

Es gab einen Cut und dann war wieder die Nachrichtensprecherin zu sehen, die angewidert den Kopf schüttelte. »Wenn Sie Informationen über diese Tat haben, kontaktieren Sie bitte das Summit County Sheriff's Department.«

Maddie schaltete den Fernseher aus und saß einige Minuten reglos da. Von dem Geländewagen war noch so viel übrig, dass sie erkennen konnte, dass es ein großes Auto mit jeder Menge PS gewesen war. Sie hatte sogar die Marke und das Modell erkennen können. Kurzerhand holte sie ihren Laptop und suchte danach. So ein Geländewagen kostete über fünfundvierzigtausend Dollar, mehr als jedes Haus in Summit County. Woher sollte jemand so viel Geld haben, noch dazu in bar? In ihrem Bauch brodelte es. Sie wusste ganz genau, woher das Geld kam. Wahrscheinlich hatte Dervis Gamble Glück gehabt, dass er nur sein Auto, ein paar Bäume und ein Stück von seinem Hintern verloren hatte.

Am nächsten Tag ging Maddie gerade die Main Street entlang, als Cody plötzlich neben ihr auftauchte.

»Hi«, sagte sie fröhlich grinsend. Sie wirkte genauso zufrieden wie nach der gemeinsam verbrachten Nacht. Was ging bloß in ihrem Kopf vor?

»Hi. Haben wir den gleichen Weg?«

»Nein. Ich hab meine Tante gerade zum Diabetesarzt gebracht. Sie wollte, dass ich ihr ein paar *postal money orders* hole. Ich bin gerade auf dem Rückweg zum Krankenhaus.«

»Also ist es reiner Zufall, dass wir uns getroffen haben?«

»Jepp.«

Wahrscheinlich war es unklug nachzufragen, aber das Thema hatte sich in ihr festgesetzt. »Hey, äh, gestern in den Nachrichten kam ein Bericht über ein Feuer bei euch in der Gegend, in Little Egypt.«

Der offene, freundliche Ausdruck verschwand aus Codys Gesicht, als hätte man ein Buch zugeklappt. »Ja, hab davon gehört.«

»Klang schlimm. Als hätte es einen Waldbrand geben können.«

Cody starrte den Bürgersteig an. »Hätte es vielleicht, aber nicht zu dieser Jahreszeit. Der Wald ist noch ganz nass.«

»Mhm, stimmt wohl.« Sie wartete kurz, aber von Cody kam kein weiteres Wort. »Hey, hast du was von der Polizei wegen den Einbrüchen gehört?«

Ein langsames Kopfschütteln war ihre Antwort.

Wenn sie etwas störte, ließ Maddie nicht locker, wie ein Hund, der sich einmal in etwas verbissen hatte. Und diese Sache störte sie gewaltig. »Der Sheriff meinte, dass viele Delikte nicht angezeigt werden … Darum habe ich mich gefragt, ob …«

»Ich habe mich nicht erkundigt, ob jemand den Sheriff gerufen hat.« Sie hob herausfordernd das Kinn. »Ich halte nichts davon, zu viele Fragen zu stellen.«

Das war ganz schön unhöflich. Maddie bedachte sie mit einem schmallippigen Lächeln. »Okay. Ich muss zur Arbeit. War nett, dich zu sehen.«

Sie wandte sich um, aber Cody legte ihr eine Hand auf die Schulter und hielt sie so auf. Ihr Gesichtsausdruck war wieder sanft, offen und vertrauensvoll. »Hey, ich wollte dich ohnehin mal anrufen oder bei dir vorbeikommen. Ich wollte nur, dass erst ein bisschen Gras über die Sache wächst, und das ist es wohl.« Sie schien entweder nervös zu sein oder einen Anfall von Schüchternheit zu haben, denn es fiel ihr schwer, Maddie in die Augen zu sehen. »Das letzte Wochenende mit dir war wirklich das beste überhaupt.« Sie griff in ihre Jackentasche und holte etwas heraus, das sie Maddie entgegenstreckte. »Ich hab dir eine Angellizenz besorgt. Das ist jetzt nicht das Wahnsinnsgeschenk, aber ich wollte sichergehen, dass du weißt, wie viel es mir bedeutet, was du für mich getan hast.«

Maddie nickte überrumpelt. »Das ist … sehr lieb.«

»Okay. Bye.«

Maddie sah ihr nach, als sie die Straße entlangging – ruhig, gelassen und selbstbewusst.

Was zum Teufel?

Maddie telefonierte gerade, als Lucas und Ricky Montgomery bedrohlich wie eh und je im Eingangsbereich auftauchten. Sie legte so schnell auf, dass sie wohl vergessen hatte, sich zu verabschieden.

Maddie eilte zu ihnen, bevor sie die Kasse erreichten. »Hallo«, brachte sie atemlos heraus. »Kann ich Ihnen helfen?«

»Wir müssen etwas einzahlen«, verkündete Lucas. Er griff in seine Hosentasche und zog ein riesiges Bündel Hundertdollarscheine heraus. »Das.« Er ließ es auf den Tisch fallen und trat einen Schritt zurück.

Maddie schnappte sich das Bündel, damit sich der Herzschlag der übrigen Kunden wieder normalisierte, und ging zurück in ihr Büro.

Die beiden Brüder folgten ihr.

Vorsichtig legte sie das Geld auf ihren Schreibtisch, ehe sie sich setzte und tief durchatmete. »Okay. Sie möchten also etwas einzahlen. Möchten Sie wieder ein Konto eröffnen?«

Die beiden zuckten mit den Schultern. »Ist uns egal. Wir wollen es nur nicht zu Hause rumliegen haben.« Ricky stieß Lucas mit dem Ellbogen an, woraufhin der hinzufügte: »Sie hatten recht. Daheim ist es nicht sicher.«

Maddie hatte geradezu Angst, das Geld anzufassen. Musste sie nicht die Polizei rufen, wenn es nach Benzin oder Rauch roch? Aber sie zwang sich, es zu zählen und in ordentliche Tausenderstapel zu ordnen. »Achtundzwanzigtausend. Ist das korrekt?«

»Ja. Wir … haben schon ein bisschen etwas ausgegeben.« Ricky runzelte die Stirn. »Wir machen halbe-halbe.«

»Gern. Dann eröffnen wir zwei neue Konten für Sie beide und zahlen jeweils vierzehntausend Dollar darauf ein.«

»Ich sollte mehr bekommen«, brummte Lucas. »Immerhin hab ich …«

Ricky schlug ihm unsanft gegen den Oberarm. »Halbe-halbe«, wiederholte er. »Bitte.«

»Kein Problem.« Maddie konnte die Formulare gar nicht schnell genug ausfüllen. Als sie zurück in den Eingangsbereich ging, warf Lynette ihr finstere Blicke zu, also ging sie zu Geneva. »Kannst du zwei Einzahlungen für mich durchführen? Lynette scheint … beschäftigt zu sein.«

Noch am selben Tag wurden drei weitere Konten eröffnet. Als sie die Beträge auf die Konten einzahlte, stellte sie fest, dass sie siebzigtausend zurückbekommen hatten. Alle fünf hatten den gleichen Betrag eingezahlt, also hatten sie offenbar beschlossen, sich das verlorene und wiedergewonnene Geld gerecht zu teilen. Sie wollte nicht wissen, was sie mit dem Dieb gemacht hatten, aber sie musste zugeben, dass siebzigtausend wesentlich mehr waren als das, was die Polizei hätte zurückholen können. Sie erschauderte, schloss die Bank ab und schaute sorgsam nach rechts und links, ehe sie zu ihrem Auto eilte. Mit diesen speziellen Montgomerys Geschäfte zu machen, war weder gut für die Bank noch für ihre Nerven.

Codys neu gewonnene lesbische Identität musste wieder auf die Ersatzbank. Sie würde gern ein paar Stunden damit verbringen, online nach einer verfügbaren Lesbe in Summit County zu suchen, aber sie hatte sich schon zu lange vor ihren eigentlichen Aufgaben gedrückt. Die Anfragen häuften sich und sie musste ihre Hausaufgaben machen, um weiter Geld verteilen zu können. Es war verdammt viel Arbeit.

Nachdem sie sich zwei Tage lang in der Bücherei von Greenville vergraben hatte, gestand sie sich ihre Niederlage ein und fuhr zur Bank. Es war kurz vor Feierabend und sie hatte sich alle ihre Fragen sorgfältig notiert, um so wenig wie möglich von Maddies kostbarer Zeit zu beanspruchen.

Doch kaum hatte sie die Bank betreten, zischte Goodwin, diese miese Person: »Sie ist heute nicht da.«

Cody warf einen kurzen Blick in Maddies Büro und stellte fest, dass der Schreibtisch, der sonst vor Papierkram überquoll, aufgeräumt und fast leer war. »Ist sie krank?«

»Das geht dich ja wohl nichts an.«

Cody drehte sich um und verschwand aus dem Gebäude, bevor die Zicke sie weiter beleidigen konnte. Mit solchen Menschen musste sie sich nicht mehr herumschlagen. Maddie würde es nicht beweisen können, aber Cody war überzeugt davon, dass es Goodwin gewesen war, die ausgeplaudert hatte, dass Codys Cousins einen Haufen Bargeld abgehoben hatten. Sie würde alles geben, Maddie dazu zu bringen, sie zu feuern, doch sie wusste, dass Maddie das ohne Beweise nicht tun würde. Sie war nicht der Typ dafür.

Cody ging zurück zur Bücherei und rief Maddie an, erreichte aber nur die Mailbox. Wo war sie? War sie krank und brauchte Hilfe? Sie stieg ins Auto und fuhr zu ihrer Wohnung. Der Parkplatz von 2D war leer. Wenn sie krank war, war sie wohl schon selbst zum Arzt gefahren. Oder jemand hatte sie hingefahren … Cody schüttelte heftig den Kopf, um die unliebsamen Gedanken zu vertreiben. Dann fuhr sie zurück in die Stadt, zu einer der wenigen Telefonzellen, und hinterließ Maddie diesmal eine Nachricht.

Spät abends schaute sie noch einmal bei Maddie vorbei. Nichts. Ihr Magen verknotete sich, doch sie musste sich bewusst machen, dass Maddie ein echtes Leben hatte, in dem es Menschen gab, von denen Cody nichts wusste. Ihr blieb nichts anderes übrig, als zu warten und zu hoffen, dass sie wieder auftauchte, bevor Cody einen Privatdetektiv anheuern oder sich einen eigenen Helikopter kaufen musste, um sie zu suchen.

Am nächsten Abend rief Maddie an. »Entschuldige, dass ich gestern Abend nicht daheim war. Hast du was Wichtiges gebraucht?«

Cody wartete einen Moment, weil sie eigentlich damit rechnete, dass Maddie ihr erzählte, wo sie gewesen war. Doch das tat sie nicht. »Äh, ja, schon. Ich bräuchte deine Hilfe. Mein Onkel will ein Fertighaus.«

»Ich weiß nicht …«

»Soweit ich das verstehe, ist das ein Trailer ohne Räder. Wie auch immer, ich hab alle Hersteller rausgesucht und nur Beschwerden gefunden. Wenn du einen endlosen Sermon an Geschichten von echt unzufriedenen Leuten lesen willst, kann ich dir nur empfehlen, das nachzurecherchieren.«

»Nein, ich vertraue dir da. Hmm… Lass mich ein bisschen darüber nachdenken, okay? Ich bin ein bisschen in Verzug mit der Arbeit, aber ich verspreche dir, ich schau mir das an, sobald ich kann.«

»Ähm, wär es … Soll ich zu dir in die Arbeit kommen, wenn ich solche Fragen habe? Ich will dich nicht …«

»Nein! Sei nicht albern. Wir sind Freundinnen. Ich wollte nur sagen, dass ich morgen vielleicht noch nicht dazu komme. Ich will mich erst ein bisschen einlesen, bevor ich dich auf dieses Projekt loslasse.«

»Wenn du dir sicher bist …«

»Bin ich.«

Maddie meldete sich am Donnerstag wieder und hatte jede Menge Informationen für Cody. »Ich habe mit den Leuten aus unserer Kreditabteilung geredet«, begann sie.

»Ich brauche keinen Kredit.«

»Ich weiß. Aber ich dachte mir, die wissen, was diese Fertighäuser taugen. Nicht viel«, fügte sie hinzu. »Der Typ, mit dem ich gesprochen habe, meinte, die Hälfte der Leute, die sich eines kaufen, reichen danach eine offizielle Beschwerde ein. Das sind wirklich, wirklich viele. Aber er wird sich schlaumachen, welcher der beste Hersteller ist. Bist du sicher, dass du es auf diese Weise machen willst?«

»Na ja, ich möchte nicht tausend Dollar pro Quadratmeter zahlen müssen für ein Haus, das vor Ort aufgebaut wird. Das würde ich für insgesamt fünfzigtausend Dollar bekommen und die Größe passt. Drei Schlafzimmer, ein Wohnzimmer.«

»Der Preis ist wirklich gut. Aber du möchtest auch kein Haus von minderwertiger Qualität.«

»Das war wahrscheinlich der häufigste Kommentar in diesen Online-Rezensionen. Das scheint alles minderwertig zu sein.«

»Wie klingt das? Der Typ, mit dem ich gesprochen habe, meinte, dass du dir mal super energie-effiziente, ›grüne‹ Häuser anschauen solltest. Es gibt ein paar Anbieter dafür. Die Häuser schauen vielleicht etwas unkonventionell aus, aber dafür schaden sie der Umwelt nicht.«

»Das klingt gut. Ich weiß nicht, ob dir das bewusst ist, aber ich mag die Umwelt.« Hoffentlich wusste Maddie, dass sie sie nur neckte.

»Schau sie dir mal an«, sagte Maddie. »Du kannst ja gut mit dem Internet. Such nach ›grüne Fertighäuser‹. Die sind teurer, aber ich glaube, sie sind qualitativ hochwertiger. Die meisten wurden von Architekten entworfen, die gute, bezahlbare Häuser bauen wollen, und nicht von Bauunternehmern, die nur auf den höchstmöglichen Profit aus sind.«

»Okay. Es macht mir nichts aus, mehr zu zahlen, wenn ich dafür auch mehr bekomme. Danke für deine Hilfe.« Sie zögerte und überlegte, wie sie Maddie am elegantesten zu sich nach Hause einladen konnte. »Hast du am Wochenende schon was vor?« *Ganz toll.*

»Nichts Besonderes. Ich wollte nach Charleston fahren, aber ich bin auch offen für Alternativen. Was schwebt dir denn vor?«

Es war wahrscheinlich besser, wenn Cody ihr nicht sagte, was ihr tatsächlich durch den Kopf ging. Sie hatte nicht viel Ahnung von Frauen, aber selbst sie wusste, dass es nicht die beste Idee war, einer Frau zu sagen, dass man ununterbrochen daran denken musste, wie es sich angefühlt hatte, ihre Brust im Mund zu haben. Dass man im Eifer des Gefechts mit jemandem im Bett gelandet war, bedeutete schließlich rein gar nichts. Es machte keinen Sinn, es auch nur anzusprechen.

»Cody?«

»Oh! Na ja, ich wollte fischen gehen. Nichts Besonderes …«

»Wenn du mich dazu einlädst, komme ich sehr gern. Sonntagfrüh?«

»Klar. Wann immer. Ich bin wach.«

»Natürlich bist du das.«

Es war doch verrückt. Cody verhielt sich völlig normal und schien überhaupt nicht zu denken, dass zwischen ihnen eventuell mehr gewesen war als nur Sex. Aber das war so *merkwürdig*. Vor allem für eine Erwachsene, die bis dahin kaum berührt worden war. Maddie sollte diejenige sein, die cool und gelassen mit der Situation umging, aber stattdessen ertappte sie sich mehrere Hundert Mal am Tag dabei, wie sie schon wieder an Cody dachte.

Sie wollte nicht in Greenville leben – und auch nicht in Twined Creek oder Delilah oder Little Egypt oder Ramp oder irgendeinem anderen winzigen Fleck auf der Landkarte! Und Cody würde nie, niemals in einer Großstadt leben können. Warum war sie also so besessen von ihr? Sie hatte sich mit ihr in den Laken gewälzt und es war wunderbar gewesen, ja, aber sie sollte das als Masturbationsvorlage abspeichern und mit ihrem Leben weitermachen.

Aber sie konnte einfach nicht. Und jetzt sagte sie ihre eigentlichen Pläne ab, nur um mit der Frau angeln zu gehen, in die sie sich auf keinen Fall verlieben wollte. *Mega schlau, Maddie.* Ganz tolle Langzeitplanung.

Sie stand auf, ließ die Jalousie herunter, setzte sich wieder hin, verschränkte die Arme auf dem Tisch und legte den Kopf darauf. Ein Gefühl nagte an ihr, breitete sich aus, seit sie Codys Bett verlassen hatte. Es war bescheuert, mehr Zeit mit ihr zu verbringen. Schlicht und ergreifend bescheuert. Zu all den anderen Schwierigkeiten kam sie auch noch aus einer Familie voller Krimineller! Aber Maddie konnte nicht anders. Sie musste ihrem Bauchgefühl folgen – was ihr wahrscheinlich noch ein böses Ende bereiten würde. In Liebesdingen war sie bisher nicht sonderlich erfolgreich gewesen und so, wie es aussah, würde sich das auch nicht ändern.

Cody saß beim größten Autohändler von Huntington und versuchte, ihre Hand dazu zu bringen, sich zu bewegen. Sie wusste, wie man einen Scheck ausstellt – schließlich hatte sie das inzwischen schon Dutzende Male getan. Doch die Summe auf diesem Scheck war astronomisch. Sie hätte zehn Jahre gebraucht, um so viel Geld mit diversen Kleinjobs und dem Sammeln von Moos zu verdienen. Aber Brett hatte als Erster entschieden, was er wollte, und er wollte den teuersten benzinfressenden Allrad-SUV aller Zeiten.

Brett. Von dem sie wusste, dass er Keith mit Drogen angefixt hatte. Er und Ricky hatten immer Drogen dabei, wenn sie durch die Gegend fuhren, und verkauften *Percocet* oder *Oxycontin* oder *Vicodin* an irgendwelche armen Seelen. Meistens waren das Leute, die ihre Kinder hungern ließen, damit sie ihre Gedanken für ein paar Stunden betäuben konnten. Allein die Vorstellung machte sie krank, aber sie würde aus Brett und Ricky nie Menschen machen können, auf die sie stolz sein konnte. Für die beiden war jede Hoffnung verloren.

Niemand in ihrer Familie hatte je ein brandneues Auto besessen, und dass nun ausgerechnet Brett der Erste sein sollte, war ihr zutiefst zuwider. Doch er saß neben ihr und schämte sich kein bisschen, während sie den dicksten Scheck ihres Lebens ausstellte. In ihrem Magen brodelte es, aber sie hatte es versprochen und sie würde niemals ein Versprechen brechen – egal, wie bescheuert es ihr jetzt vorkam.

Bretts Geschwister, Chase und Melissa, waren mit ihnen nach Huntington gefahren. Auf dem Rückweg beschloss Melissa, mit Cody nach Hause zu fahren und nicht mit dem nagelneuen Auto ihres Bruders. Als sie Greenville erreichten, sagte Melissa: »Lass uns noch ein Bier trinken gehen. Die Kinder sind heute nach der Schule bei ihrem Daddy.«

»Okay.«

Melissa war wahrscheinlich diejenige ihrer Cousinen mit dem stabilsten Lebenswandel. Ihre Kinder waren alle von demselben Mann, mit dem sie noch dazu verheiratet gewesen war. Ihr Ex-Mann arbeitete ein wenig und hatte keine offensichtlichen schlechten Angewohnheiten. Genau genommen wirkte er so unauffällig, dass Cody keine Ahnung hatte, warum Melissa sich von ihm hatte scheiden lassen. Aber Melissa war eigen und hatte ihre ganz spezielle Sicht der Dinge.

Sie und Melissa waren beinahe gleich alt. Jetzt, da sie erwachsen waren, spielten die drei Jahre Altersunterschied keine Rolle mehr. Als sie noch Kinder gewesen waren, hatte Melissa sich oft beschwert, dass Cody ihr nachlief. Drei Jahre waren damals ein Riesending gewesen. Inzwischen gehörte sie zu den Menschen, die Cody am nächsten standen. Nicht so nah wie Devin, aber immerhin.

Sie fuhren zum *Tap Room*, wo sie damals auch mit Maddie gewesen war. Eine Bankfilialleiterin trieb sich nachmittags wohl eher nicht in irgendwelchen schummrigen Bars herum, aber man wusste ja nie und darum schaute Cody sich aufmerksam um.

Sie bestellten Bier und setzten sich in eine ruhige Nische. Melissa spielte mit allem herum, was sie in die Finger bekam, und war so unruhig, dass Cody schließlich ihre Hände einfing und festhielt. »Was ist los?«

»Oh, Scheiße«, sagte sie sichtlich verlegen. »Hab gar nicht gemerkt, wie nervös mich das macht.« Sie nahm einen weiteren Schluck von ihrem Bier. »Ich hab Brett bei der alten Fabrik parken gesehen. Ein Typ hat sich zu ihm ins Auto gebeugt und ganz offensichtlich Drogen gekauft. Er wird immer dreister und ich hab Angst, was passiert, wenn die Leute ihn in diesem Monsterauto herumkurven sehen. Irgendwer wird ihn umbringen, um an das Geld zu kommen, das er bei ihm vermutet.«

»Kann passieren«, sagte Cody säuerlich. »Aber ich kann ihn nicht daran hindern. Ich bin nicht seine Mutter.«

»Meine Mama sagt kein Wort zu ihm«, erwiderte Melissa. »Das weißt du. Aber ich bin so froh, dass du uns nicht zu viel gegeben hast. Egal, wie viel du uns gibst, Brett würde sein Geld ausgeben und dann meins wollen. Und Mandys.«

»Ich weiß.« Sie dachte nach. »Ehrlich gesagt bin ich von ihnen allen enttäuscht. Lucas und Jaden haben Kinder, die zur Highschool gehen. Warum haben sie mich nicht um Geld gebeten, damit die aufs College oder zumindest auf eine bessere Schule gehen können? Alle wollen nur Autos und Häuser.« Sie knallte das Bier auf den Tisch und es schäumte über. »Wollen die denn nicht, dass es ihren Kindern mal besser geht?«

»Ich will für meine was Besseres«, sagte Melissa defensiv. »Aber was passiert, wenn sie aufs College gehen? Wo werden sie arbeiten?«

»Hier ganz bestimmt nicht«, gab Cody zu. »In der Gegend wird es nie irgendwelche Jobs geben. Alles, was wir können, ist Hillbilly-Heroin zu produzieren.«

»Es ist so eine Schande, aber es stimmt. Ich weiß, dass meine Kinder weggehen werden, aber ich will trotzdem, dass sie aufs College gehen.« Sie musterte Cody aus zusammengekniffenen Augen. »Ich wusste nur nicht, dass ich mich jetzt schon anstellen muss, wenn ich in zehn Jahren das Geld für die Uni brauche.«

Ihr Blick war wie ein Schlag ins Gesicht. »Tut mir leid. Es eilt natürlich nicht. Aber zwei von den Kindern sollten tatsächlich anfangen, sich für Colleges zu bewerben. Aber niemand hat je irgendwas deswegen gesagt. Haben sie überhaupt den Test gemacht, den sie brauchen, um studieren zu können?«

»Weiß ich nicht. Ich hör mich mal um.«

»Versuch, ihren Müttern ein paar Hinweise zu geben, okay?«

»Die sind sauer, dass sie noch kein Geld von dir bekommen haben«, bemerkte Melissa lachend. »Ich würd mich an deiner Stelle von ihnen fernhalten.«

»Mach ich. Wenn ich sämtlichen Ex-Freundinnen Geld geben müsste, wäre ich in einem Monat pleite.«

»So schlimm ist es aber noch nicht, oder?«

»Nein«, gab sie zu. »Aber es gibt auf der ganzen Welt nicht genug Geld, damit alle dauerhaft zufrieden wären. Wenn sie einen Haufen Geld hätten, würden ein paar von den Jungs einfach nur noch ein paar Babys zeugen.« Sie schüttelte den Kopf. »Sie haben überhaupt kein Verantwortungsbewusstsein.«

»Könnte ich …« Sie senkte verlegen den Kopf. »Ich komme natürlich auch ohne klar, aber ich hätte so gern irgendein Auto. Ich hab noch den Großteil von dem Geld, das du mir gegeben hast, aber das ist ja eher für normale Lebenshaltungskosten. Wenn ich mir ein Auto kaufe, wäre das alles weg, und dann müsste ich dich erst recht wieder um was bitten.«

Cody setzte an, etwas zu sagen, doch Melissa ließ sie nicht zu Wort kommen.

»Es muss auch nicht neu sein und auch nicht wie neu. Aber ich hab Angst, dass die Kinder mal zum Arzt müssen und ich nicht hinkomme. Wahrscheinlich kann ich mich schon glücklich schätzen, wenn ich das Innere von Bretts Auto auch nur zu Gesicht bekomme. Ich würde mich nie auf ihn verlassen wollen.«

Cody lächelte sie an. »Warum solltest du die Einzige mit einer Rostlaube sein? Such dir was aus und dann gehen wir gemeinsam shoppen.«

Cody war erst ein paar Sekunden zu Hause, als ihr Telefon klingelte.

»Cody?«, fragte Maddie besorgt.

»Ja? Stimmt was nicht?«

»Mich hat heute Nachmittag ein Autohändler aus Huntington angerufen. Hast du etwas Großes gekauft?«

»Oh, ja.« Sie musste lachen, als sie sich vorstellte, wie Maddie zu dem Autohändler rannte, um herauszufinden, wer sich dort für sie ausgegeben hatte. »Soll ich dir in Zukunft Bescheid geben, bevor ich so was mache? Das wird noch an die zehnmal vorkommen.«

»Dass du derartig hohe Schecks ausstellst?« Ihre Stimme klang erheblich höher als sonst.

»Nicht ganz so hohe, aber das war das erste von den Autos, die sie wollen. Und die Liste wird immer länger.«

»Cody.« Maddie seufzte schwer. »Bitte rede mit einem Anlageberater. Ja, du kannst dir das alles leisten, aber ohne Plan …«

»Sie werden sich schon beruhigen, und wenn nicht … dann muss ich mir wenigstens keine Sorgen mehr deswegen machen.«

»Hast du dir wenigstens ein neues Sofa gekauft?«

»Nein, aber ich komm schon klar. Ich lege einfach die Kissen aus meinem Bett aufs Sofa, wenn ich mich da hinsetzen will. Das funktioniert einwandfrei.«

»Tut es bestimmt, aber schau doch nur, was du gerade machst. Du gibst Unsummen für Autos aus … Gott, bitte sag mir, dass das Geld für mehrere Autos war.«

»Nein. Nur für eins.«

»Wie kann man bitte derartig viel Geld für ein amerikanisches Auto ausgeben? Meins hat nur ein Fünftel davon gekostet!«

»Deins ist ja auch lang nicht so schick«, erwiderte sie glucksend. »Außerdem bist du auch kein bescheuerter Hillbilly ohne Sinn und Verstand.«

»Hast du den Listenpreis bezahlt?«

»Brett hat mir gesagt, wie viel es kostet, und das habe ich dann bezahlt. Ich hab draußen gewartet, während er es sich ausgesucht hat.«

»Okay.« Maddie atmete hörbar tief durch. Offenbar war sie aufgebracht, auch wenn Cody nicht genau wusste, warum. »Vorschlag: Ich werde die Frau anrufen, die unsere Autokreditabteilung leitet. Sie wird sich bei dir melden und dir ein paar Tipps geben, wie man am besten Autos kauft. Du musst verhandeln, Cody, und du musst deine Hausaufgaben machen, bevor du etwas kaufst. Nur so kannst du sichergehen, dass du nicht ausgenutzt wirst.«

»Sobald die Leute wissen, dass ich in der Lotterie gewonnen habe, *werden* sie mich ausnutzen.«

»Das stimmt nicht«, widersprach Maddie vehement. »Wenn du sie nicht lässt, können sie dich nicht ausnutzen. Glaub mir, die verkaufen dir lieber ein Auto zu einem fairen Preis, als dir gar kein Auto zu verkaufen. Ich muss schauen, dass ich diese Kollegin erwische, bevor sie Feierabend macht. Bis morgen!«

17

Um Punkt acht Uhr morgens bog Maddie in Codys Einfahrt ein. Für sie war das ganz schön früh, aber sie wusste, wie sehr Cody es liebte, sich so früh wie möglich an die Fische heranzuschleichen.

Cody trat aus dem Trailer, als Maddie noch ein ganzes Stück entfernt war. Als sie anhielt, kam sie zum Auto und öffnete die Tür. »Die Fische sind schon beim Mittagessen«, meinte sie neckend.

Maddie stieg aus und zögerte kurz. Sollte sie sie küssen oder umarmen? Sie hatte keine Ahnung, wie man mit einer Frau umging, mit der man einmal geschlafen hatte, mit der man aber nicht zusammen war. Letztlich entschied sie sich, das Problem zu umgehen, indem sie ihre Reisetasche vom Rücksitz nahm. »Ich hab Insektenspray und Wechselklamotten dabei, für den Fall, dass ich ins Wasser falle.«

»Insektenspray, hm? Hab ich noch nie benutzt. Funktioniert das denn?«

»Wir können es uns ja beide aufsprühen. Dann werden wir es schon sehen.«

Cody nahm die Spraydose entgegen, die Maddie ihr hinhielt, und studierte den Aufdruck. »Nein, nimm du es mal. Wenn ich gestochen werde und du nicht – dann wissen wir, dass es funktioniert.«

»Das ist wahrscheinlich der wissenschaftlichere Zugang. Ist es okay, wenn ich meine Tasche reinbringe?«

»Klar. Aber in deinem Kofferraum ist sie besser aufgehoben. Ich sperre die Tür gar nicht mehr zu. Genauso gut könnte ich sie sperrangelweit offen lassen. Ein neues Schloss wäre teurer als alles, was ich momentan besitze. Jetzt, da meine Gewehre weg sind.«

»Cody, du musst sie ersetzen. Es macht doch keinen Sinn, dich zu quälen. Und du könntest dir locker neue leisten.«

»Ich quäle mich nicht. Momentan ist ohnehin keine Jagdsaison, also warte ich ab, bis welche in den Sale kommen.« Sie sagte das voller Stolz.

Maddie würde ihr bestimmt nicht widersprechen. Das brachte ja doch nichts.

»Hey.« Cody wurde Ernst. »Ich hab ein bisschen Geld versteckt, das ich dir gern zeigen würde.«

»Mir? Warum mir?«

»Weil ich weiß, dass du es mir nicht wegnimmst«, sagte sie und zwinkerte ihr zu. Dann führte sie sie einen ausgetretenen Pfad entlang und zeigte auf einen großen Baum mit einer markanten Astgabel. »Der ist doch perfekt als Versteck geeignet, meinst du nicht auch?«

»Schätze schon. Wenn einem so was liegt, kann man da wahrscheinlich raufklettern.«

»Genau. Und diese Astgabelung würde sich als Versteck geradezu anbieten. Der Baum ist es aber nicht. Das Geld ist in dem dort hinten.« Sie deutete auf einen Baum, der ein ganzes Stück entfernt und lange nicht so gut erreichbar war. »Von hier aus sieht man es nicht, aber der Baum hat ein Astloch ziemlich weit oben. Da ist all mein Bargeld drinnen. Sollte mir irgendwas zustoßen … dann gehört es dir.«

»Oh, Cody, das könnte ich nie annehmen. Und dir wird auch nichts zustoßen!«

»Es kann immer was sein«, sagte sie leise. »Ist einfach so.« Ein Grinsen breitete sich auf ihrem Gesicht aus. »Soll ich raufklettern und dir zeigen, wo genau es versteckt ist?«

»Nein, brauchst du nicht«, meinte Maddie lachend. »Ich müsste ohnehin den ganzen Baum fällen, um da ranzukommen. Mir fehlen deine Baumkletter-Skills.«

»Also falls du wirklich nicht raufklettern oder den Baum fällen willst, dann erzähl Devin davon. Er kann noch besser auf Bäume klettern als ich.«

»Das wird nicht nötig sein, aber mach ich.«

Nachdem Maddie sich gründlich mit dem Insektenspray eingesprüht hatte, gingen sie los. Heute waren sie zu Fuß unterwegs, da Cody ihr fest versprach, dass das Ziel ganz in der Nähe war. Maddie stellte sich schon mal darauf ein, dass ihre Vorstellung von »in der Nähe« sich deutlich von Codys unterschied. Wahrscheinlich würden sie mehrere Stunden unterwegs sein.

Cody schien gar nicht angeln gehen zu wollen, denn sie hatte keine Ausrüstung dabei. Maddie überlegte kurz, sie danach zu fragen. Aber ehrlich? Wandern war ihr viel lieber, als Fische zu ärgern, auch wenn sie das vor Cody natürlich nie zugeben würde.

Sie durchquerten eine Lichtung voller Berglorbeerbäume, die so leuchtend pink waren, dass Maddie der Atem stockte.

»Ja, der ist nett«, tat Cody Maddies Begeisterung ab. »Aber ich suche etwas anderes.«

Nachdem sie eine halbe Stunde lang weitermarschiert waren, streckte Cody plötzlich einen Arm aus und bedeutete Maddie stehen zu bleiben. »Da«, hauchte sie, als ginge es um ein wildes Tier, das jederzeit die Flucht ergreifen könnte.

Sie deutete auf eine Pflanze, die wirklich ausgesprochen hübsch war. Niedrig gewachsen, mit sattgrünen Blättern und langen, fast rotbraunen, wunderbar zierlichen Blüten. »Weinröschen«, erklärte sie stolz.

»Wunderschön.« Maddie trat einen Schritt vor und betrachtete die Pflanze genauer.

»Und sehr selten. Manchmal gibt es gar keine. Aber dieses Jahr hatten wir viel Niederschlag, das mögen sie. Ich hatte gehofft, dass wir welche finden.« Sie grinste breit, als hätte sie einmal mehr die Oberhand gewonnen. »Die wachsen nur in hohen Lagen, auf feuchtem Boden. Manche Leute haben die … im Garten und so.« Sie machte eine wegwerfende Bewegung. »Aber nur hier wachen sie wild. Riech mal dran.«

Maddie beugte sich vor und atmete tief ein. »Was zum Teufel!«, entfuhr es ihr. »Ich meine, wow! Das riecht nach … Ananas … oder Erdbeeren. Richtig tropisch!«

»Genau. Der Geruch erinnert mich immer auch ein bisschen an Bananen. Die ganze Pflanze riecht, sogar die Wurzeln. Am ausgeprägtesten ist es, wenn es richtig warm ist, abends, bevor die Sonne untergeht. Dann will man sich einfach nur hinlegen und den Duft ganz tief in sich einsaugen.«

Sie wirkte so unglaublich glücklich – so wie andere Menschen, wenn man sie mit einem fantastischen Geschenk überraschte. Niemand auf der Welt liebte die Natur um sich herum mehr als Cody Keaton. Und das war eines der vielen Dinge, die Maddie so sehr an ihr liebte. Cody war wahrscheinlich der einzige Mensch, dem sie je begegnet war, der sich an einer Blume genauso erfreuen konnte wie an einem neuen Auto … und noch mehr als an einem neuen Polster für ihren Hintern. Wobei es ihr immer noch schwerfiel, das zu verstehen. Ein neues Sofa hatte für Cody einfach keine Priorität. Das hier hingegen schon. Diese hübsche, duftende, einzigartige, seltene Blüte hatte für sie oberste Priorität, und Maddie war dankbar, dass sie daran teilhaben konnte.

Sie sollte es nicht tun. Wenn sie sie berührte, würde das missverständlich sein. Aber Cody war so hinreißend glücklich, dass Maddie wünschte, etwas von ihrem Leuchten würde auf sie abfärben. Sie umklammerte also Codys Arm und drückte ihn an sich. »Danke, dass du so etwas Besonderes mit mir teilst.«

»Gern«, sagte sie und stolperte fast von ihr weg.

Maddie sah ihr nach und fragte sich, warum sie wohl so schreckhaft war.

Schließlich erreichten sie einen wunderschönen kleinen Teich, der an einem schmalen, schnell fließenden Fluss lag. »Das ist eine echt gute

Stelle«, erklärte Cody. »Das Wasser ist tief und kalt. Fische lieben das. Der Fluss ist auch gut, aber ich wollte nicht so viel mitschleppen.«

»Irgendwas musst du doch mitgenommen haben«, meinte Maddie verwirrt. »Wir haben keine Angelruten und ich möchte nicht unbedingt da reinhüpfen und mit den Fischen ringen. Vielleicht, wenn es wärmer ist …«

»Du bist sehr komisch«, erwiderte Cody mit einem leichten Lächeln. »Keine Sorge. Ich werde nicht handfischen.« Sie zog ein scharfes Messer aus ihrer Jackentasche. Kein abgefahrenes Mehrzweckteil, sondern einfach nur eine lange Klinge mit einem abgenutzten Holzgriff. »Wenn man keine Angel machen kann … Ich will gar nicht wissen, was das über einen Menschen aussagt.«

Maddie hätte ihr sagen können, dass die meisten Menschen wunderbar zurechtkamen, ohne auch nur Brot zu rösten, geschweige denn eine Angel herstellen zu können, doch Cody hatte eine ganz eigene Sicht auf die Welt, von der sie nicht abwich.

Cody wählte einen langen Ast und brach ihn in der Nähe des Stamms ab. Das Knacken hallte wie ein Schuss durch den Wald. Dann schälte sie mit dem Messer vorsichtig die Rinde ab. Sie hielt den circa 1,80 Meter langen Ast ein Stück von sich weg, bevor sie verbliebene Ästchen abschnitt. »Das ist eine Weide«, erklärte sie. »Bambus ist besser, aber der kommt hier kaum vor.«

Als sie fertig war, hielt sie Maddie den Ast mit dem dicken Teil voran hin. »Deine Angelrute«, sagte sie und wiederholte den Vorgang mit einem längeren Ast. »Ich hab eine alte Angelschnur dabei.« Sie zog ein ordentlich aufgerolltes Knäuel aus der Tasche. »Dann muss nur noch ein Haken dran, und dann sind wir auch schon so weit.« Sie arbeitete schnell und effizient.

Maddie sah ihr fasziniert zu.

»Magst du ein paar Würmer oder Käfer suchen, während ich das fertig mache?«

»Das hat mich noch niemand je gefragt«, erwiderte Maddie, machte sich aber auf die Suche.

Sie wühlte immer noch erfolglos herum, als Cody auf sie zukam. »Brauchst du Hilfe?« Ohne eine Antwort abzuwarten, stieß sie mit dem Fuß einen großen Stein um. Glucksend deutete sie auf das gute Dutzend fetter, sich windender Kreaturen. »Tut mir leid, dass das so schwer war.«

»Ich kann superschnell einen Bilanzausgleich machen! Ich hab auch so meine Fähigkeiten.«

»Du hast unglaublich viele Fähigkeiten. Und sobald ich dir beigebracht habe, wie man angelt, hast du eine mehr.«

Dieses Mal ließen sie die armen Fische nicht wieder frei. Cody meinte, dass man nie mehr töten sollte, als man brauchte, und dass man das schnell und schmerzlos machen sollte. Sie war außerdem der Meinung, dass Maddie, wenn sie Fisch essen wollte, dazu ebenfalls in der Lage sein müsse.

Auch wenn ihr klar war, dass Cody recht hatte, war Maddie nicht gerade scharf darauf. Am Ende musste Cody auch jeden Fisch, den Maddie fing, auf einer Schnur aufziehen. Natürlich nicht, ohne Maddie dabei zu necken, was für eine Schisserin sie doch war.

Cody fing nur zwei Fische, aber Maddie war überzeugt, dass sie locker viel mehr hätte fangen können. Die Fische waren nicht groß und wurden noch kleiner, als Cody wieder ihr Messer zückte, ihre Eingeweide herausnahm und die Köpfe abtrennte. Maddie übergab sich bei dem Anblick nur deswegen nicht, weil ihr das viel zu peinlich gewesen wäre.

Als Nächstes machte Cody Feuer. Es dauerte nicht lange, bis sie die Zweige und abgebrochenen Äste passend arrangiert hatte. Dann zückte sie ein Stoffbündel und streute dessen Inhalt auf das Reisig. »Ich nehme Holzspäne und gieße geschmolzenes Wachs darüber. Dann kommt einem die Flamme gleich entgegen.« Als sie ein Streichholz anzündete und hineinwarf, gab es tatsächlich eine Stichflamme, und Maddie wich zurück. »Es dauert ein bisschen, bis es runtergebrannt ist. Ruh dich aus.«

Maddie setzte sich auf einen Stein und schaute in die Flammen. Sie war noch nie so mitten in der Natur gewesen und musste zugeben, dass es etwas ganz Besonderes war. Ihre Sinne schienen geschärft und sie nahm Bewegungen, Geräusche und sogar Formen wahr, die sie sonst ignorierte. Es war wie ein Urlaub von ihrer Welt. Als wäre sie Hunderte Meilen weit weg, obwohl es eigentlich nur eine Stunde war. Na ja, zweieinhalb, wenn sie zu Fuß den Berg hinaufgegangen wären. Trotzdem. Dieser Ort war bemerkenswert nah an ihrem Zuhause und schien dennoch zu einer anderen Welt zu gehören.

»Ist es eigentlich legal, was wir da machen?«, fragte sie.

»Klar. Ich hab dir doch von den ganzen Limits und so erzählt.«

»Nein, ich meinte, ist es legal, *hier* zu fischen?«

»Oh, natürlich. Das Land gehört dem Staat. Ich bin kein Fan der Regierung, aber wenn es kein Land in öffentlichem Eigentum gäbe, würden wir einander wegen jedes einzelnen Fischs abknallen. Das wäre wie in England in der schlechten alten Zeit, als die Leute verhungert sind, obwohl sie direkt neben einem Wald voller Wild gelebt haben.«

Als das Feuer runtergebrannt war, stand Cody auf, spießte die Fische auf einen grünen Zweig, den sie vorher angespitzt hatte, und hielt ihn über das Feuer. Schon bald breitete sich der Duft der gebratenen Fische um sie herum aus.

»Das riecht so gut«, sagte Maddie. »Unglaublich, wie hungrig ich bin.«

»Schade, dass wir nur Fisch haben, aber für Beeren ist es noch zu früh. Da müssen wir noch mindestens bis Juli warten.« Ein Lächeln breitete sich auf ihrem Gesicht aus. »Es gibt nichts Besseres als Waldbeeren. Wart nur ab.«

Als die Fische zu ihrer Zufriedenheit gebraten waren, nahm sie den Spieß vom Feuer und ließ sie so weit abkühlen, dass sie sie anfassen konnte. Dann schob sie den obersten in Maddies Hände, dann den nächsten und den nächsten, bis sie einen ganzen Stapel Fische in den Händen hielt. Cody schnappte sich den Stoff, in dem sie die Holzspäne transportiert hatte und breitete ihn auf dem Boden aus, bevor sie Maddie die Fische abnahm und sie darauflegte.

»Hau rein«, forderte sie sie auf, nahm selber den obersten Fisch, schälte vorsichtig die Haut ab und steckte sich große Stücke in den Mund.

»Scheiße, ist das gut!«, rutschte es Maddie heraus und sie musste die Augen über sich selbst verdrehen. »Ständig muss ich in deiner Nähe fluchen. Irgendwie kann ich nicht anders.«

»Macht mir nichts aus. Und schön, dass du den Fisch magst.«

»Ihn mögen? Das ist der beste Fisch, den ich je hatte.«

»Vor allem ist es der frischeste. Fisch wartet nicht gern, bis er gegessen wird.«

»Da hast du ganz eindeutig recht, und ich erfülle ihm seinen Wunsch nur zu gern.«

Es dauerte eine Weile, bis sie das Feuer erstickt und ihren kleinen Lagerplatz geräumt hatten. Zu Maddies Überraschung meinte Cody, dass sie die Innereien und Gräten ruhig liegen lassen könnten. »Irgendwer wird die schon brauchen«, sagte sie im Weggehen. »Hier wird nichts verschwendet.«

Diesmal nahmen sie eine etwas andere Route. »Gegen fünf wird es dunkel und da will ich näher an der Straße sein«, meinte Cody.

Es war zwar erst drei, aber Maddie würde deswegen sicher nicht rumdiskutieren. Sie gingen los, kletterten über Steine und Kletterpflanzen und kleine sprudelnde Bäche, die plötzlich wie aus dem Nichts vor ihnen auftauchten. Sie schienen immer noch mitten im Wald zu sein, als sich Codys Gesichtsausdruck plötzlich verfinsterte. »Wenn möglich, halt die Luft an.«

»Was?«, fragte Maddie – als ihr plötzlich eine Woge furchtbaren Gestanks in die Nase stieg. »Was zum Teufel ist das?«

»Leute laden hier ihren Müll ab.«

Sie gingen weiter und kamen schließlich zu einer Senke in der Nähe der Straße. Maddie hatte die ganze Zeit kein einziges Auto gehört, aber offensichtlich war dies eine sehr beliebte Stelle, um Müll abzuladen. Die Senke war mit Dosen, Flaschen, Papier, Plastik und einer Million Wegwerfwindeln gefüllt. Der Großteil davon noch nicht einmal in einem Müllsack. Wahrscheinlich hatten die Leute den ganzen Dreck einfach auf die Ladefläche ihrer Pick-up-Trucks geladen, waren hier vorgefahren, hatten die Heckklappe geöffnet und das ganze Zeug in die Senke geschaufelt.

»Das war niemand von außerhalb«, sagte Cody leise. »Das haben wir uns selbst angetan.«

»Aber … warum?«, fragte Maddie. »Warum der Aufwand?«

Cody drehte sich zu ihr um. Ihre Augen waren dunkel und traurig. »Die nächste Mülldeponie ist in Greenville und man muss zahlen, um sein Zeug da hinzubringen. Viele können sich das nicht leisten.«

»Man muss dafür bezahlen, dass man seinen Müll wegwerfen darf?« So was hatte sie ja noch nie gehört!

»Ja. Früher war es gratis, aber dann hatte das County nicht mehr genug Land. Also haben sie irgendeine große Firma angeheuert und es privatisiert. Die sind nur auf Geld aus. Du musst auch dafür zahlen. Vielleicht weißt du es nur nicht.«

Vermutlich war die Müllentsorgung in Maddies Miete inbegriffen, aber trotzdem … »Wie kann man auf sein Zuhause stolz sein, wenn es so aussieht?«

»Kann man nicht. Sind auch die wenigsten. Sie leben hier, aber sie sind alles andere als stolz darauf. Schau dir nur das Haus meines Onkels an.«

»Kann … Hat er … Kann er auch nicht dafür zahlen, sein Zeug zur Deponie zu bringen?« Es war verdammt schwer, diese Frage auch nur halbwegs höflich zu formulieren.

»Nein, es ist einfach nur schlampig.« Cody wandte sich ab und ging weiter, jetzt schneller, wahrscheinlich um dem Gestank und den Gedanken zu entkommen, die um den widerlichen Müllberg kreisten.

Als sie bei ihrem Trailer ankamen, hatte sich Codys Laune wieder gebessert. Sie ging hinein und sagte: »Hey, meine Tante Merry hat mir Apple-Pie vorbeigebracht. Magst du ein Stück?«

»Ich glaub nicht. Aber ich schau dir gern dabei zu, wie du eins isst.« Maddie hatte in diesem Winter fünf Pfund zugenommen, weil sie aus Höflichkeit an all den Süßigkeiten und Kuchen naschen musste, die ihr und ihren Mitarbeitern von Kunden mitgebracht worden waren. Fünf Pfund waren natürlich nicht viel, aber sie war fest entschlossen, sie wieder loszuwerden. Mit Cody quer durch West Virginia zu laufen war ein guter Anfang, und wenn sie jetzt noch auf den Pie verzichtete, konnte sie den Tag als Erfolg verbuchen.

Cody warf sich auf das Sofa und überließ Maddie den Schaukelstuhl. Sie nahm einen großen Bissen und stöhnte zufrieden. »Wenn du Kuchen auch nur ein bisschen magst, solltest du den unbedingt probieren.«

»Oh, ich mag Kuchen. Er mag mich nur nicht.«

Cody legte nur den Kopf schief und streckte ihr die Gabel entgegen.

Maddie legte ihre Hand auf Codys und führte sie zum Mund, bevor sie mit der Zunge den Pie-Happen von der Gabel pflückte. »Verdammt, Cody. Wie soll ich denn dem Kuchen widerstehen, wenn er so schmeckt?«

»Du sollst ihm ja gar nicht widerstehen. Du sollst ihn genießen.« So war Cody … Sie saß auf einem Sofa ohne Polster in einem uralten Trailer … und war so glücklich, wie man nur sein konnte. Stolz und stark und ehrlich und rundum zufrieden – mit Geld oder ohne.

Maddies zärtliche Gefühle waren wohl offensichtlich, denn Cody lehnte sich vor, legte ihr eine Hand in den Nacken, hielt sie einen Moment lang einfach nur fest, und zog sie dann in einen Kuss.

Himmlisch. Äpfel und Zucker und Zimt und Cody. Eine süße, süße Kombination. Maddie seufzte zufrieden und Cody umfasste ihre Schultern und zog sie auf die Beine. Maddie konnte sich kaum auf den Beinen halten, als Cody endlich all dem Verlangen freien Lauf ließ, das sie bisher so erfolgreich vor ihr verborgen hatte. Vielleicht kannte sie aber auch nur zwei Zustände – an und aus. Wie auch immer, es war, wie es war, und es raubte Maddie den Atem.

»Ich werde alles mit dir machen, was du mit mir gemacht hast«, knurrte sie heiser. Doch dann schienen Zweifel in ihr aufzusteigen. Sie musterte Maddie aufmerksam, auch wenn es ihr schwerfiel, sich zu konzentrieren. »Du willst es doch, oder?«

»Ja, oh ja, will ich«, erwiderte Maddie keuchend. »Und wie ich will.«

Cody zog an Maddies Reißverschluss, doch ihre Finger zitterten so sehr, dass sie ihn kaum zu fassen bekam. Das zwischen ihnen war wunderbar … bemerkenswert … unglaublich. Und wer hätte gedacht, dass sie das hier noch einmal tun würden? Zum Glück hatte sie Maddies Blick nicht missverstanden. Das wäre grauenvoll gewesen! Wäre sie zu weit gegangen, wäre sie auf Nimmerwiedersehen im Boden verschwunden und nie wieder aufgetaucht. Aber bei ihrem ersten Mal hatte Maddie sie genauso angesehen wie gerade. Als wollte sie direkt in Cody hineinklettern. Es war ein wunderbarer, wunderbarer Blick.

Maddie gleichzeitig besitzergreifend zu küssen und sie auszuziehen erforderte ganz schön viel Koordination. Sie gegen die Wand zu drängen erwies sich dabei als überaus hilfreich. Jetzt konnte Cody diesen fantastischen Körper auch überall berühren, ihre Brüste, ihren Hintern, die weiche Haut, die zum Vorschein kam, als die Kleider fielen. Diesmal würde sie ihr den BH und das Höschen nicht sofort ausziehen, nein, sie würde das so lange wie möglich hinauszögern. Sie hatte keine Ahnung, woher Maddie ihre Unterwäsche hatte, aber sie war ganz sicher nicht aus einem Geschäft aus Summit County. Weit und breit gab es hier keinen Ort, wo man derartig erotische Teile kaufen konnte wie die, die ihre köstlichsten Stellen verbargen.

Cody strich mit den Fingern über den Spitzensaum des BHs, in dem Wissen, dass die vollen, sexy Brüste nur darauf warteten, von ihr gekostet zu werden. So viele Gefühle kochten in ihr hoch, dass ihr schwindlig wurde. Doch dann presste sie die Lippen auf Maddies und die Berührung erdete sie, gab ihr Halt. Halt bei einer Frau, die niemals die ihre sein würde.

Sie zwang sich, sich auf ein Ziel zu konzentrieren, um sich nicht in der Flut der Gefühle zu verlieren, die über sie hereinbrach. Die Chance, dass sich dies nach heute noch einmal wiederholen würde, war verschwindend gering, und Cody wollte sich diese Gelegenheit auf keinen Fall entgehen lassen. Sie war fest entschlossen, alles zu lernen, was Maddie ihr über Sex beibringen konnte. Hinter dieser hübschen Stirn verbargen sich so viele Informationen, zu denen Cody vielleicht nie wieder Zugang bekommen würde.

Maddie hatte Cody noch nie bei der Jagd beobachtet, doch sie wusste genau, wie sie dabei aussehen musste. Still, vorsichtig, unendlich geduldig. Aber sobald sie ihre Beute erspäht hatte, schlug sie zu, ohne zu zögern. Während sie jetzt auf dem Bett lag und Cody auf sie herabsah, konnte Maddie sich unweigerlich mit dem unglücklichen Reh identifizieren, das nicht einmal einen Zweig knacken hörte, bevor es getroffen zu Boden fiel.

Noch nie hatte Maddie mit einer Frau geschlafen, die so intensiv war wie Cody. Sie schien sie überall gleichzeitig zu berühren, sie so durchdringend und allumfassend zu liebkosen, zu drücken, zu streicheln, dass ihr Verstand gar keine Chance hatte, den Überblick zu behalten. Mit einer Hand umfasste sie gerade Maddies Hintern, doch noch immer konnte sie die Berührung auf ihrer Brust fühlen.

Sie waren erst vor wenigen Minuten ins Bett gefallen, doch Cody machte schon Ernst. Sie rutschte an Maddie herunter und machte es sich zwischen ihren Beinen bequem, ein sinnliches Lächeln auf den Lippen.

Es war bemerkenswert. Cody war noch nie mit einem anderen Menschen intim gewesen und doch war ihr Lächeln so unendlich selbstbewusst. Sie spreizte Maddies Beine und sah sie an, als wäre sie das beste Weihnachtsgeschenk. Eines, das sie sich seit Ewigkeiten gewünscht hatte und nun endlich in Händen hielt.

Als sie Codys Lippen auf ihren spürte, realisierte Maddie, dass sie noch nie so erregt gewesen war. Das hatte nichts mit Erfahrung oder Technik zu tun. Was sie so erregte, war angesehen zu werden, als wäre sie etwas ganz Besonderes. Fast ehrfürchtig und anbetungsvoll. Es war unmöglich, sich dem Anblick einer Frau zu entziehen, die förmlich glühte, wenn sie einen berührte. Diese Erregung übertrug sich unweigerlich auf einen selbst und genauso erging es Maddie, als Cody sie sanft küsste.

Wie von selbst vergruben sich ihre Finger in Codys seidigem Haar, doch sie widerstand dem Drang, sich darin festzukrallen und sie zu mehr zu ermuntern. Cody sollte das in ihrem eigenen Tempo tun, auch wenn es Maddie umbrachte … was gut und gern passieren konnte.

Ein leises Seufzen entrang sich ihren Lippen und ganz vorsichtig bewegte sie sich Codys warmem Mund entgegen. Sie konnte nicht anders. Es war einfach unmöglich, passiv dazuliegen, während sie so enthusiastisch verwöhnt wurde.

Maddie brauchte sich nur ein winziges Stück zu bewegen, ein bisschen lauter zu stöhnen oder zu verstummen – und schon reagierte Cody. Sie war derartig im Einklang mit Maddies Bedürfnissen, als teilten sie das gleiche Nervensystem. Cody probierte alles aus, experimentierte mit unterschiedlichem Druck, unterschiedlichen Bewegungen und unterschiedlicher Anspannung. Mal spitzte sie die Zunge, mal ließ sie sie samtweich werden, mal setzte sie nur die Lippen ein, um Maddie in den Wahnsinn zu treiben.

Schließlich war Maddie dem Kollaps nah. Sie war so oft kurz davor gewesen, dass sie sich verzweifelt nach Erlösung sehnte. »Bitte«, wimmerte sie. »Lass mich kommen.«

Cody schenkte ihr ein derartig aufreizendes Grinsen, dass Maddie befürchtete, sie müsse sie noch viel länger anflehen. Aber dafür war Cody viel zu großzügig. Sie senkte den Kopf wieder und konzentrierte ihre Bemühungen auf eine Stelle, saugte Maddie sanft in den Mund und übte genau genug Druck aus, um ihrem überreizten, dankbaren Körper einen alles durchdringenden Höhepunkt zu bescheren, der sie eine gefühlte Ewigkeit erzittern ließ.

Als sie nach einer Weile wieder zu sich kam, bemerkte Maddie, dass Cody hingebungsvoll versuchte, ihr einen weiteren Orgasmus zu entlocken.

»Ich muss mich erst ein bisschen ausruhen«, sagte Maddie und streichelte ihr sanft über den Kopf. »Ich kann nicht so oft hintereinander kommen wie du.«

Abrupt blickte Cody auf. »Warum nicht?«

»Weiß ich nicht. Es geht einfach nicht.« Sie machte mit einem Finger eine einladende Bewegung. »Komm her und küss mich.«

Cody rutschte nach oben und machte sich enthusiastisch an die Arbeit. Das war unglaublich süß und Maddie streichelte alle Stellen, die sie an Cody erreichen konnte.

»Ich mag es, wenn du das machst«, sagte Cody und löste sich weit genug von Maddie, um sie kurz ansehen zu können. »Es ist sanft. Und so schön.« Dann küsste sie sie wieder leidenschaftlich.

Maddie war bisher nicht mal in die Nähe von Codys erogenen Zonen gekommen. Vielleicht verschaffte es Cody ja wirklich Befriedigung, andere zu befriedigen. Trotzdem. Sie wollte, dass Cody sich entspannte und verwöhnen ließ. Es gab so viele selbstsüchtige Liebhaberinnen da draußen und Maddie wollte auf keinen Fall, dass Cody an eine von ihnen geriet und dann auf der Strecke blieb.

Sanft, aber bestimmt drehte sie Cody auf den Rücken und begann, sie zu erkunden. Beim ersten Mal waren sie so hektisch gewesen, dass es noch so unglaublich viel gab, was Maddie nicht über diesen berauschenden Körper wusste. Sie strich seitlich an ihren Schamlippen entlang, hielt kurz inne und umspielte dann ihre Vagina.

Cody erstarrte nicht wie beim letzten Mal, aber es gab auch keinen Hinweis darauf, dass sie es mochte.

»Magst du keine Penetration? Wenn du nicht darauf stehst, berühre ich dich da natürlich nicht.«

Sichtlich verwirrt hob Cody den Kopf. »Ich hatte noch keinen Sex. Schon vergessen?«

»Nein, natürlich weiß ich das noch.« Maddie musste kichern, als ihr klar wurde, dass Cody sie nur neckte. »Aber viele Frauen mögen es, einen Finger in sich zu haben, wenn sie sich selbst berühren … ganz allein.«

»Wirklich?« Sie runzelte die Stirn, als rechnete sie damit, dass das bloß eine Finte war. »Warum?«

»Da liegen ziemlich viele Nervenenden. Magst du es mal ausprobieren?«

»Klar.« Sie grinste. »Warum nicht?«

»Ich bewundere deine Abenteuerlust.« Maddie konzentrierte sich wieder auf ihre Aufgabe und neckte die Haut direkt neben ihrer Vagina.

Codys Stimme war etwas tiefer als normal, als sie sagte: »Das ist nett.«

»Da geht noch mehr.« Sie streckte den Zeigefinger aus und da sie keinen Widerstand spürte, drang sie langsam in Cody ein. Cody war eng, aber auch so feucht, dass es ganz mühelos ging. »Wie ist das?«

»Okay, würde ich sagen.«

»Dann fügen wir noch etwas hinzu.« Sie beugte sich vor und leckte zärtlich über ihre Vulva, ehe sie ihre Zunge zu ihrem Finger gesellte. Cody spannte sich merklich an, als durchfuhr sie ein wirklich gutes Gefühl, das bloß nicht enden sollte. Maddie sah ihr direkt in die Augen. »Gut?«

Nachdenklich verzog sie das Gesicht. »Ich könnte fast vergessen, dass du da drin bist.«

»Ist es unangenehm?«

»Nein, das ist es nicht.« Sie runzelte die Stirn und schien einen Moment lang intensiv nachzudenken. »Wahrscheinlich bin ich es einfach nicht gewöhnt. Man entwickelt vielleicht irgendwie eine Art Routine oder gewöhnt sich dran …«

»Macht Sinn.« Maddie bewegte ihren Finger sanft auf und ab. »Für mich fühlt sich die Dehnung gut an. Ich hab damit angefangen, als ich jung war und mich selbst erkundet habe, also bin ich das wahrscheinlich wirklich gewohnt.«

»Ja, ich nicht.« Sie hielt einen Moment inne. »Aber wenn du das gern machst, dann mach weiter. Ich gewöhn mich schon dran.«

Lachend rutschte Maddie nach oben. »Ich bin gern in dir, aber ich brauche es nicht unbedingt.«

»Zeig mir, wie du es magst.« Sie umkreiste mit den Fingern Maddies Öffnung.

»Okay.« Sie umfasste Codys Hand, führte sie und verhinderte, dass sie zu tief eindrang. »Manche Frauen werden gern tief gefickt, aber meins ist das nicht.« Sie hauchte einen Kuss auf diese süchtig machenden Lippen, die ihren so nahe waren. »Ich mag es langsam und oberflächlich.«

Cody rollte sich halb über sie.

Daran könnte Maddie sich viel zu rasch gewöhnen.

Dann drang Cody langsam in sie ein, erst mit einem, dann mit zwei Fingern, während sie Maddies Reaktion unendlich fasziniert beobachtete.

»Du kümmerst dich ja schon wieder um mich«, meinte Maddie neckend. Ihre Stimme klang träge und tief. Cody ließ sie im Nu dahinschmelzen. »Du bist doch dran.«

»Was sich für mich gut anfühlt, weiß ich aber schon. Du interessierst mich viel mehr.«

Maddie musste all ihre Willenskraft aufbringen, doch schließlich gelang es ihr, wenn auch widerwillig, Codys Hand festzuhalten. »Und du interessierst mich. Und jetzt leg dich hin und lass mich machen, was du magst und wie du es magst.« Grinsend streichelte sie die Haut um ihre Klitoris. »Wir bleiben uns selbst dabei ganz treu. Du magst es draußen und ich mag es drinnen, wo es schön warm ist.«

Cody versuchte tatsächlich, sich den Weg zurück zu bahnen. »Ich bin gern in dir drinnen.«

»Lass mich erst mal meinen Spaß haben. Nachher bist du wieder dran, versprochen.« Sie schob ihre Hand weg. »Zeit, draußen was zu erleben.«

Eine ganze Weile wechselten sie sich ab, bis sie beide befriedigt waren. Es war noch früh und da Cody nicht allzu müde wirkte, konnte Maddie einer ihrer Lieblingsbeschäftigungen nachgehen: nach dem Sex nebeneinander im Bett liegen und miteinander reden. Dann gab es keine Barrieren mehr und selbst ernste Gespräche fielen leichter.

Sie hatte über etwas nachgedacht und jetzt war der ideale Zeitpunkt, es anzusprechen. Cody lag auf dem Rücken und lächelte zufrieden. Maddie strich mit einem Finger über ihre Brust, zog die Linien ihres Brustbeins nach, des Schlüsselbeins und was ihr sonst noch so auffiel.

»Du prägst dir mich ein«, stellte Cody leise fest. »Als wolltest du dich daran erinnern, wo alles ist, falls du mich mal auseinanderbauen musst.«

»Ich würde dich nie auseinanderbauen. Genau so, wie du bist, bist du perfekt.« Sie beugte sich vor und küsste sie auf die Brust, woraufhin ihr Nippel sich sofort zusammenzog. »Siehst du? Selbst deine Brustwarzen sind perfekt. Die wissen auch ohne Bedienungsanleitung, was sie zu tun haben.«

»Sehr witzig.«

»Nein, ich meine das ernst. Dein Körper ist so empfindsam und reagiert sehr stark. Aber dein Kopf könnte sich mehr … frei machen.«

»Mein Kopf? Inwiefern?« Cody stützte sich auf die Ellbogen auf und ihr Gesichtsausdruck schwankte zwischen Vorsicht und Argwohn.

»Du musst dir keine Sorgen machen. Leg dich wieder hin und lass mich erklären.« Sie schnipste gegen die Brustwarze, die wieder weich geworden war, und kicherte, als sie sich erneut zusammenzog. »Ich glaube, du gestattest es dir nicht, zu träumen.«

»Das stimmt doch nicht. Ich träume wie alle anderen auch. Meistens träume ich sogar ziemlich schön.«

»Nein, ich meine nicht die Träume, wenn du schläfst. Mich interessiert mehr, was du dir für dich erträumst … für dein Leben. Welche Ziele du hast. Und so.«

Cody schürzte die Lippen und schüttelte entschieden den Kopf. »So was mach ich nicht. Es ist noch nie etwas Gutes dabei herausgekommen, wenn man Luftschlösser baut. Ich schaue immer, dass ich mit beiden Beinen auf der Erde stehe und mich dem stelle, was eben so auf mich zukommt.«

Verdammt, sie klang, als warte sie immer nur auf die nächste Hiobsbotschaft! »Komm schon.« Maddie streichelte sie weiter, ließ ihre Hand sanft über ihren Bauch gleiten. »Es gibt doch bestimmt etwas, das du gern hättest … auch wenn du glaubst, dass du es nicht haben kannst.«

Cody spannte sich merklich an. »Nein, ich mag es nicht, Dinge haben zu wollen, die ich nicht haben kann. Das ist unklug.«

»Aber du kannst alles haben!« Sie tätschelte ihren Bauch.

»Nein, kann ich nicht. Kann niemand. Und es tut nur mehr weh, wenn man sich da was vormacht. Manches ist einfach unerreichbar.« In ihre Augen trat der kalte, stumpfe Ausdruck, den sie immer bekamen, wenn sie über Geld redeten.

»Du kannst dir alles nur Erdenkliche kaufen, Cody. Du kannst überall leben, alles tun. Reisen, aufs College gehen, malen lernen, Menschen das Angeln beibringen … alles.«

»Oh. Ja, das stimmt.«

Sie entspannte sich ein wenig, was Maddie überraschte. Normalerweise verliefen ihre Gespräche über finanzielle Dinge viel zäher und bis eben hatte es auch genau danach ausgesehen. Aber vielleicht akzeptierte sie mit jedem Mal, dass sie darüber sprachen, mehr, wie sehr sich ihr Leben verändert hatte.

»Also. Erzähl mir von deinen Träumen.« Sie küsste sie auf ihre Wange. »Was hättest du gern, wenn du alles haben kannst?«

»Wenn ich mir alles kaufen könnte …«, murmelte sie nachdenklich. Dann schwieg sie eine ganze Weile, ehe sie schließlich herausplatzte: »Ich hätte gern ein Haus auf dem Berg.«

»Auf dem Berg?«

»Auf meinem Berg.« Sie runzelte die Stirn, als ihr bewusst wurde, dass Maddie sie nicht verstand. »Das Tal ist hier sehr schmal. Auf der einen Seite ist ein großer Berg, auf der anderen ein kleinerer. Ich hätte gern ein Haus auf dem großen Berg.«

Unglaublich! Sie konnte alles haben, was sie wollte, und dann wollte sie bloß eine Meile weit wegziehen.

»Ich bin natürlich auch hier glücklich und wenn ich hier mehr anbauen könnte, würde ich auch nie wegziehen wollen. Aber im Sommer ist es oft sehr neblig und da geht alles ein, was viel Sonne braucht. Ich würde gern Melonen anbauen, aber die brauchen richtig viel Sonne und außerdem warme Nächte. Oben auf dem Berg könnte ich bestimmt welche haben.«

Das war alles, was sie wollte. Obst und Gemüse anbauen, das man auch im Supermarkt kaufen konnte. So bezaubernd! »Du kannst das haben. Du kannst alles haben, wovon du geträumt hast. Mit dem Geld, das du gewonnen hast, kannst du dir alles kaufen, was vorher unmöglich war.«

»Träume können ganz schön Furcht einflößend sein«, sagte Cody und erschauderte.

»Müssen sie aber nicht.« Sie schmiegte sich an sie und streichelte sie zärtlich. »Erlaub dir, zu träumen, Cody. Nimm die Handbremse raus und lass den Gedanken freien Lauf.«

Als Maddie aufwachte, schien ihr die Sonne mitten ins Gesicht. »Was zum Teufel …« Sie fuhr hoch und realisierte, dass sie bei Cody war. »Bin ich allein?«, rief sie.

»Wohl kaum.« Cody war bereits angezogen. Sie hatte eine Tasse Kaffee mitgebracht, die sie Maddie anbot, nachdem sie sich auf die Bettkante gesetzt hatte. »Mit Milch und Zucker.«

Maddie trank einen Schluck und verzog leicht das Gesicht. »Für mich bitte nur mit Milch. Aber mit ganz viel.«

Cody ging zurück in die Küche und kam gleich darauf mit einer weiteren Tasse zurück, die sie ihr reichte. »Ich hab darüber nachgedacht, was du gestern gesagt hast. Dass ich mir kaufen soll, was ich haben will. Ich glaube, du hast recht.« Sie ging zum Fenster und schaute hinaus auf die Bäume, die jenseits der Auffahrt standen. »Dann bin ich dort oben, wo ich hinwill, und außerdem kann ich so vielleicht die Geier weglocken.«

»Geier?«

»Ja. Manchmal merkt ein Tier, dass einer hinter ihrem Jungen her ist, und lenkt ihn ab, indem es sich selbst opfert. Es ist größer und Raubvögel entscheiden sich immer für die fettere Beute.« Sie zuckte mit den Schultern. »Ich bin definitiv das größere Tier, und wenn ich weggehe, lassen die Geier meine Familie vielleicht in Frieden. Vor allem, wenn sie glauben, dass wir miteinander im Clinch liegen. Wahrscheinlich verbringen die Diebe auch erst mal ein ganzes Jahr damit, dieses Grundstück umzugraben. Wer weiß, vielleicht stoßen sie dabei ja auf Öl und geben sich damit zufrieden.«

Maddie schlüpfte aus dem Bett. Erst jetzt wurde ihr bewusst, dass sie splitterfasernackt war. Normalerweise war sie ganz zufrieden mit ihrem Körper, doch vor Cody war das etwas anderes. Irgendwie hatte ihr Verhältnis immer noch eine gewisse merkwürdige Formalität und es fühlte sich komisch an, nackt zu sein. Schnell zog sie sich an, dann trat sie ganz nah an Cody heran. Sie musste ihr in die Augen sehen. »Bist du sicher, dass es das ist, was du willst? Hier wegzugehen wäre hart für dich.«

»Wäre es. Wird es sein. Aber ich behalte das Land. Es hat Granny gehört und wird immer etwas Besonderes für mich sein. Ich werde ihre Lieblingspflanzen anbauen und den Garten zu meinem Spezialgarten für das Obst und Gemüse machen, das es gern kühl hat. Vielleicht installiere ich UV-Lampen im Trailer und ziehe da dann Pflanzen aus Samen. Hoch und groß genug dazu ist er ja.«

Es ging sicher nicht nur darum, welches Gemüse man wo anbauen konnte, doch Cody schien wild entschlossen. »Wenn es das ist, was du willst, solltest du es dir nehmen.«

»Ich mach mich auf die Suche nach einem Grundstück.« Ihre Stimme klang bestimmt.

»Ich würde dich gern begleiten.«

»Das wäre schön. Und jetzt mach dich fertig, damit wir endlich angeln gehen können. Es gibt da eine Stelle, da gibt es ganz viele Regenbogenforellen. Ich zeig dir, wie man die fängt. Husch, beeil dich! Hast du immer noch nicht gelernt, dass Fische nicht gern warten?«

Als Maddie heimfuhr, war ihr Bauch voller Regenbogenforellen. In Zukunft würde sie Gemüse auf ihre Wanderungen mitnehmen müssen, um nicht nur Protein zu sich zu nehmen. Oder sie musste warten, bis es Beeren gab, auch wenn das noch Monate dauerte. Cody würde natürlich wissen, wo es die besten Beeren gab. Vielleicht wuchsen sie an der Grenze zu Ohio oder Virginia, doch sie wären den weiten Weg auf jeden Fall wert.

Cody. Der Sex war … wunderbar gewesen. Cody steckte so voller Energie und Elan und scheute sich nicht davor, neue Dinge auszuprobieren. Und sie war so darauf fokussiert gewesen, Maddie Lust zu bereiten, dass Maddie sie beinahe hatte dazu zwingen müssen, still zu liegen und sich verwöhnen zu lassen. Was fehlte also? Wahrscheinlich war es bescheuert, schließlich hatten sie jeden Quadratzentimeter des Körpers der anderen erkundet. Aber selbst letzte Nacht waren sie sich irgendwie nicht richtig nahegekommen. Das zwischen ihnen wirkte so … flüchtig.

Es war ziemlich offensichtlich, dass Cody Schwierigkeiten mit körperlichen Zärtlichkeiten hatte. Sie hatte Maddie außerhalb des Bettes kein einziges Mal geküsst oder umarmt und sie wich selbst der beiläufigsten Berührung aus. Irgendwie waren Umarmungen für sie ein Ding der Unmöglichkeit, Cunnilingus hingegen ein Klacks. Sie war über Maddie hergefallen, als wäre es die natürlichste Sache der Welt, den Kopf zwischen ihren Beinen zu vergraben. Vielleicht wollte sie einfach keine Intimität. Manche Frauen wären natürlich vollauf zufrieden damit, lediglich hart und gut gefickt zu werden. Aber Maddie brauchte Zärtlichkeit und die hatte sie von Cody bis dato kaum bekommen.

Trotzdem war es schwer, sie sich aus dem Kopf zu schlagen. Sehr schwer. Okay, es war unmöglich. Cody war alles andere als weltgewandt, hatte kaum Erfahrung mit all den Dingen, die für Stadtmenschen alltäglich waren, und manchmal war sie seltsam abweisend, wenn es um die merkwürdigsten Dinge ging. Aber ihr Herz! Sie war aufmerksam, großzügig und über alle Maßen loyal. Diese Eigenschaften konnten so einige Defizite wettmachen, dabei hatte sie kaum welche. Nein, Cody war ein bemerkenswert guter Mensch. Von jemandem wie ihr konnte man sonst nur träumen. Hoffentlich fand sie eine Frau, die ihre Berge und das Tal genauso liebte wie sie. Diese Frau konnte sich glücklich schätzen.

Cody saß auf der Treppe und schärfte ihr Messer. Die Hunde lagen zu ihren Füßen und hofften wohl darauf, dass gleich etwas Aufregendes passieren würde. Es war fast dunkel und in einem Monat würde sie um diese Zeit nicht mehr draußen sitzen können, ohne bei lebendigem Leib von Moskitos aufgefressen zu werden.

Für sie waren die Wochen des Übergangs vom Winter in den Frühling die perfekte Jahreszeit. Die ersten Sträucher blühten schon, die Fische bissen an und um sie herum roch alles grün und frisch. Jagen konnte sie momentan nicht wirklich, aber im Herbst wäre immer noch Zeit dafür. Sie konnte warten.

Cody ließ ihre Gedanken schweifen und wie immer, wenn sie das tat, tauchte vor ihrem inneren Auge das Bild von Maddies Körper auf. Ein Körper, den sie auch in Gedanken gern berührte. Gott, sie war so eine schöne Frau. Es verblüffte Cody immer noch, dass Maddie sich so von ihr hatte berühren lassen. Sie war so offen gewesen … so willig. Sie war zweifellos die erotischste Frau der Welt. Niemand kam an sie heran. Warum hatte sie also alles mit ihrem Gerede über Träume ruinieren müssen?

Cody fuhr mit so viel Wucht mit dem Messer über den Schleifstein, dass sie sich beinahe schnitt. Sie legte den Stein weg, setzte sich hin und versuchte, nicht zu träumen. Es war so verlockend … so unglaublich verlockend. Aber es war unmöglich. Frauen wie Maddie Osborne landeten nicht bei Hillbillys. Sie hatten vielleicht Sex mit ihnen, aber deswegen erzählten sie lange noch nicht allen, die sie kannten, dass sie sich für ein Mädel von hier entschieden hatten. Das passierte nicht und davon zu träumen führte nur unweigerlich dazu, dass man den Verstand verlor. Ihr Bruder würde noch leben, wenn er keine unerreichbaren Träume gehabt hätte. Wenn er sich mit dem zufriedengegeben hätte, was er hatte, hätte er jetzt jede Menge Geld und könnte, wo immer er wollte, seinen Träumen nachjagen. Doch er war gierig geworden und hatte seine Träume über seinen gesunden Menschenverstand gestellt. Das war die größte Gefahr. Sich von seinem Verlangen beherrschen zu lassen. Man musste realistisch sein, wenn man glücklich sein wollte.

Selbst wenn Maddie wieder mit ihr schlafen wollte, Cody konnte das nicht. Was eine Schande war. Es war Maddies Schuld, auch wenn sie sich nichts dabei gedacht hatte. Sie wusste nicht, was Träume jemanden wie Cody kosten konnten. Sie konnte es einfach nicht wissen. Doch kaum hatte sich der Gedanke in ihrem Kopf festgesetzt – und obwohl er erst ein winziger Sprössling war, der sich aus dem gefrorenen Boden emporschob –, war es fast unmöglich, ihn wieder zu vertreiben. Maddie hatte sich in ihr Herz gestohlen. Mit ihr zu schlafen war die Konsequenzen nicht wert, die es für Cody haben würde, wenn Maddie wieder in ihr kleines Auto stieg und davonfuhr. Cody würde alles geben, um weiter mit ihr befreundet zu bleiben – aber mit ihr zu schlafen war viel zu verlockend und es tat so unendlich weh, so tun zu müssen, als bedeutete es nichts.

Der Zauber war gebrochen.

18

Das jährliche *Ramp Festival* war das größte Event des Jahres. Die Leute im Tal liebten den Ramp-Lauch, der dem Ort seinen Namen gegeben hatte, darum veranstalteten sie ihm zu Ehren ein Riesenfest. Es fand im Zentrum des Dorfes statt, das eigentlich nur eine flache Stelle war, auf der sich die Postfiliale und die Tankstelle befanden.

Das *Ramp Festival* war ein entspanntes Fest mit Tischen, an denen die Leute aus der Gegend ihr Kunsthandwerk anboten, mit Wettbewerben für den besten gepickelten Ramp-Lauch, für Ramp-Pies und andere kulinarische Köstlichkeiten. Niemand störte sich daran, dass das Tal und die meisten seiner Bewohner fast den ganzen Frühling lang stark nach Knoblauch rochen. Tatsächlich war das Aroma schon fast eine Auszeichnung. Auf dem Festival gab es keine Preise und auch sonst nichts Formelles. Wer gewann, konnte sich einfach mit dem Sieg brüsten. Aber es war eine schöne Art, den Frühling und das Ende eines verdammt harten Winters zu feiern.

Cody schlenderte gerade mit ein paar ihrer Cousins und Cousinen umher, blieb aber abrupt stehen, als sie Maddie entdeckte. Sie trug einen blauen Pulli und eine kakifarbene Stoffhose und stand hinter einer Bude, die ihre Bank aufgebaut hatte. Ramp war fast eine Stunde von Greenville entfernt und bisher hatte niemand von der Bank die Existenz des Ortes zur Kenntnis genommen, geschweige denn versucht, die Menschen hier dazu zu ermutigen, Bankkonten zu eröffnen. Bis Maddie die Filiale übernommen hatte. Seither hatte sich vieles geändert.

Cody lugte hinter den selbst gebauten Vogelhäusern des alten Mr. Cracken hervor und gab sich alle Mühe, Maddie zu beobachten, ohne von ihr oder sonst jemandem dabei erwischt zu werden. Sie war so hübsch. Und sehr freundlich und souverän, obwohl die meisten Menschen einen riesigen Sicherheitsabstand zu ihrem Stand einhielten. Nur Stumpy Grimshaw wagte es, direkt vor sie zu treten und sie anzugaffen. Wahrscheinlich dachte er, dass er irgendeine Art von Anspruch auf sie hatte, weil er sie damals gefahren hatte.

Plötzlich fiel Maddies Blick auf sie. Cody kam sich vor wie ein Coyote, auf den ein Laserstrahl gerichtet war. Ihr Körper prickelte und Hitze breitete sich in ihrer Brust aus. Zögernd winkte sie, ehe sie davoneilte, um Cassidy davon abzuhalten, ein Vogelhaus zu zerstören. Mit dem zappelnden Kind im Arm drehte sie sich um. Maddie sah sie noch immer an. Es war unhöflich, hier wie eine Statue herumzustehen, aber die Goodwin stand neben Maddie in der Bude und starrte Cody an. Sie würde sich später bei Maddie entschuldigen, dass sie sie nicht freundlicher begrüßt hatte. Auf keinen Fall würde sie sich von dieser hochnäsigen Person niedermachen lassen.

»*Appalachian States Bank,* Maddie Osborne,« sagte Maddie am anderen Ende der Leitung.

»Hi, hier ist Cody Keaton. Ich rufe an, um Bescheid zu geben, dass sich demnächst ein Autohändler bei dir melden wird, um sich zu erkundigen, ob ich tatsächlich Geld auf dem Konto habe. Sag ihm, dass ich eine pathologische Lügnerin bin und er mich festhalten soll, bis die Polizei kommt.« Sie lachte laut über ihren eigenen Witz. »Ich würde so gern dabei zuschauen, wie er in Tränen ausbricht, weil er glaubt, dass er den ganzen Vormittag seine Zeit mit uns verschwendet hat.«

»Mit uns? Wie viele seid ihr denn?«

»Wir haken heute vier Wunschautos ab. Lauter unterschiedliche Modelle, aber doch ähnlich. Zum Glück hat meine Familie die Erwartungen zurückgeschraubt. Keins der Autos kratzt an den Fünfundzwanzigtausend. Wahrscheinlich wollen sie erst mal abwarten, ob jemand Brett abknallt, bevor sie sich zu weit aus ihren Löchern wagen.«

»Du klingst erstaunlich fröhlich dafür, dass du so viel Geld ausgibst. Wird es leichter?«

»Wenn ich das Gefühl habe, das Richtige zu tun, ja. Die Frau, zu der du den Kontakt hergestellt hast, war super. Sie hat mir jede Menge Webseiten empfohlen, mit denen ich überprüfen kann, was ein realistischer Preis für ein Auto ist.«

»Wirklich? Das freut mich sehr.«

»Es ist echt gut gelaufen. Ich habe allen einen Zettel in die Hand gedrückt, auf dem ich sämtliche Autos notiert habe, die zu ihren Vorstellungen passen. Dann habe ich zusammengerechnet, was das kosten wird, und wir sind zu diesem Typen in Huntington gefahren, der die Autos hat, die wir uns vorstellen. Ich habe ihm gesagt, dass ich ihm soundso viel für dieses und jenes Auto mit dieser und jener Ausstattung gebe.« Sie lachte fies. »Hat ihm nicht gefallen, aber dann habe ich ihm gesagt, dass wir gern auch nach Charleston gehen können. Es war, wie du vorausgesagt hast: Es war ihm lieber, mit vier Autos ein bisschen Profit zu machen als jede Menge mit gar keinem.«

»Super! Es fühlt sich bestimmt richtig gut an, in Situationen wie dieser ein bisschen Kontrolle zurückzuerlangen.«

»Genau darum geht es mir«, erwiderte sie nachdenklich. »Ich will das Geld nicht ausgeben, aber wenn ich es schon ausgeben muss, dann wenigstens vernünftig.«

»Ganz genau. Und wenn du es so angehst, ist es auch viel leichter.«

»Oh, meine Cousine Melissa hat mir auch geholfen, indem sie das billigste Auto wollte, das sie hatten. Nur dreizehntausend.«

»Wow. Wie nett. Sie respektiert deine Wünsche.«

»Ja, sieht so aus. Ich hab sie dann aber überredet, ein etwas teureres Modell zu nehmen. Ich kann es mir leisten und das Modell hat in den Crash-Tests besser abgeschnitten.«

»Wie lieb von dir. Das wusste sie bestimmt zu schätzen.«

»Oh ja, das hat sie. Und ich weiß zu schätzen, was du für mich getan hast. Du hast mir wirklich sehr geholfen, Maddie. Danke für alles.«

»Ich bin stolz auf dich. Du bist mit jeder Menge Druck und Erwartungen konfrontiert und es ist bewundernswert, wie du damit umgehst. Ich hoffe, du bist auch selbst stolz auf dich.«

»Hochmut kommt vor dem Fall und ich kann es mir nicht leisten, zu fallen. Aber es freut mich, dass du stolz auf mich bist. Und das reicht schon.« Sie räusperte sich nervös. »Tut mir leid, dass ich auf dem *Ramp Festival* nicht mit dir geredet hab. Ich hatte mit den Kindern alle Hände voll zu tun.«

»Ja, hab ich gesehen.«

Maddie fügte nichts weiter hinzu. Woran dachte sie wohl? War es normal, fantastischen, ausdauernden Sex zu haben und ihn danach nie wieder zu erwähnen? Musste es wohl sein, denn sie hatten schon zweimal miteinander geschlafen und es danach kaum erwähnt.

»Es war schön, dass du da warst. Es war noch nie jemand von der Bank bei dem Festival.«

»Wir können nicht erwarten, dass Menschen bei uns Konten eröffnen wollen, wenn sie glauben, dass wir sie nicht wollen. Ich möchte nur, dass alle wissen, dass wir gern mit ihnen Geschäfte machen möchten.«

»Stumpy hast du schon mal für dich gewonnen. Bis zu einem Heiratsantrag ist es da auch nicht mehr weit.«

Kurz war es still, dann lachte Maddie.

Die Härchen in Codys Nacken richteten sich auf. Sie hatte so ein schönes Lachen. So ein wunderschönes Lachen.

Maddie ließ ihren Blick über die Horde gelangweilter Teenager schweifen und fragte sich unweigerlich, ob sie ihre Zeit verschwendete. Seit sie hier arbeitete, war sie als Mentorin für eine Gruppe von Jugendlichen an der Highschool tätig. Es lief nicht so, wie sie es sich erhofft hatte.

Sie musste immer sehr früh in der Bank sein und das Mittagessen ausfallen lassen, wenn sie um drei Uhr in der Schule sein wollte. Wahrscheinlich wäre es den Jugendlichen viel lieber, wenn sie sie einfach nach Hause schicken würde.

Aber inzwischen hatte sie über fünfzig Arbeitsstunden in dieses Projekt investiert. Sie wollte nicht, dass das alles umsonst war. Die Jugendlichen waren einfach nur … gelangweilt. Das musste es sein. Oder vielleicht waren sie auch müde. Was auch immer es war, sie blinzelten sie an, als wäre sie das Einzige, was zwischen ihnen und einem schönen, langen Nickerchen stand.

Future Businesspeople of Summit County, in der Tat. Perfekt geeignet wären sie wahrscheinlich nur für Jobs als Matratzentester.

»Ich weiß, es ist spät und ihr seid müde«, sagte sie und bemühte sich, etwas Elan in ihre Stimme zu legen. »Aber wir müssen uns ein Projekt für das Sommersemester überlegen. Etwas, mit dem wir den Leuten zeigen können, wie viel …«, sie strahlte sie an, »Verve wir haben.«

»Was ist Verve?«, fragte ein besonders dröge wirkender Junge.

Zumindest glaubte sie, dass das seine Frage war. Er hatte den Kopf auf den Arm gebettet, den er auf seinem Tisch ausgestreckt hatte, und sein Mund war hinter einem Stapel Bücher verborgen.

»Enthusiasmus«, sagte sie, während ihr eigener zunehmend schwand. »Hat jemand eine Idee? Hat jemand irgendwas zu meinen Vorschlägen hinzuzufügen?«

»Warum entscheiden Sie das nicht einfach?«, fragte ein hilfsbereites Mädchen. »Das ist doch viel einfacher.«

»Kann sein, aber wenn ihr später mal erfolgreich sein wollt, müsst ihr … Ideen haben, wie ihr etwas für die Allgemeinheit tun könnt. Ich werde dann nicht mehr da sein, um euch dabei zu helfen.«

»Seit wann tun Unternehmen was für Menschen?«, warf jemand ein. »Die wollen doch nur unser Geld.«

»Nicht alle, die in der Wirtschaft sind, sind fiese Ausbeuter«, erwiderte Maddie. »Ich bin es jedenfalls nicht und meine Bank auch nicht.«

Mitchell, ein Junge, der viel älter aussah als ein Schüler einer Highschool es sollte, entgegnete: »Was hat Ihre Bank denn je für uns getan? Die geben Kindern noch nicht mal mehr Lollis.«

Oh Mann. Es war ihre Idee gewesen, keine Süßigkeiten mehr an Kinder zu verteilen, weil es im County ohnehin schon so schlecht um die Zahngesundheit der Leute bestellt war und so viele Menschen schwer übergewichtig waren. Diese einfache Entscheidung hatte schon zu unendlich vielen Beschwerden geführt.

Sie musterte die Kinder erneut. Sie waren nett, hatten gute Manieren und wollten etwas aus sich machen. Das war während der Einzelgespräche, die sie mit ihnen geführt hatte, deutlich geworden. Aber wenn sie als Gruppe zusammen waren, machten sie zu und schienen sich regelrecht davor zu fürchten, sich irgendwie einzubringen. Als hätten sie Angst davor, ein Risiko einzugehen – was bei Jugendlichen in ihrem Alter wirklich überraschend war.

Noch war sie jedoch nicht bereit, aufzugeben. Eine verrückte Idee schoss ihr durch den Kopf und bevor sie es sich anders überlegen konnte, sprach sie sie aus. »Wisst ihr was? Mitchell hat recht. Wir sollten den Menschen von Summit County zeigen, wie wichtig uns dieser Ort ist. Lasst uns mit dem aufräumen, was uns niederdrückt, und dann neu anfangen.« Das löste bei keinem der Jugendlichen auch nur einen Hauch von Begeisterung aus, doch sie fuhr fort. »Ich war vor Kurzem in den Bergen und wäre fast erstickt, als ich in die Nähe einer illegalen Mülldeponie gekommen bin. Wenn wir auf unsere Heimat stolz sein wollen, sollte es so was hier nicht geben. Ich werde dafür sorgen, dass die Bank das Geld für ein Müllsammel-Projekt bereitstellt, und ich möchte, dass wir das gemeinsam auf die Beine stellen. Wer ist dabei?« Obwohl sie sich ziemlich mitreißend fand, hob nur eine Person die Hand.

Immerhin ein Anfang.

Sie musste all ihre Überredungskünste aufbieten, aber schließlich gelang es ihr, den für ihre Region zuständigen Vice President der Bank davon zu überzeugen, ein paar Tausend Dollar für den Kauf von T-Shirts und Schildern bereitzustellen, damit sie ein wenig Werbung für ihren ersten Müllsammel-Tag machen konnten. Es kostete sie viel Selbstbeherrschung, nicht die Augen zu verdrehen, als er darauf bestand, dass sie unbedingt Luftballons brauchte. Dass es dem Grundgedanken des Events widersprach, wenn sie noch mehr Müll produzierten, entging ihm völlig. Also willigte sie ein und beschloss insgeheim, für den unwahrscheinlichen Fall, dass er nachfragen würde, zu erklären, dass die Luftballonfirma geschlossen und sie darum leider keine hatte kaufen können.

Allmählich zeigten auch die Jugendlichen eine gewisse Eigeninitiative. Einige von ihnen überzeugten sogar die verantwortlichen Politiker des Countys, die Kosten für die erste große Müllsammelaktion zu übernehmen, die – was für ein Zufall – in Greenville stattfinden würde, dem Sitz der Regierung.

Ein leidenschaftlicher Auftritt vor dem Schulausschuss brachte ihnen die Busse ein, mit denen die Freiwilligen zum Einsatzort gebracht werden sollten, und die Fahrer verzichteten während der Aktion großzügig auf ihr Gehalt. Eine Woche vor der Veranstaltung war Maddie erstaunlich zuversichtlich. Sie war gerade im Büro, dessen Glaswand nun ein riesiges *Make Summit Sparkle*-Schild zierte, als Cody den Kopf hereinstreckte. »Hast du einen Moment?«

»Ja, klar. Komm rein.«

Cody trat ein und studierte aufmerksam die Schilder und sonstigen Materialien, die überall im Büro verteilt waren. »Ich wusste gar nicht, dass du mit dieser Sache zu tun hast.«

»Ja, ich hab wie ein Tier geschuftet, um das auf die Beine zu stellen. Es ist eigentlich ein Schulprojekt, aber wir übernehmen einige der Kosten.«

»Ein Schulprojekt? Von welcher Schule?«

»Von deiner.« Da Cody jetzt nur noch verwirrter aussah, fügte Maddie hinzu: »Ich leite eine Gruppe von Jugendlichen, die mal ein Unternehmen gründen oder ein Geschäft eröffnen wollen.« Ihr Lächeln wurde breiter. »Endlich habe ich es geschafft, sie für etwas zu begeistern.«

Cody setzte sich und ließ den Blick durch das Büro schweifen. »Das ist … wirklich, wirklich nett von dir. Deine Zeit zu opfern und so.«

»Oh, ich mache das gern. Die Jugendlichen sind alle sehr nett und jetzt, da sie endlich eine Aufgabe haben, stellen sie sich richtig findig an.«

»Das Event steigt nächste Woche?«

»Ja.« Maddie verzog das Gesicht und nestelte an ihrem Ausschnitt, um sich Luft zuzufächeln. »Der Druck steigt. Wir erwarten etwa hundert Leute, die mithelfen wollen. Gut, was?«

»Und ihr werdet … Müll einsammeln?«

»Japp. Wir haben zwei illegale Deponien am Rand der Stadt gefunden. Wenn die Leute sehen, dass ihre Mitbürger da sauber machen, bekommen sie vielleicht ein schlechtes Gewissen und laden da nichts mehr ab. Das hoffen wir zumindest.«

Cody kratzte sich am Kopf. »Da wäre ich mir nicht so sicher. Wahrscheinlich überwinden sie das schlechte Gewissen recht bald wieder.«

»Komm doch auch und hilf mit. Das County kommt für die Container auf. Wir müssen sie nur noch füllen.«

Cody stand auf und schnappte sich ein paar Flyer. »Ich werde da sein. Und ich schaue, dass ich noch ein paar helfende Hände mitbringe.«

Am Samstagmorgen beobachtete Maddie zufrieden und glücklich, wie Cody mit neun Verwandten vor der Highschool vorfuhr. Acht von ihnen hatten sich in einen riesigen schwarzen SUV gequetscht, während Cody und ihr Furcht einflößender Cousin, den sie damals mit der Schrotflinte gesehen hatte, in einem zweiten Auto kamen.

Maddie hatte keine Zeit, zu ihr zu laufen und sie zu begrüßen, doch sie winkte ihr zu und grinste in sich hinein, als Cody unauffällig zurückwinkte. Sie schien nicht zu wollen, dass ihre Familie wusste, dass sie befreundet waren. Das war ein wenig seltsam, aber für Cody nicht weiter ungewöhnlich.

Die erste illegale Müllkippe war ganz in der Nähe, auf einem kleinen Berg außerhalb der Stadt. Die Straße, die hinaufführte, war eine Sackgasse, weil der Hang danach zu steil wurde. Inzwischen wusste Maddie, dass Sackgassen bevorzugte Orte waren, wenn es darum ging, etwas zu entsorgen, das man nicht auf legalem Weg loswerden konnte.

Sie brauchten drei Busse für die Freiwilligen. Sie war extrem stolz auf ihre Jugendlichen, die es nicht nur geschafft hatten, Leute dazu zu bewegen, sich als Freiwillige zu melden – sondern dann auch noch tatsächlich aufzutauchen. Die Arbeit war alles andere als einfach. Die Bank hatte ein paar Dutzend Arbeitshandschuhe besorgt, die die Leute sich schnell schnappten. Das, was hier herumlag, wollte niemand mit bloßen Händen anfassen.

Die Schüler hatten alles im Griff und teilten den Freiwilligen ihre Aufgaben zu. Und dann schufteten sie stundenlang. Maddie war nicht überrascht, als Cody sich freiwillig meldete, um mit einer großen Schaufel Müll in einen Container zu schaufeln. Sie hatte sich ein Bandana vor Mund und Nase gebunden, um sich vor Staub und Dreck zu schützen – und vielleicht auch ein bisschen vor dem Gestank.

Cody sah so verdammt süß aus. Sie trug Devins Army-Shirt und seine alte Camouflage-Hose. Maddie würde es durchaus begrüßen, wenn Cody die schlecht sitzenden Klamotten am Schluss auch noch entsorgte. Doch sie kannte Cody gut genug, um zu wissen, dass sie auf keinen Fall wollte, dass ihre neuen Klamotten schmutzig wurden. Wenige Menschen gingen so sorgsam mit ihren Sachen um wie Cody.

Ihre Cousins und Cousinen hängten sich genauso ins Zeug wie Cody selber. Bis auf Devin hatte sie nur junge Teenager mitgebracht, die Maddie bisher allesamt nicht kannte. Sie alberten mehr herum, als zu arbeiten, aber das war in dem Alter ganz normal. Wenigstens waren sie da.

Devin stand direkt neben Cody und schaufelte im Takt mit ihr Müll in den Container. Wann immer sie in ihre Richtung schaute – und das tat sie oft –, redeten die beiden nicht miteinander. Trotzdem waren sie geradezu im Einklang – als kommunizierten sie ohne Worte. Als einmal eine Ladung zu schwer für sie war, drehte Devin sich zur Seite und nahm ihr einen Teil davon ab, ohne dass sie ihn darum bat oder seine Hilfestellung auch nur groß zur Kenntnis nahm. Sie hatten einen Job zu erledigen und keine Zeit für Geschwätz.

Maddie hatte unendlich viel zu tun und lief die ganze Zeit von einem kleinen Drama zum nächsten. Es war schon später Nachmittag, als die Freiwilligen den letzten Müll in die Container luden. Höchste Zeit, die Dankesparty in Gang zu bringen.

Sie fuhren zurück zur Highschool, wo andere Schüler mit Punsch und selbst gebackenen Keksen und Brownies warteten. Da Maddie das Event organisiert hatte, musste sie sich ins Getümmel stürzen, Dutzenden Leuten danken und sicherstellen, dass die Snacks ordentlich angerichtet waren. Sobald sie einen Moment Luft hatte, sah sie sich suchend nach Cody um. Nur um festzustellen, dass sie und ihre Verwandten in ihre Autos stiegen und zurück nach Ramp fuhren.

Maddie war sauer, gab sich aber die größte Mühe, sich ihre schlechte Laune nicht anmerken zu lassen. Der Tag war ja tatsächlich ein großer Erfolg gewesen. Aber das Beste war, wie stolz die Jugendlichen aus dem Klub waren. Das war ein riesiger Fortschritt für sie, und Maddie war dankbar, dass sie ein Teil davon sein durfte. Trotzdem. Dass Cody sie ignoriert hatte, setzte ihr wirklich zu. Erst auf dem *Ramp Festival* und heute wieder.

Gegen sechs Uhr schlurften die letzten Freiwilligen aus der Turnhalle. Ein letztes Mal dankte sie ihnen aus vollstem Herzen, dann ging Maddie zu ihrem Auto. Auf der Motorhaube saß eine saubere Cody in neuen Klamotten. Sie hatte ein Buch gelesen, klappte es aber zu, als Maddie auf sie zukam.

»Müde?«, fragte sie fröhlich grinsend.

»Warum bist du einfach so abgehauen? Ich wollte euch begrüßen. Die Kinder kenne ich noch gar nicht.«

»Ach, das sind nur Kinder. Man muss mit ihnen verwandt sein, um sie zu mögen.«

»Das ist mein Ernst.« War es wirklich.

»Um ehrlich zu sein, Devin hat es nicht so mit Sozialkontakt, und Melissa musste Brett sein Auto zurückbringen, bevor er Zustände kriegt. Beim nächsten Mal planen wir mehr Zeit ein.« Sie zögerte. »Es wird doch ein nächstes Mal geben, oder?«

»Äh… ja. Aber dem County ist schon das Geld ausgegangen. Wahrscheinlich werden wir Spenden sammeln müssen, damit wir die Container finanzieren können. Vor Herbst wird das nichts.«

»Nein, das reicht nicht.« Cody hakte sich bei Maddie unter und führte sie zu ihrem Auto. »Falls du dich gefragt hast: Wir gehen essen.«

»Hab ich tatsächlich«, erwiderte sie lächelnd.

»Na ja, ich hab Hunger, also musst du auch hungrig sein. Während des Essens kannst du mir dann erzählen, wie viel ich für diese verdammten Container blechen muss.« Sie schaute gespielt finster drein und lehnte sich zu Maddie. »Du wirst diese Meute nämlich nach Ramp bringen. Bald.«

Sie gingen in das eleganteste Restaurant von Greenville, obwohl Maddie fand, dass sie viel zu schmuddelig aussah, um sich in der Öffentlichkeit sehen zu lassen. Doch Cody bestand darauf, dass sie etwas Anständiges zu essen brauchte und es auch bekommen würde.

Sie aßen gerade ihr gebratenes Hühnchen, als Cody sich vorbeugte. Im Kerzenschein war ihr Gesicht noch schöner als sonst. »Ich will, dass du weißt, wie viel der heutige Tag mir bedeutet hat. Ich weiß, dass du es für die Stadt und das County und auch für die Bank gemacht hast, aber du hast es auch für mich getan.«

»Hab ich«, gab Maddie zu. »Du liebst deine Heimat so sehr und es muss dich fertigmachen, dabei zuzusehen, wie deine Nachbarn sie zerstören.«

»Tut es.« Sie nickte ernst. »Aber was mir so viel bedeutet, ist, dass du nicht einer dieser Stadtmenschen bist, die uns bemitleiden und die herausfinden wollen, was mit uns nicht stimmt.« Sie sah aus, als hätte sie gern ein paar Schimpfwörter gebraucht, dabei tat Cody das eigentlich nie. »Aber du bist anders. Du suchst nach Möglichkeiten, etwas zu verbessern.« Sie ließ sich in ihrem Stuhl zurücksinken. »Das ist rechtschaffen.«

Noch nie hatte Maddie ein Kompliment so viel bedeutet. Selbst wenn Summit County, West Virginia, eines Tages so sauber sein sollte wie die Schweiz, würde sie sich nicht besser fühlen als jetzt, in genau diesem Moment. Und das nur wegen einiger weniger Worte, die die Frau zu ihr gesagt hatte, deren Meinung ihr alles bedeutete.

Sie standen auf dem Parkplatz und Maddie versuchte, nicht allzu offensiv zu flirten. Sie wollte, dass Cody mit zu ihr kam, wusste aber nicht, wie sie sie am besten fragen sollte. »Bist du müde?«

»Völlig erschlagen. Der Tag hat mich echt fertiggemacht. Und du?«

»Oh, ein bisschen Energie hab ich schon noch. Wir könnten … noch was miteinander trinken … wenn du magst.« Sie versuchte wirklich, subtil zu sein, aber sie konnte nicht anders, als auf Codys Lippen zu starren, als wollte sie sie verschlingen. *Gut gemacht, Maddie. So unauffällig wie ein Güterzug.*

Cody war entweder wirklich sehr müde oder sehr naiv oder beides. Sie gähnte und streckte sich. »Nein, wenn ich jetzt noch was trinke, fahre ich direkt in den nächsten Straßengraben. Es ist noch eine ordentliche Strecke bis nach Ramp.«

»Wenn du so müde bist … kannst du auch gern … bei mir übernachten.«

»Um heimzufahren, sollte es schon noch reichen. Gerade so. Noch mal danke für alles.« Sie machte einen Schritt in Maddies Richtung, als wollte sie sie umarmen, doch dann ließ sie die Schultern kreisen und stieg ins Auto. Cody winkte noch einmal, dann war sie auch schon weg.

Zurück blieb nichts als ihr immer kleiner werdendes Rücklicht und die Sehnsucht in Maddies Herz.

Eine Stunde später parkte Cody vor ihrem Haus, ging hinein und zog das magische Shirt an, das die Moskitos fernhalten sollte. Bisher hatte sie noch keine gesehen, aber die Biester neigten dazu, plötzlich wie aus dem Nichts aufzutauchen. Dann ging sie zurück und setzte sich auf die Treppe. Sie brauchte noch etwas frische Luft.

In ihrem Kopf herrschte ein wahres Gedankenwirrwarr, doch es war vor allem ihr Körper, der nach Aufmerksamkeit verlangte. Maddie hatte mit ihr schlafen wollen. Cody mochte unerfahren sein, aber der Blick, den

Maddie ihr zugeworfen hatte, war nicht schwer zu entziffern gewesen. Dieser Blick. Und Cody hatte ihn bewusst ignoriert. Wie hatte sie das bloß geschafft? Wenn sie nur daran dachte, wie der Blick aus diesen schönen Augen auf ihre Lippen gefallen war, sammelte sich schon die Hitze zwischen ihren Beinen. Sie hätte sie haben können. Könnte sie jetzt, in diesem Moment haben.

Cody seufzte. Sie konnte nicht anders. Sie musste sich einen Moment … einen Augenblick gestatten, von ihr zu träumen. Von diesen weichen, vollen Brüsten. Wie sie die Hüften wiegte, wenn Cody sie leckte. Von ihrem Geschmack. Nichts war besser, als sie zu schmecken und sie dazu zu bringen, sich zu winden. Die Geräusche, die sie machte, wenn sie die Finger in ihre Hüften grub und an ihr saugte …

Es traf sie wie ein Schlag. Abrupt richtete sie sich auf und ließ die Wahrheit über sich hinwegschwemmen. Sie *liebte* Maddie Osborne. Nur ihrem Körper zu huldigen, war viel, viel zu wenig. Auch wenn es sie vielleicht umbringen würde: Sie durfte sie nie wieder berühren. Sie hatte nur ein Herz und Maddie Osborne hatte sich schon ein viel zu großes Stück davon geschnappt. Sie durfte nicht zulassen, dass sie es ganz brach.

Seit Cody das Geld gewonnen hatte, war das ganze Fundament der Familie ins Wanken geraten. Onkel Cubby war nicht mehr das Oberhaupt. Stillschweigend war er zurückgetreten und hatte sich auf eine Ebene mit seinem Bruder und seinen Schwestern begeben. Damit war die Familie ohne Anführer. Cody war diejenige, auf die sich jetzt alle verließen, doch sie hatte seinen Platz nicht eingenommen. Sie war die Geldquelle, nicht das Oberhaupt.

Jetzt, wo sie plante, auf den Berg zu ziehen, zerbröselte der Zusammenhalt völlig. Onkel Shooters »grünes« Fertighaus würde am Rand seines Grundstücks errichtet werden, damit er Solarpaneele auf dem Flachdach anbringen konnte. Damit bildeten er und Tante Thelma nicht mehr das Zentrum ihres Zweigs der Familie, was noch mehr Unordnung mit sich brachte.

Alles war in Bewegung. Zwei ihrer Cousins wollten unbedingt bei ihren Eltern ausziehen und eigene Häuser haben. Und seit alle neue Autos hatten, verbrachten sie viel weniger Zeit miteinander. Cody hatte auch niemanden mehr nach Greenville fahren müssen. Etwas, von dem sie nie gedacht hätte, dass es ihr mal fehlen würde.

Jetzt, wo alles in Bewegung war, war der perfekte Zeitpunkt, um aus einem offenen Geheimnis eine offene Wahrheit zu machen. Es war an der Zeit, sich zu outen. Seit sie sich eingestanden hatte, lesbisch zu sein, hatte sie das Gefühl, etwas zu verbergen, indem sie es für sich behielt. Nicht, dass sie dieses Thema ausführlich diskutieren wollte. Aber es war so, als hätte sie herausgefunden, dass sie Gedanken lesen konnte. Das war eine ziemlich wichtige Entdeckung und es wäre seltsam, so etwas vor den Menschen zu verbergen, denen sie am nächsten stand. Außerdem würde sie nicht einfach darauf hoffen, dass, wie aus dem Nichts, plötzlich eine Frau vor ihrer Tür stand. Es gab nur einen Weg, ihrer Besessenheit von Maddie ein Ende zu bereiten: indem sie eine Frau fand, die zu ihr passte. Sie musste ihrer Familie sagen, dass sie auf die Jagd ging. Und zwar bevor sie ihre Trophäe nach Hause brachte. Die Vorstellung, sich eine Frau über die Schulter zu wuchten und sie vor versammelter Mannschaft wieder runterzulassen, entlockte ihr ein Lachen. Wenn die Frau nicht von hier war und sich plötzlich den Montgomerys gegenüberfand, würde sie die Flucht ergreifen wie eine gesengte Sau.

Die Aussicht darauf, sich gegenüber ihrer Familie zu outen, machte Cody nicht nervös. In ihrer Familie wurde aus Sex kein Drama gemacht. Ihr Cousin Lucas hatte mit fünfzehn ein Mädchen geschwängert und die Reaktionen waren nicht anders gewesen, als hätte er plötzlich eine unerwartete Reise angekündigt. Ja, sie hatten darüber geredet, aber kein großes Aufheben um die ganze Sache gemacht.

Trotzdem wählte sie Tante Lily als einfachen Einstieg. Die lauteren Familienmitglieder hob sie sich für später auf. Cody besuchte sie an einem Nachmittag, an dem sie sicher sein konnte, dass ihre Tante allein war. Nachdem sie höflich angeklopft hatte, öffnete sie die Tür und trat ein – wie man das als Montgomery eben so tat. Genau genommen klopfte niemand der anderen an, aber das gehörte sich nun mal, wenn jemand allein daheim war.

Ihre Tante saß vor dem Fernseher und puzzelte.

»Hi, Tante Lily«, sagte Cody und machte einen Schritt auf sie zu.

»Hey, Cody! Setz dich.«

Sie setzte sich und überlegte, erst noch Zeit zu schinden, beschloss dann aber, es hinter sich zu bringen. »Tante Lily«, setzte sie an. »Ich würde gern mit dir über etwas Wichtiges … und Persönliches reden.«

»Worüber denn, Spätzchen? Geht's dir gut?«

»Ja, alles in Ordnung. Ich hab in letzter Zeit viel nachgedacht und ich bin zu dem Schluss gekommen, dass ich …« Wie sollte sie das nur ausdrücken? »Ich fühle mich zu anderen Frauen hingezogen. Ich bin lesbisch.«

Tante Lilly riss die Augen weit auf und ließ das Puzzleteil fallen, das sie in der Hand gehalten hatte. »Hör nicht auf das, was Bobby und die Jungs sagen! So bist du nicht!«

Bobby hatte also über sie geredet. Wer noch? Alle wahrscheinlich.

Ihre Tante redete weiter und mit jedem Wort, das sie sagte, wurde ihre Stimme lauter und durchdringender. »Lass dich nicht entmutigen, Spätzchen! Du findest schon noch einen Jungen, den du für dich gewinnen kannst.«

»Wenn ich einen Mann wollte, würde ich bestimmt einen finden, Tante Lily. Aber ich will keinen. Ich will eine Frau finden, die ich lieben kann.«

»Die du *lieben* kannst«, wiederholte sie. »Ich weiß nicht, Cody. Ich glaube, das solltest du besser lassen.«

Cody würde ihr nicht erzählen, dass sie es längst ausprobiert – und wunderbar gefunden – hatte. Ihr Privatleben war immer noch sehr privat – und würde es auch immer bleiben. »Ihr braucht vielleicht ein Weilchen, um euch daran zu gewöhnen, aber ich *bin* lesbisch. Ich glaube das nicht bloß wegen irgendwelcher Gerüchte. Es ist einfach so.«

»Ich weiß nicht. Ich glaube, es ist besser, wenn du noch mal darüber nachdenkst. Die Menschen können ganz schön grausam sein, wenn es um solche Dinge geht. Handel dir besser keinen Ärger ein.«

Cody stand auf und ging zur Tür. »Ich handle mir keinen Ärger ein, Tante Lily. Ich habe dir lediglich gesagt, wer ich bin. Letztlich wird alles gut werden.«

Bei den drei übrigen Zweigen ihrer Familie lief es ähnlich. Sie bekam keine herzlichen Glückwünsche, es warf aber auch niemand eine Bibel nach ihr – weder im wörtlichen noch im übertragenen Sinn. Zum Glück war lediglich ein Familienmitglied richtig religiös. Cody wusste, dass sie mit Devin allein reden musste. Das würde sie auch gern tun – wenn er sie darauf ansprach. Selbst mit dem Thema anzufangen, machte keinen Sinn. Die Drecksarbeit konnte seine Mama übernehmen. Cody würde danach die Scherben zusammenkehren.

Es dauerte nicht lange. Schon am nächsten Nachmittag marschierte Devin in ihr Haus und stellte sich so vor die Tür, als wolle er sie daran hindern, abzuhauen. »Warum jetzt?«, blaffte er.

Das kam überraschend. Sein Pastor wetterte immer aggressiv gegen Homos und Abtreibung, darum hatte sie eigentlich damit gerechnet, dass Devin ihr Bibelzitate um die Ohren hauen würde. Doch stattdessen schien er eher … ihr Timing zu hinterfragen? Sie hätte sich ahnungslos stellen und so Zeit schinden können, bis sie sich nicht mehr so überrumpelt fühlte. Aber so etwas taten sie nicht. Sie hatten beide keinerlei Geduld für solche Spielchen.

»Weil ich es jetzt weiß.«

Er kam ins Haus und setzte sich auf die Seitenlehne des Sofas. »Das stimmt doch nicht. Du hast es schon lang gewusst.« In seiner Stimme lag tiefe Verachtung. »Alle haben es gewusst.«

»Danke, dass du mir erklärst, was ich gedacht habe.« Sie ging zum Kühlschrank, nahm zwei Bierflaschen heraus und reichte ihm eine, ehe sie sich auf den Schaukelstuhl setzte. »Seit wann weißt du es?«

Er öffnete die Flasche und trank einen großen Schluck. »Highschool. Oder so. Vielleicht auch früher.«

»Ich wünschte, du hättest es mir gesagt.« Sie nippte an ihrem Bier und dachte an all die Jahre, die sie mit ihrer Ungewissheit verschwendet hatte.

»Komm schon, lüg mich nicht an. Ich werd dich deswegen schon nicht schlagen.«

Das brachte das Fass zum Überlaufen. Sie stand auf und starrte ihn an. »Das würdest du kein zweites Mal tun. Glaub mir.«

»Ich hab doch gesagt, ich werd dich nicht schlagen!«, entgegnete er. »Ich renn doch nicht herum und verprügle jeden Sünder in der Gegend. Da würde mir die Hand abfallen. Ich hab nur gedacht … du glaubst vielleicht, ich will dir was.«

»Hältst du das, was du hier gerade abziehst, etwa für sonderlich verständnisvoll? Du bist wegen irgendetwas angefressen und ich weiß nicht, was es ist.«

»Aus irgendeinem Grund bildest du dir ein, es jetzt allen erzählen zu müssen. Und ich glaube, ich weiß, was dieser Grund ist – oder wer.«

Oh-oh. Sie wollte Maddie da nicht mit hineinziehen. Die Leute in der Stadt wären alles andere als begeistert, wenn sie herausfänden, dass die örtliche Bankfilialleiterin eine Lesbe war. Viele von denen gingen in die gleiche Kirche wie Devin. Nein, sie würde auf keinen Fall über Maddie reden. »Ob du es mir glaubst oder nicht: Ich erzähle es deswegen jetzt allen, weil es mir selbst jetzt erst klar geworden ist. Kann sein, dass ich langsam bin. Aber wenigstens bin ich mir sicher.«

Er richtete diesen finsteren Montgomery-Blick auf sie, der die meisten dazu brachte, sich zu den Rockzipfeln ihrer Mütter zu flüchten. »Was ist denn jetzt anders, dass du dir auf einmal so sicher bist? Irgendwas muss da doch dahinterstecken.«

»Ich hab im Internet recherchiert.« Das stimmte.

»Und warum hast du im Internet recherchiert?« Sein Blick schälte ihr die Haut vom Körper, legte ihre Gedanken bloß.

»So halt. Ich hab ... Ich hab einfach so das Gefühl gehabt, dass ich vielleicht lesbisch sein könnte und dann dachte ich mir, es ist an der Zeit, das zu entscheiden.«

Er trank den Rest seines Biers aus. Dann stellte er die leere Flasche ab und baute sich vor Cody auf. »Pass mal auf. Manchmal kommt es vor, dass ein Mädel die Abenteuerlust packt und sie meint, sie will Sex mit einem von hier draußen. Die kommen dann zur Raststätte in Twined Creek oder sonst wohin und tun total interessiert. Das ist aber nicht echt, Cody. Du bist für sie nur ein schmutziges Geheimnis. Glaub gar nicht erst, du wärst gut genug für wen wie sie. Bist du nicht.«

Sie blickte ihm ausdruckslos ins Gesicht. Auf keinen Fall würde sie sich anmerken lassen, was seine Worte in ihr auslösten. »Ich habe keine Ahnung, worauf du hinauswillst, aber ich sollte dir wohl dafür danken, dass du meinst, mich vor etwas warnen zu müssen ... das du für wichtig hältst.«

Er kaufte ihr das Rumgeeiere nicht ab. Stattdessen beugte er sich vor und krallte die Faust in ihr Shirt. »Ich hab gesehen, wie du sie anschaust. *Lass das.*« Er drehte das Handgelenk, sodass der Stoff sich um ihren Hals zusammenzog. Dann ließ er sie los und ging zur Tür, wo er noch einen Moment verharrte. Immer noch starrte er sie bösartig an. »Es ist eine Sünde, das zu begehren, was man nicht haben kann.«

Cody saß noch eine ganze Weile im Schaukelstuhl und ging das Gespräch in Gedanken immer wieder durch. Sie hatte keine Ahnung, was in Devin gefahren war. Sein Verhalten war so merkwürdig gewesen ... und so gar nicht er selbst. Sie hatte ihm versichern wollen, dass sie sehr wohl wusste, was sie haben konnte und was nicht. Doch eigentlich ging ihn das gar nichts an. Nichts davon. Aber warum hatte er sich auf Maddie eingeschossen statt auf die Sünde, die Homosexualität seiner Meinung nach war? Er schien zu glauben, dass der Versuch, sozial aufzusteigen, die wahre Sünde war. Das war … so merkwürdig. Seit diesem verfluchten Krieg war er so verdammt merkwürdig.

Cody stand auf, um sich von dem deprimierenden Thema abzulenken. Sie schnappte sich ein Buch und holte sich noch ein Bier. Sie brauchte etwas Beruhigendes. Sie war nicht der Typ Mensch, der in der Vergangenheit feststeckte und über die Gegenwart jammerte. Aber wenn sie es sich erlaubte, konnte sie sich eine ganze Weile in ihrem eigenen Unglück suhlen und darüber jammern, wie weh es tat, etwas haben zu wollen, das sie niemals haben konnte.

19

Am nächsten Wochenende rief Cody sie an, um sie zu einem weiteren Angelausflug einzuladen.

Aber Maddie musste ihr absagen. »Ich würde sehr gern, aber ich besuche meine Eltern. Ich habe sie schon ewig nicht mehr gesehen.«

»Wie kommst du hin?«

»Mit dem Auto.«

»Mit dem Auto? Wirklich? Wie lang fährst du denn da?«

»Ungefähr fünf Stunden. Das geht. Ich fahre nach der Arbeit los, dann bin ich zur Schlafenszeit dort.«

»Weißt du, ich war noch nie in der Gegend von … Wo genau kommst du noch mal her?«

»Culpeper.«

»Richtig. Culpeper. Was meinst du, ob es mir dort wohl gefällt? Ich sollte da mal hinfahren … mit dem Auto. Aber am liebsten in Gesellschaft. So bin ich nämlich. Ich bin so ungern allein.«

»Ich fasse es nicht, wie forsch du geworden bist, Cody Keaton.« Maddie lachte. »Schau, dass du am Freitag um fünf bei meiner Wohnung bist. Wenn du zu spät kommst … warte ich.«

Nachdem sie aufgelegt hatte, starrte Maddie auf ihr Handy. Was zum Teufel? Sie wollte sich Cody doch aus dem Kopf schlagen! Stattdessen würde sie sie nun mit zu ihren Eltern schleifen und sie ihnen vorstellen.

Und ihre Mutter würde definitiv merken, dass zwischen ihnen etwas lief. Sie war wie ein Bluthund, der witterte, dass etwas in der Luft lag. Verdammt. Aber wenn sich die Gelegenheit bot, mit Cody Zeit zu verbringen, musste Maddie sie einfach nutzen.

Cody sah zum Anbeißen aus, als sie am Freitag Maddies Wohnung betrat. Sie musste im Klamottenladen völlig eskaliert sein, denn sie trug wieder ein neues Outfit. Eine dunkle Hose, die nicht nur in der Taille passte, sondern auch die richtige Länge hatte. Ein smaragdfarbenes Fleece-Oberteil, in dem sie wie ein bunter Teddybär aussah. Sie hatte sogar Schuhe an! Keine Stiefel, sondern ganz normale Schuhe – wobei … Als Maddie genauer hinsah, stellte sie fest, dass diese Schuhe durchaus geeignet waren, damit wandern zu gehen oder auf einen Baum zu klettern, um einen besonders hübschen Fetzen Moos zu pflücken.

»Du siehst gut aus«, sagte Maddie und bemühte sich, nur freundlich zu klingen. »Smaragdgrün ist deine Farbe.«

»Ah, ja?« Cody klang ein wenig unsicher, wie immer, wenn sie etwas nicht gleich verstand.

»Die Farbe passt perfekt zu deinem Hautton, das wollte ich damit sagen. Und sie betont deine schönen Augen.« Uff, genau so klang es, wenn man sich nicht anmerken ließ, dass man an einer Frau interessiert war. *Gut gemacht!*

»Oh, danke.«

»Warst du noch mal mit deiner Cousine shoppen?«

»Nein, ich hab alles auf einmal gekauft. Vier Stoffhosen, zwei Jeans, sechs Shirts, drei Pullis, drei Unterwäsche-Sets. Meine Unterwäsche ist Teil eines Zwiebelsystems«, fügte sie hinzu. In ihrer Stimme schwang entweder Stolz oder Überraschung mit, Maddie war sich nicht sicher. »Ist das okay?« Sie hielt einen Pappkarton hoch.

»Wofür?«

»Ich hatte nichts, wo ich meine Klamotten reintun konnte. Ist es okay, wenn ich den Karton dafür nehme?«

Sie war so süß! Wollte immer wissen, wie andere Menschen lebten. »Klar. Aber ich kann dir auch eine Tasche leihen, wenn du magst. Ich hab einen Weekender, der genau die richtige Größe haben sollte.«

»Weekender. Wie passend.« Sie kicherte. »Mit dem Weekender ins Wochenende.«

Maddie lächelte. »Schon, oder? Ich hole ihn.«

Sie stiegen ins Auto und fuhren zur Interstate. Kurz vor der Auffahrt hielt Maddie an einer Tankstelle. Kaum war sie ausgestiegen, kam der Tankwart angerannt. »Mein Kreditkartenleser ist defekt. Haben Sie Bargeld dabei?«

»Ich glaube nicht.« Sie tastete nach ihrer Tasche.

Er winkte schon ab. »Kommen Sie am Rückweg wieder hier vorbei?«

»Ja. Ich wohne in Greenville.«

»Dann zahlen Sie einfach, wenn Sie das nächste Mal da sind.«

Er drehte sich um und ging wieder hinein, während Maddie ihm ungläubig nachstarrte.

Als sie wieder ins Auto stieg, empfing Cody sie mit lautem Lachen. »Dir ist da eben echt die Kinnlade runtergefallen. Ist dir so was noch nie passiert?«

»Nein, natürlich nicht!«

»Ich sag doch, West Virginia ist ein gutes Fleckchen, um zu leben. In New York wär dir das nicht passiert.« Sie wirkte zufrieden mit sich und der Situation.

Maddie musste grinsen. Es war ein schönes Gefühl, dass das Provinznest, in dem man lebte, New York City überlegen war. Ein trügerisches, aber schönes Gefühl.

Da sie die ganze Zeit nur auf der Interstate fuhren, bekamen sie keine Städte und auch sonst nicht viel zu sehen. Aber Cody drückte sich begeistert die Nase am Fenster platt, bis es draußen stockdunkel war. »So ein schönes Land.« Sie seufzte, dabei war inzwischen draußen wirklich nichts mehr zu erkennen.

»Das ist es. Ich könnte mir dich gut irgendwo mitten in den Blue Ridge Mountains vorstellen.«

»Ja. Meine Familie hat hundert Jahre lang im heutigen Virginia gelebt, bevor sie die Berge überquert haben. Sie haben sich etwa zwanzig Jahre nach dem Bürgerkrieg in Ramp niedergelassen. Mann, das müssen verdammt mutige Menschen gewesen sein.«

»Mutig wie du. Ich kann förmlich vor mir sehen, wie du in einem Planwagen davonziehst, mit nichts als einer Schrotflinte und einem Messer.«

»Ja«, stimmte sie glucksend zu. »Wäre mir zuzutrauen. Wenn es sein muss, kann ich mutig sein.«

Eine ganze Weile stellte Maddie sich vor, wie Cody allein, in einer einfachen Wildlederhose, die Blue Ridge Mountains durchquerte, auf der Suche nach einem sagenumwobenen Schatz, der sich irgendwo in West Virginia befinden sollte. Seltsamerweise passte sie viel besser in diese Vorstellung als in die Gegenwart. Cody war die geborene Trapperin.

Eine Stunde vor ihrer Ankunft sank Cody gegen die Beifahrertür. Es war noch nicht sehr spät, aber sie war sicher wieder extrem früh aufgestanden. Wie immer.

Schließlich hielt Maddie in der breiten Einfahrt ihrer Eltern. Sie nahm sich einen Moment, um ihr Haus mit Codys Augen zu sehen. Wenn man es nicht besser wüsste, könnte man meinen, sie seien reich wie Krösus. Das Haus hatte eine Fläche von etwa einhundertsechzig Quadratmeter und lag in einem Wohngebiet, das Mitte der Achtziger auf einem ehemaligen Acker errichtet worden war.

Ihre Eltern hatten damals viel dafür bezahlt, über zweihundertfünfzigtausend Dollar. Inzwischen war es viel weniger wert. Aber sie liebten die Stadt und waren froh, hierhergezogen zu sein. Die Schulen waren gut gewesen und ihre Eltern hatten gern etwas zurückgelegt, damit ihre Kinder eine gute Ausbildung bekamen. Aber jetzt war das Haus eigentlich zu groß für sie und die Investition in das Gebäude hatte sich nicht gelohnt. Immerhin konnten sie die Kreditraten bedienen, solange sie ihre Arbeit behielten – was alles andere als sicher war.

Die Grundstücke hier hatten alle um die tausend Quadratmeter, was für weite Teile Virginias ziemlich groß war. Als sie noch in Newport News gewohnt hatten, hatte sie vom Küchenfenster aus den Nachbarn in die Küche sehen können. In Culpeper nicht. Hier hatten sie Luft zum Atmen und genug Platz, um sich ein wenig zu bewegen. Sie war dankbar für die Möglichkeiten, die diese Stadt ihr eröffnet hatte.

Ihre Eltern hatten ihre Jobs gewechselt und waren dadurch in der Gehaltsskala nach unten gerutscht. Außerdem mussten sie eine Stunde länger zur Arbeit fahren, damit Maddie und ihre Brüder etwas aus ihren Leben machen konnten. Als sie über all das nachdachte, wurde ihr bewusst, dass sie ihnen dafür nie gedankt hatte. Sie beschloss, dass sich das dieses Wochenende ändern würde.

Cody hob den Kopf, der eben noch an der Windschutzscheibe gelehnt hatte. »Sind wir schon da?« Sie rutschte nach vorn und riss die Augen auf. »Das ist ja eine Villa!«

Ihre Eltern und ein Golden Retriever kamen aus dem Haus und hielten alle drei direkt auf Maddie zu. »Da ist ja meine Beste«, meinte ihr Vater überschwänglich und zog sie in eine innige Umarmung.

»Mom sollte deine Beste sein«, spöttelte Maddie. »Aber ich begnüge mich gern mit Platz zwei.«

Der Hund sprang an Maddie hoch und stemmte seine Pfoten fest gegen ihre Oberschenkel, während er den Kopf zurückwarf und ihre Eltern fröhlich anblinzelte.

»Beruhig dich, Thumper. Du musst dich heute von deiner besten Seite zeigen, wir haben Besuch.« Sie küsste und umarmte ihre Mutter. »Das ist Cody.«

Der Hund ließ sich zurück auf den Boden fallen und flitzte zu Cody. Er setzte an, auch sie anzuspringen, stockte jedoch aus irgendeinem Grund, setzte sich und starrte sie unsicher an.

»Du hast meinem Hund Angst gemacht«, meinte Maddie grinsend.

Cody schüttelte erst ihrem Vater, dann ihrer Mutter die Hand. »Es freut mich, Sie kennenzulernen. Danke, dass ich mitkommen durfte.« Sie schnipste mit den Fingern und der Hund trottete zu ihr. Er wedelte wie wild mit dem Schwanz, als sie ihn am Kinn kraulte. »Braver Hund«, lobte sie ihn. »Guter Junge!«

»Kommt rein«, sagte ihr Vater. »Ich bin Tim und das ist Sara. Wenn dir das Haus gefällt, kannst du es uns gern abkaufen.« Lachend klopfte er Cody auf den Rücken. »Maddie hat uns erzählt, was für ein Glückspilz du bist. Ich gratuliere!«

»Tim«, tadelte Sara. »Sei nicht so peinlich.« Sie schaute zu Cody. »Mach dir nichts draus. Er hält sich für lustig.«

»Ist er auch«, sagte Maddie und hakte sich bei ihrem Vater unter.

Maddies Zimmer sah noch genauso aus wie vor ihrem Umzug nach West Virginia. Ihre Eltern waren nicht besonders sentimental, aber sie brauchten das Zimmer nicht, also hatten sie es so gelassen, wie es war.

Cody und sie saßen auf ihrem alten Einzelbett. Maddie trug einen Pyjama und Cody ein hübsches grünes, eng anliegendes Top und Devins

Army-Jogginghose. Pyjamas hatte es im Outdoor-Laden wohl keine gegeben.

Thumper lag auf dem Boden und beobachtete sie aufmerksam. Normalerweise bestand er immer darauf, mit im Bett zu liegen, doch in Codys Nähe war er weniger dreist als sonst. Vielleicht merkte er, dass sie kein Problem damit hatte, Tiere aus ihren irdischen Hüllen zu befreien.

Cody hatte so viele Fragen, dass Maddie mit den Antworten kaum hinterherkam. »Ja, das ist der erste Artikel, der von mir in der Schülerzeitung veröffentlicht wurde. Ich war mir sicher, dass ich mal Journalistin werde und dass meine Artikel auf der ganzen Welt veröffentlicht werden.« Sie schüttelte den Kopf. »Es ist dann doch anders gelaufen.«

Cody sah sie so ernst an, dass ihr Herz flatterte. »Aber du bist nicht unglücklich, oder?«

Maddie tätschelte ihr sachte die Schulter. »Nein, überhaupt nicht. Die meisten mögen ihre Jobs nicht sonderlich. Ich arbeite, weil ich es muss, und der Job ist schon okay. Ich bin wirklich nicht unglücklich«, fügte sie auf Codys zweifelnden Blick hin hinzu.

»Ich könnte es nicht ertragen, wenn du unglücklich wärst«, sagte Cody.

Sie sah Maddie dabei so intensiv an, dass ihr der Atem stockte. Verdammt, sie war so lieb und fürsorglich. Warum konnte sie keine nette, erfahrene Lesbe aus San Francisco sein?

Cody deutete auf ein Foto, das Maddies gesamte Abschlussklasse auf den Stufen des Kapitols zeigte. »Ist das in Washington oder in Richmond?«

»Washington. Wir haben dort unseren Abgeordneten besucht. War ziemlich langweilig, aber immerhin hatten wir einen Tag schulfrei.«

»Wie ist es da?«

»An meiner Schule?«

»Nein, in Washington. Ist es schön?«

»Warst du nie da?« Cody war nur eine halbe Tagesfahrt von der Hauptstadt entfernt aufgewachsen. Jeder, der im Umkreis einiger Stunden von Washington lebte, war doch in seiner Jugend irgendwann einmal dort gewesen. Oder?

»Nein. Ich wollte immer, aber ich konnte niemanden überreden, mich zu begleiten, und allein wollte ich nicht. Die Stadt kommt mir so ... groß vor.« Mit einem Mal klang sie wieder schüchtern.

»Mal sehen, was sich da machen lässt.«

Am nächsten Morgen saß Maddie mit ihrer Mutter in der Küche, während ihr Vater Cody im Keller seine Modelleisenbahn zeigte. »Du hast noch nie eine Kundin mitgebracht«, meinte ihre Mutter grinsend. »Ist das eine neue Customer-Relations-Strategie?«

Maddie verdrehte die Augen. »Wir sind Freundinnen.«

»Freundinnen?«, wiederholte sie skeptisch. »Sonst nichts?«

»Wir sind nicht … Wirklich, ich … Wir sind nicht … zusammen.« Die Hitze stieg ihr in die Wangen. Wie albern das klang!

»Ich weiß, es geht mich nichts an, aber es wäre so schön, wenn du jemanden findest, der dich zu schätzen weiß. Nicht wie diese … Dawn.«

Maddies Ex bekam keine Weihnachtskarten mehr. Ihre Mutter war Maddies entschiedenste Verteidigerin und felsenfest davon überzeugt, dass mit jeder Frau, die nicht mit ihr zusammen sein wollte, etwas nicht stimmte – oder dass sie schlicht bösartig war.

»Ich will momentan keine Beziehung, Mom. Das weißt du. Wenn ich erst in einer Stadt bin, in der ich auch bleiben will, mache ich mich wieder auf die Suche.«

»Die Größe einer Stadt sagt nichts über die Qualität der Menschen aus, die da wohnen, Schatz.«

»Ich weiß, ich weiß.«

»Ich mache mir nur Sorgen, weil du immer darüber redest, wo du als Nächstes hinwillst. Die Zeit steht nicht still. Wenn du Kinder willst …«

»Ich habe sämtliche Artikel gelesen, laut denen die Fruchtbarkeit einer Frau zwei Sekunden nach ihrem dreißigsten Geburtstag ins Bodenlose sinkt.« Der tadelnde Blick ihrer Mutter ließ sie lächeln. »Wenn ich eine Partnerin finde, die Kinder haben will – dann werden wir das angehen. Wenn nicht – habe ich meine Nichten und Neffen. Das reicht.«

Während Maddie sich fertig machte, dachte sie über das Gespräch mit ihrer Mutter nach. Ihre Mutter machte sich damit zwar etwas vor, aber sie glaubte wirklich, dass Maddie alles haben konnte – eine Frau, Kinder, einen tollen Job, jede Menge Geld und unzählige andere Dinge. Es musste schwer sein, wenn die eigenen Kinder an den Zielen scheiterten, von denen man überzeugt war, dass sie sie mit Leichtigkeit erreichen konnten. Aber auch die besten Pläne konnten an der Realität scheitern.

Ihre Eltern hatten so viele Opfer gebracht, damit ihre Kinder in der Gesellschaft weiter aufsteigen konnten. Einfach in Greenville sitzen zu bleiben und weiter auf derselben Position in der Bank zu arbeiten, kam ihr vor, als würde sie ihre Eltern um ihren Erfolg betrügen. Sie durfte nicht einfach so vor sich hin leben. Sie musste sich mehr anstrengen.

Später am Tag schlenderten sie zu viert durch die Innenstadt, besichtigten ein paar Schlachtfelder aus dem Bürgerkrieg und machten sogar bei ein, zwei Weingütern halt. Maddie musste sich sehr zusammenreißen, um nicht über Codys Gesichtsausdruck zu lachen, als sie einen Wein probierte. Das war offensichtlich eine neue, nicht sehr angenehme Erfahrung für sie. Aber es war bezaubernd, wie sehr sie sich bemühte, dazuzugehören.

Sie aßen in einem nicht sonderlich authentischen chinesischen Restaurant zu Abend. Das Essen war aber von guter Qualität, und Maddie lechzte geradezu nach internationaler Küche. Cody bestellte das Gleiche wie sie, wie sie es immer tat, wenn sie unsicher war. Als die Vorspeisen serviert wurden, beobachtete Cody verstohlen, wie die Osbornes sich die Stäbchen schnappten und anfingen zu essen. Kurzerhand drückte Maddie ihr ebenfalls Stäbchen in die Hand und erklärte ihr geduldig, wie sie sich damit ein Teigtäschchen in den Mund steckte. Sojasoße rann ihr über das Kinn, und Maddie beobachtete grinsend, wie sie entschlossen ein weiteres Teigtäschchen anvisierte, bevor alle weg waren. Als sie zur Seite sah, warf ihre Mutter ihr ein wissendes Lächeln zu. *Erwischt.*

Am Sonntagnachmittag sah Cody dabei zu, wie eine bunte Modelleisenbahn über Schienen flitzte. Sie zuckte nicht zusammen, als Maddie ihr eine Hand auf die Schulter legte und sie leicht schüttelte.

»Wir müssen los.«

Sie drehte sich zur Seite und sah sie unter dem Schirm der Lokführermütze hervor an, die Tim ihr freundlicherweise geliehen hatte. »Jetzt schon?«

»Ihr könnt noch bleiben«, meinte Tim und machte eine wegwerfende Handbewegung.

Maddie hauchte einen Kuss auf sein schütter werdendes Haupt und drückte seine Schultern. »Nein, können wir nicht. Ich hab noch was zu erledigen.«

»Ach menno«, brummte er. »Ich hab doch nie eine hübsche Frau da, die mir mit der Eisenbahn Gesellschaft leistet.«

Maddie verpasste ihm einen Klaps auf den Hinterkopf. »Ich leiste dir sehr wohl Gesellschaft. Pass auf, was du sagst.«

Cody bedankte sich überschwänglich für die Gastfreundschaft der Osbornes, und nachdem sie sich lang und breit verabschiedet hatten, fuhren sie schließlich los. Als sie die Interstate erreichten, bog Maddie nach Norden ab.

»Ich will dir ja nichts vorschreiben, aber das ist die falsche Richtung.«

»Ist es nicht. Von hier sind es nur fünfzig Meilen bis nach Washington. Es ist höchste Zeit, dass du dir mal anschaust, wo die Menschen, die du mit am meisten verabscheust, arbeiten.«

Cody war begeistert. Mehr als nur begeistert. Wieder und wieder fragte sie Maddie, ob sie auch sicher war, dass sie sich so kurzfristig einen Tag freinehmen konnte. »Ja, natürlich bin ich das. Mach dir keine Sorgen. Ich hab meine Stellvertreterin angerufen und sie springt morgen für mich ein. Ich hab uns außerdem ein Hotelzimmer reserviert.« Sie wackelte mit den Augenbrauen. »Du bist eingeladen.«

»Nein! Lass mich die Rechnung übernehmen.«

»Nichts da. Das war meine Idee, also lade ich dich ein.« Sie aktivierte ihren leichten Südstaatenakzent. »Meine Mama hat mir beigebracht, was sich gehört.«

Cody war schwer beeindruckt. Sie brachte kaum ein Wort heraus, als sie durch Washington fuhren und Maddie ihr all die Sehenswürdigkeiten zeigte, von denen sie bisher nur gehört hatte. Es dämmerte, die Lichter gingen gerade an und beleuchteten die weißen Monumente, die sich deutlich vom dunklen Abendhimmel abhoben.

»Ist das großartig«, hauchte sie. »Und so sauber.« Sie drehte sich zu Maddie um. »Wie schaffen die es nur, dass es so sauber ist?«

»Mit deinen Steuergeldern«, erwiderte Maddie trocken.

»Das ist es wert«, meinte Cody. »Auf diese Stadt können wir stolz sein.« Ein Grinsen breitete sich auf ihrem Gesicht aus. »Zu schade, dass es hier vor Politikern nur so wimmelt.«

Maddie machte sich einen Spaß daraus, Hotelbonuspunkte zu sammeln, indem sie Kreditkarten neu eröffnete und wieder kündigte und alles tat, um ihre Punktezahl zu erhöhen. So war es ihr gelungen, ein hübsches Zimmer in einem guten Hotel in der Nähe der *National Mall* zu reservieren. Kostenlos.

Nachdem sie eingecheckt und ihr Zimmer bezogen hatten, setzte Cody sich ans Fenster und rührte sich nicht mehr. Sie hatten eine unglaubliche Aussicht auf Washington, und obwohl sie schon oft hier gewesen war, musste Maddie zugeben, dass der Anblick etwas Besonderes war. Doch es war schon Abend und sie hatte Hunger. »Wenn du nicht wegwillst, müssen wir beim Roomservice bestellen. Aber glaub mir, sobald du siehst, was die verlangen – vergeht dir der Appetit.«

Nach einem kurzweiligen Abendessen, das gleichzeitig Codys erste zögerliche Begegnung mit der thailändischen Küche war, standen sie wieder an dem großen Fenster ihres Hotelzimmers. Cody beobachtete die vorbeifahrenden Autos genauso fasziniert wie heute Vormittag die Modelleisenbahn.

Als Maddie sich gerade bettfertig machen wollte, legte Cody einen Arm um sie und zog sie in eine Umarmung. »Das bedeutet mir mehr, als du ahnst.«

Es fühlte sich so verdammt gut an, ihr wieder so nah zu sein. Was besonders schön war, war, dass Cody ihr Körperkontakt anbot, ohne sie gleich zum Bett zu zerren. »Aww… Hab ich gern gemacht.« Sie lehnte den Kopf gegen Codys.

So standen sie eine ganze Weile da. Wahrscheinlich war es unklug, Fragen zu stellen, auf die enttäuschende Antworten folgen konnten, aber Maddie konnte nicht anders. »Warum …« Sie wandte sich Cody ganz zu.

Auf Codys Gesicht breitete sich der misstrauische Ausdruck aus, den sie immer zeigte, wenn Maddie etwas Ungewöhnliches oder Unerwartetes sagte. »Warum willst du mir nicht mehr nah sein?«

»Nah?« Cody schluckte hart. Sämtliche Farbe wich aus ihren Wangen und sie lehnte sich gegen die Wand.

»Du weißt, was ich meine«, sagte Maddie, ohne den Blickkontakt zu unterbrechen. »Ich bin vielleicht nicht total explizit gewesen, aber ich habe ziemlich offensichtlich mit dir geflirtet und du hast es ignoriert.« Ihr Herz raste und ihre Kehle schnürte sich zu, doch die Frage musste raus. »Hast du so schnell das Interesse an mir verloren?«

»Gott, nein!« Cody umfasste ihre Schultern so fest, dass es wehtat.

Aber ihr Blick war so ehrlich, dass Maddies Herzschlag sich verlangsamte und sie endlich wieder Luft bekam. Cody war nicht der Typ, der ihr etwas vormachte, um sie nicht zu verletzen. »Warum dann?«

Cody ließ die Hände sinken und Maddie vermisste sofort ihre Nähe. Wenn sie sich berührten, fühlte sie sich immer ein bisschen mehr wie sie selbst – und danach umso leerer.

Cody ging zu einem Sessel und ließ sich darauf fallen. »Kann ich dir nicht sagen.« Sie wich Maddies prüfendem Blick aus.

Das konnte sie ja gern versuchen, würde ihr nur nichts nützen. Maddie ging zu ihr und setzte sich auf die breite Lehne des Sessels. »Du *willst* es mir vielleicht nicht sagen, aber du kannst es sehr wohl.«

In Codys dunklen Augen spiegelte sich eine wahre Flut an Gefühlen. »Ich halte es einfach für keine gute Idee. Was … was wir wollen, ist einfach zu unterschiedlich.« Sie vergrub das Gesicht in ihren Händen.

»Ich weiß nicht, was du willst, Cody. Du hast es mir nie gesagt.«

Sie linste sie zwischen gespreizten Fingern hervor an. »Weil ich das nicht möchte.«

»Verdammt noch mal!« Maddie sprang auf und stapfte zum Fenster. Sie starrte hinaus und versuchte, die Kontrolle über ihre Gefühle zurückzuerlangen. »Du bist zweimal einfach reingefegt und hast mir den Boden unter den Füßen weggerissen. Habe ich da nicht zumindest eine Erklärung verdient, warum du auf einmal genug von mir hast?«

Sofort war Cody hinter ihr. »Ich hab nicht genug von dir«, sagte sie leise. »Aber ich kann nicht zulassen, dass du dich in mein Herz stiehlst und dann die Stadt verlässt. Das würde ich einfach nicht aushalten.« Ihre Stimme zitterte.

Maddie drehte sich um und schaute ihr in die Augen. »Du bist … du bist meiner nicht überdrüssig?«

»Überdrüssig?« Sie lachte bitter auf. »Ich könnte deiner nie überdrüssig sein. Aber ich kann dich nicht ganz haben und … dich nur ein bisschen zu haben, reicht mir nicht.«

»Wer sagt denn, dass du mich nicht haben kannst?« Maddie legte Cody die Hände auf die Schultern und schloss für einen Moment die Augen. Schon diese winzige Berührung beruhigte etwas tief in ihr.

»Du«, erwiderte Cody mit Nachdruck. »Du hast mir gesagt, dass du aus Greenville verschwindest, sobald es nur geht.« Sie ließ den Blick ziellos durch das Zimmer schweifen, als brächte sie es nicht über sich, Maddie ins Gesicht zu sehen. »Ich bin vielleicht nicht sonderlich erfahren, aber ich lese viel. Ich weiß, dass Menschen einem irgendwelche Ausreden auftischen, wenn sie einen nicht verletzen wollen. Du hast sehr deutlich zu verstehen gegeben, dass deine Karriere wichtiger ist als alles andere.« Sie stockte und senkte den Blick. »Und als *alle* anderen.«

Maddie kämpfte gegen die Tränen an und umklammerte Cody fester. »Das hab ich, ich weiß. Ich hab das damals auch so empfunden. Aber jetzt … So verwirrt wie jetzt war ich noch nie. Ich kann nicht aufhören, an dich zu denken, Cody. Andauernd versuche ich, mich davon zu überzeugen, dass ich umziehen muss, damit ich mehr verdiene und neue Erfahrungen sammeln kann … Aber ich kann an nichts anderes denken als an dich. Und daran, wie wunderbar es sich anfühlt, in deinen Armen zu liegen.« Wie durch ein Wunder schlangen sich diese Arme um sie und hielten sie fest. Maddie atmete Codys beruhigenden Duft tief ein, legte den Kopf auf ihre Schulter und schmiegte sich an sie. »Genau so.«

»Dann bleib bei mir.« Sanft umfasste Cody Maddies Gesicht und sah ihr tief in die Augen. »Bleib einfach bei mir.« Sie beugte sich vor und küsste sie, hauchzart und sanft. »Bleib bei mir.«

Maddie umklammerte sie fester und tauchte in die Welle der Geborgenheit ein, die sie immer durchflutete, wenn sie in Codys Armen lag. Ihr Leben, ihre Zukunft, ihre Träume – alles drehte sich um diese wunderschöne Frau und die Gefühle, die sie in ihr auslöste. Cody war die Antwort auf all ihre Fragen.

Entschlossen machte Cody sich daran, Maddies Bluse aufzuknöpfen.

In Maddies Kopf überschlugen sich die Gedanken, Alarmglocken schrillten und Warnlampen blinkten. Doch dann legte Cody ihre warmen Lippen auf ihre Brust und Maddie war zu keinem einzigen zusammenhängenden Gedanken mehr fähig. Alles wurde unscharf und verschwamm und verschwand dann völlig. Es gab nur noch diesen warmen, sanften Mund und die Wärme und das Flattern in ihrer Brust.

Es gab nur noch Cody.

Verschwitzt lagen sie wenig später in dem völlig zerwühlten Bett. Zeit, zu reden. Nachdem sie miteinander geschlafen hatten, konnte sie endlich wieder klar denken und jetzt quoll Maddies Hirn vor Fragen geradezu über. All die Probleme, die sie in den letzten Monaten gewälzt hatte, kamen wieder hoch. Doch Cody sah sie aus ihren Rehaugen an und fragte: »Kann ich dich halten?«

Sie hatte keine Chance. Wieder ignorierte sie die Warnsignale und schmiegte sich an Cody. Zärtlich streichelte sie über ihren Bauch, über die weiche Haut, die immer noch nachglühte.

»Ich liebe es, gehalten zu werden«, hauchte sie, ehe der Schlaf sie übermannte.

Cody lag auf der Seite und sah Maddie beim Schlafen zu. Die Sonne war noch nicht aufgegangen, und die Lichter der Stadt waren alles, was ihr Gesicht erhellte. Doch dieser Teil von Washington strahlte heller als Ramp und Delilah und Twined Creek zusammen.

Sie war immer noch überwältigt. Maddie wollte sie. Sie wusste nicht so genau, was das im Detail bedeutete, doch Maddie wollte ganz eindeutig mit ihr zusammen sein. Zumindest für den Moment. Nur Gott allein wusste, was die Zukunft für sie bereithielt. Aber Maddies Worte, ihr Stöhnen, ihre Küsse waren ehrlich gewesen. Sie schwankte noch, aber sie tendierte dazu, zu bleiben. Cody musste sie nur auffangen, wenn sie sich fallen ließ.

Am nächsten Morgen wussten sie nicht so recht, wie sie miteinander umgehen sollten. Nach Maddies Erfahrung war das ganz typisch. Sich einem anderen Menschen ganz zu öffnen, war immer ein bisschen peinlich, und so war es nur verständlich, wenn eine gewisse Anspannung blieb. Doch es war mehr als nur das. Sie hatte nicht alles gesagt, was sie sagen wollte. Es stand noch etwas zwischen ihnen – so viel, um genau zu sein – und sie hätte es ansprechen müssen, bevor sie miteinander ins Bett gesunken waren. Aber Cody war so entschlossen gewesen, so dominant, so sexy. Wie hätte sie da Nein sagen können?

Sie zogen sich an und gingen in ein Café, um sich für ihre Erkundungstour zu stärken. Bei der Aussicht, all das anzusprechen, worüber sie schon gestern hätten reden müssen, zog sich ihr der Magen zusammen. Aber es musste sein.

Cody nippte an ihrem Kaffee und wirkte ebenfalls angespannt. Nervosität war ansteckend.

»Ich, äh…«, begann Maddie schließlich. »Ich wollte gestern eigentlich noch über einiges mit dir reden, aber … wir haben uns ablenken lassen.«

»Kommt vor«, sagte Cody und nickte.

»Ja.« Sie straffte die Schultern und räusperte sich. »Was ich gestern gesagt habe, war die reine Wahrheit. Ich will wirklich mit dir zusammen sein, aber ich bin hin- und hergerissen.«

»Weil du eigentlich wegziehen willst?«

Sie suchte in Codys Augen nach Verständnis. »Ja. Wenn wir uns in Chicago oder Los Angeles kennengelernt hätten, hätte ich sofort Jagd auf dich gemacht, so wie du auf … was auch immer gerade Saison hat. Aber ich weiß nicht, ob ich auf Dauer in Greenville glücklich sein kann.« Sie griff über den Tisch und nahm Codys Hand. »Aber ich möchte es gern versuchen.« Sie sah ihr in die Augen. »Willst du es versuchen?«

»Ja«, sagte sie entschlossen. »Aber was bedeutet das genau?«

»Ich finde es schön, dass du erst Ja sagst, und danach Fragen stellst.« Maddie beugte sich vor und hauchte einen Kuss auf ihre weiche Wange. »Ich möchte mit dir ausgehen. Ganz viel Zeit mit dir verbringen und herausfinden, was das mit uns sein kann. Ich kann keine Entscheidung treffen, wenn ich nicht weiß, was ich in Greenville haben kann.«

»Also wären wir dann … Freundinnen? Nicht mehr nur platonisch, sondern fest?«

»Ja, wären wir.«

Ein besorgter Ausdruck huschte über Codys Gesicht. »Wärst du nur *meine* Freundin?«

Einen Moment lang blinzelte Maddie sie verwirrt an. »Oh! Willst du wissen, ob wir exklusiv wären?«

»Ja, irgendwie schon.«

»Also ich wäre es. Du hoffentlich auch.« Sie musste über Codys erstaunten Gesichtsausdruck lachen. »Ich schätze schon. Ich kann mir nicht vorstellen, dass du zweigleisig fährst.«

»Ich werde mich nicht auf die Jagd nach einem räudigen Kojoten machen, wenn ich eine wunderschöne Ricke in Sichtweite habe.« Sie lachte auf und ihre Augen funkelten. »Du bist die schönste Ricke, die ich je gesehen habe.«

Maddie legte Cody eine Hand auf die Schulter und drückte sie, damit sie ihr wirklich zuhörte. »Ich will nur klarstellen, dass ich nicht sagen kann, ob ich in Summit County bleiben werde. Ich werde es versuchen, aber …«

»Ich verstehe dich«, erwiderte Cody ernst. »Jetzt, da ich ein bisschen was von Washington gesehen habe, verstehe ich dich sogar noch besser. Vor allem, weil du drinnen aufgewachsen bist.«

»Ja, das spielt mit rein.« Sie räusperte sich und zwang sich, die nächste Hürde zu nehmen. »Ich möchte außerdem sichergehen, dass wir körperlich miteinander sein können. Ich brauche das, Cody, und ich hab es bisher kaum bekommen.«

Sie runzelte die Stirn und schwieg einen Moment. »Wenn ich mehr Übung habe, werde ich bestimmt besser. Ich gebe mir Mühe ...«

»Nein, nein, ich rede nicht vom Sex. Der war fantastisch. Aber wenn wir nicht nackt sind, berühren wir einander nicht und halten nicht Händchen und umarmen uns noch nicht einmal. Das reicht mir nicht.«

Alle Farbe wich aus Codys Wangen. »Ich dachte ... Ich hab angenommen, du ... Ich dachte ... Du hast nie ...« Sie vergrub das Gesicht in den Händen. »Ich ... Ich dachte, du wolltest nur Sex.«

»Wieso das denn?«

Cody zuckte mit den Schultern. »Weiß ich auch nicht so genau. Wahrscheinlich hab ich einfach darauf gewartet, dass du mir zeigst, was du willst.« Sie senkte den Blick. »Beim ersten Mal ... Gleich danach war es für dich irgendwie ... abgehakt. Und am nächsten Tag hast du mich nicht geküsst oder sonst was. Du hast auch geschaut, dass wir uns beim Schlafen nicht berühren.« Sie schaute auf und in ihren dunklen Augen stand Schmerz. »Ich dachte, das ist alles, was du willst.«

Maddie umklammerte ihre Hand fester. »Nein, ganz und gar nicht. Aber manchmal bin ich schüchtern ... oder vorsichtig. Das trifft es eher. Ich warte ab, was die andere Person will.«

Cody setzte sich aufrecht hin und lächelte sie an. »Eine von uns wird damit aufhören müssen, sonst kommen wir nie voran.« Ihr Grinsen wurde noch strahlender. »Ich geb mir Mühe, zu sagen, was ich will. Das entspricht mir sowieso mehr.«

»Deal. Aber ich werde auch versuchen, mehr zu kommunizieren. Und ich fange gleich damit an. Ich wünsche mir ... Zuneigungsbekundungen. Ich weiß, dass du dich sexuell zu mir hingezogen fühlst, aber ich brauche auch Zärtlichkeit.«

Mit einem breiten Grinsen ergriff Cody Maddies Hand, führte sie an ihre Lippen und hauchte einen Kuss darauf. »Wenn ich mein Leben lang nichts anderes tun könnte, als dich festzuhalten und dir über den Kopf zu streicheln, wäre ich verdammt glücklich.«

»Wenn wir jetzt in unserem Zimmer wären, würde ich dir in diesem Moment die Klamotten vom Leib reißen«, sagte Maddie. Codys glühender Blick durchfuhr sie. »Ich glaube aber, du brauchst mehr, als mir bloß über den Kopf streicheln zu dürfen.«

»Ich *will* definitiv mehr. Aber ich wäre glücklich damit, dich nur festzuhalten. Das ist die reine Wahrheit.«

»Ich glaube dir. Ich glaube, ich wäre damit auch glücklich, aber ich dürfte dich dabei nicht anschauen. Du bist so verflucht sexy.«

»Ich hab nie gesagt, dass ich dich anschauen würde, während ich dich halte«, erwiderte Cody lachend. »Es wäre nicht leicht, aber mit dir zusammen sein zu können, wäre es wert.«

»Das hast du schön gesagt. Also, Freundin: Bereit, Washington zu erkunden?«

»Und wie. Wir werden uns heute die Füße wundlaufen, das ist dir hoffentlich klar.« Sie erhob sich und zog Cody auf die Beine, ehe sie sie in eine sanfte Umarmung zog.

Cody sah zu den anderen Gästen. »Ist das hier denn okay?«

»Scheiß auf die, wenn sie was dagegen haben«, meinte Maddie glucksend. »Übrigens gebe ich mich geschlagen und stelle die Bemühungen, in deiner Nähe nicht zu fluchen, offiziell ein.«

»Ich find's niedlich. Nur versuch, dich in der Gegenwart meiner Tanten zusammenzureißen. Die halten dich sonst für billig.«

»Das bin ich auch, aber das brauchen sie ja nicht zu wissen.«

20

Die erste Woche als feste Freundinnen war ganz schön kompliziert. Cody wollte auf keinen Fall zu aufdringlich sein oder etwas als selbstverständlich ansehen, das gar nicht selbstverständlich war. Maddie hatte gesagt, dass sie Zeit mit ihr verbringen wollte. Und das bedeutete … Sie hatte keine Ahnung, was das genau bedeutete. Wahrscheinlich war es das Beste, Maddie Zeit zu geben, sich über alles klar zu werden. Wenn sie sie jetzt zum Bleiben überredete, und sie es sich in ein, zwei Jahren anders überlegte, würde das Cody den Boden unter den Füßen wegziehen.

Erst am Dienstag schaute Cody wieder in der Bank vorbei. Zwanzig Minuten lang saß sie im Auto und wartete, bis endlich keine Kunden mehr im Eingangsbereich waren. Maddie war genau da, wo sie hingehörte: Sie saß hinter ihrem Schreibtisch, lehnte sich zurück und telefonierte.

Sie trug einen hellblauen Pullover, der gerade eng genug war, um Cody das Wasser im Mund zusammenlaufen zu lassen. Schon bevor sie sie nackt gesehen hatte, war Cody immer ganz anders geworden, wenn sie über die Kurven nachgedacht hatte, die unter diesen gut geschnittenen Anzügen verborgen lagen. Aber sobald sie Maddie in ihrer sexy Unterwäsche gesehen hatte … hatte sie sich geschlagen geben müssen.

Cody wusste nicht, ob Maddie ihre BHs absichtlich etwas zu eng gekauft hatte. Cody jedenfalls gefiel es. Er saß so eng, dass ihre Brüste ein wenig über den Rand quollen, was in Cody unweigerlich das Bedürfnis weckte, ihnen die Freiheit zu schenken, nach der sie sich offenbar sehnten. Doch auch wenn sich zwischen ihnen privat einiges verändert hatte, war Maddie immer noch bei der Arbeit und Cody Kundin der Bank. Ihre geschäftliche Beziehung hatte sich nicht verändert. Cody hatte sich fest vorgenommen, sich ein wenig zurückzunehmen, damit die Leute in der Bank nicht mitbekamen, wie nah sie sich inzwischen standen.

Cody lehnte sich an den Türrahmen und wartete darauf, dass Maddie sie hereinbat.

Als Maddie sie sah, breitete sich ein Lächeln auf ihrem Gesicht aus und sie bedeutete Cody, hereinzukommen und sich zu setzen. Dann blickte sie auf das Telefon und verzog das Gesicht. Offenbar hatte sie genug von dem Gespräch, das sie kurz darauf beenden konnte. »Du bist hoffentlich da, um mich zu entführen«, meinte sie trocken. »Die ganze Zeit flehe ich den Zeiger schon an, sich zu bewegen, aber er hört einfach nicht.«

»Ich wünschte, ich könnte dich entführen, aber wahrscheinlich würden wir nicht sonderlich weit kommen. Mich kennen hier alle. Selbst der Sheriff würde mich finden und der findet sonst noch nicht mal seinen eigenen Hintern.«

»Bleibst du, bis ich Feierabend habe, und kommst dann mit zu mir? Bitte? Bitte?«

Verdammt. Sie hätte sich etwas überlegen und nicht einfach nur so vorbeischauen sollen. Sie war echt unfähig! »Ich wünschte, ich könnte, aber ich habe gerade eins von den Kindern zum Kieferchirurgen gebracht. Sein Daddy hat zwar ein neues Auto und keinen Job, aber er hat es trotzdem nicht geschafft, ihn herzufahren. Ich hätte schauen sollen, dass ich mehr Zeit habe, oder …«

»Nein, ist schon gut.« Maddie machte eine wegwerfende Handbewegung. »Dann sehen wir uns … wann?«

War das ein Test? »Am Samstag, oder?« Da fand das nächste Müllentsorgungsevent statt. Wenn Maddie etwas anderes unternehmen wollte, würde sie ihr das bestimmt sagen.

»Genau«, sagte sie, wirkte dabei aber ein bisschen enttäuscht.«

»Nach Delilah kann ich noch mehr Leute mitbringen, das ist ja gleich nebenan. Vielleicht kriege ich noch einen anderen von den Jungs dazu, sich mal die Hände schmutzig zu machen. Abgesehen von Devin.«

»Mir ist egal, wer kommt, solange du dabei bist.«

Das war genauso gut wie ein Kuss, fand Cody. Zuneigungsbekundungen wurden schwer unterschätzt.

Am Montag nach dem Müllentsorgungsevent schaute Cody in der Bank vorbei. Sie verzog das Gesicht, als sie sich setzte. »Hast du kurz Zeit?«

»Für dich hab ich immer Zeit, du musst das nicht immer extra fragen.« Maddie betrachtete sie genauer und stellte fest, dass Cody ihre linke Seite schonte. »Hast du dir wehgetan?«

»Nicht schlimm.« Sie strich sich über die Seite. »Ich bin wohl außer Form nach dem Winter. Bin zu viel rumgesessen und hab zu viel gegessen.«

Maddie konnte sich kaum vorstellen, wie ein »aktives« Leben für Cody aussah, wenn sie glaubte, den ganzen Winter nur herumgesessen zu haben. »Du solltest die schwere Arbeit den Männern überlassen. Immer übernimmst du Aufgaben, die zu anstrengend für dich sind.«

»Ich kann schon mithalten. Ich hab nur versucht, einen Müllsack hochzuwuchten, der leicht aussah, es aber nicht war. Wahrscheinlich waren da Steine drin.«

Maddie war sich nicht sicher, ob Cody nur Spaß machte oder ob das ihr Ernst war. Sie wirkte jedenfalls viel ernster als sonst, was Maddie ein wenig nervös machte. »Bist du hier, um zum Arzt zu gehen?«

»Zum Arzt?« Sie schüttelte den Kopf. »Nein, ich bin allein da.«

»Deinetwegen, hab ich gemeint.« Maddie legte die Hand an ihre eigene Seite. »Wegen dem, was du dir da getan hast.«

»Oh, nein.« Cody lachte und wirkte gleich viel fröhlicher. »Wenn die Rippen beleidigt sind, braucht man nicht zum Arzt zu gehen. Die können da ohnehin nichts machen. Außer einem jede Menge Geld abzuknöpfen.« Sie setzte sich aufrechter hin, verzog dabei aber wieder das Gesicht. »Nein, ich wollte mit dir reden.« Sie sah ihr in die Augen.

Maddies Herz schlug schneller. Codys Blick war so intensiv, als könnte sie Maddie direkt in die Seele schauen.

»Du hast so viel für mich getan und ich hab mich stur geweigert, die eine Sache zu machen, um die du mich gebeten hast.«

»Ich kann mich nicht erinnern, dich je um was gebeten zu haben …«

»Doch, hast du. Du hast mich gebeten, mit jemandem über mein Geld zu reden.« Sie legte die Hände auf den Tisch, als warte sie auf Anweisungen, was sie als Nächstes tun sollte. »Ich bin bereit.«

»Wirklich?« Maddie war begeistert. Was für ein Riesenschritt! Endlich war Cody bereit, sich damit auseinanderzusetzen, was es bedeutete, viel Geld zu haben. Außerdem bewies ihre Bereitschaft, dass Cody ihr endlich mit etwas derartig Wichtigem vertraute, und das war eine genauso gewaltige, ja sogar noch bedeutendere Entwicklung.

»Nein«, sagte sie und senkte den Blick.

Maddie konnte förmlich spüren, wie das Selbstbewusstsein sie verließ.

»Aber du willst es unbedingt, und ich kann nicht weiter Nein sagen.«

»Doch, kannst du. Ich zwinge dich doch nicht, das zu tun, was ich für das Beste halte.«

»Du erklärst mir nicht, wie man angelt«, sagte Cody und ein leichtes Grinsen stahl sich auf ihre Lippen. »Also sollte ich dir auch nicht erzählen, was man mit Geld anstellt. Bringen wir es hinter uns.«

Maddie tippte auf die Tastatur, um den Computerbildschirm zum Leben zu erwecken. »Ich habe da die Kontaktdaten von jemandem, der mir sehr empfohlen wurde.« Sie schnappte sich einen Notizblock und kritzelte die Details darauf. »Soll ich sie anrufen und schon mal alles vorbereiten?«

»Nein, das ist kein Problem mehr«, sagte Cody unbekümmert. »Was schwer war, war, mir die Entscheidung abzuringen. Ich weiß, dass du mich nur zu jemand Gutem schicken würdest. Ich schaff das schon.«

Enttäuschung machte sich in Maddie breit. »Okay. Aber wenn du deine Meinung änderst …«

Cody richtete sich auf und sah sie intensiv an. »*Willst* du denn mit mir dahin gehen?«

»Das würde ich gern.«

Mit einem bezaubernden Lächeln sagte Cody: »Warum hast du das denn nicht gleich gesagt? Du wolltest doch daran arbeiten, nicht mehr so zögerlich zu sein.«

»Daran zu arbeiten«, erwiderte sie grinsend, »meint einen gewissen Prozess. Es wird ein Weilchen dauern, mich zu ändern.«

»Das kommt mir bekannt vor. Ich sitze ja auch noch immer auf einem Sofa ohne Polster.« Sie stand auf. »Vereinbar einen Termin, der für dich passt. Wie gesagt, ich bin flexibel.«

Maddie stand auf und begleitete sie zur Tür.

Der Drang, sie zu küssen, war für Cody fast überwältigend, aber sie wurde von zahlreichen, sehr aufmerksamen Augenpaaren beobachtet. Wenn sie jetzt in aller Öffentlichkeit Zärtlichkeiten mit Maddie austauschte, konnte das den einen oder anderen Herzinfarkt auslösen. Also stand sie bloß da und gab sich große Mühe, Maddie nicht allzu sehr anzuschmachten.

»Ich weiß, ich sollte keine Lieblingskunden haben, aber du bist mir die allerliebste.«

Cody gluckste. »Das will ich aber auch hoffen. Du sitzt auf einem riesigen Haufen von meinem Geld und ich bekomme kaum etwas dafür.«

Sie vereinbarten einen Termin für die nächste Woche. Als es so weit war, kam Cody zur Bank und holte Maddie ab. Schon als sie ihren Mantel anzog, Geneva sagte, dass sie ein paar Stunden weg sein würde, und dann mit Cody die Bank verließ, wusste Maddie, dass sich alle über sie das Maul zerreißen würden. Doch es war ihr egal. Menschen tratschten nun mal über ihre Kollegen; daran konnte man nichts ändern.

Während der Fahrt nach Huntington war Cody still, aber das war nicht weiter ungewöhnlich für sie. Sie konnte auch stundenlang einen Vogel beobachten, der in einem Baum saß, oder den Fröschen beim Quaken zuhören. Maddie fragte sich, ob Codys Fähigkeit, still zu sitzen und zu schweigen, daher kam, dass sie keinen Computer hatte und auch kein Handy. Innerlich lachte sie über sich selbst. Cody hatte ja noch nicht einmal einen Fernseher! Den Fröschen beim Quaken zuzuhören war ihre Version von Kabelfernsehen.

Die Anlageberaterin – die darauf bestand, dass Cody sie Miss Norman nannte – zählte ihr ein gutes Dutzend unterschiedlicher Möglichkeiten auf, was sie mit ihrem Geld machen könnte. Ihr Vortrag überforderte selbst Maddie ein wenig, dabei kannte sie sich mit Investitionen ziemlich gut aus. Also war Cody ganz bestimmt überfordert. Als sie schließlich Miss

Normans Büro verließen, sprudelte Maddie vor Aufregung beinahe über und wollte unbedingt wissen, wie Cody sich fühlte. »Und? Was meinst du?«

»Ich muss das erst mal sacken lassen«, sagte Cody langsam. »Aber ich weiß es wirklich zu schätzen, wie viel Mühe du dir gegeben hast, um Miss Norman zu finden. Sie wirkt sehr klug und ist eine gute Zuhörerin. Ich mochte sie sehr.«

»Das freut mich. Es ist wichtig, jemanden zu haben, den man mag und dem man vertraut.«

Cody hob eine Hand. »Von Vertrauen hab ich nichts gesagt. Das kommt erst mit der Zeit. Da kann man nichts überstürzen.« Sie ging zum Auto und schenkte Maddie ein breites Lächeln. »Denk nur, wie lang es bei dir gedauert hat.« Sie gluckste. »Ich werde morgen auf den Berg rauffahren und wegen eines Grundstücks schauen. Wenn du mitkommen möchtest: Ich verlasse das Haus um acht.« Sie blieb neben der Autotür stehen und warf Maddie über das Autodach hinweg ein Lächeln zu, das ihr Herz zum Flattern brachte. »Außer, du möchtest lieber schon heute Abend kommen. In meinem Bett ist ein Platz nur für dich reserviert.«

»Das sollte ich hinkriegen. Wehe dem, der sich mir in den Weg stellt.«

Sie fuhren los und wieder breitete sich angenehmes Schweigen zwischen ihnen aus. Maddie nutzte die Zeit, um ihren Gedanken über Cody und ihre Beziehung nachzuhängen. Sie hatte erwartet, dass sie praktisch unzertrennlich sein würden, doch Cody schien vollauf damit zufrieden zu sein, ihre gemeinsame Zeit auf die Wochenenden zu beschränken. Sie hatte noch nicht einmal bei ihr in Greenville übernachtet, und Maddie gab sich alle Mühe, deswegen nicht verletzt zu sein. Aber es war schwer. Alles in ihr sehnte sich danach, Cody zu berühren. Sie dachte fast den ganzen Tag an sie und sehnte sich nachts nach ihr. Aber Cody schien nicht dasselbe zu wollen.

Es war ihr ein wenig peinlich, das zuzugeben, aber sie war es gewohnt, umworben zu werden. Sie hatte zwar nicht viele Liebhaberinnen gehabt, war aber stets in der Position derjenigen gewesen, die sich zurückhielt und sich Zeit ließ mit der Entscheidung, ob sie Ja sagte. Das Ungleichgewicht, das sie zwischen sich und Cody spürte, war beunruhigend, ja, sogar unangenehm. Doch wenn sie zusammen waren, galt ihr Codys ganze Aufmerksamkeit. Cody stand ganz eindeutig auf sie. Im Gegensatz zu Maddie schien sie allerdings in der Lage zu sein, sich davon nicht aus der

Ruhe bringen zu lassen. Die Beziehung zu Maddie brachte sie nicht dazu, ihre Routinen zu ändern. Und das war scheiße.

Cody stand auf dem Gipfel des Bergs, der ihr Tal einfasste, und atmete tief durch. Die Luft hier war anders als zu Hause, obwohl die Entfernung nur eine Meile Luftlinie betrug. Auch die Bäume waren anders, etwas dünner und höher, und es roch so fremd.

Weit und breit war kein Haus zu sehen, was natürlich schön war, aber sie wollte nicht diejenige sein, die ein ganzes Wäldchen fällen musste, um ihren Hintern auf jungfräuliche Erde pflanzen zu können. Es musste einen anderen Weg geben.

Sie und Maddie hatten sich jedes größere Grundstück auf dem Berg angesehen, das zum Verkauf stand, und dieses hier absichtlich bis zum Schluss aufgehoben – weil sie so eine Ahnung hatte, dass es das beste sein würde. Eigentlich war es ihr zu klein. Nur achttausend Quadratmeter. Eigentlich wollte sie mehr als das Doppelte, um sicherzugehen, dass nicht irgendein Vollhonk nebenan einzog und eine Garagenband gründete. Aber auch achttausend waren nicht zu verachten. Und diese Aussicht …

Sie drehte sich einmal im Kreis und nahm das gesamte Panorama in sich auf. Es war perfekt. Auf der einen Seite lag das Tal und wenn sie sich anstrengte, konnte sie bestimmt ihr jetziges Zuhause finden. Sie könnte die Grundstücke sämtlicher Familienmitglieder von hier oben im Auge behalten – wie eine Glucke.

Auf der anderen Seite lag der Rand eines Naturschutzgebiets. Von hier aus wirkte alles völlig unberührt. Nur Bäume waren zu sehen, keine Straße weit und breit. Sie war dort oft genug auf der Jagd gewesen und wusste, dass es einige Zugfahrtstraßen gab. Aber jetzt im Frühling, konnte man sie nicht sehen. Jetzt, da alles grün war und lebendig und voller Versprechen.

»Ich glaube, das ist es«, sagte sie schließlich.

Maddie stand ein kleines Stück von ihr entfernt und hatte die ganze Zeit aufmerksam das Tal studiert. »Vielleicht täusche ich mich, aber ich glaube, ich kann den Weg erkennen, den wir hierher genommen haben. Und ich denke, ich kann dein Grundstück sehen.« Sie deutete in die entsprechende Richtung.

»Sehr gut. Du könntest Kartografin sein.«

»Wenn du dein Haus hier errichtest«, sagte sie und stampfte mit dem Fuß auf, »könntest du die ganze Familie sehen.«

»Stimmt.« Cody ging in die andere Richtung und Maddie folgte ihr. Sie bahnten sich ihren Weg über einen rutschigen Pfad und Maddie landete zweimal auf dem Hintern, bevor sie eine relativ ebene Fläche erreichten, die etwa sechzig Meter von der Lichtung entfernt war. »Aber ich denke, ich baue das Haus lieber hier.« Sie streckte die Arme aus und formte mit den Händen einen Rahmen. »Ich kann das große Fenster vorne im Haus direkt vor mir sehen.«

»Willst du denn nicht auf dein altes Zuhause sehen können?«

»Das hier wird mein Zuhause sein.« Allein das auszusprechen, fühlte sich richtig gut an. »Ich werde so viele Bäume wie möglich behalten und den Gipfel rühre ich auf keinen Fall an. Ich will nicht, dass man mein Haus schon meilenweit sehen kann. Es soll mit der Umgebung verschmelzen.«

»Was für ein Haus stellst du dir denn vor?«

»Ein Blockhaus. Und ich werde es selbst bauen.« Maddie hatte recht gehabt. Es fühlte sich unglaublich gut an, zu träumen. Das hier war tatsächlich möglich – und nicht nur ein Hirngespinst. »Durch die Fenster werde ich den Wald sehen. Ich will die Landschaft so sehen können, wie die ersten Montgomerys es getan haben. Wie die Gegend hier immer noch aussehen würde, wenn wir rücksichtsvoller mit ihr umgegangen wären.«

»Du wirst hier so glücklich sein«, sagte Maddie fröhlich. »Ich freu mich unglaublich für dich.«

»Danke.« Sie drehte sich zu ihr um und das Leuchten in Maddies Augen raubte ihr fast den Atem. Maddies Lippen waren rosig und weich und sexy wie die Sünde. Als Cody den Kopf neigte, um sie zu küssen, wusste sie, dass sie noch nie so glücklich gewesen war wie in diesem Moment. Sie würde ein neues Zuhause haben, eine neue Aussicht und eine neue Freundin. Das Leben konnte nicht besser sein. Es sei denn, Maddie beschloss, doch nicht zu bleiben. Entschlossen verdrängte sie den Gedanken. Von einer gemeinsamen Zukunft zu träumen war unklug. Maddie hatte ihr nichts versprochen, nicht wirklich. Nur, dass sie miteinander ausgehen und sehen würden, wie es lief. Von einem Happy End war sie noch meilenweit entfernt.

Am Montag verbrachte Maddie Stunden am Telefon, um sich vor einer Aktivität zu drücken, an der sie ursprünglich unbedingt hatte teilnehmen wollen.

»Selbstverständlich könnte ich jemand anderen schicken, Maddie«, sagte ihr Boss. »Aber Sie brauchen die Einführung in die Kreditrahmenvereinbarung am dringendsten. Sie haben mich einen Monat lang angefleht, Sie nach Arizona zu schicken. Ich verstehe nicht, wieso Sie jetzt auf einmal nicht mehr wollen.«

»Natürlich will ich noch hin«, sagte sie, obwohl das nicht stimmte. »Ich habe nur mit dem Müllentsorgungsprogramm so viel um die Ohren. Außerdem muss Geneva sich wahrscheinlich wegen Familienangelegenheiten ein paar Tage freinehmen. Es gibt niemanden, der sie ersetzen könnte.«

»Darum hätten Sie sich längst kümmern müssen. Der Kurs beginnt am Montag und Sie sollten besser pünktlich sein.«

»Das werde ich«, sagte sie und legte auf. Ihr war übel. Wenn deine neue Freundin beginnt, ein Haus zu bauen, solltest du besser dabei sein. Zu blöd, dass man zu seinem Boss nicht ehrlich sein konnte, wenn es um die wirklich wichtigen Dinge ging. Warum war ihr dieser bescheuerte Kurs nur je so wichtig gewesen? Oh, ja, genau. Weil das v. C. gewesen war. Vor Cody.

Am Abend telefonierte Maddie mit Cody. »Ich muss zu dem blöden Kurs in Phoenix«, schimpfte sie. »Aber ich könnte die zweite Woche absagen, die ich in L.A. verbringen wollte.«

»Den Trip hast du doch schon so lange geplant. Deine Freundin rechnet fest mit dir.«

»Ich weiß, aber damals hatte ich noch keine feste Freundin. Das ändert doch alles.«

Cody lachte. »Für uns vielleicht, aber andere Menschen sehen das wahrscheinlich anders. Fahr hin. Du warst noch nie in Los Angeles, dabei ist das eine der Städte, in die du gern ziehen würdest. Du schuldest es dir selbst, L.A. auszukundschaften. Wirklich.«

Natürlich hatte Cody recht. Maddies Collegefreundin hatte sich extra eine Woche freigenommen, um ihr alles zu zeigen. Ihr jetzt noch abzusagen, wäre unglaublich unhöflich. Aber ihre Sehnsucht nach Cody war unendlich groß und zwei Wochen ohne sie kamen ihr wie eine Ewigkeit vor.

Das Schlimmste an ihrer Reise war, wie selten sie von Cody hörte. Da es in Ramp kein Mobilfunknetz gab, hatte Cody kein Handy. Einen Computer hatte sie auch nicht. Wenn sie ins Internet wollte, musste sie nach Greenville fahren, was selbst eine kurze E-Mail zu einer Mammutaufgabe machte. Sie schafften es nur zweimal in zwei Wochen, miteinander zu telefonieren. Für Maddie war das viel, viel zu wenig.

Der Kredit-Kurs wäre interessant gewesen, hätte sie nicht die ganze Zeit darüber nachgegrübelt, was Cody wohl gerade machte. Ständig tauchten Bilder vor ihrem inneren Auge auf und sie musste sich zwingen, sich wenigstens halbwegs auf die komplexen Vorgänge des Geldverleihs zu konzentrieren.

Und dann Los Angeles. Eine einzige Enttäuschung. In ihrer Vorstellung hatte sie sich große, weite Flächen, Orangenbäume, einen strahlend blauen Himmel und jede Menge Sonne ausgemalt. Doch ihre Freundin wohnte in der Nähe von Pasadena und in dieser Woche war der Smog besonders schlimm. Irgendeine Inversionswetterlage, was auch immer das war. Schon nach wenigen Tagen schmerzte ihre Lunge, wenn sie tief durchatmete. Sie konnte sich kaum vorstellen, dass alle dieses Stechen ignorierten, aber genau das schienen sie zu tun.

Karen, mit der sie sich auf dem College ein Zimmer geteilt hatte, hatte einen guten Job bei einer soliden Firma. Noch vor wenigen Monaten hätte Maddie sich die Finger danach geleckt. Aber Karen musste sich jeden Morgen eine Stunde durch den Frühverkehr kämpfen, um ins Büro zu kommen. Zugegeben, Maddie würde die Anfahrt von Ramp, die ebenfalls eine Stunde dauerte, ohne mit der Wimper zu zucken in Kauf nehmen. Aber diese Fahrt bot auch eine schöne Aussicht und ihr Auto war meistens das einzige weit und breit. Auf dieser Strecke konnte sie sich entspannen und von Cody träumen. Karens Fahrt dagegen kam ihr wie eine zusätzliche Stunde Arbeit vor – morgens und abends.

Und ja, natürlich war der Ausflug nach Disneyland ein Riesenspaß. Aber die Anfahrt hatte ihnen anderthalb Stunden Stop-and-go beschert. Karen meinte zwar, dass man sich daran gewöhnte und die Zeit mit Hörbüchern oder Radiosendungen vertreiben konnte. Doch Maddie hatte da so ihre Zweifel. Sie hatte kein Problem damit, Auto zu fahren, aber sie wollte vorankommen. Ewig im Schneckentempo vorwärtszukriechen, wenn man nur zwanzig Meilen weit fahren wollte, fand sie schrecklich. Und wo waren diese verdammten Orangenbäume?

Sie kam am späten Sonntagabend nach Hause und rief Cody an, sobald sie wieder Empfang hatte. »Ich bin zurück in der Zivilisation«, verkündete sie.

»Ich dachte, du warst in der Zivilisation«, frotzelte Cody.

»Nein, ich habe entschieden, dass ich weder Phoenix noch Los Angeles sonderlich mag. Zu heiß, zu trocken, zu wenig grün, zu wenige Bäume, zu viele Autos, die Luft ist wie Melasse.«

»Wie Melasse?«

»Das ist schwer zu beschreiben. Aber ich kann es kaum erwarten, die wunderbare, süße Luft von Ramp einzuatmen.«

»Und ich kann es nicht erwarten, den wunderbaren, süßen Duft von Maddie einzuatmen. Wann können wir uns sehen?«

»Ich werde die ganze Woche bis zum Hals in Arbeit stecken. Ich schaue, dass ich nach Feierabend rausfahre, aber …«

»Stress dich nicht. Hier herrscht das blanke Chaos und du bräuchtest sowieso einen Vierradantrieb, um zum Grundstück raufzukommen. Du müsstest an der Straße parken und zu Fuß raufgehen. Ich besuch dich am Sonntag. Wenn ich wegfahre, bin ich wenigstens nicht in Versuchung, zu arbeiten.«

»Am Sonntag? Warum nicht am Freitag?«

»Musst du am Samstag nicht arbeiten?«

»Doch, schon, aber nur bis Mittag. Du könntest den Vormittag gemütlich im Bett verbringen und es für mich warm halten.«

»Ich wünschte, ich könnte, aber ich muss am Samstag arbeiten. Ich hab so viel zu tun, das ist echt nicht mehr lustig.«

Maddie seufzte. Mit einer Freundin war auch nicht immer alles eitel Sonnenschein. Apropos Sonnenschein: Warum hatte sie in Pasadena so wenig davon gesehen? Herrschte dort wirklich immer so viel Smog?

Am Samstag tobte ein heftiges Unwetter, und Maddie war quietschvergnügt. Normalerweise war sie nicht so glücklich, wenn sie in ihrer Wohnung festsaß, aber da Cody von ihrem Berg herunterkam und es sich mit ihr gemütlich machen würde, war alles gut.

Am nächsten Samstag war es einen Monat her, dass Cody das Grundstück gekauft hatte. Als sie von der Straße abbogen, verstand Maddie, was Cody gemeint hatte, als sie sagte, dass man immer noch einen Vierradantrieb brauche, um den Berg hinaufzukommen. Röhrend, röchelnd und ratternd kämpfte sich ihr Jeep über die Reste der Bäume, die früher auf der Zufahrt gestanden hatten. Dann tat sich vor ihnen eine Lichtung auf, auf der bereits die Umrisse eines Hauses mit Pfosten und grelloranger Farbe markiert worden waren.

»Woher weißt du … Wie hast du …«

Cody sprang aus dem Wagen und feixte sie mit verschränkten Armen an. »Ich hab ein bisschen recherchiert und einen Typen in Bluefield gefunden, der Blockhäuser baut. Er war schon zweimal hier und wenn ich das Fundament gelegt habe, kommt er wieder. Es ist ziemlich beeindruckend geworden, oder?«

»Es ist der Wahnsinn! Wie hast du den genauen Ort festgelegt, an dem du es bauen willst?«

»Das war mit am schwersten. Ich will, dass das Haus mit der Umgebung verschmilzt, also mussten wir einen Platz finden, der groß und flach genug ist, um darauf zu bauen. Dann mussten wir die Zufahrt anlegen, das war auch hart. Von der Straße bis hierher ist es weit, und man muss die Neigung genau richtig hinbekommen, sonst schwemmt es einem den Weg beim ersten großen Wusch weg.«

»Wusch …?«

»Regen«, erklärte Cody. »Wir waren sehr vorsichtig und haben es geschafft, die Bäume zu fällen, die wir brauchen, ohne dass es aussieht, als wäre eine Planierraupe im Wald Amok gelaufen.«

»Du … hast die Bäume selbst gefällt? Und den Weg selbst angelegt?«

»Wer denn sonst? Ich hab dir doch erzählt, dass wir hier völlig eskalieren.«

»Aber du hast mir nicht gesagt, was genau ihr gemacht habt.« Immer noch schwer beeindruckt ließ sie den Blick über die Baustelle schweifen.

»Du hast nicht nachgefragt. Nicht, dass mich das gestört hat. Ehrlich gesagt fand ich es sogar gut. Ich liebe es, andere zu überraschen.« Sie schenkte ihr ein breites Grinsen.

»Es ist großartig, was du hier gemacht hast. Wirklich großartig. Ich kann mir nicht annähernd vorstellen, wie man festlegt, wo sich eine Zufahrtsstraße befinden und wie sie aussehen soll.«

»Weißt du noch, wie wir hergekommen sind, um uns das Grundstück anzusehen, und du dir fast ein paar Zähne ausgeschlagen hättest, als du die letzte Strecke hochgekrochen bist? Ich will doch nicht, dass meine Freundin klettern muss, wenn sie mich besuchen will, also musste ich das angehen, und zwar ratzfatz.«

»Deine Freundin weiß das sehr zu schätzen. Aber woher wusstest du, welche Bäume du fällen musst?«

»Da gibt's ein paar Tricks. Zum Glück musste ich sie nur fällen und dorthin schleifen.« Sie deutete auf eine flache Stelle, die mit Plastikplanen bedeckt war. Ein paar Dutzend Baumstämme lagen darauf, nackt und bereit.

»Wie hast du das *gemacht*?«, fragte Maddie wieder. Sie wollte Details, keine Allgemeinplätze.

Cody führte Maddie zu einem großen Baum, legte den Kopf in den Nacken und starrte nach oben, ehe sie kräftig gegen den Stamm schlug. »Der wäre zum Beispiel gut. Hoch und ganz gerade gewachsen. Man würde ihn fällen wie jeden anderen großen Baum auch. Dann bringt man ihn wohin, wo man ihn bearbeiten kann. Dann schält man die Rinde ab und schneidet ihn zu.« Sie machte eine Handbewegung, als hätte sie gerade erklärt, wie man eine Dose Limonade öffnete.

»Aber woher weiß man, wie groß die einzelnen Stämme sein müssen?«

»Oh, dafür braucht man einen Bauplan. Ich habe einen.« Sie nickte entschlossen. »Ich weiß genau, wie viel Holz ich brauche, wie lang die einzelnen Stämme sein müssen, und wo sie hinkommen. Ich hab sie schon alle markiert.« Sie gingen zu dem großen Holzstapel und Maddie beugte sich vor, um die Markierungen zu studieren, die Cody mit einem gelben Wachsstift gemacht hatte.

»Beeindruckend«, sagte sie. »Wirklich.«

»Wir kommen wirklich gut voran. Die Stämme auf dem Haufen dort sind zu kurz für die Außenwände. Daraus mache ich dann Schränke und was eben sonst noch so anfällt. Ich will nichts verschwenden.«

»Das Fundament legst du aber nicht selbst, oder?«

»Jimmy, der Typ, der mir beibringt, wie man Blockhäuser baut, meinte, ich kann das auch selber machen, aber ich habe mich dann doch entschieden, das jemanden aus der Gegend machen zu lassen. Für die Zufahrt heuere ich dann auch wen aus der Gegend an. Ich hab die großen Bäume gefällt und das Unterholz zurückgeschnitten, aber ich habe nicht die nötige Ausrüstung, um eine richtige Straße anzulegen. Einen Klempner und einen Elektriker werde ich mir auch holen, obwohl Jimmy meint, dass das ganz leicht ist.« Sie grinste. »Vielleicht baue ich das nächste Haus dann komplett selbst.«

»Das nächste?« Maddie blinzelte.

»Nicht für mich! Aber irgendwer will bestimmt eins haben, wenn sie meines erst sehen. Ich hab ja viele Handwerkerjobs übernommen, weißt du? Die Leute kennen mich.«

»Und ich bin mir sicher, sie respektieren dich. Wenn ich dich für ein Projekt anstellen würde, dann wüsste ich, dass du es gut machst.«

»Es geht ja auch nur so. Entweder man arbeitet gut und gründlich, oder man lässt es ganz bleiben.«

Sie ließen den Anblick der herrlichen, unter Naturschutz stehenden Landschaft auf sich wirken.

»Mein Haus wird genauso aussehen wie das, das meine Familie gebaut hat, als sie nach Virginia kamen. Als sie sich in Ramp niedergelassen haben, haben sie wahrscheinlich schon keine Blockhäuser mehr gebaut, aber mir gefällt die Vorstellung, dass ich genau dasselbe mache wie die ersten sturen Montgomerys, nachdem sie aus Irland hierhergekommen sind … und dass es einfach immer noch eine wirklich gute Methode ist, ein Haus zu bauen. Das ist schon bemerkenswert, wenn man genauer darüber nachdenkt.«

»Ich fasse es nicht, dass du all das in nur einem Monat geschafft hast. Wie hast du überhaupt so schnell die Genehmigung bekommen?«

Cody lachte. »Es gibt keinen Rückstau, weil kaum jemand je um eine Genehmigung ansucht, um etwas in den Bergen zu bauen. Man macht es einfach und wehe denen, die einen zwingen wollen, es wieder abzureißen.«

Maddie tätschelte ihr die Schulter. »Wie gut, dass du offiziellen Regulierungen gegenüber ein bisschen aufgeschlossener bist.«

»Aber nur ein bisschen. Ich frag nicht gern um Erlaubnis, aber ich will auch auf keinen Fall all die Arbeit in das Haus stecken, nur damit dann irgend so ein Beamter hierher marschiert und mir befiehlt, alles wieder zu zerstören. Ich will mir keine blutige letzte Schlacht liefern müssen.«

Maddie ging zu den orangen Linien. »Ist das … die Garage?«

Cody lachte. »Nein, das ist das ganze Haus. Ich brauch nicht viel.«

»Wie viel brauchst du denn nicht?« Hitze stieg ihr in die Wangen.

»Das Haus wird ein bisschen größer als mein jetziges, aber nicht viel.« Sie schob das Kinn vor, ein manchmal niedlicher, meistens aber frustrierender Beweis ihrer Sturheit. »Ich brauche nur ein Schlafzimmer mit einer guten Größe, eine praktische Küche und ein Bad. Der Rest ist offen.«

»Welcher Rest?« Maddie gab sich alle Mühe, sich nicht anmerken zu lassen, dass es sie traf, dass Cody so gar nicht mit ihr gesprochen und sie nach ihrer Meinung gefragt hatte.

Cody legte ihr einen Arm um die Schultern. »Es wird groß genug. Je kleiner das Haus ist, desto leichter kann man es im Winter warm halten.« Sie ging ein Stückchen weiter. »Hier kommt ein großer Steinkamin hin. Ich hab mich schon nach Steinen umgeschaut. Es wäre super, wenn ich alle hier auf dem Grundstück finde.«

Sie wirkte so glücklich, dass Maddie nichts sagen wollte, was ihre Freude hätte trüben können. Dies war Codys Haus und wenn sie in einer Streichholzschachtel leben wollte – hatte sie jedes Recht dazu. Es war albern und sehr kurzfristig gedacht, aber diese sture Montgomery würde sich wohl nie ändern.

Cody hatte sich gut auf Maddies Besuch vorbereitet. Kaum hatten sie ihren Trailer betreten, ging sie zu ihrem schmalen Kühlschrank und holte einen mit Alufolie abgedeckten Kochtopf heraus. »Ich hab etwas gekocht, das du bestimmt mögen wirst«, verkündete sie.

»Mir würde im Moment wahrscheinlich alles schmecken, was du mir vorsetzt. Ich hatte kein Mittagessen, weil ich unbedingt so schnell wie möglich die Bank schließen und hier rausfahren wollte.«

»Das wird dir schmecken, weil es total international ist.« Cody wackelte mit den Augenbrauen. »Ich musste bis nach Higgins County fahren, aber dort hab ich einen kleinen Laden in einer Stadt mit vielen mexikanischen Einwanderern gefunden. Die hatten Gewürze«, fügte sie theatralisch hinzu.

»Gewürze? Was für Gewürze?«

»Die, mit denen man Mole macht.«

Maddie dachte einen Moment nach, ehe sie leise lachte. »Zwei Silben. Die erste ist betont.« Sie überbrückte den kurzen Abstand zwischen ihnen und umarmte Cody fest. »Du bist tatsächlich in ein anderes County gefahren, um Mole für mich zu machen!«

»Mexikanisch ist alles, was wir hier an internationaler Küche haben. Ich hoffe, du magst es. Ich hab keine Ahnung, wo ich hinmüsste, wenn ich chinesische oder thailändische Gewürze wollen würde.«

»Wir können uns mit welchen eindecken, wenn wir das nächste Mal in Virginia sind. In der Gegend von meinen Eltern leben Menschen aus aller Welt.« Sie küsste Cody zärtlich und schlang die Arme noch fester um sie. »Das bedeutet mir echt viel. Danke, dass du dir so viel Mühe gibst. Du bist eine großartige Freundin.«

»Wart erst mal ab, was ich damit fabriziert habe. Meine Erfahrungen mit mexikanischem Essen beschränken sich auf Tacos und auch die hatte ich nur in der Schul-Mensa.«

»Selbst wenn es scheußlich schmeckt – was es nicht wird: Du bist die beste Freundin aller Zeiten.«

Das Hühnchen mit der mexikanischen Soße war hervorragend und das, was sie danach im Bett anstellten, war noch besser. Körperlich und seelisch befriedigt schmiegten sie sich danach aneinander.

»Hey«, sagte Maddie leise. »Hast du schon darüber nachgedacht, ob du deiner Familie von uns erzählen willst?«

»Oh, ich wollte deswegen ohnehin mit dir reden, ich vergesse es nur ständig. Ich wollte meinen Onkeln und Devon letzte Woche von uns erzählen, aber ich wollte sichergehen, dass du keine Schwierigkeiten mit der Bank bekommst, wenn sich das rumspricht.«

Maddie setzte sich abrupt auf. »Letzte Woche? Du wolltest dich letzte Woche vor deiner Familie outen?«

Das träge Lächeln, bei dem sich nur ein Mundwinkel hob, stahl sich auf Codys Lippen. »Nein, ich habe mich schon vor einer Weile vor ihnen geoutet. Ich wollte ihnen sagen, dass ich eine Freundin habe.« Sie hauchte einen zarten Kuss auf Maddies Lippen. »Hab ich nämlich.«

»Du hast dich schon geoutet?«, platzte sie heraus. »Ohne mir was davon zu sagen?«

Cody zuckte lässig mit den Schultern. »Es war keine große Sache.«

»Doch, ist es.« Maddie starrte sie an. »Es ist eine sehr große Sache für … alle!«

»Nicht für mich. Meine Familie akzeptiert eigentlich alles, was sich eben so ergibt.«

»Und haben sie dich akzeptiert? So, wie du bist?«

Wieder zuckte sie mit den Schultern. »Ja, so ziemlich. Meine Tanten haben alle versucht, mich davon zu überzeugen, dass ich einen Mann finden könnte, wenn ich mir sehr, sehr große Mühe gebe.« Das entlockte ihr ein Glucksen. »Aber ich habe ihnen gesagt, dass ich keinen Mann will. Mehr hatten sie dazu nicht wirklich zu sagen.«

»Ich bin ... Ich bin verblüfft.« Wie konnte es sein, dass eine Frau erst jahrelang jeden Gedanken an ihre sexuelle Orientierung vermied und sich dann outete, als würde es überhaupt keine Rolle spielen?

Jetzt richtete auch Cody sich auf und musterte Maddie vorsichtig. »Bist du sauer, dass ich ihnen davon erzählt habe?«

»Natürlich nicht.« Sie atmete ein paarmal tief durch und ermahnte sich, das Ganze aus Codys Perspektive zu sehen, nicht nur aus ihrer eigenen. »Ich bin nur ein bisschen verletzt, dass du es mir nicht eher erzählt hast. Ein Outing ist eine große Sache. Das ist es wirklich.«

Sie blinzelte und verstand offensichtlich nicht, wovon Maddie sprach. »Aber nicht für mich.«

Diese Kluft zwischen ihnen würden sie nicht überbrücken. Cody hatte eine ganz eigene Weltanschauung, die sich so sehr von Maddies unterschied, dass es ihr manchmal vorkam, als stammten sie aus zwei verschiedenen Galaxien. Sie zwang sich, nicht auf ihrem Standpunkt zu beharren, legte sich wieder hin, zog Cody an sich und kuschelte sich an sie. »Das glaub ich dir. Für alle, die ich kenne, war es eine große Sache, aber das heißt nicht, dass es das auch für dich war. Wie haben sie denn reagiert?« Sie kniff Cody in die Seite, woraufhin diese aufquiekte. »Sie *haben* doch irgendwie reagiert, oder?«

»Ja«, sagte sie augenrollend. »Sie waren allesamt nicht sonderlich überrascht. Zwei meiner Tanten haben mich angefleht, ich solle mir von den Jungs nicht einreden lassen, dass ich eine Lesbe bin, also müssen sie schon eine Weile darüber tratschen. Anscheinend war es ein Familiengeheimnis, in das ich nicht eingeweiht war.«

»Fühlst du dich denn gut, jetzt, wo es raus ist?«

»Sicher.« Sie setzte sich auf und warf Maddie einen Blick zu, den diese nicht deuten konnte. »Vielleicht liegt es an all dem, was meiner Familie widerfahren ist, dass wir anders sind. Uns sind so viele schlimme Sachen passiert. Da kann man nicht jedes Mal die Waffe zücken und herumbrüllen, wenn es darum geht, wer mit wem schläft.«

Oh, verdammt. Maddie musste über ein besonders schlimmes Ereignis sprechen. Es war an der Zeit, das anzusprechen, was ihre unangenehmste Mitarbeiterin ihr vor Monaten erzählt hatte. »Ähm.« Maddie räusperte sich und rutschte unruhig auf dem Bett hin und her. »Direkt nachdem wir uns kennengelernt haben, hat mir jemand etwas Schlimmes erzählt. Etwas sehr Schlimmes …«

»Von meinem Bruder«, sagte Cody tonlos.

»Ja. Ich habe gehört, dass er getötet wurde.«

»Wurde er.« Cody schlüpfte aus dem Bett und ging zur Kommode. Sie wühlte in der obersten Schublade herum, fischte etwas heraus und kam zurück zum Bett. Statt wieder hineinzuschlüpfen, setzte sie sich auf die Bettkante und reichte Maddie eine gefaltete Zeitung. »Da steht alles drin.«

Maddie schlug die Zeitung vorsichtig auf und zuckte innerlich zusammen, als sie die Schlagzeile las: *Bewohner von Ramp bei Explosion getötet.* Darunter stand: *Polizei vermutet Methamphetamin-Labor.* Sie wollte diesen Artikel wirklich nicht lesen. Also faltete Maddie die Zeitung wieder zusammen und gab sie Cody zurück, die fragend den Kopf schieflegte. »Mir ist egal, was genau damals vorgefallen ist. Ich wollte nur, dass du weißt, dass ich davon gehört habe, damit es zwischen uns keine Geheimnisse gibt.«

Cody ließ den Kopf sinken und sagte leise: »Ich dachte, dich interessiert …«

Maddie zog sie in eine sanfte Umarmung und vergrub das Gesicht an Codys Schulter. »Ich bin an dir interessiert und an deinen Gefühlen. Willst du darüber reden?«

»Nein, nicht wirklich. Das ändert ja doch nichts.«

»Dann lass es«, sagte sie.

Cody stand auf, ging zurück zur Kommode und legte die Zeitung zurück in die Schublade.

»Wenn du je darüber reden willst, und auch wenn du über irgendetwas anderes reden willst, bin ich für dich da. Versprochen.«

Cody kam zurück und setzte sich wieder auf die Bettkante. Schweigend sah sie Maddie an. Maddie hatte keine Ahnung, was hinter ihren traurigen Augen vorging, doch sie wollte sie zu nichts drängen.

Schließlich beugte Cody sich vor und küsste sie zärtlich. »Wenn es dir nichts ausmacht, würde ich lieber über die Gegenwart nachdenken.«

»Ich finde die Gegenwart verdammt gut, also ist das eine hervorragende Idee.«

Das träge Lächeln stahl sich zurück auf ihre Lippen. »Finde ich auch.« Sie legte sich wieder hin und zog Maddie an sich. »Ganz bestimmt sogar.«

21

Maddie hatte dieses Gespräch lange vor sich hergeschoben, doch jetzt musste sie für ihr monatliches Meeting nach Huntington. Zeit, mit Avery zu reden. Sie gingen zum Mittagessen in das kleine italienische Restaurant, in dem sie früher oft zusammen gewesen waren. Der Besitzer begrüßte sie überschwänglich, bedauerte lautstark ihre lange Abwesenheit und erkundigte sich, warum sie nicht öfter vorbeikamen. Maddie beschlich das Gefühl, dass er sie und Avery für ein Paar hielt. Sie hätte ihn ja aufgeklärt, doch die Vorstellung war so witzig, dass sie mitspielte.

Die Grissini sahen verlockend aus, aber sie versuchte immer noch, ein paar Pfund abzunehmen. Sie schob die verlockenden Dinger aus ihrem Sichtfeld, um der Versuchung besser widerstehen zu können.

»Also«, sagte sie und legte die Hände in einer theatralischen Geste auf die Tischplatte. »Ich habe mir tatsächlich eine Freundin zugelegt.«

»Doch nicht etwa Cody Keaton!«

»Genau die.«

»Hast du nicht!« Er sah aus, als wüsste er nicht, ob er sie schlagen oder umarmen sollte. »Du hast dich mit einer richtigen, echten Hillbilly-Frau eingelassen.«

»So ist es. Und normalerweise würde ich dich wegen dieses Worts tadeln, aber ich lasse es dir durchgehen, weil es ihr nichts auszumachen scheint.«

»Ich würde dich fesseln und wo festhalten, wenn sie nicht so reich wäre«, meinte er lachend. »Aber du kannst ihr ja dabei helfen, wenigstens ein paar Hunderttausend von ihren vielen Millionen zu behalten.«

»Äh…« Sie hatte bestimmt nicht vor, sich zu beschweren, aber es gab ein paar Dinge, die so sehr an ihr nagten, dass sie sie ansprechen musste. »Sie legt keinen sonderlichen Wert auf meinen Rat in Geldfragen.«

Er schlug sich die Hände vors Gesicht. »Oh Gott, ist schon alles weg?«

»Natürlich nicht! Ich hab dir doch erzählt, dass Cody nicht so ist. Sie ist sehr, sehr, sehr vorsichtig, was ihr Geld anbelangt. Wir haben uns mit einer Anlageberaterin getroffen, die ihr einige sehr gute Ratschläge gegeben hat, aber seither hat Cody das Thema nicht mehr angesprochen.«

»Weil schon längst alles weg ist!«

Gott! Er konnte so dramatisch sein. »Das ist es nicht, Avery. Sie wirft nicht mit dem Geld um sich, im Gegenteil. Aber ihre Familie ist nicht so vorsichtig wie sie und sie lässt sie Zügel verdammt locker. Ich habe Angst, dass jemand sich noch darin verstrickt.«

»Natürlich werden sie das! Du musst ihr ins Gewissen reden, Maddie! Lass nicht zu, dass sie die ganzen Millionen verbrät!«

»*Wir* können da so gut wie gar nichts ausrichten … Sie ist sehr unabhängig«, sagte sie. Das war das beste Wort dafür.

»Belausch ihre Telefonate. Lass die Schmarotzer nicht auf euer Grundstück.«

»Wir wohnen nicht zusammen. Meistens sehen wir uns nur an den Wochenenden.«

»Was? Was seid ihr denn für Lesben?«

Sie verdrehte die Augen. »Sie hatte noch nie eine Beziehung und sie ist es gewohnt, sehr unabhängig zu sein.«

»Ich wittere Ärger im Paradies, dabei habt ihr den Garten Eden noch kaum erreicht.«

»Nein, kein Ärger …« Sie überlegte einen Moment. »Ich hatte erwartet, dass wir zumindest darüber reden, bevor sie etwas macht. Aber sie baut gerade ein Haus und es ist kein bisschen so, wie ich es machen würde.«

»Oh Gott, wie soll es aussehen? Zwölf Schlafzimmer und eine Garage mit zweiundzwanzig Stellplätzen?«

»Wohl kaum. Ein Schlafzimmer, ein Bad, ein Wohnzimmer.«

Ihm klappte die Kinnlade herunter. »Du verarschst mich doch.«

»Nein, ich wünschte, es wäre so. Wenn ich in der Stadt bleibe, will ich ein größeres Haus als das …« Sie schüttelte den Kopf. »Aber es geht gar nicht um den fehlenden Platz. Sondern darum, dass sie tut, was sie will, ohne mich auch nur darüber zu informieren. Sie hat sich schon vor Wochen vor ihrer Familie geoutet und es nicht erwähnt.«

»Sie ist keine Lesbe!«, verkündete er theatralisch.

»Ich bin mir ziemlich sicher, dass sie eine Lesbe ist. Soll ich dir erzählen, was sie am besten kann?« Sie riss die Augen weit auf. »Es ist etwas, das du noch nie, nie getan hast.«

»Nein!« Er hielt sich die Ohren zu und brabbelte irgendwelchen Unsinn vor sich hin, um sie nicht hören zu müssen.

Sie formte ein *Time-out*-Zeichen mit den Händen. »Ich werde mich benehmen.«

»Das will ich auch hoffen. Und jetzt erzähl mir von ihren grauenhaften Fehlern. Ich liebe Geschichten darüber, dass Menschen in Beziehungen viel unglücklicher sind, als ich als Single es bin.«

»Danke«, sagte sie und schenkte ihm ein süßliches Lächeln. »Sie hat keine grauenhaften Fehler. Sie benimmt sich einfach nur, als wäre sie immer noch Single, während ich mich benehme, als wäre es etwas Ernstes.« Sie sackte in sich zusammen und starrte finster vor sich hin. »Manchmal habe ich das Gefühl, dass ich mehr an ihr hänge, als sie an mir.«

»Na ja, du hast auch keine Millionen auf dem Konto …«

Sie schnappte sich ein Grissini und biss ein großes, knuspriges Stück ab. »Das ist es nicht. Ich weiß, wie wichtig ich ihr bin. Sie ist nur nicht so verrückt nach mir wie ich nach ihr und das … tut weh.«

Avery lehnte sich zurück und sah sie an. »Es tut mir leid, dass du es gerade so schwer hast, *principessa*. Das wird schon werden. An dir sollte man festhalten wollen. Dein Charme ist so viel mehr wert als ihre Millionen.«

Das Fundament war gegossen, die Zufahrt befestigt. Ganze Wagenladungen voll mit geschreddertem Gummi waren abgeladen, verdichtet und versiegelt worden, um die Straße zu bauen. Jimmy war wieder auf der Baustelle und bereit, die Leitung zu übernehmen. Er und Cody standen am frühen Morgen neben dem Stapel mit den Holzstämmen und er erklärte ihr den Angriffsplan.

Ein Auto ratterte den Berg hinauf und Cody ging zur Einfahrt. Obwohl sie genervt war, konnte sie sich ein Lächeln nicht verkneifen, denn der herannahende Wagen war dank des Gummis viel leiser als sonst. Es gab aber nur einen Grund, hier heraufzufahren: um auf ihr Land zu kommen. Ihr Nacken prickelte unangenehm, doch als sie Onkel Cubby erblickte, entspannte sie sich. Sie ging zu seinem alten, verbeulten Truck und lehnte sich an das Fenster. »Wenn du hier bist, um zu helfen, dann lass uns loslegen. Wenn nicht, dann komm erst um fünf wieder. Ich bezahle ihn dort drüben pro Stunde.«

Cubby lachte. »Weißt du, du hättest genug Geld, um jemanden dafür zu bezahlen, das alles für dich zu machen.«

»Ich weiß. Aber ich will, dass es richtig gemacht wird. Also muss ich es selber machen.«

Er stieg aus und fischte einen abgetragenen, ledernen Werkzeuggürtel von der Ladefläche. »Sag mir, wo du mich haben willst. Ich kann sägen, planieren und zuschneiden. Auf Leitern steige ich nicht.«

»Wir haben auch keine.« Sie führte ihn zu Jimmy und grinste wie ein Opossum, das Weintrauben fraß.

Am nächsten Tag bahnte sich wieder ein Truck den Weg nach oben, diesmal mit Onkel Shooter an Bord. Am Vortag hatten sie die Dampfsperre und die Fußbodenheizung installiert, heute würden sie mit den ersten Stämmen beginnen. Shooter stapfte herum und machte Bemerkungen über dies und das, bis Cody sagte: »Quatschen können wir auch beim Mittagessen. Jetzt wird gearbeitet.«

Am dritten Tag kamen Lurlene und Thelma und brachten einen Korb mit Lurlenes legendärem Fried Chicken.

Es war wunderbar, sich auf einen Stamm zu setzen und nach einem Vormittag voller harter Arbeit das beste Fried Chicken des Landes zu essen. Es war, als wäre sie gestorben und im Himmel wieder aufgewacht. Sie knabberte an einem Hühnerschenkel, ihrem Lieblingsteil, und beäugte schon Tante Thelmas Beerenkuchen. In diesem Moment wurde ihr bewusst, dass dies das erste Projekt war, das sie gemeinsam als Familie umsetzten. Jedenfalls soweit sie sich erinnern konnte. Früher hatten sie so etwas wohl oft gemacht, erlebt hatte sie das aber noch nie. Die Zuneigung zu ihrer Familie trieb ihr fast die Tränen in die Augen, doch sie hatte jetzt keine Zeit für einen Gefühlsausbruch. Das Huhn würde sich nicht von selbst aufessen und das Haus sich nicht von allein bauen.

Müde, aber glücklich bog Cody an diesem Nachmittag in ihre Auffahrt ein. Sie hatten viel geschafft und ihre Onkel waren nicht nur hilfsbereit gewesen, sie schienen sich auch für die Details und sogar für die Planung zu interessieren.

Ihre Haut prickelte, als sie Maddies kleines Auto vor ihrem Trailer entdeckte. Sie hielt direkt daneben und sprang aus dem Auto.

Maddie trat aus dem Wald und winkte ihr zu. »Wenn du bis sechs nicht gekommen wärst, wäre ich diesen Berg hinaufgefahren, bis es nicht mehr weitergeht.«

»Was hast du dort draußen gemacht? Du hast kein Gewehr, also brauchst du gar nicht erst darüber nachzudenken, dir ein Reh einzusacken.«

Maddie gluckste. »Deinetwegen bewege ich mich inzwischen lieber als herumzusitzen. Was hältst du davon, wenn ich dich zum Essen einlade?«

»Ich könnte dich dasselbe fragen und ich wette, dass mein Angebot besser ist als deines.« Sie holte einen Korb aus ihrem Auto und wedelte damit unter Maddies Nase herum. »Du kannst es vielleicht nicht riechen, aber das ist der Duft der Perfektion.«

»Dann machen wir das. Ich liebe Perfektion.«

»Hast du dich mit diesem Insektenspray eingesprüht?«

»Ich bin von oben bis unten voll damit. Warum?«

»Wir gehen picknicken. Ich zieh mir nur schnell ein frisches Shirt an und hol ein paar Servietten.«

Sie gingen nicht weit. Das hübsche Fleckchen Erde, zu dem Cody sie führte, war nur eine Viertelstunde entfernt. »Du hast mich quer durch West Virginia geschleift, obwohl du ganz in der Nähe so einen schönen Platz hast?«, fragte Maddie gespielt empört.

»Zum Angeln ist er furchtbar. Aber zum Dasitzen und Denken ist er perfekt. Und zum Essen.« Sie breitete die mitgebrachte Decke aus, setzte sich anmutig hin und machte sich daran, den Inhalt ihres Korbes zu enthüllen. »Fried Chicken. Zum Heulen gut«, verkündete sie.

Maddie schnappte sich ein Stück und biss hinein. Sie verdrehte die Augen. »Wenn ich ständig Zugang zu so gutem Essen hätte, würde ich tausend Pfund wiegen.«

»Du willst gar nicht wissen, wie gut das frisch aus der Pfanne ist.«

»Da hast du wohl recht.« Sie ließ sich einen weiteren Bissen auf der Zunge zergehen. »Ich hatte schon so oft Fried Chicken. Aber das ist so viel besser als alle anderen … zusammen.«

»Meine Tante hat Hühner. Das ist schon die halbe Miete.«

Maddie hielt das Hühnerteil ein Stück von sich weg. »Also war das ein Haustier? Hat es auch einen Namen?«

»Japp. Das ist Lecker. Iss.« Sie nahm einen Bissen und kaute ihn genüsslich. »Ich bekomme immer einen Riesenhunger, wenn ich so schufte wie heute. Es ist ein Wunder, dass ich nicht zunehme, aber stattdessen rutscht mir die Hose ständig runter. Ich werde mir noch Hosenträger besorgen, wie Onkel Shooter sie hat.«

Cody wirkte tatsächlich dünn. Nun ja, noch dünner als sonst. Aber sie wirkte auch gesund und hatte Farbe auf den Wangen. »Du siehst gut aus. Du solltest Sonnencreme tragen, aber ich nehme an, du wirst auf meinen Rat nicht hören.«

»Ich brauch keine. Wir werden alle schnell braun.«

»Du hast aber einen anderen Hautton als die meisten deiner Cousins und Cousinen. Die sind wesentlich dunkler als du.«

»Ja, das ist die Montgomery-Seite. Ich hab die Haut der Keatons. Ich werde zwar nicht so braun wie meine Cousins und Cousinen, aber ich hatte noch nie einen schlimmen Sonnenbrand. Selbst wenn ich mal rot werde, ist es am nächsten Morgen schon fast weg.« Sie rollte den Ärmel ihres Shirts hoch und offenbarte ihre blasseren, aber immer noch gebräunten Oberarme. »Siehst du? Das war gestern noch rosa.«

Vor allem sah Cody die Muskeln, die Cody zusätzlich zu den Muskeln, die sie ohnehin schon vorweisen konnte, bekommen hatte. Das Bedürfnis, auf ihren Schoß zu klettern und ihre starken Arme um sich zu spüren, war beinahe überwältigend, aber sie konnte bis nach dem Essen warten. Vielleicht. »Du siehst gut aus. Aber vor allem siehst du glücklich aus. Läuft es denn gut?«

»Sehr gut sogar. Meine Onkel waren jeden Tag da, um mitzuhelfen, und gestern wären mir fast die Augen aus dem Kopf gefallen, als Devin plötzlich aufgetaucht ist.«

»Das muss ein gutes Gefühl gewesen sein.«

»Das ist es. Wir kommen richtig gut voran. Onkel Shooter ist ein richtiger Profi mit Mörtel. Er ist immer direkt hinter uns, wenn wir einen Stamm platzieren. Perfekte Teamarbeit«, sagte sie stolz. »Und wenn die beiden mir während des ganzen Projekts helfen, werden sie nebenbei auch noch ein paar Pfund verlieren und vielleicht geht ihr Blutdruck auch ein paar Punkte runter.«

»Pass auf, dass sie es nicht übertreiben. Wenn sie so lange nichts gemacht haben …«

»Oh ja«, meinte Cody grinsend. »Sie könnten tot umfallen. Aber besser auf einer Baustelle als vor diesem verfluchten Fernseher.«

»Herzlos, aber pragmatisch. Das mag ich so an dir.«

»Ich dachte, du magst …« Sie brach ab und eine bezaubernde Röte stieg ihr in die Wangen. »Egal, was du an mir magst: Ich finde es gut, dass du es tust.«

Cody war so verdammt niedlich. Sie hatten auf jede erdenkliche Weise miteinander geschlafen, und doch war sie immer noch zu schüchtern, etwas auch nur ein wenig Versautes zu sagen. Sie war Zucker.

Vorsichtig bahnten sie sich im Halbdunkel den Weg zurück zu Codys Trailer. Es war, als müssten sie sich durch ein Feld voller Landminen kämpfen. Hinter den diversen Vertiefungen, den abgestorbenen Baumstämmen und den kleinen Laubhaufen konnte weiß Gott was lauern und dann gab es immer noch tausend andere Gefahrenquellen. Maddie lief direkt hinter Cody, beobachtete jeden ihrer Schritte und gab sich größte Mühe, genau dahin zu treten, wo Cody hintrat.

Um acht Uhr waren sie schließlich zurück und Cody blieb direkt neben der Fahrertür von Maddies Auto stehen. »Fährst du heute noch heim? Oder stehst du morgen früh eine Stunde früher auf?«

Maddie schlang die Arme um sie, spürte ihre weichen Brüste und ihren muskulösen Rücken. Was für eine Kombination. »Was?«

Cody lehnte sich vor und hauchte einen sanften Kuss auf ihre Lippen. »Willst du lieber heute noch fahren oder erst morgen früh?«

»Weder noch.« Sie schlang die Arme fester um sie. »Ich mag nicht von dir weg.«

Cody strich ihr mit einer Hand durch das Haar und verteilte einen Kuss nach dem anderen auf ihrem Kopf. »Geht mir genauso. Am liebsten würde ich dich jeden Abend besuchen, aber ich muss mich bei der Arbeit konzentrieren können. Manches von dem, was wir machen, ist nicht ungefährlich, und da darf ich nicht abgelenkt oder übermüdet sein.«

Maddie lächelte sie an. Sie würde auch zu Fuß nach Ramp gehen, um Cody sehen zu können, aber sie hatte auch ihren Stolz und würde nicht um ihre Aufmerksamkeit betteln. Den Gedanken, dass sie heute uneingeladen hier aufgeschlagen war, schob sie rigoros beiseite. »Bei meinem Job ist es kein Problem, wenn ich neben mir stehe. Lass uns reingehen. Schlaf wird sowieso überbewertet.«

Devin war nicht nur bereit, den ganzen Tag draußen zu arbeiten, er hatte es auch nie eilig, abends wieder zu verschwinden.

Sie begannen früh mit der Arbeit, aßen früh zu Mittag und machten früh Feierabend. Pünktlich um halb fünf ging Jimmy zur Kühlbox und nahm sich ein Bier. Genauso gut hätte er am Schichtende in einer Fabrik in eine Trillerpfeife blasen können. Danach saßen sie immer herum, und unterhielten sich über den Fortschritt, den sie an diesem Tag gemacht hatten. Jimmy wusste mehr über Blockhäuser, als Cody jemals lernen könnte, und er teilte sein Wissen großzügig. Außerdem redete er gern und sie saugte begierig alle Informationen auf, mit denen er seine Geschichten anreicherte.

Devin war die meiste Zeit über sein neues, mürrisches Selbst, aber er war da und arbeitete hart. Das war ein großer Fortschritt.

Nachdem Jimmy, Cubby und Shooter heimgefahren waren, blieb nur noch Devin übrig, der zwar nichts zu sagen hatte, aber anscheinend auch nicht gehen wollte. Eines Tages nahm Cody ihn mit nach Twined Creek, wo sie schweigend ein Bier tranken und Nachos aßen.

Als er schließlich in seinen alten, klapprigen Jeep stieg, sagte sie: »Bring morgen deinen Bogen mit. Dann können wir ein bisschen üben.«

Am nächsten Tag brachte er tatsächlich seinen Bogen mit und sie ihren und sie schossen auf Ziele, bis es zu dunkel war, um etwas zu sehen. »Bis Ende Juli ist noch Kojoten-Nachtjagd-Saison.«

»Nachtjagd?« Er starrte sie an. »*Nacht*-Jagd?«

Lachend nickte sie. »Wir haben schon Tausende Male in der Nacht gejagt. Tu nicht so, als wäre das was Neues für dich.«

»Ich wusste noch nicht einmal, dass du Kojoten jagst. Wozu die Mühe?«

Genau genommen hatte sie nicht das geringste Interesse daran, Kojoten zu töten. Man konnte sie nicht essen und sie regulierten ihre Population sehr effizient selbst, es gab also keinerlei Grund, sie zu entnehmen. Aber sie waren die einzigen Tiere, die man im Moment jagen durfte, und außerdem war sie sich ziemlich sicher, dass sie mit dem Bogen sowieso keinen erwischen würden. Die Viecher waren selbst mit einem guten Gewehr schwer zu erwischen. Am liebsten hätte sie sich einfach mit Devin hingesetzt und mit ihm geredet, aber die besten Gespräche hatten sie immer schon während der Jagd geführt und sie musste wissen, was in seinem Kopf vorging.

»Ich jage einfach gern«, sagte sie. Das musste als Grund reichen.

»Meinetwegen. Ich komm mit, aber heul nicht rum, wenn wir nichts erwischen außer Stichen und Bissen.«

Sie schnippte ihm gegen den Nacken und tänzelte davon, als er es ihr heimzahlen wollte. »Wenn ich dir jedes Mal einen Dollar gegeben hätte, wenn du mich heulen gesehen hast, hättest du dir von dem Geld noch nicht einmal eine Gallone Benzin kaufen können.«

Es hieß immer, man müsse eine rote oder bernsteinfarbene Lichtquelle dabeihaben, um einen Kojoten zu blenden, wenn man ihm begegnete. Dann würde er erstarren und man könnte auf ihn zielen. Sie hatte keine und Devin auch nicht, also sanken ihre ohnehin schon geringen Aussichten auf Jagderfolg noch weiter. Jetzt, da sie unterwegs waren, war sie noch entschlossener, keinen Kojoten zu erlegen. Sollte Devin auf einen zielen, würde sie ihn schubsen oder sonst wie daran hindern, ihn zu erwischen, auch wenn sie sich dabei ziemlich bescheuert vorkommen würde.

Auf ihrem Grundstück gab es Kojoten, das wusste sie. Sie hatte sie gehört, als sie noch spät auf der Baustelle gewesen war. Zugegeben, ihr Heulen jagte ihr manchmal einen Schauer über den Rücken. Aber sie hatte keine Angst vor ihnen. Sie waren wie Hunde, und mit Hunden kam sie klar. Man musste ihnen nur das Gefühl geben, dass man keine Angst hatte und außerdem größer war als sie, dann ließen sie einen in Ruhe.

Sie beschlossen, einfach den Berg hinunterzugehen. Dann würden sie schon sehen, was sich ergab. Sie besaß kein Lockinstrument, doch niemand konnte einen verwundeten Hasen so gut imitieren wie Devin, also hatten sie alles, was sie brauchten.

Da Cody den Wald *ohne* einen Kojoten verlassen wollte, sprach sie in fast normaler Lautstärke. »Ich weiß noch, wie wir das erste Mal zusammen auf der Jagd waren. Mit meinem Daddy. Erinnerst du dich noch an diese winzigen Pistolen, die wir damals hatten? Mit denen konnte man gerade mal einem Spatzen eine Schramme verpassen.«

»Ich, ich erinnere mich«, sagte er. »Damals hast du auch zu laut geredet – so wie jetzt.«

»Ich weiß schon, wann ich die Klappe halten muss. Keine Sorge.«

»Zugegeben, alle waren überrascht, wie gut du hierher passt. Auch in Huntington warst du noch eine von uns.« Er lachte leise. »Wenn du im Sommer hierhergekommen bist, hast du schon nach einem Tag so geklungen wie wir. Hattest keine Schuhe an, hast in den Wald gekackt und alles gegessen, was wir dir unter die Nase gehalten haben.« Er lachte lauter. »Du warst ein echter Hillbilly.«

»Bin ich immer noch. Keith war aber nie einer.«

»Nein«, sagte er leise. »War er nie. Ich glaube, er hatte zu viel Keaton- und zu wenig Montgomery-Blut.«

»Vielleicht. Aber mein Daddy war ein Eins-a-Jäger.«

»Ja, war er, aber um wirklich hierherzugehören, braucht es mehr, als jagen zu können. Keith hat … etwas … gebraucht, und das hat er hier nicht bekommen.«

»Er hat wirklich etwas gebraucht.«

Eine ganze Weile gingen sie weiter durch den Wald. Es war still, die einzigen Geräusche kamen von ein paar Vögeln, die ihre Nachtlieder sangen. Auf dem Waldboden tummelte sich kaum etwas, von einem Kojoten gab es weit und breit keine Spur.

»Ich glaube, ich werde nie wieder mit einem Gewehr oder einer Pistole schießen können«, sagte Devin.

Cody erstarrte. Gott, wie viel Mut es ihn gekostet haben musste, das laut auszusprechen. Ein Montgomery, der nicht jagen konnte, war die personifizierte Verschwendung von Ressourcen. Sie konnte kaum glauben, dass er etwas von dem in Worte gefasst hatte, was ihm durch den Kopf ging. »Dann werden wir eben die besten Bogenschützen aller Zeiten.«

Devin erwiderte nichts, doch die dunkle Aura, die ihn umgab, schien sich ein wenig zu lichten. Vielleicht bildete sie es sich nur ein, vielleicht aber auch nicht. Es musste helfen, dass er aus dem Haus kam und sich öffnete.

Langsam und mit gespitzten Ohren gingen sie weiter. Nach einer Weile erreichten sie einen kleinen Vorsprung, von dem aus sie das Tal und die erleuchteten Häuser überblicken konnten.

»Hoffentlich glaubt keiner von unseren Jungs mehr, er muss zur Army gehen, nur um an das Gehalt zu kommen. Ihretwegen haben wir Keith verloren und dich fast auch. Das reicht.«

»Die Army war nicht schuld an dem, was mit Keith passiert ist. Das Gefängnis vielleicht schon.«

»Wenn er nicht desertiert wäre, wäre er nicht ins Gefängnis gekommen. Und wenn sie nicht versucht hätten, ihn in den Irak zu schicken, wäre er nicht desertiert.«

Devin schüttelte den Kopf. »Was hat er denn geglaubt, wo sie ihn hinschicken? Hawaii?«

»Ich hab keine Ahnung. Er hat sich freiwillig gemeldet, ohne auch nur irgendwem ein Sterbenswörtchen zu sagen. Er wusste, wie sehr Mama zu kämpfen hatte und … Du weißt ja, wie das ist. War bei dir ja genauso.«

»Nein, ich wollte wirklich zur Army. Nicht nur fürs Geld. Ich dachte, ich lerne dort was Sinnvolles.« Er stellte den Bogen auf seinem Stiefel ab, legte den Kopf in den Nacken und sah zu den Sternen hinauf. »Wenn du wen brauchst, der nach Sprengfallen sucht, bin ich dein Mann.«

»Du machst Fortschritte«, sagte sie und hatte zum ersten Mal das Gefühl, dass es stimmte. »Du musst wieder das machen, was dich glücklich macht. Vor dem Fernseher zu hocken war nie deins.«

»Nein, da hast du recht. Ich bin nur meistens so müde.«

»Das ist die Depression, Devin. Du musst dagegen ankämpfen und das geht nur, indem du aufstehst und weitermachst.«

»Ich werde weiter hier hochkommen und dir helfen. Das hat mir gutgetan.«

»Mir hat es auch echt geholfen.« Fast hätte sie einen Arm um ihn gelegt, aber dann würde er merken, dass sie ihn anders behandelte, und das wollte sie auf keinen Fall.

»Lass uns zurückgehen, aber auf einer anderen Route. Auf der, die du ausgesucht hast, gab es ja rein gar nichts.«

Sie drehten sich um und ließen sich vom Mondlicht den Weg weisen.

»Hey, ich hab viel nachgedacht darüber, dass … über das, worüber wir geredet haben.«

»Dass ich lesbisch bin?«, fragte sie direkt.

»Ja. Also, Pastor Jackson meinte, wenn ich mich weiter mit dir treffe, spiele ich mit dem Feuer. Er sagt, ich soll dir aus dem Weg gehen, und wenn ich das nicht tue, erteile ich dir dadurch die Erlaubnis, zu sündigen.«

»Selbst wenn mir alle Menschen aus dem County aus dem Weg gehen würden, wäre ich immer noch lesbisch. Ich will nichts Schlechtes sagen über jemanden, den du respektierst …«

»Lass mich ausreden«, unterbrach er sie. »Er ist ein Mann Gottes und ich respektiere ihn wirklich sehr. Aber er ist nur ein Mensch und nicht Gott, also habe ich beschlossen, mich direkt an die Quelle zu wenden. Ich habe tagelang die Bibel gelesen und keine einzige Stelle gefunden, in der Jesus sich von einem Sünder abwendet. Im Gegenteil. Ich werde dir also nicht aus dem Weg gehen, Cody. Ich werde für dich beten.« Er lächelte sie an.

»Danke«, erwiderte sie und rang sich ein Lächeln ab. Wenn es ihn glücklich machte, zu versuchen, ihre Homosexualität wegzubeten, könnte er das tun, bis ihm die Knie bluteten. »Lass es uns dabei belassen, okay? Du ziehst dein Ding durch und ich meines.«

»Mein Ding führt aber nicht zu ewiger Verdammnis«, sagte er und das Feuer des Bekehrten brannte in seinen Augen.

»Ich weiß, dass du daran glaubst. Ich habe deine Warnung gehört. Und jetzt sei wie Jesus und akzeptier mich mit all meinen Sünden.«

Er schien etwas erwidern zu wollen, doch schließlich lächelte Devin bloß und schüttelte den Kopf. »Ich versuch's«, sagte er und führte sie den steilen Hang hinauf.

22

Am nächsten Samstag hätte Maddie eigentlich bis mittags arbeiten sollen, aber es war nicht sonderlich viel los. Im Winter hatte sie Geneva, ihrer Stellvertreterin, samstags oft freigegeben, darum hatte sie kein schlechtes Gewissen, den heutigen Tag als Mental-Health-Day zu nehmen. Um sicherzugehen, dass sie Cody noch erwischte, bevor sie jagen oder angeln oder Schlangen beschwören ging, rief sie sie schon um sieben Uhr morgens an. »Hi, ich dachte, ich komme heute vielleicht zu dir, um mir die Fortschritte am Haus anzuschauen. Passt das für dich?«

»Hmm…«

Maddie konnte förmlich hören, wie Cody nach einer Ausrede suchte.

»Heute wäre schon okay, aber morgen wäre besser. Da hatten wir doch ohnehin vereinbart, uns zu treffen, oder?«

»Stimmt.« Was zum Teufel? Was, verdammt noch mal, hatte Cody für heute geplant?

»Ähm, wenn du mir etwas Zeit gibst, kann ich vielleicht noch was verschieben. Natürlich will ich dich sehen.«

Sie war schon verdammt süß. Aber es war nicht nötig, dass sie irgendwelche Verrenkungen anstellte. »Nein, brauchst du nicht. Ich komme dann morgen.«

»Oder heute Abend. Komm heute Abend. Du brauchst auch nicht vorher anzurufen. Am besten, du kommst direkt zum neuen Haus. Es macht keinen Sinn, erst beim alten vorbeizuschauen.«

»Wirst du nicht unterwegs sein oder auf der Jagd?«

Cody lachte auf. »Im Sommer kann man nicht wirklich jagen. Vor Mitte September würde man noch nicht einmal ein Eichhörnchen erwischen. Der Sommer ist fürs Angeln da.« Sie klang sehr zufrieden, als sie das sagte. Angeln war wirklich ihre Leidenschaft.

»Dann sehen wir uns heute Abend oder morgen, je nachdem. Hab einen schönen Tag.«

»Werde ich. Es ist keine große Sache«, fügte sie eilig hinzu. »Es kommen nur ein paar aus meiner Familie vorbei, um sich die Baustelle anzuschauen.«

»Oh«, machte Maddie in der Erwartung, dass Cody noch mehr sagen würde. Doch sie schwieg. Was sollte das? Warum veranstaltete sie eine verdammte Familienfeier und lud ihre Freundin nicht dazu ein? »Okay. Bis bald«, sagte sie und legte auf. Sie kochte vor Wut. Entweder merkte Cody nicht, wie sie sich fühlte, oder sie ignorierte es. Was es auch war, es machte Maddie so unglaublich wütend. Auf gar keinen Fall würde sie den ganzen Tag in ihrer Wohnung bleiben und vor sich hin brüten. Sie hatte sich für einen Tag im Wald angezogen und das hatte sie nicht umsonst getan. Es war nicht weit bis zu den Hatfield-McCoy Mountains. Sie stieg ins Auto, gab das Ziel ins Navi ein und fuhr los. Sie brauchte Cody Keaton nicht. Sie konnte sich auch selbst einen schönen Tag machen.

Die gesamte Montgomery-Großfamilie versammelte sich an diesem Nachmittag auf der Baustelle. Cody hatte sich den Pick-up-Truck von Onkel Cubby geliehen und alle Klapptische und -stühle, die sie finden konnte, auf der Ladefläche gestapelt, zusammen mit zwei großen Kühlboxen mit Eis und Softdrinks.

Ihre Tanten hatten Fried Chicken, Cornbread, Bohnensalat und Kartoffelsalat mitgebracht. Darüber machten sich alle begeistert her. Die Babys spielten in der Sandkiste, die sie extra gebaut hatte, und die größeren Kinder tobten auf der Wasserrutschmatte herum, die sie aus ein paar Plastikplanen und einem Gartenschlauch improvisiert hatte.

Alle hatten ihre Gewehre, Schrotflinten und Pistolen dabei und zu Codys großer Freude waren sie begeistert von der Tontaubenwurfmaschine, die sie gekauft hatte. Ihnen dabei zuzusehen, wie sie auf Dosen schossen, war allmählich langweilig geworden und außerdem konnten die Kinder sich nicht verletzen, wenn sie auf Ton statt auf eine zerfetzte Dose traten. Dazu kam, dass sie sich mehr anstrengen mussten, wenn sie eine Tontaube erwischen wollten. Da konnten sie an ihrer Technik feilen. Wild bewegte sich schließlich auch, im Gegensatz zu Coladosen.

Es störte sie nicht einmal, dass sie Munition im Wert von mehreren Hundert Dollar verballerten. Vielleicht gewöhnte sie sich wirklich daran, Geld zu verpulvern. Die Sorgen, die sie wegen des Geldes hatte, traten jedenfalls in den Hintergrund. Es war wie früher. Alle hatten Spaß und niemand hielt die Hand hin und erwartete, dass die Hundert-Dollar-Scheine nur so hineinrieselten. Das Einzige, das anders war, war, dass sie oben auf dem Berg waren, in der Sonne, und dass Cody nicht jeden letzten Cent zusammenkratzen musste, um dann doch nur ein halbes Fass Bier zu kaufen. Arm zu sein war für sie nie schlimm gewesen, weil sie genug zu essen hatten und ihre Lebenshaltungskosten so niedrig waren. Aber es war schon verdammt schön, dass sie jetzt in der Lage war, ihrer Familie eine Freude zu machen, und dass sie ihnen einen schönen Tag bescheren konnte, der keine üblen Folgen haben würde. Geld musste nicht die Wurzel allen Übels sein. Den Spruch hatte sich sicherlich jemand ausgedacht, der nicht wollte, dass arme Menschen ihm sein Geld neideten.

Maddie stellte ihr Auto auf einem großen Parkplatz neben einem Besucherzentrum ab. Das Wetter war so schön, dass die Menschen in Scharen in den Park strömten. Obwohl es noch früh war, ergatterte sie einen der letzten freien Zutrittsplätze.

Nach einem Abstecher zum Besucherzentrum entschied sie sich für eine Route, die etwa fünf oder sechs Meilen lang war, und ging los. Es war … merkwürdig. Nach allem, was sie bisher gewohnt war, kam es ihr ziemlich seltsam vor, dass der Pfad so deutlich markiert war. Und obwohl es hier, verglichen mit der Stadt, natürlich sauber war, lagen immer wieder mal Coladosen und Papierservietten direkt neben dem Pfad. Nicht viele, aber genug. Auf diesem Weg herrschte eindeutig reger Besucherverkehr.

Wahrscheinlich hätte sie auch allein querfeldein marschieren können, aber sie kannte sich hier nicht aus und hatte nicht das Bedürfnis, gerettet zu werden. Außerdem würde Cody dann über sie lachen, und das wollte sie auf gar keinen Fall.

Maddie lief lange vor sich hin, und traf nur wenige Menschen. Das war schön und sie vergaß fast, dass sie nicht allein war, bis sie zu einem Aussichtspunkt kam, von dem aus man ein hübsches Tal überblicken konnte. Sie saugte den Anblick förmlich in sich auf, bis eine Horde schnatternder Kinder auf sie zurannte. Es war ja ganz nett, dass die Kinder mal aus der Stadt rauskamen und die wildere Seite von West Virginia kennenlernten, aber sie sehnte sich nach Einsamkeit. Gut, ein anderer Mensch, der ihr Gesellschaft leistete, wäre schön. Doch dieser Mensch verbrachte gerade Zeit mit seiner Familie. Zu der Maddie anscheinend nicht gehörte.

Nachdem Maddie drei Stunden lang auf dem Berg herumgestapft war, konnte sie wieder klarer denken und ihre Wut war fast verflogen. Doch Codys Verhalten tat noch immer weh. Es war nicht gut, wenn das unausgesprochen zwischen ihnen stand und weiter schwelte. Es war

Zeit, all ihren Mut zusammenzunehmen und Cody zu sagen, wie sie sich fühlte.

Einem ersten Impuls folgend, wollte Maddie sie anrufen, doch sie hatte mal wieder kein Netz. Dann fiel ihr ein, dass Cody in ihrem neuen Haus war, wo sie noch kein Telefon hatte. Also blieb ihr nur eines: zur Baustelle zu fahren und persönlich mit ihr zu sprechen. Cody hatte sie eingeladen, also platzte sie nicht bloß hinein, um ihr eine Szene zu machen. Und falls ihre Familie noch da sein sollte … umso besser.

Sie musste schneller gefahren sein als gedacht, denn als Maddie in Codys Zufahrt einbog, war es noch nicht einmal fünf Uhr.

Die lange Straße, die Cody selbst angelegt hatte, sah aus wie ein dickes Bett aus Gummi. Cody hatte ihr erklärt, dass sie zum ersten Mal in ihrem Leben keine holprige, schlammige Auffahrt haben würde, und der Anblick dieser Straße war ein weiterer Grund, jedes Wort zu glauben, das aus ihrem schönen Mund kam.

Es war still im Wald, doch in relativ kurzem Abstand ertönten mehrere Schüsse. Worauf auch immer Cody da gerade schießen mochte – sie hatte ja ausdrücklich betont, dass man zu dieser Jahreszeit nicht jagen konnte. Vielleicht hätte Maddie ihr Auto knallorange lackieren sollen, damit sie nicht mit dem größten Hirsch der Welt verwechselt wurde.

Am oberen Ende der Auffahrt standen kleinere Autos, Pick-up-Trucks und Jeeps. Maddie bog ab und parkte in einiger Entfernung auf einer unbefestigten Stelle. Als sie ausstieg, hallten immer noch Gewehrsalven durch den Wald, begleitet von Geschrei und den Jubelrufen der Männer und Kinder. Sie blieb stehen. Erst jetzt wurde ihr bewusst, wo sie da gleich hineingeraten würde. Maddie brauchte einen Moment, um nachzudenken. Gleichzeitig beschlich sie die Angst, man könnte sie umbringen – versehentlich, natürlich. Doch auch wenn man versehentlich von der eigenen Freundin erschossen wurde: Tot war man trotzdem.

Sie stieg wieder ein und kurbelte das Fenster herunter. Der Duft von Gegrilltem stieg ihr in die Nase. Wenn sie noch etwas von diesem Fried Chicken bekommen könnte, wäre es das durchaus wert, dafür getötet zu werden … Sie schüttelte den Kopf. *Bleib beim Thema.*

Ihre Familie und Codys hatten ein sehr ähnliches Leben geführt. Wenn es nicht ein paar Widrigkeiten gegeben hätte, könnten … nein, sollten sie der gleichen sozioökonomischen Schicht angehören. Genau wie Maddies Eltern hatten auch Codys in einer Fabrik gearbeitet. Doch Codys Familie hatte nicht die Möglichkeit gehabt, alles zusammenzupacken und dorthin zu ziehen, wo es Jobs gab, als die in ihrer Nähe gestrichen wurden. Maddies Eltern wiederum wären nach Houston oder nach North Carolina oder nach Alaska gezogen, um weiter arbeiten zu können. Codys Familie nicht. Sie waren mit diesem Land verwurzelt und miteinander verbunden, auf eine Weise, die Maddie völlig fremd war. Das musste sie akzeptieren, wenn sie eine Zukunft mit Cody haben wollte. Cody war ein Teil der hiesigen Landschaft und es wäre ein gewaltiger Fehler, zu versuchen, sie hier herauszureißen.

Aber es würde nicht leicht sein, einen Weg zu finden, sich in Codys Welt einzufügen. An die Waffenkultur würde sie sich erst noch gewöhnen müssen. Von Codys Jagdlust ganz zu schweigen. Aber das größere Problem würde immer das Geld sein. Egal, wie wenig Maddie hatte, sie würde immer mehr haben als Cody. Nicht wirklich, natürlich, aber Cody dachte wie ein sehr, sehr armer Mensch und dass sie als Erwachsene plötzlich zu Geld gekommen war, würde daran nie etwas ändern. Es hatte Monate gedauert, bis Maddie das endlich begriffen hatte. Cody würde lernen, Geld auszugeben, aber es würde ihr nie leichtfallen. Und das könnte auf Dauer anstrengend werden.

Das andere Problem war Codys Familie. Maddie wusste nicht, warum ihre Cousins im Gefängnis gewesen waren, aber sicher nicht, weil sie so wahnsinnig nett waren. Sie hatte sich sehr unwohl gefühlt, als sie mit einigen von ihnen näher zu tun gehabt hatte, und das würde sich wohl auch so schnell nicht ändern. Aber wenn sie eine Zukunft mit Cody wollte, musste sie das Gesamtpaket annehmen. Sie würde sich daran gewöhnen müssen, dass kleinkriminelle Drogendealer, Diebe und Brandstifter zu ihrer erweiterten Familie gehören würden. Nicht gut. Gar nicht gut.

Warum konnten es nicht nur sie beide sein? Sie beide, die sich mit Codys Geld irgendwo ein schönes Leben machten, wo Cody auch jagen gehen konnte … Eine Stunde außerhalb von New York, zum Beispiel? Innerlich musste sie lachen. Das würde nie passieren. Sie musste Cody so akzeptieren, wie sie war, oder es bleiben lassen. Es war Zeit, dem Monster in die Augen zu sehen – oder besser, in die Gewehrläufe. Es gab nur einen Weg, um herauszufinden, ob sie in der Lage war, mit den Montgomerys zu leben: indem sie sich ins Getümmel warf. Sie stieg aus dem Auto und lief die Einfahrt hinauf, in der Hoffnung, dass sie nicht auf ihre neuen Autos zielen würden.

Als Maddie oben ankam, öffnete sich vor ihr eine Lichtung, auf der zwei aus Baumstämmen bestehende Wände in der Nachmittagssonne glänzten. Sie hatte die Gruppe Teenager gar nicht bemerkt, die in der Nähe der Zufahrt stand, kiffte und Bier aus Plastikbechern trank. Okay, das war … mal was anderes.

»Wer sind Sie?«, fragte ein Junge, der den düsteren, misstrauischen Montgomery-Blick bereits perfektioniert hatte.

»Maddie Osborne.« Obwohl es siebenundzwanzig Grad hatte, fröstelte sie. »Eine Freundin von Cody.«

»Sie schießt grad«, sagte er. »Bleiben Sie da weg.« Er deutete zu einer Stelle, die ein ganzes Stück von der Hütte entfernt war.

»Mach ich. Kann ich … von dort hinten … hingehen?«

»Schätze schon.«

Vorsichtig bahnte sie sich ihren Weg über die Lichtung. Seit ihrem letzten Besuch hatte sich so vieles verändert, dass sie gegen den Impuls kämpfen musste, stehen zu bleiben, um sich genauer umsehen zu können. Doch eine größere Gruppe, in der sie vor allem Codys Tanten und Cousinen erkannte, saß auf Stühlen und an Picknicktischen und starrte sie an, als wäre sie gerade vom Himmel gefallen. Die würden sich nicht leicht von ihr überzeugen lassen.

»Hi«, sagte sie und winkte, während sie sich ihnen näherte. »Maddie Osborne. Wir haben uns bei Ihnen zu Hause kennengelernt.« Sie sah Lurlene an und dankte ihren Glückssternen dafür, dass sie sich Namen und Gesichter so gut merken konnte.

»Ich erinnere mich«, erwiderte Lurlene und die Ahnung eines Lächelns umspielte ihre Züge.

»Ich wollte Cody besuchen«, fügte Maddie hinzu, als niemand etwas sagte.

Eine ihrer Cousinen – Melanie oder … nein, Melissa – stand auf. »Sie schießt gerade. Ich bring Sie hin.«

Gemeinsam umrundeten sie die Stelle, an der bald das Haus stehen würde. Sieben oder acht große Männer und zwei ältere, breitere Männer standen dort und schossen auf diese Dinger, die in den Himmel geschossen wurden und dann in der Luft explodierten – wie auch immer die hießen. Gerade war Cody an der Reihe. Sie hob ein Gewehr und rief:

»Hopp!« Eine orangefarbene Scheibe schoss in die Luft. Cody sah ihr einen Moment nach, dann drückte sie ab, traf aber nur den Rand der Scheibe. Sie schüttelte den Kopf und ließ den Gewehrlauf sinken. »Nur gestreift«, grummelte sie laut, wahrscheinlich wegen des Gehörschutzes, den sie trug.

Melissa trat hinter sie, tippte ihr auf die Schulter und wich zurück. Wahrscheinlich wusste sie instinktiv, dass man jemandem, der eine Waffe in der Hand hielt, besser Platz machte.

Cody sowie sämtliche ihrer Cousins und Onkel drehten sich um und starrten sie an.

Innerlich betete Maddie, dass sie sich das nur einbildete, aber Cody schien ... als wäre ihr diese Begegnung peinlich. Schnell kam sie auf Maddie zu und stellte sich neben sie. Das Gewehr hatte sie in Anschlag gebracht, oder wie auch immer das hieß, wenn es aussah, als wäre es in der Mitte durchgebrochen. »Ich dachte, du wolltest erst am Abend kommen.«

»Soll ich im Auto warten?« Maddie bemühte sich, nicht verärgert zu klingen, aber es gelang ihr nicht.

»Nein! Ich bin nur ... überrascht. Äh... Du kennst ja schon alle, glaube ich.«

Maddie nickte jedem der Männer einzeln zu und bekam ein Nicken als Antwort, von den extrovertierteren sogar ein leises »Hallo«.

»Ich hol dir ein Bier oder so.« Cody reichte ihre Waffe an Devin weiter.

Er warf Maddie hasserfüllte Blicke zu.

Es mochte ja sein, dass er Cody am nächsten stand, aber er war unheimlich. Das war das passende Wort für ihn. Er sah aus, als würde er bei einem einbrechen und einen im Schlaf strangulieren – einfach so, zum Spaß.

Melissa blieb bei den Männern, wahrscheinlich, um mit ihnen über den Überfall der Bankerin zu reden, während Cody sie zu einem Fass Bier führte. Ihre Hände zitterten leicht, als sie einen Becher nahm und Maddie ein kaltes Bier zapfte. »Es ist schön, dass du da bist«, sagte sie, sah aber alles andere als glücklich aus. »Äh... Was soll ich den anderen sagen? Soll ich sagen, du bist hier, weil ... keine Ahnung ... weil ich irgendwas unterschreiben soll oder so?«

»Können wir irgendwo reden? Allein?«

»Sicher, sicher.« Sie zapfte ein weiteres Bier und nahm einen großen Schluck, wahrscheinlich, um sich zu beruhigen. Dann führte sie Maddie um die Baustelle herum auf einen Pfad, der in den Wald führte.

Nach einer Weile kamen sie zu einer anderen Lichtung, die groß genug für einen stattlichen Garten war. »Ich hab das mit uns geheim gehalten«, sagte Cody. »Niemand weiß es.« Sie zuckte mit den Schultern. »Keine Ahnung, warum, aber ich behalte Dinge gern für mich.«

»Ja, ich weiß.« Maddie ging ein Stück und betrachtete die ordentlich angelegten quadratischen Flächen. Jede war von einem halben Baumstamm flankiert, der mit der flachen Seite nach oben lag, sodass man darüber laufen konnte. »Warum willst du nicht, dass deine Familie von uns erfährt?«

»Warum *ich* nicht will …?« Sie packte Maddie an den Schultern. »Ich dachte, du willst nicht, dass jemand davon erfährt. Dein Job …« Sie brach ab.

»Ich kann schon auf mich selbst aufpassen, Cody. Es geht hier nicht um meinen Job. Sondern um deine Familie.« Sie sah ihr direkt in die Augen. »Ist es dir peinlich, dass du mit mir zusammen bist? Dass du lesbisch bist?«

»Nein, kein bisschen.« Sie zog Maddie in eine stürmische Umarmung. »Ich könnte es verstehen, wenn es dir peinlich ist, dass du mit mir zusammen bist. Aber du könntest mir nie peinlich sein!« Sie löste sich von Maddie und sah sie mit großen Augen an. »Wenn ich meiner Familie von uns erzähle, werden es alle erfahren. *Alle*«, betonte sie. »In einer Stunde weiß es die Bank.«

»Scheiß auf die Bank«, spuckte Maddie aus. »Ich lebe mein Leben nicht für die anderen. Ich bin vor meinem Boss nicht geoutet, aber auch nur deswegen, weil er mir nie auch nur eine einzige persönliche Frage gestellt hat.« Sie legte die Hände auf Codys Hüften. »Es gibt nichts, wofür ich mich schämen müsste. Du bist meine Freundin und es ist ein Riesenglück, dass ich das sagen kann.«

Codys Lächeln war so strahlend, gab so viel Wärme ab, dass die Triebe, die bereits aus der Erde lugten, eigentlich ein ordentliches Stück wachsen sollten. Sie schlang ihre Arme wieder um Maddie und hauchte zahllose Küsse auf ihren Kopf, ihr Gesicht und schließlich ihre Lippen. »Es tut mir so leid, dass ich dich nicht gefragt habe, wie du mit der Situation umgehen willst. Ich dachte einfach …«

»Ich hätte das deutlich machen müssen.« Maddie lehnte sich ein wenig zurück. »Ich stehe hundertprozentig zu meiner sexuellen Orientierung. Von mir aus kannst du allen von uns erzählen. Allen auf der ganzen Welt.«

»Dann mach ich das jetzt gleich.« Cody machte Anstalten, zurück zu den anderen zu gehen.

Maddie hielt sie fest. »Du kannst mir nicht einfach dein Geheimnis zeigen, ohne mehr dazu zu sagen. Das hier ist schwer beeindruckend.«

»Find ich auch«, gab sie zu und grinste glücklich.

»Wie bewässerst du das alles?«

»Dort hinten habe ich einen Wassertank«, sagte Cody und zeigte auf eine Stelle hinter dem Haus. »Und ich habe Tropfschläuche in die Beete gelegt, damit ich kein Wasser verschwende.« Leichtfüßig ging sie über einen Baumstamm. »Ich werde eine gute Tomatenernte haben, und wenn es das Letzte ist, was ich in meinem Leben tue.« Sie stemmte die Hände in die Hüften und musterte das Beet. »Außerdem Gurken, Bohnen, Kürbis, Okra, mit etwas Glück auch Mais und mit viel Glück Melonen. Der Salat bleibt bei meinem Trailer.« Sie deutete auf die orangen Markierungen in der Erde. »Dort kommen Pfosten für den Wildzaun hin. Ich mag mein Wild gut genährt, aber mein Gemüse bekommen sie nicht.«

»Mir kommt vor, in den zwei Wochen, seit ich zuletzt hier war, hast du so viel geschafft wie andere in mehreren Jahren.«

»So lang ist das schon her?« Sie wirkte völlig verblüfft, als hätte jemand am Kalender rumgepfuscht.

»Ja, ist es.«

»Ich habe vor lauter Arbeit völlig den Überblick verloren, welcher Tag es ist.«

Cody nahm Maddies Hand und gemeinsam gingen sie zu den Frauen und Kindern vor dem Haus zurück. Einige sahen aus, als würden ihnen gleich die Augen aus dem Gesicht fallen, doch Cody zögerte nicht. »Erinnert ihr euch, dass ich euch gesagt habe, dass ich lesbisch bin?«

Schweigendes Nicken.

»Ich hab nicht lange gebraucht, um eine Freundin zu finden.« Sie hob ihre verschränkten Hände und hauchte mit einem bezaubernden Lächeln einen Kuss auf Maddies Knöchel. »Überrascht?«

Mehr Nicken.

Nur Melissa brachte etwas heraus: »Ich fass es nicht.«

»Ich bin kein schlechter Fang«, sagte Cody, die nun völlig entspannt wirkte. »Immerhin bin ich reich, wenn ich sonst schon nichts bin.«

»Von dir rede ich nicht«, erwiderte Melissa. »Ich hätte nur nie gedacht, dass …« Sie sah Cody fragend an. »Wie soll ich sie nennen?«

»Maddie.« Cody gluckste. »Ihr könnt sie alle Maddie nennen. So heißt sie nämlich.«

Melissa warf Cody einen finsteren Blick zu, bevor sie fortfuhr: »Du siehst nicht aus wie eine … homosexuelle … Person. Ist das unhöflich? Ich kenn mich mit so was nicht aus …«

»Nein, ist schon gut«, sagte Maddie, obwohl es durchaus eine ein wenig unhöfliche Formulierung war. »Ich war schon lesbisch, bevor ich Cody kannte. Ich bin es nicht erst wegen ihres Geldes geworden«, fügte sie hinzu, doch der Witz kam nicht gut an. Nur Cody lachte, aber mehr brauchte Maddie auch nicht.

»Komm, schauen wir, dass wir dort drüben auch noch ein paar Kinnladen zum Runterfallen bringen«, sagte Cody und führte sie um das Haus herum.

»Kannst du schauen, dass niemand eine geladene Waffe hat?«

»Sie haben mich nicht erschossen, als ich ihnen gesagt habe, dass ich lesbisch bin. Dass wir zusammen sind, ist auch nicht schlimmer.«

Sie bogen um die Ecke, und Maddies Herz begann zu rasen, als sie Devins starren Blick auffing. *Oh, das läuft ja schon super!*

»Ich habe eine Freundin«, verkündete Cody, als gerade niemand schoss.

»Was?« Brett war gerade an der Reihe gewesen und sein Gehörschutz funktionierte offenbar bestens. Er lachte laut auf. »Ich dachte gerade, du hast gesagt, du hättest eine Freundin.«

»Hab ich auch.« Lässig legte Cody einen Arm um Maddies Schultern. »Sie ist meine Bankberaterin und meine Freundin. Ich bin verrückt nach ihr, und sie denkt auch, dass ich ein Gewinn für sie bin.« Sie stieß Maddie mit dem Ellbogen an. »Na, verstanden?«

»Natürlich. Du haust die Gags heute ja nur so heraus.«

Vermutlich hatte es im Lauf der Geschichte schon unangenehmere erste Begegnungen gegeben, aber nicht in Maddies bisherigem Leben.

Wieder sagte niemand auch nur ein Wort. Alle starrten Cody an, als warteten sie auf die Pointe.

»Glückwunsch, Cody«, sagte sie und schaute auffordernd von einem zum anderen. »Schön, dich kennenzulernen, Maddie. So was wäre jetzt angebracht.«

Brett brach als Erster das Schweigen. »Freut mich, dich kennenzulernen.«

Es war nicht viel, aber wenigstens hatte er etwas gesagt.

Die anderen nuschelten etwas, das Maddie nicht verstand. Immerhin warfen sie nicht mit irgendwelchen Dingen nach ihr.

»Wir holen uns mal was zu essen.«

Sie gingen weg und es wurden keine weiteren Schüsse abgefeuert. Cody türmte Maddie Essen auf einen Teller, setzte sich neben sie und versuchte, ein Gespräch mit ihrer Familie in Gang zu bringen. Es war zäh, aber sie schienen sich Mühe zu geben.

Ein paar Jugendliche kamen angewankt. Sie waren ganz offensichtlich betrunken.

»Wer hat den Kindern Bier gegeben?«, fragte Cody forsch.

»Das schadet doch nix«, entgegnete Jaden und humpelte an den Tisch heran. »Haben wir in dem Alter auch gemacht.«

»Haben wir nicht«, sagte Cody und warf ihm einen finsteren Blick zu.

»Doch. Alle außer dir.«

Statt ihm zu widersprechen und weiter zu diskutieren, ließ Cody das Thema fallen. Etwas, das typisch für sie war. Sie sagte, was sie dachte, und dann war die Sache für sie erledigt. Das war zwar netter, als ständig auf den anderen herumzuhacken, aber Maddie hatte so ihre Zweifel, ob Samthandschuhe bei ihren Cousins etwas brachten.

Es war nach sechs Uhr und die Sonne stand schon tief am Horizont. Die Kinder, die bisher im Wasser gespielt hatten, bibberten allmählich.

»Ich wünschte, ich hätte warmes Wasser, aber das dauert noch ein paar Wochen«, meinte Cody.

»Wir sollten langsam aufbrechen«, erwiderte Mandy. »Aber wir helfen dir erst noch beim Aufräumen.«

»Nein, braucht ihr nicht. Maddie ist echt gut in so was. Sie wird schließlich das ganze County sauber bekommen.«

Gegen sieben Uhr fuhren auch die letzten Montgomerys los. Cody legte Maddie einen Arm um die Schultern und sie winkten ihnen nach.

»Das war … irgendwie unangenehm«, sagte Maddie. »Aber ich bin froh, dass wir es hinter uns haben.«

»Die kommen schon klar. Aber es wird ein Waschbärleben lang dauern, bis sie dich behandeln wie jemanden von hier.«

»Ich weiß nicht, wie lang ein Waschbärleben ist, aber ich nehme an, es ist lang.«

»Jupp. Richtig lang.«

Während sie zum Haus zurückgingen, fragte Maddie: »Hat Jaden sich am Bein verletzt? Er humpelt ganz schön.«

»Oh, ja. Ist schon lang her.« Nach einem Moment fügte sie hinzu: »Irgendein Genie hat ihm erzählt, er könnte eine Invalidenrente bekommen, wenn er sich ein, zwei Zehen wegschießt.«

Maddie starrte sie mit offenem Mund an.

»Er hätte eine Pistole nehmen sollen, aber er hatte keine da, also hat er eine Schrotflinte verwendet.« Sie zuckte mit den Schultern. »Er denkt Sachen meistens nicht bis zum Ende durch. Wahrscheinlich war Alkohol im Spiel.«

»Das ist …« Was sagte man zu solch einer Situation? Tut mir leid, dass dein Cousin so bescheuert ist?

»An der Grenze zu Kentucky gibt es einen Arzt, der dir für fünftausend Dollar jede Behinderung bescheinigt, die du willst.«

»Fünftausend Dollar! Der lässt sich von Leuten bestechen, die keinen Cent haben?«

»Japp. Man muss ihm die ersten Zahlungen geben, die man bekommt, sonst sagt er dem Staat, dass er sich geirrt hat.«

Maddie konnte nicht sagen, ob der kalte Ausdruck in Codys Augen daher kam, dass sie wütend war, oder daher, dass sie sich für das schämte, was sie ihr gerade offenbarte.

»Sie haben erst nach der Sache mit Jason von ihm erfahren. Tante Meryl ist dann sofort hin und hat ihn dazu gebracht, dem Staat weiszumachen, sie wäre psychisch krank. Und Onkel Shooter hat zwar wirklich hohen Blutdruck, aber so hoch wie auf den Bescheinigungen von dem Arzt ist er lange nicht.« Sie schnappte sich einen Müllbeutel und machte sich daran, ihn mit den Hinterlassenschaften von vierzig feiernden Familienmitgliedern zu füllen. »Das ist Diebstahl, schlicht und einfach. Es ist immer noch besser, als einen Schnapsladen zu überfallen – deswegen war Ricky zwei Jahre im Gefängnis –, aber es *ist* Diebstahl.«

»Das setzt dir zu«, stellte Maddie fest und zog Cody in eine Umarmung.

»Ja, und es ist mir peinlich. Sie wissen es besser. Meine Granny hat sie zu was anderem erzogen.«

»Ist schon gut«, sagte Maddie und sah ihr dabei fest in die Augen. »Was sie machen, hat mit dir nichts zu tun.«

»Doch, hat es, aber ich hoffe, du hast keine allzu schlechte Meinung von ihnen.«

»Was ich von ihnen denke, ist nicht annähernd so wichtig wie das, was ich von dir denke.« Sie umarmte sie fester und küsste sie auf die Wange. »Und ich bin jedes Mal aufs Neue beeindruckt von deiner Arbeitsmoral und deinem Anstand. Du bist ein sehr guter Mensch und ich respektiere dich unglaublich.«

»Danke.« Komplimente machten Cody immer nervös und auch jetzt wand sie sich schnell aus Maddies Umarmung und machte sich an die Arbeit.

Sie durchkämmten das ganze Grundstück und füllten Müllbeutel um Müllbeutel. Maddie sammelte gerade Plastikbecher in der Nähe der Hütte ein, als sie plötzlich perplex innehielt. »Sollte das Fundament nicht bis dort drüben reichen?«, fragte sie und deutete auf einen orangefarbenen Fleck im stachligen Gras.

»Ja, aber Jimmy hat mich davon überzeugt, dass es besser ist, in die Höhe zu bauen als in die Breite. Es ist billiger, zwei Etagen zu haben, weil das Fundament und die Dachfläche dann kleiner sind. Das Schlafzimmer kommt also in den ersten Stock und das Erdgeschoss wird ein einziger offener Raum. Nur das Bad bekommt Wände.«

»Klingt gut. Ich gehe nicht so gern in aller Öffentlichkeit auf die Toilette.«

»Das wird super«, sagte Cody und strahlte mit fast kindlicher Freude. »Und es komplett selbst zu bauen, war die beste Idee, die ich je hatte.«

Sie baute es tatsächlich komplett selbst. Ohne mit ihrer Freundin darüber zu reden, ohne sich mit ihr auszutauschen, ohne sich von ihr helfen zu lassen. Maddie gab sich alle Mühe, deswegen nicht zu schmollen, aber es war nicht leicht. Sie wollte nicht nörgeln, darum hielt sie den Mund, obwohl es vielleicht besser wäre, etwas zu sagen. Doch Cody war nun mal unglaublich selbstständig. Das machte sie als Mensch aus. Wenn Maddie das nicht gefiel, würde sie weiterziehen müssen. Cody würde sich nicht ändern.

»Wie war es heute in der Arbeit?«, fragte Cody, nachdem sie eine Weile schweigend weitere Dosen und Becher eingesammelt hatten.

»Hab geschwänzt. Stattdessen habe ich eine lange Wanderung gemacht. Das war das erste Mal, dass ich allein in der Natur war. Das war schon sehr schön.«

Cody strahlte sie an und schlug ihr sanft gegen den Oberarm. »Natürlich war es das! Die Natur ist ein Teil von uns allen. Wir müssen das nur zulassen.«

»Aber es gab da auch was, das mir nicht gefallen hat.«

»Was denn?«

Sie musste über sich selbst lachen. »Da waren so viele Menschen. Ich fand es viel besser, nur mit dir durch den Wald zu streifen, ohne dass wir weit und breit auch nur eine Menschenseele gesehen hätten.«

»Oh, ja.« Cody nickte energisch. »Dafür musst du in die Wildnis gehen. Kannst du einen Kompass lesen?«

Maddie starrte sie an. »Fragst du mich das im Ernst? Im Einkaufszentrum gibt es eine Karte. Da braucht man keinen Kompass.«

»Ups. Sorry.« Sie führte sie an einen Picknicktisch und setzte sich. »Devin und ich haben den Tisch und die Bank letztens gebaut.« Sie legte den Kopf schief. »Hoffentlich ist der Lack trocken.«

Maddie sprang auf und tastete ihre Hose ab.

Cody lachte. »Der ist trocken. Du bist doch vorhin schon genau da gesessen.«

»Das war fies!«

»Hey, hab ich dir erzählt, dass Onkel Shooter will, dass ich die Bestellung für sein Fertighaus storniere?«

»Du sollst sie stornieren?«

»Jepp. Er will ein Blockhaus.« Sie grinste stolz. »Und er will es selbst bauen.«

»Das ist ja großartig! Du gehst mit gutem Beispiel voran.«

»Hoffentlich. Ich denke, meine Cousins werden auch Blockhäuser wollen, wenn sie meines erst sehen. Natürlich werde ich ihnen beim Bau helfen. Dann spare ich auch jede Menge Geld.«

Ihr Grinsen hatte beinah etwas Hinterhältiges, das Maddie seltsam anziehend fand. »Hast du ihnen denn *angeboten*, ihnen zu helfen? Ich meine, wirst du ihnen sagen, dass es eine Option ist, dass sie sich ein Haus bauen?«

Sie schüttelte den Kopf. »Nein, ich warte lieber ab, bis sie sich entscheiden, ob sie Interesse daran haben.«

»Aber wenn sie gar nicht wissen, dass die Möglichkeit besteht …«

»Sie sollten es aber wissen.« Sie nickte entschieden. »Ich hab ihnen gesagt, dass ich ihnen alles kaufe, was sie wollen.«

»Aber sich ein Haus zu bauen ist doch etwas komplett anderes. Damit würden sie selbst aktiv etwas machen und nicht bloß dein Geld nehmen. Willst du das denn nicht?«

Ihr Gesichtsausdruck wurde hart. »Sie *sollten* das wollen. Ich kann ihnen keine Arbeitsmoral verschaffen. Wenn sie weiter bei mir schmarotzen wollen, dann muss ich das akzeptieren.«

»Nein, musst du nicht.« Die Worte waren heraus, bevor Maddie wusste, was sie sagte.

Cody blinzelte überrascht.

»Du bist ziemlich passiv-aggressiv, was dein Geld anbelangt, und damit ist niemandem geholfen.«

»Inwiefern?«

»Du forderst sie geradezu dazu heraus, dich um Sachen zu bitten, die sie eigentlich gar nicht wollen. Es wäre so viel besser, wenn sie eine gewisse Anleitung hätten. Damit sie verstehen, was das Beste ist. Ihnen gute, vernünftige Optionen aufzuzeigen, wäre so viel besser, als danebenzustehen, während sie sich sonst was ausdenken, weil sie es einfach nicht besser wissen.«

»Mhm, ich glaube nicht. Ich mag es nicht, wenn man mir Vorschriften macht. Und sie sind da ganz genauso.«

Maddie griff über den Tisch und legte eine Hand auf ihre. »In einer Beziehung ist das aber nicht immer ideal.«

»Was hab ich gemacht?«, fragte sie mit großen Augen.

Seufzend führte Maddie Codys Hand zum Mund und hauchte einen Kuss auf ihre Knöchel. »Ich wünschte, du hättest mit mir über das Haus geredet. Es tut weh, dass dich meine Meinung so gar nicht interessiert.«

»Aber … warum sollte …« Sie brach ab, biss sich auf die Lippe, und setzte noch einmal neu an. »Es interessiert mich immer, was du denkst. Aber ich weiß, was ich will. Ich hab mich informiert und mit Jimmy zusammen erarbeitet, was am besten auf dem Grundstück funktioniert. Ich hatte nicht das Gefühl, dass ich Hilfe brauche.«

»Wenn ich etwas Wichtiges plane, rede ich währenddessen gern mit anderen darüber.«

»Ja«, sagte Cody und nickte. »Ich auch. Ich hab mit Jimmy geredet. Kennst du dich denn damit aus, wie man ein Haus baut?«

»Nein, kein Stück.«

»Aber …« Sie hätte nicht noch verwirrter schauen können. »Hab ich einen Fehler gemacht? Ich weiß wirklich nicht …«

Wow. Sie hatte echt keine Ahnung. »Mach dir keinen Kopf. Ich fühle mich nur ein bisschen zerbrechlich.«

Cody umrundete den Picknicktisch, zog Maddie auf die Beine und umarmte sie. »Rede mit mir. Ich will nicht, dass du dich in meiner Gegenwart zerbrechlich fühlst.«

»Ist schon gut. Mir geht es jetzt besser.«

»Wenn du etwas zu sagen hast … wenn du einen Rat hast oder was auch immer … dann will ich das wirklich hören«, sagte Cody. »Ich vergesse nur manchmal, nachzufragen.«

»Okay. Ich werde mir Mühe geben, dir zu sagen, was ich denke.« Sie lehnte sich an Cody und sog das Gefühl ihrer Nähe in sich auf. Es würde noch dauern, bis sie sich traute, Cody zu fragen, warum sie verdammt noch mal keinerlei Pläne für sie als Paar schmiedete. Doch Maddie würde sie nicht dazu drängen, wenn allein der Gedanke Cody so völlig fremd war. Man konnte schließlich nicht unendlich viel von jemandem verlangen.

Am Montagmorgen tauchte Devin eine halbe Stunde, bevor Cody aufbrechen wollte, bei ihrem Trailer auf. Sie öffnete die Tür und lehnte sich an den Türrahmen, während er die Einfahrt entlangstapfte.

Schließlich schob er sich an ihr vorbei und marschierte in die Küche. Als hätte sie ihn zum Frühstück eingeladen, nahm er sich eine Tasse Kaffee. Dann ließ er sich auf ihr Sofa fallen und starrte Cody an. »Sie wird nie im Leben bei dir bleiben.«

Cody hatte sich bereits Kaffee in eine Tasse gegossen, die sie sich nun nahm, bevor sie sich auf den Schaukelstuhl setzte. »Danke für … wie nenn ich es am besten … den Rat?«

»Nenn es, wie du willst. Es ist eine Tatsache.«

»Ich glaube, ich kenne Maddie besser als du, Devin. Vielleicht ist es an mir, mir um meine Beziehung Sorgen zu machen – oder auch nicht.«

Er ignorierte sie völlig und redete einfach weiter. »Ich weiß nicht, was sie nach Greenville verschlagen hat. Aber sie ist bestimmt nicht freiwillig hier. Sie sieht aus wie die Frauen, die im Fernsehen Werbung für Shampoo machen. Sie gehört hier nicht her.«

Cody dachte einen Moment über seine Bemerkung nach. Maddie hatte wirklich wunderschönes Haar. Aber wenn sie schon modelte, dann für BHs. Die Art, wie sie ihre BHs ausfüllte, war einfach … überirdisch. Sie zwang sich, sich wieder auf das Gespräch zu konzentrieren und die Bilder von Maddies Busen zu verdrängen. »Sie ist wirklich nicht freiwillig hierhergezogen«, gab sie zu. »Aber jetzt ist sie da und ich werde alles dafür geben, dass sie nicht wieder wegwill.«

»Sie wird dir bloß das Herz brechen.«

»Kann sein. Aber nicht mit Absicht. Sie ist ein richtig guter Mensch und sie wird nur dann weggehen, wenn sie es hier nicht mehr aushält.«

»Das ist doch Bullshit«, entgegnete er bitter. »Niemand zieht ins Tal. Die Leute ziehen von hier *weg*. Das ist eine Einbahnstraße.« Er kniff die Augen zusammen und fügte hinzu: »Hier zieht man nur her, wenn man keine andere Wahl hat.«

Damit meinte er offensichtlich ihre Mutter und dafür hätte sie ihm am liebsten eine reingehauen. Natürlich hatte er recht, aber das machte es nicht weniger schmerzhaft. »Ich hoffe sehr, dass du dich irrst. Ich habe mir noch nie etwas so sehr gewünscht.« Sie beugte sich so weit vor, bis ihre Nase fast seine berührte. »Aber selbst wenn sie wieder weggehen sollte, werde ich die Zeit, die ich mit ihr hatte, nie bereuen. Für Maddie würde ich alles riskieren. Weil sie es wert ist. *Alles*.«

Er nahm einen großen Schluck von seinem Kaffee und stellte die Tasse schwungvoll ab. »Bist du so weit?«

Sie ging ins Schlafzimmer und schlüpfte in ihre Stiefel, bevor sie ihm zu seinem Jeep folgte.

Er drehte sich zu ihr um und sah sie an. »Ich weiß, ich hab dir versprochen, nicht mehr darüber zu reden, aber eine Sache muss ich dir noch sagen.«

»Leg los«, sagte sie augenrollend.

»Du wirst in die Hölle kommen, wenn du bei einer Frau liegst. Wenn du bei *dieser* Frau liegst, wird dein Leben zur Hölle werden.«

»Ich verstehe, was du mir damit sagen willst.« Sie gab sich alle Mühe, seine Worte an sich abperlen zu lassen. »Du könntest nicht noch mehr danebenliegen, aber ich weiß, dass es dir wichtig ist, auszusprechen, was dir durch den Kopf geht. Und jetzt halt dich bitte an dein Versprechen und behalt deine Gedanken für dich. Das geht nur dich und den Gott etwas an, an den du glaubst. Meiner bestraft Menschen nicht dafür, dass sie einander lieben.«

Er warf ihr einen langen Blick zu, wandte sich dann aber ab und stieg ohne ein weiteres Wort in den Jeep.

23

Monatelang hatte sie sich verbissen bemüht und eine Absage nach der anderen kassiert. Jetzt hatte Maddie endlich das erreicht, wovon sie neun Jahre lang geträumt hatte. Und sie wollte es nicht. Kein bisschen.

Sie hielt vor Codys Trailer und blieb im Wagen sitzen, bis Cody den Kopf aus der Tür streckte und ihr winkte.

»Hi!«, begrüßte sie sie fröhlich und kam auf das Auto zu. »Hattest du eine gute Fahrt?«

»Klar.« Sie stieg aus und zog den Weekender vom Rücksitz.

Codys Lächeln verblasste. »Ist alles okay? Du wirkst … als stimmte was nicht.«

»Oh, mir geht's gut.« Sie bemühte sich, ein strahlenderes Lächeln aufzusetzen. »Die Arbeit war diese Woche nur anstrengend. Also, was steht heute auf dem Programm? Angeln?«

»Können wir machen, wenn du magst. Aber ich dachte, es wäre vielleicht nett, herumzuwandern und die Gegend zu erkunden. Vielleicht finden wir ja ein paar Überraschungen.«

»Klingt super. Wo sollen wir starten?«

Cody öffnete die Tür zu ihrem Trailer, verstaute Maddies Weekender, schnappte sich einen Rucksack und schulterte ihn. »Gleich hier.« Sie gab die Richtung vor und dann begaben sie sich in unbekannte Gefilde. Zumindest waren sie das für Maddie. Cody hingegen würde sich wahrscheinlich selbst in Burma ohne Landkarte zurechtfinden.

Nach gut zwei Stunden erreichten sie eine dunkle, feuchte Waldwiese.

»Kommt zu Mama!« Cody huschte vor, schnappte einen Ast und wedelte damit in Maddies Richtung. »Blaubeeren! Endlich!« Ihre Begeisterung war ansteckend. Sie pflückte ein paar Beeren, steckte sie in den Mund und stöhnte. »Die musst du probieren.«

Maddie ging zu ihr und kostete ein paar Beeren. Cody hatte nicht übertrieben. »Die sind wahnsinnig gut«, sagte sie und pflückte noch ein paar mehr.

»Gibt wenig Besseres. Du brauchst aber keine Unreifen zu pflücken.« Langsam ging sie ein Stück weiter und ließ dabei den Blick aufmerksam über die Wiese schweifen. »Es gibt noch mehr. Wir müssen sie nur finden.«

Sie suchten den Wald ab, bis sie einen anderen Strauch fanden, dessen Früchte Cody Kratzbeeren nannte. Die waren genauso gut, nur etwas weniger süß. Kiloweise reife Früchte hingen an den Zweigen.

Schließlich fanden sie ihre große Beute. Ein Strauch voller reifer roter Beeren, die nur noch gepflückt werden mussten. »Bedien dich«, forderte Cody sie auf. »Nimm so viele, wie du essen kannst.«

»Sind das Himbeeren?«

»Wir sagen Weinbeere dazu, aber sie sind mit Himbeeren verwandt. Und guuut.«

Cody reichte Maddie ein Stofftuch, in das sie die gepflückten Beeren legte. Dann gingen sie ein Stück weiter, bis sie eine Lichtung erreichten, auf der langes, saftig grünes Gras wuchs, das der Regen zu einem Teppich platt gedrückt hatte.

Maddie wollte sich hinsetzen, doch Cody bedeutete ihr zu warten. »Ich hab eine Plane mitgebracht. Wir wollen ja nicht völlig zerbissen werden.« Sie breitete die Plane aus und sie setzten sich hin, um ihre Beeren zu essen.

Cody legte sich zurück, steckte sich eine Beere nach der anderen in den Mund und genoss jede einzelne.

Maddie sog den Anblick in sich auf, wie Cody in der Sonne lag, glücklich wie eine Katze mit einem Päckchen Katzenminze.

Beinahe hätte sie sich davor gedrückt, es anzusprechen, doch es musste raus. Jetzt. »Äh… Ich hab letztens gute Neuigkeiten bekommen«, setzte sie an.

Cody drehte sich auf den Bauch und richtete ihre ganze Aufmerksamkeit auf Maddie. »Ja?«

»Ja. Ich, äh… Ich hatte vor einiger Zeit ein Vorstellungsgespräch in Pittsburgh.«

Das Lächeln wich aus Codys Gesicht. Sie riss die Augen auf, rührte sich ansonsten aber nicht. »Davon hast du mir nie erzählt«, flüsterte sie mit zitternder Stimme.

»Ich habe nicht geglaubt, dass daraus etwas wird. Außerdem haben wir damals noch nicht miteinander geschlafen …«

»Du hättest es mir erzählen können, *nachdem* wir miteinander geschlafen haben.«

Beschämt senkte Maddie den Blick. »Das hätte ich. Es tut mir leid, dass ich es nicht getan habe.«

»Nun, du würdest jetzt auch nicht damit anfangen, wenn nichts passiert wäre, oder?«

»Stimmt. Sie haben mich angerufen, um mir den Job anzubieten. Es ist … ein guter Job … glaube ich. In der Zentrale einer wesentlich größeren Bank. Der Job wäre wahrscheinlich sicherer als mein jetziger …«

Ein paar Momente verstrichen, dann drehte Cody sich um und setzte sich auf. »Erzähl mir davon.«

»Na ja, so viel gibt es da gar nicht zu erzählen. Ich würde das Gleiche machen wie jetzt, nur eine Stufe weiter oben auf der Karriereleiter. Ich wäre für sechs Filialen im Norden von Pittsburgh verantwortlich.«

»Das ist ganz schön viel.«

»Ja, das ist es wohl.«

»Bist du … Was wirst du …?« Der erschütterte Ausdruck in diesen wunderschönen braunen Augen war unerträglich.

»Ein Teil von mir würde den Job gern annehmen. Ich will in einer richtigen Stadt leben, wo es Theater gibt und gute Restaurants und ein Football-Team.« Sie vergrub das Gesicht in den Händen. »Aber ich will auch mit dir zusammen sein.«

»Dann musst du eine Entscheidung treffen.« Ihre Stimme war fast ausdruckslos. Nur jemand, der sie sehr gut kannte, konnte den Schmerz bemerken, den Cody zu verbergen versuchte.

»Ich will beides.« Maddie sah ihr in die Augen. In Codys lag der gleiche kalte, distanzierte Ausdruck wie bei ihrer ersten Begegnung.

»Du kannst aber nicht beides haben.« Auf den Knien rutschte Cody über die Plane. Sie packte Maddie an den Armen und zog sie hoch, bis sie sich Brust an Brust gegenüberstanden. »Wenn du bleibst, werde ich dich lieben, mit allem, was ich habe. Aber ich kann nicht mit dir gehen. Ich könnte in einer Stadt nicht überleben.«

»Du liebst mich?«, fragte Maddie und fürchtete gleichzeitig, sich die Worte nur eingebildet zu haben.

»Natürlich liebe ich dich.« Sie zog Maddie an sich und küsste sie so zärtlich, dass alles, woran sie denken, alles was sie fühlen konnte, Codys weiche, warme Lippen waren. Schließlich löste Cody den Kuss und flüsterte: »Wieso weißt du das denn nicht?«

»Du hast es mir nie gesagt …«

»Aber ich zeige es dir. Und du zeigst es mir. Wann immer wir zusammen sind, Maddie. Du zeigst mir, wie sehr du mich liebst. Ich habe nur darauf gewartet, dass deine Worte deine Taten einholen.«

»Du weißt es? Du weißt, dass ich dich liebe, aber du hast trotzdem nichts gesagt?«

»Ich wollte dich nicht drängen.«

»Ich war mir nicht sicher, ob du ...« Tränen brannten in Maddies Augen, als sie an all die Nächte dachte, in denen sie wach gelegen und darüber nachgedacht hatte, wie stark Codys Gefühle für sie wohl waren.

»Du warst dir nicht sicher?« Ihre Stimme wurde lauter. »Nicht sicher? Wie konntest du das nicht wissen?«

»Du wirkst nicht so ... besessen von mir wie ich von dir. Ich dachte, du bist vielleicht ...« Sie schloss die Augen, verwirrter als je zuvor. »Ich weiß nicht, was ich dachte, aber ich hatte Angst ... Angst, dass du noch nicht so weit bist.«

»Ich bin so weit«, sagte Cody und die Ernsthaftigkeit brannte förmlich in ihren Augen. »Ich bin bereit, dich für den Rest meines Lebens zu lieben. Aber du musst dich für mich entscheiden, Maddie. Ich werde mich nicht an dich binden, wenn ich Angst haben muss, dass du abhaust, sobald dir jemand in New York einen Job anbietet.« Sie schüttelte sie sanft. »Das werde ich nicht.«

Maddie umarmte Cody so fest sie konnte. »In keiner Stadt der Welt könnte ich glücklicher sein als hier mit dir.«

Cody legte den Kopf zur Seite, als würde sie nicht gut hören. Dann bewegte sie lautlos die Lippen, wie sie es öfter tat, wenn sie versuchte, sich über etwas klar zu werden. »Ist das dein Ernst?«

»Ja, ist es.« Ein innerer Friede breitete sich in Maddie aus, als wäre ihr jeder Wunsch erfüllt worden, den sie je gehabt hatte. »Es ist mein Ernst, Cody. Egal, in welcher Stadt mir ein Job angeboten würde, ich würde ihn ablehnen, um mit dir zusammen zu sein.«

»Egal, welche Stadt? Egal, welcher Job?«

Von überbrodelnder Freude getrieben, stürzte Maddie sich auf sie, verteilte Küsse auf ihrem Gesicht, ihrem Hals, ihren Lippen. »*Du* bist mein Traum«, flüsterte sie. »Nichts auf der Welt könnte besser sein als das, was wir haben.«

»Nichts?« Cody wirkte, als spräche Maddie in einer Sprache, die sie nicht kannte.

»Nichts! Du bist besser als New York, London, Paris, Peking und Neu-Delhi zusammen! Du bist mein ganzes Universum.«

Cody lehnte sich ein wenig zurück.

Ihre Gesichter waren nur wenige Handbreit voneinander entfernt und Maddie konnte die Unsicherheit, die sich in Codys braunen Augen spiegelte, nur allzu deutlich erkennen.

»Du liebst mich genug, um deinen Traum aufzugeben?«

»Ja. Ja. Ja. Ich liebe dich mehr als alles andere auf der Welt.« Sie lehnte sich vor und küsste sie, saugte ihren Duft ein, und den der Waldwiese, des frischen Grases und der Beeren. »Ich liebe dich.«

Cody brach fast zusammen. Sie setzte sich hin und streckte die Beine aus. In ihrem Gesicht stand pure Verwirrung. »Bist du dir sicher, dass du in Greenville glücklich sein kannst?«

Gott! Musste man ihr denn wirklich jede logische Schlussfolgerung abringen? »Nein, verdammt! Ich will nicht ganz allein in dieser schäbigen Wohnung hocken müssen. Ich will in Ramp sein, bei dir.«

»Du willst in mein Haus ziehen?«

»Willst du das denn nicht?«

»Doch, natürlich will ich das! Ich hätte es nur niemals für möglich gehalten, dass du dort glücklich sein könntest.«

»Aber ich hab dir doch gesagt, dass ich mir Mühe geben werde. Hast du mir das denn nicht geglaubt?«

»Doch, aber ich hab nicht geglaubt, dass du es durchhältst.«

Maddie umfasste ihre Schultern und sah ihr direkt in die Augen. »Was hast du gedacht, würde passieren?«

»Ich hab mir verboten, über alles nachzudenken, was darüber hinausgeht, dass wir uns ineinander verliebt haben. Was danach kommt, ist einfach … untergegangen.«

»Untergegangen?«

»Ich hab dir schon mal erzählt, dass ich mich weigere, über die Zukunft nachzudenken. Ich versuche einfach, für das gewappnet zu sein, was so auf mich zukommt.«

Das war es also. Sie hatte Maddie von Anfang an gesagt, wie sie war, aber erst jetzt verstand sie wirklich, was das bedeutete. »Hast du je, und sei es auch nur kurz, darüber nachgedacht, dass wir zusammen in deinem Haus leben könnten?«

»Nein.« Cody schüttelte langsam den Kopf. »Nie.«

»Du hast dir nie vorgestellt, dass es unser gemeinsames Zuhause sein könnte?«

»Kein einziges Mal«, sagte sie ernst.

Maddie legte ihr eine Hand auf die Schulter und stupste sie sanft an. »Kein Wunder, dass du mich nicht nach meiner Meinung gefragt hast!«

»Ich dachte, du kommst mich besuchen und bleibst mal übers Wochenende … mehr aber auch nicht.«

»Oh, Cody. Ich würde alles tun, damit du wirklich träumen kannst, und planen, und hoffen ...«

»Ich habe die Erfahrung gemacht, dass das nicht sonderlich hilfreich ist«, sagte sie und sah zur Seite.

»Nun, ich träume davon, mit dir zusammenzuleben, und in meinen Träumen haben wir mehr als nur ein Schlafzimmer! Ich will ein Haus, in dem meine Familie uns besuchen kann.«

»Ich regle das«, sagte Cody entschlossen. »Gib mir einen Monat, dann ist das alles geklärt.«

»Einen Monat? Ich gebe dir den Rest meines Lebens!«

Wie betäubt saß Cody da. »Den Rest deines Lebens. Du willst wirklich zu mir gehören.«

»Ja, ja, ja und nochmals ja. Ich war noch nie glücklicher als mit dir.«

»Obwohl wir auf dem Land sind?«

»Gerade deswegen. Wenn wir zusammen durch den Wald stapfen, bin ich glücklicher, als ich es je war. Ich bin ein Landmädchen. Niemand könnte davon überraschter sein als ich, aber ich bin ein Landmädchen.«

»Und du willst *mein* Landmädchen sein. Nur meins.«

»Nur deins. Außer dir gibt es niemanden für mich.« Sie beugte sich vor und küsste sie noch einmal.

Und dann war, von einer Sekunde auf die andere, die Cody zurück, die sie so umgeworfen hatte. Cody rappelte sich auf, ergriff Maddies Hände und zog sie mit sich. »Ich hab mir große Mühe gegeben, immer nur in der Gegenwart zu leben«, sagte sie und sah Maddie direkt in die Augen. »Aber wenn ich schlafe, kann ich meine Gedanken nicht kontrollieren. Ich träume immer wieder das Gleiche. Der Traum verfolgt mich schon fast.« Sie schloss die Augen und als sie sie wieder öffnete, flüsterte sie: »Jetzt muss er mich nicht mehr verfolgen.« Ein Lächeln stahl sich auf ihre Lippen, erblühte und überzog ihr ganzes Gesicht. »Er kann wahr werden!«

Ohne ein weiteres Wort ließ sie die Plane und ihren Rucksack zurück und zog Maddie an der Hand einen schmalen Pfad entlang. Sie gingen so schnell, dass Maddie bald keuchte und schnaufte. Obwohl sie mitten im Wald waren, war es heiß, und von der Rennerei wurde ihr nur noch heißer.

Maddie wollte schon um Gnade flehen, als sie den Fluss erkannte, an dem sie zum ersten Mal geangelt hatten. Cody führte sie an eine ruhige Stelle, setzte sie auf einen Felsen und begann, sie auszuziehen. In ihrem Blick lag absolute Souveränität. Eine sinnliche, unglaublich erotische Souveränität.

»Du scheinst einen Plan zu haben.« Maddie legte Cody die Hände auf die Schultern und ließ sie ungestört weitermachen.

»Den hab ich.« Sie zog eine Augenbraue hoch und machte grinsend kurzen Prozess mit Maddies Kleidung. Dann schlüpfte sie aus ihrer eigenen und stand nackt und stolz vor Maddie. »Jedes Mal, wenn ich hier schwimmen war, habe ich daran gedacht, wie schön es wäre, das mit jemandem zu teilen, den ich liebe. Mit jemandem, der mich liebt.« Ohne zu zögern, hob sie Maddie hoch, die daraufhin laut auflachte. Dann trat Cody einen Schritt vor und noch einen und zog sie tiefer in das klare, kalte Wasser.

Maddie schauderte und quiekte, doch Cody hielt sie fest, ließ sie nicht entkommen. Nicht, dass sie das auch nur im Entferntesten gewollt hätte. In Codys Armen zu liegen war das beste Gefühl der Welt und wenn sie dafür im eiskalten Wasser hocken musste, dann war es eben so.

Cody tauchte mit ihr unter und gleich darauf tauchten sie prustend wieder auf. »Wir sind wiedergeboren!«, rief sie laut. »Jetzt sind wir *wir*, Maddie. Nicht nur du und ich. Wir.«

Heiße Tränen rannen Maddie über die Wangen, wärmten ihre kalte Haut. Es waren die glücklichsten Tränen, die sie je geweint hatte. Tränen, die ihr neues Leben segneten – ihre Verbindung.

Als Cody Maddie vorsichtig auf einen glatten Stein half, traf es sie wie ein Blitz. Mit einem Mal war alles anders. Sie liebten sich.

Für einen Moment verschwamm alles um sie herum, wie damals, als sie in der Lotterie gewonnen hatte. Wie liebte man eine Frau? Es musste einen Unterschied zu bloßem Sex geben. Musste es. Aber welchen?

Maddie blickte auf sie herab und bei dem Anblick ihres wunderschönen Lächelns schmolz Codys Herz dahin. Ihr Herz. Das musste es sein. Es war an der Zeit, aufzuhören, ihr Herz zu beschützen. Zeit, Maddie wissen zu lassen, wie viel sie ihr bedeutete, wie sehr sie sich nach ihr gesehnt hatte. Wie glücklich sie jetzt in diesem Moment war. So unfassbar glücklich.

Cody schlang die Arme um Maddies fantastischen Körper. In ihrem ganzen Leben hatte sich nichts je besser angefühlt. Und nichts würde sich je besser anfühlen.

Mach langsam. Sie schloss die Augen und zwang sich, sich zu konzentrieren. Liebe. Das war Liebe. Ihr Körper vibrierte vor Verlangen, doch auch ihr Herz musste zu Wort kommen. Sie strich mit den Händen über Maddies Rücken. Das Gefühl dieser weichen Haut unter ihren Fingern erdete sie. *Ganz langsam.* Maddie lehnte sich ihr entgegen, vergrub das Gesicht an ihrer Halsbeuge und atmete tief ein. Genau so fühlte sie sich auch! Als müsse sie sich Maddies Duft für immer einprägen. Als könnte sie durch ihren Geruch und ihre Berührung mit ihr verschmelzen.

Cody wollte so viel, hatte so viel zu sagen, so viele Fragen. Doch als sie Maddie in ihren Armen hielt, verlangsamte sich ihr Herzschlag, nahm einen gleichmäßigen Rhythmus an. Es war, als ob sie eine Art Kreislauf bildeten – als ob Maddies Duft und ihre Umarmung sich mit Codys Herz verbanden, als ob sie alle Kanten glättete. Wenn sie den Rest ihres Lebens hier verbringen könnte, mit Maddie in ihren Armen, würde sie als eine sehr glückliche Frau sterben.

Maddie blinzelte, und ihre zarten Wimpern kitzelten Codys Haut. »Ich liebe dich«, flüsterte sie.

Cody umfasste Maddies Gesicht mit beiden Händen und sah sie einfach nur an. Das Wasser, in dem sie immer noch stand, war kalt, fast schon eisig. Der Wald roch warm und dicht, voller Leben. Der Gesang der Vögel lag in der Luft. Und das schönste Wesen von allen sah sie voller Liebe an.

Perfekt. Absolut perfekt.

Maddie saß auf dem Stein und sah in Codys schöne Augen. Diese Augen, die schon vor Monaten ihr Herz gewonnen hatten. Sie hielten sich schon lange in den Armen, doch Maddie würde davon niemals genug bekommen. Es war so unendlich beruhigend, die Frau in den Armen zu halten, die sie liebte.

Sie streichelte über Codys Rücken und spürte, wie sie zitterte. »Ich glaube, du läufst gleich blau an« flüsterte sie in ein perfekt geformtes Ohr.

»Mir egal.« Sie hob den Kopf und schenkte Maddie ein strahlendes Lächeln. »So was von egal.«

»Vielleicht sollten wir uns abtrocknen. Wenn du dir eine Lungenentzündung einfängst, könnte ich mir das nie verzeihen.« Sie klatschte auf den Stein. »Außerdem wird mein Hintern allmählich taub.«

Lachend packte Cody Maddie an der Taille, hob sie hoch und zog sie ins Wasser. »Es ist wirklich etwas kühl. Mir fällt das schon eine Weile nicht mehr auf, aber das könnte damit zusammenhängen, dass ich meine Füße nicht mehr spüre.«

Sie kletterten aus dem Fluss und trockneten sich gegenseitig mit ihren Klamotten ab. Dabei stellten sie sich eher unbeholfen an und sonderlich effizient war es auch nicht, dafür aber sehr lustig. Nachdem sie sich angezogen hatten, gingen sie Hand in Hand zurück zu der Lichtung, wo ihre Sachen lagen.

Codys Augen blitzten abenteuerlustig, als sie fragte: »Hattest du jemals Sex im Freien?«

»Kann ich so nicht sagen, nein. Würde ich aber gern mal. Wie wäre es mit jetzt?«

Gleich darauf waren sie nackt und Maddie merkte, dass sie sich wirklich wie neugeboren fühlte. Ihre Haut war kühl und sauber und all die Ängste und Sorgen der letzten Wochen waren wie weggewaschen. Sie fühlte sich unschuldig wie ein Baby und bereit für das Leben, das vor ihr lag. Es würde fantastisch werden, denn sie würde es mit der Frau teilen, die sie liebte.

Cody ging auf die Knie und zog Maddie mit sich. Sie küssten sich, langsam und innig, als müssten sie sich jeden Kuss genau einprägen. Schließlich sanken sie zu Boden, legten sich auf die Seite, einander zugewandt, und ihre Küsse wurden intensiver.

Cody lehnte sich ein winziges Stück zurück und hauchte: »Ich werde nie aufhören, dich zu lieben. *Nie.*«

»Ich weiß.« Und das tat sie. Für den Rest ihres Lebens würde sie nur noch Cody lieben. Darauf würde sie, ohne zu zögern, ihr Leben verwetten. »Mir geht es genauso. Ganz genauso. Für immer, Cody.«

Tränen schimmerten in ihren warmen braunen Augen, und auch Maddies Augen brannten.

Sie würde nie müde werden, Cody zu zeigen, was sie fühlte, oder herauszufinden, welche Geheimnisse sie hatte. Sie waren ein Paar. Sie waren unantastbar.

Ihr Herz hatte lange genug geführt. Jetzt waren ihre anderen Teile an der Reihe. Cody ließ ihren Körper sprechen. Sie stürzte sich auf Maddie, als wollte sie sie verschlingen. Küsste sie überall, knabberte an ihren Ohren, ihrem Hals, ihren Brüsten. Alles an Maddie war zart und himmlisch. Ihr wurde ganz schwindlig davon. »Ich bekomme nicht genug von dir«, flüsterte sie.

»Es ist überwältigend. Aber so, so schön.«

Cody hob den Kopf und sah ihr in die Augen. »Das ist es. Schöner, als ich es je zu träumen gewagt hätte.«

»Gestatte es dir, zu träumen«, sagte Maddie sanft und streichelte Cody über den Kopf. »Lass es zu, Baby. Lass es zu.«

Cody öffnete ihr Herz und ließ ihre Träume zu. Jeder einzelne von ihnen lag direkt vor ihr, und sie senkte den Kopf erneut und nahm die Schönheit ihrer Liebe in sich auf.

Sie brauchten Stunden, um nach Hause zu kommen. Maddie ahnte schon, dass es ein langer Heimweg werden würde, als Cody sie, kaum, dass sie die Waldwiese verlassen hatten, in ihre Arme zog und an sich drückte. »Liebst du mich immer noch?« Ohne Maddie zu Wort kommen zu lassen, lachte sie leise und fügte hinzu: »Nur Spaß.« Das schüchterne Lächeln stahl sich auf ihre Lippen.

»Ich gehe nirgendwohin«, versicherte Maddie ihr.

»Ja, aber vielleicht habe ich mir den Kopf angeschlagen und das alles bloß geträumt. Ich muss das also regelmäßig nachprüfen, bis ich ganz sicher sein kann, dass kein Schaden vorliegt.«

Maddie küsste sie auf die Wange, bevor sie ihre Hand nahm und weiterging. Diesmal schafften sie es doppelt so weit, bis Cody sie wieder an sich zog.

Immer wieder blieben sie stehen, küssten sich, lachten und freuten sich an ihrem Glück. Das brachte sie zwar nicht unbedingt schneller nach Hause, aber es war verdammt lustig.

Als sie endlich im Trailer standen, war ein Teil der Magie verflogen. Sie sahen sich unsicher um, wussten nicht so recht, was sie als Nächstes tun sollten.

»Hast du auch solchen Hunger wie ich?«, fragte Cody.

»Da bin ich mir nicht sicher. Könntest du ein Eichhörnchen essen?«

Cody grinste träge. »Ich liebe Eichhörnchen. Geschmort, gedünstet, frikassiert …«

Maddie legte einen Finger an ihre Lippen. »Dann nein, ich bin nicht so hungrig wie du.« Sie schlang die Arme um sie und drückte sie fest an sich. »Aber ich bin trotzdem kurz vorm Verhungern.«

»Alles, was ich habe, ist tiefgekühlt, und ich habe keine Mikrowelle, um es schnell aufzutauen.«

»Wenn ich nicht bald etwas bekomme, werde ich mich über eins deiner Bücher hermachen.«

»Dann müssen wir nach Greenville.«

Maddie fischte ein dickes gebundenes Buch aus dem inzwischen reparierten Regal. »Nur für den Fall, dass der Supermarkt geschlossen hat.«

Nachdem Cody Wechselkleidung herausgesucht und in eine Papiertüte gestopft hatte, stiegen sie in Maddies Auto und fuhren los.

»Ich weiß noch, wie ich das erste Mal gesehen habe, wie du das Auto aufsperrst«, sagte Cody. »Der kleine Piepser war für mich das Abgefahrenste, was ich je gesehen habe.«

Maddie warf ihr einen liebevollen Blick zu. »An den Tag kann ich mich auch noch gut erinnern. Damals saß dein Cousin auf deinem Beifahrersitz. Er hatte eine Schrotflinte auf dem Schoß und sein Blick war mörderisch. Ich hätte mir beinahe in die Hose gemacht.«

»Wir waren schon ein schräges Paar«, gab Cody zu. »Ich war so nervös, dass mir gar nicht in den Sinn gekommen ist, dass es vielleicht nicht die beste Idee ist, wenn jemand mit PTBS mit mir mitfährt. Wenn jemand uns einen schiefen Blick zugeworfen hätte, hätte er ihm wahrscheinlich das Hirn weggeschossen.«

»Ein Glück, dass ich nicht zu schiefen Blicken neige.«

Sie lachten und verloren sich in Erinnerungen an jene erste Zeit, die sie genau dorthin gebracht hatte, wo sie hingehörten.

Nach einem kurzen Zwischenstopp im Supermarkt fuhren sie direkt zu Maddie. Sie waren so hungrig, dass sie ihre Sandwiches belegten, als wäre es ein Wettrennen. Lachend legten sie Wurst und Käse auf die Sandwichscheiben.

»Ich brauche Senf und Mayonnaise und eingelegte Gurken«, meinte Cody und steckte den Kopf in den Kühlschrank. »Wo ist deine Mayonnaise? Und deine Gurken? Hast du keinen Meerrettich?«

Maddie zuckte mit den Schultern. »Tschuldigung?«

»Vielleicht muss ich mir das mit uns doch noch mal überlegen. Ich kann keine Frau lieben, die so schlecht ausgestattet ist.«

»Das geht natürlich nicht.« Maddie eilte zur Tür und griff nach ihren Schlüsseln. »Ich werde sämtliche Soßen und alles an eingelegtem Gemüse kaufen, was die im Laden haben.«

Cody zog sie in eine feste Umarmung. »Bloß nicht. Am Ende kommst du wieder zu Sinnen und kehrst nie zurück. Lieber verzichte ich auf Gewürzgurken als auf dich.« Sie nahm eines der Sandwiches, das bloß Senf aufzuweisen hatte, und hielt es Maddie vor den Mund. »Beiß ab«, forderte sie sie auf. Nach Maddie nahm auch sie einen Bissen und in kürzester Zeit vernichteten sie gemeinsam das Sandwich.

Nach dem Essen fühlte sich Cody genauso rastlos wie vorher zu Hause. Die neue Situation, die neue Art der Beziehung zu Maddie machte sie glücklich und fahrig und nervös.

»Ich denke, wir beide würden hervorragend in meine Dusche passen«, sagte Maddie und sah Cody von oben bis unten an. »Wollen wir das ausprobieren?«

»Wer als Erste im Bad ist!« Cody sprintete los und blockierte die Tür mit der Hüfte, als Maddie versuchte, an ihr vorbeizukommen. »Gewonnen!« Mit einem Grinsen im Gesicht zog sie Maddie näher an sich heran und zog ihr ein Kleidungsstück nach dem anderen aus. Binnen kürzester Zeit war sie nackt. »Jetzt hab ich wirklich gewonnen.«

Lächelnd zog Maddie Cody das Shirt über den Kopf und öffnete den Reißverschluss ihrer Shorts. Wärme breitete sich in ihr aus, als die Hose zu Boden fiel. Maddie umfasste Codys Hintern und drückte sacht zu. »Die Boxershorts ist ja super«, meinte sie glucksend. »Ich wusste gar nicht, dass es pinkes Camouflage-Muster gibt.«

»Das kommt davon, dass ich die zehnjährige Tochter meiner Cousine zum Shoppen mitgenommen habe.«

»Das Mädchen hat Geschmack.«

Cody musste selbst lachen. »Die Boxershorts gehört zum Zwiebelschalensystem. Zusätzlich habe ich noch lange Unterhosen und eine Basisschicht. Ich hatte ja keine Ahnung, dass Unterwäsche inzwischen so ausgefeilt sein kann.«

»Die Shorts steht dir jedenfalls«, brummte Maddie und strich Cody über den Po. »Aber noch besser siehst du ohne aus.«

Ein Schauer lief Cody über den Körper. Maddies Berührungen lösten völlig unbekannte Empfindungen in ihr aus. Gänzlich unbekannte und ganz und gar wunderbare Empfindungen. »Ich glaube, ich muss dich wieder lieben«, sagte sie und bemühte sich, ernst zu klingen. »Muss ich einfach.«

»Ich könnte dir da widersprechen … Aber ich bin ja nicht verrückt. Legen wir los!«

Als sie schließlich ins Bett fielen, waren sie blitzsauber, auf mehreren Ebenen halbwegs gesättigt und sehr müde. Doch Maddie sprang sofort wieder auf und lief zurück ins Wohnzimmer. Als sie zurückkam, hatte sie etwas hinter dem Rücken versteckt.

»Ein Geschenk?«, fragte Cody.

»Ja. Für mich.« Sie zeigte Cody die Ausgabe von *Eine Geschichte aus zwei Städten*, die sie aus dem Trailer mitgenommen hatte.

Cody nahm das Buch und wog es in ihren Händen. »Was …?«

Maddie kroch neben sie und legte ihren Kopf auf Codys Brust ab. »Ich will jede Nacht einschlafen, während du mir vorliest. Du liebst Dickens und ich will ihn auch lieben.«

Erinnerungen stiegen in Cody auf und Tränen sammelten sich in ihren Augen. »Ich wünschte, meine Mama hätte dich kennengelernt.« Sie küsste Maddie auf den Kopf und stellte fest, dass sie ebenfalls weinte. »Mama hat dieses Buch geliebt. Ich glaube, es war sogar ihr liebstes.«

Maddie schniefte und flüsterte: »Dann müssen wir unbedingt damit anfangen.«

Cody räusperte sich und begann: »Es war die beste und die schlimmste Zeit …« Wieder stiegen ihr Tränen in die Augen. »Es ist die *beste* Zeit«, flüsterte sie. »Die allerbeste Zeit.«

24

Cody lehnte sich auf dem Stuhl zurück, der neben dem kleinen Schreibtisch in Maddies Schlafzimmer stand. Sie war schon eine Weile wach, und als sie es nicht mehr im Bett ausgehalten hatte, war sie aufgestanden, hatte sich ihr Shirt und die Unterhose angezogen und sich auf den Stuhl gesetzt.

Der gestrige Tag funkelte in ihrer Erinnerung wie ein nagelneues Zehncentstück. Sie konnte es immer noch nicht fassen. Maddie liebte sie. Sie *liebte* sie. Beflügelt von diesem Gedanken schaukelte Cody auf dem Stuhl leicht vor und zurück. Wie konnte das nur sein? Wie sollte sie eine Frau wie Maddie bloß glücklich machen?

Langsam kam Bewegung in Maddies Arm und sie tastete die leere Stelle neben sich ab. »Cody?«, rief sie mit schlafschwerer Stimme.

Ein breites Lächeln stahl sich auf Codys Gesicht. Wie sollte man beim Klang dieser Stimme nicht lächeln? »Ja?« Sie stand auf, setzte sich neben sie auf das Bett und kraulte Maddie den Rücken. Maddie streckte sich wie eine Katze und Cody lief ein wohliger Schauer über den Rücken. Sie konnte sich keinen erotischeren Anblick vorstellen als Maddie, die sich unter der dünnen Decke räkelte.

»Warum bist du wach?«

»Aus Gewohnheit, denke ich.« Träge streichelte sie Maddies Rücken. Schließlich beschloss sie, dass sie keine Zeit zu verschwenden hatte und es am besten war, wenn sie direkt ansprach, was ihr durch den Kopf ging. »Ich habe nachgedacht.«

Sie musste ernst geklungen haben, denn Maddie drehte sich um und in ihren hübschen blauen Augen spiegelte sich Besorgnis. »Ist alles okay?«

»Oh, ja. Alles gut.« Sie hörte nicht auf, sie zu berühren, denn ihre Nähe beruhigte sie. »Ich bin nur … verblüfft. Ja, ich denke, dass trifft es ganz gut.«

Ein langsames, zufriedenes Lächeln breitete sich auf Maddies Lippen aus. »Es ist verblüffend, dass es mir nicht schon vor Monaten aufgefallen ist. Ganz schön bescheuert.«

»Du wusstest es schon … vor Monaten?«

»Seit wir das erste Mal einen Tag miteinander verbracht haben«, sagte sie nachdenklich. »Hätte ich mich darauf konzentriert, wie ich mich fühle, statt darauf, was ich tun und wo ich arbeiten sollte und was mich sonst noch so beschäftigt hat … dann hätten wir das viel früher haben können.«

Cody nahm all ihren Mut zusammen und fragte: »Aber warum? Warum liebst du mich? Wir sind so unterschiedlich …«

Maddie löste sich aus Codys Umarmung und setzte sich auf. Sie legte ihr die Hände auf die Schultern und sah sie lange an. »Wir sind uns geradezu grotesk ähnlich. Wir beide erfreuen uns an einfachen Dingen und wir schätzen ehrliche, loyale Menschen. Alles andere sind nur Details. Unbedeutende Kleinigkeiten.«

»Aber ich habe nichts erlebt. Ich war nirgends, war nicht auf dem College, noch nicht einmal in einem Einkaufszentrum. Nirgends!«

»Ich war in genug Einkaufszentren für uns beide.« Sie hauchte einen sanften Kuss auf Codys Lippen. »Wenn du echt in eines willst, können wir zu dem in Charleston fahren.«

»Bitte bleib ernst.« Sie legte Maddie eine Hand an die Wange und sah ihr in die Augen. »Als ich klein war und die Sommer bei meiner Granny verbracht habe, hatten wir kein fließendes Wasser. Es gab nur Plumpsklos. Mach dir das bewusst. Wir sind hier auf dem Land. Mehr Land geht nicht.«

Maddie legte Cody wieder eine Hand an die Wange und streichelte sie sanft. »Ich hatte nicht geplant, mich in eine Frau aus den Bergen zu verlieben. Aber du hast wahrscheinlich auch nicht damit gerechnet, dass du dich in eine Städterin verliebst. Wir passen zusammen, Cody. Das ist einfach so.«

»Reicht das denn?« Sie wollte es unbedingt glauben. Noch nie hatte sie etwas so sehr gewollt. »Glaubst du das wirklich?«

»Ich weiß es.« Sie senkte die Hand und legte sie auf Codys Brust, direkt über ihr rasendes Herz. »Alles, was zählt, ist hier drin.« Sie nahm Codys Hand und legte sie auf ihre eigene Brust. »Und mein Herz quillt geradezu über vor Liebe zu dir.«

»Was ist mit deinem Job? Nach Greenville ist es ganz schön weit.«

»Darüber habe ich mir auch schon Gedanken gemacht«, gab Maddie zu. »Das ist ein Problem.«

»Verstehe ich. Wenn man einen wichtigen Job hat, ist es bestimmt schwer, auch nur darüber nachzudenken, ihn aufzugeben.«

»Oh Gott, nein, das hab ich damit nicht gemeint! Ich habe Angst, dass ich für dich nur ein weiteres Maul sein könnte, das du stopfen musst. Ich würde meinen Job, ohne zu zögern, kündigen, wenn ich mir sicher wäre, dass du nicht das Gefühl hast, ich will dich nur ausnutzen.«

Cody streckte die Hand nach Maddies Handy aus. »Ruf in der Bank an und kündige«, verlangte sie. »Jetzt gleich!«

Maddie lachte, und das Geräusch war so unendlich schön, dass es Cody die Tränen in die Augen trieb. »Das ist nicht nötig. Wir finden schon eine Lösung. Ich will wirklich nicht jeden Tag so weit fahren müssen, aber ich will auch nicht nur herumhocken und dem Gras beim Wachsen zuschauen. Ich brauche eine Aufgabe.«

»Ich geb dir gern was zu tun. Du wirst schon sehen, komm einfach immer mit mir mit und dann wirst du binnen eines Jahres ein Eichhörnchen aus hundert Meter Entfernung treffen.«

»Ja … Was das angeht …« Sie zog Cody fester an sich. »Da brauchen wir wohl einen Plan B.«

»Das war auch nicht ernst gemeint. Aber ich fände es schön, wenn du daheim auf mich wartest, wenn ich von wo auch immer zurückkomme. Das wäre das perfekte Ende eines jeden Tags.«

»Warten liegt mir nicht. Da werden wir uns etwas anderes einfallen lassen müssen«, meinte Maddie und lächelte selig. »Zusammen.«

Am Sonntagabend standen sie vor Codys Trailer und hielten einander fest umschlungen. »Und du kannst wirklich nicht mit nach Greenville kommen?«, fragte Maddie.

»Nein, Jimmy kommt gleich morgens und auch meine Onkel und mein Cousin sind schon früh da. Ich müsste so früh wegfahren, dass du gar nicht merken würdest, dass ich überhaupt da war.«

»Oh, ich würde es schon merken. Aber ich will ohnehin nicht, dass du so viel fahren musst. Ich will nur, dass du weißt, wie willkommen du mir bist.«

»Ich fühle mich sehr willkommen«, meinte Cody und küsste Maddie auf die Wange. »Ich habe mich noch nie willkommener gefühlt.«

Maddie löste sich von ihr und zeichnete mit den Fingerspitzen die Konturen ihres Gesichts nach. »Ich hab mir alles eingeprägt. Änder bloß nichts.« Sie stieg in ihr Auto und ließ sofort das Fenster herunter, um Cody noch einmal zu küssen. »Ich liebe dich von ganzem Herzen.« Liebestrunken sah sie zu ihr auf.

»Und ich liebe dich genauso sehr. Fahr vorsichtig.«

»Werde ich. Und du gehst bitte gleich ins Bett. Ich seh dir doch an, wie müde du bist.«

»Mach ich.« Sie beugte sich vor und hauchte einen letzten, süßen Kuss auf Maddies Lippen. »Ich liebe dich.«

Maddie legte den Rückwärtsgang ein. Bei dem Gedanken, Cody zurückzulassen, wurde ihr übel und ihr Magen zog sich zusammen. Aber sie hatte einen Job und Cody auch. Sie würden noch eine ganze Weile lang nur fürs Wochenende leben müssen.

Am nächsten Tag legte Jimmy um halb vier seinen Hammer hin und holte sich ein Bier. Cubby und Shooter folgten ihm auf dem Fuß und gleich darauf schnappte auch Devin sich eine kühle Flasche. Cody beobachtete die drei und überlegte, wie sie sie am besten loswerden konnte. Eigentlich hatten Maddie und sie zwar vereinbart, dass sie sich erst am Wochenende wiedersehen würden, aber so lange hielt sie es nicht aus. Es spielte keine Rolle, dass sie vielleicht nur ein oder zwei Stunden miteinander verbringen konnten – sie musste sie einfach sehen. Das war dann wohl Liebe – ein so inniges Bedürfnis danach, zusammen zu sein, wie sie es bisher noch nie erlebt hatte.

Eigentlich war das ein bisschen unangenehm und wenn sie weiter so vor sich hin träumte, wie sie es heute getan hatte, würde sie irgendwann noch vom Dach fallen. Aber die Gedanken an Maddie summten in ihr, als hätte sich ein Bienenstock in ihrem Kopf eingenistet.

Sie nahm sich ein Bier, setzte sich auf einen Baumstamm und versuchte, sich auf das Gespräch einzulassen. Aber sie konnte nur an eines denken. Maddie in ihrem Hosenanzug, wie sie an ihrem Schreibtisch saß. Wie gut sie aussah … wie intelligent … und kultiviert … und …

Cody hatte es so eilig, nach Greenville zu kommen, dass sie beinah den Zwischenstopp bei ihr zu Hause ausgelassen hätte. Aber sie war verschwitzt, schmutzig und voller Sägespäne. Das machte bestimmt keinen guten Eindruck.

Sie flitzte unter die Dusche und schrubbte sich den Dreck so schnell ab, wie ihr Waschlappen es zuließ. Dann schnappte sie sich die erste Shorts, die sie finden konnte, schlüpfte hinein und sah sich nach einem sauberen Shirt um. Mit offenen Schuhen und nassen Haaren trat sie schließlich aus dem Trailer – und hörte ein vertrautes Motorengeräusch. Maddie.

Cody blieb auf der Treppe stehen und grinste von einem Ohr zum anderen. »Ich hab vergessen, mir eine Unterhose anzuziehen«, meinte sie glucksend, als Maddie aus dem Auto stieg. »Ich wollte so schnell wie möglich zu dir. Fast hätte ich sogar die Dusche ausgelassen.«

Maddie ging zu ihr und legte ihre Wange an Codys Brust. »Ich könnte die ganze Nacht lang einfach nur dastehen und deinem Herzschlag lauschen.« Sie legte den Kopf in den Nacken und lächelte. »Wenn ich mich weiter nur so schlecht konzentrieren kann wie heute, werden die mich feuern.«

»Bist du bis zum Schluss geblieben oder einfach gegangen?«

Maddie blinzelte sie verwirrt an. Wie süß war das denn?

»Ich glaube, wir haben geschlossen.« Sie gluckste. »Wenn nicht, habe ich wahrscheinlich einige Leute in der Bank eingesperrt.«

»Komm rein. Ich sollte dir zumindest was zum Essen machen.«

Maddie warf ihr einen Blick zu, dem keine Frau auf dieser Welt hätte widerstehen können. »Essen kann ich auch daheim.« Sie schlang die Arme um Cody und strich mit einer Hand ihren Rücken hinunter, bis zu ihrem Po. »Du hast noch was viel Besseres zu bieten als Essen.«

Sie lagen im glühend heißen Schlafzimmer und hofften auf eine kühle Brise. Maddie hatte keine Ahnung, wie Cody es auf derart engem Raum, mit so wenigen Fenstern und ohne Klimaanlage so lange ausgehalten hatte. Vielleicht hatte sich ihr Körper an die Umgebung angepasst und regulierte seine Temperatur dementsprechend. Sie schwitzte jedenfalls noch nicht einmal.

»Fühlst du dich wirklich anders?«, fragte Maddie.

»Inwiefern?«

Sie setzte sich auf und stützte sich auf einen Ellbogen, um Codys Gesicht besser betrachten zu können. Sie musste sie einfach berühren, es ging gar nicht anders, also strich sie mit einer Fingerspitze ihre Gesichtszüge nach. Während sie Codys Augenbrauen mit einem Finger folgte, sagte sie: »Du wirkst viel … intensiver. Ja, das trifft es ganz gut. Als hätten deine Gefühle eine ganz andere Ebene erreicht.«

»Es fühlt sich wirklich alles komplett neu an«, gab Cody zu. »Als du mir gesagt hast, dass du mich liebst, hat sich plötzlich alles verändert.«

»Für mich nicht. Dass ich es dir gesagt habe, war für mich der logische nächste Schritt. Ein verdammt guter Schritt natürlich, aber einer, mit dem ich gerechnet habe.«

Cody lachte. »Für mich war es eher, wie von einer Klippe zu springen. Ich dachte davor schon, dass ich verrückt nach dir bin, aber das war noch gar nichts. Jetzt ist es, als hättest du mein Hirn übernommen.«

Maddie beugte sich vor und küsste sie zärtlich. »So fühlt es sich an, wenn man verliebt ist. Davor hast du dich selbst zurückgehalten.«

»Das wusste ich nicht. Ich hatte keine Ahnung.«

»Ich hab gehofft, dass du dich zurückhältst«, gestand Maddie. »Allmählich habe ich aber schon gefürchtet, dass ich viel mehr an dir hänge als du an mir.«

Cody riss die Augen auf und wurde ein wenig blass. »Auf keinen Fall! Heute nicht, und davor auch nicht.«

Maddie streichelte sie beruhigend. »Vielleicht nicht. Aber ich hab es eben so empfunden und angefangen, mir Sorgen zu machen.« Sie schmiegte sich an Cody und hielt sie fest. »So ist es viel besser. Ich fühle mich sehr, sehr geliebt.«

»Sollte jemals jemand eine Frau mehr geliebt haben als ich dich …« Sie grinste. »Das gab es noch nie, also gibt es nichts, womit ich mich vergleichen könnte.«

»Ich liebe dich«, flüsterte Maddie. »Mehr, als ich je in Worte fassen könnte.«

»Können wir anderen von uns erzählen? Ich will zu gern sehen, wie ein paar Kinnladen runterfallen, wenn ich ihnen erzähle, dass es uns ernst ist. Die gehen wahrscheinlich davon aus, dass du wegziehst und ich mir dann die alte Krähe schnappe, von der ich dir mal erzählt habe.«

»Klar, leg los. Ich hab meine Eltern gestern Nacht noch aufgeweckt und es ihnen erzählt.«

Mit großen Augen fragte Cody: »Wirklich?«

»Scheiße, ja! Sie können während der Arbeit beide nicht telefonieren und ich konnte nicht warten, bis sie heute Feierabend haben.« Sie legte Cody die Hände auf die Schultern und schüttelte sie spielerisch. »Es ist eine wichtige Neuigkeit, wenn man in einer ernsten Beziehung ist!«

»Ähm, aber was, wenn die Bank von dieser Neuigkeit Wind bekommt?«

»Mhm, in West Virginia gibt es keinen Schutz gegen Diskriminierung wegen der sexuellen Orientierung am Arbeitsplatz. Es könnte also sein, dass ich meinen Job verliere.« Während sie die Worte aussprach, wurde ihr bewusst, dass ihr das wirklich egal war, und sie zuckte mit den Schultern. »Aber ich würde lieber zusammen mit dir Moos sammeln, als zu verbergen, wer ich bin.«

Cody kitzelte sie unter dem Kinn. »Wenn du in Schwierigkeiten kommen solltest, könnte ich dir ein Darlehen geben.«

»Nein, danke. Ich brauche einen Job, Cody. Je länger ich darüber nachdenke, desto sicherer bin ich mir. Du brauchst dein Leben und ich meins und in Ramp habe ich keins.«

»Wir könnten …« Sie schien eine Weile intensiv nachzudenken. »Wir könnten irgendein Unternehmen gründen. Dann müsstest du nie wieder für jemand anderen arbeiten.«

Sanft streichelte Maddie über ihre Wange, ehe sie einen Kuss auf Codys weiche Haut hauchte. »Nein, dafür bin ich nicht der Typ. Ich werde meinen Job weitermachen und schauen, was passiert.« Sie wollte aufstehen, doch Cody hielt sie fest, zog sie auf ihren Schoß und platzierte Kuss um Kuss auf ihrem Hals und ihrer Brust.

»Wenn irgendwer dir mies kommt, dann ziehe ich mein gesamtes Geld aus der Bank ab. Und dann kaufe ich das Gebäude und werf sie alle raus!«

»Mir gefällt, wie du denkst.«

Eng aneinandergeschmiegt blieben sie liegen, küssten sich, mal langsamer, mal intensiver, und genossen die Nähe der jeweils anderen. Aber es war schon nach acht und Maddie musste nach Hause. So gern sie auch neben Cody schlafen wollte, morgens eine Stunde nach Greenville fahren zu müssen, war alles andere als verlockend. »Hilf mir mal, meine Sachen zusammenzusuchen. Ich muss zurück in die Stadt. Du hast mich so schnell ausgezogen, dass ich gar nicht wusste, wie mir geschah.«

»Gewöhn dich dran«, meinte Cody und gab Maddie einen Klaps auf den Po, als sie aufstand. »Und daran auch«, fügte sie hinzu und setzte ihr hinterhältigstes Grinsen auf.

Sie zogen sich beide an. Cody schlüpfte in eine Jeans und einen Sweater, ehe sie in ihre Stiefel stieg und sie zuband. Das mit den Stiefeln verstand Maddie mittlerweile. Cody hatte sie davon überzeugt, dass es ziemlich unklug war, barfuß zu laufen. Es gab einfach zu viele Dinge, die einen beißen und stechen konnten. Aber sie hatte keine Ahnung, warum sie in der Hitze Jeans und einen Sweater trug, in der eisigen Kälte aber nur eine dünne Jacke. Das überstieg ihre Vorstellungskraft.

Cody wollte eindeutig nicht, dass sie ging, aber Maddie funktionierte einfach nicht, wenn sie um fünf Uhr aufstehen musste. Die eine Stunde mehr Schlaf machte einen riesigen Unterschied für sie.

»Hey!«, sagte Cody plötzlich. »Ich hab eine Idee! Lass uns wohin fahren, um zu feiern!«

»Zu feiern?«

»Dass wir uns lieben.« Ihre Augen funkelten. »Das wäre doch großartig.« Cody rannte los und lief in der Dunkelheit einen Pfad entlang.

Maddie folgte ihr vorsichtig. »Wo willst du hin? Wie kannst du überhaupt sehen, wo du hinläufst?«

»Ganz einfach. Ich laufe hier schon mein Leben lang herum.« Sie blieb vor dem Baum stehen, den sie ihr vor einiger Zeit gezeigt hatte. »Moment.« Dann schlang sie die Arme um den Stamm und begann hinaufzuklettern.

Maddie sah ihr dabei mit offenem Mund zu.

Cody kletterte, als wäre sie fünf Jahre alt und zwanzig Kilo schwer. Sie stieß sich mit den Füßen ab und griff dabei jedes Mal höher. Flink bahnte sie sich so ihren Weg nach oben.

Als sie an der richtigen Stelle angelangt war, wühlte sie eine Weile herum, griff schließlich nach etwas und warf es nach unten, wobei sie Maddie beinahe am Kopf traf. »Sorry!«, rief sie, bevor sie schnell und doch erstaunlich anmutig wieder nach unten kraxelte.

Maddie stand immer noch genau an der Stelle, an der Cody sie zurückgelassen hatte. »Ich … Ich hab noch nie gesehen, wie eine Erwachsene so was macht.«

»Das Moos springt nun mal nicht von allein herunter«, sagte sie in ihrer eigenen Logik.

»Also läufst du von Baum zu Baum? Und kletterst den ganzen Tag?«

Cody lachte. »Das meiste Moos wächst auf dem Boden. Am besten gedeiht es auf Steinen am Ufer eines Flusses oder Teichs.« Immer noch leise lachend hob sie das Päckchen auf und schälte vorsichtig die Einkaufstüten ab, in die sie es eingewickelt hatte. »Ich fasse es nicht, dass du wirklich geglaubt hast, ich würde den ganzen Tag auf Bäume klettern«, meinte sie glucksend. Schließlich hielt sie ein Bündel Banknoten in der Hand. Sie verbeugte sich und reichte es Maddie. »Wo willst du hin? Überleg dir was Gutes. Ich will, dass du das bis auf den letzten Cent ausgibst.«

Maddie fächelte sich mit den Scheinen Luft zu. »Nein … wirklich?« Sie hatte Codys Geld nie gewollt, aber es war schon aufregend, ein ganzes Bündel davon in der Hand zu haben.

»Jepp. Gib Bescheid, wenn das nicht reicht.« Sie zog Maddie an sich und küsste sie, zog langsam an ihren Lippen und knabberte daran. »Du gibst sämtliche Großstädte der Welt für mich auf. Da ist es doch das Mindeste, was ich tun kann, uns an die Orte zu bringen, die du gern sehen möchtest. Du sollst keine Bedürfnisse haben, die unbefriedigt bleiben, Maddie.« Eine fast verblüffende Entschlossenheit lag in ihrem Blick. »Keine.«

»Ich will wirklich nirgendwohin …«

»Plan eine Reise«, sagte Cody entschlossen. »Ich wollte schon immer mal mit dem Flugzeug fliegen. Gib mir einen Grund dafür.«

Maddie tippte ihr mit den Scheinen auf die Schulter. »Deal.«

Cody ertappte sich dabei, wie sie für Regen betete. Während eines Gewitters arbeiteten sie nicht und sosehr sie auch wollte, dass ihr neues Haus fertiggestellt wurde: Maddie wollte sie mehr. Sie fuhr nach Greenville, Maddie kam nach Ramp, oder sie trafen sich zum Nachos-Essen in Twined Creek. Es verstörte Cody ein wenig, dass sie nicht in der Lage war, auch nur einen einzigen Tag ohne Maddie zu verbringen, aber wenigstens wusste sie, dass es Maddie genauso ging.

Eine Woche später saßen sie in der Raststätte von Twined Creek, tranken Bier und aßen die Sandwiches, die Maddie aus Greenville mitgebracht hatte. Bis zu einer gewissen Menge waren Nachos ja okay, aber inzwischen hingen sie ihr schon zum Hals heraus. Die anderen Gäste warfen ihnen zwar verwunderte Blicke zu, aber das hielt sie nicht davon ab, dafür zu sorgen, dass Cody eine halbwegs anständige Mahlzeit bekam.

Mit einem zufriedenen Lächeln auf den Lippen nippte Cody an ihrem Bier. »Ich bin glücklich«, sagte sie. »Dachte, das solltest du wissen.«

Maddie kannte die Gegend und die Einwohner nicht gut genug, um öffentlich ihre Zuneigung zu zeigen, also tätschelte sie Cody unter dem Tisch so lange das Knie, bis die verstand und ihre Hand ergriff. »Es wäre wahrscheinlich nicht so schlau, dich hier in der Öffentlichkeit zu küssen.«

»Es sollte okay sein, aber vielleicht müsste ich mir auch die eine oder andere Rauferei liefern. Kommt darauf an, wie viel die Leute getrunken haben.«

»Dann gehen wir eben früher und knutschen noch ein bisschen im Auto.« Maddie lachte leise. »Ich will ja nicht, dass dein hübsches Gesicht in Mitleidenschaft gerät.«

Maddie dachte über ihre Interaktion mit der einheimischen Bevölkerung nach. Zwei alleinstehende Frauen, die an einem Tisch saßen, erregten nun mal eine gewisse Aufmerksamkeit, vor allem, wenn eine davon kürzlich in der Lotterie gewonnen hatte. Gelegentlich näherte sich ihnen ein Mann, doch jedes Mal wurde er von jemandem aufgehalten. Sie hatte keine Ahnung, was man ihnen dann sagte, aber es funktionierte jedes Mal.

Einige Minuten später bekam sie ihre Antwort. Ricky marschierte herein, eine geschmacklos gekleidete Frau im Arm. Die Menge teilte sich vor ihm wie das rote Meer vor Mose, und er und seine Freundin stolzierten zur Bar.

»Dein Cousin legt einen beeindruckenden Auftritt hin«, meinte Maddie.

Cody schaute in die entsprechende Richtung. »Ja. Man kennt ihn hier. *Ricky!*«, rief sie laut. Derartig forsch war sie sonst nicht.

Er drehte sich um und winkte ihnen freundlich zu. »Was geht?«, fragte er, während er zu ihnenherüberschlenderte.

»Nicht viel. Wir sind nur was trinken. Kann ich euch eine Runde ausgeben?«

»Nichts dagegen.« Er grinste und entblößte eine Lücke, in der vor Kurzem wohl noch ein Zahn gesteckt haben musste. Wie es aussah, war ein weiterer Besuch beim Zahnarzt fällig.

Cody stand auf, zog einen Zwanziger aus ihrem Portemonnaie und reichte ihm den Schein. »Wir müssen los. Bis später!«

Maddie erhob sich ebenfalls und folgte ihr. Sobald sie den Parkplatz erreicht hatten, fragte sie: »Was war das denn?«

»Nichts. Es sollen bloß alle wissen, mit wem ich verwandt bin. Die Raststätte ist nicht ungefährlich, aber die meisten wissen, dass man sich besser nicht mit den Montgomerys anlegt.«

»Aber warum sind wir dann so abrupt aufgebrochen? Ich hatte gerade mal zwei Schluck von meinem Bier.«

Cody lachte. »Die meisten wissen zwar, dass man sich mit den Montgomerys nicht anlegen sollte, aber ein paar haben das noch nicht mitgekriegt. Ricky prügelt sich gern und ich wollte vermeiden, dass du fliegenden Gläsern ausweichen musst.« Sie verbeugte sich. »Du kannst mir später danken.«

Maddie nahm ihre Hand und führte sie zum Auto. Nachdem sie sich gesetzt hatten, griff sie um Cody herum, um die Rückenlehne herunterzuklappen. »Ich danke dir lieber jetzt.«

Eine gute halbe Stunde knutschten sie wie Teenager herum, bis die Windschutzscheibe von innen anlief.

»Du machst mich wahnsinnig«, flüsterte Cody schließlich. Sie löste sich von ihr und fächelte sich Luft zu. »Ich verbrenne gleich.«

Maddie verteilte sanfte Küsse auf ihren geröteten Wangen. »Zurück nach Ramp? Ich wäre dabei.«

Cody zog sie in eine beinah knochenbrechende Umarmung. »Gott, ich würde so gern. Aber das bedeutet zu viel Fahrerei für dich. Ruf mich an, wenn du daheim bist, dann können wir Telefonsex haben.« Sie wackelte mit den Augenbrauen. »Das hab ich noch nie gemacht.«

»Ich auch nicht. Dann schauen wir mal, ob wir die Leitungen zum Glühen bringen können.«

»Aber so was von.« Sie öffnete die Tür und ließ frische Luft herein. »Ich muss aber erst noch ein bisschen sitzen bleiben und mich abkühlen. Meine Hände zittern total. So kann ich nicht fahren.«

Maddie streckte eine Hand aus und sie lachten, als die ebenfalls leicht zitterte. »Dito.«

Schwer atmend lagen sie auf den komplett zurückgelehnten Sitzen und versuchten, ihre Erregung herunterzufahren. Maddie drehte den Kopf zur Seite und studierte Codys Gesicht. »Du bist so hübsch. Wenn ich an meinem Schreibtisch sitze, versuche ich immer, dich mir vorzustellen, aber es klappt nie so ganz.« Sie malte mit einem Finger ihre Gesichtszüge nach. »Was ich so zustande bringe, ist nicht annähernd so schön, wie du es in Wirklichkeit bist.«

Cody nahm ihre Hand und hauchte einen Kuss darauf, ehe sie sie im schummrigen Licht betrachtete. »Du hast so schöne Hände.« Sie küsste ihre Hand wieder und noch einmal, bis sie schließlich die Augen schloss und sich genüsslich Maddies Arm hinaufküsste.

»Das macht mich an«, flüsterte Maddie. »Alles, was du tust, macht mich an. Dabei waren meine Hände bis eben noch keine erogene Zone.«

Cody blinzelte langsam. »Ich glaube, das mit dem Abkühlen machen wir irgendwie falsch. Wenn es in der Nähe irgendwo ein Motel gäbe …«

Maddie richtete sich auf und schaute aus dem Fenster. »Was ist mit dem Wald?«

Cody lachte leise. »Moskitos, Zecken und Herbstmilben.« Sie hielt inne. »Das wäre es mir wert.«

Maddie schlang die Arme um Cody und zog sie an sich. »Moskitos sind für mich okay, aber ich habe Angst vor Zecken. Und ich habe keine Ahnung, was Herbstmilben sind.«

»Das willst du auch gar nicht wissen«, meinte Cody trocken. Sie fuhr ihre Rückenlehne hoch und richtete ihre Frisur. »Telefonsex wird nicht reichen. Auf geht's nach Greenville.«

Sie setzte an, auszusteigen, doch Maddie hielt sie zurück. »Bist du sicher? Dann musst du morgen eine Stunde früher aufstehen?«

Cody schenkte ihr ein warmes Lächeln. »Eine Stunde weniger Schlaf, dafür aber eine Stunde Sex mit dir? Keine sonderlich schwere Entscheidung.«

Am nächsten Tag rief Maddie an, sobald sie von der Arbeit nach Hause kam. »Ich habe eine Idee, wie wir miteinander Zeit verbringen können, ohne dass eine von uns frühmorgens heimfahren muss. Bist du dabei?«

»Was für eine Frage. Sag mir, wo ich hinkommen soll.«

Eine Stunde später trafen sie sich auf dem verlassenen Parkplatz des *Twined Creek Medical Center.* Kaum hatte Maddie geparkt, stieg Cody aus ihrem Auto und ging auf Maddies Wagen zu. »Schicker Parkplatz«, sagte sie grinsend.

Maddie sprang aus dem Auto und Cody pfiff laut.

»Zum Glück haben wir Sommer«, sagte Maddie und drehte sich einmal um die eigene Achse, um ihr schlichtes Sommerkleid mit dem blauen Kornblumenmuster vorzuführen. »Wenn es kalt wäre, könnten wir das nicht durchziehen.«

»Mann, siehst du gut aus«, murmelte Cody. »Ich liebe es, wenn du Kleider trägst.«

»Schnapp dir den Picknickkorb vom Rücksitz und komm mit.« Sie gingen zu einer Wiese hinter dem Gebäude. Nach ein paar Schritten drehte Maddie sich um und schnalzte vorwurfsvoll mit der Zunge. »Starrst du mir etwa auf den Hintern?«

»Und wie ich das tue«, sagte Cody. »Zum Glück haben wir uns im Winter kennengelernt. Wenn du in dem Kleid in der Bank rumgelaufen wärst, hätte ich mich noch viel doofer angestellt.«

»Solche Kleider ziehe ich nicht auf der Arbeit an. Nur zum Vergnügen.«

»Welches Vergnügen auch immer dir vorschwebt, ich bin dabei.«

Maddie hakte sich bei Cody unter. »Das wird dir gefallen.« Als sie ganz außer Sichtweite des Parkplatzes waren, hielt sie an. Es dämmerte und in der Klinik brannte kein Licht, also hatten sie tatsächlich ihre Privatsphäre. Maddie holte eine Decke aus dem Korb und breitete sie auf der Wiese aus. »Ich hab heute Herbstgrasmilben gegoogelt. Durch eine Wolldecke sollten sie nicht durchkommen. Auch keine Zecken.« Sie setzte sich und nahm Cody den Picknickkorb ab. »Ich habe Sandwiches dabei und einen ziemlich guten Obstsalat.«

Cody ließ sich neben sie fallen. »Du kümmerst dich so gut um mich. Wenn du nicht dafür sorgen würdest, dass ich jeden Abend was zu essen bekomme, würde mir dir Hose runterrutschen.«

Entsetzt riss Maddie die Augen auf. Sie fasste Cody an den Schultern und drückte ihr einen lang anhaltenden, liebevollen Kuss auf die Lippen. »Ich hab mich so auf unser Picknick konzentriert, dass ich ganz vergessen habe, dich zur Begrüßung zu küssen!«

»Lass das bloß nicht wieder vorkommen«, knurrte Cody. »Küssen geht vor.«

Sie widmeten sich wieder dem Inhalt des Picknickkorbs und Cody inhalierte ihr Sandwich geradezu. Schließlich schien sie sich bewusst zu zwingen, langsamer zu essen. »Hey, hast du dir schon was wegen unserer Reise überlegt? Wir können, wann immer du willst, mal für ein langes Wochenende wegfahren.«

»Nein, ich habe noch nicht wirklich darüber nachgedacht. Ich will deinen Zeitplan nicht durcheinanderbringen.«

Codys Miene verfinsterte sich. »Ich will nicht, dass du das Gefühl hast, dass du hier feststeckst. Wir müssen auch mal Sachen machen, die du machen willst, und nicht nur das, was ich mag.«

Maddie drückte ihre Hand und schenkte ihr ein warmes Lächeln. »Das weiß ich zu schätzen. Aber es geht mir gut. Wenn dein Haus fertig ist, können wir immer noch wegfahren.«

»So lange müssen wir wirklich nicht warten. Lass uns dieses Wochenende nach New York fahren.«

»Nach New York?« Maddie zog die Augenbrauen hoch. »Da willst du hin?«

»Nicht zwingend, aber *du* willst da hin. New York ist schließlich die größte Stadt des Landes.«

»Schon, aber es gibt auch so viele andere Orte, die ich mal sehen will. Ich finde, du solltest unser erstes Reiseziel auswählen.«

»Ich? Ich soll das entscheiden?«

»Ja. Such dir einen Ort aus, zu dem du immer schon mal hinwolltest. Ein Ort, der dich interessiert. Ganz egal, wo auf der Welt.«

Erstaunlicherweise kam ihre Antwort wie aus der Pistole geschossen. »England.«

»England? London?«

»Ja, genau. Das England. Ich will die Orte sehen, über die Jane Austen geschrieben hat. Und ich will dahin, wo *Middlemarch* spielt. Und natürlich nach London, auf den Spuren von Dickens. Oh, und die Schauplätze von *Jahrmarkt der Eitelkeit* will ich natürlich auch sehen. Geht das?«

Maddie nickte begeistert. »Absolut. Allerdings würde das länger dauern als ein Wochenende.«

»Wir können so lange wegfahren, wie du willst, vorausgesetzt, ich kann während der Rotwild-Jagdsaison zwei Wochen daheim sein.«

»Wir können doch den Garten nicht so lang allein lassen«, meinte Maddie neckend. »Ich träume doch schon ewig von deinen Tomaten und dem Mais.«

»Na gut. Dann fahren wir im Herbst, sobald der Garten abgeerntet ist. Kannst du die Reise planen?«

»Ich würde ja sofort heimrennen und damit anfangen, aber ich habe gerade ein Date mit einer heißen Frau.«

Cody schob sich das letzte Stück ihres Sandwiches in den Mund, bevor sie sich lang ausgestreckt hinlegte. »Das ist ein schönes Date.«

Maddie legte sich neben sie und schmiegte sich an sie. »Weißt du, was es noch schöner machen würde?«, fragte sie und gab sich alle Mühe, so verführerisch wie möglich zu klingen.

»Ich habe da so eine Ahnung«, erwiderte Cody und grinste glücklich.

Maddie umfasste Codys Gesicht mit beiden Händen und küsste sie zärtlich. Es dauerte nicht lange, da wurden ihre sanften Küsse fordernder und bald drängten sie sich aneinander, getrieben von der Hitze, die sich unkontrolliert zwischen ihnen entwickelte.

»Ich will dich so sehr«, flüsterte Cody. »Ich hatte ja keine Ahnung …« Sie blinzelte langsam. »Ich bekomme nicht genug von dir.«

Maddie legte Codys Hand auf ihren Oberschenkel und küsste sie leidenschaftlich, während sie ihre Hand immer weiter nach oben schob, bis sie schließlich auf ihrem Po lag.

Stöhnend packte Cody zu. »Du durchtriebenes Luder«, raunte sie. »Ohne Höschen in der Öffentlichkeit.«

»Ich wollte uns ein bisschen Zeit sparen.«

Cody streichelte weiter über ihre nackte Haut. »Du bist so heiß. Ich bin so ein Glückspilz.«

»Nein, ich bin ein Glückspilz«, widersprach Maddie und küsste sie wieder und wieder. »Du hast vielleicht die Lotterie gewonnen, aber ich dein Herz.«

Es dauerte noch vier Wochen, vier endlose Wochen, bis das Haus – oder besser gesagt: die Häuser – so weit fertig waren, dass sie mit dem Einrichten beginnen konnten. Cody hatte eine weitere Lichtung gerodet, ein weiteres Fundament gegossen und ein zweites, kleineres Blockhaus gebaut, in dem Gäste übernachten konnten und das auch als Homeoffice dienen konnte. Es würde zwar nur eine kleine Küchenzeile geben, trotzdem war das Haus perfekt für Maddies Eltern, die sie schon jetzt unbedingt besuchen wollten. Die Arbeit an dem Haus hatte Cody wirklich in Anspruch genommen, aber sie schien mit dem Ergebnis sehr zufrieden zu sein. Das Häuschen stand in der Nähe des Haupthauses, war aber auch nicht zu nah. Ihre Gäste würden also das Privileg eines eigenen Hauses genießen und Cody und Maddie müssten sich keine Sorgen machen, dass man sie hören könnte – was Cody sehr wichtig war, denn sie schätzte ihre Privatsphäre über alles.

Die letzte Genehmigung für das Haus fehlte noch, aber sie erwarteten sie jeden Tag. Als Maddie am Freitagabend vor dem Haus hielt, wartete Cody frisch geduscht und in sauberen Klamotten auf sie.

»Wer hat die neue Dusche eingeweiht?«, fragte Maddie und vergrub die Nase an ihrer wunderbar duftenden Halsbeuge.

»Ich. Wenn wer fragt: Das war nur ein Test. Die Dusche ist übrigens großartig. Komm rein, ich hab schon auf dich gewartet.«

Hand in Hand gingen sie hinein, wie sie es unbewusst immer taten. Lautstark bewunderte Maddie all die schicken Details, die in den letzten Tagen dazugekommen waren, lobte Codys Geschmack und betonte, wie beeindruckt sie von den vielen Talenten war, die Cody hatte.

Schließlich standen sie vor der großen Terrassentür und blickten fasziniert auf die Berge, die sich vor ihnen auftürmten.

»Diesen Anblick will ich jeden Morgen haben, wenn ich aufwache«, sagte Cody. »Gleich nachdem ich dich neben mir liegen sehen habe, natürlich. Du stehst immer an erster Stelle, weil du noch schöner bist als die schönste Landschaft.«

»Bist du wirklich bereit dazu?« Maddie strahlte sie an. »Ehrlich gesagt habe ich gehofft, dass wir bald zusammenziehen.«

»Ich könnte es nicht ertragen, wenn du in meinem Trailer wohnen musst. Der ist nicht gut genug für dich. Aber hier … hier ist es schön«, sagte sie mit stolzgeschwellter Brust. »Ich …« Sie senkte den Blick, hob dann aber das Kinn so weit an, dass sie Maddie gerade noch in die Augen sehen konnte. »Ich habe es nach dir benannt.«

»Wirklich?«

»Wirklich.« Sie führte sie zurück zur Vordertür und zeigte ihr die Stelle, an der sie das Wort *Madborne* in das Holz geschnitzt oder gebrannt oder sonst wie hineingeschrieben hatte. »Ich habe wochenlang mit deinem Namen gespielt und das ist letztlich dabei rausgekommen. Es erinnert mich an ein britisches Landgut.« Sie warf ihr einen unsicheren Blick zu. »Jedes gute Haus braucht einen Namen und ich möchte, dass du das Gefühl hast, dass dieses Haus auch dir gehört.«

»Oh, Cody.« Maddie gab ihr einen Kuss und umarmte sie fest. »Ich möchte unbedingt mit dir zusammenleben. Du bist jede einzelne Meile wert, die ich dann zurücklegen muss, um in die Arbeit zu kommen.«

»Ganz sicher?«, fragte sie zögernd. »Ich weiß ja, wie sehr du es hasst, früh aufzustehen.«

Maddie nahm sich einen Moment Zeit, um darüber nachzudenken, warum sie bisher so zögerlich gewesen war, unter der Woche hier draußen zu übernachten. »Ich werde meine Arbeitszeiten ein bisschen anpassen. Bisher habe ich das nur nicht gemacht, weil ich … weil ich keine Aufmerksamkeit erregen wollte, bevor … solange noch nicht alles fertig war. Ich brauche meine Sexualität in der Arbeit zwar nicht zu verstecken, aber ich wollte auch nicht verfrüht Brandbeschleuniger in die Gerüchteküche kippen.«

Zweifel huschten über Codys Gesicht. »Glaubst du denn, dass du hier draußen glücklich sein kannst?«

Maddie legte ihre ganze Überzeugung in ihre Antwort. »Ich könnte nirgendwo glücklich sein, wo du nicht bist. Du bist das Wichtigste für mein Glück und du bist hier.«

»Ich möchte dir nur nicht das Leben schwer machen. Vielleicht finden wir ja eine Lösung, bei der du nicht so weit pendeln musst.«

»Ich werde nicht von dem Geld meiner reichen Freundin leben, also fang gar nicht erst damit an.«

Cody hauchte ihr einen Kuss auf den Hals und vergrub das Gesicht in ihrer Halsgrube. »Ich würde dir schon was zu tun geben. Du müsstest auch nicht zur Jagd mit.«

»Ich brauche einen Plan und den habe ich noch nicht. Aber ich werde auf keinen Fall nur herumhocken und schmarotzen.«

»Du bist kein Schmarotzer. Ich hatte nie das Gefühl, dass du hinter meinem Geld her bist. Nicht auch nur eine Sekunde lang.«

»Bin ich auch nicht. Es wäre okay für mich, wenn du es bis auf den letzten Cent weggibst. Du würdest trotzdem dafür sorgen, dass wir nicht verhungern, das weiß ich.«

»Allerdings müsstest du dich dann an Eichhörncheneintopf gewöhnen.«

Maddie gab ihr einen Kuss auf die Nase. »Besser, du gehst doch nicht pleite.«

25

Am ersten Tag, als sie von ihrem neuen Zuhause nach Greenville fuhr, erreichte Maddie ihre Arbeitsstelle um halb neun. Sie lächelte den Wachmann an, der nervös vor der Bank auf und ab tigerte. »Es tut mir so leid, Riley«, sagte sie und drückte mit einer Hand seinen Arm, während sie mit der anderen in ihrer Tasche kramte. »Ich habe vergessen, zu erwähnen, dass ich heute später komme.«

»Ist schon gut, Miz Osborne. Ich habe mir nur Sorgen gemacht, dass Ihnen etwas passiert ist.«

»Ist es irgendwie auch«, gab sie zu. Endlich fand sie den Schlüssel und schloss auf. »Ich bin umgezogen und wohne jetzt etwa eine Stunde weiter weg. Darum werde ich zukünftig morgens nicht mehr so früh da sein. Besser, Sie rechnen nicht vor halb neun mit mir.«

Er musterte sie, als wollte er weiter nachhaken, nickte dann aber nur und folgte ihr in die Bank.

Den ganzen Tag über hörte sie Getuschel darüber, dass sie nach Huntington oder Charleston gezogen sei oder in irgendeine Stadt, von der sie noch nie gehört und in der sie erst recht noch nie gewesen war. Sie hatte nichts zu verbergen und wenn jemand gefragt hätte, hätte sie nur zu gern erzählt, dass sie auf dem Gipfel des großen Bergs lebte, an dessen Fuß Ramp lag. Doch niemand traute sich, nachzufragen. Die Leute schienen Vermutungen den Fakten vorzuziehen.

Erst am nächsten Tag kam Geneva kreidebleich in ihr Büro. Sie schloss die Tür und sagte in einem ernsten Tonfall: »Lynette erzählt überall herum, dass du …«, sie atmete scharf ein, » in die Berge gezogen bist und jetzt mit Cody Keaton zusammenwohnst.«

Einen Moment lang saß Maddie ganz still da. Sie wunderte sich, dass sich ihr Magen immer noch verknotete, wenn sie sich outen musste. Doch kein verknoteter Magen der Welt konnte sie daran hindern, zu sich selbst zu stehen. Allerdings war sie ein wenig besorgt, dass Geneva gleich in

Ohnmacht fallen würde. »Lynette hat recht. Ich ziehe es vor, mein Privatleben nicht zu diskutieren, aber ich habe auch nichts zu verbergen. Ich liebe Cody Keaton und ich lebe mit ihr zusammen.« Sie lächelte kurz. »Sie ist eine Keaton *und* eine Montgomery.«

Ein wahres Kaleidoskop von Gefühlen spiegelte sich auf Genevas Gesicht. Es musste ein Schock sein, zu erfahren, dass die Chefin nicht nur lesbisch war – und das in einer Stadt, in der man sich schlicht nicht outete –, sondern auch noch mit einem Mitglied der berüchtigtsten Familie der Gegend zusammenlebte. Doch insgesamt meisterte Geneva die Situation recht souverän.

Sichtlich erschüttert stand sie auf und sagte: »Okay, also. Ich werde …« Und dann verließ sie Maddies Büro, ohne den Satz zu beenden.

Maddie sah ihr nach. Was würde Geneva jetzt wohl tun? Sie könnte versuchen, die Gerüchte im Keim zu ersticken, aber da es stimmte, was man über Maddie sagte, hatte das wenig Sinn. Sie könnte die Gerüchte auch ignorieren und hoffen, dass sie wieder verstummen würden. Was sie auch tat, Maddie würde sich nicht aus der Ruhe bringen lassen. Natürlich war es beruhigend, im Notfall auf Codys Geld zurückgreifen zu können, aber auch ohne dieses gewaltige finanzielle Polster hätte sie sich gleich verhalten. Andere Menschen konnten einem nur dann das Leben schwer machen, wenn man es auch zuließ, und ihre Würde verteidigte sie, wenn nötig, bis aufs Blut. Genau genommen war das auch das Einzige, was sie wirklich unter Kontrolle hatte.

Die erste Woche ihres Zusammenlebens war geprägt von kleinen, jedoch nahezu kontinuierlichen Anpassungen. Aber es waren gute Anpassungen. Wenn man so verliebt war, fühlte sich alles gut an.

Der Mittwoch war ein warmer und feuchter Tag und sie verbrachten den ganzen Abend an der frischen Luft vor ihrem Haus. Cody trug nichts außer ihres insektenabweisenden Shirts, da sie sich immer noch konsequent weigerte, ein Insektenspray zu benutzen. Maddie hingegen hatte sich für ein gewagteres Outfit entschieden: Sie trug nur einen Hauch von Mückenschutz. Obwohl es heiß war, konnten sie die Finger nicht voneinander lassen.

Das Telefon klingelte sechsmal, bis Cody es schaffte, sich aus ihrer Umklammerung zu befreien. Sie stapfte ins Haus und die Fliegengittertür fiel hinter ihr zu. »Wer ruft mich um die Zeit noch an?«, knurrte sie.

Maddie hörte nur halb zu, zumindest bis zu jenem Zeitpunkt, als Codys Stimmlage sich drastisch änderte. »Ist er schwer verletzt?«, fragte sie.

Maddie sprang auf, eilte zu Codys und legte eine Hand auf ihren Oberarm.

Cody verzog besorgt das Gesicht. »Ja, da hatte er wohl Glück, dass sein Auto so groß ist. Hat ihm vielleicht das Leben gerettet.«

Übelkeit breitete sich in Maddie aus. Brett musste seinen großen SUV zu Schrott gefahren haben.

Cody nickte und sagte schließlich: »Ich kann mit dir hinfahren.« Sie lauschte auf die Antwort. »Nein, das macht mir nichts aus. Sag Tante Thelma, dass sie sich keine Sorgen machen soll. Wir bekommen das schon hin.« Sie legte den Hörer auf, seufzte schwer und drehte sich zu Maddie um. »Brett ist auf der I-95 eingeschlafen – sagt er zumindest. Das Auto hat einen Totalschaden und er ein gebrochenes Bein.«

»Oh, Cody, das tut mir so leid! Geht es ihm sonst gut?« Sie runzelte die Stirn. »Auf der I-95? In Virginia?«

»In North Carolina«, erwiderte Cody mit grimmiger Miene.

»Was hat er denn in North Carolina gemacht?«

»Keine Ahnung, was er *behaupten* wird, dort gemacht zu haben. Aber die verschreibungspflichtigen Medikamente, die man in seinem Auto gefunden hat, lassen darauf schließen, dass er den Oxy Highway von einer dieser Schmerzkliniken in Florida genommen hat.«

»Oxy Highway? Wovon redest du?«

Cody ging zu ihrem Lieblingssessel und sackte darauf zusammen. »Ich wusste nicht, dass er das macht, aber viele Leute fahren nach Florida, weil man dort so leicht Rezepte für Narkotika bekommt. Anscheinend konnte er mit dem neuen Auto seine Reichweite ausbauen.« Sie vergrub das Gesicht in den Händen. »Ich hätte ihm genauso gut eine Waffe in die Hand drücken können, damit er Tante Thelma direkt ins Herz schießen kann.«

Maddie setzte sich auf die Armlehne des Sessels und strich ihr über den Kopf. »Hey, das ist nicht deine Schuld.«

»Mit seiner alten Karre hätte er das nicht hinbekommen. Ich wusste, dass es ein Fehler war, ihm dieses Auto zu kaufen.«

»Das stimmt doch nicht.« Maddie umfasste sanft Codys Kinn und zwang sie, ihr in die Augen zu sehen. »Gib dir nicht die Schuld für die schlechten Entscheidungen deines Cousins. Du bist nicht für ihn verantwortlich.«

»Nicht?« Ihre Stimme klang bitter. »Und warum fahre ich dann morgen mit meinem Onkel nach North Carolina?«

»Ich weiß nicht«, sagte Maddie betont mitfühlend. »Warum denn?«

Cody seufzte und ihre Schultern hoben und senkten sich merklich. »Was glaubst du denn?«

»Damit du ihn freikaufen kannst, denke ich.« Sie machte eine kurze Pause, ehe sie hinzufügte: »Wenn du das denn willst.«

»Welche Wahl habe ich denn?«, fragte Cody harsch und musterte Maddie mit eisigem Blick.

Maddie antwortete nicht gleich. Schließlich sagte sie: »Diese Frage kannst nur du beantworten.«

Sie waren sechs Stunden unterwegs, bis sie endlich das Krankenhaus in der Nähe von Rocky Mount, North Carolina erreichten. Die ganze Fahrt über dachte Cody schweigend nach. Ihre Onkel saßen auf den Vordersitzen von Melissas neuem Auto, und Cody hatte die Rückbank für sich allein. Sie waren früh losgefahren, noch bevor Maddie zur Arbeit gefahren war, und so kamen sie kurz nach dem Mittagessen bei ihrem Zielort an.

Es dauerte eine Weile, bis sie Brett gefunden hatten. Schließlich wurden sie auf der Orthopädie fündig. Er war so übel zugerichtet, dass Cody ihn nicht erkannt hätte, wenn die Krankenschwester sie nicht zu ihm geführt hätte. Und Onkel Shooter war so blass und erschüttert, dass sich ihr Herz schmerzhaft zusammenzog. Brett machte ständig nur Ärger, aber er war immer noch Shooters Junge, und wenn man seinen Sohn verletzt im Krankenhaus sah, war es sicher leicht, seine Schattenseiten zu ignorieren.

Shooter umarmte Brett erstaunlich zärtlich und so lange, dass Cody sich irgendwann peinlich berührt abwandte. »Du steckst in schlimmen Schwierigkeiten, Junge«, sagte er schließlich.

»Ich hab nichts falsch gemacht, Daddy. Ich bin nur eingeschlafen. Ich war zu müde, um zu fahren.«

»Ich meine die Medikamente, die sie in deinem Auto gefunden haben.«

»Ein echter Arzt hat die Rezepte erstellt«, sagte Brett defensiv. »Es ist nicht verboten, Medikamente dabeizuhaben, die einem verschrieben wurden.«

Cody hatte keine Ahnung, ob das rechtlich gesehen stimmte, aber sie wusste genau, dass Brett nach Florida gefahren war, um Drogen zu kaufen und sie in West Virginia weiterzuverkaufen. Das konnte nicht legal sein. Falls doch, dann war das System noch viel kaputter, als sie bisher gedacht hatte.

Als Brett entlassen wurde, übernahm Cody, ohne zu zögern, die Rechnung, deren Höhe sie wirklich schockierte. Sie beschloss, allen eine Krankenversicherung zu besorgen, ob sie die nun wollten oder nicht. Als sie aus der Tür trat, wartete Onkel Cubby schon auf sie.

»Shooter trifft uns beim Auto. Es wird eine Weile dauern, bis sie Brett mit dem Rollstuhl nach unten bringen.«

Sie setzten sich auf eine Betonbank vor dem Haupteingang. »Das wird unschön enden«, sagte Cody nüchtern, »aber ich werde Brett kein neues Auto kaufen.«

Cubby nickte. »Das verstehe ich. Ein Moped wäre bestimmt besser für ihn.«

Sie würdigte seinen Versuch, die Sache mit Humor zu nehmen, mit einem leichten Lächeln. »Ich denke, die meisten werden verstehen, wenn ich ihm kein neues Auto schenke.« Sie atmete tief durch. »Dass ich nicht dafür zahlen werde, ihn aus den Schwierigkeiten mit dem Gesetz rauszuholen, in die er sich da hineinmanövriert hat, werden sie aber nicht verstehen.«

Cubby stieß einen leisen Pfiff aus. »Das wird schwerer«, stimmte er zu. »Bist du dir ganz sicher?«

»Japp.« Sie nickte ernst. »Ich will nicht grausam sein, aber wenn die Jungs denken, dass ich sie aus sämtlichen Schwierigkeiten wieder hinausboxe … Ich will mir gar nicht vorstellen, was sie dann anstellen. Da muss ich eine harte Grenze ziehen.«

»Thelma wird Zustände kriegen.«

»Bestimmt sogar. Aber wie man es auch betrachtet: Es ist falsch Drogen an Süchtige zu verkaufen. Ich will kein Teil davon sein. Wenn Brett wieder ins Gefängnis muss, damit er lernt, ein aufrechtes Leben zu führen, dann ist das eben so.«

»Ich glaube nicht, dass man im Gefängnis lernt, aufrecht zu sein«, sagte Onkel Cubby leise.

»Nein, vielleicht nicht. Beim ersten Mal hat er es jedenfalls nicht gelernt. Aber ich hab mich entschieden. Ich werde Brett bei solchen Sachen nicht helfen, und auch sonst niemandem. Wenn das sonst schon nichts bringt, dann ist es wenigstens eine Botschaft an die Jüngeren. Die sollen wissen, dass ihre Taten Konsequenzen haben.«

Als Shooter und Brett aus der Tür kamen, fiel Cody das Offensichtliche auf: Brett würde niemals in Melissas Auto passen. »Ich rufe Maddie an«, sagte sie. »Sie soll uns im Internet einen Van besorgen oder so.«

»Danke«, sagte Brett und verzog das geprellte und geschwollene Gesicht zu einem Lächeln.

Sie war sich ziemlich sicher, dass Brett das Lächeln bald vergehen würde.

Wie erwartet, regelte Maddie alles. Sie fand einen Miet-Van, der nur zwei Stunden entfernt bereitstand. Cody bot an, ihn zu fahren. Um fünf Uhr konnte sie Brett endlich abholen. Er hatte über vier Stunden in der Lobby herumgelungert und war knatschig und weinerlich, als sie ihn endlich auf den Rücksitz manövrierte.

Kaum waren sie losgefahren, sagte Brett: »Ich werde bald eine Schmerztablette brauchen. Kannst du gleich anhalten und mir eine Limo besorgen?«

»Klar. Ich kann auch ein bisschen Koffein brauchen. Will ja schließlich nicht am Steuer einschlafen. Zwei Unfälle in zwei Tagen würden selbst deine Schutzengel herausfordern.«

Cody fuhr absichtlich an mehreren Läden vorbei, in denen sie Brett Limo hätte besorgen können. Das war zwar fies, aber sie wollte sichergehen, dass er wach und bei vollem Bewusstsein war, wenn sie ihm ihre Entscheidung mitteilte. Dass er deswegen Schmerzen aushalten musste, war zwar nicht beabsichtigt, aber eine durchaus nicht unangenehme Nebenwirkung. »Du weißt ja, dass ich mich nie in deine persönlichen Angelegenheiten eingemischt habe«, sagte sie beiläufig.

»Stimmt. Du bist nicht wie meine Schwestern, die ständig wegen irgendwas rumnerven.«

»Genau. Es geht mich nichts an, darum habe ich mich nie eingemischt. Du weißt, was richtig ist und was falsch, und du bist in der Lage, deine eigenen Entscheidungen zu treffen.«

»Allerdings«, erwiderte er schroff. Er fuhr bereits seine Stacheln aus.

»Daran wird sich auch nichts ändern«, beeilte sie sich zu sagen. »Es ist deine Sache, ob du dich entscheidest, Drogen zu verkaufen. Was ich sagen will, ist lediglich, dass ich nicht einspringen werde, solltest du deswegen mal Hilfe brauchen. Jetzt zum Beispiel«, fügte sie hinzu. »Ich schätze mal, dass North Carolina noch ein Wörtchen mit dir zu reden hat, vielleicht auch die DEA. Sollte das passieren – bist du auf dich allein gestellt.«

Im Rückspiegel konnte sie sehen, wie er die Augen verdrehte. »Du wirst mich nicht im Knast verrotten lassen. Das würde meine Momma nicht zulassen.«

»Deine Momma hat keinen Zugriff auf mein Konto«, entgegnete Cody kühl. »Und eins verspreche ich dir: Auch wenn sie dich in ein so tiefes Loch werfen, dass man künstlich Sauerstoff zu dir pumpen muss, werde ich keinen Cent blechen. Ich kann nicht verhindern, dass du dealst, aber ich werde dir nicht dabei helfen.«

Bei der nächsten Ausfahrt bog sie scharf ab. Ein weiterer Blick in den Rückspiegel zeigte ihr, dass Brett sie anstarrte, als wollte er ihr jeden Moment den Schädel einschlagen.

Als sie nach Hause kam, war es sehr spät – oder sehr früh. Trotzdem lag Maddie zusammengerollt auf dem Sofa und wartete auf sie. Codys Herz setzte bei dem Anblick einen Schlag aus. Maddie sah aus wie ein Engel, wie sie so dalag, nur mit einem T-Shirt und einem Höschen bekleidet. Sie hatte so etwas noch nie gemacht und wusste nicht, ob sie es schaffen würde, aber Cody ging vor ihr in die Hocke und schob ihre Arme unter Maddies Hals und ihre Beine. Als sie aufstand, entfuhr ihr ein lautes Ächzen.

Maddie blinzelte und schenkte ihr ein Lächeln, das Cody neue Stärke verlieh. »Trägst du mich ins Bett?«

»Ganz genau.« Sie hauchte Maddie einen schnellen Kuss auf die Wange. »Allerdings bereue ich es gerade, dass ich das Schlafzimmer in den ersten Stock verlegt habe.« Lächelnd stieg sie die Treppe hinauf und legte Maddie ins Bett. »Sicher gelandet.«

»Ich hab dich vermisst. Und ich hab mir den ganzen Tag Sorgen um dich gemacht.«

»Es war alles okay.« Cody fing an, sich auszuziehen. »Ich muss den Van morgen nach Huntington zum Flughafen fahren und ihn dort zurückgeben. Kannst du mich nach der Arbeit abholen?«

Maddie setzte sich auf und sah sie aufmerksam an. »Willst du wirklich *darüber* reden?«

Cody ließ sich auf die Bettkante sinken. »Nicht wirklich.« Sie legte die Arme um Maddie und zog sie an sich. »Ich habe beschlossen, Brett nicht zu helfen, falls er verhaftet wird … Und sie *sollten* ihn verhaften.«

Maddie lehnte sich ein wenig zurück und sah Cody in die Augen. »Bist du sicher? Das wird gewaltige Konsequenzen haben.«

Ihre Miene war ausdruckslos. Cody konnte nicht erkennen, ob Maddie ihrer Entscheidung zustimmte oder nicht. »Ich bin mir sicher. Es ist richtig so.«

Der Ausdruck in Maddies wunderschönen blauen Augen wurde sanfter und nun spiegelte sich auch ein Gefühl in ihrem Gesicht, das Cody interpretieren konnte: Stolz.

»Da bin ich aber froh.«

Wow. Fünf kleine Worte, die Cody ungeahnt viel bedeuteten. Der Respekt der Person, die sie liebte, war all den Ärger wert, den sie mit ihrer Familie haben würde. Maddies Meinung war wichtiger. Diese Erkenntnis war mehr als erstaunlich, aber die reine Wahrheit.

Es dauerte nur zwei Tage. Cody kniete gerade in ihrem Garten und es war beinah Essenszeit, als ein leises Motorengeräusch an ihre Ohren drang. Ein Auto fuhr den Berg hinauf, hielt an und eine Tür würde geöffnet und geschlossen. Gleich darauf kam Melissa auf sie zu, nickte und sagte: »Du weißt, warum ich da bin.«

Cody stand auf und klopfte sich die Erde von den Knien. »Ich kann es mir vorstellen.« Sie deutete auf die Kühlbox, die sie mit in den Garten gebracht hatte. »Willst du Eistee?«

»Nein, aber nimm dir nur.« Melissa wirkte erstaunlich unbehaglich.

Es war überraschend, dass ausgerechnet Melissa gekommen war, um für Brett einzutreten, dachte Cody, während sie sich Tee einschenkte. Von ihren Cousins und Cousinen war sie immer die Reifste gewesen, diejenige, die am wenigsten in Schwierigkeiten steckte und am wenigsten Verständnis für die hatte, die Probleme förmlich anzogen. Aber Brett war ihr Bruder und Blut verpflichtete einen zu so einigem. Außerdem hatte Tante Thelma ihr sicher ins Gewissen geredet.

»Ich werde Bretts Anwaltskosten nicht übernehmen«, sagte Cody, um das Thema schnell hinter sich zu bringen.

»Verdammt, Cody! Jetzt lass mich doch wenigstens fragen!«

Die Sonne brannte unbarmherzig auf sie herab. Cody deutete mit einem Kopfnicken in Richtung Haus und ging los. Melissa folgte ihr wortlos auf die Veranda. Im Wohnzimmer ertönten Maddies Schritte. Sie schien kurz zu zögern und dann wieder wegzugehen. Wahrscheinlich sah sie den Dampf, der bereits aus Melissas Ohren quoll.

Sie setzten sich und nach einer Weile sagte Cody: »Du musst dir nicht die Mühe machen, mich danach zu fragen. Ich werde meine Meinung nicht ändern.«

»Hör mir doch zu«, flehte Melissa mit tränenerstickter Stimme. »Du hast ja keine Ahnung, wie es ist, einen Bruder wie Brett zu haben.«

Fast wäre ihr die Tasse aus der Hand gefallen. Codys Hände prickelten, und Hitze schoss ihr ins Gesicht. »Wie bitte? Mein Bruder ist wegen Drogen unter der Erde und ich soll das nicht wissen?« Sie sprang auf und war kurz davor, ihrer Cousine den Tee ins Gesicht zu schütten. Da erregte eine Bewegung ihre Aufmerksamkeit. Maddie stand auf der anderen Seite der Fliegengittertür. Cody kniff die Augen zusammen, um sie deutlicher sehen zu können.

Lautlos formte Maddie die Worte: »Brauchst du mich?«

Obwohl sie wütend war, musste sie lächeln. Sie wusste genau, dass Maddie nicht in der Nähe der Veranda gewesen war. Woher hatte sie gewusst, dass Cody aufgebracht war? Ihre Liebe schien ihnen hellseherische Fähigkeiten zu verleihen. Anders ließ sich das nicht erklären. Sie schüttelte den Kopf und Maddie verschwand so schnell, wie sie gekommen war.

Melissa schien Maddies Auftauchen gar nicht bemerkt zu haben. »Ich sag ja nicht, dass es besser ist, einen Bruder zu verlieren, aber dann ist es wenigstens vorbei.« Sie beugte sich vor und vergrub das Gesicht in einer Hand. »Verdammt, Cody. Mit Brett nimmt es nie ein Ende. Ich weiß, wie schlimm es für euch war, Keith zu verlieren, aber ich habe das Gefühl, dass es bei Brett auf genau das Gleiche hinausläuft. Es dauert nur einfach so unglaublich viel länger.«

Als sie aufsah, spiegelten sich so viel Angst und Schmerz in ihren Augen, dass Cody erschrocken zusammenzuckte. Melissa war immer so stark und ließ sich ihre Gefühle nie anmerken.

»Jedes Mal, wenn er in der Scheiße sitzt, stirbt ein Teil von meiner Mama.«

Da war sicher etwas dran. Keiths Tod hatte Codys Mama zerstört, ihr den letzten Lebenswillen geraubt. Melissas offensichtlicher Schmerz vertrieb etwas von Codys Wut und sie konnte wieder klarer denken. Sie setzte sich und nahm einen großen Schluck. »Nehmen wir mal an, ich bezahle ihm die besten Anwälte in ganz West Virginia. Kannst du mir in die Augen sehen und mir versprechen, dass Brett seine Lektion gelernt hat?«

»Nein«, sagte Melissa entschieden. »Kannst du mir in die Augen sehen und mir sagen, dass du auch dann Nein sagen würdest, wenn Keith an Bretts Stelle wäre?«

»Nein.« Die Sicherheit wich aus Codys Stimme. »Kann ich nicht. Ich kann nur hoffen, dass ich den Mumm hätte.« Sie stand auf, ging die paar Schritte zu Melissa und setzte sich auf die Armlehne ihres Stuhls. Ihr so nah zu sein, machte sie nervös. So waren sie einfach nicht. Aber wenn sie in Maddies Nähe war, fielen ihr schwierige Gespräche immer viel leichter, also half das vielleicht auch in dieser Situation. »Es ist nicht wegen des Geldes, Melissa. Wenn Brett krank oder verletzt wäre, würde ich, ohne zu zögern, das gesamte Geld weggeben, um ihm zu helfen. Aber es ist ihm keine Hilfe, wenn ich ihm Geld gebe, damit er sich aus einer Situation hinausmanövrieren kann, in der er zurecht steckt. Dann wird er nur immer weitermachen, so wie bisher – bis er endet wie Keith.«

Melissa fuhr hoch und warf Cody einen langen, finsteren Blick zu. »Du lässt zu, dass er wieder ins Gefängnis kommt.«

»Darauf habe ich keinen Einfluss. Wenn er wieder ins Gefängnis kommt, dann wegen der Entscheidungen, die er selbst getroffen hat. Aber ich werde mich ganz bestimmt nicht schlecht fühlen, wenn er zu spüren bekommt, dass diese Entscheidungen eben Konsequenzen haben.« Sie schluckte, und alles in ihr schrie danach, aufzustehen und wegzugehen und dem wütenden Blick ihrer Cousine zu entkommen. »Ich wünschte, man hätte Keith verhaftet. Der Knast hätte vielleicht keinen Unterschied gemacht, aber wenigstens wäre er dann an jenem Tag nicht im Meth-Labor gewesen. Ich würde alles geben, damit er noch eine Chance erhält.«

»Das wird bei meiner Mama nicht ziehen. Das weißt du.«

Cody nickte, stand auf und ging zu ihrem Stuhl zurück. Jetzt konnte sie freier atmen. »Ich weiß.« Und wie sie das wusste.

Ihre Tanten tauchten eine nach der anderen auf. Thelma war die Erste, schließlich war Brett ihr Junge. Cody wurde fast schlecht, als ihre Tante weinte und bettelte, doch sie blieb bei ihrer Entscheidung. Kein Geld, wenn es um Drogen ging. Bei einer Kneipenschlägerei würde sie zahlen und auch für die vielen anderen Vergehen, für die ihre Cousins im Knast gewesen waren, aber nicht, wenn es um Drogen ging. Diese Geißel der Menschheit hatte ihre Familie zerstört und würde es wahrscheinlich auch weiterhin tun, aber sie würde keinen Anteil daran haben.

Tante Lurlene war fast so mitleiderregend wie Thelma, wahrscheinlich, weil auch ihr Ricky immer auf Messers Schneide tänzelte, wenn es um das Gesetz ging. Merkwürdig wurde es erst, als zuerst Merry und dann Lilly bei ihr vorbeischauten. Beide betonten, wie schwer es für eine Mutter sei, ihre Kinder auf den rechten Weg zu lenken. Beide sagten, dass sie Lurlene versprochen hätten, sich für Brett einzusetzen. Aber es gab auch eine unterschwellige Botschaft, die Cody klar und deutlich hörte: Sie wollten nicht, dass sie Brett aus dieser Sache herausboxte. Diese Botschaft war vielleicht unausgesprochen, aber sie war unmissverständlich. Sie hatten genug und insgeheim stimmten sie ihr zu, dass die Jungs sich niemals von selbst zusammenreißen würden. Sie mussten wissen, dass sie für sich selbst verantwortlich waren.

Das war zwar nicht das größte Vertrauensvotum, trotzdem fühlte Cody sich etwas besser. Sie hatte jetzt immerhin gelernt, zu etwas Nein zu sagen. Das war doch mal ein Anfang.

26

Der Sommer verflog so schnell, dass Maddie sich wünschte, sie könnte die Zeit anhalten. Wenn das Wetter schön war, und das war es oft, fand Maddie, wenn sie nach Hause kam, Cody immer lesend in einem ihrer bequemen Outdoor-Stühle. Als hätte sie den ganzen Tag nichts anderes getan. Obwohl das natürlich nicht stimmte. Das Essen stand immer schon auf dem Tisch, das Cody selbst gekocht hatte. Maddie hatte kleine Metallkuppeln gekauft, um die Insekten von den Tellern fernzuhalten, und Cody war so höflich, sie trotz ihrer Abneigung gegen Krabbeltiere auf dem Essen nie als Weichei zu bezeichnen.

Die Gerichte, die sie aßen, waren einfach, und die Zutaten kamen aus Codys Garten. Tomaten mit Basilikum, Olivenöl und dem Balsamico-Essig, den Maddie in ihre Beziehung mitgebracht hatte, oder Mais,

Bohnen, Cole Slaw und Fisch oder Hühnchen, die Cody auf dem großen Grill zubereitete, den sie mit ihrem Onkel Shooter gebaut hatte.

Cody arbeitete immer noch an dem kleinen Haus. Den Großteil der Klempnerarbeiten erledigte sie selbst und sie schaffte es, den ganzen Tag zu schuften und abends trotzdem frisch und unbekümmert auszusehen.

Sie war ein Wunder.

Es war eine heiße Nacht, aber die Temperatur im Haus war erstaunlich angenehm. Laut Cody lag das an der Dicke der Baumstämme und daran, dass die Platzierung der Fenster für eine gute Belüftung sorgte. Maddie war jedenfalls froh, dass sie keine Klimaanlage brauchten. Früher hatte sie heiße Nächte wie diese immer gehasst, weil sie die Wohnung komplett abschotten musste, damit die Hitze keinen Weg herein fand. Sie hatte dann immer das Gefühl gehabt, als säße sie in einer eiskalten, trockenen Kiste. Jetzt dagegen war es, als lebten sie zwischen den Bäumen, geschützt vor extremem Wetter, in Harmonie mit der Natur. Und wie verrückt war das?

Cody hatte gerade einen weiteren Maiskolben abgenagt und deutete damit auf Maddie. »Was geht dir heute Abend durch den Kopf? Du wirkst so glücklich.«

»Ich dachte nur gerade, wie gern ich mit dir hier oben bin. Ich liebe es hier, weißt du?«

»Ich weiß. Musst du ja auch, schließlich hast du unsere Reise immer noch nicht geplant.«

Maddie gluckste. »Das werde ich schon noch. Aber wir können doch nicht wegfahren, wenn der Garten vor Gemüse nur so übergeht. Das wäre doch bescheuert.«

»Dann fahren wir eben im Oktober. Da gibt es fast nur Kürbisse.«

»Ja, aber vielleicht hole ich mir da diese Ziegen. Es tut sich einfach immer so viel!«

»Erst Hühner, jetzt Ziegen. Willst du etwa eine Farm?«

»Nein, aber es wäre bestimmt cool, selbst Käse herzustellen.«

Cody beugte sich vor und küsste sie. »Wenn ich nicht aufpasse, wirst du noch alle Bäume fällen und mit einem Traktor über die Wiesen fahren.«

»Oh, nein, auf Kultivierung habe ich keine Lust. Ich will nur niedliche Tierchen.«

»Mit Namen«, meinte Cody neckend.

»Hey, man muss seinen Hühnern Namen geben.« Sie stieß Cody sachte mit dem Ellbogen an. »So weiß ich, dass du nie in Versuchung gerätst, Cluck-Cluck den Hals umzudrehen.«

»Ich würde unseren Hühnern nie etwas antun. Obwohl Bluebell bestimmt einen leckeren Braten abgäbe.«

»Wie du vielleicht gemerkt hast, frage ich nie, woher die Hühner stammen, die wir essen. Lass mir den Glauben, dass sie einfach so vom Himmel fallen.«

»Tun sie auch … gewissermaßen. Frag mich nur einfach nie, wogegen ich die Fische eintausche, die ich so fange.«

»Du kannst deine Geheimnisse gern für dich behalten. Ist mir sogar entschieden lieber so.«

Ein paar Tage später saßen Cody und Maddie abends auf der Veranda und lauschten dem Regen, der auf das Dach trommelte. Sie hatten schon gegessen und genossen nun die Symphonie, die die Natur aufführte. Hätte jemand Maddie noch vor einiger Zeit erzählt, dass sie mal mitten im Nirgendwo wohnen und lieber dem Regen zuhören würde als fernzusehen, wäre sie in schallendes Gelächter ausgebrochen und hätte denjenigen für völlig verrückt erklärt. Aber jetzt stand ihr alter Fernseher in dem kleinen Haus und sie hatte ihn noch nicht eingeschaltet. Eine Satellitenschüssel auf dem Dach des Häuschens versorgte sie mit Fernsehkanälen und einem halbwegs stabilen Internet. Oft saß sie abends im Homeoffice und surfte im Internet, während Cody auf Maddies altem Bett lag und las. Aber dieses Gewitter war zu aufregend, um es zu ignorieren.

Das Telefon im Haus klingelte und Cody ging hinein. Sie telefonierte ungewöhnlich lang. Als sie zurückkam, grummelte sie: »Jaden will ein fettes Boot und einen Trailer. Da muss ich wohl mal wieder recherchieren, wenn ich nicht will, dass er sich das teuerste Boot aller Zeiten kauft.«

Normalerweise kommentierte Maddie die fast täglichen Anfragen nicht, doch das war wirklich jenseits von Gut und Böse. »Ein Boot? Für die kleinen Flüsse in der Gegend?«

»Nein, das wäre doch bescheuert. Er will an Turnieren teilnehmen.«

»An Angelturnieren?« Sollte das ein Scherz sein?

»Ja. Davon gibt es Hunderte. Es ist keine schlechte Idee«, meinte sie nachdenklich. »Ich könnte vielleicht …« Sie unterbrach sich und sah Maddie mit gerunzelter Stirn an. »Was?«

Maddie riss der Geduldsfaden. »So kann es doch nicht weitergehen! Ein Boot, ein Trailer, und ein größeres Auto wird er wahrscheinlich auch noch brauchen, damit er das verdammte Ding ziehen kann.«

»Sein Auto ist groß genug.« Cody biss sich auf die Unterlippe. »Wobei ... Er hat sich kein sonderlich großes ausgesucht. Das ist dann wahrscheinlich das Nächste.« Sie schüttelte den Kopf. »Hoffentlich lässt er die anderen das Boot auch benutzen. Sonst muss ich am Ende noch jede Menge Boote kaufen.«

»Ich hab mir wirklich alle Mühe gegeben, meine Meinung für mich zu behalten«, sagte Maddie betont ruhig. »Aber das gerät völlig außer Kontrolle. Du bist doch nicht Santa Claus! Wenn du so weitermachst, wird dir das Geld durch die Finger rinnen. Das ist wie bei einem tropfenden Wasserhahn: Es sind scheinbar nur ein paar Tröpfchen, aber ehe man sich's versieht, sind Hunderte Liter Wasser den Abfluss hinunter geronnen. Du musst damit aufhören, Cody. Du musst!«

»Bei Brett habe ich die Grenze gezogen«, sagte sie und reckte das Kinn vor. »Und seither machen sie mir total Druck.«

Maddie stand auf und legte Cody die Hände auf die Schultern. »Ich weiß und ich bin stolz auf dich. Es war toll, dass du für das eingestanden bist, was du für richtig hältst.«

Cody schüttelte sie ab und ging ein Stück zur Seite. Sie lehnte sich an die Wand und musterte Maddie misstrauisch. »Aber da der Sheriff sich noch nicht einmal die Mühe gemacht hat, hier rauszukommen, um ihn zu befragen ...«

»Da hatte Brett eben Glück. Und ich bin froh, dass es nicht dazu gekommen ist und du dich nicht deiner ganzen Familie entgegenstellen musstest.«

»Du glaubst, ich hätte es nicht geschafft.« Codys Augen blitzten wütend auf.

»Doch, natürlich glaube ich, dass du es geschafft hättest!« Cody war sichtlich aufgebracht, aber Maddie ging trotzdem auf sie zu. Sie musste sie einfach trösten. Diesmal wich Cody ihr nicht aus, als sie ihr die Hände erneut auf die Schultern legte. »Du bist für deine Prinzipien eingestanden, als es um Brett ging. Und jetzt musst du den nächsten Schritt machen und sie von dem konstanten Geldfluss entwöhnen.«

»Das kann ich nicht«, murmelte sie und wich ihrem Blick aus. »Sie kennen sich mit Geld nicht genug aus, um damit vernünftig umgehen zu können.«

Maddie war jetzt in voller Fahrt und konnte sich nicht mehr rechtzeitig bremsen. »Du doch auch nicht!«, entfuhr es ihr.

Schmerz spiegelte sich auf Codys Gesicht.

Maddie zuckte zusammen. »Ich meine das nicht böse, aber du hast einfach nicht genug Erfahrung im Umgang mit Geld, um das alles zu managen. Du brauchst Hilfe.«

»Ich hab mich beraten lassen«, warf sie ein, als wäre ein Gespräch mit einer Anlageberaterin das Äquivalent zu einem kompletten Studium. »Aber mir haben ihre Vorschläge nicht gefallen. Ich will keine Fonds, ich will nicht, dass irgendeine Bank mein Geld verteilt, und ich will es auch nicht aufteilen. Ich will das einfach nicht!« Sie riss sich los, stürmte ins Haus und schlug die Fliegengittertür so fest hinter sich zu, dass sie im Rahmen wackelte.

Maddie stand noch eine Weile da und ließ sich das Gespräch durch den Kopf gehen. Sie hasste es, Cody wehzutun. Codys Schmerz fühlte sich an wie ihr eigener. Aber sie musste ehrlich zu ihr sein. Cody war dabei, es zu vermasseln und ihrer Familie langfristig zu schaden. Cody wollte das nicht, aber sie sah auch keinen Ausweg. Maddie musste ihr helfen. Das machte man in einer Beziehung nun mal so.

Sie fand Cody schmollend vor dem großen Steinkamin. Maddie setzte sich auf den Hocker zu ihren Füßen und sagte: »Es tut mir leid, dass ich dir wehgetan habe, Baby. Wirklich.«

»Du solltest dich nur dann entschuldigen, wenn du es auch ernst meinst.«

Maddie legte ihr die Hände auf die Knie, brauchte diese Verbindung zwischen ihnen. »Es tut mir wirklich leid, dass ich dir wehgetan habe. Aber was ich gesagt habe, war mein Ernst.«

»Dass ich zu dumm bin, um mit meinem eigenen Geld klarzukommen«, blaffte Cody.

»Von dumm hab ich nichts gesagt. Ich zum Beispiel würde mir nicht einfach ein großes Gewehr schnappen und auf Hirschjagd gehen. Nur weil ich keine Ahnung vom Jagen habe, bin ich aber noch lange nicht dumm. Ich habe keine Erfahrung damit. Und so geht es dir mit dem Geld. Du bist unerfahren.«

Cody schlang die Arme um die Knie und legte den Kopf darauf. »Ich weiß«, nuschelte sie. »Aber mir gefallen die Möglichkeiten, die ich habe, einfach nicht. Ich finde den Gedanken unerträglich, das Geld aufzuteilen und dabei zuzuschauen, wie meine Familie Millionen verprasst.«

Maddie strich ihr sanft über das Bein und beschloss, das Offensichtliche nicht auszusprechen. Wenn sie weiterhin jeder Bitte entsprach, würde Cody selbst Millionen verprassen.

Nach einem besonders langen Tag, an dem sie auch noch nach Huntington hatte fahren müssen, parkte Maddie endlich vor ihrem Haus, schnappte sich ihre Tasche und ging die Treppe zur Veranda hinauf. Normalerweise suchte sie immer gleich nach Cody, doch da sie nach dem Meeting in der Zentrale nicht noch ins Büro gefahren war, war sie heute eine halbe Stunde früher dran und Cody nirgends zu sehen. Wahrscheinlich arbeitete sie gerade im Garten und war so konzentriert, dass sie Maddies Auto gar nicht gehört hatte.

Maddie ging nach oben, zog den Hosenanzug aus und schlüpfte in ein T-Shirt und Shorts. Sie wollte sich gerade auf die Suche nach Cody machen, als das Telefon klingelte. Sie nahm ab und sofort meldete sich ihre Mutter. »Ich hoffe, ich störe nicht.«

»Nein, gar nicht. Ich bin gerade erst heimgekommen und meine Gärtnerin arbeitet noch. Wenn ich ihr erlauben würde, Lampen aufzustellen, wäre sie die ganze Nacht da draußen.«

»Du klingst ein bisschen knatschig. Ich hoffe, die erste Phase der Verliebtheit ist nicht schon vorbei?«

»Gott, nein.« Maddie lachte auf. »Die hat gerade erst angefangen. Ich bin nur müde … Überwiegend wegen der Fahrerei. Ich musste heute nach Huntington fahren und das sind noch mal zwei Stunden mehr im Auto als ohnehin schon – an einem guten Tag. Und heute war kein guter Tag. Es gab jede Menge Baustellen und ich war zweieinhalb Stunden unterwegs, bis ich endlich daheim war.«

»Hast du noch keinen Job gefunden, zu dem es näher wäre?«

»Nein, hier in der Gegend gibt es keine Jobs. Ich würde mich ja als Lehrerin an der Highschool bewerben, aber der Arbeitsweg wäre nicht kürzer.«

»Ich wusste gar nicht, dass du gern unterrichten würdest.«

»Ich bin mir da auch nicht so sicher. Aber es ist das Einzige, wovon ich mir zumindest vorstellen kann, dass es mir Spaß machen könnte.«

»Klingt alles noch ziemlich theoretisch, Schatz.«

»Ist es auch. Der Schulbezirk stellt wahrscheinlich ohnehin niemanden an. Es war nur so eine Idee.«

»Ich weiß, wie wichtig dir deine Unabhängigkeit ist, aber mir gefällt die Vorstellung nicht, dass du diese Strecke auch im Winter fährst.«

»Geht mir genauso. Wenn ich davon leben könnte, hier in der Gegend den Müll zu entfernen, dann wäre alles geritzt. Aber ich werde wohl niemanden finden, der mich dafür bezahlen würde.«

Die Hintertür ging auf und wieder zu und gleich darauf legten sich starke Arme um Maddies Taille und der Duft des Gartens umfing sie. Cody roch nach Tomaten, Humus und Sonne. Die Anspannung des Tages fiel von Maddie ab. »Meine Gemüselieferung ist gerade gekommen, Mom.«

»Dann lasse ich dich mal auflegen. Ich wollte dich auch eigentlich nur daran erinnern, dass dein Neffe nächste Woche Geburtstag hat.«

»Ich habe ihm schon ein Geschenk geschickt. Aber trotzdem danke fürs Erinnern. Hab dich lieb.«

»Ich dich auch. Gib Cody einen Kuss von mir.«

»Ich glaube, ich habe noch ein paar übrig. Bis bald.« Sie legte auf und drückte Cody zwei Küsse auf die Lippen. »Der eine war von meiner Mom, auch wenn sie dich persönlich vielleicht etwas weniger innig geküsst hätte.«

»Deine Mom ist lieb, aber du bist mir lieber.« Cody ging in die Küche und wusch sich die Hände. »Habe ich das richtig gehört? Du würdest am liebsten dafür bezahlt werden, den Müll in der Gegend einzusammeln?«

Maddie hüpfte auf den Küchentresen und ließ die Beine baumeln. »Ja. Ich würde so verdammt gern kündigen. Heute habe ich erfahren, dass sie die Stelle meiner Stellvertreterin wegkürzen wollen. Dann soll es nur noch die Filialleitung und eine Kassiererin geben. Wenn sie Geneva entlassen, muss ich jeden Samstag arbeiten.«

»Kündige«, sagte Cody entschieden. »Es gibt keinerlei Grund, weshalb du einen Job behalten solltest, den du nicht leiden kannst.«

»Ich würde ja gern. Ich würde wirklich gern. Aber ich brauche eine sinnvolle Aufgabe.« Sie nahm das kühle Bier, das Cody ihr hinhielt. »Das habe ich vorhin auch Mom gesagt. Ich würde gern beruflich Müll sammeln. Das Müllprojekt auf die Beine zu stellen, war das Befriedigendste, was ich je getan habe.«

Cody legte Maddie die Hände auf den Hintern und beugte sich vor, bis sich ihre Nasenspitzen fast berührten. »Dann mach das. Ich kenne dich. Wenn du für etwas brennst, dann ziehst du es auch durch. Ich gebe dir das Geld, das du brauchst, um das auf die Beine zu stellen.«

»Wirklich?« Sie überwand den letzten Abstand zwischen ihnen und hauchte einen Kuss auf Codys staubige Lippen. »Magst du die Idee denn?«

Sie zog eine Augenbraue hoch. »Liebe ich meine Heimat?«

»Japp.«

»Will ich, dass sie schön ist?«

»Japp.«

»Dann mach, Baby. Mach.«

In den folgenden Wochen vertiefte Maddie sich in Online-Recherchen über Recycling, Müllentsorgung und Mülldeponien. Da sie das nur nach der Arbeit tun konnte, hatten sie weniger Zeit zu zweit. Als sie eines Abends wieder vor dem Computer saß, packte Cody die Lehne des Schreibtischstuhls und rollte Maddie mitsamt dem Stuhl weg. Maddie tippte in der Luft weiter, als hätte sie sich nicht bewegt.

»Du sitzt nur noch am Schreibtisch«, jammerte Cody. »Es ist höchste Zeit, den Stecker zu ziehen.«

»Welchen Stecker?«

»Den, der dich mit der Bank verbindet. Kündige endlich, dann kannst du deine Zeit dafür verwenden, herauszufinden, wie wir Summit County sauber halten können. Sauberer«, korrigierte sie sich. »Wir wollen es ja nicht übertreiben.«

Maddie wollte unbedingt weiterarbeiten, aber sie nahm sich einen Moment Zeit, um über das nachzudenken, was Cody gerade gesagt hatte. »Ist es dir wichtig, dass ich mehr daheim bin?«

Cody sah sie mit ihren warmen, dunklen Augen an. »Sehr sogar. Ich habe Unmengen an Geld und eine Partnerin, die jeden Tag Stunden im Auto verbringt, um zu einer Arbeit zu fahren, die sie nicht leiden kann. Dann verbringt sie die Abende am Computer. So hatte ich mir das Zusammenleben nicht vorgestellt.«

Maddie umfasste ihr Gesicht mit beiden Händen und küsste sie. »Ich werde morgen kündigen.«

»So einfach?«, fragte Cody perplex.

»Wenn du unglücklich bist, bin ich es auch.«

»Das reicht?«

»Natürlich.« Sie schaltete den Computer aus und nahm Codys Hand. »Lass uns ins Bett gehen. Es ist schon sehr spät.«

Cody runzelte die Stirn. »Es ist halb neun.«

»Wenn wir uns erst ein paar Stunden geliebt haben, wird es sehr, sehr spät sein.«

Es war erstaunlich schwer, den Anruf tatsächlich zu tätigen. Trotzdem rief Maddie am nächsten Morgen ihren Boss an. »Ich habe eine hervorragende Idee, wie wir in meiner Filiale Geld einsparen können«, sagte sie.

»Wunderbar! Ich bin froh um jeden verschwendeten Dollar, den wir uns sparen.«

»Nun, verschwendet war dieses Geld bestimmt nicht, aber Sie brauchen mir mein Gehalt nicht mehr zu bezahlen. Ich gehe in einen sehr verfrühten Ruhestand.«

Zwei Wochen später war sie frei. Geneva freute sich über die Beförderung, Lynette freute sich, dass Maddie ging, und Maddie freute sich noch mehr als die beiden zusammen.

Für ihr Kündigungsgespräch fuhr sie nach Huntington, verbrachte ein paar Stunden mit ihrem Boss, erzählte ihm alles Wichtige über die Filiale, und traf sich dann mit Avery zum Mittagessen. Er war demonstrativ unglücklich über ihren Abschied, schenkte ihr aber einen schönen Stift, in den ihr Name eingraviert war, sowie ein T-Shirt mit dem knallroten Aufdruck *Lohnsklavin*. Auf dem Parkplatz des Restaurants verabschiedeten sie sich tränenreich voneinander. Maddie konnte sich nicht wirklich vorstellen, dass sie sich in Zukunft wiedersehen würden, schließlich hatten sie keine gemeinsamen Interessen. Aber sie würde ihn vermissen. Er war ein guter Freund gewesen, hatte ihr oft geholfen und sie zum Lachen gebracht. Trotzdem war er eher ein Kollege als ein Freund, und ihre Zeit in der Bank war vorüber. Auch wenn sie noch nicht wusste, was ihre Zukunft brachte, so wusste sie doch, dass sie nie wieder in einem Meeting sitzen würde, in dem ein Anzugträger ihre Jobsicherheit infrage stellte, nur weil er ein bisschen Macht hatte. Cody konnte ihr Vermögen vielleicht nicht selber genießen, doch es würde ihr nichts ausmachen, Maddie zu unterstützen. Und Maddie würde sich von der Sicherheit, die das Geld mit sich brachte, wie von einer schützenden Decke umhüllen lassen.

Am ersten Morgen ihrer neuen Karriere stand Maddie bei Sonnenaufgang auf und konnte es kaum erwarten, sich an die Arbeit zu machen.

Cody war gerade dabei aufzubrechen – wohin auch immer sie schon wieder unterwegs war –, blieb jedoch noch lange genug, um Maddie einen sanften, verlockenden Kuss zu geben. »Zum Mittagessen bin ich wieder da«, versprach sie. »Ich denke, ich hätte gern … dich.«

»Geht klar. Das klingt nach der perfekten Mittagspause an meinem ersten Tag in Freiheit.«

Nach einem schnellen Frühstück ging Maddie in das kleine Haus und machte sich an die Arbeit. Es war frustrierend, wenn man stundenlang recherchierte, nur um letztlich mit leeren Händen dazustehen. Genau das passierte ihr. Normalerweise würde ihr das die Laune verderben, aber Cody würde bald zum Essen kommen, und so munterte sie sich auf, indem sie darüber nachdachte, wie sie den unersättlichen Hunger ihrer Liebsten stillen und was sie für sie kochen könnte.

Als sie das kleine Haus verließ, hörte sie ein herannahendes Auto. Wie ärgerlich, Besuch zu haben, wo sie doch ein so komplexes Mittagessen geplant hatte. Zu ihrer großen Überraschung stieg Devin aus dem Auto. Er blieb vor dem Haus stehen und sah es einfach nur an.

Sie hatten noch nie Zeit allein verbracht und er hatte ihr gegenüber noch nie so etwas wie Herzlichkeit gezeigt. Maddie würde das Cody gegenüber nie zugeben, aber sie hatte immer noch Angst vor ihm.

Doch als er sie bemerkte, schenkte er ihr ein relativ freundliches Lächeln. »Ist Cody da?«

»Nein. Aber sie kommt bald. Ich wollte gerade etwas kochen. Bleib doch zum Essen.«

Was tat man nicht alles aus Liebe.

Als Cody nach Hause kam, schnitt Maddie gerade Tomaten für den Salat. »Wir haben Besuch«, rief sie.

Cody schlenderte in die Küche, stellte einen Eimer ab und klopfte Devin auf den Rücken. »Es gibt frische Forelle, wenn ihr mögt.«

Maddie drehte sich zu ihr um und wollte sie ganz automatisch zur Begrüßung küssen, hielt dann aber inne. Sie wollte nicht, dass Devin sich unwohl fühlte, sie wollte sich aber auch in ihrem eigenen Haus nicht zurückhalten müssen.

Cody hatte ihre Unentschlossenheit wohl bemerkt, denn sie grinste, lehnte sich vor, zog sie in eine innige Umarmung und hauchte einen zarten Kuss auf ihre Lippen. »Hab dich vermisst.«

»Ich dich auch.« Sie lösten sich voneinander und Maddie fügte hinzu: »Ich wollte gegrillten Käsetoast machen. Hättest du lieber Forelle?«

»Nein, mir ist alles recht.« Cody ging zum Waschbecken und wusch sich die Hände. »Schön, dich zu sehen, Dev. Wie geht's?«

»Gut«, erwiderte er. Er nahm einen Schluck von dem Bier, das Maddie ihm gegeben hatte. »Na ja, nicht wirklich.« Er nahm einen weiteren Schluck und atmete dann tief durch. »Ich brauche Hilfe.«

Cody setzte sich zu ihm an den Tisch. »Was kann ich für dich tun?«

»Ich ... ähm...« Er stockte und sein Blick huschte zu Maddie, ehe er weitersprach. »Es geht mir nicht mehr so gut wie ... als ich dir mit deinem Haus geholfen habe.«

»Ich werde so ungefähr in einer Woche mit der Arbeit an Onkel Shooters Haus anfangen. Es fehlt nur noch die Genehmigung vom County.«

Er schüttelte den Kopf. »Das wird nicht reichen. Ich habe gehört, dass ... In Washington gibt es ein Programm für Kriegsveteranen.« Er sah Cody in die Augen. »Ein Programm für posttraumatische Belastungsstörungen. Ich muss auch nicht dafür bezahlen, um daran teilzunehmen, aber ich glaube, ich würde es nicht aushalten, mit einem Haufen anderer Leute zusammenzuwohnen. Ich wüsste es sehr zu schätzen, wenn du ... wenn du mir das Geld für eine Wohnung gibst oder für ein Zimmer irgendwo. Wenn es dir recht ist.« Er erschauderte merklich. »Ich würde es einfach nicht aushalten, wieder vierundzwanzig Stunden am Tag Soldat zu sein.«

»Gern«, sagte Cody. »Ich habe es ernst gemeint, was ich dir damals gesagt habe. Ich komme für alles auf, wovon du denkst, dass es dir hilft. Egal, was, Privatärzte oder sonst was.«

»Ich weiß.« Er sah zu Boden. »Ich denke, dass es mir guttun wird, Zeit mit anderen zu verbringen. Mit anderen, die wissen ... wie es ist. Ich glaube nur, dass ich auch ein bisschen Platz für mich brauche. Wenn ich unter zu vielen Menschen bin, werde ich nervös.«

Maddie fing Codys Blick auf und schenkte ihr ein beruhigendes Lächeln.

»Geht mir genauso«, sagte Cody. »Such dir etwas, das dir hilft. Wir regeln das dann schon.«

Maddie legte die fertigen Toasts auf die Teller und stelle sie dann auf den Tisch.

»Danke, Maddie«, sagte er und schenkte ihr ein ehrliches Lächeln, das Maddie merkwürdig bezaubernd fand.

»Gern geschehen. Ich kenne mich in Washington ganz gut aus, ich kann dir also bei der Wohnungssuche helfen. Ah, weißt du was? Wir werden dich auch hinbringen. Ich freue mich immer über eine Ausrede, um meine Eltern zu besuchen.«

»Das klingt gut.« Er kaute einen Moment, bevor er Cody angrinste. »Auf dein Geld war ich nie neidisch, aber eine … eine Frau, die mir Mittagessen macht, hätte ich schon sehr gern.«

Cody strahlte ihn an. »Verglichen mit der Liebe ist Geld nichts.« Sie wandte sich Maddie zu. »Aber beides zusammen ist schon auch sehr schön.«

Nach wochenlanger Recherche hatte Maddie endlich einen Geistesblitz. Wahrscheinlich war damit nicht sonderlich viel Gewinn zu erwirtschaften, aber immerhin war sie sich ziemlich sicher, dass sie keine Verluste machen würde. Und das war ihr Ziel. Sie wollte einfach nur die Gegend sauberer machen, ein paar dringend benötigte Jobs schaffen und sich dabei nicht verschulden. Sie war kein Henry Ford, aber es war ein Anfang.

Im Zentrum ihrer Idee stand China. Ein Land mit rasant wachsender Wirtschaft, aber begrenzten natürlichen Ressourcen – das war perfekt für ihr Projekt. In China brauchte man Papier und verschiedene Metalle – Eisen, Stahl und Aluminium – und die chinesischen Frachtschiffe, die Waren in die USA brachten, kehrten meist leer zurück. Maddie musste also nur die Rohstoffe finden, die man in China benötigte, sie in Laster oder Züge verfrachten und zu den Häfen schaffen, in denen die Waren aus China ankamen. Es wäre doch gelacht, wenn sie das nicht hinbekam.

27

Ein paar Tage nachdem sie Devin in einer Wohnung in der Nähe des Veteranenheims abgesetzt hatten, arbeitete Cody gerade im Garten, als das Röhren eines Motors ein Auto ankündigte, das sich ihre Einfahrt hinaufkämpfte. Sie legte die Hacke beiseite und ging zum Haus, wo Onkel Cubby gerade aus seinem Geländewagen kletterte. Sein Anblick überraschte sie etwas.

»Hier bin ich«, rief sie.

Er drehte sich um, winkte und kam auf sie zu. »Keine Sorge, ich bin nicht hier, um dich um noch mehr Tomaten zu bitten.« Er hielt inne. »Ich sage aber auch nicht Nein, wenn du mir welche gibst. Das sind die besten Tomaten, die ich je gegessen habe.«

»Ich bin jetzt hinter das große Geheimnis gekommen«, erklärte sie glücklich. »Ich musste einfach nur umziehen. Schau selber.«

Sie gingen zum Garten, wo Cubby alles mit angemessener Begeisterung bewunderte. »Du bist wirklich eine gute Gärtnerin. Wirklich richtig gut.«

»Danke. Ich mach es gern, darum fällt es mir auch leicht.« Es gab offensichtlich einen Grund für seinen Besuch, aber er schien es nicht eilig zu haben, das Thema anzusprechen. »Ich bin gerade beim Unkrautjäten. Stört es dich, wenn ich weitermache?«

»Nein, mach nur.« Er erspähte den großen Plastikeimer, in dem sie immer das Gemüse transportierte, drehte ihn um, setzte sich darauf und sah ihr eine Weile bei der Arbeit zu.

»Daheim alles in Ordnung?«, fragte Cody schließlich, weil er sonst wahrscheinlich den ganzen Tag schweigend dasitzen würde.

»Geht schon.« Er stand auf, kam zu Cody, ging neben ihr auf alle viere und machte sich daran, ebenfalls Unkraut aus der Erde zu ziehen. Er riss die Pflanzen in ruckartigen, schnellen Bewegungen heraus, so, als hätte er noch eine Rechnung mit ihnen offen.

»Was ist los, Onkel Cubby?«

»Lurlene«, brummte er. »Sie liegt mir gewaltig in den Ohren.«

»Wegen ...«

»Einem Hörgerät«, nuschelte er.

»Ein Hörgerät? Sie will, dass du ... was?«

Er sah nicht auf, sondern machte sich weiter an dem armen Unkraut zu schaffen. »Ich hab nicht mehr genug Geld übrig.«

»Darum brauchst du dir doch keine Sorgen zu machen. Wie viel brauchst du denn?«

»Tausend ungefähr. Mehr oder weniger.«

»Das kommt mir aber wenig vor. Bist du sicher?«

Er ließ den Kopf noch tiefer hängen. »Ich hab versucht, mit dem auszukommen, was du uns gegeben hast, aber ich schaffe es einfach nicht.« In seiner Stimme lag so viel ... Scham oder Wut oder beides zusammen.

Cody hockte sich neben ihn und schaute ihm in die Augen. Mit ihrer ersten Vermutung hatte sie recht gehabt. Er schämte sich fürchterlich und das traf sie wie ein Schlag in die Magengrube. »Das ist kein Problem, Onkel Cubby. Ich besorge dir gern das beste Hörgerät, das es gibt.«

»Das ist nicht richtig«, stieß er zwischen zusammengebissenen Zähnen hervor. »Es ist nicht richtig, von wem Jungen Geld zu nehmen. Ich sollte dir helfen und nich' umgekehrt.«

»Aber ich brauche keine Hilfe … zumindest keine finanzielle.«

Er sah auf und die Scham hatte sich tief in sein Gesicht gegraben. »Ich hätt dich nie darum gebeten. Aber Lurlene setzt mich sonst vor die Tür.«

»Was …?«

»Alle bekommen Autos und Häuser und neue Klamotten. Es macht sie wahnsinnig, dass alle alles kriegen, was sie wollen, aber dass ich dich nicht um Geld bitten will, damit ich wieder hören kann. Sie redet noch nicht mal mehr mit mir. Wozu auch? Ich kann sie ja sowieso nicht hören, sagt sie.«

Er wirkte, als würde er jeden Moment in Tränen ausbrechen. Cody hatte ihn noch nie weinen sehen und sie wollte es auch nicht.

»Ich hab wirklich versucht, mit dem Geld auszukommen, das du uns gegeben hast, aber wir mussten …«

Cody unterbrach ihn, indem sie eine Hand hochhielt. Dann stand sie auf und half ihm hoch. »Ich hab einen Fehler gemacht«, sagte sie mit plötzlicher Gewissheit. »Ich hätte das Geld sofort aufteilen sollen. Maddie ist mir von Anfang an deswegen im Nacken gesessen, aber ich habe mich unentschlossen herumgewunden wie so ein Politiker.«

»Das wäre auch keine gute Lösung.« Er schüttelte heftig den Kopf. »Ich will keinen Riesenhaufen Geld. Meine Kinder würden mir den ganzen Tag bettelnd in den Ohren liegen.«

Das ließ sie auflachen. »Dann wüsstest du wenigstens, wie ich mich die ganze Zeit fühle. Aber irgendwas muss ich machen.« Sie führte ihn zurück zum Haus. »Ich überweise noch mal fünfundzwanzig tausend auf dein Konto. Kauf dir ein Hörgerät und schenk Tante Lurlene was Schönes. Als Entschädigung dafür, dass sie sich jahrelang heiser schreien musste.«

Nachdem ihr Onkel gegangen war, betrat Cody das kleine Haus und ließ sich auf das Bett im Homeoffice fallen. »Ich bin jetzt bereit, ein paar Entscheidungen wegen des Geldes zu treffen.«

Maddie fuhr mit ihrem Schreibtischstuhl herum und musterte sie mit hochgezogenen Augenbrauen. »Wie bitte?«

»Mein Onkel war gerade hier und hat mich um etwas angebettelt, worum er nie bitten müssen sollte. Ich habe einen gewaltigen Fehler gemacht, aber das hat jetzt ein Ende. Endgültig.«

Es dauerte eine Weile, aber schließlich schafften sie es, einen Termin mit Miss Norman zu vereinbaren. Ihr Büro befand sich in Huntington und während der Fahrt sagte Cody sich immer wieder, dass es keinen Grund gab, so nervös zu sein. Doch sie wurde die nagende Angst nicht los, dass Maddie sie nicht mehr respektieren würde, wenn sie herausfand, wie ahnungslos sie wirklich war.

Wahrscheinlich hatte Maddie sowieso schon eine ungefähre Vorstellung davon, aber vielleicht dachte sie, dass Cody sich inzwischen besser auskannte wegen der Bücher, die sie ihr damals empfohlen hatte. Doch Cody hatte es noch nicht einmal geschafft, das erste Buch zu Ende zu lesen. Sie las zwar gern, aber Bücher über Finanzen und Geldanlagen waren ihr einfach zu hoch. Vielleicht wäre das anders, wenn sie die Grundlagen schon als Kind gelernt hätte. Aber wer wusste das schon. Vielleicht war sie, was das anbelangte, einfach nur langsam – und niemand wollte, dass die Person, die man liebte, wusste, wie langsam man eigentlich war. Das war viel zu peinlich.

In Miss Normans Büro unterhielten sie sich dann darüber, wie viel Geld Cody noch hatte, wie viel sie ausgegeben hatte, und wie das Geld zurzeit angelegt war. Maddie schleuderte Miss Norman eine Frage nach der anderen entgegen und Cody erlaubte es sich, sich zurückzulehnen und alles einfach zu beobachten. Aber dann richteten sich zwei Augenpaaren auf sie und Miss Norman sagte: »Erzählen Sie mir, was Sie erreichen wollen, dann sage ich Ihnen, wie Sie das anstellen können.«

Mehr als zwei Stunden später machten sie sich auf den Heimweg. Cody brachte kaum ein Wort heraus. Sie musste alles erst einmal sacken lassen, bevor sie darüber reden konnte. Zum Glück schien Maddie das zu verstehen. Sie saß schweigend neben Cody, legte ihr eine Hand auf den Oberschenkel und zeigte ihr so ohne Worte, dass sie auf ihrer Seite war.

Kleine Gesten wie diese bedeuteten mehr, als Cody sich je hätte träumen lassen. Sie verbanden sie … unauflöslich.

Am nächsten Tag saßen sie nach dem Abendessen auf der Terrasse. Jetzt, wo Cody diese Entscheidung getroffen hatte, fühlte sie sich wie befreit und so leicht, wie seit Wochen nicht mehr.

»Du wirkst zufrieden,« sagte Maddie.

»Ja, das trifft es ganz gut.«

»Bist du dir immer noch sicher, was deine Entscheidung anbelangt?«

»Bin ich.« Eine Weile lauschte sie schweigend den Grillen und Fröschen. »Hättest du die gleiche Entscheidung getroffen, wenn es dein Geld wäre?«

»Nein.« Sie hielt kurz inne, bevor sie hinzufügte: »Wahrscheinlich nicht.«

»Warum?«

»Geldangelegenheiten sind sehr individuell.«

»Was hättest du getan?«

Maddie schmiegte sich an sie. »Ich hätte meine Eltern und meine Brüder mitgenommen, um meinen Gewinn einzufordern, und ich hätte gesagt, dass wir den Lottoschein gemeinsam gekauft haben. Dann hätten wir je ein Viertel bekommen und weniger Steuern zahlen müssen.«

»Das hätte ich mal besser auch so gemacht.«

Eben war Cody noch glücklich gewesen, jetzt jedoch sickerte die Zufriedenheit förmlich aus ihr heraus.

Maddie legte einen Arm um sie und sagte: »Meine Brüder sind beide gut mit Zahlen und außerdem ziemlich sparsam. Wir würden gemeinsam dafür sorgen, dass alle gut versorgt sind. Aber auch einfach nur deswegen, weil wir wegen unseres Hintergrunds informierter sind, und nicht weil wir klüger wären.«

»Aber ihr seid klüger«, brummte Cody.

»Wenn du meine Familie packen und uns im Wald aussetzen würdest, würden wir unweigerlich verhungern. Auch dann, wenn du uns Fallen, Gewehre, Messer, Netze, Angelruten und jede erdenkliche Art von Köder in die Hand drücken würdest. Vielleicht würden wir uns auch versehentlich gegenseitig erschießen. Wir verfügen über ein ganz spezifisches Wissen, ihr über ein anderes. Es wäre natürlich schön, alles zu wissen und zu können, aber das gibt es nur verdammt selten, Baby. Wir sind unterschiedlich, aber wir ergänzen uns. Gemeinsam können wir jagen und fischen und eine kleine Bankfiliale leiten. Wir können alles.«

Das entlockte Cody ein Lächeln. Da war etwas dran. Und die Vorstellung, wie die Osbornes versuchten, ein Gewehr zu halten, geschweige denn damit zu schießen, war schon witzig. Verdammt witzig.

Wenn Cody einmal eine Entscheidung getroffen hatte, zog sie sie auch durch. Am Samstag begann sie um sieben Uhr morgens damit, alle anzurufen, und sagte ihnen, dass sie so schnell wie möglich vorbeikommen sollten. Um zehn Uhr waren schließlich alle da.

»Ich habe ein paar Entscheidungen getroffen, was mein Geld anbelangt«, begann sie.

Damit hatte sie die Aufmerksamkeit aller. Sie sah ihren Cousins und Cousinen förmlich an, dass sie darauf hofften, dass sie gleich ihr Scheckbuch zückte und jedem und jeder Einzelnen von ihnen einen dicken, fetten Scheck ausstellte.

»Erst habe ich darüber nachgedacht, das Geld zwischen uns allen aufzuteilen. Aber das würde unsere Probleme nicht lösen. Wir können alle nicht sonderlich gut mit Geld haushalten«, sagte sie. »Dafür fehlt uns einfach die Erfahrung. Statt uns allen also je einen großen Haufen Geld aufzubürden, werde ich das Vermögen gesamt in einen Trust umwandeln.«

»In einen Trust?«, fragte Shooter. »Was soll das heißen?«

»So ist das Geld sicher und wir können darauf zugreifen, aber nicht so frei wie jetzt. Ich stelle mir das folgendermaßen vor …« Sie ließ den Blick über ihre Familienmitglieder schweifen und erlaubte sich, sie wirklich zu sehen. So wie sie waren. Es war so offensichtlich. Wie hatte sie so lange die Augen vor der Wahrheit verschließen können? »Ich möchte, dass die Geschwister meiner Mama die Verantwortung für das Geld übernehmen.«

»Also teilst du es durch fünf«, beschwerte sich Ricky. »Ich hab doch schon mal gesagt, dass wir dann benachteiligt sind.«

»Nein, mache ich nicht. Cubby, Shooter, Merry und Lily werden gemeinsam für das gesamte Geld verantwortlich sein. Sie entscheiden, wer was bekommt. Sie sind die Ältesten und sie wissen, was am besten ist.« Sie lächelte ihre Onkel und Tanten an, die sichtlich geschockt aussahen. Sie wussten es vielleicht noch nicht, aber es war die beste Entscheidung. Zusammen würden sie immer das Richtige tun. So wie bei Onkel Shooter, als sie ihm gemeinsam das monströse Haus ausgeredet hatten. Sie würden schnell merken, dass sie sich einschränken mussten, wenn es jedem Familienmitglied gut gehen sollte, auch wenn das natürlich keinen Platz für Luxus ließ. Dessen war sie sich sicher.

»Ich will, dass alle genug haben, um gut leben zu können. Das bedeutet auch, dass niemand eine Riesensumme bekommt, die er oder sie dann einfach verpulvern würde. Schauen wir der Wahrheit in die Augen: Einige von euch würden genau das tun.« Sie ließ das erst mal sacken und warf Brett einen bedeutungsschwangeren Blick zu. Er hatte vor Kurzem ein langes, unangenehmes Gespräch mit zwei DEA-Agenten führen müssen.

»Wenn ihr Geld braucht, dann werdet ihr die Trustees darum bitten müssen. Die Anlageberaterin, die mir dabei geholfen hat, diesen Plan aufzustellen, wird auch ein Trustee sein. Miss Norman wird mit jedem und jeder Einzelnen von euch zusammen ein Budget erarbeiten. Dieses Geld bekommt ihr dann jeden Monat auf euer Konto. Wenn ihr etwas braucht, das über euer Budget hinausgeht, dann sucht ihr darum an und die Trustees werden gemeinsam entscheiden, ob ihr das Geld dafür bekommt oder nicht.

»Was ist mit dir?«, fragte Melissa.

»Für mich gilt das Gleiche.«

»Du behältst nichts für dich selbst?«, wollte Jaden wissen.

»Nein, nichts.«

»Das ist doch bescheuert«, knurrte Ricky. »Dann musst du ja auch um Geld betteln.«

»Das wird nicht nötig sein. Ihr bekommt nicht genug, um in Wheeling Unsummen beim Poker zu verzocken, aber ihr bekommt genug, um euch ein Leben auf Mittelklasse-Niveau zu ermöglichen.«

»Und wie soll das aussehen?«

»Ihr werdet euch ein anständiges Haus leisten können und Essen und Klamotten und ein gutes Auto und eine Krankenversicherung für euch und eure Kinder. Ihr werdet euch auch ein paar ausgefallenere Dinge leisten können, so etwas wie die Reise, die Maddie und ich im November machen werden.«

»Was für eine Reise?« Shooter klang fast panisch.

»Keine Sorge, dein Haus wird bis dahin fertig sein«, erwiderte Cody lachend. »Wir haben einen Urlaub in England gebucht.«

»England?«, fragte Mandy perplex. »Was gibt's denn da?«

»Das ist wegen den Büchern, die sie immer liest«, erklärte Tante Thelma. »Sie mag das ganze … englische Zeug.«

»Genau«, sagte Cody. »Und ehrlich gesagt fände ich es gut, wenn wir alle mal ein bisschen reisen. Wir haben hundertfünfzig Jahre lang isoliert in diesem Tal gelebt. Wird Zeit, dass wir mal sehen, wie der Rest der Welt so aussieht.« Sie sah Maddie in die Augen, und das Lächeln, das sie als Antwort bekam, ließ ihr Herz höherschlagen.

»Also müssen wir weiter um jeden Cent betteln«, meckerte Brett.

»Kein Stück, aber wenn du das Ganze so sehen willst, dann bitte.«

»Und wenn die Trustees mir einen guten Anwalt bezahlen wollen?«

»Dann können sie das gern tun. Jede Summe, die höher ist als fünfundzwanzigtausend Dollar, muss einstimmig bewilligt werden, also wirst du vielleicht doch betteln müssen.« Cody hielt kurz inne. Sie würde sich nicht von Brett ärgern lassen. Einige ihrer Cousins und Cousinen hatten ihr sogar dafür gedankt, dass sie Brett nicht rausgeboxt hatte. Es würde schwer für ihn werden, eine einstimmige Entscheidung zu bekommen.

»Oh«, sagte sie, als ihr ein wichtiges Detail einfiel. »Maddie wird auch Teil des Komitees. Sie hat keine Stimme, wenn es darum geht, wer Geld bekommt. Nur wenn es darum geht, wie das Geld verwaltet wird.«

»Gott sei Dank«, sagte Cubby. »Wir kennen diese Anlage-Lady nicht. Wir brauchen doch wen aus der Familie, der sie im Auge behält.«

Cody hatte das Gefühl, gleich vor Glück zu explodieren. Für Onkel Cubby gehörte Maddie jetzt zur Familie. Das bedeutete ihr alles. Und kaum hatte er das gesagt, nickten die anderen zustimmend. Er war wieder ihr Oberhaupt. So wie er es sein sollte. Sein Haus war ein einziges Chaos und er konnte fauler sein als das schlimmste Faultier, aber er war klug und hatte ein gutes Herz und war durch und durch gerecht. Die Familie brauchte einen Mittelpunkt, jemanden, der sie zusammenhielt, und er war der Richtige für diese Aufgabe.

Die nächsten ein, zwei Stunden beantworteten sie Fragen. Schließlich schienen alle den Plan verstanden zu haben und niemand hatte größere Einwände. Das allein war schon ein Wunder.

Wolken zogen auf und es begann zu regnen, sodass aus dem geplanten Barbecue nichts wurde. Nachdem auch das letzte Auto weggefahren war, drehte sich Cody zu Maddie um und sagte: »Lass uns was essen gehen. Irgendwo, wo es schön ist.«

»*The Mountaineer*? Der legendäre Schauplatz unseres ersten gemeinsamen Essens?«

»Klingt gut. Du fährst.«

Sie stiegen ins Auto und Cody sagte: »Ich fand es nicht nötig, ihnen zu erzählen, dass ich noch eine ordentliche Summe für deine Mama und deinen Daddy abheben werde, bevor ich den Trust eröffne.«

»Oh, Cody, wie lieb von dir.«

»Ich hätte das schon früher anbieten sollen. Ich habe nur nicht daran gedacht.«

»Sie werden es nicht annehmen wollen, aber sie werden nachts ruhiger schlafen, wenn sie wissen, dass sie im Notfall ein finanzielles Polster haben.«

»Ich werde auch der Frau was abgeben, die mir den Lottoschein aufgezwungen hat. Das ist nur gerecht.«

Maddie lächelte sie an. »Wenn du etwas bist, dann gerecht. Viel zu gerecht.«

»Ich nehme das als Kompliment, auch wenn du es nicht ausschließlich so meinst.« Sie tätschelte Maddies Bein und ließ ihre Hand dann liegen. Wie immer, wenn sie sich berührten, verlangsamte sich ihr Herzschlag. Maddie zu berühren, erdete sie. Jedes Mal wieder.

Als sie die Main Street entlangfuhren, sagte Cody: »Hey, die Bank hat noch offen. Können wir kurz reinschauen?«

»Du hast mitbekommen, dass Geneva den Kindern wieder Lollis gibt, oder?« Maddie warf ihr einen gespielt finsteren Blick zu. »Du bist wahrscheinlich zu groß, um einen zu bekommen, aber du kannst es ja mal versuchen.«

»Sei einfach eine brave Fahrerin und mach, was man dir sagt.«

Sie parkten ein paar Häuser von der Bank entfernt. Maddie war seit ihrem letzten Arbeitstag nicht mehr hier gewesen und als sie eintraten, hatte sie ein flaues Gefühl im Magen. Cody jedoch durchquerte den Eingangsbereich entschlossen wie immer. Automatisch ergriff Maddie ihre Hand und winkte ihren schockiert aussehenden ehemaligen Angestellten zu. Der Tresoraufseher und Cody steckten jeweils einen Schlüssel in das Schloss des großen Schließfachs. Nachdem Cody die Box herausgenommen hatte, ging sie damit in das Nebenzimmer und schloss die Tür hinter sich und Maddie.

Sie setzte sich und legte ihre Hände auf die graue Metallbox. »Das ist nur eine von vier, aber ich wollte nicht alle herschleppen, nur um eine große Geste zu machen.« Sie nahm alle vier Schlüssel und legte sie direkt vor Maddie auf den Tisch. »Die sind für dich.«

Maddie starrte erst auf die Schlüssel, dann auf die Kiste. »Ich habe keine Ahnung, wovon du redest.«

Ein Lächeln umspielte Codys Mundwinkel. »Du hast dir so viel angetan, um das Geld zu beschaffen, also solltest du es auch behalten.«

»Cody!«, schrie sie. »Was zum Teufel? Wie viel von der Million ist noch übrig?«

»Alles«, erwiderte sie grinsend. »Ich habe keinen Cent davon angerührt. Was ich ausgegeben habe, kam alles von meinem normalen Konto. Das war … mein Hort. Aber den brauche ich jetzt nicht mehr. Inzwischen weiß ich, dass das Geld, das auf meinem Konto liegt, auch dort bleiben wird.«

Maddie bekam Kopfschmerzen vom Anblick der Kiste, in der diese riesige Summe schlummerte. Das ergab alles keinen Sinn. »Wie kann es sein, dass noch alles übrig ist? Du warst anfangs alle zwei Tage in der Bank. Was hast du da getrieben? Ich dachte, du hättest mit beiden Händen zugegriffen und dir die Taschen vollgestopft.«

Sie senkte den Blick, lächelte schüchtern und Maddie schmolz dahin.

»Ich hab überprüft, ob auch noch alles da ist. Damit gespielt.« Sie zuckte mit den Schultern. »Ich musste es mit meinen eigenen Augen sehen, um glauben zu können, dass das alles wahr war.«

»Oh, Cody, du bist so wunderbar. Ich kann richtig vor mir sehen, wie du an diesem Tisch sitzt und dein Geld zählst.« Sie lachte kurz, doch dann fiel ihr wieder ein, worüber sie hier sprachen. »Aber ich brauche das Geld nicht und ich will es nicht. Wirklich nicht.«

Cody legte ihre Hand auf Maddies, die merklich zitterte. »Du bist anders als ich. Sollte mir irgendetwas zustoßen – und ich hoffe sehr, dass es das nicht tut, aber falls doch –, dann wirst du nicht allein oben auf dem Berg wohnen bleiben. Mit dem Geld kannst du hinziehen, wo immer du willst … und dir ein neues Leben aufbauen. Vielleicht dann doch in San Francisco oder New York.«

Tränen stiegen ihr in die Augen und sie wusste, dass sie sie nicht zurückhalten konnte. »Ohne dich könnte ich nicht glücklich sein«, meinte sie schniefend. »Aber ich würde hierbleiben, genau hier, damit ich dich um mich herum spüren kann.«

»Das sagst du jetzt, aber du kannst nicht wissen, ob du das dann auch wirklich wollen würdest. Es ist mir wichtig, dass du dein eigenes Geld hast, Maddie. Das würde mir sonst keine Ruhe lassen.«

»Nein. Nein.« Sie stand auf und wich zurück, als könnte das Geld jeden Moment nach ihr schnappen. »Das fühlt sich nicht richtig an. Wir sollten das in den Trust einzahlen.«

»Nein«, antwortete Cody sanft, aber bestimmt. »Wir wissen nicht, was die Zukunft bringt. Sobald das Geld im Trust steckt, gehört es nicht mehr mir. Ich denke schon, dass meine Tanten und Onkel dich als Familienmitglied behandeln würden, aber ich will es einfach nicht riskieren. Vielleicht wirst du das Geld nie anrühren müssen, aber ich könnte nachts nicht schlafen, wenn ich mir deswegen Sorgen machen müsste. Bitte nimm es, Maddie, für mich.«

Maddie nickte. »Für dich. Damit du ruhig schlafen kannst.« Sie lehnte sich vor und hauchte einen Kuss auf Codys Lippen. »Aber wenn ich für das Geld verantwortlich bin, dann legen wir es zumindest in Staatsanleihen an. Es ist völlig durchgeknallt, so viel Bargeld herumliegen zu haben!«

Cody lachte auf. »Ich dachte, die Bank ist sicher.«

»Aber nicht sicher genug für mich! Außerdem will ich Zinsen. Man kann Geld doch nicht rumliegen und Staub ansetzen lassen. Es muss für einen arbeiten! Geneva werden die Augen rausfallen, aber sie wird am Montag eine ganz schön große Summe bei der Zentralbank einzahlen müssen.«

Cody machte große Augen. »Willst du das jetzt gleich machen?«

»Ich könnte nicht ruhig schlafen, wenn ich weiß, dass ich derartig viel Geld in bar wo herumliegen habe. Hol die restlichen Kisten, Baby. Wir haben was zu erledigen!« Sie lachte diabolisch. »Ich hoffe, Geneva zwingt Lynette, jeden einzelnen Schein zu zählen. Doppelt.«

Als sie schließlich im Restaurant ankamen, war es schon eher Zeit fürs Abend- als für das Mittagessen. Lynette hatte Geneva tatsächlich beim Geldzählen helfen müssen, was Maddie sehr befriedigend gefunden hatte. Lynette war wahrscheinlich die Klatschtante, die allen erzählt hatte, dass Codys Cousins Unmengen an Bargeld hatten, also würde sie vielleicht auch allen erzählen, dass Cody das ganze Geld zurückgegeben hatte. Vielleicht waren ihre Neugierde und ihre Einmischung ja doch zu etwas gut.

»Ich habe mit dem Anwalt geredet, den Miss Norman uns empfohlen hat«, sagte Cody, während sie auf ihr Essen warteten.

»Wirklich?«

»Ja. Er fängt bald an, die Unterlagen für den Trust zu erstellen. Außerdem habe ich unser Telefonat genutzt, um ihm zu sagen, dass ich ein neues Testament erstellen will. Natürlich erbst du alles. Ich liebe meinen Onkel, aber du bist mir dann doch am allerliebsten.«

Codys Lächeln war unwiderstehlich und Maddie lehnte sich über den Tisch, um sie schnell zu küssen. Ein paar Leute drehten sich nach ihnen um, aber irgendwann würden die Leute es sich schon noch abgewöhnen, auf ihre Zuneigungsbekundungen zu reagieren. Greenville würde sich eben daran gewöhnen müssen, dass es hier zwei Lesben gab, denn diese Lesben würden sich bestimmt nicht verstecken.

Epilog

Ein Jahr später

»Thumper! Komm her, Junge!« Der große Golden Retriever stürmte zwischen den Bäumen hindurch auf seine Besitzerinnen zu. Er war klatschnass und sie würden ihn gründlich bürsten müssen, um all das Zeug, das er schon wieder mit sich herumschleppte, aus seinem Fell zu bekommen. Erst dann durfte er ins Haus.

Cody verstand immer noch nicht, warum jemand einen Hund im Haus halten wollte, aber Maddie liebte es, wenn Thumper nachts vor ihrem Bett schlief. Es hatte eine Weile gedauert, aber irgendwann hatten sie es endlich geschafft, dass er nicht mehr ständig winselte und in ihr Bett klettern wollte. Inzwischen schlief er sogar sehr gut in dem Hundebett, das Cody für ihn angefertigt hatte. Jetzt, da er regelmäßig Bewegung hatte, war er schlanker und drahtiger und ein besserer Jagdhund als Stripes und Blue zusammen.

Beide Hunde gehörten inzwischen Devin, da Cody sich sicher sein konnte, dass er sie niemals erschießen würde, wenn sie sich bei der Jagd an der Beute vergriffen. Sie hatten versucht, die drei Hunde zusammen zu halten, aber Stripes' und Blues negative Angewohnheiten hatten auf Thumper abgefärbt, während sie keine einzige seiner positiven Eigenschaften übernommen hatten. Aber das war okay. Blue und Stripes sollten nicht auf die verrückte Idee kommen, sie seien Haustiere. Thumper hielt sich für ihr pelziges Kind und das war womöglich ansteckend.

Jeden Morgen machten sie zu dritt einen langen Spaziergang, egal, bei welchem Wetter. Für Cody war es zunächst schwierig gewesen, sich an das ziellose Herumlaufen zu gewöhnen, inzwischen jedoch fand sie es eine schöne Art, entspannt Zeit miteinander zu verbringen. Außerdem nutzte Cody die Spaziergänge, um sich beiläufig nach möglichen Wildwechseln und anderen Dingen umzusehen, die ihr – je nach Jahreszeit – später am Tag noch nützlich sein könnten.

Maddie würde nie jagen lernen – etwas, das sie aber auch nicht ernsthaft in Erwägung gezogen hatten. Außer Rehrücken mochte sie Wild immer noch nicht. Aber sie beschwerte sich nie, wenn Cody mit einem ihrer vielen Verwandten auf die Jagd ging.

Das war es, was eine Beziehung ausmachte: dass man lernte, sich gegenseitig Raum zu geben, um sich zu entfalten, und trotzdem eng verbunden blieb. Es war nicht einfach und sie stritten gelegentlich, aber in allem, was zählte, war Maddie perfekt für sie. Sie war loyal, ehrlich, aufrichtig und so unendlich liebevoll und großzügig in ihrer Zuneigung.

Sie ging ein Stück vor Cody her und ihre wiegenden Hüften zogen Codys Blick magnetisch an. Das war der schönste Ausblick im ganzen County und schlug selbst die Aussicht aus ihrem Fenster.

Als wüsste Maddie, dass sie sie ansah, verlangsamte sie ihren Schritt und streckte die Hand nach Cody aus. »Wieso bist du auf einmal hinter mir?«

»Ich hab nur kurz die Aussicht bewundert.« Cody setzte ihren unschuldigsten Gesichtsausdruck auf.

Maddie klopfte ihr auf den Hintern. »Wenn es fünfzehn Grad wärmer wäre, würde ich schnell in den Fluss hüpfen. Dann könntest du mich ohne Klamotten angaffen. Es gibt doch nichts Besseres als ein erfrischendes Bad am Morgen.«

»Man merkt gar nicht mehr, dass du mal so ein Stadtmensch warst«, sagte Cody mit einem zärtlichen Lächeln. »Dafür, dass du angeblich noch nie einen Fluss gesehen hattest, liebst du die inzwischen ganz schön.«

»Du kannst gern meine Eltern fragen, wie es mit meiner Outdoor-Erfahrung aussah, wenn sie am Wochenende zu Besuch kommen. Die können das bestätigen.«

»Oh, ich glaube dir. Die beiden sitzen ja immer gern auf der Veranda, aber zum Fluss würde ich sie nur mit Gewalt bekommen. Und wenn dein Dad wirklich diesen kleinen Modelleisenbahnbausatz mitbringt, wird er das Haus überhaupt nicht mehr verlassen.«

»Ich weiß ganz genau, dass du es bist, die Modellschienen um das ganze obere Stockwerk herum verlegen will. Versuch gar nicht erst, es zu leugnen, Cody. Ich hab gesehen, wie du die Strecke vermessen hast.«

»Doch nur, weil es Thumper bestimmt gefällt«, erwiderte sie grinsend. »Was hast du für heute geplant? Ich muss in den Baumarkt, Schlüsselbolzen für Devins Hütte besorgen.«

»Wenn du sie nicht sofort brauchst, kann ich dich mitnehmen. Ich fahre nach Delilah und hole zwei alte gusseiserne Badewannen ab.« Sie grinste stolz. »Seit ich weiß, dass ich die an Leute verkaufen kann, die alte Häuser renovieren, macht es mir auch nichts aus, dabei zu helfen, die auf die Ladefläche zu wuchten. Für die Dinger bekomme ich fünfhundert Dollar.«

»Tu dir nicht weh. Für so schwere Sachen hast du doch die Kinder.«

»Ich passe schon auf, aber ich finde es wichtig, mit anzupacken. Dann respektieren mich meine Angestellten mehr.«

Cody sagte ihr nicht, dass die Jugendlichen, die Maddie eingestellt hatte, sie eher für eine Art Supermodel hielten. Sie wollte schließlich nicht, dass ihr das unangenehm war, zumal sie es selbst nicht zu bemerken schien. »Es wäre super, wenn du für mich in den Laden gehen kannst. Weißt du, was Schlüsselbolzen sind?«

»Nein. Aber ich bin richtig gut darin, unwissend dreinzuschauen und Fragen zu stellen. Ich werde in der Eisenwarenabteilung auch immer sehr freundlich behandelt.«

»Ich fahr hin«, beeilte sich Cody zu sagen. »Wir brauchen nicht noch einen Mann, der dich anschmachtet.«

»Habe ich was von einem Mann gesagt?« Maddie klimperte mit den Wimpern. »Wir sind bestimmt nicht die einzigen Lesben in Summit County.«

»Dann fahre ich auf jeden Fall hin. Ich hab was dagegen, wenn man in meinem Revier wildert.«

Maddie blieb stehen und schlang die Arme um Codys Taille. Ein paar Augenblicke lang hielten sie sich einfach nur fest. »Ich könnte dir gar nicht noch treuer ergeben sein.«

»Das will ich auch hoffen. Es wäre furchtbar, wenn nur ich so völlig verrückt nach der Person wäre, die mein Bett und mein Herz teilt.«

Maddie küsste sie auf die Wange, löste sich von ihr und nahm dann ihre Hand. »Oh, ich bin genauso verrückt wie du. Unterschätz mich nicht.«

»Das würde ich niemals.«

»Weißt du, was wir tun sollten?«

Oh-oh. Dieser Gesichtsausdruck konnte nur eines bedeuten. Cody seufzte. »Okay. Auf drei. Eins … zwei … drei!« Maddie flitzte los wie ein geölter Blitz und Cody folgte ihr auf dem Fuße. Es würde ihr ein ewiges Rätsel bleiben, warum jemand rennen wollte, der nicht verfolgt wurde, aber Maddie liebte es, durch den Wald zu rennen – und Cody liebte es, Maddie glücklich zu machen.

Auf kurzen Strecken konnte Cody sie leicht einholen, aber Maddie hatte mehr Ausdauer und wählte immer einen Startpunkt, der so weit von zu Hause entfernt war, dass sie leicht gewinnen konnte. Sie war verdammt kompetitiv und Cody musste sich zwingen, schneller zu laufen. Ja, es hatte schon etwas, durch den Wald zu fliegen, Thumper bellend und schwanzwedelnd an ihrer Seite. Aber wenn Maddie sie nicht herausgefordert hätte, hätte Cody auch kein Problem damit gehabt, langsam und bedächtig durch den Wald zu gehen – und dabei nach Tierspuren Ausschau zu halten.

Maddie war vor ihr und ab und zu blitzte ihr honigfarbenes Haar in der Sonne auf. Laufen war vielleicht nicht Codys Lieblingsbeschäftigung, doch als sie schließlich das Ziel erreichte, wurde sie mit einem Anblick belohnt, der der Höhepunkt ihres Tages war: ihre Liebste, die mit geröteten Wangen und funkelnden Augen auf der Veranda stand. Maddie mochte gewonnen haben, aber das machte Cody noch lange nicht zur Verliererin. Schließlich konnte sie Maddie hochheben und ins Haus tragen. Und so hatten sie letztlich beide gewonnen.

Ebenfalls im Ylva Verlag erschienen

www.ylva-verlag.de

Liebe auf Fire Island

Susan X Meagher

ISBN: 978-3-96324-510-7
Umfang: 306 Seiten (107.000 Wörter)

Was am Anfang nach einem One-Night-Stand zwischen Hayden, der Assistenzprofessorin aus New York, und Gina, der auffallend attraktiven Kapitänin der Fähre nach Fire Island aussieht, entwickelt sich bald zu einer leidenschaftlichen Beziehung. Gibt es Hoffnung auf ein Happy End oder sind die Leben der beiden Frauen viel zu unterschiedlich, um auf eine gemeinsame Zukunft hoffen zu dürfen?

Bevor du sagst »Ich will«

Clare Lydon

ISBN: 978-3-96324-449-0
Umfang: 213 Seiten (73.000 Wörter)

Abby Porter hat einen tollen Job und mit Marcus Montgomery den perfekten Verlobten. Als er merkt, dass Abby bei den Hochzeitsvorbereitungen unter Stress gerät, engagiert er eine professionelle Brautjungfer zu ihrer Unterstützung – nicht ahnend, was er damit anrichtet.

Eine bezaubernde Liebesgeschichte über die alles entscheidende Frage: Willst du diesen Mann heiraten? Oder lieber deine Brautjungfer?

Glück trifft Liebe

Rachael Sommers

ISBN: 978-396324-755-2
Umfang: 280 Seiten (92.000 Wörter)

Nach dem Tod ihres Vaters hat Chloe Roberts nur ein Ziel: das alte Haus der Familie so schnell wie möglich zu verkaufen, damit sie nie wieder in ihre alte Heimat zurückkehren muss. Das Letzte, womit sie rechnet, ist auf Amy Edwards zu treffen, ihre ehemals beste Freundin und erste große Liebe.

Poppy Jenkins liebt das Leben

Clare Ashton

ISBN: 978-3-96324-190-1
Umfang: 291 Seiten (90.000 Wörter)

Poppy Jenkins führt ein zufriedenes Leben in einem kleinen Dorf in Wales. Eine Sache fehlt jedoch, die perfekte Frau an ihrer Seite. Nicht ganz einfach, denn sie ist die einzige lesbische Frau im Dorf.

Poppys Herz spielt verrückt, als plötzlich ihre ehemals beste Freundin im Dorf auftaucht.

Werden die beiden sich versöhnen und näherkommen?

Über Susan X Meagher

Susan X Meagher lebt mittlerweile seit fast zwanzig Jahren mit ihrer Frau Carrie in New York. Ihre Karriere als Autorin begann in den späten 80er Jahren. Susans Genre sind lesbische Liebesgeschichten und sie ist eine Meisterin darin, Charaktere zu erschaffen, die einen berühren und die man fasziniert begleitet. Vor allem aber glaubt sie fest an das Happy End, das wir alle so sehr verdienen.

Bibliografische Information der Deutschen Bibliothek
Die Deutsche Bibliothek verzeichnet diese Publikation in der Deutschen Nationalbibliografie; detaillierte bibliografische Daten sind im Internet über www.dnb.de abrufbar.

1. Auflage

Taschenbuchausgabe 2024 bei Ylva Verlag, e.Kfr.
ISBN: 978-3-96324-904-4

Dieser Titel ist als Taschenbuch und E-Book erschienen.

Übersetzerin: Charlotte Herbst
Übersetzungslektorat: Astrid Ohletz
Korrektorat: Tanja Eggerth
Satz & Layout: Ylva Verlag e.Kfr.
Bildrechte Umschlagillustration vermittelt durch
Shutterstock LLC; iStock; AdobeStock
Coverdesign: Streetlight Graphics

Kontakt:
Ylva Verlag, e.Kfr.
Inhaberin: Astrid Ohletz
Am Kirschgarten 2
65830 Kriftel
Tel: 06192/9615540
Fax: 06192/8076010
www.ylva-verlag.de
info@ylva-verlag.de
Amtsgericht Frankfurt am Main HRA 46713

Druck und Bindearbeiten
booksfactory
PRINT GROUP Sp. z o.o.
ul. Ks. Witolda 7-9
71-063 Szczecin
Poland
tel./fax 91 812-43-49
NIP/USt-IdNr.: PL8522520116